Welthandel und Menschenrechte in der Arbeit

STUDIEN ZUM INTERNATIONALEN, EUROPÄISCHEN UND ÖFFENTLICHEN RECHT

Herausgegeben von Eibe Riedel

Band 14

PETER LANG

Frankfurt am Main · Berlin · Bern · Bruxelles · New York · Oxford · Wien

Andreas Blüthner

Welthandel und Menschenrechte in der Arbeit

The Compatibility of Human Rights at Work with the WTO-System

PETER LANG
Europäischer Verlag der Wissenschaften

Bibliografische Information Der Deutschen Bibliothek
Die Deutsche Bibliothek verzeichnet diese Publikation in der
Deutschen Nationalbibliografie; detaillierte bibliografische
Daten sind im Internet über <http://dnb.ddb.de> abrufbar.

Zugl.: Mannheim, Univ., Diss., 2002

Gedruckt auf alterungsbeständigem,
säurefreiem Papier.

D 180
ISSN 1430-5380
ISBN 3-631-52227-4

© Peter Lang GmbH
Europäischer Verlag der Wissenschaften
Frankfurt am Main 2004
Alle Rechte vorbehalten.

Printed in Germany 1 2 3 4   6 7

www.peterlang.de

Meinen Eltern

„There are good reasons to be concerned about the quality of the globalization debate. Those who favor international integration dismiss globalization's opponents as knee-jerk protectionists who do not understand the principle of comparative advantage and the complexity of trade laws and institutions. Globalizations critics, on the other hand, fault economists and trade specialists for their narrow, technocratic perspective. The result is that there is too much opponent bashing – and too little learning on each side."

Dani Rodrik[*]

---

[*] Sense and Nonsense in the Globalization Debate, in: Foreign Policy 107 (1997) 2, S.20.

Vorwort

Diese Untersuchung wurde im Sommersemester 2002 von der rechtswissenschaftlichen Fakultät der Universität Mannheim als Dissertation angenommen.

Besonderen Dank schulde ich meinem Doktorvater Prof. Eibe Riedel, der meine akademische und persönliche Entwicklung seit Beginn des Studiums in Marburg geduldig und kontinuierlich förderte. Die Zeit an seinem Lehrstuhl war fachlich und menschlich eine große Bereicherung. Herrn Prof. Puhl danke ich für die zügige Erstellung des Zweitgutachtens. Sehr verbunden bin ich Frau Ilse Stübinger-von Olshausen, die als kompetente und herzliche Vorgesetzte bei der BASF AG meinen Blick für die Praxis der Internationalen Wirtschaftsbeziehungen schärfte sowie ihrem Nachfolger Dr. Hubert Mandery.

Für wertvolle Diskussionen und Anregungen danke ich Prof. Amin Bogdandy, Direktor des Max-Planck-Institutes für Völkerrecht (Heidelberg), Herrn Dr. Frank Wolter, Richard Eglin, Paul Shannahan und Alexander Keck von der WTO (Genf), Herrn Dr. Francis Maupain vom Büro des General-Sekretärs der ILO (Genf), Dr. Janelle Diller vom juristischen Dienst der ILO (Genf), Dr. Reinhard Quick, Direktor der VCI-Verbindungsstelle (Brüssel), Hannes Welge von der Ständigen Vertretung der EU bei den Internationalen Organisationen (Genf), Renate Ebrecht, Dr. Herbert Bodenbender und Dr. Bernhardt Marcinowski von der BASF AG (Ludwigshafen) sowie Prof. Robert Howse (Michigan), Brian Langille (Toronto), Prof. Alexander Lorz (Düsseldorf), Prof. Mark Cassell (Cleveland), Elisabeth Türk, CIEL (Genf), Katja Gehne (Berlin) und Dr. Ullrich Karpenstein (Brüssel) und Angela Klein (Nürnberg).

Persönlichen Dank schulde ich meiner langjährigen Lebensgefährtin Mirja Dölling für ihre Unterstützung und Nachsicht sowie meinen Freunden dafür, dass sie mich gelegentlich vom Arbeiten abhielten. Am wichtigsten für die Entstehung dieser Arbeit waren meine Eltern durch ihre großzügige Förderung auf dem langen Weg zur Dissertation. Ihnen sei in Dankbarkeit und Liebe diese Arbeit gewidmet.

Durch die Gewährung eines Stipendiums finanzierte der Deutsche Akademische Austauschdienst einen mehrmonatigen Forschungsauftenhalt in Genf. Dem VCI danke ich für die finanzielle Förderung der Veröffentlichung.

Mannheim, im Dezember 2003   *Andreas Blüthner*

Inhaltsübersicht

Erstes Kapitel
Einleitung

Zweites Kapitel
Die Grundlagen des Welthandelssystems

Drittes Kapitel
Die Grundlagen internationalen Arbeitsrechts

Viertes Kapitel
Der Nexus zwischen Handel und Arbeitnehmerrechten

Fünftes Kapitel
Handel und Arbeitnehmerrechte de lege lata

Sechstes Kapitel
Handel und Arbeitnehmerrechte de lege ferenda

Siebtes Kapitel
Alternative Ansätze

Inhaltsverzeichnis

Erstes Kapitel
Einleitung

Zweites Kapitel
Die Grundlagen des Welthandelssystems

Drittes Kapitel
Die Grundlagen internationalen Arbeitsrechts

Viertes Kapitel
Der Nexus zwischen Handel und Arbeitnehmerrechten

Fünftes Kapitel
Handel und Arbeitnehmerrechte de lege lata

Sechstes Kapitel
Handel und Arbeitnehmerrechte de lege ferenda

23

Siebtes Kapitel
Alternative Ansätze

Erstes Kapitel

Einleitung

A. Kontext

Das Phänomen der Globalisierung wird in der Bevölkerung vieler Industriestaaten eher als Bedrohung, denn als Chance wahrgenommen. Die rasante Internationalisierung der Wirtschaft wird mit Skepsis beobachtet, nicht zuletzt aufgrund ihrer Einflüsse auf die sozialen Strukturen der Gesellschaften. Ihr werden negative Auswirkungen auf Arbeitsbedingungen, Beschäftigung und Löhne zugeschrieben, sie wird als „Beschäftigungsfalle"[1] angesehen und für „das Ende der Arbeit"[2] verantwortlich gemacht. Die Liberalisierung des Welthandels bildet eine Komponente der Wirkungszusammenhänge im Globalisierungsprozess, dessen weitere wesentliche Faktoren die Zunahme der ausländischen Direktinvestitionen, die relative Verringerung der Transportkosten, die internationale Vernetzung der Produktionsstrukturen und die Evolution der Kommunikationstechnologie in den letzten Jahrzehnten bilden.[3] Der in dieser Arbeit behandelte Themenkreis „Welthandel und Menschenrechte in der Arbeit" kann daher als ein Teilaspekt der „sozialen Frage" der Globalisierung angesehen werden.

Die Idee, die Vorteile aus internationalem Handel mit der Einhaltung bestimmter Arbeitsstandards zu verknüpfen, entspringt allerdings nicht der „Globalisierungsdebatte" der letzten Jahre, sondern reicht in ihren Ursprüngen bis ins neunzehnte Jahrhundert zurück.[4] So stellte der französische Ökonom *Jérome*

---

1 Vgl. Martin, Hans-Peter/Schuhmann, Wolfgang: Die Globalisierungsfalle, Reinbek, 1996.

2 Vgl. Rifkin, Jeremy: Das Ende der Arbeit, Frankfurt am Main, 1999.

3 Hesse, Helmut/Keppler, Horst/Preuße, Heinz Gert: Internationale Interdependenzen im weltwirtschaftlichen Entwicklungsprozeß, in: Arbeitsberichte des Ibero-Amerika-Instituts für Wirt-schafts-forschung der Universität Göttingen, Heft 22, Göttingen, 1985, S.18ff.; Menzel, Thomas: Der Außenhandels- und Standortwettbewerb als gemeinsame Determinanten der Produktionsstruktur, Göttingen, 1996, S.12; Fels, Gerhard: Globalisierung der Märkte - Implikationen für die Wettbewerbsfähigkeit der Wirtschaftsstandorte, in: Fairneß im Standortwettbewerb, Gütersloh, 1996, S.90; ähnlich Torres, Raymond: Labour Standards and Trade, in: OECD Observer (1996) 202, S.10ff.; für eine detaillierte und kritische Auseinandersetzung mit den verschiedenen Ansichten zum „Phänomen" Globalisierung und seiner maßgeblichen Faktoren vgl. Eagle, Simon: Trade in Context: Approaches to Globalisation, in: Global Trade and Global Social Issues, Taylor, Annie/Thomas, Caroline (Ed.), London (e.a.), 1999, S.15ff.

4 *Leary*, Virginia: Workers' Rights and International Trade: The Social Clause (GATT, ILO, NAFTA,

---

26

Blanqui bereits im Jahre 1839 fest, dass die arbeitsrechtlichen Vorschriften in Europa nur von allen Nationen gleichzeitig verbessert werden können, solange diese außenwirtschaftlich konkurrieren[5]. Auf dieser Erkenntnis über die Interdependenz der nationalen Sozialpolitiken basierte auch die Gründung der Internationalen Arbeitsorganisation (ILO) im Jahre 1919, deren Verfassung in Kapitel XIII des Friedensvertrages von Versailles vereinbart wurde. In der Präambel der ILO-Verfassung heißt es:

"[T]he failure of any nation to adopt humane conditions of labour is an obstacle in the way of other nations which desire to improve the conditions in their own countries."[6]

Seit der Gründung der ILO wurde der Zusammenhang von Handel und Arbeitnehmerrechten auch in anderen internationalen Foren angesprochen. So befasste sich beispielsweise die *World Economic Conference* des Völkerbundes im Jahre 1927 mit der Frage, ob niedrige Arbeitsstandards einen Vorteil im internationalen Wettbewerb bieten. Die Konferenz empfahl den Regierungen auf eine Entlohnung hinzuwirken, die Arbeitnehmern *"a fair share in the increase of output"* gewährleiste.[7]

Bei den Verhandlungen über die Gründung der Internationalen Handelsorganisation im Jahre 1947 in Havanna wurde der sozialen Dimension des internationalen Handels bereits im Titel der *UN Conference on Trade and Employment* Rechnung getragen. Die dort beschlossene, aber niemals in Kraft getretene Charta der *International Trade Organisazation* (ITO) enthielt die nachfolgende Vorschrift über „faire Arbeitsstandards":

US Laws), in: Fair Trade and Harmonization (Vol.2: Legal Analysis), Bhagwati Jagdish/Hudec, Robert. E. (Ed.), Cambridge MA, 1996, S.183; *Charnovitz*, Steve: The Influence of International Labour Standards on the World Trade Regime: a Historical Overview, in: International Labour Review 126 (1987) 5, S.565.

5 Blanqui, Jérome A.: Cours d'Écononomie Industrielle, Paris, 1838/39, S.4, zitiert nach Hansson, Göte: Social Clauses and International Trade, London, 1983, S.90.

6 Abs.3 Präambel der ILO-Verfassung, abgedruckt in: *ILO*: Constitution of the International Labour Organisation and Standing Orders of the International Labour Conference, Genf, 1998.

7 *League of Nations*: Report and Proceedings of the World Economic Conference (1927), S.49, zitiert nach *Charnovitz*, Steve (Fn.4): S.566.

Article 7
Fair Labour Standards

1. The Members recognize [...] that all countries have a common interest in the achievement and maintenance of fair labour standards related to productivity, and thus in the improvement of wages and working conditions as productivity may permit. The members recognize that unfair labour conditions, particularly in production for export, create difficulties in international trade and, accordingly, each Member shall take whatever action may be appropriate and feasible to eliminate such conditions within its territory.
2. Members which are Members of the International Labour Organization shall co-operate with that organization in giving effect to this undertaking.
3. In all matters relating to labour standards that may be referred to the Organization [under the dispute settlement provisions] it shall consult and co-operate with the International Labour Organization.[8]

Die Gründung der ITO scheiterte jedoch 1948, da die Regierung der Vereinigten Staaten eine zu starke und umfassende Kontrollinstanz in der Handelspolitik fürchtete und den Entwurf der Havanna-Charta dem US-amerikanischen Kongress nicht einmal zur Entscheidung vorlegte. Übrig blieb lediglich das schon zuvor provisorisch von 23 Staaten in Kraft gesetzte Kapitel IV (Freihandel) der Havanna-Charta, das später als GATT bezeichnet wurde.

Das Spannungsfeld zwischen Handelsliberalisierung und Arbeitnehmerrechten und die Frage nach arbeitsrechtlicher Harmonisierung wurde in den fünfziger Jahren des vergangenen Jahrhunderts auch im Hinblick auf die beginnenden europäische Integration thematisiert. Im sog. „Ohlin Report" der ILO wurde auf die Gefahr eines „unfairen" Wettbewerbs zwischen europäischen Ländern mit unterschiedlichen Arbeitsstandards hingewiesen und es als erforderlich angesehen *"to eliminate international competition based on a country's failure to respect internationally agreed [labour] standards, and not to bring about a maximum of uniformity between countries".*[9]

Seit Anfang der fünfziger Jahre wurden eine Reihe von allgemeinen Sozialklauseln in verschiedene internationale Rohstoffabkommen aufgenommen. Den Beginn machte dabei das *International Sugar Agreement* (1953), in dessen Art.6 die Vertragsparteien übereinkamen *"in order to avoid the depression of living standards and the introduction of unfair competitive conditions in world trade,*

---

8 Die deutsche Fassung der Havanna-Charta ist abgedruckt in: *Hummer*, Waldemar/*Weiß*, Friedl: Vom GATT '47 zur WTO '94, Wien, 1994, Nr.5, S.11ff.
9 *ILO:* Social Aspects of European Economic Co-operation, Genf, 1956, S.91.

they will seek the maintenance of fair labour standards in the sugar industry"[10].
Ähnliche Klauseln finden sich in den zeitlich nachfolgenden Abkommen über den internationalen Handel mit Zinn (1954), Kakao (1975) und Rohgummi (1979). Bei diesen „weichen Sozialklauseln" handelt es sich allerdings lediglich um programmatische Zielbestimmungen und nicht um eine justiziable Konditionierung des Marktzugangs für Rohstoffe durch die Einhaltung von Arbeitnehmerrechten.
Für das GATT wurde bereits im Jahre 1953 seitens der *US Commission on Foreign Economic Policy* vorgeschlagen, in einer neuen GATT-Vorschrift zum Ausdruck zu bringen, dass unfaire Arbeitsstandards *"create difficulties in international trade which nullify or impair benefits under this agreement"*. Der Begriff „unfaire Arbeitsstandards" wurde definiert als *"maintenance of labour conditions below those which the productivity of the industry and the economy at large would justify"*.[11]
Wenige Jahre später warfen einige Regierungen während der Verhandlungen in der Tokio-Runde erneut die Frage nach grundlegenden Arbeitsstandards im Welthandelssystem auf. Von vielen Verhandlungsparteien wurde jedoch erfolgreich bestritten, dass Arbeitnehmerrechte eine Frage der Handelspolitik seien.[12]
Im Jahre 1986 versuchten die Vereinigten Staaten das Thema der Arbeitnehmerrechte auf die Agenda einer Handelsrunde, namentlich der im gleichen Jahr beschlossenen „Uruguay-Runde" zu setzen. Sie schlugen den anderen Vertragsparteien des GATT allerdings vergeblich folgendes Mandat für die Uruguay-Runde vor:

"Ministers recognize that the denial of worker rights can impede attainment of objectives of the GATT and can lead to trade distortions, thereby increasing pressures for trade-restrictive measures. Accordingly, the negotiations should review the effect of denial of workers rights on contracting parties, and the relationship of worker rights to GATT Articles, its objectives and related instruments, and consider possible ways of dealing with worker rights issues in the GATT so as to ensure that expanded trade benefits all workers in all countries."[13]

Nach einem weiteren erfolglosen Anlauf im Jahre 1987 versuchten die USA 1994 erneut im Rahmen der ersten WTO-Ministerkonferenz in Marrakesch das Thema

---

10 Der Text des *International Sugar Agreements* ist veröffentlicht in: *United Nations*: Treaty Series, Vol.258, Nr.3677 (1957), S.159ff.
11 US Commission on Foreign Economic Policy: Staff Paprers, Feb.1954, S.437f.; zitiert nach *Charnovitz*, Steve (Fn.4): S.574.
12 *Charnovitz*, Steve (Fn.4): S.565.
13 GATT Dok. PREP.COM(86) W/43 v. 25. Juni 1986.

Trade&Labour im letzten Moment in die Verhandlungen der Uruguay-Runde hineinzutragen.[14]

Im Jahre 1996 fanden - auf Drängen der US-amerikanischen Delegation - Arbeitnehmerrechte erstmals in einem offiziellen Dokument der WTO Erwähnung, als die zweite WTO-Ministerkonferenz in Singapur folgenden Beschluss traf:

"We renew our commitment to the observance of internationally recognized core labour standards. The International Labour Organization (ILO) is the competent body to set and deal with these standards, and we affirm our support for its work in promoting them. We believe that economic growth and economic development fostered by increased trade and further trade liberalization contribute to the promotion of these standards. We reject the use of labour standards for protectionist purposes, and agree that the comparative advantage of countries, particularly low wage developing countries, must in no way be put into question. In this regard, we note that the WTO and ILO Secretariat will continue their existing collaboration." [15]

Diese ambivalent formulierte Erklärung konnte sowohl die Befürworter, als auch die Gegner einer Verknüpfung von Handel und Arbeitnehmerrechte zufriedenstellen. Befürworter verweisen dabei auf den ersten Satz, in dem die WTO-Mitglieder die Einhaltung der grundlegenden Arbeitnehmerrechte versichern. Deren Gegner können sich auf die Aussage stützen, dass die ILO die zuständige Organisation *"to set and deal with labour standards"* sei, womit die eigentliche Frage der Rechtsdurchsetzung (*"to enforce"*) von Arbeitsstandards allerdings ausgespart blieb.

Für Verwirrung sorgte die Aussage, dass die WTO und die ILO ihre bestehende Kooperation fortsetzen wollen, da eine solche bis dahin kaum existierte und der als Gastredner zur Ministerkonferenz eingeladene ILO-Generalsekretär *Hansenne* sogar kurzfristig ausgeladen wurde.[16] Mit der Erklärung von Singapur war die Befassung der WTO mit Arbeitsstandards zwar nicht endgültig von der handelspolitischen Agenda verbannt. Die WTO-Ministerkonferenz hatte jedoch in

---

14 *Raghavan*, Chakravarthi: The New Issues and Developing Countries, Third World Network Trade & Development Series 4, Penang, 1996, S.25; *Leary*, Virginia (Fn.4): S.177; für einen Überblick über die Geschichte tarifärer US-Amerikanischer Handelsmaßnahmen zum Schutz des nationalen Arbeitsmarktes siehe *Mitchell*, Daniel J. B.: Essays on Labor and International Trade, Los Angeles, 1970, S.47ff.

15 Singapore Ministerial Declaration, WTO-Doc. WT/MIN(96)/Dec/W v. 18. Dezember 1996, nach Aussage eines Teilnehmers der Verhandlungen in Singapur nahm die Formulierung dieses Absatzes zwei volle Nächte in Anspruch.

16 Vgl. *Schott*, Jeffrey J.: Toward WTO 2000: A Seattle Odyssey, in: Federal Reserve Bank of St. Louis 82 (2000) 4, S.18.

der Debatte um *Trade&Labour* „den Ball in das Feld der ILO gespielt", wie sich der Generaldirektor der ILO Michael Hansenne später ausdrückte.

Zwei Jahre nach der WTO-Ministerkonferenz in Singapur reagierte die ILO mit dem Beschluss der *ILO Declaration on Fundamental Principles and Rights at Work*[17]. Mit dieser Erklärung stellten die ILO-Mitglieder in Anbetracht des zunehmenden internationalen Wettbewerbs klar, welche der inzwischen 183 internationalen Arbeitsstandards als fundamental und unveräußerlich anzusehen sind. Zu einer Verknüpfung von Handel und Arbeitnehmerrechten wird nur insoweit Stellung bezogen, als mit der Deklaration keine protektionistischen Handelsinteressen verfolgt und die komparativen Kostenvorteile keines Landes in Frage gestellt werden dürfen.

Schon im Rahmen der Vorbereitungen der vierten WTO-Ministerkonferenz in Seattle im Jahre 1999 wurden verschiedene Vorschläge unterbreitet, wie die WTO das Thema *"Trade&Labour"* behandeln solle. Während die USA für eine *"working party"* innerhalb der WTO plädierte, trat die EU für ein *"joint standing forum"* der WTO und der ILO ein, wohingegen die Gruppe der 77 im Namen der Entwicklungsländer eine Befassung der WTO mit Arbeitnehmerrechten rundweg ablehnte.[18] Die EU stellte von vornherein klar, dass sie bei einer Implementierung der fundamentalen Arbeitnehmerrechte durch Handelsmaßnahmen den Weg positiver Anreizmechanismen für diejenigen Länder die Arbeitnehmerrechte einhalten bevorzuge, während sich die USA hinsichtlich ihrer inhaltlichen Vorstellungen von einer „Sozialklausel" zunächst bedeckt hielten. Für einen das gesamte Verhandlungsklima beeinträchtigenden Skandal sorgte dann allerdings die Offenheit, mit der US-Präsident Clinton einen Tag nach Beginn der Ministerkonferenz am 1. Dezember 1999 in einem Interview die Durchsetzung von Arbeitsstandards mit Sanktionen als Verhandlungsziel der USA in Seattle ausrief:

"What we ought to do first of all is to adopt the United States' position on having a working group on labor within the WTO, and then that working group should develop these core labor standards, and then they ought to be part of every trade agreement, and ultimately I would favor a system in which sanctions would come for violating any provision of a trade agreement."[19]

Trotzdem wurde im Rahmen der WTO-Ministerkonferenz in Seattle auf informeller Basis über Arbeitnehmerrechte verhandelt. Am 3. Dezember 1999

---

17 Der Text der Declaration on Fundamental Principles and Rights at Work v. 18. Juni 1998 (ILO-Deklaration 1998) ist im Internet veröffentlicht unter www.ilo.org.
18 *Anner*, Mark: Evaluation Report, ICTFU Campaign for Core Labour Standards in the WTO, Genf (e.a.), 2001, S.18.
19 *Seattle Post-Intelligencer* v. 1. Dezember 1999, S.A1.

fanden sich dort die Delegierten von 35 WTO-Mitgliedern unter dem Vorsitz von Costa Rica ein. Dabei wurde von Costa Rica ein Vorschlag für eine *"Ministerial Decision on Trade, Globalization, Development and Labour"* vorgelegt.[20] Nach diesem unveröffentlichten und WTO-intern als *„Costa Rica Document"* bezeichneten Papier sollte eine Diskussionsgruppe eingerichtet werden, an der sich neben der WTO und Vertretern der Mitgliedstaaten auch Nichtregierungsorganisationen (NGOs) und andere „relevante Organisationen" wie die ILO, die UNCTAD und die Weltbank beteiligen sollten, um in einen Dialog über *"trade policy, trade liberalization, development, including the fight against poverty and labour"* einzutreten. Durch das Ende der WTO-Ministerkonferenz wurde über diesen Vorschlag allerdings nicht mehr abgestimmt, weshalb das Dokument keinesfalls als Konsens der WTO-Mitgliedstaaten oder gar als offizielle Position der WTO bewertet werden darf. Zum Meinungsstand in der informellen Arbeitsgruppe über das *„Costa Rica Document"* wird allerdings kolportiert, dass *"most countries participating in the group accepted most of its elements"*[21]. Das *„Costa Rica Document"* spiegelt insofern den inoffiziellen *status quo* der Debatte um *Trade&Labour* in der WTO wider und ist deshalb als Anhang dieser Arbeit abgedruckt.

B. Meinungsstand

Seit Veröffentlichung der ersten wissenschaftlichen Untersuchungen über Sozialklauseln im Welthandelssystem sind nunmehr fast zwei Jahrzehnte vergangen.[22] Seitdem hat sich die inzwischen als *Trade&Labour* bezeichnete Debatte um die Vor- und Nachteile von Sozialklauseln im Welthandelssystem zum zweifellos am heftigsten umstrittenen Themenkreis des Wirtschaftsvölkerrechts entwickelt. Der Meinungsstand wird nachfolgend in verschiedene Einzelaspekte strukturiert im Überblick dargestellt.

Ein erster Reigen von Argumenten lässt sich als die *„Fair trade/Free trade"*-Debatte umschreiben.[23] Dabei geht es um die grundsätzliche Frage, ob handelspolitische Sozialklauseln der „Fairness" im internationalen Handel oder lediglich verstecktem Protektionismus dienen.

---

20 Der vollständige Text dieses Dokuments wird als Anhang auf S.510 wiedergegeben.
21 *Inside U.S.Trade* v. 10. Dezember 1999, S.18.
22 Vgl. *Hansson*, Göte (Fn.5).
23 Vgl. *Langille*, Brian: Labour Standards in the Globalized Economy and the Free Trade/Fair Trade Debate, in: International Labour Standards and Economic Interdependence, Sengenberger, Werner/Campbell, Duncan (Ed.), Genf, 1994, S.330.

Die Befürworter von Sozialklauseln fordern, dass liberaler Handel gleichzeitig Aspekten der „Fairness" Rechnung tragen müsse.[24] Insbesondere sollen Handelspartner sich durch „unfaire" Kostenvorteile keinen Vorteil im internationalen Wettbewerb verschaffen dürfen.[25] „Unfair" seien insbesondere Kostenvorteile, die aus inadäquaten Arbeitsstandards bei der Herstellung resultieren.[26] Der Export dieser Produkte benachteilige diejenigen Handelspartner, die internationale Sozialstandards einhalten[27], denn ihnen drohe der Verlust von Arbeitsplätzen oder die Verminderung der internationalen Wettbewerbsfähigkeit[28]. Letztlich gelte es durch Sozialklauseln den Export von Produkten und damit auch der Arbeitsbedingungen aus „sweat shops" in die Industrieländer zu verhindern.[29] Ferner sei eine Einfuhr entsprechender Produkte als unmoralische Kollaboration der Industrieländer mit den „Ausbeutern" der Arbeiter in den Exportländern zu werten.[30] Von der wirksamen Durchsetzung international anerkannter Arbeitneh-

---

24 *Rodrik*, Dani: Labour Standards and International Trade: Moving Beyond the Rhetoric, Washington DC, Overseas Development Council, Juni 1995, S.1ff.; *ders.*: Has Globalisation Gone too Far ?, Institute for International Economics, Washington DC, 1997, S.11.
25*Charnovitz*, Steve: The WTO and Social Issues, in: Journal of World Trade 28 (1994) 1, S.7; *Mah*, Jai Sheen: Core Labour Standards and Export Performance in Developing Countries, in: The World Economy 20 (1997) 6, S.299; *Herzberg*, Stephen: In from the Margins: Morality, Economics, and International Labor Rights, in: Human Rights, Labour Rights, and International Trade, Compa, Lance/Diamond, Stephen (Ed.), Philadelphia, 1996, S.102 *et passim.*; *Weiss*, Friedl: Internationally Recognized Labour Standards and Trade, in: International Economic Law with a Human Face, Weiss, Friedl (Ed.), Den Haag, 1998, S.81 und S.86; *ders.*: Internationally Recognized Labour Standards and Trade, in: Legal Issues of European Integration 23 (1996) 2, S.175 *Windfuhr*, Michael: Social Standards in World Trade Law, in: Economics 27 (1997) 55/56, S.115 und S.118.; *Bhagwati*, Jagdish: Free Trade, „Fairness" and the „New Protectionism", Institute of Economic Affairs Occasional Paper No.96, London, 1994, S.26ff.; *Sapir*, Andre: Trade Liberalisation and the Harmonization of Social Policies: Lessons from European Integration, in: Fair Trade and Harmonization (Vol.1: Economic Analysis), Bhagwati Jagdish/Hudec, Robert. E. (Ed.), Cambridge MA, 1996, S.543; *Waer*, Paul: Social Clauses in International Trade, in: Journal of World Trade 30 (1996) 4, S.39; *Leary*, Virginia (Fn.4): S.178.
26 *Tsogas*, George: Labour Standards in International Trade Agreements: an Assessment of the Arguments, in: The International Journal of Human Resource Management 10 (1999) 2, S.354; *Wet*, Erika de: Labour Standards in the Globalized Economy: the Inclusion of a Social Clause in the General Agreement On Tariffs and Trade/World Trade Organization, in: Human Rights Quarterly 17 (1995) 3, S.448f.
27 *United States Department of Labor*: Institutionalizing Constructive Competition: International Labor Standards and Trade, Economic Discussion Paper 32, Washington, 1988, S.1; *Weiss*, Friedl (Fn.25, 1998): S.103.
28 *Mah*, Jai Sheen (Fn.25): S.299.
29 *Kullmann*, Ullrich: Fair Labour Standards in International Commodity Agreements, in: Journal of World Trade Law 14 (1980) 6, S.534; *Edgren*, Gus: Fair Labour Standards and Trade Liberalisation, International Labour Review 188 (1979) 5, S.524.
30 *Weiss*, Friedl (Fn.25, 1996): S.175.

merrechte sollen daher letztlich die Arbeitnehmer in allen Ländern profitieren.[31] Gleichzeitig sei die Einhaltung „fairer Arbeitsstandards" eine Frage der Legitimation der liberalen Welthandelsordnung.[32] Die Gegner von Sozialklauseln sind der Ansicht, dass der Begriff "*Fair Trade*" eine „Pandora-Büchse" sei, aus der das Unheil in Form neuen Protektionismus hervorquillt.[33] Gegen „Sozialklauseln" wird nahezu einmütig zu bedenken gegeben, dass sie verschleierten Protektionismus ermöglichen und den komparativen Kostenvorteil der Entwicklungsländer bedrohen, der hauptsächlich auf niedrigen Arbeitskosten beruht.[34] Die protektionistische Intention einer „Sozialklausel" zeige sich an den "*double standards*" der USA als "*moral leader*" der Debatte, denn trotz des entsprechenden Anspruchs an Entwicklungsländer haben die USA weder alle ILO-Kernkonventionen ratifiziert, noch entsprächen die innerstaatlichen Arbeitsbedingungen diesem internationalen Mindeststandard.[35] Weiter wird zu bedenken gegeben, dass Sozialklauseln selbst zur Verwirklichung protektionistischer Absichten nur die zweitbeste Lösung seien, denn Steuern und

---

31 *Leary*, Virginia (Fn.4): S.178.
32 *Stückelberger*, Christoph: Sozialklauseln im internationalen Handel, in: Außenwirtschaft 51 (1996) 1, S.92; *Nichols*, Philip M.: Trade Without Values, in: Northwestern University Law Review 90 (1996) 2, S.660 *et passim*.
33 *Bhagwati*, Jagdish: Fair Trade, Reciprocity and Harmonisation: The New Challenge to the Theory and Policy of Free Trade, in: Analytical and Negotiating Issues in the Global Trading System, Deardorff, Alan V./Stern, Robert M. (Hrsg.), Ann Arbor, 1994, S.582f.
34 *Riedel*, Eibe/*Will*, Martin: Human Rights Clauses in External Agreements of the EC, in: The EU and Human Rights, Alston, Philip (Ed.), Oxford, 1999, S.745; *Charnovitz*, Steve (Fn.4): S.565; *Weiss*, Friedl (Fn.25, 1998): S.103; *ders.* (Fn.25, 1996): S.175; *Neundörfer*, Konrad: Mehr Schaden als Nutzen: Öko- und Sozialklauseln, in: FAZ v. 16. Januar 1995, S.15; *Kullmann*, Ullrich (Fn.29): S.534; *Third World Network*: The WTO, Labour Standards and Trade Protectionism, Position Paper v. 23. September, Genf, 1997, S.5; *Scherrer*, Christoph: The Economic and Political Arguments For and Against Social Clauses, in: Intereconomics 31 (1996) 1, S.19f.; *Tsogas*, George (Fn.26): S.357; *Stensland*, Juli: Internationalizing the North American Agreement on Labor Cooperation, Minnesota Journal of World Trade 4 (1995) 1, S.149; *Stückelberger*, Christoph (Fn.32): S.83; *Lee*, Eddy: Globalization and Labour Standards: a Review of the Issues, in: International Labour Review 136 (1997) 2, S.177; *Cappuyns*, Elisabeth: Linking Labour Standards and Trade Sanctions: An Analysis of Their Current Relationship, in: Columbia Journal of Transnational Law 36 (1998) 3, S.671; *Ward*, Halina: Trade and Environment Issues in Voluntary Eco-Labeling and Life Cycle Analysis, in: Review of European Community & International Environmental Law 6 (1997) 2, S.614; *Edgren*, Gus (Fn.29): S.523; *Wet*, Erika de (Fn.26): S.449; *Leary*, Virginia (Fn.4): S.199; *Golub*, Stephen S.: International Labour Standards and International Trade, International Monetary Fund Working Paper, IMF-Doc. WP/97/37, Washington DC, April 1997, S.32; *Dasgupta*, Amit: Labour Standards and WTO: a New Form of Protectionism, South Asia Watch Briefing Paper 2, Katmandu, 2001, S.6; *Lambsdorff*, Graf Otto: Gegen den Protektionismus im sozialen Gewand, in: FAZ v. 28. Juni 1994, S.14.
35 *Bhagwati*, Jagdish (Fn.25): S.28ff.; *ders.*: Trade, Liberalisation and Fair Trade Demands: Addressing the Environmental and Labour Standards Issues, in: The World Economy 18 (1995) 6, S.753; *Cappuyns*, Elisabeth (Fn.34): S.671ff.

Subventionen sind gegenüber den Sanktionen einer „Sozialklausel" als politisches Steuerungsinstrument effizienter.[36]

Es wird weiter argumentiert, dass liberaler Handel und nicht Handelsbeschränkungen das beste Instrument zur Verbesserung der Lebens- und Arbeitsbedingungen in Entwicklungsländern darstellt.[37] Ökonomisch wird dies mit dem "*trickle down*"-Effekt begründet, wonach der durch Handelsliberalisierungen geschaffene ökonomische Wohlstand letztlich auf alle gesellschaftlichen Ebenen durchsickert und so zur umfassenden Verbesserung der Lebens- und Arbeitsverhältnisse führt.[38] Eine Harmonisierung der Ausstattung mit Produktionsfaktoren, so auch unterschiedlicher Arbeitsbedingungen, sei kontraproduktiv, denn diese Unterschiede sind gerade Triebfeder des internationalen Handels.[39] Letztlich führe auch freier Warenhandel zur Harmonisierung der Sozialpolitiken, weshalb Sozialklauseln verzichtbar seien.[40] Schließlich resultiere aus freien Handel auch auf politischem Wege sozialpolitischer Wandel, da Liberalisierungen und Investitionen Rechtssicherheit, *good governance*, Offenheit und Transparenz an einem Standort nach sich ziehen und als "*spill over*"- Effekt letztlich den Weg für Verbesserungen bei Menschen- und Arbeitnehmerrechten ebnen.[41]

Ein zweiter Kristallisationskern in der Debatte um *Trade&Labour* ist der internationale Wettbewerb der Standorte und Unternehmen und seine Auswirkung auf Sozialstandards.

Einige befürchten, dass es ohne kooperatives Handeln der Staatengemeinschaft hinsichtlich der Sozialstandards zu einem Deregulierungswettlauf, einem sog. "*race to the bottom*" kommen werde.[42] Demnach geraten Länder mit hohen

---

36 *Hansson*, Göte: Harmonization in International Trade, London, 1990, S.93; *Townsend*, Blair/*Ratnayake*, Ravi: Trade Liberalisation and the Environment, Singapore (e.a.), 2000, S.16.
37 *Brand*, D./*Hoffmann*, R.: Sozialdumping oder Protektionismus, in: IFO-Schnelldienst 47 (1994) 25/26, S.33; *Ziyou*, Frank (Pseud.): Für und Wider Sozialklauseln im Handel mit China, in: Meinung & Wahrheit (Zhenyan), Nov./Dez. 1995, Deutsche S.2.
38 *Golub*, Stephen S. (Fn.34): S.32; *Ward*, Halina (Fn.34): S.595; *Leary*, Virginia (Fn.4): S.199.
39 *Lawrence*, Robert Z./*Rodrik*, Dani/*Whalley*, John: Emerging Agenda for Global Trade: High Stakes for Developing Countries, Washington, 1996, S.12; *Scherrer*, Christoph (Fn.34): S.14; *Harworth*, Nigel/*Hughes*, Stephen: Trade and International Labour Standards: Issues and Debates over a Social Clause, in: The Journal of International Relations 39 (1997) 2, S.188; *Wet*, Erika de (Fn.26): S.446.
40 *Sapir*, Andre (Fn.25): S.565.
41 *McCrudden*, Christopher/*Davies*, Anne: A Perspective on Trade and Labour Rights, in: Journal of International Economic Law 3 (2000) 1, S.50; *Harworth*, Nigel/*Hughes*, Stephen (Fn.39): S.185, im Hinblick auf die Harmonisierung europäischer Sozialpolitiken *Sapir*, Andre (Fn.25): S.543.
42 *Charnovitz*, Steve (Fn.25): S.7; *Weiss*, Friedl (Fn.25, 1998): S.85; *Lee*, Eddy (Fn.34): S.180ff. *Harworth*, Nigel/*Hughes*, Stephen (Fn.39): S.185; *Compa*, Lance: Labor Rights and Labor Standards in International Trade, Law and Policy in International Business 25 (1993) 1, S.166 *et passim*; *Weiss*, Friedl (Fn.25, 1996): S.175; *Leary*, Virginia (Fn.4): S.78; *Sengenberger*, Werner: International Labour

Standards durch Importe aus "*sweat shops*" unter Deregulierungsdruck[43], der ökonomisch oder psychologisch über den internationalen Wettbewerb vermittelt werde[44]. Für diesen (de-)regulativen Wettbewerb der Institutionen wird die zunehmende Mobilität von Kapital im Vergleich zu Arbeit[45] verbunden mit Liberalisierungen im Zollbereich verantwortlich gemacht[46]. Zudem entzögen sich transnationale Unternehmen faktisch der Regelungshoheit einzelner Staaten, weshalb eine effektive multilaterale Überwachung von Arbeitsstandards nötig sei.[47] Insbesondere wenn die Wettbewerbsfähigkeit eines Produktes von nur einem Faktor abhänge, z.b. von niedrig qualifizierter Arbeit, sei die Gefahr eines destruktiven Wettbewerbs um niedrige Sozialstandards groß.[48] Die Notwendigkeit einer „Sozialklausel" ergebe sich ferner aus einem zunehmend integrierten globalen Arbeitsmarkt, der die wirksame Harmonisierung arbeitsrechtlicher Mindeststandards erfordere.[49] Ein weiteres Argument für eine „Sozialklausel" im Welthandelssystem ist, dass Wettbewerbsvorteile durch niedrige Arbeitsstandards ein regulatives Unterlassen der Regierung darstellen, das unzulässigen Subventionen gleichstehe.[50] Zusammenfassend sei eine „Sozialklausel" zur wirksamen Durchsetzung sozialer Mindeststandards erforderlich, um im internationalen Wettbewerb der Unternehmen und Standorte ein "*level playing field*" zu gewährleisten.[51]

Nach der Gegenansicht geht von niedrigen Sozialstandards kein Anpassungsdruck auf die Handelspartner mit hohem arbeitsrechtlichen Schutzniveau aus.[52] In verschiedenen Arbeitsstandards spiegelten sich nur entsprechende Unterschiede in

---

Standards in a Globalized Economy: The Issues, in: International Labour Standards and Economic Interdependence, Sengenberger, Werner/Campbell, Duncan (Ed.), Genf, 1994, S.3; *Koslowski*, Peter: Ethik des Kapitalismus, 2. Auflage, Tübingen 1984, S.221 unter Verweis auf die im internationalen Wettbewerb abnehmende „Grenzmoral".
43 *Scherrer*, Christoph (Fn.34): S.13; *Ward*, Halina (Fn.34): S.620.
44 *Ward*, Halina (Fn.34): S.609ff.
45 *Langille*, Brian: General Reflections on the Relationship of Trade and Labour (or: Fair Trade is Free Trade's Destiny), in: Fair Trade and Harmonization (Vol.2: Legal Analysis), Bhagwati Jagdish/Hudec, Robert. E. (Ed.), Cambridge MA, 1996, S.237; *Meyer*, Dirk: Social Standards and the New World Trading Order, in: World Competition Law and Economics Review 21 (1998) 6, S.36.
46 *Scherrer*, Christoph (Fn.34): S.10.
47 *Tsogas*, George (Fn.26): S.362.
48 *Emmerij*, Louis: Contemporary Challenges for Labour Standards Resulting from Globalisation, in: International Labour Standards and Economic Interdependence, Sengenberger, Werner/Campbell, Duncan (Ed.), Genf, 1994, S.323; *Edgren*, Gus (Fn.29): S.523 *et passim*.
49 *Tsogas*, George (Fn.26): S.354.
50 *Tsogas*, George (Fn.26): S.362; *Langille*, Brian (Fn.45): S.236.
51 *Lee*, Eddy (Fn.34): S.179; *Langille*, Brian (Fn.23): S.331.
52 *Apolte*, Thomas: Chancen und Risiken nationaler Witschaftspolitik bei hoher Kapitalmobilität, in: Standortwettbewerb, wirtschaftspolitische Rationalität und internationale Ordnungspolitik, Baden-Baden, 1999, S.38.

der Produktivität und Wettbewerbsfähigkeit[53] bzw. im Entwicklungsstand wider[54]. Schlechte Arbeitsbedingungen und Kinderarbeit werden weiterhin als eine zwangsläufig zu durchlaufende Phase der Industrialisierung angesehen, wie die Entwicklung in den industrialisierten Ländern seit dem 19. Jahrhundert zeige.[55] Dementsprechend stellten Sanktionen für niedrige Arbeitsstandards eine Bestrafung für Armut dar.[56] Einige lehnen Sozialklauseln dementsprechend als Hindernis auf dem Weg zu Entwicklung ab.[57] Die Anhebung von Sozialstandards steigert die Lohnkosten und vermindert so die Wettbewerbsfähigkeit von Entwicklungsländern.[58] Angemessen niedrige Arbeitsstandards seien dagegen der Wettbewerbsfähigkeit dienlich und ermöglichen dadurch eine langfristige wirtschaftliche und soziale Entwicklung.[59]

Ein weiteres Argument gegen eine „Sozialklausel" ist, dass auf diese Weise unter dem Deckmantel der Menschenrechte in die Sozialpolitik der Exportstaaten und damit in den Kernbereich nationaler Souveränität eingegriffen werde.[60] Unterschiede in Sozialstandards seien eine innere Angelegenheit der jeweiligen Staaten und Ausdruck deren unterschiedlicher Präferenzen in der Sozialpolitik[61]. Es sei zu befürchten, dass Arbeitsstandards zukünftig in einem multilateralen Forum determiniert werden, und die eigene Regelungshoheit der Entwicklungsländer für ihre Arbeitsbedingungen gemindert wird.[62] Die Idee einer „Sozialklausel" sei daher nur eine neue Form des politischen und moralischen Imperialismus gegenüber den Entwicklungsländern.[63]

---

53 *Golub*, Stephen S. (Fn.34): S.32; *Tsogas*, George (Fn.26): S.354f.; *Third World Network* (Fn.34): S.3.
54 *Mizala*, Alejandra/*Romaguera*, Pilar: Labour Aspects of Economic Integration: MERCOSUR and Chile, in: Integration and Trade 1 (1997) 3, S.107.
55 *Nichols*, Martha: Third World Families at Work: Child Labour or Child Care?, in: Harvard Business Review 71 (1993) 1, S.20.
56 *Workers Rights and Free Trade*, Financial Times v. 28. März 1994, S.13.
57 *Lee*, Eddy (Fn.34): S.177; *Brand*, D./*Hoffmann*, R. (Fn.37): S.33; *Edgren*, Gus (Fn.29): S.525; *Neundörfer*, Konrad (Fn.34): S.15.
58 *Kullmann*, Ullrich (Fn.29): S.534.
59 *Tsogas*, George (Fn.26): S.361.
60 *Tsogas*, George (Fn.26): S.363; *Frost*, Mervyn: Ethics in International Relations: a Constructive Theory, Cambrigde, 1997, S.137; *Stensland*, Juli (Fn.34): S.149; *Weiss*, Friedl (Fn.25, 1996): S.175; *Scherrer*, Christoph: The Pros and Cons of International Labour Standards, in: Social and Environmental Standards in International Trade Agreements, Malanowski, Norbert (Hrsg.), Münster, 1997, S.38; *Vossler Champion*, Karen: Who Pays for Free Trade? The Dilemma of Free Trade and International Labor Standards, in: North Carolina Journal of International Law and Commercial Regulation 22 (1996) 1, S.200.
61 *Sapir*, Andre (Fn.25): S.543.
62 *Stensland*, Juli (Fn.34): S.149.
63 Bhagwati, Jagdish (Fn.25): S.26ff.; Marshall, Ray F.: Trade-Linked Labor Standards, in: Proceedings of the Academy of Political Science 37 (1990) 4, S.72.

Ein weiterer wichtiger Teilaspekt in der Debatte um *Trade&Labour* betrifft den Einfluss des internationalen Wettbewerbs auf Arbeitnehmerrechte. Hierbei geht es insbesondere um die Beantwortung der Frage, inwiefern diese Handelsbezug aufweisen, also *"trade-related"* sind. Hintergrund dieser Fragestellung ist, dass die WTO nur für Themen mit Bezug zum internationalen Handel zuständig ist. Der fehlende Handelsbezug von Arbeitnehmerrechten wird überwiegend damit begründet, dass der Umfang des Nord-Süd-Handels zu gering sei, als dass hiervon Einfluss auf die Arbeitsbedingungen im Norden ausgehen könne.[64] Dementsprechend solle sich auch in Zukunft einerseits die ILO exklusiv um Arbeitsstandards und andererseits die WTO ausschließlich um Handelsfragen kümmern.[65]

Die Gegenansicht sieht Arbeitnehmerrechte als *"trade-related"* an.[66] Dies wird nicht nur mit dem vermeintlich deregulierenden Einfluss des Wettbewerbs im internationalen Warenhandel auf die Arbeitnehmerrechte begründet.[67] Vielmehr wird auch betont, dass zwischen Handel und Arbeitnehmerrechten eine Beziehung in Form positiver Synergieeffekte bestehe[68]. So schaffe liberaler Handel Wohlstand, dessen innerstaatliche Verteilung erst Arbeitnehmerrechte gewährleisten.[69] Ferner ergänzen Arbeitnehmerrechte liberalen Handel, denn sie werden als ein Instrument zur Korrektur von grenzüberschreitendem Marktversagen angesehen.[70] Andere versuchen den Nexus von Handel und Arbeitnehmerrechten über das Konzept der „Nachhaltigen Entwicklung" (*Sustainable Development*) zu begründen[71], das in der WTO-Präambel angesprochen wird.[72] So wird argumentiert, dass die Durchsetzung von Arbeitnehmerrechten der langfristigen ökonomischen[73] und

---

64 *Golub*, Stephen S. (Fn.34): S.14; *Scherrer*, Christoph (Fn.60): S.39.; *Third World Network* (Fn.34): S.1; *OECD*: Trade, Employment and Labour Standards: A Study of Core Workers' Rights and International Trade, Paris, 1996, S.105.
65 *Neundörfer*, Konrad (Fn.34): S.15.
66 *Leary*, Virginia (Fn.4): S.200; *Nichols*, Philip M. (Fn.32): S.680.
67 *Hart*, Michael: A Question of Fairness: the Global Trade Regime, Labour Standards and the Contestability of Markets, Occasional Papers in International Trade Law and Policy, Ottawa, 1996, S.2 *et passim*.
68 *McCrudden*, Christopher/*Davies*, Anne (Fn.41): S.50; *Ehrenberg*, Daniel S.: From Intention to Action, An ILO-GATT/WTO Enforcement Regime for International Labor Rights in: Human Rights, Labour Rights, and International Trade, Compa, Lance/Diamond, Stephen (Ed.), Philadelphia, 1996, S.175.
69 *Harworth*, Nigel/*Hughes*, Stephen (Fn.39): S.185; *Edgren*, Gus (Fn.29): S.524.
70 *Golub*, Stephen S. (Fn.34): S.19; *Feld*, Lars: Sozialstandards und die Welthandelsordnung, in: Außenwirtschaft 51 (1996) 1, S.55f.; *Meyer*, Dirk (Fn.45): S.39.
71 Vgl. *Weiss*, Friedl (Fn.25, 1998): S.88 und S.102.
72 *Weiss*, Friedl (Fn.25, 1996): S.161ff.
73 *Windfuhr*, Michael (Fn.25): S.115 *et passim*.

sozialen[74] Entwicklung diene, da beispielsweise die Abschaffung von Kinderarbeit die nachhaltige Bildung von Humankapital ermögliche[75]. Weiterhin wird die (Selbst-) Beschränkung der WTO auf „handelsbezogene" Themen als willkürlich angezweifelt, da die Beurteilung des Handelsbezuges eines Themas vom jeweiligen Blickwinkel abhänge.[76] Entscheidend sei vielmehr, dass die Durchsetzungsmechanismen der ILO zur Durchsetzung der fundamentalen Arbeitnehmerrechte unzureichend sind.[77] Für deren wirksame Durchsetzung bedürfe es deshalb notfalls negativer handelspolitischer Anreize.[78] Die WTO sei dafür die geeignete Organisation, weil sie mit ihrem Streitschlichtungssystem über einen effektiven Implementierungsmechanismus verfüge.[79] Für die Implementierung von Arbeitnehmerrechten in der WTO spreche ferner, dass hier eine multilaterale Lösung zum Problemkreis *Trade&Labour* angestrebt werden kann, denn bilaterale oder regionale Abkommen bergen die Gefahr von Wettbewerbsverzerrungen.[80]

Gegen eine Befassung der WTO mit Arbeitnehmerrechten wird jedoch zu bedenken gegeben, dass sich die Welthandelsorganisation mit dem Thema *Trade&Labour* auf eine "*slippery slope*" begebe[81], denn in der Folge werden sich die Forderungen nach politischer Harmonisierung durch Handelsmaßnahmen auf immer neue Themenbereiche erstrecken.[82] Sofern sich die WTO dennoch mit Arbeitnehmerrechten befasse, werden dadurch die Grundlagen des Welthandelssystems angetastet[83]. Gleichzeitig werde die Funktion des Streitschlichtungsmechanismus durch den politischen Dissens über die Arbeitnehmerrechte bedroht[84].

Dem lässt sich entgegenhalten, dass sich die WTO mit einer Lockerung ihrer Spezialisierung auf Handelsfragen nicht auf eine "*slippery slope"* begebe, denn sie

---

74 *Weiss*, Friedl (Fn.25, 1996): S.175.
75 *Grossmann*, Harald/*Koopmann*, Georg: Sozialstandards für den internationalen Handel? Wirtschaftsdienst 74 (1994) 11, S.591.
76 *Leary*, Virginia (Fn.4): S.200.
77 *Donahue*, Thomas R.: Workers' Rights in the Global Village: Observations of an American Trade Unionist, in: International Labour Standards and Economic Interdependence, Sengenberger, Werner/Campbell, Duncan (Ed.), Genf, 1994, S.201, *Stensland*, Juli (Fn.34): S.149; *Weiss*, Friedl (Fn.25, 1998): S.81; *Scherrer*, Christoph (Fn.60): S.38.
78 *Stückelberger*, Christoph (Fn.32): S.83.
79 *Windfuhr*, Michael (Fn.25): S.118.
80 *Stückelberger*, Christoph (Fn.32): S.84.
81 *Scherrer*, Christoph (Fn.34): S.18; *UNICE*: Preliminary Comments on "Trade and Social Clauses", Position Paper v. 29. März, Brüssel, 1994.
82 *Salazar-Xirinachs*, Jose M. (Fn.82): S.381.
83 *Salazar-Xirinachs*, Jose M. (Fn.82): S.383 in Bezug auf die Unterscheidung von Produkt und Herstellungsverfahren in der WTO.
84 *Salazar-Xirinachs*, Jose M. (Fn.82): S.384.

kooperiert bereits heute problemlos mit anderen spezialisierten internationalen Organisationen bei der Durchsetzung internationaler Standards. Als Beispiele werden die Verweise auf die Standards regionaler und internationaler Organisationen im SPS-Abkommen[85] oder die Zusammenarbeit der WIPO und der WTO bei der Durchsetzung der Mindeststandards zum Schutz geistigen Eigentums angeführt[86].

Letztlich wird gegen arbeitsrechtliche Regelungen in der WTO eingewandt, dass diese die Unterstützung der Entwicklungsländer für die Arbeit der ILO kosten wird und sich nachteilig auf die zukünftige Vereinbarung arbeitsrechtlicher Standards auswirken wird.[87] Eine „Sozialklausel" schwäche daher die ILO und die Vertragsorgane der Menschenrechtspakte, die sich um die „weiche" Implementierung der fundamentalen Rechte in der Arbeit bemühen.[88] Auch zu diesem Argument existiert eine entsprechende Gegenansicht, die betont, dass eine Zusammenarbeit der ILO mit der WTO im Rahmen einer „Sozialklausel" die Bedeutung der ILO als Organisation steigert und mit der Durchsetzung der Kernkonventionen den Zielen der Arbeitsorganisation dient.[89] Gleiches wird für das *Committee for Economic, Social and Cultural Rights* als Organ des WSK-Pakts geltend gemacht. Dessen Staatenberichtsverfahren hinsichtlich der im WSK-Pakt enthaltenen Menschenrechte in der Arbeit könnte durch eine Sanktionsdrohung in der WTO ebenfalls eine neue Bedeutung erlangen.[90]

Ein weiterer Streitpunkt in der Debatte um *Trade&Labour* ist, welchen Umfang der arbeitsrechtliche Schutzbereich einer „Sozialklausel" haben soll. Eine Antwort auf die Frage, welches die international anerkannten Arbeitsstandards sind, wird daher als wesentliche Voraussetzung für eine Verknüpfung von Handel und Arbeitnehmerrechten angesehen.[91]

Die Gegner einer „Sozialklausel" sehen das Konzept einheitlicher internationaler sozialer Mindeststandards schon deshalb als verfehlt an, da zwischen den

---

85 *Scherrer*, Christoph (Fn.34): S.19, *Ward*, Halina (Fn.34): S.614.
86 *Leary*, Virginia (Fn.4): S.201.
87 *Myrdal*, Hans-Göran: The ILO in the Cross-Fire: Would it Survive the Social Clause?, in: International Labour Standards and Economic Interdependence, Sengenberger, Werner/Campbell, Duncan (Ed.), Genf, 1994, S.351 *et passim*.
88 *Harworth*, Nigel/*Hughes*, Stephen (Fn.39): S.185.
89 *Waer*, Paul (Fn.25): S.40.
90 *Wet*, Erika de (Fn.26): S.455, der WSK-Pakt (Internationaler Pakt über wirtschaftliche, soziale und kulturelle Rechte) ist abgedruckt in: BGBL. 1973 II, S.1570ff.
91 *Bhagwati*, Jagdish (Fn.35): S.753; *Leary*, Virginia (Fn.4): S.214; *McCrudden*, Christopher/*Davies*, Anne (Fn.41): S.51; *Windfuhr*, Michael (Fn.25): S.115 und S.119.; *Ward*, Halina (Fn.34): S.619, *Edgren*, Gus (Fn.29): S.527.; vgl. ferner *Leary*, Virginia (Fn.4): S.181; *Golub*, Stephen S. (Fn.34): S.32

Handelspartnern erhebliche ökonomische, gesellschaftliche und kulturelle Unterschiede bestehen.[92] Kulturspezifische Arbeitsstandards werden nicht dadurch universell akzeptabel, dass man sie *"labour rights"* nenne und den Menschenrechten gleichsetze.[93] Diese Relativität von Sozialstandards werde durch Begriffe wie „faire", „echte" oder „legitime" Kostenvorteile nur unzureichend kaschiert.[94] Die Gegenansicht fragt dagegen nicht, *ob* es international anerkannte Arbeitsnormen gebe, sondern lediglich, wo die Grenze zwischen grundlegenden Arbeitnehmerrechten und einfachen Sozialstandards verläuft[95]. Die Befürworter einer „Sozialklausel" betonen dementsprechend, dass die fundamentalen Arbeitsstandards als Menschenrechte in der Arbeit entwicklungsunabhängig zu respektieren sind[96]. Dies wird auch damit begründet, dass von diesen Rechten ein universeller moralischer Imperativ ausgehe[97]. Andere sehen den fundamentalen Charakter bestimmter Rechte darin, dass diese in der Verfassung der ILO anerkannt sind[98]. Deshalb sei es eine Aufgabe der Staatengemeinschaft, fundamentale soziale Mindeststandards möglichst effektiv durchzusetzen.[99]

Ein letzter Schwerpunkt in der Debatte um *Trade&Labour* betrifft die Eignung von Handelssanktionen als Instrument zur Durchsetzung von Arbeitnehmerrechten. Einige sind ganz allgemein der Ansicht, dass Sanktionen nicht zur Verbesserung der arbeitsrechtlichen Situation in den Zielländern beitragen.[100] Handelssanktionen zur Durchsetzung von Arbeitnehmerrechten verfehlten ihr humanitäres Ziel[101], denn gerade mangelnde wirtschaftliche Ressourcen seien die Ursache für niedrige Arbeitsstandards.[102] Zudem gehen Handelssanktionen fehl, denn sie sind in ihrer Wirkung auf den Exportsektor begrenzt, wo im Landesvergleich aber oftmals die besten Arbeitsbedingungen anzutreffen sind[103]. Zudem

---

92 *Salazar-Xirinachs*, Jose M. (Fn.82): S.381; *Stensland*, Juli (Fn.34): S.149; *Kelleher*, James P.: The Child Labour Deterrence Act: American Unilateralism and the GATT, Minnesota Journal of World Trade 3 (1994) 1, S.181; *Nichols*, Martha (Fn.55): S.12ff.
93 *Bhagwati*, Jagdish (Fn.25): S.26ff..
94 *Bhagwati*, Jagdish (Fn.35): S.754.
95 *Golub*, Stephen S. (Fn.34): S.32.
96 *Mah*, Jai Sheen (Fn.25): S.299; *Compa*, Lance (Fn.42): S.176.
97 *Lee*, Eddy (Fn.34): S.181.
98 *Lee*, Eddy (Fn.34): S.184.
99 *Windfuhr*, Michael (Fn.25): S.118.
100 *Salazar-Xirinachs*, Jose M. (Fn.82): S.381; *Neundörfer*, Konrad (Fn.34): S.15.
101 *Feld*, Lars (Fn.70): S.63.
102 *Salazar-Xirinachs*, Jose M. (Fn.82): S.382f.
103 *Raghavan*, Chakravarthi (Fn.14): S.28; *Edgren*, Gus (Fn.29): S.525; *Caire*, Guy: Labour Standards and International Trade, in: International Labour Standards and Economic Interdependence, Sengenberger, Werner/Campbell, Duncan (Ed.), Genf, 1994, S.304.

seien Sanktionen oder Boykotte gegen exportorientierte Unternehmen jedenfalls dann ungerechtfertigt, wenn diese für die ihnen nicht zurechenbaren arbeitsrechtlichen Praktiken ihrer Lieferanten verantwortlich gemacht werden sollen.[104]

Auch hinsichtlich freiwilliger Programme, wie *social labelling* als Substitut für Sozialklauseln, sind die Ansichten geteilt.[105] Einige erkennen diese Initiativen eher als Ergänzung, denn als Alternative für eine „Sozialklausel" an.[106] Andere sehen freiwillige Initiativen und Anreizsysteme gegenüber dem Konzept von Sozialklauseln zumindest auf dem Vormarsch[107] oder sogar als besser geeignet an[108]. Als Ergänzung zu einer „Sozialklausel" wird angeregt, den betroffenen Ländern zur Verbesserung ihrer arbeitsrechtlichen Situation technische Unterstützung zu gewähren.[109]

C. Problemstellung und Methodik

Der Meinungsstand zum Themenkreis *Trade&Labour* hat verdeutlicht, dass inzwischen fast alle Einzelargumente über das für und wider der Konditionierung des Marktzugangs durch Arbeitnehmerrechte ausgetauscht sind. Es scheint deshalb bereits absehbar, dass die eindimensionale Debatte um die Vor- und Nachteile von Sozialklauseln demnächst ihr Ende finden wird und analog zum Themenkreis Handel und Umwelt in die verschiedenen Einzelaspekte einer Verknüpfung von *Trade&Labour* zerfallen wird. Dann wird weniger das „ob", als die verschiedenen Aspekte des „wie" einer Kodifikation von Arbeitnehmerrechten im Welthandelssystem kritisch diskutiert werden.

Ferner wurde die Debatte um Sozialklauseln im Welthandelssystem von Beginn an von interessenpolitisch eingefärbten Beiträgen geprägt.[110] Dabei stehen sich die Befürworter und Gegner nicht nur auf handelspolitischem Parkett unversöhnlich

104 *Nichols*, Martha (Fn.55): S.12ff.
105 Zu weichen handelspolitischen Implementierungsmechanismen wie Labelling siehe ausführlich unten, S. 478ff.
106 *Waer*, Paul (Fn.25): S.41.
107 *Tsogas*, George (Fn.26): S.364.
108 *Stückelberger*, Christoph (Fn.32): S.84, für ein globales *social label* der ILO plädierend *Mayne*, Ruth/*LeQuesne*, Caroline: Calls for Social Trade, in: Global Trade and Global Social Issues, Taylor, Annie/Thomas, Caroline (Ed.), London (e.a.), 1999, S.97f.
109 *Ward*, Halina (Fn.34): S.613.
110 Für einige Hintergründe über die Kampagne der US-amerikanischen Gewerkschaftsbewegung für das Thema *Trade & Labour* vgl. *Destler*, I.M./*Balint*, Peter J.: The New Politics of American Trade: Trade, Labour and the Environment, Washington DC, 1999, S.15 sowie S.21.

gegenüber. Auch im wissenschaftlichen Meinungsstreit dominierten bisher die polarisierenden Beiträge. Dabei haben die Befürworter einer Verknüpfung von *Trade&Labour* oft allein die wirksame Durchsetzung der Menschenrechte in der Arbeit im Blick, blenden dabei jedoch die protektionistischen Gefahren für das liberale Welthandelssystem aus. "*Freetrader*" beschränken sich dagegen häufig auf die Ablehnung jeglicher Befassung der WTO mit dem Themenkreis *Trade&Labour*, ohne dabei der sozialen Dimension des fortschreitenden Globalisierungsprozesses Beachtung zu schenken.

Anstatt die Fragestellung *Trade&Labour* auf diese Weise mit „entweder – oder" zu beantworten, wird mit der vorliegenden Arbeit der Versuch unternommen, Antworten im Sinne eines „sowohl – als auch" aufzuzeigen. Der hierfür gewählte methodische Ansatz besteht darin, anhand der deduktiv gewonnenen Grundlagen des Welthandelssystems und der Grundsätze des internationalen Arbeitsrechts zu einer Synthese von *Trade&Labour* zu gelangen. Ein solch normativ-dogmatisches Vorgehen ermöglicht es zu untersuchen, inwiefern sich Instrumente zur wirksamen Durchsetzung von Menschenrechten in der Arbeit konsistent in die Welthandelsordnung integrieren lassen und worin dabei die Tücken im rechtlichen Detail liegen.

Hierfür wird im zweiten Kapitel anhand der ökonomischen Grundlagen des Welthandelssystems dargestellt, dass liberaler Handel den Wohlstand der beteiligten Handelspartner insgesamt steigert und Protektionismus hierzu keine Alternative darstellt. Aus den wohlfahrtsökonomischen Grundlagen des Welthandelssystems folgt, dass das Konzept einer „Sozialklausel" in der WTO nicht als protektionistische „Globalisierungsbremse" instrumentalisiert werden darf. Anspruch an die optimale Kodifikation einer „Sozialklausel" darf es ferner nicht sein, zur effektiven Durchsetzung von Arbeitnehmerrechten die Implementierungsmechanismen der WTO „um jeden Preis" heranzuziehen. Vielmehr sollte bei einer Verknüpfung von *Trade&Labour* die Einheit der Rechtsordnung des Welthandelssystems in größtmöglichem Umfang gewahrt werden. Um dies sicherzustellen, werden in einem zweiten Schritt die rechtlichen Grundlagen des Welthandelssystems analysiert. Aus ihnen werden im sechsten Kapitel die Kriterien entwickelt, an denen sich eine Synthese von *Trade&Labour* messen lassen muss.

Im dritten Kapitel werden als Antithese zu den Grundlagen des liberalen Handelssystems die Grundsätze des internationalen Arbeitsrechts untersucht, wie sie in der *ILO Declaration on Fundamental Principles and Rights at Work* aus dem Jahre 1998 definiert wurden. Mit dieser Analyse wird die Frage nach den fundamentalen Rechten und Prinzipien in der Arbeit als vorläufigem arbeitsrechtlichem Inhalt für eine Synthese von *Trade&Labour* beantwortet.

Im vierten Kapitel wird untersucht, inwieweit zwischen Handel und Arbeitnehmerrechten als These und Antithese ein ökonomisch begründbarer Zusammenhang besteht. Ein solcher Nexus wird nahezu einhellig als *conditio sine qua non* für eine Synthese von *Trade&Labour* in der WTO angesehen.

Im fünften Kapitel werden verschiedene Fallstudien unternommen, anhand derer die Vereinbarkeit unterschiedlicher Handelsmaßnahmen zur Durchsetzung fundamentaler Arbeitnehmerrechte mit WTO-Recht *de lege lata* untersucht wird. Damit wird insofern juristisches Neuland betreten, als weder unter der GATT-noch unter der WTO-Streitschlichtung bisher über die Rechtmäßigkeit von Handelsmaßnahmen zur Durchsetzung von Arbeitnehmerrechten entschieden wurde.

Im sechsten Kapitel werden die Möglichkeiten und Grenzen einer Implementierung von Arbeitnehmerrechten in der WTO *de lege ferenda* untersucht. Anhand der Ergebnisse der vorangegangenen Kapitel wird sowohl analysiert, inwiefern sich unterschiedliche Regelungstechniken einer „Sozialklausel" zur Implementierung der fundamentalen Arbeitnehmerrechte eignen, als auch, inwieweit sie systemkonform in die Rechtsordnung der WTO integriert werden können.

Im letzten Kapitel werden „weiche" handelspolitische Ansätze zur Implementierung von Arbeitnehmerrechten als Alternative zu einer WTO-Sozialklausel dargestellt. Dabei könnte es insbesondere dem UN Global Compact gelingen, der Forderung nach einer WTO-Sozialklausel *de lege ferenda* die politische Schärfe zu nehmen.

Zweites Kapitel

Die Grundlagen des Welthandelssystems

In diesem Kapitel werden die wirtschaftstheoretischen und rechtlichen Grundlagen des GATT analysiert.[1] Das Ergebnis der ökonomischen Analyse kann vorweggenommen werden. Liberaler Handel nutzt allen beteiligten Handelspartnern und darf deshalb bei einer „Sozialklausel" nicht dem Bedürfnis nach effektiver Durchsetzung grundlegender Arbeitsstandards untergeordnet werden. Eine nachhaltige, politisch akzeptable und letztlich auch realisierbare Lösung des Konflikts um eine „Sozialklausel" bedingt, dass den Wertsystemen des Freihandels und der Menschenrechte in der Arbeit gleichermaßen Rechnung getragen wird.

A. Wirtschaftstheoretische Grundlegung liberalen Handels

Bei einer Synthese von Handel und Arbeitnehmerrechten in der WTO müssen die wirtschaftstheoretischen Grundlagen des Welthandelssystems berücksichtigt werden, auf die deshalb im folgenden zuerst eingegangen wird.

I. Klassische und neoklassische politische Ökonomie

1. Die Theorie der absoluten Kostenvorteile

Die *Theorie der absoluten Kostenvorteile* gilt als wirtschaftstheoretische Grundlegung und Rechtfertigung für liberalen Außenhandel[2]. Sie besagt zusammenfassend, dass Abbau von Handelsschranken den Wohlstand der beteiligten

---

1 General Agreement on Tariffs and Trade (GATT), abgedruckt in *WTO*: The Legal Texts: The Results of the Uruguay Round of Multilateral Trade Negotiations, Genf, 1999, S.424ff.; deutsche Übersetzung in *Hummer*, Waldemar/*Weiß*, Friedl: Vom GATT '47 zur WTO '94, Wien, 1994, Nr.47, S.553.
2 Statt vieler *Borchert*, Manfred: Außenwirtschaftslehre, 6.Auflage, Wiesbaden, 1999, S.345f.; *Dieckenheuer*, Gustav: Internationale Wirtschaftsbeziehungen, 3.Auflage, München, 1995, S.31f.; *Krugman*, Paul R./*Obstfield*, Maurice: International Economics, Theory and Policy, Reading MA (e.a.), 4. Auflage, 1997: S.220; für eine bis in das Altertum zurückreichende politische Ideengeschichte des Freihandels siehe *Irwin*, Douglas: Against The Tide: An Intellectual History of Free Trade, Princeton NJ, 1996.

Handelspartner insgesamt steigert. Liberaler Außenhandel in der WTO wird daher nicht als Selbstzweck angestrebt, sondern dient als Mittel zur Verbesserung der Lebensqualität in den am Handel beteiligten Ländern.

Das Modell der absoluten Kostenvorteile stellte zur Zeit seiner Entwicklung einen Gegenentwurf zum herrschenden Merkantilismus dar.[3] Der Merkantilismus ist binnen- und außenwirtschaftlich ein von staatlichem Interventionismus geprägtes Wirtschaftssystem. Primäres außenwirtschaftliches Ziel dieser Politik ist es, eine positive Handelsbilanz zu erreichen, um den nationalen Wohlstand zu mehren.[4] Kennzeichnend für den klassischen Merkantilismus waren Marktzugangs-beschränkungen durch Kartelle, wie beispielsweise die Zünfte. Aber auch Steuern und ein hohes Maß an Regulierung beschränkten Nachfrage und Handel.[5] Dieser Wirtschaftspolitik lag die Furcht zugrunde, dass der Export von Rohstoffen und die Einfuhr von Fertigwaren einheimischen Unternehmen schaden und Arbeitsplätze vernichten würde.[6]

Der liberale Gegenentwurf zur merkantilistischen Außenwirtschaftspolitik setzt auf die Ausnutzung von Kostenvorteilen durch internationale Arbeitsteilung. Diese Einsicht resultiert aus einer Übertragung binnenwirtschaftlicher Erkenntnisse auf den Außenhandel. In der Binnenwirtschaft führen Arbeitsteilung und Spezialisierung zur Erhöhung der Effizienz, da Zeit gespart wurde, die beim Wechsel von einer Arbeitsart zur anderen verloren geht.[7] Die binnenwirtschaft-liche Arbeitsteilung ermöglicht die Erfindung von Maschinen und führt dadurch zu weiteren Produktivitätsfortschritten.[8] Verbunden mit einer Erhöhung der Wahl-möglichkeiten auf der Angebotsseite erhalten Konsumenten so für ihre Mittel den größtmöglichen Gegenwert. Das Leitbild des individuell größten Gegenwertes gebietet es nicht nur, beim Kauf auf ein vorteilhaftes Tauschverhältnis zu achten, sondern auch niemals selbst etwas herzustellen, was man kostengünstiger kaufen kann. Zunächst dient die Nachfrage eines kostengünstig hergestellten Produktes

---

3 *Jackson*, John H.: The World Trading System: Law and Policy of International Economic Relations, 2nd Edition, Cambridge MA (e.a.), 1997: S.14; *Kenen*, Peter B.: The International Economy, 4. Auflage, Cambridge, 2000: S.9; *Wagner*, Helmut: Einführung in die Weltwirtschaftspolitik, München, 1993, S.32f.

4 *Trebilcock*, Michael J./*Howse*, Robert: The Regulation of International Trade, 2nd Edition, London (e.a.), 1999, S.2.

5 *Hettne*, Björn: The Concept of Neomercantilism, in: Mercantilist Economies, Magnusson, Lars (Ed.), Uppsala, 1993, S.235.

6 *Trebilcock*, Michael J./*Howse*, Robert (Fn.4): Regulation of International Trade, S.2.

7 Vgl. *Krugman*, Paul R./*Obstfield*, Maurice (Fn.2): S.220; *Ethier*, Wilfried J.: Moderne Außenwirtschaftstheorie, München 1991, S.14f.; *Kenen*, Peter B. (Fn.3): S.45ff.

8 *Smith*, Adam: Der Wohlstand der Nationen - Eine Untersuchung seiner Natur und seiner Ursachen (1776), Nachdruck: München, 1974, S.16.

der Steigerung des individuellen Nutzens.[9] Als Nebeneffekt unterstützt der nach seinem Vorteil strebende Einzelne aber diejenigen Hersteller, die ihre Produktionsfaktoren effizient einsetzen. Die verbesserte Allokation der vorhandenen Ressourcen kommt letztlich der Volkswirtschaft insgesamt zugute.

Diese binnenwirtschaftlichen Erkenntnisse werden durch die Theorie der absoluten Kostenvorteile auf den Außenhandel übertragen. Voraussetzung für eine effiziente internationale Arbeitsteilung ist demnach, dass sich die Staaten auf die Herstellung derjenigen Produkte konzentrieren, in denen sie einen absoluten Kostenvorteil besitzen.[10] Ein absoluter Kostenvorteil besteht dann, wenn an einem Standort ein Gut effizienter als von den Handelspartnern hergestellt werden kann. Dementsprechend verbietet sich grundsätzlich die Produktion von Gütern, die im Ausland günstiger hergestellt werden können. Die Herstellung am bestgeeigneten Standort gewährleistet die effiziente Allokation der Produktionsfaktoren. Das steigert nicht nur den Nutzen für den Exportstaat, sondern für alle am liberalen Handel beteiligten Staaten insgesamt.

Die Nachfrage wird jedoch nur dann auf effizient produzierte Waren gelenkt, wenn diese tatsächlich einen Preisvorteil aufweisen. Handels- und Marktzugangsbeschränkungen verfälschen die Preise zuungunsten von Importen. Verfälschte Preise verhindern wiederum, dass sich Konsumenten für das effizient hergestellte Produkt entscheiden, wodurch die Lenkungswirkung der Marktmechanismen nicht greift. Staatliche Handelsschranken fördern daher die Herstellung an sub-optimalen Produktionsstandorten und mindern die gesamtwirtschaftliche Wohlfahrt. Aus diesen Gründen wurde merkantilistische Wirtschaftspolitik auf Basis der Theorie der absoluten Kostenvorteile abgelehnt und statt dessen eine Liberalisierung des Außenhandels propagiert.

Veranschaulichen lässt sich die Theorie der absoluten Kostenvorteile an einem Modell mit zwei Produktionsstandorten, die zunächst in Autarkie zwei identische Güter herstellen. Dabei wird vorausgesetzt, dass ein Standort dem anderen in der Herstellung jeweils eines der beiden Güter überlegen ist. Die Aufnahme des Handels führt zur Konzentration der Herstellung an demjenigen Standort, der für die Produktion eines Gutes einen Kostenvorteil aufweist. Der Wettbewerb der Standorte führt letztlich dazu, dass sich beide Länder auf die Herstellung der Pro-

---

9 Zum Eigeninteresse als Maxime bei Adam Smith vgl. *Sen*, Amartya K: On Ethics and Economics, Oxford, 1987, S.22ff.
10 Bei Smith und später auch bei Ricardo ist stets vom Handel zwischen „Staaten" die Rede. Allerdings sei darauf hingewiesen, daß Außenhandel selten von staatlichen, sondern meist von privaten Wirtschaftssubjekten betrieben wird.

dukte spezialisieren, in denen ihr Kostenvorteil besteht. So werden beide Güter letztendlich ausschließlich am jeweils bestgeeigneten Standort hergestellt. Durch die Arbeitsteilung verbilligen sich beide Produkte, die vorhandenen Ressourcen werden effizient genutzt und es entstehen Wohlfahrtseffekte für beide Handelspartner.[11]

Die Theorie der absoluten Kostenvorteile bietet ein sehr einfaches Erklärungsmodell, jedoch keine abschließende Rechtfertigung für liberalen Außenhandel. Die Theorie der absoluten Kostenvorteile setzt voraus, dass jedes am freien Handel beteiligte Land zumindest in der Herstellung einer Spezialität den übrigen Handelspartnern überlegen ist. Nicht begründen lässt sich anhand des Modells, warum ein Land, das bei keiner hergestellten Ware einen absoluten Kostenvorteil gegenüber seinen Handelspartnern besitzt, seinen Markt öffnen sollte.[12] Hierfür bedurfte es einer Weiterentwicklung dieses Modells durch die Theorie der komparativen Kostenvorteile.

2. Die Theorie der komparativen Kostenvorteile

Die *Theorie der komparativen Kostenvorteile* liefert eine Erklärung dafür, warum sich liberaler Handel auch für Länder ohne *absolute,* sondern mit bloß *komparativen* Kostenvorteilen lohnen kann.[13] Ein sog. komparativer Kostenvorteil liegt bei dem Produkt vor, welches ein Land zwar nicht notwendig effizienter als die Handelspartner, jedoch vergleichsweise effizient herstellt. Die Theorie vom komparativen Kostenvorteil wird häufig für die Rechtfertigung liberalen Handels herangezogen, da sie erklärt, warum sich der Abbau von Handelsschranken für alle Handelspartner als *win-win-situation* darstellt und sich deshalb auch für Länder ohne absolute Kostenvorteile lohnt[14]. Um von liberalem Handel zu profitieren, müssen sich alle Staaten auf die Herstellung und den Austausch der Güter spezialisieren, in denen ihr Kostenvorteil vergleichsweise am größten ist. So verbleibt auch für ein bei allen Handelsgütern unterlegenes Land die Herstellung einer Spezialität, mit der es sich an der internationalen Arbeitsteilung beteiligen kann. Diese Wirkung der Theorie der komparativen Kostenvorteile wird üblicherweise am klassischen, ricardianischen Modell illustriert, wonach zwei unterschiedlich

---

11 *Koch,* Eckhard: Internationale Wirtschaftsbeziehungen, 2.Auflage, München, 1997, Bd.1, S.82f.
12 *Dieckenheuer,* Gustav (Fn.2): S.31.
13 *Koch,* Eckhard (Fn.11): S.83ff.; *Kenen,* Peter B. (Fn.3): S.4; *Ethier,* Wilfried J. (Fn.7): S.7ff.
14 *Nunnenkamp,* Peter: Winners and Losers in the Global Economy: Recent Trends in the International Division of Labour and Policy Challenges, Institut für Weltwirtschaft, Kiel, 1996, S.9.

wettbewerbsfähige Standorte den Handel mit Tuch und Portwein zum beiderseitigen Vorteil liberalisieren.[15] In der handelsrechtlichen Literatur wird die einfache Theorie der komparativen Kosten-vorteile als ökonomische Rechtfertigung des liberalen Welthandelssystems vielfach als ausreichend angesehen.[16]

Beim ricardianischen Modell handelt es sich allerdings um ein einfaches Erklärungsmodell, das nicht als umfassende Rechtfertigung des Freihandels in der Praxis herangezogen werden kann, wie anhand der folgenden zwei Einschränkungen deutlich wird.

Erstens ist das ricardianische Modell zur Erklärung der Theorie der komparativen Kostenvorteile insofern vereinfacht, als dass allein der Produktionsfaktor Arbeit betrachtet wird.[17] Die Herstellung verschiedener Güter basiert jedoch zu unterschiedlichen Anteilen auf den verschiedenen Produktionsfaktoren, die in der Realität nicht substituierbar sind. So bedeutet die Einstellung der Produktion eines arbeitsintensiven Gutes nicht, dass die freiwerdenden Ressourcen an Arbeitskraft für eine proportionale Ausweitung der Produktion, z.B. eines bodenintensiven Gutes, genutzt werden können.[18]

---

15 *Ricardo*, David: On the Principles of Political Economy and Taxation (1817), Nachdruck: Hildesheim, 1977, S.158ff. nahm an, die zwei Länder England und Portugal produzieren zwei Güter, nämlich Portwein und Tuch, deren Produktion unterschiedlich viel Arbeitseinheiten kostet, wobei beide Staaten nur über eine begrenzte Zahl von Arbeitskräften verfügen. Dabei soll England für die Herstellung von Tuch 100 und für Wein 120 Arbeitseinheiten benötigen, Portugal jedoch nur 90 bzw. 80. Dadurch ist offensichtlich, daß Portugal gegenüber England einen absoluten Kostenvorteil bei beiden Produkten besitzt. Der Vorteil ist mit 40 Arbeitseinheiten bei Portwein jedoch größer, als in der Produktion von Tuch. Deshalb sollte sich Portugal ganz auf die Produktion von Wein und England auf die Herstellung von Tuch spezialisieren. Im Ergebnis läuft diese Spezialisierung darauf hinaus, daß portugiesischer Wein gegen englisches Tuch getauscht wird. Um den Nutzen des Außenhandels in diesem Beispiel zu verdeutlichen, muß man die Autarkiekosten mit den Kosten im „Tauschhandel" vergleichen. Nimmt man an, beide Staaten benötigen je drei Einheiten Tuch und Portwein, so würde Portugal 510 und England 660 Arbeitseinheiten für die autarke Herstellung beider Güter benötigen. Bei Spezialisierung beider Länder würde Portugal lediglich 480 Einheiten (-30) für die Herstellung von Port und England 600 (-60) Arbeitseinheiten für das insgesamt nachgefragte Tuch benötigen. Die Spezialisierung und der nachfolgende Austausch von drei Einheiten Tuch gegen den Portwein brächte beiden Handelspartnern eine Ersparnis von insgesamt 90 Arbeitseinheiten. Für verschiedene Varianten dieser Modellrechnung zur Illustration des einfachen ricardianischen Modells vgl. *Jackson*, John H. (Fn.3): S.15; *Ethier*, Wilfried J. (Fn.7): S.9; *Koch*, Eckhard (Fn.11): S.83.
16 *Trebilcock*, Michael J./*Howse*, Robert (Fn.4): S.5; ähnlich, aber die Theorie der komparativen Kostenvorteile mißverständlich als Prinzip der Welthandelsordnung ansehend *Mehmet*, Ozay/*Mendes* Errol/*Sinding*, Robert: Towards a Fair Global Labour Market: Avoiding a New Slave Trade, New York, 1999, S.106.
17 *Kenen*, Peter B. (Fn.3): S.83; *Maennig*, Wolfgang/*Wilfing*, Bernd: Außenwirtschaft, München, 1998, S.127.
18 *Trebilcock*, Michael J./*Howse*, Robert (Fn.4): S.5; vgl. auch *Krugman*, Paul R./*Obstfield*, Maurice (Fn.2): S.67.

Zweitens bleibt es in der weltwirtschaftlichen Realität fraglich, warum an mit Kostenvorteilen ausgestatteten Standorten auf die Herstellung bestimmter Güter verzichtet werden sollte. Die Theorie komparativer Kostenvorteile nimmt an, dass trotz der absoluten Überlegenheit eines Standortes sich nicht alle Produktion in einem Land kumuliert. Dem liegt die Annahme beschränkter Produktionskapazitäten zugrunde, wonach der überlegene Standort nicht in der Lage ist, die Nachfrage der Handelspartner in allen Gütern zu befriedigen.[19] Insofern erscheint das einfache ricardianische Modell in Anbetracht des Überangebots an Arbeitskräften in Industrieländern sowie hoher Kapitalmobilität und -verfügbarkeit realitätsfern. Wenn ein Staat aber den Gesamtbedarf aller Handelspartner an den gehandelten Waren herstellen kann, werden sich alle Vorteile liberalen Außenhandels am günstigsten Standort konzentrieren.

Um zu erklären, warum dies nicht geschehen wird, kann man das einfache ricardianische Modell um einen Geldmengenmechanismus erweitern. Mit der Zunahme des Exports steigt die Geldmenge und damit die Inflation, wodurch letztlich auch die Preise für Güter ansteigen. Im Importstaat sinkt dagegen die Geldmenge und damit auch die Preise für Waren und Arbeitskraft, wodurch die Wettbewerbsfähigkeit wieder zunimmt. Dieser Effekt hält solange an, bis wieder entgegengesetzte Warenströme entstehen.[20]
Die Vertiefung des ricardianischen Modells durch Einwände und darauf folgende Erweiterungen ist in der ökonomische Literatur bis heute nicht abgeschlossen. Auf sie kann in dieser Arbeit nur verwiesen werden.[21]

Es hat sich jedoch gezeigt, dass es sich bei der Theorie der komparativen Kostenvorteile um ein unvollständiges, von bestimmten Voraussetzungen abhängiges einfaches Erklärungsmodell handelt[22]. Ein einfaches ökonomisches Modell ist nur begrenzt geeignet, eine Anleitung oder auch nur eine Erklärung über die dynamischen Wirkungszusammenhänge der internationalen Wirtschafts- und

---

19 In der Ökonomie nennt man diese Voraussetzung ein *effizientes Produktionsmuster*, bei dem es unmöglich ist, die Produktion eines beliebigen Gutes ohne die Reduktion des Outputs eines anderen Gutes zu erhöhen, vgl. *Ethier*, Wilfried J. (Fn.7): S.10.
20 Für eine anschauliche Erläuterung notwendiger Erweiterungen des ricardianischen Modells siehe *Krugman*, Paul R.: Der Mythos vom globalen Wirtschaftskrieg, Frankfurt am Main (e.a.), 1999, S.72ff. und S.107ff.
21 Weiterführend *Bardhan*, P.K.: Economic Growth, Development and Foreign Trade. A Study in Pure Theory, New York, 1970: S.39ff.; *Dieckenheuer*, Gustav (Fn.2): S.40ff.
22 Für die im einfachen ricardianischen Modell gesetzten Bedingungen vgl. *Borchert*, Manfred (Fn.2): S.55f.; für die eingeschränkte Übertragbarkeit des Modells auf die Realität, insbesondere bei Nichtberücksichtigung der Transaktionskosten von Standortverlagerungen *Nunnenkamp*, Peter (Fn.14): S.5.

Finanzbeziehungen zu geben.[23] Die Theorie der komparativen Kostenvorteile allein vermag daher noch nicht abschließend zu begründen, warum liberaler Handel im Konflikt um *Trade&Labour* einen schutzwürdigen „Wert an sich" darstellt.[24]

3. Das Heckscher-Ohlin-Theorem

Mit dem *Heckscher-Ohlin-Theorem*, auch als Faktor-Proportionen-Theorem bezeichnet, gelang eine Verallgemeinerung und Ergänzung der Theorie der komparativen Kostenvorteile.[25] Auch das Heckscher-Ohlin-Theorem beruht auf der Erkenntnis, dass komparative Kostenvorteile auf der unterschiedlichen Ausstattung der Länder mit Produktionsfaktoren basieren.[26] Anders als im einfachen ricardianischen Modell wird allerdings ein breites Spektrum verschiedener Produktionsfaktoren berücksichtigt, wie beispielsweise Rohstoffvorkommen, staatliche Investitionen in Humankapital, Infrastruktur oder auch die Finanzpolitik eines Staates.[27] Diese Differenzierung der Produktionsfaktoren Boden, Arbeit und Kapital macht deutlich, dass für einen Standort eine Vielzahl von Möglichkeiten besteht, um sich auf einen produktionsintensiven und wettbewerbsfähigen Faktor zu spezialisieren.[28] Das Heckscher-Ohlin-Theorem erweiterte damit die enge ricardianische Sicht, die sich auf Arbeitskosten fokussierte und auf einer statischen Unterteilung in überlegene und unterlegene Standorte basierte. Mit der Ausweitung der Palette relevanter Produktionsfaktoren zeigte sich ferner, dass die meisten Faktoren mobil sind und die Ausstattung mit Kostenvorteilen deshalb als dynamischer Prozess zu begreifen ist.[29] Zudem verdeutlichte das Heckscher-Ohlin-Theorem, dass die meisten der Produktionsfaktoren nicht naturgegeben, sondern von den Staaten politisch zu beeinflussen sind.

Für die im internationalen Wettbewerb unterlegenen Standorte stellt die Aussicht, Kostenvorteile beeinflussen zu können, einen weiteren wichtigen Grund dar, sich

---

23 *Borchert*, Manfred (Fn.2): S.137.

24 Zur Ergänzungsbedürftigkeit der Theorie der komparativen Kostenvorteile vgl. nur *Kenen*, Peter B. (Fn.3): S.56ff.

25 Grundlegend *Heckscher*, Eli F.: The Effect of Foreign Trade on the Distribution of Income, in: Heckscher-Ohlin Trade Theory, Harry Flam/June Flanders (Ed.), Cambridge, 1991: S.71ff.

26 *Sell*, Axel: Internationale Wirtschaftsbeziehungen, Berlin, 1991, S.131, *Kenen*, Peter B. (Fn.3): S.63f.; *Maennig*, Wolfgang/*Wilfing*, Bernd (Fn.17): S.111.

27 *Trebilcock*, Michael J./*Howse*, Robert (Fn.4): S.6.

28 *Hagen*, Jürgen von: Internationale Wirtschaftsbeziehungen, in: Springers Handbuch der Volkswirtschaftslehre, Hagen, Jürgen von/Welfens, Paul J. J./Börsch-Supan, Axel (Hrsg.), Berlin (e.a.) 1996, S.240f.

29 *Trebilcock*, Michael J./*Howse*, Robert (Fn.4): S.6.

dem Freihandel zu öffnen.[30] Das Heckscher-Ohlin-Theorem vermag deshalb realitätsnah zu erklären, warum sich Freihandel zwischen Ländern lohnt, die eine unterschiedliche Ausstattung und damit unterschiedliche Preise für Produktionsfaktoren aufweisen. Dies ist häufig zwischen Ländern unterschiedlicher Entwicklungsstufe der Fall, weshalb das Heckscher-Ohlin-Theorem insbesondere als Begründung für liberalen Handel zwischen Industrie- und Entwicklungsländern herangezogen wird.[31]

4. Die Produktzyklus-Theorie

Die Produktzyklus-Theorie ergänzt die einfachen Modelle über Kostenvorteile insofern, als die effiziente Herstellung eines Produktes nicht nur von den vorhandenen Produktionsfaktoren, sondern auch vom jeweiligen Zyklus des hergestellten Produktes abhängt.[32] Unterteilt wird der Produktzyklus in die Produkteinführung, die Reifephase und die Standardisierung.[33] In die Betrachtung der internationalen Arbeitsteilung fließen nun nicht mehr allein die Kostenvorteile zu Beginn der Produktion, sondern der gesamte „Lebenszyklus" eines Produktes von der Entwicklung bis zum Verschwinden vom Markt ein.
Nach der Theorie vom Produktzyklus sollten sich die industrialisierten Standorte mit ihren Vorteilen im Bereich R&D auf forschungs-, technologie- und daher kapitalintensive Phase der Produkteinführung konzentrieren.[34] Mit fortschreitendem Produktzyklus und im Zuge der technischen Weiterentwicklung wandelt sich ein Produkt von einer kapitalintensiven Spezialität zu einem standardisierten, oft arbeitsintensiven Gut. Nach der Produkteinführung können Länder mit anderen Kostenvorteilen, beispielsweise niedrigen Löhnen, das standardisierte Produkt ebenfalls und ggf. sogar effizienter herstellen.[35] Dies führt letztendlich dazu, dass eine ursprünglich in einem Industrieland entwickelte und hergestellte

---

30 *Krugman*, Paul R./*Obstfield*, Maurice (Fn.2): S.67.
31 *Rose*, Klaus/*Sauerheimer*, Karlhans: Theorie der Außenwirtschaft, 12. Auflage, München, 1995: S.389; *Krugman*, Paul R./*Obstfield*, Maurice (Fn.2): S.67.
32 Zu den Grundlagen der Produktzyklus Theorie siehe *Vernon*, Raymond: International Investment and International Trade in the Product Cycle, Quarterly Journal of Economics 80 (1966) 3: S.190ff.; *ders*.: The Product Cycle Hypothesis in a New International Economic Environment, Oxford Bulletin of Economic Statistics 41 (1979) 4, S.255ff.; *Wells*, Luis T.: International Trade: The Product Life Cycle Approach, in: The Product Life Cycle and International Trade, Wells, Luis T. (Ed.) Boston, 1972, S.3ff.
33 *Gandolfo*, Giancarlo: International Economics, Vol. I, Berlin, 1995, S.276; ähnlich *Koch*, Eckhard (Fn.11): S.97; *Maennig*, Wolfgang/*Wilfing*, Bernd (Fn.17): S.143f.
34 *Maennig*, Wolfgang/*Wilfing*, Bernd (Fn.17): S.143.
35 *Koch*, Eckhard (Fn.11): S.97.

Ware am Ende ihres Produktzyklus von einem Entwicklungsland mit niedrigen Arbeitskosten in ein Industrieland exportiert werden kann.[36] Japan ist ein Land, dessen wirtschaftliche Entwicklung mit der Produktion von Waren am Ende ihres Produktzyklus begann und heute Kostenvorteile auch in R&D- intensiven Produktionsmustern in der Einführungsphase aufweist. Das Beispiel Japans verdeutlicht, dass komparative Kostenvorteile nicht naturgegeben, sondern als dynamischer Prozess zu begreifen sind. Die Produktzyklus-Theorie lieferte somit eine weitere Begründung der internationalen Arbeitsteilung zwischen Ländern verschiedener Entwicklungsstufe, da sie eine dynamische Entwicklung der Kostenvorteile über den gesamten Lebenszyklus eines Produktes aufzeigt.[37]

5. Zwischenergebnis

Die klassischen und neoklassischen Außenwirtschaftstheorien vermögen zu erklären, warum liberaler Handel allen beteiligten Handelspartnern insgesamt Nutzen stiften kann. Auf Basis des Heckscher-Ohlin-Theorems und der Produktzyklus-Theorie erklärt sich ferner, dass dies grundsätzlich auch für Handelspartner unterschiedlicher Entwicklungsstufen gilt.

II. Protektionismus

Dem Konzept liberalen Handels auf Basis der klassischen und neoklassischen Außenwirtschaftstheorie sollen im folgenden die wichtigsten Argumente für eine protektionistische Handelspolitik gegenübergestellt werden.
Protektionismus ist ein denkbar weiter Begriff, der zunächst als Gegenposition zum Konzept des Freihandels verstanden werden kann[38]. Unter Protektionismus versteht man gezielte staatliche Maßnahmen, die zu einer Beschränkung der Importe führen, um inländische Produzenten vor ausländischer Konkurrenz zu schützen.[39] Nicht alle handelsbeschränkenden Maßnahmen sind allerdings protektionistisch motiviert, sondern können auch der Verwirklichung legitimer

---

36 *Vernon*, Raymond (Fn.32, 1966): S.190f.
37 *Koch*, Eckhard (Fn.11): S.97.
38 *Beise*, Marc/*Oppermann*, Thomas/*Sander*, Gerald G.: Grauzonen im Welthandel, Baden-Baden, 1998, S.61; *Bhagwati*, Jagdish: Protectionism, Cambridge, 1988, S.43, vgl. auch *Krugman*, Paul R./*Obstfield*, Maurice (Fn.2): S.5f.
39 *Bhagwati*, Jagdish (Fn.38): S.43, *Beise*, Marc/*Oppermann*, Thomas/*Sander*, Gerald G. (Fn.38): S.61.

Politikziele, z.B. als Schutzmaßnahmen dienen[40]. Protektionismus als geschlossenes Gegenkonzept zum liberalen Handel würde Autarkie, also die Abwesenheit jeglichen Außenhandels bedeuten.[41] Diese radikale Position wird heute auch unter den Kritikern des außenwirtschaftlichen Liberalismus nicht mehr vertreten. Der Übergang zwischen liberalen und protektionistischen Positionen ist vielmehr fließend. Umstritten ist allerdings seit jeher, welches Maß an Protektion volkswirtschaftlich sinnvoll ist. So erkennen einerseits Befürworter protektionistischer Interventionen an, dass Autarkie, aufgrund der damit verbundenen Wohlstandsminderungen, für kein Land eine dauerhafte Alternative zu liberalem Handel darstellt.[42] Andererseits räumen auch Vertreter der klassischen und neoklassischen Freihandelslehre ein, dass unter bestimmten welt- oder binnenwirtschaftlichen Voraussetzungen protektionistische Maßnahmen sinnvoll sein können. „Protektionismus" kann daher nicht als abgeschlossene Gegenposition, sondern je nach ideologischem Standpunkt nur als Einschränkung, Modifikation oder Qualifikation des Konzepts liberalen Handels bezeichnet werden.[43] Nachfolgend sollen die Argumente für Protektionismus einerseits in Modifikationen, und andererseits in grundsätzliche Einwände gegenüber liberalem Außenhandel unterschieden werden.

1. Modifikationen liberalen Handels

a) Strategische Handelspolitik

Als strategische Handelspolitik wird der an nationalen wirtschaftlichen Interessen ausgerichtete Einsatz von Handels- und Marktzugangsschranken bezeichnet.[44] Kennzeichnend hierfür sind Maßnahmen zur Verbesserung der Wettbewerbsposition einheimischer Produzenten, bei gleichzeitigem Schutz vor ausländischer Konkurrenz.[45] Ein wiederkehrendes Motiv strategischer Handels-

---

40 *Beise*, Marc/*Oppermann*, Thomas/*Sander*, Gerald G. (Fn.38): S.61, zum Prinzip des Schutzes nicht-wirtschaftlicher Rechtsgüter im GATT siehe unten, S.124ff.
41 Vgl. *Heetje*, Arnold/*Wenzel*, Heinz-Günther: Grundlagen der Volkswirtschaftslehre, 5.Auflage, Berlin (e.a), 1997, S.489.
42 Vgl. nur *Gilsmann*, Hans Hinrich/*Horn*, Ernst-Jürgen/*Nehring*, Sighart/*Vaubel*, Roland: Grundlagen der Weltwirtschaftslehre, 4. Auflage, Göttingen, 1992, S.93.
43 Den wertenden Begriff der „Qualifikation" verwendend, *Trebilcock*, Michael J./*Howse*, Robert (Fn.4): S.7.
44 *Bender*, Dieter: Außenhandel, in: Vahlens Kompendium der Wirtschaftstheorie und Wirtschaftspolitik, Bd.1, 5. Auflage, München, 1992, S.472; *Trebilcock*, Michael J./*Howse*, Robert (Fn.4): S.10f.; *Richardson*, David, J.: The Political Economy of Strategic Trade Policy, in: International Organization 44 (1990) 1, S.107ff.
45 *Trebilcock*, Michael J./*Howse*, Robert (Fn.4): S.10.

politik ist der Schutz inländischer Industrien vor zunehmendem internationalen Wettbewerb[46]. Zunehmender Wettbewerb kann auf der Entwicklung neuer Exportsektoren an anderen Standorten oder der nachlassenden Wettbewerbsfähigkeit des eigenen Standorts beruhen[47]. Strategische Handelspolitik in Form von Importbarrieren zur Senkung der Wettbewerbsintensität vermeidet den erforderlichen Strukturwandel auf Kosten der restlichen Volkswirtschaft und anderer handeltreibender Nationen.[48] Diese handelspolitische Variante der *"beggar-thy-neighbour-policy"* hat allerdings nur Erfolg, wenn die betroffenen Handelspartner eine solche protektionistische Umverteilung der Freihandelsgewinne zulassen und sich nicht zu Retorsionsmaßnahmen entschließen. Erfolgreiche strategische Handelspolitik steigert die nationale Wohlfahrt des protegierenden Staates auf Kosten des Gesamtnutzens aller Handelspartner und beinhaltet so ein klassisches ökonomisches „Schwarzfahrerproblem"[49].

Das Konzept der strategischen Handelspolitik beschreibt eine Methode des Verteilungskampfes zwischen den Handelspartnern um die aus dem Freihandel anfallenden Wohlfahrtsgewinne. Sie stellt jedoch nicht den Freihandel insgesamt in Frage. Strategische Handelspolitik erklärt lediglich, wie ein Staat aus einem Verteilungsproblem der Freihandelstheorie den größten Individualnutzen ziehen kann.

b) Der Optimalzoll

Die Theorie vom Optimalzoll besagt, dass ein bestimmtes Zollniveau gegenüber dem gänzlich freien Handel die Wohlfahrt im Importstaat noch zu steigern vermag.[50] Der Optimalzoll ist somit der wohlfahrtsmaximierende Zollsatz für eine Volkswirtschaft.[51] Eine „Besteuerung" der Einfuhren durch Zölle kann die *terms of trade*, also das Verhältnis zwischen den durchschnittlichen Import- und Exportpreisen, verbessern.[52]

---

46 Kritisch zum Konzept des Standortwettbewerbs *Krugman*, Paul R./*Obstfield*, Maurice (Fn.2): S.276; *Krugman*, Paul R. (Fn.20): S.21ff.
47 *Trebilcock*, Michael J./*Howse*, Robert (Fn.4): S.11.
48 *Koch*, Eckhard (Fn.11): S.96.
49 *Streit*, Manfred E.: Theorie der Wirtschaftspolitik, 4.Auflage, Düsseldorf, 1991, S.60. Ein Schwarzfahrerproblem, auch als Freifahrer- oder Trittbrettfahrer-Problem bezeichnet, liegt vor, wenn sich der Nutzen einer Gruppe zwar durch kooperatives Verhalten maximieren ließe, aber ein solcher Kooperationsmechanismus fehlt und deshalb die Akteure ihren individuellen Nutzen zu Lasten des Gesamtnutzens maximieren, vgl. *Cansier*, Dieter: Umweltökonomie, 2. Auflage, Stuttgart, 1996 S.21f. sowie S.120ff.
50 *Ethier*, Wilfried J. (Fn.7): S.266.
51 *Siebert*, Horst Außenwirtschaft, 6.Auflage, Stuttgart, 1996, S.176.
52 *Siebert*, Horst: Weltwirtschaft, Stuttgart 1997, 166f.; *Rose*, Klaus/*Sauernheimer*, Karlhans (Fn.31):

Das Optimalzollargument basiert auf der Erkenntnis, dass ein großer Wirtschaftsraum bezüglich der Importe von Waren gegenüber den Konsumenten eine monopolistische Stellung genießt. Andererseits kann der Importstaat gegenüber den Exportstaaten ein *Monopson* erlangen, sofern der Importmarkt ausreichend groß ist. Als Monopson bezeichnet man eine marktbeherrschende Stellung auf der *Nachfrage*seite.[53] Ein Monopson ermöglicht es, durch den optimalen Zoll die Kosten von Importen in Relation zu den Ausfuhren zu senken.[54] Zu den relativen Preissenkungen trägt der optimale Zoll bei, indem die Importgüter durch die Verteuerung weniger nachgefragt werden. Bei gleichbleibender Exportmenge bedeutet dies, dass der Staat im Austausch für seine Exporte eine größere Menge Importgüter erhält. Auf diese Weise führt der optimale Zollsatz zur Verbesserung der *terms of trade* und zu Wohlfahrtseffekten im Importstaat. Sofern diese Voraussetzungen vorliegen, stellt der optimale Zoll damit ebenso wie die strategische Handelspolitik ein protektionistisches Konzept dar, das im Vergleich zum Freihandel den im Außenhandel generierten nationalen Nutzen auf Kosten der übrigen Handelspartner zu erhöhen vermag.

In der Realität besitzen allerdings nur wenige Wirtschaftsräume die zur Durchsetzung dieser Handelspolitik notwendige monopsonähnliche Stellung.[55] Ferner drohen auf die Anhebung von Zöllen durch den *first mover* Retorsionsmaßnahmen der Handelspartner, wodurch die bezweckte Mehrung des nationalen Wohlstandes entfällt und letztlich der gesamtwirtschaftliche Nutzen aller Handelspartner sinkt.[56]

c) Schutz in Übergangsphasen

(1) Erziehungszölle

Als weitere Modifikation der Freihandelslehre wird der Schutz vor internationalem Wettbewerb in wirtschaftlichen Übergangsphasen angesehen. Als eine solche Übergangsphase wird vor allem die Entwicklung junger Industrien, sog. *infant industries* angesehen.[57] Die Protektion durch sog. Erziehungszölle soll Unternehmen oder Sektoren am Anfang eines Entwicklungsprozesses vor interna-

---

53 *Markusen*, James R./*Melvin*, James R./*Kaempfer*, William Hutchison/*Maskus*, Keith E.: International Trade: Theory and Evidence, New York, 1995, S.160.
54 *Krugman*, Paul R./*Obstfield*, Maurice (Fn.2): S.225.
55 *Trebilcock*, Michael J./*Howse*, Robert (Fn.4): S.9.
56 *Borchert*, Manfred (Fn.2): S.46 und 49; *Dieckenheuer*, Gustav (Fn.2): S.461.
57 Vgl. *Koch*, Eckhard (Fn.11): S.126f.; *Maennig*, Wolfgang/*Wilfing*, Bernd (Fn.17): S.186.

tionalem Wettbewerb schützen.[58] Der Schutz von *infant industries* trägt der Erkenntnis Rechnung, dass komparative Kostenvorteile nicht naturgegeben sind, sondern einem Wandel unterliegen können.[59] Folgt aus der Mobilität oder der dynamischen Entwicklung der Produktionsfaktoren eine Verlagerung des optimalen Standortes für ein Gut, so sollte in Zukunft dort produziert werden. Ein Hemmnis für die Ausnutzung neu entstehender Kostenvorteile an einem Standort stellen jedoch die Marktmacht bestehender und die Markteintrittskosten für junge Unternehmen dar.[60] So benötigen junge Unternehmen in der Anlaufphase höhere Investitionen und erhalten hierfür schlechtere Kreditkonditionen im Vergleich zu etablierten ausländischen Anbietern.[61] In dieser Markteintrittsphase wird der Ausgleich dieser vorübergehenden Wettbewerbsnachteile durch Schutzzölle überwiegend als eine systemkonforme Ergänzung des liberalen Außenhandels angesehen.[62]

Die Begrenzung des Wettbewerbs durch Schutzzölle birgt jedoch in der Praxis Tücken. So können Schutzzölle dazu führen, dass statt zukünftig wettbewerbsfähigen *infant industries* lediglich Fehlinvestitionen geschützt werden, die auf einem dauerhaften Standortnachteil basieren.[63] Hinzu kommt, dass die Bewertung der volkswirtschaftlichen Kosten gegenüber dem Nutzen der Schutzzölle Probleme bereitet.[64] Nach Erreichen der Wettbewerbsfähigkeit eines Sektors ist kaum zu beurteilen, ob dies der Protektion zuzuschreiben ist, oder ob es sich um nicht schutzbedürftige *pseudoinfant industries* handelte, die auch ohne Schutzzölle wettbewerbsfähig gewesen wären. In solchen Fällen nutzloser Protektion führt die Verteuerung von Importen durch Schutzzölle zu einem volkswirtschaftlichen Negativsaldo.[65]

---

58 *Kenen*, Peter B. (Fn.3): S.261.
59 Zur dynamischen Entwicklung von Kostenvorteilen siehe die Ausführungen zum Heckscher-Ohlin-Theorem oben, S.51ff. und zur Produktzyklus-Theorie oben, S.52ff.
60 *Koch*, Eckhard (Fn.11): S.126.
61 *Siebert*, Horst (Fn.52): S.165f.
62 So basiert Art.XVIII:2 GATT, wonach unter bestimmten Voraussetzungen *"tariff protection required for the establishment of a particular industry"* zulässig ist, auf dem *"infant industries"*-Gedanken, *Hoekman*, Bernard M./*Kostecki*, Michel M. (Fn.260): S.161, vgl. auch die entsprechende Argumentation der USA in Panel Report *India – Quantitative Restrictions on Imports of Agricultural, Textile and Industrial Products*, WTO-Doc. WT/DS90/R v. 6. April 1999, S.65, Rn.3.209 sowie S.74, Rn.3.241.
63 *Krugman*, Paul R./*Obstfield*, Maurice (Fn.2): S.256, vgl. auch *Maennig*, Wolfgang/*Wilfing*, Bernd (Fn.17): S.188.
64 *Heertje*, Arnold/*Wenzel*, Heinz-Dieter: Grundlagen der Volkswirtschaftslehre, 5.Auflage, Berlin (e.a.), 1997, S.499.
65 *Krugman*, Paul R./*Obstfield*, Maurice (Fn.2): S.256 unter Hinweis auf die daraus möglicherweise entstehenden Nettokosten für eine Volkswirtschaft.

Schutzzölle für *infant industries* werden sogar generell in Frage gestellt, denn sofern die privaten Investoren die Zukunft eines Projektes positiv beurteilen, würden sie eigenständig das Überstehen der „Entwicklungsphase" gewährleisten[66]. In der Handelsgeschichte markierte der „Erziehungsprotektionismus" oft den Beginn antiliberaler Phasen, die letztendlich in weltwirtschaftliche Destabilität mündeten.[67] Diese Bedenken betreffen vor allem die praktische Durchführung und Begrenzung von Zöllen zum Schutz sich entwickelnder Industrien. Dies gebietet es, Schutzzölle für *infant industries* auf den zur Amortisation der Kosten in der Markteintrittsphase erforderlichen Zeitraum zu begrenzen.[68]

(2) Strukturanpassungen

Neben sich entwickelnden Industrien stellen Strukturanpassungen ebenfalls eine Übergangsphase dar, auf die Staaten in der Praxis vielfach mit Handelsbeschränkungen reagieren. Eine solche Verminderung der Wettbewerbsfähigkeit „alter" Industrien kann aus einer Verschiebung der Kostenvorteile resultieren, beispielsweise durch das Fortschreiten des Produktzyklus oder aus einer Änderung der Nachfrage. Als Mittel der Protektion werden in diesen Fällen meist Subventionen eingesetzt, die den durch Kostennachteile bedingten Strukturwandel aufhalten oder zumindest strecken sollen[69]. Für diese künstliche Aufrechterhaltung eines Produktionssektors an einem hierfür nicht (mehr) geeigneten Standort sind meist sozialpolitische Motive ausschlaggebend. Beim Absterben ganzer Sektoren an einem Standort verbietet sich aufgrund der damit verbundenen gesellschaftlichen Auswirkungen oftmals eine rein wirtschaftliche Betrachtung. Die erforderliche Anpassung der Wirtschaftsstruktur und des Arbeitsmarktes und die damit verbundenen regionalen und sozialen Probleme können es angemessen erscheinen lassen, diesen Prozess aus sozialpolitischen Gründen zu strecken.

d) Marktversagen

Als eine weitere Begründung für regulierende Eingriffe in den liberalen Handel wird das Versagen der lenkenden Marktkräfte, sog. *market failures,* angesehen.[70]

---

66 *Gilsmann*, Hans Hinrich/*Horn*, Ernst-Jürgen/*Nehring*, Sighart/*Vaubel*, Roland (Fn.42): S.84; *Krugman*, Paul R./*Obstfield*, Maurice (Fn.2): S.256.
67 Vgl. *Pohl*, Hans: Aufbruch in die Weltwirtschaft, Wiesbaden, 1989, S.50ff.
68 Allg. Ansicht, siehe nur *Koch*, Eckhard (Fn.11): S.127.
69 Zu dieser Zweckbestimmung von Subventionen kritisch *Gilsmann*, Hans Hinrich/*Horn*, Ernst-Jürgen/*Nehring*, Sighart/*Vaubel*, Roland (Fn.42): S.81ff, Rn.87ff.
70 *Deardorff*, Alan V.: The Economics of Government Market Intervention and its International Dimension, in: New Directions in International Economic Law, Essays in Honour of John Jackson,

Die Existenz von *market failures* ist heute weithin unbestritten. Unterschiedliche Auffassungen bestehen allerdings darüber, ob, in welchem Umfang und mit welchen Mitteln eine Korrektur von Marktversagen durch Handelsbeschränkungen herbeigeführt werden soll. Unter Marktversagen werden vor allem positive oder negative externe Effekte für die Produktion verstanden, die nicht in die Preisbildung einfließen[71]. Dies ist der Fall, wenn die Herstellung eines Gutes Kosten oder Erträge erzeugt, die weder beim Produzenten, noch beim Konsumenten entstehen und deshalb nicht in die Kalkulation einfließen. Dadurch werden diese Effekte auch nicht an die Konsumenten weitergegeben, sondern fallen extern an. Externe Effekte entstehen entweder bei unbeteiligten Dritten oder werden auf die Gesellschaft verteilt. Es liegt eine Inkongruenz zwischen den Kosten bzw. Nutzen des Herstellers einerseits und der Konsumenten und der Volkswirtschaft insgesamt andererseits vor. Wenn auf diese Weise bei der Produktion oder dem Verbrauch die sozialen Kosten bzw. Erträge von den privaten Kosten bzw. Erträgen abweichen, erhöhen sog. internalisierende Eingriffe des Staates zur Korrektur des Marktes die Wohlfahrt[72].

Ein Beispiel für negative Externalitäten ist die durch Industrieproduktion erzeugte Luftverschmutzung.[73] Einen positiven externen Effekt stellt beispielsweise der mit der Grundlagenforschung verbundene technologische Fortschritt in einer Volkswirtschaft dar, der sich jedoch nicht am Markt realisieren lässt[74]. Dieses Marktversagen kann zum Anlass für handelspolitische Maßnahmen genommen werden, um eine Internalisierung aller volkswirtschaftlichen Kosten in die Preisbildung herbeizuführen. Im Außenhandel können externe Effekte beispielsweise durch Zölle internalisiert werden; als vorzugswürdiges Lenkungsinstrument werden allerdings Steuern und Subventionen angesehen.[75]

Das Argument des Marktversagens stellt eine Ergänzung des liberalen Außenhandels dar, da keine Begrenzung, sondern eine Verbesserung der Lenkungswirkung des Marktes angestrebt wird. Die Korrektur von Marktversagen

---

Bronckers, Marco/*Quick*, Reinhard (Ed.), Den Haag (e.a.), 2000, S.75f.; *Maennig*, Wolfgang/*Wilfing*, Bernd (Fn.17): S.205, die aus außenwirtschaftlicher Perspektive zutreffend von „Freihandelsversagen" sprechen. Zur Frage, ob Marktveragen einen Regelungsbedarf in der WTO für Menschenrechte in der Arbeit zu begründen vermag siehe unten, S.262ff.

71 *Deardorff*, Alan V.(Fn.70): S.74, vgl. ferner *Maennig*, Wolfgang/*Wilfing*, Bernd (Fn.17): S.206; *Ethier*, Wilfried J. (Fn.7): 275ff.

72 *Wagner*, Helmut (Fn.3): S.35, kritisch *Gilsmann*, Hans Hinrich/*Horn*, Ernst-Jürgen/*Nehring*, Sighart/*Vaubel*, Roland (Fn.42): S.72, Rn.74.

73 *Maennig*, Wolfgang/*Wilfing*, Bernd (Fn.17): S.206.

74 *Krugman*, Paul R./*Obstfield*, Maurice (Fn.2): S.226

75 *Deardorff*, Alan V.(Fn.70): S.76; *Maennig*, Wolfgang/*Wilfing*, Bernd (Fn.17): S.209.

wird als Teil der ökonomischen *theory of the second best* angesehen. Nur wenn die *first best* Option eines funktionierenden Marktes nicht gegeben ist, darf regulierend eingegriffen werden.[76] Auf die Frage, inwiefern sich die internationale Durchsetzung von Arbeitnehmerrechten zur Korrektur von Marktversagen rechtfertigen kann, wird an späterer Stelle einzugehen sein.[77]

e) „Unfairer" Wettbewerb

Der Schutz vor „unfairem" Wettbewerb gehört zu den häufigsten Rechtfertigungen, mit denen Einschränkungen des liberalen Handels begründet werden.[78] Wettbewerbsvorteile, die aus niedrigen Löhnen oder Sozialstandards resultieren, werden immer wieder als Beispiel für solch „unfairen" Wettbewerb angeführt.[79] Vorgebracht wird dieses Argument insbesondere von Interessenvertretern aus Sektoren arbeitsintensiver Produktion in den Industrieländern, wie beispielsweise der Textilindustrie.[80] Der internationale Wettbewerb zwingt Hersteller dieser Sektoren zu Kostensenkungen, die auch durch die Absenkung der Löhne oder der Sozialstandards realisiert werden müssten. Um zu verhindern, dass arbeitsintensive Sektoren im Wettbewerb den Anschluss verlieren, werden Importbeschränkungen gegen „unfairen" Wettbewerb gefordert[81]. Aus Sicht der betroffenen Unternehmen stellt sich „unfairer" Wettbewerb im Unterschied zum Marktversagen somit als eine „Überfunktion" des Marktes dar.

Auf Basis der liberalen Außenwirtschaftstheorie lässt sich Protektion vor solcherart „unfairem" Wettbewerb nicht rechtfertigen. Die unterschiedliche Ausstattung mit Produktionsfaktoren bietet nach der Theorie der komparativen Kostenvorteile gerade die Grundlage für liberalen Außenhandel. Selbst wenn niedrige Arbeitskosten daher in einem Kostenvorteil resultieren, begründet dies keine Schutzmaßnahmen. Das Argument einer „Überfunktion" des Marktes in

---

76 Vgl. *Gandolfo*, Giancarlo (Fn.33): S.142ff.; *Krugman*, Paul R./*Obstfield*, Maurice (Fn.2): S.226; *Gilsmann*, Hans Hinrich/*Horn*, Ernst-Jürgen/*Nehring*, Sighart/*Vaubel*, Roland: S.73, Rn.76.
77 Siehe unten, S.58ff.
78 Kritisch dazu *Gundlach*, Erich/*Klodt*, Henning/*Langhammer*, Rolf/*Soltwedel*, Rüdiger: Fairneß im Standortwettbewerb-Auf dem Weg zur internationalen Ordnungspolitik, in: Fairneß im Standortwettbewerb, Gütersloh, 1996, S.45, S.56 und S.73.
79 Vgl. nur „Weltweite Standards gegen unfaire Konkurrenz-Ruf der Böckler-Stiftung nach Sozialregeln für den Handel", in Handelsblatt v. 13. Dezember 1994, S.5.
80 *Gilsmann*, Hans Hinrich/*Horn*, Ernst-Jürgen/*Nehring*, Sighart/*Vaubel*, Roland (Fn.42): S.78, Rn.82, vgl. z.B. die Forderung des Präsidenten des Gesamtverbandes der deutschen Textilindustrie Sannwald nach einem „fairen und freien Welthandel": „Textilindustrie gegen rasche Liberalisierung", in: FAZ, v. 5. Dezember 1996, S.13.
81 Vgl. *DGB*: Für freien und fairen Welthandel, Vorstandsbeschluß v. 7. September 1993.

Bezug auf Lohnkosten kann auf Basis der neoklassischen Außenwirtschaftslehre geradezu als paradox bezeichnet werden. Aus liberalistischer Perspektive stellt das Argument der „Unfairness" lediglich einen Deckmantel für Protektionsmaßnahmen dar, um deren fehlende ökonomische Rechtfertigung zu verschleiern. Allerdings lässt der Begriff der „Unfairness" bereits vermuten, dass sich die geforderten Beschränkungen der Marktkräfte aus einer allein ökonomischen Perspektive nicht abschließend bewerten lassen.[82]

f) Nationale Sicherheit

Eine klassische Einschränkung des liberalen Außenhandelskonzepts stellen Vorbehalte der nationalen Sicherheit dar. Diese können sowohl durch Import- als auch mit Exportbeschränkungen umgesetzt werden.

Importschranken dienen dem dauerhaften Erhalt nicht wettbewerbsfähiger Sektoren, die bei Störungen des Außenhandels in einem Krisenfall für die nationale Selbstversorgung Bedeutung erlangen[83]. Hierzu zählen insbesondere die Kohle- und Stahlproduktion sowie der Schiffbau. Die mit den Importbeschränkungen einhergehenden Protektionsverluste kann man als „Versicherungsprämie" für die nationale Unabhängigkeit verstehen.[84] Exportrestriktionen aus Gründen der nationalen Sicherheit erfolgen meist, um die Verbreitung strategisch sensibler Güter zu kontrollieren. So soll verhindert oder zumindest verzögert werden, dass militärisch nutzbare Güter in Krisenregionen oder in dem Exportstaat politisch nicht wohlgesonnene Staaten gelangen.[85] Bei Handelsmaßnahmen zum Schutz der nationalen Sicherheit und Unabhängigkeit handelt es sich um eine Qualifikation des Freihandels. Sie beruht vorrangig auf verteidigungspolitischen Notwendigkeiten, nicht jedoch auf ökonomischen Bedenken gegen das Konzept des Freihandels *per se.*

---

82 Siehe zur Diskussion eines Prinzips des *"Fair Trade"* im GATT unten, S.95ff.
83 *Trebilcock*, Michael J./*Howse*, Robert (Fn.4): S.11, zum Problem der Exportabhängigkeit im Außenhandel vgl. *Koch*, Eckhard (Fn.11): S.104.
84 *Gilsmann*, Hans Hinrich/*Horn*, Ernst-Jürgen/*Nehring*, Sighart/*Vaubel*, Roland (Fn.42): S.85, Rn.95.
85 Siehe für weitere Ziele von Rüstungsexportbeschränkungen *Karpenstein*, Ullrich: Europäisches Exportkontrollrecht für Dual-use-Güter, Berlin, 1998, S.127ff.

2. Grundsätzliche Einwände gegen liberalen Handel

a) Zwischenstaatliche Verteilungsgerechtigkeit

Prinzipielle Bedenken gegen die neoklassischen Außenhandelstheorien als ökonomische Rechtfertigung liberalen Handels ergeben sich aus der sog. These der peripheren Wirtschaft[86]. Ausgangspunkt dieser von Raul Prebisch entwickelten Theorie ist die Einteilung der Weltwirtschaft in das Zentrum der rohstoffimportierenden und Industrieprodukte ausführenden entwickelten Staaten und die Peripherie der Entwicklungsländer mit entgegengesetzten Handelsströmen.[87] Die Kritik an dieser Arbeitsteilung richtet sich nicht gegen den gesamtwirtschaftlichen Nutzen des Freihandels, sondern gegen die Verteilung der Außenhandelsgewinne zwischen den Handelspartnern. Empirischer Anknüpfungspunkt der These von der peripheren Wirtschaft sind die *terms of trade* der Entwicklungsländer, die sich im Zeitraum von 1870 bis 1950 trotz wirtschaftlicher Deregulierung aufgrund des Verfalls der Rohstoffpreise verschlechtert haben[88].

Nach der These der peripheren Wirtschaft stellte die Verschlechterung des Tauschverhältnisses zwischen Rohstoffen und Fertig- bzw. Industrieprodukten kein temporäres Phänomen, sondern die Konsequenz aus strukturellen Nachteilen der Entwicklungsländer in der Weltwirtschaft dar[89]. Als ein solcher struktureller Nachteil wird die fehlende Preis- und Einkommenselastizität für Rohstoffe als wichtigste Exportgüter der Entwicklungsländer angesehen.[90] Damit ist gemeint, dass selbst bei einer Senkung der Preise die Nachfrage nach Rohstoffen nicht wesentlich ansteigen wird.[91] Die Vermutung eines strukturellen Nachteils scheint dadurch gestützt zu werden, dass das Pro-Kopf-Einkommen in den ärmsten Regionen der Welt, beispielsweise in Subsahara-Afrika, langfristig zurückgeht[92]. Die Schlussfolgerung aus dieser Entwicklung war, dass sich die Entwicklungsländer vom Welthandel abkoppeln müssen, um der Verarmung zu entgehen.[93]

---

86 *Prebisch*, Raúl: The Economic Development of Latin America and its Principle Problems, in: Economic Bulletin for Latin America 7 (1962) 1, S.8ff.
87 *Beier*, Dietrich: Die Theorie der peripheren Wirtschaft nach Raúl Prebisch, Berlin, 1965, S.34f.
88 *Siebert*, Horst (Fn.51): S.146f.
89 *Siebert*, Horst (Fn.51): S.147.
90 *Maennig*, Wolfgang/*Wilfing*, Bernd (Fn.17): S.313.
91 Vgl. siehe *Siebert*, Horst (Fn.51): S.147f.
92 *Fues*, Thomas: Armut und Wohlstand, in: Globale Trends 1998, Stiftung Entwicklung und Frieden (Hrsg.), Bonn, 1997: S.42.
93 *Hagen*, Jürgen von (Fn.28): S.250.

Allerdings haben sich in der Zeit nach 1960 die *Terms of Trade* für die Entwicklungsländer insgesamt verbessert, wodurch die empirische Basis der These von der Benachteiligung bestimmter peripherer Wirtschaftsgebiete wieder in Frage gestellt wird.[94] Auch von den Liberalisierungen der Uruguay Runde wird erwartet, dass sie zwar in unterschiedlichem Maße, aber letztendlich sowohl Industrie- wie auch Entwicklungsländern zugute kommen werden.[95] An diesen unterschiedlichen Interpretationsmöglichkeiten der Entwicklung der *terms of trade* zeigt sich jedenfalls der begrenzte Nutzen einer pauschalierten Betrachtung der heterogenen Gruppe der Entwicklungsländer.

Heute wird dementsprechend aus der These der peripheren Wirtschaft kaum noch gefolgt, dass sich Entwicklungsländer für Autarkie, statt liberalem Handel, entscheiden sollten[96]. Wie eine Vielzahl von aufstrebenden Schwellenländern zeigt, ist die Stellung in der Peripherie der Weltwirtschaft nicht unabänderlich. Heute wird überwiegend angenommen, dass liberale Außenhandelspolitik, verbunden mit *good governance,* in der Innenpolitik das geeignete Mittel für eine Verbesserung der *terms of trade* darstellen.[97] Es bleibt festzuhalten, dass auch die These der peripheren Wirtschaft den gesamtwirtschaftlichen Nutzen des liberalen Handels nicht grundsätzlich in Frage stellt. Die Kritik am Freihandel beschränkt sich heute auf die Verteilung der insgesamt generierten Wohlfahrtseffekte zu Lasten der Entwicklungsländer. Weltwirtschaftlichen Verteilungsproblemen sollte jedoch anstatt durch Abschottung mit der präferenziellen Behandlung der Entwicklungsländer im Welthandelssystem begegnet werden[98]. So räumt heute auch die UNCTAD ein, dass die mangelhafte wirtschaftliche Situation vieler Entwicklungsländer nicht den Freihandel insgesamt in Frage stellt, sondern lediglich Verteilungsprobleme der bestehenden Wirtschaftsordnung aufzeigt.[99] Fehlende

---

94 Für eine weiterführende Diskussion der These der peripheren Wirtschaft siehe *Siebert*, Horst (Fn.51): S.147f.
95 *Nunnenkamp*, Peter (Fn.14): S.9.
96 Vgl. *Dadone*, Antonio/*Di Marco*, Luis Eugenio: The Impact of Prebisch's Ideas on Modern Economic Analysis, in: Economic Theory and Mathematical Economics-Essays in Honour of Raúl Prebisch, New York, 1972, S.23.
97 *Sutherland*, Peter: Globalisation and the Uruguay Round, in: The Uruguay Round and Beyond: Essays in Honour of Arthur Dunkel, Bhagwati, Jagdish/Hirsch, Matthias (Ed.), Heidelberg, 1998, S.145, für das Beispiel Chiles siehe *Krugman*, Paul R./*Obstfeld*, Maurice (Fn.2): S.258; vgl. ferner *Ng*, Francis/*Yeatszu*, Alexander: Good Governance and Trade Policy, Are They the Keys to Africa's Global Integration and Growth ?, World Bank Working Paper Nr.2038, Washington DC, 10. November 1998, S.11.
98 Vgl. *Khor*, Martin: Globalization and the South: Some Critical Issues, UNCTAD Discussion Paper Nr.147, Genf, 2000, S.7.
99 Vgl. *Ricupero*, Rubens: Statement of the Secretary-General of UNCTAD to the Third WTO Ministerial Meeting, Seattle, 30. November 1999, S.1ff.

Verteilungsgerechtigkeit muss somit nicht zur Ablehnung des liberalen Welthandelssystems führen, sondern begründet lediglich dessen Ergänzungsbedürftigkeit.[100]

b) Innerstaatliche Verteilungsgerechtigkeit

Liberaler Handel wirft nicht nur auf zwischenstaatlicher, sondern auch auf innerstaatlicher Ebene die Frage nach der gerechten Verteilung der Wohlfahrtsgewinne auf. Das Maß innerstaatlicher Verteilung wird allerdings zuvorderst durch die nationale Steuer- und Sozialpolitik und nicht durch die Außenwirtschaftspolitik bestimmt. Liberaler Außenhandel könnte sich jedoch insofern innerstaatlich auswirken, als verschärfter Wettbewerbsdruck zur ungleichen Verteilung von Wohlstand führt oder ein bestehendes Verteilungsproblem zumindest konserviert.

Als Beleg für solche Folgen aus den Handelsliberalisierungen der letzten Jahre werden, neben einer sich öffnenden Einkommensschere[101], oftmals die Absenkung sozialer Standards und der Verlust von geringqualifizierten Arbeitsplätzen durch zunehmendem internationalem Wettbewerb angeführt[102]. Für diese Einschätzung spricht, dass 1993 das Fünftel der US-Haushalte mit dem höchsten Einkommen seinen jährlichen Verdienst durchschnittlich um weitere 10.000 US-$ steigern konnte, während die ärmsten 20% der Bevölkerung im gleichen Zeitraum 1.200 US-$ einbüßten.[103] Ein noch extremeres Beispiel bietet der Vergleich des reichsten Hundertstels der US-Bevölkerung mit den übrigen 99% der Nordamerikaner. Während das Einkommen nach Steuern der bei weitem überwiegenden Zahl stagnierte oder nur leicht anstieg, wuchs es bei den Reichsten nochmals um 120%.[104] Auch global wächst die Kluft zwischen den Ärmsten und Reichsten der „Weltgesellschaft" stetig. So stieg zwischen 1960 und 1991 das Verhältnis zwischen den ärmsten und den reichsten Menschen weltweit von 30:1 auf 61:1.[105] Die Zahlenbeispiele zeigen, dass gesamtwirtschaftliches Wachstum nicht notwendig allen gesellschaftlichen Gruppen zugute kommt. Hieraus wird gefolgert, dass

---

100 Dem versuchte das GATT durch verschiedene Privilegien zugunsten der Entwicklungsländer Rechnung zu tragen, vgl. die Ausführungen zu Teil IV GATT unten, S.309ff., sowie zu Präferenzen zugunsten von Entwicklungsländern unten, S.465ff.
101 *Yusuf*, Shahid: Globalization and the Challenge for Developing Countries, World Bank Working Paper No. 2618, Washington DC, 2001, S.7.
102 Siehe *Pury*, David de: Drawing National Democracies Towards Global Governance, in: The Uruguay Round and Beyond: Essays in Honour of Arthur Dunkel, Bhagwati, Jagdish/Hirsch, Matthias (Ed.), Heidelberg, 1998, S.81f.
103 *Fues*, Thomas (Fn.92): S.48.
104 Business Week v. 18. November 1991, S.85.
105 *UNDP*: Bericht über die menschliche Entwicklung, Bonn, 1996, S.2.

Wohlfahrtsgewinne auch mit wachsenden Verteilungsproblemen verbunden sein können[106].

Zwar wird zwischen liberalem Handel und der sich öffnenden sozialen Schere in den Industrieländern höchstens ein marginaler Zusammenhang gesehen[107]. Maßgeblich ist jedoch, dass Verteilungsprobleme innerstaatlicher Art nicht das Konzept liberalen Welthandels insgesamt in Frage stellen. Freihandel kann durch seine wohlfahrtssteigernde Wirkung lediglich die Voraussetzungen für gesellschaftliche „Verteilungsgerechtigkeit" schaffen. Wie die aus liberalem Handel anfallenden Wohlfahrtsgewinne auf nationaler Ebene verteilt werden, muss im Rahmen nationaler oder internationaler Sozialpolitik gesteuert werden.[108]

c) Staatliche Souveränität

Ein nicht nur in der populärwissenschaftlichen Literatur geäußerter Einwand gegen die weltwirtschaftliche Liberalisierung betrifft die Marginalisierung der Nationalstaaten und die Verminderung staatlicher Souveränität[109]. Kennzeichnend für den Begriff der Souveränität ist die staatliche Unabhängigkeit nach innen und außen und die Gleichheit der Staaten untereinander.[110] Staatliche Souveränität kann zunächst rechtlichen Beschränkungen unterliegen. So ist es keine Besonderheit des Wirtschaftsvölkerrechts, dass völkervertragsrechtliche Verpflichtungen eine rechtliche Selbstbeschränkung der nationalen Souveränität bedeuten. Darüber hinaus wird jedoch beklagt, die Liberalisierung des internationalen Handels schränke die nationale Souveränität zusätzlich faktisch ein. Der Abbau von Handelsschranken verstärkt den internationalen Wettbewerb und betrifft zunehmend auch Politikbereiche außerhalb der klassischen Wirtschaftspolitik. Den nationalen Regierungen wird zunehmend bewusst, dass die internationale ökonomische Ver-

106 *Sleigh*, Stephen, R.: The Social Dimensions of Economic Integration, in: World Trade: Toward a fair and Free Trade in the Twenty-first Century, Jo Marie Griesgraber, Bernhard G. Gunter (Ed.), London (e.a.) 1997, S.38.
107 *Slaughter*, Matthew.J./*Swagel*, Phillip: The Effect of Globalization on Wages in Advanced Economies, IMF Working Paper P/97/43, Washington, 1997, S.4 *et passim*; *Sutherland*, Peter (Fn.97): S.146; *Trebilcock*, Michael J./*Howse*, Robert (Fn.4): S.13.
108 Zur Verteilungsfunktion internationaler Arbeitsstandards siehe unten, S.148ff.
109 Vgl. *Lafontaine*, Oskar/*Müller*, Christa: Keine Angst vor der Globalisierung: Wohlstand und Arbeit für alle, Bonn, 1998, S.36; *Habermas*, Jürgen: Beyond the Nation-state? On some Consequences of Economic Globalization, in: Democracy in the European Union, Eriksen, Erik Oddvar (Ed.), London, 2000, S.29ff.
110 *Epping*, Volker: Völkerrechtssubjekte, in: Ipsen, Knut (Hrsg.) Völkerrecht, 4.Auflage, München, 1999, §5, S.56f.; Rn.6f.; *Kimminich*, Otto: Einführung in das Völkerrecht, 6.Auflage, Tübingen (e.a.), 1997, S.71.

flechtung und die Mobilität der Produktionsfaktoren auch eine „wettbewerbsfähige" Politik erfordern[111]. Oftmals werden innenpolitische Entscheidungen somit faktisch durch die Lenkungswirkung der internationalen Märkte für Güter und Kapital beeinflusst. Im zunehmenden „Primat der Wirtschaft vor der Politik" wird jedoch nicht nur Anlass zur Kritik, sondern auch ein weiterer Nutzen des Freihandels gesehen. Mit zunehmender wirtschaftlicher Integration verlieren zwischenstaatliche Konflikte durch die drohenden Wohlfahrtseinbußen an Attraktivität, weshalb dem Freihandel eine „friedensstiftende Wirkung" zukommt.[112] Unabhängig davon, ob man die Lenkungswirkung des internationalen Welthandel auf politische Institutionen begrüßt, handelt es sich dabei jedenfalls nicht um einen völkerrechtlich relevanten Eingriff in die staatliche Souveränität.

Ein weiterer, die staatliche Souveränität betreffender Kritikpunkt an Handelsliberalisierungen richtet sich gegen den wachsenden innenpolitischen Einfluss wichtiger Handelsnationen auf kleinere Handelspartner. So besitzen Staaten mit einem großen Binnenmarkt die Position, durch handelspolitischen Druck Einfluss auf das Wohlverhalten und die Innenpolitik der Importstaaten zu nehmen.[113] Dieses Phänomen stellt jedoch nicht den liberalen Handel als ökonomisches Konzept in Frage. Es ist vielmehr Aufgabe des Rechts, dem völkerrechtlichen Grundsatz der souveränen Gleichheit der Staaten im Welthandelssystem zur Durchsetzung zu verhelfen.

d) Kulturelle Vielfalt

Als eine weitere Folge wirtschaftlicher Liberalisierung und erhöhter Mobilität der Produktionsfaktoren Arbeit und Kapital wird die Gefährdung nationaler kultureller Identität kritisch diskutiert.[114] In einigen Ländern protestierten Globalisierungsgegner gegen den „Import" amerikanischer Alltagskultur[115], „die Glo-

---

111 *Lawrence*, Robert Z./*Rodrik*, Dani/*Whalley*, John: Emerging Agenda for Global Trade: High Stakes for Developing Countries, Washington, 1996, S.4f.; *Trebilcock*, Michael/*Howse*, Robert: Trade Liberalisation and Regulatory Diversity: Reconciling Competitive Markets with Competitive Politics, European Journal of Law and Economics 6 (1998) 5, S.5ff.
112 *Weizsäcker*, Carl Christian von: Der Freihandel als Friedensstifter, in: FAZ v. 15. November 1997, S.15.
113 Zur Einflußnahme durch Handelsbeschränkungen auf andere Regierungen im Wege des sog. aggressiven Unilateralismus siehe *Bhagwati*, Jagdish: Aggressive Unilateralism, in: Money, Trade and Competition, Herbert Giersch (Ed.), Berlin (e.a.), 1992, S.201ff.
114 Zum Spannungsverhältnis zwischen Handelsliberalisierungen und nationaler kultureller Identität vgl. *Footer*, Mary E./*Graber*, Christoph Beat: Trade Liberalisation and Cultural Policy, in: Journal of International Economic Law 3 (2000) 1, S.114.
115 *Hirst*, Paul/*Thompson*, Grahame: Globalisation and the Future of the Nation State, in: Economy

balisierung" wird für unerwünschte kulturelle Harmonisierung verantwortlich gemacht[116]. Dieser Befürchtung liegt die Hypothese zugrunde, die Harmonisierungseffekte des Marktes, verbunden mit politischem Liberalismus, gefährden die kulturelle Vielfalt - manche sehen deshalb sogar *"the end of history"* nahen[117]. Gegen diese Kritik am vermeintlichen Einfluss des Freihandels auf die nationale Kultur lässt sich zunächst einwenden, dass kulturelle Autonomie auf einem romantisierten Bild von geschlossenen Gesellschaften beruht. Weiterhin lässt sich kulturelle Abschottung, die in der Vergangenheit oft mit rassischer, religiöser und ideologischer Intoleranz einherging, nicht mit protektionistischer Außenwirtschafspolitik allein erreichen. Ebenso müsste man den grenzüberschreitenden Personenverkehr und den freien Fluss von Informationen beschränken, um nationale Kultur vor den harmonisierenden Kräften der Globalisierung zu schützen.[118] Zudem zeigt sich, dass wirtschaftliche Integration nicht zwangsläufig politische und kulturelle Harmonisierung zur Folge haben muss.

Vielmehr kann wirtschaftliche Integration auch eine Verstärkung nationaler, politischer, aber auch kultureller Initiativen zur Folge haben[119]. Insgesamt sollte die harmonisierende Wirkung liberalen Handels auf die kulturelle Vielfalt deshalb nicht überschätzt werden. So werden vor allem unterschiedliche Sprachen und Religionen den Erhalt kultureller Vielfalt auch in Zukunft garantieren.

Dies könnte dazu führen, dass lokale und kosmopolitische Kulturen nebeneinander existieren[120]. Das Ende der exklusiven und geschlossenen nationalen Kultur allein der wirtschaftlichen Liberalisierung zuzuschreiben, scheint deshalb fragwürdig. Im Rahmen dieser Arbeit kann der Einfluss von liberalem Handel auf die nationale kulturelle Vielfalt nicht weiter vertieft werden.[121] Es bleibt jedoch anzumerken,

---

and Society 24 (1995) 3, S.415.
116 Um gegen die kulturelle Harmonisierung durch die Globalisierung zu protestieren, suchten in Genf Anti-Haloween-Kommandos Geschäfte heim, die sich durch Auslagen zu diesem vermeintlich amerikanischen Brauch bekannten, siehe hierzu „Kürbis im Kopf, Die Globalisierung der Alltagskultur: Frankreich zelebriert Halloween", FAZ v. 28. Oktober 1999, S.60.
117 *Fukuyama*, Francis: The End of History, Washington, 1989, S.3ff.
118 Vgl. *Trebilcock*, Michael J./*Howse* (Fn.4): S.13.
119 Für das Beispiel der Autonomiebestrebungen Quebecs im Zusammenhang mit der Entstehung der NAFTA, Trebicock/Howse, Regulation of International Trade, S.14, kritisch dagegen *Goodenough*, Oliver R.: Defending the Imaginary to the Death? Free Trade, National Identity, and Canada's Cultural Preoccupation, in: Arizona Journal of International and Comparative Law 15 (1998) 1, S.202 *et passim*.
120 *Hirst*, Paul/*Thompson*, Grahame (Fn.115): S.420.
121 Weiterführend *Footer*, Mary E./*Graber*, Christoph Beat (Fn.114): S.114; *Guest*, Krysti Justine: Exploitation under Erasure: Economic Social and Cultural Rights Engage Economic Globalisation, in: The Adelaide Law Review 19 (1997) 1, S.73ff.; *Bartolomei*, Maria Luisa: The Globalization Process of Human Rights in Latin America versus Economic, Social and Cultural Diversity, in: International Journal of Legal Information 25 (1997) 1/3 , S.156ff.

dass sich die Besorgnis um die nationale, kulturelle Eigenständigkeit bereits jetzt in verschiedenen Handels- und Investitionsabkommen in Form entsprechender Schutzklauseln niederschlägt.[122]

III. Zwischenergebnis

Als Ergebnis der Gegenüberstellung neoklassischer Außenwirtschaftstheorie und protektionistischer Gegenpositionen bleibt festzuhalten, dass in der außenwirtschaftlichen Literatur der gesamtwirtschaftliche Nutzen liberalen Handels heute grundsätzlich unumstritten ist. Gegenstand unterschiedlicher Auffassungen ist lediglich, inwieweit das Konzept liberalen Handels durch Einschränkungen und Qualifikationen zu modifizieren ist. Protektionismus stellt jedenfalls kein geschlossenes Gegenkonzept zum liberalen Außenhandel dar, sondern ist ein Sammelbegriff für verschieden motivierte Abweichungen vom Leitbild des liberalen Handels in der handelspolitischen Praxis. Liberaler Handel ist gegenüber geschlossenen Märkten merkantilistischer Prägung aus ökonomischer Perspektive daher vorzugswürdig. Die vorangegangene Analyse der wirtschaftstheoretischen Grundlagen des Welthandelssystems hat verdeutlicht, warum liberaler Handel den Interessen an einer wirksamen Durchsetzung der Arbeitnehmerrechte nicht *a priori* untergeordnet werden darf.

B. Rechtliche Grundlagen des GATT

Aufgrund des ökonomischen Nutzens aus freiem Handel wird sich jede Synthese von *Trade&Labour* daran messen lassen müssen, inwieweit sie mit den rechtlichen Grundstrukturen des GATT vereinbar ist.[123] Die nachfolgend analysierten rechtlichen Grundlagen des GATT dienen später als Kriterien, um die

---

122 Siehe für das GATT beispielsweise Art.IV (Sonderbestimmungen für Kinofilme) oder Art.XX(f) (Allgemeine Ausnahme zum Schutz von nationalem Kulturgut), der in der GATT/WTO-Streitschlichtung allerdings noch nie entscheidungserheblich zur Anwendung kam, sondern bisher in den Entscheidungsgründen nur gestreift wurde, vgl. Panel Report *Japan-Taxes on Alcoholic Beverages*, WTO-Doc. WT/DS8/R, WT/DS10/R, WT/DS11/R v. 11. Juli 1996, S.35, Rn.4.40, Fn.35 sowie S.38, Rn.4.45; Panel Report *Korea-Taxes on Alcoholic Beverages*, WTO-Doc. WT/DS75/R, WT/DS84/R v. 17. September 1998, S.74, Rn.5.310, Fn.149, worin sich Korea als Rechtfertigung für steuerliche Vergünstigungen des alkoholischen Getränks "*soju*" auf die Ausnahme des Art.XX(f) GATT berief.
123 Da sich der Problemkreis *Trade&Labour* weitgehend auf den Güterhandel beschränkt, werden der nachfolgenden Untersuchung die Grundstrukturen des GATT und nicht etwa des GATS oder der WTO insgesamt zugrundegelegt.

Systemkonformität einer Integration der Arbeitnehmerrechte in die WTO *de lege ferenda* zu beurteilen.[124] Wie in jeder Rechtsordnung sind die rechtlichen Strukturen von den materiellen Inhalten der einzelnen Strukturebenen zu unterscheiden. Deshalb sollen zunächst die rechtlichen Strukturebenen des GATT definiert werden, ehe anschließend deren materielle Inhalte bestimmt werden können.

I. Einteilung der Strukturebenen

Rechtsordnungen können in verschiedene hierarchisch angeordnete Normebenen eingeteilt werden, deren Unterscheidung anhand verschiedener Kriterien erfolgt. Im GATT werden gewöhnlich die Normebenen der Regeln und Prinzipien unterschieden.[125] Darüber hinaus kommt in einem völkerrechtlichen Vertrag wie dem GATT auch dem vorrechtlichen Grundkonsens der Vertragsstaaten eine eigenständige Bedeutung zu.[126]

1. Grundkonsens

a) Begriff und Einordnung

Es besteht Einigkeit darüber, dass den kodifizierten Regeln des GATT ein implizit enthaltenes Vorverständnis der Rechtsgemeinschaft innewohnt.[127] Für diesen

---

124 Zu den Möglichkeiten und Grenzen der Integration von Menschenrechten in der Arbeit in das WTO-System *de lege ferenda* siehe unten, S.377ff.
125 *Benedek*, Wolfgang: Die Rechtsordnung des GATT aus völkerrechtlicher Sicht, Berlin (e.a.), 1990, S.49ff. Für die Untergliederung einer Rechtsordnung in konkrete Regeln und abstraktere Prinzipien als über den Rechtsregeln stehender Beurteilungsmaßstäbe grundlegend *Dworkin*, Ronald: Taking Rights Seriously, Cambridge MA, 1978, S.22ff; *Alexy*, Robert: Zum Begriff des Rechtsprinzips, in: Krawietz, Werner (Hrsg.), Argumentation und Hermeneutik in der Jurisprudenz, Rechtstheorie, Beiheft 1 (1979), S.59ff, *ders.*: Theorie der Grundrechte, Baden-Baden, 1985: S.71ff. Anders wird dagegen in der englischen positivistischen Tradition in Ermangelung verfassungsrechtlicher Grundnormen nicht in Normebenen unterschiedlicher Abstraktionsstufe wie Regeln und Prinzipien, sondern lediglich eindimensional zwischen primären und sekundären Rechtsregeln unterschieden. Primäre Rechtsregeln sind demnach Rechtsanwendungsregeln, sekundäre Rechtsregeln dagegen Rechtsgewinnungs-, Entstehungs- oder Legitimationsregeln, vgl. *Hart*, Herbert L.: The Concept of Law, Oxford (e.a.), 1961, zum Ganzen vgl. *Riedel*, Eibe: Theorie der Menschenrechtsstandards, Berlin, S.265ff.
126 *Benedek*, Wolfgang (Fn.125): S.47ff.
127 *Hudec*, Robert: The GATT Legal System and World Trade Diplomacy, New York, 1975, S.6 und S.187 sowie S.261; *Benedek*, Wolfgang (Fn.125): S.47.

vorvertraglichen Grundkonsens variieren die Begriffe von *"common interest"* [128] über *"common sense"* [129], *"starting point"*[130], *"spirit and philosophy"*[131] bis hin zu *"underlying"* bzw. *"overall consensus"*[132].

Ein erstes Indiz dafür, dass dieses Vorverständnis als eine eigene Strukturebene begriffen werden kann, ergibt sich aus der Entstehung des GATT als völkerrechtlichem Vertrag. So bedarf ein Vertrag auf der Ebene des Völkerrechts einer erklärten Willensübereinstimmung.[133] Diese Willensübereinstimmung wird in der Folge durch die gewohnheitsrechtliche Regel *pacta sunt servanda* über den Zeitpunkt des Vertragsschlusses hinaus rechtlich fixiert[134]. Dadurch wird die rechtliche Geltung eines Vertrages vom Fortbestehen der ursprünglichen Willensübereinstimmung zum Zeitpunkt des Vertragsschlusses unabhängig. Der originäre Konsens sinkt folglich zwar als Grundkonsens auf die Ebene des vertraglichen Vorverständnisses ab. Der vorrechtliche Grundkonsens ist aber dennoch als rechtliche Strukturebene anzusehen, denn er kann sowohl für die Auslegung, als auch für die Rechtsdurchsetzung der GATT-Normen Bedeutung erlangen[135]. Trotz des seit dem Abschluss der Uruguay-Runde effektivierten Streitschlichtungsmechanismus, basiert das *dispute settlement* der WTO noch immer auf der freiwilligen Befolgung der WTO-Entscheidungen und ist deshalb auf einen tragfähigen Grundkonsens angewiesen.[136] In der Hierarchie der rechtlichen Strukturebenen steht der

---

128 *Dam*, Kenneth W.: The GATT: Law and International Economic Organization, Chicago (e.a.), 1970, S.7.
129 *Benedek*, Wolfgang (Fn.125): S.48.
130 *Jackson*, John H. (Fn.3): S.11.
131 *Senti*, Richard: GATT, Allgemeines Zoll- und Handelsabkommen als System der Welthandelsordnung, Zürich, 1986, S.4 ff.
132 *Hudec*, Robert (Fn.127): S.6 und S.187 sowie S.261.
133 Statt aller *Kimminich*, Otto (Fn.110): S.463.
134 Siehe zur Rolle dieser Maxime als geltungsbegründende Grundnorm des Völkerrechts im Rahmen der sog. Normativistischen Theorie *Kelsen*, Hans: General Theory of Law and State, Cambridge MA, 1946, S.349; *ders.*: Reine Rechtslehre, 2. Auflage, Wien, 1960, S.222. Positivrechtlich normiert ist diese gelegentlich als völkerrechtliche Grundnorm bezeichnete Regel in Art.26 WVK, wobei dieser Vorschrift nur deklaratorische Funktion zukommt, vgl. weiterführend *Koester*, Veit: Pacta Sunt Servanda, in: Environmental Policy and Law 26 (1996) 2 , S.78ff.; grundlegend *Bauer*, Herbert: Der Satz „pacta sunt servanda" im heutigen Völkerrecht, Marburg, 1934, S.10ff. Der Text der Wiener Vertragsrechtskonvention (WVK, Vienna Convention on the Law of the Treaties) ist abgedruckt in: United Nations Conference on the Law of the Treaties, Off. Rec., Documents of the Conference (UN-Doc. A/CONF.39/11/Add.2), New York, S.287ff.; deutsche Übersetzung in: *Khan*, Daniel-Erasmus (Hrsg.): Sartorius II, Internationale Verträge-Europarecht, München, 2000, Nr.320.
135 Siehe unten, S.71ff.
136 Zur Streitschlichtung unter dem GATT '47 vgl. *Bast*, Joachim/*Schmidt*, Andrea: Das GATT Streitschlichtungsverfahren, in: RIW 37 (1991) 11, S.929ff.; zu den Neuerungen des WTO-Streitschlichtungssystems vgl. *Khansari*, Azar: Searching for the Perfect Solution: International

Grundkonsens über den Regeln und Prinzipien, da er keine rechtlich geprägten Sollsätze enthält[137]. Insofern kann der Grundkonsens von der Ebene der Normen unterschieden werden.

Nicht zu überzeugen vermag dagegen die Auffassung, der vertragliche Grundkonsens sei strukturell Teil der Vertragsziele, welche die obere Strukturebene des GATT bildeten.[138] Der Grundkonsens umfasst in der Regel auch die Ziele eines Abkommens und nicht umgekehrt. So beschränkt sich der Vertragskonsens üblicherweise nicht auf Ziel und Zweck eines Abkommens, sondern kann z. B. auch den Ausschluss bestimmter Mittel zur Erreichung des Vertragsziels umfassen. Er stellt daher gegenüber den Vertragszielen ein *majus* dar. Der Grundkonsens ist daher als obere Strukturebene des GATT zu begreifen, welche die Vertragsziele einschließt.

b) Rechtliche Bedeutung

Wie bereits ausgeführt, kann der Grundkonsens trotz seines vorrechtlichen Charakters für die konkrete *Rechtsanwendung* relevant werden.

Der Grundkonsens kann zunächst als Interpretationsmaxime oder als „Rückfallposition" im Sinne einer Interpretationsgrenze bei der Auslegung von GATT-Normen *de lege lata* Bedeutung erlangen.[139] Ferner bewirkt der *common sense* der Mitglieder über die Grundlagen des GATT, dass trotz alltäglicher Interessengegensätze die Rechtsgeltung und Rechtsdurchsetzung nicht grundsätzlich in Frage gestellt wird.[140] Dies ist um so wichtiger, als die einzelnen nationalen Handels-

---

Dispute Resolution and the New World Trade Organisation, in: Hastings International and Comparative Law Review 20 (1996) 1, S.190ff.; *Kopke*, Alexander: Rechtsbeachtung und -durchsetzung in GATT und WTO, Berlin, 1995, S.261ff.; *Petersmann*, Ernst-Ullrich: The GATT/WTO Dispute Settlement System, London (e.a.), 1997, S.177ff.; *Benedek*, Wolfgang (Fn.125): S.47.

137 Vgl. *Alexy*, Robert (Fn.125, 1985): S.72.

138 so aber *Benedek*, Wolfgang (Fn.125): S.42ff.; S.47.

139 *Benedek*, Wolfgang (Fn.125): S.48; *Jackson*, John H.: World Trade and the Law of the GATT, Indianapolis (e.a.), 1969, S.53. vgl. auch Art.31:3(b) WVK (Fn.134), wonach aus der gemeinsamen Übung der Vertragsparteien auf die für die Auslegung maßgebliche Übereinstimmung (*"consensus"*) der Vertragsparteien geschlossen werden soll.

140 *Hudec*, Robert (Fn.127): S.6 und S.261; *Benedek*, Wolfgang (Fn.125): S.47, es ist allerdings schon vorgekommen, daß Politiker als Reaktion auf eine Niederlage in einem Streitschlichtungsverfahren den Nutzen und die Geltung des WTO-Regelwerks insgesamt in Frage stellten, wie dies nach der Entscheidung im sog. Hormonfall [Panel Report *EC-Measures Concerning Meat and Meat Products (Hormones)*, WTO-Doc. WT/DS26/R/USA und WT/DS48/R/CAN v. 25. September 1997; Appellate Body Report *EC-Measures Concerning Meat and Meat Products (Hormones)*, WTO-Doc. WT/DS26/AB/R, WT/DS48/AB/R v. 13. Februar 1998] der Fall war, vgl. „Über den Agrarhandel drohen neue Streitigkeiten, Borchert stellt internationales Regelwerk in Frage, Minister verknüpfen Agrarreform mit neuer WTO-Runde", in: FAZ v. 10. September 1997, S.18, zum

politiken sich grundsätzlich allein am jeweils eigenen Vorteil orientieren und somit gegenläufig ausgerichtet sind[141]. Die Notwendigkeit einer vorrechtlichen Basis ergibt sich im GATT auch daraus, dass die Staaten in der Handelspolitik unterschiedliche Ziele verfolgen, z.b. entweder die vorrangige Verbesserung ihrer ökonomischen Effizienz, die eigene Entwicklung und Industrialisierung oder eine relative Unabhängigkeit von Importen[142]. Auch die unterschiedliche Gewichtung des freien Handels gegenüber anderen Rechtsgütern, wie dem Umwelt- oder Gesundheitsschutz, führt zu divergierenden alltäglichen *Partikularinteressen*, die nur auf Basis eines tragfähigen Grundkonsenses ausgeglichen werden können[143].

Der Grundkonsens des GATT unterliegt ebenso wie die wirtschaftlichen und handelspolitischen Rahmenbedingungen dem Wandel der Zeit.[144] Eine Änderung im vorrechtlichen Konsens kann die Grundlage für Vertragsänderungen bilden. Spiegel solcher Entwicklungen sind vor allem die Erweiterungen des GATT in der Vergangenheit. So folgte beispielsweise der Erkenntnis, dass die positiven Effekte des Freihandels zwischenstaatliche Verteilungsprobleme bezüglich der Wohlfahrtsgewinne nicht ausschließen, die Einräumung einer präferenziellen Behandlung für Entwicklungsländer im GATT[145]. Einer Vertragsänderung wird daher in der Regel eine Modifikation des Grundkonsenses der Vertragsparteien vorausgehen. Die Änderungen des GATT in der Vergangenheit bilden daher einen Indikator für den stetigen Wandel des *common sense*. Daher kann der Grundkonsens als Wegbereiter für die *Rechtsetzung* konkreter Normen fungieren.

Ausnahmsweise ist allerdings auch denkbar, dass das bestehende Regelwerk des GATT ohne eine entsprechende Evolution des Grundkonsenses weiterentwickelt wird. Beispielsweise könnte dies ohne die Zustimmung der Mitglieder im Wege der dynamischen Interpretation von Vertragsbestimmungen durch die Streitschlichtungsorgane geschehen. Ferner kann es selbst bei fehlender Überein-

---

Hormonfall vgl. weiterführend *Quick*, Reinhard/*Blüthner*, Andreas: Has the Appellate Body erred ? An Appraisal and Criticism of the WTO Hormones Case, in: Journal for International Economic Law 2 (1999) 4, S.603ff.; für einen Überblick über die bisher unter dem SPS-Agreement behandelten Fälle siehe *Pauwelyn*, Joost: The WTO Agreement on Sanitary and Phytosanitary (SPS) Measures as Applied in the First Three SPS Disputes: EC-Hormones, Australia-Salmon and Japan-Varietals, in: Journal of International Economic Law 2 (1999) 4, S.641ff. Das SPS-Agreement (Agreement on the Application of Sanitary and Phytosanitary Measures) ist abgedruckt in: *WTO*, The Legal Texts (Fn.1): S.59ff, deutsche Übersetzung in: *Hummer*, Waldemar/*Weis*, Friedl (Fn.1): Nr.52, S.888ff.

141 *Jackson*, John H. (Fn.139): S.9.
142 *Dam*, Kenneth W.(Fn.128): S.6f.
143 *Benedek*, Wolfgang (Fn.125): S.47; vgl. auch *GATT*: Trade Policies for a Better Future, Proposals for Action, Genf, 1985, S.33.
144 Vgl. *Benedek*, Wolfgang (Fn.125): S.401ff.
145 Zu Präferenzen für Entwicklungsländer im GATT vgl. unten, S.465ff.

stimmung der Mitglieder zu Vertragsänderungen kommen, bei denen der fehlende Konsens hinter dem Beschluss allgemeiner, unbestimmter oder aber besonders komplizierter Regeln im Verborgenen bleibt.[146] Sofern solche Erweiterungen von Rechten und Pflichten der Mitglieder nicht mehr vom Grundkonsens umfasst sind, kann dies in einem Rechtssystem letztlich zur Erosion der Rechtsgeltung und - durchsetzung führen[147]. Um eine solche Entwicklung zu vermeiden, muss der Grundkonsens nicht nur als Triebfeder für Vertragsänderungen, sondern auch als Grenze einer systemkonformen Ergänzung des Welthandelssystems angesehen werden.[148] Deshalb muss dem vorrechtlichen Grundkonsens auch im Hinblick auf eine Erweiterung des Welthandelssystems um Menschenrechte in der Arbeit *de lege ferenda* besondere Bedeutung zugemessen werden.[149]

Als Zwischenergebnis ist festzuhalten, dass der Grundkonsens die obere Strukturebene des GATT bildet und trotz seines vorrechtlichen Charakters für die Auslegung, Rechtsdurchsetzung und Rechtsentwicklung von Bedeutung ist.

c) Methode zur inhaltlichen Bestimmung

Teilweise wird unterstellt, der Grundkonsens ließe sich inhaltlich kaum bestimmen oder bliebe zumindest stets diffus.[150] Deshalb sollen die Staaten erst noch einen gemeinsamen Konsens aller Mitglieder herausarbeiten und kodifizieren.[151] In der Literatur finden sich dennoch einige Versuche zur inhaltlichen Bestimmung des Grundkonsenses des GATT. Allerdings gehen nur wenige Autoren auf die verwendete Methodik zur Herleitung des Vertragskonsenses ein.

Teilweise wird vertreten, der Inhalt des ursprünglichen Grundkonsenses ließe sich „im einzelnen" aus der Präambel entnehmen.[152] Zwar lassen sich aus der Präambel des GATT wie auch bei anderen völkerrechtlichen Verträgen die übergreifenden Ziele des Abkommens ablesen.[153] Den Inhalt des Grundkonsenses „im einzelnen"

---

146 Vgl. *Bronckers*, Marco: Better Rules for a New Millenium: A Warning Against Undemocratic Developments in the WTO, in: Journal for International Economic Law 2 (1999) 4, S.553 *et passim*.
147 Dementsprechend schreibt Art.3:2, S.3 DSU vor, daß "[r]*ecommendations and rulings of the DSB cannot add to or diminish the rights and obligations provided in the covered agreements.*" Der Text des DSU (Understanding on Rules and Procedures Governing the Settlement of Disputes), ist abgedruckt in: *WTO*, The Legal Texts (Fn.1): S.354ff, deutsche Übersetzung in: *Hummer*, Waldemar/*Weis*, Friedl (Fn.1): Nr.37, S.431ff.
148 so auch *Benedek*, Wolfgang (Fn.125): S.400.
149 Zu den Anforderungen aus dem Grundkonsens an eine Integration von Menschenrechten in der Arbeit in das WTO-System *de lege ferenda* siehe unten, S.393ff.
150 *Dam*, Kenneth W.(Fn.128): S.7.
151 *Dam*, Kenneth W.(Fn.128): S.7.
152 *Benedek*, Wolfgang (Fn.125): S.47.
153 Dementsprechend ist in der Präambel des GATT hinsichtlich des Abs.II von "*these objectives*" die

allein aus der Präambel des GATT abzuleiten, ist jedoch nur dann schlüssig, sofern man den Grundkonsens als Teil der Vertragsziele betrachtet.[154] Da der Grundkonsens jedoch als obere Strukturebene des GATT die Vertragsziele umfasst, wird diesem Ansatz hier nicht gefolgt.[155]

Andere messen der *historischen Methode* zur Bestimmung des Grundkonsenses des GATT größere Bedeutung zu.[156] An der historischen Methode sind aber schon aufgrund der Entstehungsgeschichte des GATT als liberales Bruchstück der Havanna-Charta Zweifel angebracht[157]. Die zur Bestimmung des Grundkonsenses zitierten Stellungnahmen beziehen sich großteils auf die Sitzungen des Vorbereitungsausschusses für die Havanna-Konferenz und nicht auf das GATT[158]. Die Tatsache, dass die Havanna-Charta mit ihrem gegenüber dem GATT wesentlich weitergehenden Anspruch letztlich nie in Kraft trat, lässt es fragwürdig erscheinen, aus diesen Materialien einen „Konsens" oder auch nur gemeinsame Ziele der Verhandlungspartner für das GATT abzuleiten. Ferner handelt es sich bei den Stellungnahmen von Delegierten um durchaus widersprüchliche Meinungen einzelner, nationaler Repräsentanten und nicht um gemeinsame Erklärungen der Vertragsparteien.[159] In dem frühen Stadium der Verhandlungen vor der Havanna-Konferenz dienten die Stellungnahmen auch nicht der Darstellung einer gemeinsamen Auffassung, sondern der Akzentuierung handelspolitischer Schwerpunkte und der Durchsetzung eigener Interessen der einzelnen Staaten.

Letztlich kam der *drafting history* noch unter dem GATT 1947 für die Rechtsanwendung eine besondere Bedeutung zu, die sich auf zweierlei Weise erklären lässt. Erstens gab die Berücksichtigung der Materialien zur wesentlich ambitionierteren und umfassenden „Havanna-Charta" der historischen Methode ausnahmsweise eine erweiternde Auslegungstendenz. Zweitens kam der historischen Auslegung in Anbetracht der schwachen organisatorischen Verfasstheit und Rechtsnatur des GATT eine größere Autorität und Akzeptanz zu.[160] Aufgrund der

---

Rede, vgl. Abs.3 Präambel des GATT.

154 *Benedek*, Wolfgang (Fn.125): S.42.

155 Zur Unterscheidung zwischen vertraglichem Grundkonsens und Vertragszielen vgl. oben, S.71.

156 *Jackson*, John H. (Fn.139): S.53.

157 Zur Entstehungsgeschichte des GATT vgl. oben, S.28.

158 Vgl. *Jackson*, John H. (Fn.139): S.53ff.

159 *Jackson*, John H. (Fn.139): S.53.

160 Vgl. *Benedek*, Wolfgang (Fn.125): S.143f. Da sich die Geschichtslastigkeit der Vertragsauslegung mit der institutionellen Schwäche des GATT begründete, hat diese Interpretationsmethode mit der Gründung der WTO gegenüber der funktionalen Auslegung ihre überragende Bedeutung verloren, findet aber noch immer neben den anderen völkerrechtlichen Auslegungsmethoden gleichberechtigt Anwendung vgl. nur Appellate Body Report *Korea-Taxes on Alcoholic Beverages*, WTO-Doc.

institutionellen und inhaltlichen Weiterentwicklung vom GATT zur WTO erscheint es heute angebracht, den historischen Quellen des GATT nicht nur für die Rechtsanwendung, sondern auch für die Bestimmung des Inhalts der oberen Strukturebenen nur noch eine untergeordnete Funktion zukommen zu lassen. Wieder andere leiten *"spirit and philosophy"* des GATT aus den Grundzügen der amerikanischen Handelspolitik der dreißiger Jahre her, da hierdurch die US-Vorschläge zur Gründung der ITO maßgeblich beeinflusst wurden.[161] Zwar kann diesem Ansatz zugute gehalten werden, dass sowohl der Anstoß zur Gründung der ITO, als auch die Herauslösung des GATT aus der Havanna-Charta auf die Initiative der USA zurückzuführen sind. Jedoch wird durch diese Methode verkannt, dass die alleinige Fokussierung auf das nationale Außenhandelsrecht der USA zu kurz greift, da die Entwürfe der ITO und des GATT einschließlich seiner Änderungen multilateral verhandelt und im Konsens beschlossen wurden.

In dieser Arbeit soll der Grundkonsens zuvorderst aus den verbindlichen Regeln des GATT als eindeutiger und als gemeinsam verpflichtend anerkannter Willensäußerung der Mitglieder abgeleitet werden[162]. Die oberen, naturgemäß abstrakten Strukturebenen werden demnach aus den konkreten Vorschriften gewonnen, da letztere ursprünglich aus dem Konsens der Vertragsparteien hervorgingen und noch immer im Lichte des Grundkonsenses angewendet werden. Eine solche systembildende Relation zwischen abstrakter und konkreter Ebene einer Rechtsordnung wird bildlich als „wechselseitige Erhellung" bezeichnet.[163] Zwar wird dieses Bild für die Korrelation zwischen Prinzipien und Regeln gebraucht. Nichts anderes kann jedoch auch für das Verhältnis zwischen Regeln, Prinzipien und dem übergeordneten Grundkonsens eines Vertrages wie dem GATT gelten. Im Folgenden sollen deshalb aus konkreten Regeln die Prinzipien und der Grundkonsens des GATT abgeleitet werden.

WT/DS75/AB/R, WT/DS84/AB/R v. 18. Januar 1999, S.14, Rn.42; Appellate Body Report *United States-Import Prohibition of Certain Shrimp and Shrimp Products*, WTO-Doc.WT/DS58/AB/R v. 12. Oktober 1998, S.50, Rn.131, Fn.114.
161 *Senti*, Richard (Fn.131): S.4 ff.
162 So offenbar auch *Benedek*, Wolfgang (Fn.125): S.47.
163 *Larenz*, Karl: Methodenlehre der Rechtswissenschaft, Berlin (e.a.), 5. Auflage, 1983, S.475.

2. Prinzipien

a) Begriff und Einordnung

In der Literatur wird zwischen den rechtlichen Kategorien der *Regeln* und *Prinzipien* im Welthandelssystem vielfach nur unscharf getrennt. So wird teilweise von Prinzipien gesprochen, obwohl lediglich wesentliche Regeln des Welthandels gemeint sind[164]. Dies mag insofern berechtigt sein, als die angesprochenen Vorschriften von grundlegender, allgemeiner, also „prinzipieller" Bedeutung sind. Dogmatisch korrekt bezeichnet, handelt es sich jedoch oftmals nur um schlichte Regeln. Es besteht dennoch gemeinhin Einigkeit darüber, dass Prinzipien und Regeln nicht nur terminologisch zu unterscheiden sind. Das Wesen der Prinzipien erschließt sich gerade erst aus der Abgrenzung zu den Regeln, zwischen beiden besteht nicht bloß ein gradueller, sondern ein qualitativer[165], logischer[166] und deshalb auch ein klassifikatorischer Unterschied[167].

Die Unterschiede zeigen sich anhand von Prinzipienkollisionen und Regelkonflikten, wie schon die hier verwendeten Begriffe nahelegen. In beiden Fällen gebieten zwei Normen unterschiedliche Sollsätze. Prinzip und Regel unterscheiden sich jedoch in der Auflösung dieser Kollisionslage[168]. Gegenüber Regeln zeichnen sich Prinzipien dadurch aus, dass sie kein unbedingtes Gebot im Sinne eines „entweder-oder-Verhältnisses", sondern das Leitbild eines „sowohl-als-auch" charakterisieren.[169] Prinzipien beanspruchen dadurch keine unbedingte und alleinige Gültigkeit.[170] Sie werden deshalb auch als Optimierungsgebote bezeichnet.[171] Prinzipien sind demnach Normen, die lediglich in einem möglichst hohen Maß zu realisieren sind.[172] Ihnen kommt im Unterschied zu Regeln kein Ausschließlichkeitscharakter zu.[173] Prinzipien verwirklichen sich vor allem durch ihre

164 *Petersmann*, Ernst-Ullrich: World Trade, Principles, in: Encyclopedia of Public International Law (Vol. 8), Amsterdam, 1984, S.530ff.
165 *Alexy*, Robert (Fn.125, 1985): S.75.
166 *Dworkin*, Ronald (Fn.125): S.24.
167 *Alexy*, Robert (Fn.125, 1979): S.64, vgl. auch *Riedel*, Eibe (Fn.125): S.265ff.
168 *Alexy*, Robert (Fn.125, 1985): S.77.
169 *Dworkin*, Ronald (Fn.125): S.25ff.
170 *Dworkin*, Ronald (Fn.125): S.26.
171 *Alexy*, Robert (Fn.125, 1985): S.75f.; zu Prinzipien als Optimierungsgebote für Verwaltungshandeln vgl. *Riedel*, Eibe H.: Rechtliche Optimierungsgebote oder Rahmensetzungen für das Verwaltungshandeln? in: Veröffentlichungen der Vereinigung deutscher Staatsrechtslehrer 58 (1999), S.183ff.
172 *Alexy*, Robert (Fn.125, 1985): S.75.
173 *Alexy*, Robert (Fn.125, 1979): 80.

gegenseitige Ergänzung und Beschränkung.[174] Deshalb kann bei ihnen auch nicht von Regeln und Ausnahmen gesprochen werden, da zwischen Prinzipien stets ein Verhältnis des Ausgleichs und der Abwägung besteht.[175] Mit anderen Worten kommt den Regeln Gebotscharakter im Sinne eines „realen Sollens" zu. Prinzipien besitzen dagegen Optimierungscharakter, denn sie bezwecken ein „ideales Sollen".[176]

In qualitativem Unterschied zum vorrechtlichen Grundkonsens beinhalten Prinzipien bereits materielle Rechtsgedanken[177]. Der Grundkonsens bleibt dagegen vorrechtlicher und verfassungspolitischer Natur. Prinzipien vermitteln als Sollsätze in *rechtlichen* Kategorien den Wertmaßstab des Grundkonsenses. So wird der Grundkonsens über die Prinzipien in den positivrechtlich geregelten Bereich konkreter Normen transportiert.

b) Rechtliche Bedeutung

Prinzipien können einer Rechtsordnung in kodifizierter oder in ungeschriebener Form innewohnen. Das bedeutet, dass Prinzipien in einer Rechtsordnung teilweise als solche angesprochen sind, beispielsweise in der Präambel oder anderen Zielbestimmungen, teilweise müssen sie auch erst erschlossen werden.[178]

Die Prinzipien besitzen wie der Grundkonsens zunächst eine systembildende Funktion innerhalb einer Rechtsordnung. Während der Grundkonsens eher deren äußere Grenzen bestimmt, prägen Strukturprinzipien die innere Ordnung eines Rechtssystems.[179] Bei der Rechtsauslegung erlangen Prinzipien konkrete Bedeutung als objektiv-teleologisches Kriterium auf der Ebene der Regeln.[180] Dies gilt besonders bei sog. *"hard cases"*, bei denen die individuelle Fallentscheidung von der Festlegung und Abwägung widerstreitender Interessen abhängt.[181] Dadurch transportieren Prinzipien die im Grundkonsens enthaltenen Ziele der Rechtsordnung auf die Ebene konkreter Gebote.

---

174 *Canaris*, Claus-Wilhelm: Systemdenken und Systembegriff in der Jurisprudenz, Berlin, 1969, S.55, *Larenz*, Karl (Fn.163): 476.
175 *Dworkin*, Ronald (Fn.125): S.26; *Riedel*, Eibe H. (Fn.171): S.183.
176 *Alexy*, Robert (Fn.125, 1979): S.79ff.; zum streng positivistischen Ansatz, wonach keine Unterscheidung zwischen Regeln und Prinzipien zu erfolgen hat, siehe oben, Fn.125.
177 vgl. *Larenz*, Karl (Fn.163): S.346; *Benedek*, Wolfgang (Fn.125): S.49 spricht in diesem Zusammenhang von Rechtskonzepten.
178 Vgl. *Larenz*, Karl (Fn.163): S.474.
179 Vgl. *Larenz*, Karl (Fn.163): S.475.
180 *Larenz*, Karl (Fn.163): S.474.
181 *Dworkin*, Ronald (Fn.125): S.81ff.; vgl. *Riedel*, Eibe (Fn.125): S.266.

Bei Rechtsfortbildung oder Rechtsetzung dienen Prinzipien ferner als Rahmen[182], bzw. „richtunggebende Maßstäbe"[183]. Deshalb sollte eine erweiternde Auslegung, oder auch die Ergänzung einer Rechtsordnung in höchstmöglichem Maß bestehende Prinzipien verwirklichen oder den Katalog bestehender Prinzipien auf Basis des Grundkonsens systemimmanent ergänzen. Aus diesem Grund müssen sich auch Überlegungen zur Integration von Menschenrechten in der Arbeit in die Welthandelsordnung *de lege ferenda* an den später inhaltlich zu bestimmenden Prinzipien des GATT messen lassen.[184]

c) Methode zur inhaltlichen Bestimmung

Auch Prinzipien wollen erst „entdeckt" sein.[185] Selbst wenn sie einer Rechtsordnung in kodifizierter Form innewohnen, müssen sie erst als Prinzipien erkannt werden. Wie auch zur Bestimmung des Grundkonsenses eignet sich zur Herleitung der Prinzipien des GATT die final-teleologische Methode am besten. Das bedeutet, dass der Inhalt der Prinzipien aus den konkreten Vorschriften einer Rechtsordnung zu abstrahieren ist. Gleichzeitig müssen sich die Prinzipien sinnvoll mit dem übergeordneten Grundkonsens vereinbaren lassen. Zu Recht muss sich die Bestimmung von Strukturen und Inhalten einer Rechtsordnung daran messen lassen, ob sie solche Prinzipien und Gewichtungen von Prinzipien enthält, welche die gesetzten Rechtsnormen und deren Präjudizien am besten rechtfertigen[186]. Dies soll deshalb der Maßstab für den noch zu bestimmenden Inhalt der Prinzipien des GATT sein.[187]

3. *Grundregeln und Regeln*

Die einzelnen Regeln bilden naturgemäß die Basis einer Rechtsordnung. Auf Begriff und Bedeutung von Regeln soll über das bereits zur Abgrenzung von Prinzipien Gesagte nicht hinausgegangen werden. Einer gesonderten Begründung

---

182 *Esser*, Joseph: Grundsatz und Norm in der richterlichen Fortbildung des Privatrechts, Tübingen, 3. Auflage, 1974, S.39ff.
183 *Larenz*, Karl (Fn.163): S.474.
184 Für die aus den Strukturprinzipien des GATT entwickelten Kriterien der Systemkonformität für eine Regelung über Menschenrechte in der Arbeit in der WTO siehe unten, S.393ff.; für die Bewertung verschiedener Regelungstechniken anhand dieser Prinzipien siehe unten, S.402ff.
185 Vgl. *Dworkin*, Ronald (Fn.125): S.XI.
186 *Dworkin*, Ronald (Fn.125): S.66 sowie S.90.
187 Zur inhaltlichen Bestimmung der GATT-Prinzipien siehe unten, S.81.

bedarf allerdings die hier vorgenommene Unterteilung in Grundregeln und einfache Regeln.

In Abgrenzung zu den einfachen Vorschriften enthält das GATT, wie jede Rechtsordnung, bestimmte Grundregeln. Grundregeln stechen deshalb aus der Summe der übrigen Rechtsregeln hervor, weil sie innerhalb einer Rechtsordnung ein typisiertes „Normalverhalten", also einen Standard, vorgeben.[188] So legen im GATT die Grundregeln der Meistbegünstigung und der Inlandsbehandlung „Gleichbehandlung" als Normalverhalten für die Behandlung von Waren unterschiedlicher Herkunft fest.[189] Da Grundregeln einen allgemeinen Verhaltensmaßstab vorgeben, standardisieren sie das Verhalten der Normadressaten. Dementsprechend besitzen sie im Vergleich zu den übrigen Rechtsregeln eine richtunggebende Funktion innerhalb einer Rechtsordnung. Gleichzeitig stellen Grundregeln oftmals selbst standardisierte Normen dar.[190] Die von solchen Standards gesetzten typisierten Verhaltensmuster bilden Modelllösungen oder Musterklauseln, die für eine Vielzahl von Verträgen der internationalen Handelsbeziehungen Verwendung finden.[191]

Grundregeln werden im Sprachgebrauch des GATT nicht immer von Grundsätzen unterschieden.[192] Grundregeln bilden keine eigene, von den übrigen Rechtsregeln unabhängige Strukturebene des GATT. Die hier vorgenommene Heraushebung der Grundregeln aus den übrigen Vorschriften des GATT dient lediglich der vereinfachten Ortung und Bestimmung der übergeordneten Prinzipien. Grundregeln und Prinzipien ist gemeinsam, dass beiden Normtypen häufig Standards als die Rechtsordnung prägende Maßstäbe immanent sind. Bei genauerer Betrachtung sind Prinzipien häufig nichts anderes als die Abstraktion eines allgemeinen Maßstabs aus verschiedenen Grundregeln. Grundregeln setzten dem-

---

188 Für die Normqualität und die unterschiedlichen Funktionen von Rechtsstandards im nationalen Recht und im Völkerrecht vgl. *Riedel*, Eibe (Fn.125): S.261ff.
189 Zur Meistbegünstigung als traditionellem Wirtschaftsstandard vgl. *Riedel*, Eibe (Fn.125): S.284. Für eine weitergehende Untersuchung unterschiedlicher völkerrechtlicher Wirtschaftsstandards vgl. *Schwarzenberger*, Georg: The Principles and Standards of International Economic Law, in: Recueil des Cours 117 (1966) 1, S.66ff; nach *Benedek*, Wolfgang (Fn.125): S.61ff. kennt das GATT fünf Grundregeln, namentlich die Meistbegünstigung, die Inlandsgleichbehandlung, das Verbot mengenmäßiger Beschränkungen, die Transitfreiheit und die Transparenz.
190 *Benedek*, Wolfgang (Fn.125): S.61 spricht hinsichtlich der Grundregeln des GATT daher zu Recht von „standardisierten Regeln".
191 Vgl. *Esser*, Joseph (Fn.182): S.96f.; *Riedel*, Eibe (Fn.125): S.285, *Benedek*, Wolfgang (Fn.125): S.61.
192 *Benedek*, Wolfgang (Fn.125): S.61 weist zu Recht darauf hin, daß in der Literatur beispielsweise verschiedentlich vom „Meistbegünstigungsprinzip" die Rede ist.

nach die in einer Rechtsordnung in Form abstrakter Prinzipien enthaltenen Optimierungsgebote in konkret gefasste Gebote um. Prinzipien unterscheiden sich daher von den spezielleren (Grund-)regeln im wesentlichen in ihrer Abstraktionshöhe.[193] Grundregeln stellen oftmals eine Kodifikation der allgemeinen und oftmals nicht positivierten Prinzipien dar und erleichtern so deren Anwendung bei einer konkreten Fallentscheidung.[194] Dementsprechend werden anhand von Grundregeln die positivrechtlich nicht kodifizierten Prinzipien oftmals erst sichtbar. Die hieraus resultierende „grundsätzliche" Bedeutung von Grundregeln in einem Rechtssystem mag eine Erklärung für ihre Vermischung mit den Prinzipien in der Literatur darstellen[195]. Für die nachfolgende inhaltliche Bestimmung der Strukturebenen des GATT bleibt festzuhalten, dass Grundregeln aufgrund ihrer Nähe zu den Prinzipien zu deren Bestimmung besonders zu berücksichtigen sind.

4. Zwischenergebnis

Die rechtliche Struktur des GATT ist in drei qualitativ unterschiedliche Ebenen zu unterteilen. Die verbindlichen Regeln, darunter die Grundregeln des GATT, bilden die Basis. Regeln, insbesondere aber die Grundregeln, stehen in einer Wechselbeziehung zu Prinzipien. Die anhand der Grundregeln „zu entdeckenden" Prinzipien können Leitlinien für die Rechtsanwendung und Rechtsetzung bilden. Über diesen beiden unteren Strukturebenen des GATT wölbt sich der vorrechtliche Grundkonsens, der aus der ursprünglichen Willensübereinstimmung der Vertragsparteien beim Abschluss des GATT hervorging. Aber auch der Grundkonsens unterliegt dem Wandel der Zeit. Für die Normebenen erlangt der Grundkonsens nur ausnahmsweise als „Rückfallposition" bei der Interpretation und als äußerste Grenze eine für systemkonforme Ergänzung des Vertragswerkes Bedeutung.

193 *Riedel*, Eibe (Fn.125): S.267.
194 *Benedek*, Wolfgang (Fn.125): S.61.
195 Zur Unterscheidung von Regeln und Prinzipien in der Literatur vgl. oben, S.76.

II. Materielle Inhalte der Strukturebenen

1. Prinzipien

Neben, oder gerade resultierend aus den oben angesprochenen Unschärfen in der Trennung zwischen Regeln und Prinzipien, bestehen auch über Zahl und Inhalt der GATT-Grundsätze unterschiedliche Auffassungen.

a) Nichtdiskriminierung

Einigkeit besteht lediglich darin, dass im GATT verschiedene Ausprägungen eines allgemeinen *Prinzips der Nichtdiskriminierung*, bzw. Gleichbehandlung, enthalten sind.[196] Ein erstes Indiz für die Existenz eines solchen Prinzips ist das in der Präambel genannte Ziel der Vertragsparteien, auf die *"elimination of discriminatory treatment in international commerce "* hinwirken zu wollen[197].

Durch die einzelnen Vorschriften des GATT wird das Gebot der Nichtdiskriminierung in zwei unterschiedlichen Ausrichtungen verwirklicht. Erstens müssen staatliche Maßnahmen Waren aus dritten Staaten gleichbehandeln. Es darf also keine Diskriminierung von Importen allein aufgrund der Warenherkunft erfolgen. Diese Form der Gleichbehandlung von Exportstaaten könnte man *horizontale Nichtdiskriminierung* nennen, um eine Unterscheidung von der Grundregel der Meistbegünstigung zu erleichtern. Die horizontale Nichtdiskriminierung wird vor allem durch die Grundregel der Meistbegünstigung verwirklicht.

Die zweite Ausprägung der Nichtdiskriminierung ist die Inlandsgleichbehandlung. Inlandsgleichbehandlung bedeutet das Gebot, nicht zwischen Importen aus Drittstaaten und Waren aus dem Inland zu diskriminieren. Aus Sicht des Importstaates soll im Unterschied zur Grundregel der Inlandsbehandlung nachfolgend vom Grundsatz der *vertikalen Nichtdiskriminierung* die Rede sein.

---

196 statt vieler *Petersmann*, Ernst-Ullrich: Allgemeines Zoll- und Handelsabkommen (GATT), in: Groeben, Hans von der/Thiesing, Jochen/Ehlermann Claus-Dieter (Hrsg.), Handbuch des Europäischen Rechts, Baden-Baden, 1983, VA 10, S.8; *Roessler*, Frieder: The Scope, Limits and Function of the GATT Legal System, in: The World Economy 8 (1985) 2, S.287ff.; *Kewenig*, Wilhelm: Der Grundsatz der Nichtdiskriminierung im Völkerrecht der internationalen Handelsbeziehungen, Frankfurt am Main, 1970; *Benedek*, Wolfgang (Fn.125): S.53.
197Abs.3 Präambel des GATT.

(1) Horizontale Nichtdiskriminierung

Das *Prinzip horizontaler Nichtdiskriminierung* ist in Art.I:1 und Art.II:1(a) GATT als zentrale Grundregel des GATT in Form der allgemeinen und unbedingten Meistbegünstigung enthalten.[198] Die Meistbegünstigung wurde, allerdings mit abweichendem Wortlaut, auch in das WTO-Dienstleistungsabkommen GATS und das Abkommen zum Schutz geistiger Eigentumsrechte TRIPs integriert.[199] Die Meistbegünstigung kann deshalb als „Kern" der WTO-Rechtsordnung bezeichnet werden.

Inhalt der in Art.I:1 GATT statuierten, unbedingten Meistbegünstigung ist die Pflicht gegenüber einem anderen Staat gewährte Zugeständnisse bezüglich der Ein- und Ausfuhr von Waren sofort und bedingungslos ebenfalls allen anderen WTO-Mitgliedstaaten zu gewähren.[200] Die Meistbegünstigung verpflichtet WTO-Mitglieder zur Gleichbehandlung zwischen dritten Staaten nach Maßgabe des am günstigsten behandelten Staates, der sog. *most-favoured-nation* (MFN). Durch den Verweis in Art.I:1 GATT auf Art.III GATT wird die Pflicht zu *most-favoured-nation treatment* auf innere Abgaben und Rechtsvorschriften ausgedehnt.

Das Konzept der Meistbegünstigung bringt ökonomische und politische Vorteile gegenüber bilateral ausgestalteten Handelsbeziehungen. Der Grundsatz der

---

198 Für ein *"most-favoured-nation treatment principle"* siehe bereits *Application of Article I: 1 to Rebates on internal Taxes*; Ruling by the Chairman, GATT-Doc. II/12 v. 24. August 1948, wo es heißt: *"In response to a request for an interpretation of paragraph 1 of Article I with respect to rebates of excise duties, the Chairman ruled to the effect that the most-favoured-nation treatment principle embodied in that paragraph would be applicable to any advantage, favour, privilege or immunity granted with respect to internal taxes"*. In der Literatur wird terminologisch unscharf Art.I:1 GATT als Grundsatz bzw. Prinzip bezeichnet, so *Diem*, Andreas: Freihandel und Umweltschutz in GATT und WTO, Baden-Baden, 1996, S.72; *Senti*, Richard (Fn.131): S.105ff.; *Lempp*, Hans-Volkhard: Die Vereinbarkeit einseitiger Maßnahmen der Vereinigten Staaten gegen das sogenannte Sozialdumping mit dem „GATT 1994" und dem Völkergewohnheitsrecht, Würzburg, 1995, S.88 und S.94, *Dam*, Kenneth W.(Fn.128): S.18f.; *Mehmet*, Ozay/*Mendes* Errol/*Sinding*, Robert (Fn.16): S.106. In Abgrenzung zur Meistbegünstigung als Grundregel soll deshalb nachfolgend vom *Prinzip der horizontalen Nichtdiskriminierung* die Rede sein.
199 Vgl. Art II:1 GATS (General Agreement on Trade in Services), abgedruckt in: *WTO*, The Legal Texts (Fn.1): S.284ff, deutsche Übersetzung in: *Hummer*, Waldemar/*Weis*, Friedl (Fn.1): Nr.59, S.1006ff.; S.286ff.) und Art.4 TRIPs (Agreement on Trade-Related Aspects of Intellectual Property Rights), abgedruckt in: *WTO*, The Legal Texts (Fn.1): S.320ff, deutsche Übersetzung in: *Hummer*, Waldemar/*Weis*, Friedl (Fn.1): Nr.60, S.1086.
200 Vgl. zu verschiedenen Formen der Gewährung der Meistbegünstigung *Kramer*, Stefan: Die Meistbegünstigung, in: Recht der Internationalen Wirtschaft 35 (1989) 6, S.473ff.; *Jackson*, John H. (Fn.3): S.161f.; *Gros*, Espiell Hector: The Most-Favoured-Nation Clause, in: Journal of World Trade Law 5 (1971) 1, S.29ff.; *Sorensen*, Theodore C.: Most Favored Nations and Less Favorite Nations, in: Foreign Affairs 52 (1974) 3, S.273ff.; *Hufbauer*, Gary C./*Erb*, J. Shelton/*Starr*, H.P.: The GATT Codes and the Unconditional Most-Favoured-Nation Principle, in: Law and Policy in International Business 12 (1980) 1, S.59 ff.

Meistbegünstigung kann Wettbewerbsverfälschungen verhindern, indem Handelsbeschränkungen und -erleichterungen einheitlich angewendet werden. Dadurch werden die Beeinträchtigungen der Marktkräfte minimiert und die Wohlfahrtseffekte aus dem internationalen Handel maximiert. Ferner werden Liberalisierungen durch die Pflicht zu unbedingter und sofortiger Meistbegünstigung generalisiert. Dies wird als der „multiplikatorische Effekt" der Meistbegünstigung im Hinblick auf Liberalisierungen bezeichnet. In politischer Hinsicht kommt der Meistbegünstigung eine integrative Wirkung zu, da kein Staat bei Liberalisierungen ausgeschlossen bleibt und so Spannungen in den internationalen Handelsbeziehungen vorgebeugt wird.[201]

Das Prinzip der horizontalen Nichtdiskriminierung spiegelt sich neben der Meistbegünstigungsklausel auch in verschiedenen anderen Vorschriften des GATT wieder. So schreibt beispielsweise Art.XIII:1 GATT horizontale Gleichbehandlung bei der Anwendung mengenmäßiger Beschränkungen vor. Auch in Art.IX:1 GATT, der Kennzeichnungen durch Ursprungsbezeichnungen regelt, ist dieser Grundsatz enthalten. Ausdrückliche Erwähnung im Text des GATT finden *"the general principles of non-discriminatory treatment"* in Art.XVII:1(a) GATT, worin Sondervorschriften für staatliche Handelsunternehmen festgelegt sind. Ferner enthält auch der *chapeau* des Art.XX GATT (allgemeine Ausnahmen) als „Rückausnahme" den *Grundsatz horizontaler Nichtdiskriminierung.*[202]

(2) Vertikale Nichtdiskriminierung

Spiegelbild der Meistbegünstigung in ihrer gleichheitsrechtlichen Funktion ist das Gebot der Inlandsbehandlung (*national treatment*). Das Verbot, Importe und einheimische Waren zu diskriminieren, könnte man aus Sicht des Importstaates im

---

201 zum Ganzen *Jackson*, John H. (Fn.3): S.159.
202 *Jackson*, John H. (Fn.3): S.164 und S.234 spricht von *"another 'soft' MFN obligation"* im *chapeau* des Art.XX. Ausdrücklich auf Jackson berief sich Korea als *third party* in dem Verfahren Panel Report *United States-Import Prohibition of Certain Shrimp and Shrimp Products*, WTO-Doc. WT/DS58/R v. 6. November 1998: S.149f. Rn.365, und machte geltend, daß *"the chapeau of Article XX of GATT contained an Articles I and III-type obligation addressed to Members"*, vgl. auch die zugehörige Fußnote 390. Korea schloß daraus, daß eine generelle Pflicht zur Nichtdiskriminierung und Inländerbehandlung bei der Anwendung von Schutzmaßnahmen folge. Hierin scheint allerdings ein Mißverständnis über das Wesen der in Art.XX enthaltenen Einschränkungen zu bestehen. Schon aus dem Wortlaut und der *ratio* dieser Ausnahmevorschrift ergibt sich, daß Schutzmaßnahmen ihrem Wesen nach differenziert gegen bestimmte Gefahren für die genannten Schutzgüter angewendet werden, also prinzipiell diskriminierend wirken können. Mit *"soft MFN obligation"* bringt Jackson lediglich zum Ausdruck, daß die Vorbehalte „willkürlich" und „ungerechtfertigt" für die Überwindung der Diskriminierungsverbote durch Art.XX eine weitere Hürde bzw. „Schranken-Schranke" einziehen. Das Panel folgte der Ansicht Koreas daher zu Recht nicht, siehe S.150, Rn.366. Zur Auslegung der Rückausnahme *"arbitrary or unjustifiable discrimination"* in Art.XX GATT siehe unten, S.349ff.

Unterschied zur Meistbegünstigung auch als Pflicht zur *vertikalen Nichtdiskriminierung* bezeichnen. Aufgrund ihrer großen, praktischen Bedeutung stellt die Vorschrift des Art.III:2 GATT eine Grundregel dar, die das *Prinzip der vertikalen Nichtdiskriminierung* besonders deutlich widerspiegelt. Die Pflicht zur Inlandsbehandlung in Art.III:2 GATT statuiert das Gebot, gleichartige Waren in Bezug auf innere Abgaben und Rechtsvorschriften gleich zu behandeln. Der Zweck der Inländerbehandlung wird bereits im Wortlaut des Art.III:1 GATT deutlich. Interne Steuern und Regulierungen sollen nicht zur indirekten Protektion einheimischer Produkte führen. Die Grundregel des Art.III GATT zielt darauf ab, die unterschiedliche Behandlung von Importen und einheimischen Produkten auf tarifäre und nichttarifäre Maßnahmen an der Grenze zu beschränken.[203] Wettbewerbsverfälschungen, in Form von Marktzugangsbeschränkungen hinter den „Schlagbäumen", sollten vermieden werden, da diese auch wesentlich schwieriger zu entdecken und zu beseitigen sind als Grenzmaßnahmen. Deshalb müssen einmal importierte Waren und inländische Waren durch innerstaatliche Vorschriften gleichbehandelt werden.

Allerdings schränkt die Inländerbehandlung die Souveränität der Mitgliedstaaten durch die unmittelbaren Vorgaben für die Innenpolitik besonders stark ein.[204] Deshalb zieht Art.III auch die vielleicht meisten GATT-Verstöße nach sich.[205] Dies mag verdeutlichen, wie groß die Versuchung für die Staaten ist, die im Rahmen der Handelsrunden gegebenen tarifären Zugeständnisse durch offene oder auch versteckte Diskriminierungen gegenüber importierten Waren zu beschränken[206]. Hieran zeigt sich, dass Art.III:2 GATT für den Schutz des Freihandels vor protektionistischen Maßnahmen eine zur Ableitung von systembildenden Prinzipien besonders relevante Grundregel des GATT darstellt.

---

203 So erkannte der Panel Report *Italian Discrimination Against Imported Agricultural Machinery,* GATT Doc. L/833 v. 23. Oktober 1958, (Nachdruck in: BISD 7S/60, 1957): S.3, Rn.11, "*that the intention of the drafters of the Agreement was clearly to treat the imported products in the same way as the like domestic products once they had been cleared through customs*".
204 *Jackson*, John H. (Fn.3): S.273.
205 *Jackson*, John H. (Fn.3): S.274, so betrafen von den 6123 Streitschlichtungsverfahren bis 1996 immerhin 51 den Art.III GATT, *Jackson*, John H., *ebenda*: S.213, Fn.4.
206 Zu verdeckten bzw. sog. *de facto* Diskriminierungen in Rahmen des Art.III GATT vgl. *Jackson,* John H. (Fn.3): S.216ff. sowie aus der Streitschlichtung Appellate Body Report *United States-Standards for Reformulated and Conventional Gasoline,* WTO-Doc. WT/DS2/AB/R v. 20. Mai 1996: S.16f.; (o. Rn.); Panel Report *Korea – Measures Affecting Imports of Fresh, Chilled and Frozen Beef,* WTO-Doc. WT/DS169/AB/R v. 31. Juli 2000: S.149, Rn.624; Appellate Body Report *Korea – Measures Affecting Imports of Fresh, Chilled and Frozen Beef,* WTO-Doc. WT/DS169/AB/R v. 11. Dezember 2000: S.39, Rn.134; Panel Report *United States-Section 337 of the Tariff Act of 1930,* GATT-Doc. L/6439 v. 7. November 1989 (Nachdruck in: BISD 36S/345, 1990): S.38, Rn.5.11.

Das Prinzip vertikaler Nichtdiskriminierung findet auch in anderen Vorschriften des GATT seinen Niederschlag. So verbietet es beispielsweise Art.3.3.1(b) SCM-Agreement[207], eine Beihilfe vom bevorzugten Verbrauch inländischer gegenüber eingeführten Waren abhängig zu machen. Auch der *chapeau* des Art.XX GATT enthält Elemente eines vertikalen Diskriminierungsverbotes.[208]

Die beiden analysierten Grundregeln der Meistbegünstigung und der Inländergleichbehandlung spiegeln die *Prinzipien der horizontalen und vertikalen Nichtdiskriminierung* besonders klar wider. Aber erst die übrigen angesprochenen Regeln verdeutlichen die Bedeutung des Rechtsgedankens der Gleichbehandlung im GATT. Es kann daher im folgenden von der horizontalen und vertikalen Nichtdiskriminierung als systembildenden Prinzipien des GATT ausgegangen werden.[209]

b) Transparenz

Die transparente Ausgestaltung der Handelsbeziehungen zählt sicherlich zu den am häufigsten von Unternehmen und Interessenverbänden gestellten Forderungen an die WTO und deren Mitgliedstaaten.[210] Hinter dieser Forderung steht die Erkenntnis, dass neben die rechtliche Gleichbehandlung auch der gleichberechtigte Zugang zu für den Handel wichtigen Informationen treten muss, um annähernd gleiche Wettbewerbschancen zu gewähren.

Einen Anhaltspunkt für ein im GATT enthaltenes *Prinzip der Transparenz* bietet Art.X GATT, der die Staaten verpflichtet, Gesetze, sonstige Vorschriften sowie Gerichts- und Verwaltungsentscheidungen zu veröffentlichen, sofern diese für den Warenhandel von Bedeutung sind. Ziel dieser formellen Anforderung ist es, Informationsdefizite als nichttarifäres Handelshemmnis zu vermeiden und so den gleichberechtigten Marktzugang der Handelspartner sicherzustellen.[211] Schiedsverfahren, in denen die Transparenz der Wirtschaftsverwaltung im Sinne

---

207 WTO Agreement on Subsidies and Countervailing Measures (SCM-Agreement), abgedruckt in: *WTO*, The Legal Texts (Fn.1): S.231ff, deutsche Übersetzung in: *Hummer*, Waldemar/*Weis*, Friedl (Fn.1): Nr.47, S.682ff.
208 Zum Gebot vertikaler Nichtdiskriminierung unter dem *chapeau* Art.XX GATT siehe unten, S.351.
209 Für einen Grundsatz der Nichtdiskriminierung ebenfalls *Benedek*, Wolfgang (Fn.125): S.53; *Roessler*, Frieder (Fn.196): S.287ff.; *Petersmann*, Ernst-Ullrich (Fn.164): S.530ff.; *Beise*, Marc/*Oppermann*, Thomas/*Sander*, Gerald G. (Fn.38): S.37f.
210 Vgl. *ICC/WCO*: Joint Statement on Customs Valuation, Commission on Customs and Trade Regulations, Paris, 5. Juni 2000, S.1; *BDI*: Deutschland und die USA, Partner für das 21. Jahrhundert, Position zu wichtigen Themen der transatlantischen Wirtschaftsbeziehungen, Köln, Mai 2001, S.9 sowie S.14.
211 *Jackson*, John H. (Fn.139): S.462.

von Art.X:1 GATT Gegenstand war, wurden in der Vergangenheit oftmals gegen Japan geführt[212].

Über Art.X GATT hinaus wird dem Gebot der Transparenz dadurch Rechnung getragen, dass Zölle als handelspolitische Instrumente im GATT einen generellen Anwendungsvorrang gegenüber mengenmäßigen Beschränkungen, auch als Quotierungen oder Kontingente bezeichnet, genießen. Eine Quotierung liegt vor, wenn ein Staat vorschreibt, dass für einen bestimmten Zeitraum die Einfuhr eines Produktes nach Wert oder Menge begrenzt wird.[213] Das generelle Verbot mengenmäßiger Beschränkungen schreibt Art.XI GATT als „Normalfall" fest. Deshalb kann diese Vorschrift als eine Grundregel des GATT betrachtet werden.[214] Zwar beschränken Zölle und Quotierungen gleichermaßen den Handel, jedoch besteht der Vorzug von Zöllen darin, dass die Auswirkungen auf die Preise und damit die Wettbewerbsnachteile leichter quantifizierbar sind[215]. Ferner werden Quotierungen vielfach durch Importlizenzen gehandhabt, deren Vergabe mit

---

212 So wurde bereits im Panel Report *Japan-Restrictions on Imports of certain Agricultural Products*, GATT-Doc. L/6253 vom 2. Februar 1988 (Nachdruck in: BISD 35S/163, 1989): S.66, Rn.5.4.1.4 festgestellt: "[T]*he Panel found that the practice of 'administrative guidance' played an important role. Considering that this practice is a traditional tool of Japanese Government policy based on consensus and peer pressure, the Panel decided to base its judgements on the effectiveness of the measures in spite of the initial lack of transparency. In view of the special characteristics of Japanese society the Panel wishes, however, to stress that its approach in this particular case should not be interpreted as a precedent in other cases where societies are not adapted to this form of enforcing government policies.*" Weiterhin beklagte die EG im Panel Report *Japan-Trade in Semi-Conductors*, GATT-Doc. L/6309 v. 4. Mai 1988 (Nachdruck in: BISD 36S/116, 1991): Rn.128f. die Intransparenz japanischer Maßnahmen zur Überwachung von Exportpreisen in Drittmärkten, die gegen Art.X GATT verstießen. Allerdings lag in diesem Fall bereits ein Verstoß gegen Art.XI GATT vor, so daß zu Art.X GATT aus Gründen der *judicial economy* keine Entscheidung mehr getroffen werden mußte. Im vielbeachteten "Kodak-Fujii Case" (Panel Report *Japan – Measures Affecting Film and Paper*, WTO-Doc. WT/DS44/R v. 31. März 1998) war Art.X:1 GATT allerdings entscheidungserheblich. Die USA bemängelten, daß in Japan Änderungen in der Auslegung relevanter Gesetze für den Filmmarkt durch Verwaltungsentscheidungen erfolgen, die nur auf „informellem" Wege publiziert werden, S.483ff.; insbesondere RnRn.10.384 und 10.390. Dieser Informationsvorsprung ermögliche es den japanischen Herstellern, sich frühzeitig auf zukünftige Fälle einzustellen und dadurch einen Wettbewerbsvorsprung zu erlangen. Die Klage wurde allein deshalb abgewiesen, da es den USA naturgemäß schwerfiel, die Existenz solcher Maßnahmen nachzuweisen, obwohl dieses Dilemma auch von dem Panel erkannt wurde, S.485f.; Rn.10.393; zu den ebenfalls häufig *gegen* Japan verhängten Handelsbeschränkungen vgl. *Saxonhouse*, Gary R.: A Short Summary of the History of Unfair Trade Allegations against Japan, in: Fair Trade and Harmonization (Vol.1: Economic Analysis), Bhagwati Jagdish/Hudec, Robert. E. (Ed.), Cambridge MA, 1996, S.471ff.
213 Vgl. z.B. *Jackson*, John H. (Fn.139): S.305.
214 So auch *Benedek*, Wolfgang (Fn.125): S.61f.; *Petersmann*, Ernst-Ullrich (Fn.196): VA 10, S.8 betrachten den Vorrang von Zöllen bzw. das Verbot mengenmäßiger Beschränkungen sogar als Prinzip. Zur Unterscheidung zwischen (Grund-)Regeln und Prinzipien siehe oben, S.76.
215 *Jackson*, John H. (Fn.3): S.140.

Korruption bei den für die Vergabe zuständigen Behörden einhergehen kann.[216]
Dies zeigt, dass auch der in Art.XI GATT festgeschriebene generelle Vorrang tarifärer Handelsmaßnahmen dem Bedürfnis nach Transparenz in den internationalen Wirtschaftsbeziehungen entspringt. Der Grundsatz der Transparenz wirkt ferner in weitere wichtige Vorschriften des GATT hinein, beispielsweise Art.II, Art.XVI, Art.XVII, und Art.XIX GATT.[217]
Neben solchen materiellrechtlichen Ausprägungen deuten auch prozessuale Vorschriften auf die prinzipielle Bedeutung von Transparenz im GATT hin. So enthält das Antidumping-Agreement die Obliegenheit, die von der Einleitung einer Antidumping-Untersuchung betroffenen Mitgliedstaaten in Kenntnis zu setzen und eine öffentliche Bekanntmachung folgen zu lassen.[218] Das GATT kennt weitere Notifikationspflichten der Mitglieder, beispielsweise für Maßnahmen aus Zahlungsbilanzgründen[219] oder mengenmäßige Beschränkungen[220].
Die oben behandelte Grundregel der Inländergleichbehandlung trägt ebenfalls zur Transparenz in den internationalen Handelsbeziehungen bei. Da neben Grenzabgaben keine versteckte Benachteiligung von Importen gegenüber heimischen Produkten durch interne Abgaben erfolgen darf, dient die Inländerbehandlung der Vorhersehbarkeit und Transparenz der Wettbewerbsbedingungen im Importmarkt.[221] Letztlich kann auch die in der Uruguay-Runde vereinbarte regelmäßige Überprüfung der Handelspolitik der Mitgliedstaaten (*Trade Policy Review Mechanism, TPRM*) als eine Ausprägung des Grundsatzes der Transparenz angesehen werden.[222] Dieses Überwachungsinstrument dient der Information der

---

216 *Kenen*, Peter B. (Fn.3): S.175ff.
217 *Beise*, Marc/*Oppermann*, Thomas/*Sander*, Gerald G. (Fn.38): S.41.
218 Art.12 Antidumping-Agreement (Agreement on Implementation of Article VI of the General Agreement on Tariffs and Trade), abgedruckt in: *WTO*, The Legal Texts (Fn.1): S.147, deutsche Übersetzung in: *Hummer*, Waldemar/*Weis*, Friedl (Fn.1): Nr.47, S.609.
219 Art.9 BoP (Understanding on the Balance-of-Payments Provisions), abgedruckt in: *WTO*, The Legal Texts (Fn.1): S.22ff, deutsche Übersetzung in: *Hummer*, Waldemar/*Weis*, Friedl (Fn.1): Nr.47, S.658ff.
220 Vgl. *Decision on Notification Procedures for Quantitive Restrictions*, adopted by the Council for Trade in Goods on 1 December 1995, WTO-Doc. G/L/59 vom 10. Januar 1996. Die dort vorgeschriebene Notifikation muß u.a. eine vereinheitlichte Beschreibung des Produktes, der Art der Handelsbeschränkung, eine sachliche Rechtfertigung, eine rechtliche Begründung nach WTO-Recht und eine Evaluierung der Auswirkungen auf den Handel enthalten. Der Zweck der Entscheidung ergibt sich bereits aus dem Wortlaut, wenn es dort heißt "*in order to ensure full transparancy*".
221 Panel Report *United States-Taxes on Petroleum and Certain Imported Substances*, GATT-Doc. L/6175 v. 17. Juni 1987 (Nachdruck in: BISD 34S/136, 1988): S.16f.; Rn.5.1.9. und S.17, Rn.5.2.2.
222 *Beise*, Marc/*Oppermann*, Thomas/*Sander*, Gerald G. (Fn.38): S.41; siehe ferner die entsprechende Übereinkunft der WTO-Mitglieder: Trade Policy Review Mechanism, abgedruckt in: *WTO*, The Legal Texts (Fn.1): S.380ff.; deutsche Übersetzung in: *Hummer*, Waldemar/*Weis*, Friedl (Fn.1): Nr.41; S.522ff.

WTO und ihrer Mitgliedstaaten über die Handelspolitik der überprüften Mitglieder.[223] Nach alledem kann davon ausgegangen werden, dass dem GATT der Grundsatz der Transparenz innewohnt.[224]

c) Offenheit

Weiterhin beinhaltet das GATT den *Grundsatz der Offenheit*.[225] So enthält Art.V GATT als Grundregel die Verpflichtung für Staaten, die Durchfuhr von Waren zu gestatten. Diese Transitfreiheit darf nicht durch Beschränkungen, Verzögerungen oder Abgaben eingeschränkt werden; für das Verhältnis von Kosten und den erbrachten Dienstleistungen gilt das Gebot der Äquivalenz, Art.V:3 GATT. Da die Grundregel der Transitfreiheit für den internationalen Warenhandel von geradezu konstituierender Bedeutung ist, soll nachfolgend von einem im GATT enthaltenen *Prinzip der Offenheit* ausgegangen werden.

d) Gegenseitigkeit

Für einen im GATT enthaltenen *Grundsatz der Gegenseitigkeit* findet sich in der Präambel des GATT ein erster Hinweis. Dort ist von „gegenseitigen Vereinbarungen zum gemeinsamen Vorteil" (*reciprocal and mutually advantageous arrangements*) als Ziel des GATT die Rede.[226]
Auffallend an dieser Formulierung ist, dass die „*Gegenseitigkeit*" offenbar die „*Vereinbarungen*" charakterisiert, während sich die „*Gemeinsamkeit*" auf den daraus entstehenden „*Vorteil*" bezieht. Hierin deutet sich bereits an, dass das Leitbild der Gegenseitigkeit im GATT verschiedene Funktionen hat. Nachfolgend soll deshalb erstens das *instrumentale* und zweitens das *materielle* Prinzip der Gegenseitigkeit sowie drittens das Prinzip des gemeinsamen Vorteils unterschieden werden.

---

223 Zum TPRM vgl. *Trebilcock*, Michael J./*Howse*, Robert (Fn.4): S.36.
224 Im Ergenis ebenso *Mehmet*, Ozay/*Mendes* Errol/*Sinding*, Robert (Fn.16): S.107; *Beise*, Marc/*Oppermann*, Thomas/*Sander*, Gerald G. (Fn.38): S.41; *Hilpold*, Peter Das Transparenzprinzip im internationalen Wirtschaftsrecht unter besonderer Berücksichtigung des Beziehungsgeflechts zwischen EU und WTO, in: Europarecht 34 (1999) 5, S.597ff.
225 Für ein Prinzip der „offenen Märkte" *Beise*, Marc/*Oppermann*, Thomas/*Sander*, Gerald G. (Fn.38): S.39.
226 Abs.3 Präambel des GATT.

(1) Instrumentale Gegenseitigkeit (Reziprozität)

Unter Reziprozität wird gemeinhin ein gegen- oder wechselseitiges Verhältnis verstanden.[227] Der Gedanke der Reziprozität ist im Völkerrecht zwar wohlbekannt, seine inhaltliche Bedeutung allerdings verschwommen.[228] Entsprechend vielfältig sind die Wirkungen und Anwendungsbereiche, die diesem Konzept zugeschrieben werden[229].

In der WTO spielt der Begriff der Reziprozität meist dort eine Rolle, wo eine Einigung im Rahmen von Verhandlungen erreicht werden soll. So orientierten sich die Beitrittsverhandlungen mit neuen Mitgliedern am Leitbild der Reziprozität.[230] Ferner sollen Zollverhandlungen gemäß GATT Art.XXVIIIbis:1 "*on a reciprocal* [...] *basis*" erfolgen. Bei Zollverhandlungen spricht man dann von Reziprozität, wenn sich gegenseitige Zugeständnisse in ihrem Wert in der gleichen Größenordnung bewegen.[231] In der Praxis wird der Umfang einer beabsichtigten Zollsenkung in Bezug auf das Importvolumen deshalb nach verschiedenen Verfahren in ein geldwertes Zugeständnis umgerechnet.[232] In dieser Form stellt Reziprozität somit ein *Instrument* für das Zustandekommen von Vereinbarungen über die Liberalisierung des Handels im GATT dar.[233]

Es wird jedoch darauf hingewiesen, dass man die gestaltende Wirkung des Reziprozitätsgebotes für das Zustandekommen ausgewogener Ergebnisse nicht

---

227 *Brockhaus Enzylopädie*: 18. Auflage, 24 Bände, Mannheim, 1986-1994, Bd. 18, S.347.

228 Vgl. *Schrijver*, Nico: Reciprocity in International Development Co-operation: the Case of the Netherlands and the "BBC-countries" in: Weiss, Friedl: International Economic Law with a Human Face, Den Haag, 1998, S.387ff.; *Beard*, Ryan: Reciprocity and Comity: Politically Manipulative Tools for Protection of Intellectual Property Rights in the Global Economy, in: Texas Tech Law Review 30 (1999) 1, S.156f.; *Provost*, René: Reciprocity in Human Rights and Humanitarian Law, in: The British Yearbook of International Law 65 (1994), S.383ff.

229 *Simma*, Bruno: Reciprocity, in: Encyclopedia of Public International Law (Bd. 7), Amsterdam, 1984, S.400 versteht unter Reziprozität "*the relationship between two or more States according each other identical or equivalent treatment*". Es besteht heute weitgehend Einigkeit, daß kein allgemeines völkerrechtliches Prinzip im Sinne der „Gleichheit und des gegenseitigen Vorteils" existiert, jedoch bei Abschluß und auch Durchführung von Verträgen gleichartige oder gleichwertige Zugeständnisse politisch oder rechtspolitisch geboten sein können, *ebenda*, S.401; *ders.*: Das Reziprozitätselement im Zustandekommen völkerrechtlicher Verträge, Berlin, 1972, S.69f und S.74. Für einige Anwendungsbereiche des Grundsatzes der Reziprozität im Völkerrecht siehe *ders.*: Reciprocity, in: Encyclopedia of Public International Law (Bd. 7), Amsterdam, 1984, S.402.

230 *Petersmann*, Ernst-Ullrich (Fn.196): VA 10, S.8.

231 Unter dem GATT war lange umstritten, ob die Gleichwertigkeit von Zugeständnissen lediglich im Globalaustausch, sektoral oder für jedes Produkt einzeln vorliegen muß, um dem Leitmotiv der Reziprozität zu genügen, vgl. *Kohlhase*, Norbert: Sinn und Grenzen von Reziprozität und Gegenseitigkeit in den Genfer Zollverhandlungen, in: Europa-Archiv 20 (1965) 9, S.324.

232 Für ein anschauliches Berechnungsbeispiel siehe *Jackson*, John H. (Fn.3): S.147.

233 *Benedek*, Wolfgang (Fn.125): S.53.

überbewerten sollte.[234] Ausgewogene Zugeständnisse werden überwiegend auf zähes Feilschen der Delegierten um den jeweils eigenen Vorteil, statt dem Streben nach objektiv ausgeglichenen Verhandlungsergebnissen infolge des Reziprozitätsgedankens zurückzuführen sein.[235] Die Erfahrung, dass die Verhandlungspartner das Verhandlungsergebnis im Nachhinein meist als eigenen Vorteil reklamieren, verdeutlicht die Dehnbarkeit der Ausgeglichenheit als Ziel instrumentaler Reziprozität bei Verhandlungen.[236] Allerdings lässt sich hieran auch die legitimierende Funktion des *Grundsatzes instrumentaler Reziprozität* erkennen. Liberalisierungen, die auf Basis formeller Gegenseitigkeit erfolgen, werden in der Öffentlichkeit eher akzeptiert werden, als bloß einseitige Zugeständnisse des eigenen Staates[237]. Diese legitimierende Wirkung formeller Reziprozität sollte für die Erzielung eines Verhandlungsergebnisses nicht unterschätzt werden. Aus diesen Gründen wird der *Grundsatz in der instrumentalen Gegenseitigkeit* als *principe de négotiation* im GATT anzusehen sein.[238]

(2) Materielle Gegenseitigkeit

Anders als das im GATT kaum ausdrücklich angesprochene Prinzip der instrumentalen Gegenseitigkeit (Reziprozität) ist der *Grundsatz der materiellen Gegenseitigkeit* in verschiedenen Vorschriften des GATT enthalten. Materielle Gegenseitigkeit meint, dass zwischen den einzelnen Rechten und Pflichten der Mitgliedstaaten eine inhaltliche Wechselbeziehung besteht. Diese Wechselbeziehung ist rechtlicher Natur und unterscheidet sich insofern von der instrumentalen Reziprozität, als dass letztere lediglich eine Verhandlungsmaxime darstellt.

In der Rechtsdurchsetzung spiegelt sich die wechselseitige Abhängigkeit der Zugeständnisse in dem Konzept des *"nullification and inpairment"* wieder[239].

---

234 Für die ökonomische Bedeutung des Reziprozitätsleitbildes in der WTO siehe *Beise*, Marc/*Oppermann*, Thomas/*Sander*, Gerald G. (Fn.38): S.38.
235 Vgl. *Simma*, Bruno (Fn.229, 1972): S.74, nach dessen Auffassung sich das Leitmotiv der Reziprozität bei den Zollverhandlungen des GATT im Interesse der Staaten an der Gegenleistung des oder der Partner widerspiegelt. Reziprozität bedeutet demnach die Motivation und Erwartung, daß in Verhandlungen eigene Leistungen mit entsprechenden Gegenleistungen honoriert werden und nicht das objektive Streben nach Gleichwertigkeit der Zugeständnisse. Deshalb sei zwischen subjektiver und objektiver Reziprozität zu unterscheiden.
236 *Jackson*, John H. (Fn.3): S.148.
237 *Jackson*, John H. (Fn.3): S.148.
238 Ebenfalls für ein in GATT enthaltenes Prinzip der Reziprozität Petersmann, GATT, VA 10, S.8; *Benedek*, Wolfgang (Fn.125): S.53f.; *Senti*, Richard (Fn.131): S.63ff.; *Dam*, Kenneth W.(Fn.128): S.58f., *Jackson*, John H. (Fn.3): S.147f.; noch etwas zurückhaltender *ders.* (Fn.139): S.241ff.
239 Zur näheren Bestimmung des Konzepts *"nullification and impairment"* im WTO-Implementierungsverfahren siehe unten, S.423ff.

Bereits unter dem GATT 1947 beruhte die Implementierung der Handelsregeln auf dem Gedanken der Reziprozität[240]. Unter Art.XXIII:2 GATT sind Retorsionsmaßnahmen grundsätzlich erst dann gestattet, wenn eigene Zugeständnisse betroffen sind, also durch eine andere Vertragspartei eigene Vorteile *"nullified"* oder *"impaired"* werden. Der wechselseitige Bezug der Rechte und Pflichten der WTO-Mitglieder kommt in Art.22:4 DSU zum Ausdruck wenn es dort heißt:

The level of the suspension of concessions or other obligations authorized by the DSB shall be equivalent to the level of the nullification or impairment. [241]

Demnach sind Implementierungsmaßnahmen in der Welthandelsordnung auf den Wert der Rechtsverletzung durch andere Mitglieder limitiert. An diesem Äquivalenzerfordernis für Gegenmaßnahmen zeigt sich, dass Zugeständnisse von ihrer Vereinbarung im Rahmen der Handelsrunden bis zur Durchsetzung mit Retorsionsmaßnahmen im Wege der Streitschlichtung auf dem Rechtsgedanken der Gegenseitigkeit basieren.[242]

Diese wechselseitige materielle Abhängigkeit der Zugeständnisse über das Ende der Handelsrunden hinaus, klingt auch in der allgemeinen Schutzklausel des Art.XIX GATT an.[243] Sie gestattet die Rücknahme von Zugeständnissen, sofern der Importstaat hierdurch unvorhersehbare *eigene Nachteile* erleidet. Die dauerhafte reziproke Beziehung zwischen den Zugeständnissen findet ferner in Art.XXVIII:2 GATT ihren Niederschlag. Das Recht zur Änderung oder Rücknahme von Liberalisierungen im Verhandlungswege soll sich ebenfalls auf Basis der Gegenseitigkeit vollziehen.

Das Prinzip der materiellen Gegenseitigkeit zeigt sich besonders deutlich in den Antidumping-Vorschriften. Das Recht des betroffenen Importstaates zu intervenieren, ist auf die Kompensation der Dumpingmarge beschränkt - eine Sanktionierung ist dagegen nicht vorgesehen.[244]

Die Wechselbezüglichkeit der gegenseitigen Zugeständnisse wird letztlich dadurch verdeutlicht, dass das GATT unilaterale Maßnahmen weitgehend ausschließt.

---

240 Zum Prinzip der Reziprozität bei Gegenmaßnahmen unter Art.XXIII:2 GATT siehe *Petersmann*, Ernst-Ullrich (Fn.136): S.82ff.
241 Hervorhebung hinzugefügt.
242 Vgl. *Petersmann*, Ernst-Ullrich (Fn.136): S.192f.
243 Das Agreement on Safeguards regelt die Durchführung des Art.XIX GATT und ist abgedruckt in: *WTO*, The Legal Texts (Fn.1): S.275ff.; deutsche Übersetzung in: *Hummer*, Waldemar/*Weis*, Friedl (Fn.1): Nr.47, S.760ff.
244 Vgl. die Behandlung der Antidumping- und Subventions-Vorschriften im Rahmen der Diskussion eines Prinzips des *"Fair Trade"* unten, S.95ff. sowie deren Anwendung *de lege lata*, unten, S.314ff.

Unilateralen Charakter erhalten Handelsmaßnahmen insbesondere dann, wenn sie in ihrer Art oder Umfang nach von einem Staat einseitig festgesetzt und durchgeführt werden oder auf allein national festgelegten und akzeptierten Standards beruhen.[245] Einseitige Maßnahmen sind geeignet, die Gegenseitigkeit von Zugeständnissen zu durchbrechen. Deshalb kennt das GATT verschiedene Vorschriften, die sich gegen unilaterale Maßnahmen richten. Beispielsweise wurde im Rahmen der Streitschlichtung entschieden, dass Maßnahmen mit unilateralem Charakter als „ungerechtfertigte Diskriminierung" unter dem *chapeau* des Art.XX GATT verboten sind. Dies ist insbesondere dann der Fall, wenn die Schutzmaßnahmen einseitig auf national festgesetzten Standards beruhen.[246]

Zusammenfassend kann festgestellt werden, dass das GATT einen Grundsatz der materiellen Gegenseitigkeit enthält. Dieses Prinzip offenbart sich in der Wechselbezüglichkeit mitgliedstaatlicher Pflichten, im Vorrang multilateral getragener Entscheidungen vor unilateralen Maßnahmen und in der Begrenzung von Retorsionsmaßnahmen auf den erlittenen eigenen Nachteil eines Mitglieds. Der Gedanke der Gegenseitigkeit haftet den Zugeständnissen unter dem GATT somit vom Beginn der Verhandlungen bis zur Rechtsdurchsetzung durch Gegenmaßnahmen an.

(3) Allseitiger Vorteil

Der *Grundsatz des allseitigen Vorteils* ist von der Reziprozität in ihrer instrumentalen und materiellen Gestalt zu unterscheiden.[247] Im Unterschied zur Reziprozität der Zugeständnisse ist unter der hier angesprochenen „Allseitigkeit der Vorteile" die materielle, zwischenstaatliche Verteilungsgerechtigkeit bezüglich

---

245 Das GATT kennt unilaterale Maßnahmen insbesondere unter der Ausnahme des Art.XX.GATT. Diese Vorschrift gestattet es WTO-Mitgliedern, von Verpflichtungen aus dem GATT und gegenüber anderen Mitgliedern zum Schutz legitimer Politikziele abzuweichen. Unter den Voraussetzungen des Art.XX GATT dürfen Art und Umfang der erforderlichen Maßnahmen unilateral festgelegt werden. Art.XX GATT steht insofern in einem Spannungsverhältnis zum Grundsatz materieller Reziprozität und ist folgerichtig als „allgemeine *Ausnahme*" tituliert.
246 Zuletzt wurde in Appellate Body Report *US-Shrimp* (Fn.160): S.70, Rn.172 entschieden, daß Maßnahmen mit unilateralem Charakter eine „ungerechtfertigte Diskriminierung" i.S.d. *chapeau* Art.XX GATT darstellen können; zur Problematik unilateraler Maßnahmen im Hinblick auf den multilateralen Ansatz der Streitschlichtung Panel Report *United States-Sections 301-310 of the Trade Act of 1974*, WTO-Doc. WT/DS152/R v. 22. Dezember 1999, S.311, Rn.7.35ff.
247 Das von *Benedek*, Wolfgang (Fn.125): S.53, in diesem Zusammenhang zitierte Ziel des „gemeinsamen Vorteils", das in der Präambel enthalten ist, scheint als Beispiel für Reziprozitätselemente in GATT ungeeignet, da der „gemeinsame Vorteil" lediglich das aus dem liberalisierten Handel resultierende Ergebnis gegenseitiger Zugeständnisse ist. Gemeinsamkeit scheint ferner schon begrifflich das die Reziprozität konstituierende Element der Wechselbezüglichkeit bzw. Gegenseitigkeit auszuschließen.

der aus der Liberalisierung resultierenden Vorteile zu verstehen.[248] Das GATT enthält neben „liberalisierend" wirkenden Normen auch Regeln, die darauf hinwirken, dass möglichst alle Mitgliedstaaten am gemeinsamen Nutzen der Liberalisierungen partizipieren können. In diesen Vorschriften spiegelt sich das Prinzip des allseitigen Vorteils wider.

Auf das Prinzip des allseitigen Vorteils deutet bereits der in der GATT-Präambel enthaltene Terminus der *"mutually advantageous arrangements"* ab. Die Zielvorgabe, Vereinbarungen zum „gemeinsamen Vorteil" zu schließen, fordert jedoch noch nicht, dass an den generierten Vorteilen alle einzelnen Mitglieder der WTO gleichermaßen partizipieren. Ein „gemeinsamer Vorteil" meint vielmehr die Summe der von den GATT-Staaten durch Liberalisierung erzielten Wohlfahrtseffekte insgesamt. Eine Steigerung des Wohlstandes insgesamt schließt aber nicht aus, dass einzelne Staaten oder Staatengruppen wie die Entwicklungsländer von diesen in der Summe anfallenden Wohlfahrtseffekten in geringerem Maße profitieren als andere Mitglieder, oder im Einzelfall sogar Nachteile erleiden. Der auf den Nutzen aller Handelspartner im *einzelnen* abzielende Grundsatz allseitiger Vorteile betrifft deshalb Aspekte zwischenstaatlicher Solidarität.[249] Der Umfang des „Prinzips des allseitigen Vorteils" erschließt sich nur vollständig, wenn man die auf dem Rechtsgedanken der zwischenstaatlichen Solidarität basierenden präferenziellen Vorschriften zugunsten der Entwicklungsländer betrachtet. So wurde im Jahre 1965 der Teil IV des GATT angefügt, der die Basis für eine präferenzielle Behandlung der Entwicklungsländer bietet. Als dessen wichtigste Vorschrift statuiert Art.XXXVI:8 GATT eine Ausnahme für Entwicklungsländer vom Prinzip der Reziprozität bei Zollverhandlungen. Die Entscheidung über Schutzmaßnahmen zu Entwicklungszwecken *(Enabling Clause)* aus dem Jahre 1979 stellt insgesamt das wohl wichtigste Zugeständnis an die speziellen

---

248 *Hudec*, Robert: The GATT Legal System: A Diplomat's Jurisprudence, in: Journal of World Trade Law 4 (1970) 5, S.617, bezeichnet diesen inhaltlichen Aspekt der Gegenseitigkeit als *"balance of commercial opportunities"*. Hierin offenbaren sich aber erneut die Unschärfen des Begriffs der Reziprozität. Während Hudec hierunter offenbar lediglich die Chancengleichheit der Staaten in einem offenen Markt versteht, reicht das im GATT enthaltene „Prinzip des allseitigen Nutzens" noch weiter, da in gewissem Umfang auch die *"balance of commercial benefits"* gewährleistet wird. Bei *Benedek*, Wolfgang (Fn.125): S.54 finden sich ebenfalls Elemente des Prinzips des „allseitigen Vorteils" in den so bezeichneten Grundsätzen des „Gleichgewichts der Rechte und Pflichten" und des Prinzips der „Solidarität".
249 Zum Rechtsgedanken der Solidarität im Völkerrecht vgl. *Schütz*, Raimund: Solidarität im Wirtschaftsvölkerrecht: Eine Bestandsaufnahme zentraler entwicklungsspezifischer Solidarrechte und Solidarpflichten im Völkerrecht, Berlin, 1994, S.5ff.; *Sauer*, Ernst: Souveränität und Solidarität: Ein Beitrag zur völkerrechtlichen Wertlehre, Göttingen, 1954, S.4ff.

Bedürfnisse der Entwicklungsländer dar.[250] Sie ermächtigt Entwicklungsländer zur Änderung oder Zurücknahme von Zugeständnissen zwecks Durchführung von Entwicklungsprogrammen.[251] Die einzige, schon ursprünglich im GATT enthaltene Vorschrift mit entwicklungspolitischer Zielrichtung ist Art.XVIII GATT. Sie lässt in Abweichung vom Verbot mengenmäßiger Beschränkungen Schutzmaßnahmen zugunsten der Zahlungsbilanz (Art.XVIII:8ff.) und Entwicklung eines Wirtschaftssektors (Art.XVIII:13ff.) zu[252]. Die Vorschrift des Art.XVIII GATT bietet ferner einen Hinweis darauf, dass *Solidarität* und *Entwicklungspolitik* einerseits und *allseitiger Nutzen* andererseits im GATT nicht als separate oder isolierte Ziele angesehen werden. So dient die Vorzugsbehandlung der Entwicklungsländer gemäß Art.XVIII:1 GATT nicht nur der „Solidarität" bzw. der Schaffung materieller Gleichheit von Vorteilen, sondern sie soll gleichzeitig die Erreichung der Ziele des GATT unterstützen[253]. Demnach sollen die Entwicklungsvorschriften des GATT eine doppelte Dividende im Sinne eines „allseitigen Vorteils" abwerfen. Die wirtschaftliche Bevorzugung der Entwicklungsländer nutzt auch den Handelspartnern, da wirtschaftliche Entwicklung den Welthandel insgesamt steigert und so letztlich dem „gemeinsamen *und* allseitigen Vorteil" aller Handelspartner dient.

Dieser Zusammenhang zwischen Solidarität und dem allseitigen Vorteil der Mitgliedstaaten spiegelt sich auch in Vorschriften ohne entwicklungspolitischen Hintergrund wider. So ist in Art.XII GATT festgelegt, unter welchen Voraussetzungen Handelsbeschränkungen zum Schutz der „finanziellen Lage gegenüber dem Ausland" und der Zahlungsbilanz zulässig sind. Solche Schutzmaßnahmen sollen es ermöglichen, dass ein Staat Finanz- und Währungsprobleme beheben kann und dienen somit vitalen nationalen Einzelinteressen. Die so mögliche Konsolidierung einer Volkswirtschaft verhütet allerdings gleichzeitig auch Gefahren für das internationale Währungs- und Finanzsystem und nutzt damit wiederum mittelbar allen Staaten. Die Schutzklausel des Art.XII GATT zeigt damit, dass Solidarität im GATT nicht nur gegenüber Entwicklungsländern, sondern generell zugunsten von Staaten in Notlagen geübt wird und auf diese Weise dies dem

---

250 Decision on *Differential and more Favourable Treatment Reciprocy and fuller Participation of Developing Countries"* [*Enabling Clause*], GATT Dok. L/4903 v. 28. November 1979, abgedruckt in: BISD 26S/203 (1980), deutsche Übersetzung in: *Hummer, Waldemar/Weis*, Friedl (Fn.1): Nr.47, S.757ff.
251 Vgl. zur *Enabling Clause Senti*, Richard (Fn.131): S.92 und S.113 sowie S.347.
252 Vgl. ausführlich *Senti, Richard* (Fn.131): S.266ff.
253 Art.XVIII:1 GATT lautet: *"The contracting parties recognize that the attainment of the objectives of this Agreement will be facilitated by the progressive development of their economies, particularly of those contracting parties the economies of which can only support low standards of living and are in the early stages of development."*

allseitigen Vorteil der Mitglieder dient. Aus der Parallelität der Vorschriften Art.XVIII und Art.XII GATT lässt sich auf eine vergleichbare *ratio legis* schließen.[254] Staaten, die in einer wirtschaftlichen Krisensituation temporär oder dauerhaft, wie die Entwicklungsländer, den Auswirkungen des freien Welthandels nicht gewachsen sind, dürfen ihre GATT-Verpflichtungen im Eigeninteresse, letztlich aber auch zum *allseitigen Vorteil* aller Mitglieder aussetzen.[255] Es bleibt festzuhalten, dass verschiedene Vorschriften des GATT darauf hinwirken, dass die Mitglieder auch individuell am durch Freihandel generierten gesamtwirtschaftlichen Nutzen partizipieren können. In dem Rechtsgrundsatz des *allseitigen Vorteils* sind Elemente der „Solidarität" enthalten, welche das Ziel der „Entwicklungsförderung" einschließen[256].

e) *"Fair Trade"*

Auf ein *Prinzip des "Fair Trade"* oder auch *"Fair Competition"* wird insbesondere aus denjenigen GATT Regeln geschlossen, die bestimmte Formen des Wettbewerbs reglementieren oder ausschließen.[257] Hierzu zählen insbesondere die *Antidumping-* und die *Subventionsvorschriften*, die im GATT aus verschiedenen Gründen eine Sonderstellung einnehmen.[258] Erstens reglementieren diese Vorschriften keine Benachteiligungen bei der Wareneinfuhr. Sie betreffen vielmehr Vorteile für Ausfuhren, die sich auf den Exportmarkt auswirken.[259] Ferner bezieht sich Antidumping, anders als die meisten GATT-Regeln, nicht auf staatliches, sondern auf privates Handeln von Unternehmen. Dieser Ausnahmecharakter verleitet offenbar dazu, in den Dumping- und Subventions-Vorschriften einen Ansatzpunkt für einen eigenen *Grundsatz des "Fair Trade"* zu vermuten[260]. Mit

---

254 Vgl. *Jackson*, John H. (Fn.3): S.321.
255 *Jackson*, John H. (Fn.3): S.319ff., behandelt entwicklungs- und finanzpolitisch bedingte Ausnahmen deshalb unter den Überschriften *"economies with special circumstances"* bzw. *"economies that do not well fit with the rules of the world trading system"*.
256 *Benedek*, Wolfgang (Fn.125): S.54, geht dagegen einerseits von einem etwas weitschweifig formulierten „Prinzip der besonderen Berücksichtigung der Bedürfnisse der wirtschaftlichen Entwicklung der Entwicklungsländer" und einem „Grundsatz des Gleichgewichts der Rechte und Pflichten" andererseits aus.
257 *Edgren*, Gus: Fair Labour Standards and Trade Liberalisation, International Labour Review 188 (1979) 5, S.526, für ein aus den Antidumping- und Subventions-Regeln des GATT abzuleitendes Prinzip des *"Fair Trade" Benedek*, Wolfgang (Fn.125): S.56f. *et passim*.
258 *Landsittel*, Ralph: Dumping im Außenhandels- und Wettbewerbsrecht, Baden-Baden, 1987, S.104; *Müller*, Wolfgang/*Khan*, Nicholas/*Neumann*, Hans-Adolf: EC Anti-dumping Law: a Commentary on Regulation 384/96, Chichester (e.a.), 1998, S.9, Rn 0.14.
259 Anders die sog. *"domestic subsidies"*, die sich lediglich auf den Heimatmarkt auswirken; vgl. unten, S.111.
260 *Müller*, Wolfgang/*Khan*, Nicholas/*Neumann*, Hans-Adolf (Fn.258): S.8, Rn.0.11 sprechen im

der Existenz eines Prinzips des *"Fair Trade"* wird häufig die Notwendigkeit begründet, die Unterschreitung arbeitsrechtlicher Mindeststandards als „unfairen Wettbewerb" unter dem GATT zu verhindern.[261]

(1) Der Begriff der Fairness

Um den Begriff des *"Fair Trade"* zu illustrieren, werden internationale Wirtschaftsbeziehungen oft in eine Analogie zum Sport gesetzt und der Gedanke des sportlichen *"Fair Play"* auf den Welthandel übertragen.[262] Schon an der Stimmigkeit dieser Metapher sind allerdings Zweifel angebracht, da es im Wesen eines sportlichen Wettkampfs liegt, Sieger und Besiegte hervorzubringen. Das Ziel liberalen Handels ist es dagegen, den Nutzen aller Beteiligten zu mehren.[263] Ein sportlicher Wettkampf würde wohl kaum als solcher akzeptiert werden, wenn er darauf angelegt wäre, dass alle Teilnehmer gewinnen.

Hinblick auf den Zweck von Antidumping-Maßnahmen von der *"key question of fairness"*. Für ein im GATT enthaltenes Prinzip des *"Fair Trade"* siehe *Jackson*, John H. (Fn.3): S.248ff. sowie S.279; *Benedek*, Wolfgang (Fn.125): S.56f.; *Roessler*, Frieder (Fn.196): S.287ff.; *Schoch*, Frank: Unbestimmte Rechtsbegriffe im Rahmen des GATT, Frankfurt am Main (e.a.), 1994, S.103ff. und S.124f; *Beise*, Marc/*Oppermann*, Thomas/*Sander*, Gerald G. (Fn.38): S.39; vgl. auch *Hoekman*, Bernard M./*Kostecki*, Michel M.: The Political Economy of the World Trading System, Oxford, 1995, S.162. Kritisch zum Faineßgedanken im US-amerikanischen Außenhandelrecht *Bhagwati*, Jagdish (Fn.38): S.82.

261 Vgl. *Howse,* Robert/*Trebilcock*, Michael: The Fair Trade-Free Trade Debate: Trade, Labour and the Environment, in: International Review of Law and Economics 16 (1996) 1, S.61ff.; *Langille*, Brian: General Reflections on the Relationship of Trade and Labour (or: Fair Trade is Free Trade's Destiny), in: Fair Trade and Harmonization (Vol.2: Legal Analysis), Bhagwati Jagdish/Hudec, Robert. E. (Ed.), Cambridge MA, 1996, S.231ff.; *ders.*: Labour Standards in the Globalized Economy and the Free Trade/Fair Trade Debate, in: International Labour Standards and Economic Interdependence, Sengenberger, Werner/Campbell, Duncan (Ed.), Genf, 1994, S.328ff.

262 Nach *Cass*, Ronald A./*Boltuck*, Richard D.: Antidumping and Countervailing-Duty Law: The Mirage of Equitable International Competition, in: Fair Trade and Harmonization (Vol.2: Legal Analysis), Bhagwati Jagdish/Hudec, Robert. E. (Ed.), Cambridge MA, 1996, S.355 gründet sich diese Analogie zwischen der Weltwirtschaft und dem Sport auf drei vergleichbare Wesenszüge: Es handle sich jeweils um einen Wettbewerb, dieser werde nicht nur durch die Fähigkeiten der Wettbewerber, sondern auch durch die Spielregeln und die Umwelteinflüsse entschieden, und letztens sollte es das Ziel einer externen Autorität des Spiels sein, gleiche Bedingungen und Möglichkeiten für die Teilnehmer zu schaffen, um einen fairen Wettkampf zu ermöglichen.

263 Vgl. die Ausführungen zur wirtschaftstheoretischen Grundlegung liberalen Handels oben, S.45ff.; sowie zum Prinzip des allseitigen Vorteils oben, S.92ff.; so fragen auch *Cass*, Ronald A./*Boltuck*, Richard D. (Fn.262): S.357 zu Recht: "[I]s *it proper to view international trade as a contest between commercial rivals rather than as part of a larger arrangement that benefits society in general?*", zur Vergleichbarkeit von Welthandel und ökonomischem Wettbewerb mit Sport oder militärischen Konflikten sehr kritisch *Krugman*, Paul R. (Fn.20): S.86ff.

Neben diesen Unstimmigkeiten in der Analogie von Sport und internationalem Handel begegnet auch das daraus abgeleitete Konzept des *"Fair Trade"* weiteren Bedenken.

Bereits der Terminus von „Fairness" wirft die Frage auf, ob sich dieser Begriff für eine Verwendung im rechtlichen Kontext überhaupt eignet. In seiner wörtlichen Bedeutung meint Fairness ehrenhaftes anständiges Verhalten, das über die bloße Befolgung der (Spiel-) Regeln hinausgeht.[264] Dementsprechend wird mit dem Begriff der „Fairness" im internationalen Handel vielfach ohne großen Begründungsaufwand für die Schaffung neuer Rechtsvorschriften plädiert.[265] Ein erster Einwand gegen ein Rechtsprinzip des *"Fair Trade"* im GATT ist dementsprechend die Unschärfe des Schlagwortes der „Fairness". Ursprünglich fand der Begriff über die nationalen wettbewerbsrechtlichen Regeln des Antidumping und der Subventionskontrolle Eingang in die GATT-Terminologie.[266] Es verwundert kaum, dass die Unbestimmtheit des Fairness-Konzepts im nationalen Außenhandelsrecht kaum auf Kritik stößt[267]. Der flexible Begriff der „Fairness" ermöglicht es aus nationaler Sicht, die ganze Breite der Schutzinteressen einheimischer Unternehmen abzudecken und vordergründig zu rechtfertigen. Die Übernahme materieller Grundzüge des US-Antidumpingrechts in das GATT scheint die Anerkennung dieses Sammelbegriffs in der GATT-Terminologie gefördert zu haben. „Fairness" als Rechtfertigung von Antidumping-Maßnahmen wird sich aus Sicht der betroffenen Importeure dagegen eher als weit geschnittener Deckmantel für protektionistische Interessen darstellen. Die übrigen WTO-Mitglieder werden entsprechende Ausgleichsmaßnahmen solche nationale Protektion eher als

---

264 *Digel*, Werner/*Kwiatkowski*, Gerhard (Hrsg.): Meyers Grosses Taschenlexikon, 24 Bände, Mannheim, 1983, Bd. 6, S.321.
265 So *Charnovitz*, Steve: The WTO and Social Issues, in: Journal of World Trade 28 (1994) 1, S.20ff.; *Wet*, Erika de: Labour Standards in the Globalized Economy: the Inclusion of a Social Clause in the General Agreement On Tariffs and Trade/World Trade Organization, in: Human Rights Quarterly 17 (1995) 3, S.444 vgl. ferner *Siebke/Rolf*, Was ist fairer internationaler Handel ?, Volkswirtschaftliche Korrespondenz der Adolf-Weber-Stiftung 37 (1998) 7, S.1.
266 *Petersmann*, Ernst-Ullrich (Fn.164): S.531ff.; *Wood*, Diane P.: "Unfair Trade Injury: A Competition-Based Approach", Stanford Law Review 41 (1989) 11, S.1172-1173; *Jackson*, John H. (Fn.3): S.274ff.; vgl. auch *Müller*, Wolfgang/*Khan*, Nicholas/*Neumann*, Hans-Adolf (Fn.258): S.3, Rn.0.1; ferner wird auch im U.S. Antidumping Act von 1921 Dumping als Verkauf von Waren in einem Exportmarkt unter *"fair value"* definiert, worunter der Preis für das gleiche Produkt auf dem Heimatmarkt verstanden wurde, *Cass*, Ronald A./*Boltuck*, Richard D. (Fn.262): S.362.
267 Vgl. für das U.S. Außenhandelsrecht, das zwischen *fairen* und *unfairen* Handelspraktiken unterscheidet *Lowenfeld*, Andreas F.: Fair or Unfair Trade? Does it Matter?, in: Cornell International Law Journal 13 (1980) 2, S.205ff.; *Jackson*, John H./*Davey*, William J./*O. Sykes,* Alan: Legal Problems of International Economic Relations: Cases, Materials and Text on the National and International Regulation of Transnational Economic Relations, 3rd Edition, St. Paul (Minn.), 1995, S.518ff. und S.874ff.

„Unfairness" empfinden. Deshalb sollte der aus dem nationalen Außenhandelsrecht der USA entliehene Begriff des "Fair Trade" nicht ungeprüft Eingang in das GATT finden.

In der Diskussion um eine „Sozialklausel" erlangte der verschwommene Terminus des "Fair Trade" neue Konjunktur, um so eine mögliche Brücke zwischen dem GATT und den Arbeitnehmerrechten zu schlagen.[268] Auffallend ist hierbei, dass insbesondere interessenpolitisch motivierte Befürworter einer „Sozialklausel" sich auf ein Konzept der „Fairness" berufen.[269] Diese Verzahnung von Handel und Arbeitnehmerrechten über die Verwendung des Fairness-Begriffs ist allerdings in zweierlei Hinsicht kritikwürdig.

Erstens ist bereits aufgrund der Unbestimmtheit des Fairness-Begriffs und seiner protektionistischen Verwendung im nationalen Außenhandelsrecht fraglich, ob damit überzeugend für den Schutz von international anerkannten Arbeitnehmerrechten im GATT argumentiert werden kann[270]. Mit der „Unfairness" von Handelspraktiken werden üblicherweise unterschiedlich motivierte Forderungen nach wettbewerbsbeschränkenden und protektionistischen Maßnahmen begründet.[271] Trotz dieser offensichtlichen Instrumentalisierung des Fairness-Begriffs im Handel wird nur gelegentlich eingeräumt, dass zumindest im Ergebnis Bedeutung

---

268 Wet, Erika de (Fn.265):S.447f.

269 Siehe beispielsweise „Für freien und *fairen* Welthandel - gegen unfaire und unsoziale Praktiken", DGB-Vorstandsbeschluß v. 7. September 1993 und „Sozialklauseln und internationaler Handel", DGB- Vorstandsbeschluß v. 5. Juli 1994 vorgelegt als schriftliche Stellungnahme zu der öffentlichen Anhörung „Umwelt und Sozialstandards in internationalen Handel" des Ausschusses für wirtschaftliche Zusammenarbeit und Entwicklung des Deutschen Bundestages vom Mittwoch, dem 19. März 1997 sowie „Böckler-Stiftung/Ruf nach Sozialregeln für den Handel, Weltweite Standards gegen *unfaire* Konkurrenz" in: Handelsblatt v. 13. Dezember 1994, S.8; anders im Entschießungsantrag des Europäischen Parlaments „Entschließung zur Einführung der ‚Sozialklausel' in das uni- und multilaterale Handelssystem", EG-Doc. DE\RR\243101, PE 205.101/endg., S.5 und S.9 worin ausdrücklich auf die Unterschiede zwischen Dumping und „Sozialdumping" eingegangen wird und nicht von „Fairneß", sondern der „Lauterkeit des Wettbewerbs" die Rede ist.

270 Im Unterschied zur Interpretation einer de *lege lata* verankerten Generalklausel wird hier zunächst von konkreten Regeln auf ein unbestimmtes Prinzip und hieraus wiederum auf die Notwendigkeit bestimmter neuer Regeln geschlossen.

271 Cass, Ronald A./Boltuck, Richard D. (Fn.262): S.351 merken daher zu Recht an "over the past two decades, the fairness label has been deployed with increasing frequency in discussions of varied aspects of international economic life. Nearly all trade practices the adversely affect import competing industries, and nearly all policies of other governments linked to such trade Practices, are said to constitute sources of unfair competition.", vgl. auch die bei *Jackson*, John H. (Fn.3): S.275 in der Beobachtung "it is not surprising that political leaders have a number of candidates to bring within national and international disciplines on ‚unfair actions' in international trade." anklingende Kritik an der Unschärfe des Fairneß-Begriffs. Zur unterschiedlichen Verwendung der Begriffe "international", bzw "fair labour standards" vgl. Weiss, Friedl: Internationally recognized labour standards and trade, in: International Economic Law with a Human Face, Weiss, Friedl (Ed.), Den Haag, 1998, S.81.

und Umfang dieses Prinzips ungeklärt oder zumindest „fundamental" umstritten sind[272]. Selbst wenn man daher ein Prinzip des *"Fair Trade"* im GATT anerkennt, erscheinen dessen Inhalte zu beliebig, um hieraus zwingend für die Notwendigkeit einer „Sozialklausel" zu argumentieren. Es ist weiterhin fraglich, ob sich aus den Regeln des GATT ein Grundsatz des *"Fair Trade"* ableiten lässt. Die Existenz eines *"Fair Trade"*-Prinzips setzt voraus, dass sich aus den Regeln des GATT Ansatzpunkte für einen Rechtsgedanken der „Fairness" herleiten lassen. Im GATT findet sich zunächst kein ausdrücklicher Anhaltspunkt für einen Grundsatz des *"Fair Trade"*, obwohl der Begriff der „Fairness" in der Rechtsordnung der WTO in einigen Vorschriften Erwähnung findet.[273] Deshalb soll nachfolgend untersucht werden, ob sich aus der Zweckbestimmung einzelner Vorschriften des GATT Hinweise auf einen Rechtsgedanken der „Fairness" bieten. Einen Anhaltspunkt für einen Grundsatz des „fairen Handels" könnten sich insbesondere aus den Wettbewerbsvorschriften des GATT ergeben.

(2) Herleitung aus den Antidumping-Vorschriften des GATT

Nachfolgend ist zu untersuchen, ob der Normzweck der Antidumping-Bestimmungen im GATT Anhaltspunkte für ein handelsrechtliches Prinzip des *"Fair Trade"* bietet. Insbesondere das Schlagwort „Sozialdumping" scheint es

---

272*Cass*, Ronald A./*Boltuck*, Richard D. (Fn.262): S.359; *Jackson*, John H. (Fn.3): S.247 sowie S.274ff. und insbesondere S.284 weisen wohl zu Recht darauf hin, daß aus der fast ein Jahrhundert währenden Existenz von Antidumping und Subventionskontrolle und dem Streit um den ökonomischen Hintergrund dieser Instrumente die Erkenntnis konsensfähig blieb, diesen Praktiken müßte in irgendeiner Form etwas „Unfaires" anhaften und dieser dehnbare Sammelbegriff deshalb von auf Protektion bedachten Interessengruppen und Politikern stets aufs Neue aufgegriffen wird.
273 So heißt es in Art.2.4 Antidumping-Agreement: "[a] *fair comparison shall be made between the export price and the normal value"*; in der Präambel sowie in Art.20 Agreement on Agriculture, abgedruckt in: *WTO*, The Legal Texts (Fn.1): S.33, deutsche Übersetzung in: *Hummer, Waldemar/Weis*, Friedl (Fn.1): Nr.50, S.853, ist vom Ziel *"to establish a fair and market-oriented agricultural trading system"* die Rede, in Art.7 Agreement on Textiles and Clothing abgedruckt in: *WTO*, The Legal Texts (Fn.1): S.73ff., deutsche Übersetzung in: *Hummer, Waldemar/Weis*, Friedl (Fn.1): Nr.53, S.907ff. wird von *"fair and equitable trading conditions"* gesprochen, in der Präambel des Agreement on Import Licensing Procedures, abgedruckt in: *WTO*, The Legal Texts (Fn.1): S.223ff., deutsche Übersetzung in: *Hummer, Waldemar/Weis*, Friedl (Fn.1): Nr.58, S.996ff. davon, daß *"fair and equitable application and administration of such procedures and practices"* angestrebt wird sowie in verschiedenen Vorschriften des Agreement on Trade-Related Aspects of Intellectual Property Rights, abgedruckt in: *WTO*, The Legal Texts (Fn.1): S.321ff., deutsche Übersetzung in: *Hummer, Waldemar/Weis*, Friedl (Fn.1): Nr.60, S.1086ff. namentlich in Art.17 TRIPs, Art.22 TRIPs, Art.39 TRIPs, Art.41 TRIPs und Art.42 TRIPs, zum unbestimmten Rechtsbegriff der Fairneß im TRIPs vgl. *Helfer*, Laurence R.: World Music on a U.S. Stage: a Berne/TRIPs and Economic Analysis of the Fairness in Music Licensing Act, in: Boston University Law Review 80 (2000) 1, S.93ff.

nahe zu legen, die Antidumping-Regeln des GATT als Ansatzpunkt für eine Verknüpfung von *Trade&Labour* heranzuziehen.[274] *Antidumping* ist in Art.VI GATT und dem im Rahmen der Uruguay-Runde beschlossenen Antidumping-Agreement vom 15. April 1994 geregelt.[275] Diese Vorschriften bilden einen Rechtsrahmen für die Anwendung nationaler Antidumping-Maßnahmen durch die Vertragsparteien. Unter Dumping wird im GATT die Einfuhr von Waren in ein anderes Land unter dem vergleichbaren, „normalen" Preis (Normalwert) des Ausfuhrlandes verstanden.[276] Als klassische Kurzformel wird Dumping auch als internationale Preisdifferenzierung bezeichnet.[277] Als weitere Voraussetzung für Ausgleichsmaßnahmen müssen kausal verursachte bedeutende Schäden (*"material injury test"*) in einem Wirtschaftszweig des Importlandes vorliegen oder zumindest drohen.[278]

Das Phänomen des Dumping und seine Bekämpfung hat in der Handelspolitik eine lange Tradition. Seit 1904 bestehen Antidumping-Vorschriften im nationalen Außenhandelsrecht.[279] Seit Anfang der zwanziger Jahre fand das Thema

---

274 Für den Begriff des „Sozialdumping" vgl. bereits *Baer*, Paul: Das soziale Dumping, Halberstadt, 1928 sowie *Runge*, Else: Zur Theorie des sozialen Dumpings, Würzburg, 1933.

275 Die ursprüngliche Fassung des ersten GATT-Antidumping-Kodex von 1968 wurde während der Kennedy-Runde ausgehandelt. Er diente der Vereinheitlichung der Anwendung des Art.VI GATT, vor allem durch die Festlegung von Definitionen und Verfahrensvorschriften, vgl. *Long*, Oliver: Law and its Limitations in the GATT Multilateral Trade System, London (e.a.), 1985, S.464ff. Neben Modifikationen zum Schadensbegriff, der Streitschlichtung und den Untersuchungsfristen wurde im zweiten GATT Antidumping-Kodex von 1979 eingefügt, daß bei Maßnahmen gegen Entwicklungsländer deren spezifische Situation berücksichtigt werden soll. Während der Verhandlungen über Antidumping im Rahmen der Uruguay-Runde wurde von Entwicklungs- und Schwellenländern, aber auch von den vorrangigen Anwendern nationaler Antidumping-Maßnahmen, darunter auch einigen EU-Ländern, sowohl die exzessive Nutzung, als auch das Antidumping-Instrument des GATT insgesamt in Frage gestellt. Nach schwierigen Verhandlungen und fünf nicht konsensfähigen Entwürfen wurde das Antidumping-Agreement in seiner jetzigen Fassung verabschiedet. Zu den Verhandlungsschwerpunkten und den wesentlichen Neuerungen gegenüber dem Antidumping-Code von 1979 siehe *Müller*, Wolfgang/*Khan*, Nicholas/*Neumann*, Hans-Adolf (Fn.258): S.12, Rn.0.18.

276 Art.VI:1 GATT i.V.m. Art.2.2.1 Antidumping-Agreement. Als Normalwert eines Produktes gilt der Preis einer vergleichbaren für den inländischen Verbrauch bestimmten Ware. Sofern sich diese Preise, z.B. mangels eines inländischen Marktpreises nicht ermitteln lassen, läßt das GATT auch die Heranziehung eines Exportpreises dieser Ware in ein Drittland oder die berechneten Produktionskosten zuzüglich einer angemessenen Gewinnmarge zu, vgl. im Einzelnen *Beseler*, Johannes-Friedrich: Die Abwehr von Dumping und Subventionen durch die Europäischen Gemeinschaften, Baden-Baden, S.1980; S.46ff.

277 *Viner*, Jacob: Dumping: A Problem in International Trade, 1923, Nachdruck: New York 1966, S.113ff.

278 Art.VI GATT sowie Art.3 Antidumping-Agreement.

279 *Müller*, Wolfgang/*Khan*, Nicholas/*Neumann*, Hans-Adolf (Fn.258): S.3, Rn.0.2.

internationale Beachtung im Völkerbund.[280] Nationale und internationale Antidumping-Regeln waren allerdings wegen ihrer protektionistischen Wirkung von jeher umstritten. Es besteht weder Einigkeit darüber, ob Antidumping überhaupt ökonomisch sinnvoll ist[281], oder ob Ausgleichszölle das geeignete Mittel gegen Dumping darstellen[282], noch welche handelspolitische *ratio* den Antidumping-Vorschriften des GATT zugrundeliegt. Deshalb gilt es nachfolgend durch eine final-teleologische Betrachtung zu ermitteln, ob aus dem Zweck der Antidumping-Regeln auf ein *"Fair Trade"* Prinzip im GATT geschlossen werden kann.

Erstens kann man in Anlehnung an die frühe Idee eines „gerechten" bzw. „fairen Preises" im Verbot räumlicher Preisdifferenzierung einen Selbstzweck des Antidumping sehen.[283] Wie im Einzelhandel könnte eine Preisdifferenzierung zwischen Personen bzw. Märkten *per se* als „unfair" empfunden werden.[284] Dieser Vergleich ist jedoch unzutreffend, da im Einzelhandel überteuerte Preise, im internationalen Handel dagegen unterpreisige Waren als „unfair" empfunden werden. Würden billige Importe auch im internationalen Handel als Vorteil empfunden, so dürfte das Importland im Interesse der Verbraucher nicht gegen Dumping vorgehen.[285] Die Verhinderung von Preisdifferenzierungen als Selbstzweck ist daher nicht die *ratio* hinter den Antidumping-Regeln des GATT. Damit scheidet die Festlegung eines einheitlichen und deshalb „fairen Preises" durch Antidumping-Instrumente als Ansatzpunkt für ein Prinzip des *"Fair Trade"* aus.

Nach einer zweiten Ansicht soll Antidumping inländische Unternehmen *per se* vor „unfairer" Konkurrenz durch „unterpreisige" Waren schützen.[286] Diese Ansicht

---

280 Vgl. die Nachweise bei *Senti*, Richard (Fn.131): S.226 und *Jackson*, John H. (Fn.139): S.403.
281 Nach *Bierwagen*, Rainer M.: GATT Article VI and the Protecionist Bias in Anti-Dumping Laws, Deventer, Boston, 1996, S.18, *"there is no per se economic rationale to prohibit dumping"*;
282 So wird die Ansicht vertreten, daß Dumping nicht rentabel wäre, wenn das Unternehmen mit dem Re-Import seiner billigen Waren in den hochpreisigen Heimatmarkt rechnen müßte. Erst Importbeschränkungen für den Heimatmarkt verhindern dies und stellen daher das Problem dar, nicht aber das Dumping selbst; *Fisher*, Bart, S.: The Anti-Dumping Law of the United States: A Legal and Economic Analysis, in: Law and Policy in International Business 5 (1973) 1, S.85; *Barcelo*, John, J.: The Antidumping Law: Revise it or Repeal It, in: Michigan Yearbook of International Legal Studies 1 (1979), S.53.
283 So offenbar *Beseler*, Johannes-Friedrich (Fn.276): S.46, der in der Neutralisierung jedweder Preisdifferenzierung einen Schutzzweck des Antidumpingrechts sieht, vgl. zum Konzept des fairen Preises *Taussig*, Frank W.: Principles of Economics, Teil 1, 3rd Edition, New York, 1935, S.153.
284 *Jackson*, John H. (Fn.3): S.253.
285 Für das sog. *"long-run"* Dumping wird dies auch teilweise vertreten, wobei in der Praxis allerdings zunächst nicht zu erkennen ist, wie lange die Niedrigpreiseinfuhren anhalten werden.
286 *Müller*, Wolfgang/*Khan*, Nicholas/*Neumann*, Hans-Adolf (Fn.258): S.3, Rn.0.1, *Bael*, Ivo van (Fn.292): S.171; *Beseler*, Johannes-Friedrich (Fn.276): S.45; *Bellstedt*, Christoph: Antidumping-Zoll

orientiert sich an der Zweckbestimmung der nationalen Antidumping-Instrumente. Dieser nationale Blickwinkel hat für sich, dass die Dumping-Regeln der USA die ursprünglichen Vorschriften des GATT wesentlich prägten.[287] Weiterhin sind die Merkmale *unter Preis* und *ernsthafte Schädigung ("material injury")* beide in Art.VI:1 GATT enthalten. Auch die Wortbedeutung von *"to dump"* („verschleudern") deutet darauf hin, dass der zu niedrige Preis als Übel empfunden wird. Das protektionistische Ziel nationaler Antidumping-Regeln, die inländische Wirtschaft vor Schäden durch billige Importe zu schützen, kann jedoch nicht auf den Antidumping-Rahmen des GATT übertragen werden. So regt internationaler Handel die Spezialisierung auf Waren an, welche im Verhältnis zu anderen Ländern an einem Standort günstiger hergestellt werden können. Von den betroffenen Produzenten werden niedrigere Preise der Importe zwar naturgemäß als „Schädigung" empfunden.[288] Zum gemeinsamen Nutzen soll liberaler Handel jedoch zu Produktionsverlagerungen an den günstigsten Standort führen. Den Antidumping-Rahmen des GATT darf daher nicht der gleiche protektionistische Zweck zugeschrieben werden, wie nationalen Antidumping-Gesetzen. Wenn sich Antidumping allgemein gegen schädigende Importe richten würde, bliebe auch die Frage offen, warum Antidumping-Maßnahmen an eine internationale Preis-differenzierung geknüpft sind, während andere Niedrigpreiseinfuhren mit gleichem Schädigungspotential nicht erfasst werden.[289] Für die Fälle ernsthafter Schädigung der inländischen Wirtschaft durch Importe ist im GATT die *Escape Clause* des Art.XIX GATT vorgesehen, die protektionistische Schutzmaßnahmen zur Anpassung an die Intensität internationalen Wettbewerbs bietet.[290] Die Existenz der Schutzklausel des Art.XIX GATT *("injury")* und die im Vergleich zu Art.VI *("serious injury")* GATT erhöhten Anforderungen an den Schaden sprechen für eine unterschiedliche Zwecksetzung der Antidumping-Regeln des GATT.[291] Die

---

auf Einfuhren im aktiven Veredelungsverkehr, in: Recht der Internationalen Wirtschaft 29 (1983) 9, S.670; die Zweckbestimmung des nationalen Antidumpingrechts sieht der US-amerikanische Gesetzgeber in der Protektion der amerikanischen Industrien vor Niedrigpreiseinfuhren, General Accounting Office, U.S. Administration of the Antidumping Act of 1921, Report to the Congress by the Comptroller General, I.D. 79-15 (1979), zitiert nach *Nettesheim*, Martin: Ziele des Antidumping- und Antisubvetionsrechts, München, 1994, S.12. Siehe ferner zur volkswirtschaftlichen Beurteilung von Dumpingeinfuhren *Landsittel*, Ralph (Fn.258): S.105.

287 Siehe oben, S.75.

288 *Nettesheim*, Martin (Fn.286): S.68; *Hudec*, Robert: Unfair Trade Policy Revisited, in: Conference Proceedings on the Legal Framework of East-West Trade, Wallace, Don (e.a., ed.), Washington (DC), 1982, S.1ff.

289 *Nettesheim*, Martin (Fn.286): S.13; *Landsittel*, Ralph (Fn.258): S.100.

290 *Landsittel*, Ralph (Fn.258): S.107, zum Normzweck der *Escape Clause* vgl. unten, S.113, insbesondere Fn.352.

291 *Landsittel*, Ralph (Fn.258): S.107.

Ansicht, dass der Antidumping-Rahmen des GATT dem Schutz der nationalen Wirtschaft des Importlandes vor „unterpreisigen" Importen diene, ist daher abzulehnen.[292]

Eine dritte Meinung sieht den Zweck des Antidumping im vorbeugenden Wettbewerbsschutz.[293] Insbesondere sog. *"predatory dumping"* („räuberisches Dumping") gelte es zu verhindern. *Predatory dumping* zielt darauf ab, mit unterpreisigen Waren Konkurrenten aus dem Markt zu drängen oder andere Wettbewerber in ihren Bemühungen um Marktanteile frühzeitig zu frustrieren, um neue Märkte zu erschließen.[294] Die Gefahr des *predatory dumping* wird für den Wettbewerb darin gesehen, dass nach Beseitigung der Konkurrenten eine marktbeherrschende Stellung oder ein Monopol für den Importeur entsteht. Der Monopolist kann dann die Kosten des Verdrängungswettbewerbes nachfolgend durch überhöhte Preise kompensieren.[295] Antidumping-Maßnahmen können solche „Kampfpreise" ausgleichen, um den Missbrauch einer marktbeherrschenden Stellung verhindern und so dem vorbeugenden Wettbewerbsschutz dienen.[296] Gegen vorbeugenden Wettbewerbsschutz als Begründung für Antidumping wird jedoch angeführt, dass *predatory dumping* in der Praxis diversen Unwägbarkeiten begegnet und die Gefahr eines Verdrängungswettbewerbes deshalb nur theoretisch besteht.[297] So ist keinesfalls sicher, dass die Kosten des *predatory dumping* später amortisiert werden können.

Der erneute Markteintritt von Konkurrenten oder wettbewerbsrechtliche Maßnahmen können dies vereiteln. Deshalb bleibt auch fraglich, warum gerade Antidumping-Regeln mit ihren protektionistischen Gefahren dem Wettbewerbsrecht vorgreifen sollen. Die marktbeherrschende Stellung eines Unternehmens kann nachträglich durch das jeweilige nationale Wettbewerbsrecht grenzüber-

---

292 *Bael*, Ivo van: Improving GATT Disciplines Relating to Anti-Dumping Measures, in: A New GATT for the Nineties and Europe '92, Oppermann, Thomas (Ed.), Baden-Baden, 1991, S.171.
293 *Bael*, Ivo van (Fn.292): S.171ff.; *Schoch*, Frank (Fn.260): S.112, *Jackson*, John H. (Fn.3): S.253.
294 *Jackson*, John H. (Fn.3): S.253.
295 *Bael*, Ivo van (Fn.292): S.171; *Cass*, Ronald A./*Boltuck*, Richard D. (Fn.262): S.361; *Brodley*, Joseph F/*Hay*, George: Predatory Pricing: Competing Economic Theories and the Evolution of Legal Standards, in: Cornell Law Review 66 (1980/81) 4, S.738; zur Frage, ob Dumping für einen Verdrängungswettbewerb überhaupt ein geeignetes Mittel darstellt *Viner*, Jacob (Fn.277): S.120.
296 *Bael*, Ivo van (Fn.292): S.171.
297 So gibt z.B. *Deardorff*, Alan V.: Economic Perspectives on Anti-Dumping Law, in: Antidumping Law and Practice: a Comparative Study, Jackson, John H./Vermulst Edwin A. (Hrsg.), Hertfordshire, 1990, S.36 zu bedenken, daß es dem Dumper nicht nur gelingen müßte, die in- und ausländischen Wettbewerber vom Markt zu verdrängen, sondern sie auch dauerhaft am Wiedereintritt zu hindern, da ansonsten eine Kompensation des kostenintensiven Verdrängungswettbewerbes durch Preiserhöhungen nicht möglich ist.

schreitend bekämpft werden. Auch eine historisch-systematische Betrachtung lässt Zweifel an einer wettbewerbspolitischen Zweckbestimmung der Antidumping-Regeln des GATT aufkommen. So enthält die Havanna-Charta in Kapitel V (einschränkende Handelspraktiken) Regelungen über den Wettbewerbsschutz.[298] In diesen Bestimmungen werden wettbewerbswidrige Praktiken aufgezählt, ohne dass Dumping darunter erwähnt würde.[299] Antidumping ist vielmehr im Kapitel IV (Handelspolitik) der Havanna-Charta geregelt.[300] Die systematische Trennung von Antidumping- und Wettbewerbsvorschriften lässt darauf schließen, dass Antidumping in der Havanna-Charta nicht als Teil des Wettbewerbsschutzes aufgefasst wurde. Darüber hinaus ist in den einschlägigen Antidumping-Bestimmungen des GATT kein Tatbestandsmerkmal enthalten, dass auf zukünftige Wettbewerbs-beeinträchtigungen abzielt. Auch in der Praxis werden bei der Bewertung des Dumping lediglich die aktuellen niedrigen Preise, nicht aber die Gefahr zukünftiger Preisüberhöhungen durch Monopole berücksichtigt.[301] Dies alles spricht dagegen, den Schutzzweck der Antidumping-Instrumente in der vorbeugenden Sicherung des unverfälschten Wettbewerbs zu sehen.[302]

Viertens könnte man annehmen, dass mit Antidumping unter dem GATT der Vernichtung ökonomischer Ressourcen vorgebeugt werden soll. Dumping-Preise sind geeignet, rentabel und effizient wirtschaftende Unternehmen mit „Kampfprei-sen" aus dem Markt zu drängen. Demnach könnte der Zweck der Antidumping-Regeln im GATT darin bestehen, einen Verdrängungswettbewerb mit Preisen unterhalb der Einstandskosten zu verhindern, weil sich Unternehmen damit gegen-seitig schädigen und sich gleichzeitig der gesamtwirtschaftliche Nutzen mindert. Hinter den Antidumping-Regeln stünde demnach das Gebot der Maximierung globaler Effizienz und der daraus resultierenden gemeinsamen Wohlfahrts-effekte.[303] Demnach richteten sich Antidumping-Instrumente im GATT gegen „ruinöse Konkurrenz" und bestimmen dadurch Grenzen des Wettbewerbs, worin

---

298 Die Havanna-Charta ist in der deutschen Übersetzung abgedruckt in: *Hummer*, Waldemar/*Weis*, Friedl (Fn.1): Nr.5, S.11ff.
299 Vgl. Art.46:3 Havanna-Charta.
300 Art.34 Havanna-Charta.
301 *Bael*, Ivo van (Fn.292): S.171.
302 So auch *Barcelo*, John, J.(Fn.282): S.501; *Nettesheim*, Martin (Fn.286): S.74; *Galinski*, Bernhard: Theoretische Grundlagen der Handelspolitik gegenüber Dumpingeinfuhren, Düsseldorf, 1981, S.119ff.
303 *Cass*, Ronald A./*Boltuck*, Richard D. (Fn.262): S.377, weitergehend *Bhagwati*, Jagdish: Is Free Trade Passé After All ?, in: Weltwirtschaftliches Archiv 125 (1989), S.16ff., der das Gebot der maximalen globalen Effizienz über die Antidumping- und Subventions-Vorschriften hinaus als eine allgemeine Grundnorm des Welthandelssystems ansieht.

wiederum ein Anknüpfungspunkt für Aspekte der „Fairness" im Handel gesehen werden könnte. Allerdings spricht einiges dagegen, dass Antidumping die Selbstschädigung von Unternehmen und die Vernichtung ökonomischer Ressourcen durch verlustträchtigen Wettbewerb verhindern soll. So kann Dumping aus betriebswirtschaftlicher Sicht durchaus ein ökonomisch vernünftiges und effizientes Verhalten sein. Der Verkauf von Waren „unter Preis" muss weder den „Dumper" selbst schädigen, noch muss mit Dumping die Schädigung von Wettbewerbern bezweckt werden.[304] Sofern ein Unternehmen mit Überkapazitäten hohe Fixkosten tragen muss, steuert jedes über den Grenzkosten (variabler Kostenanteil), aber noch unter dem „Normalpreis", verkaufte Produkt zur verbesserten Umlage der Fixkosten bei.[305] Eine weitere Situation, in der Dumping betriebswirtschaftlich zweckmäßig sein kann, ist die Ausweitung der Produktion, bei der sich allein die variablen Kosten erhöhen. Wenn der zu erschließende Absatzmarkt hart umkämpft ist, muss die Mehrproduktion dort zu einem Preis knapp oberhalb der Grenzkosten angeboten werden. Die relative Verminderung der Fixkosten durch die Produktionsausweitung braucht auf einem weniger umkämpften Heimatmarkt dagegen nicht weitergegeben werden.[306] Die Preise bleiben hier konstant, auf dem Exportmarkt liegt deshalb begrifflich Dumping vor.[307] Diese Beispiele zeigen, dass mit Dumping nicht nur „ruinöser Wettbewerb" betrieben, sondern Verluste gemindert und sogar Gewinne erzielt werden können. Die Erklärung, Antidumping unter dem GATT solle der Vernichtung von Ressourcen durch „ruinösen" Wettbewerb verhindern, vermag deshalb nicht zu überzeugen.

Fünftens könnte der Zweck des Antidumping-Rahmens im GATT darin bestehen, Handel und Wettbewerb auf Basis der an einem Standort bestehenden *tatsächlichen Kosten* zu garantieren. Die Antidumping-Regeln des GATT erfassen nicht nur den defizitären Absatz zu Lasten von Wettbewerbern, sondern bereits die kalkulatorische Umverteilung bzw. die Nichtberücksichtigung tatsächlich anfallender Kosten. Dies lenkt den Blick erneut auf die Außenhandelstheorie, wonach

---

304 *Müller*, Wolfgang/*Khan*, Nicholas/*Neumann*, Hans-Adolf (Fn.258): S.6, Rn 0.5.
305 Siehe hierfür das Zahlenbeispiel bei *Jackson*, John H. (Fn.3): S.249f. Es wird ferner vertreten, daß auch ein Verkaufspreis unterhalb der Grenzkosten aus Sicht des Unternehmens der ökonomischen Vernunft entsprechen kann, *Deardorff*, Alan V. (Fn.297): S.33f.; mit allerdings fragwürdiger Begründung siehe auch *Davies*, Stephen W./*McGuiness*, Anthony T.: Dumping at Less Than Marginal Cost, in: Journal of International Economics 12 (1982) 2, S.169.
306 Hierbei spricht man von einer Mischkalkulation. Trotz Dumping kann die Mehrproduktion sogar mit Gewinn veräußert werden, da die Fixkosten bereits durch den Absatz auf dem Heimatmarkt gedeckt sind.
307 Vgl. *Robinson*, Joan: Economics of Imperfect Competition, 2. Auflage , London, 1969, S.204f.

sich der Nutzen aus internationalem Handel maximiert, wenn an mit Kostenvorteilen ausgestatteten Standorten produziert wird.[308] In diesem Zusammenhang
wird deshalb häufig zwischen „echten" und „unechten" oder „künstlichen"
Kostenvorteilen unterschieden.[309] Als „echte" Kostenvorteile werden tatsächliche
Unterschiede in den Produktionsmitteln oder Produktionstechniken angesehen.[310]
„Unechte" Kostenvorteile, zu denen auch Dumping zählt, beruhen dagegen auf
staatlich oder privat bedingten Verzerrungen des Wettbewerbs durch Marktunvollkommenheiten.[311] Eine Marktunvollkommenheit ist auch Voraussetzung wirksamen Dumpings. Sofern im Heimatmarkt des Dumpers keine Marktzugangsschranken bestehen, droht der Rückfluss der Dumping-Ware als sog. *Re-Import* oder der
Markteintritt von Wettbewerbern auf den Heimatmarkt.[312] In beiden Fällen ließen
sich für den „Dumper" auf dem Heimatmarkt nicht mehr die nötigen erhöhten
Erlöse erzielen, um auf den Exportmärkten vergleichsweise günstiger anzubieten.[313] Dumping ist demnach nur dann auch kurzfristig „rentabel", wenn es durch
eine preisbeherrschende Stellung auf einem abgeschirmten Heimatmarkt „finanziert" werden kann. Durch Handelsbarrieren genießen die protegierten Unternehmen somit das Privileg „unechter" Kostenvorteile im internationalen Handel.[314]
Über die kalkulatorische Umverteilung der Protektionsgewinne richten Marktzugangsschranken in Form von Dumping zudem noch Schaden in den offenen
Exportmärkten der Handelspartner an.[315] Ohne Antidumping-Maßnahmen würde

---

308 Zur wirtschaftstheoretischen Begründung dieses Effekts siehe die Ausführungen im Rahmen der
Theorie der absoluten Kostenvorteile oben, S.47, der komparativen Kostenvorteile oben, S.48 sowie
der Produktzyklus Theorie oben, S.52f.
309 So sprechen *Müller*, Wolfgang/*Khan*, Nicholas/*Neumann*, Hans-Adolf (Fn.258): S.6, Rn 0.5. von
"*real comparative advantages*".
310 Der Verfasser ist sich der Problematik einer Unterscheidung zwischen „echten" und „unechten"
Kostenvorteilen durchaus bewußt. Versuche, diese Grenze inhaltlich aus den Vorschriften des GATT
oder auf ökonomischer Basis zu bestimmen, erscheinen daher oft willkürlich, vgl. z.B. *Wood*, Diane
P.(Fn.256): S.1172f. die *natural advantages* als *sources like historical specialisation, skills in the
workforce, supply of the laborers, natural resource endowments, and technological developments* zu
definieren vgl.
311 Vgl. *Deardorff*, Alan V.(Fn.70): S.75f.
312 *Galinski*, Bernhard (Fn.302): S.16ff.; *Robinson*, Joan (Fn.307): S.1ff.; *Müller*, Wolfgang/*Khan*,
Nicholas/*Neumann*, Hans-Adolf (Fn.258): S.5, Rn.0.5.; *Creally*, Eugene: Juridical Review of Anti-
Dumping and other Safeguard Measures in the EC, London e.a., 1992, S.17.
313 *Nettesheim*, Martin (Fn.286): S.70.
314 Kritisch zu diesem Argument *Nettesheim*, Martin (Fn.286): S.71 und *Börner*, Bodo: Dumping und
Diskriminierung, in: Probleme des europäischen Rechts, Festschrift für Walter Hallstein, Cämmerer,
Ernst/v., Schlochauer, Hans-Jürgen/Steindorff, Ernst (Hrsg.), Frankfurt am Main, 1966, S.36ff.
315 Es scheint daher angebracht, bei Dumping unter diesen Voraussetzungen von einem klassischen
„Schwarzfahrerproblem" zu sprechen, das ohne den Einsatz von Antidumpingzöllen geeignet scheint,
die Offenheit der Märkte und den Nutzen des internationalen Handels zu gefährden, zum
„Schwarzfahrer-Problem" siehe oben, S.55.

ein abgeschirmter Heimatmarkt somit eine „doppelte Dividende" abwerfen und Standorte mit liberaler Außenhandelspolitik benachteiligen. Letztendlich würde die gesamtwirtschaftliche Effizienz als ein Ziel internationalen Handels durch die Konservierung der Produktion an ineffizienten, aber protegierten Standorten vermindert.[316] Dumping läuft insofern den Zielen des GATT zuwider, weil eine räumliche Preisdifferenzierung unvollkommenen Wettbewerb auf dem Heimatmarkt indiziert und diese Marktstörungen mit Dumping „exportiert" werden.

Zweck der Antidumping-Regeln des GATT ist es demnach sicherzustellen, dass die Preise eines Gutes die Wahrheit über die Kostenvorteile eines Standortes aussagen. Nur so entfalten die Marktkräfte im liberalen Handel ihre wohlfahrtssteigernde Lenkungswirkung. Aus diesem recht präzise eingrenzbaren Zweck von Antidumping ergibt sich keine Notwendigkeit, auf ein verschwommenes Prinzip des *"Fair Trade"* im GATT zu schließen. Der Begriff der „Fairness" taugt lediglich als schillernde Rechtfertigung für das mit nationalen Antidumping-Maßnahmen verfolgte Schutzinteresse. Die Antidumping-Bestimmungen des GATT sollen jedoch verhindern, dass mit nationalen Antidumping-Maßnahmen protektionistische Interessen verfolgt werden.[317] Dadurch disqualifiziert sich der verschwommene Begriff der „Fairness" als aus den Antidumping-Regeln abzuleitender Grundsatz des GATT.

Der Zweck der Antidumping-Regeln lässt vielmehr die Hypothese zu, dass das GATT einen Grundsatz „Kostenwahrheit" enthält. Für einen solchen Grundsatz spricht auch die Tatsache, dass Dumping-Einfuhren trotz ihrer handelspolitisch unerwünschten Konsequenzen unter dem GATT weder verboten sind, noch die Mitglieder zu Ausgleichsmaßnahmen verpflichtet sind[318]. Gestattet wird lediglich die Kompensation der „unechten Kostenvorteile" mit Ausgleichszöllen auf Basis nationaler Antidumping-Gesetze. Durch diese Anhebung auf den Normalpreis werden die aus Marktunvollkommenheiten resultierenden „unechten" Kostenvorteile neutralisiert, daneben bestehende "echte" Kostenvorteile eines Standortes

---

316 *Müller*, Wolfgang/*Khan*, Nicholas/*Neumann*, Hans-Adolf (Fn.258): S.6, Rn 0.5.; vgl. für diese beiden Zwecksetzungen im US-amerikanischen Antidumpingrecht *Nettesheim*, Martin (Fn.286): S.37ff.

317 Ein Beispiel für die protektionistische Ausrichtung von nationalen Antidumping-Instrumenten ist, daß unter US-Antidumpingrecht viele Praktiken, die im internationalen Handel als üblich gelten, gegenüber Importen als *"unfair trade"* bewertet werden, *Rodrik*, Dani, Sense and Nonsense in the Globalization Debate, Foreign Policy (1997), S.30.

318 Ungenau insofern *Creally*, Eugene (Fn.312): S.23, die in den GATT-Vorschriften ein Verbot des Dumping erkennen will; vgl. allerdings den sog. Revenue Act von 1916, der die ersten US-Antidumping-Bestimmungen enthielt und Dumpingeinfuhren mit Schädigungsabsicht sogar unter Strafe stellte. Allerdings war die subjektive Komponente dieses Tatbestandes naturgemäß kaum nachweisbar, vgl. *Beseler*, Johannes-Friedrich (Fn.276): S.13.

bleiben dagegen unangetastet. Auf das Prinzip der „Kostenwahrheit" anstelle eines *"Fair Trade"* Grundsatzes wird im Rahmen der Subventionsbestimmungen der WTO vertieft einzugehen sein.[319]

Exkurs: Dumping und „Sozialdumping"

Bei der Folgerung von den Dumping-Vorschriften des GATT auf die Notwendigkeit einer „Sozialklausel" *de lege ferenda* über den Umweg eines *"Fair Trade"*-Prinzips handelt es sich um einen unzulässigen Inversionsschluss. Dies bestätigt sich bei einem Blick auf die strukturellen Unterschiede zwischen Dumping und dem sog. „Sozialdumping".

Dumping bedingt eine räumliche Preisdifferenzierung zwischen dem Heimat- und Exportmarkt. Demhingegen werden unter „Sozialdumping" hergestellte Waren üblicherweise zum gleichen Preis in allen Märkten angeboten. Weiterhin beruht Dumping auf einer durch Handelshemmnisse begünstigten Mischkalkulation, also lediglich auf einer bestimmten Preispolitik und nicht auf Kostenvorteilen der Produktionsfaktoren, während „Sozialdumping" durch niedrige Kosten des Produktionsfaktors Arbeit ermöglicht wird. Letztlich beruht Dumping auf der Entscheidung eines einzelnen privaten Marktteilnehmers, während „Sozialdumping" die staatlich determinierten arbeitsrechtlichen Produktionsbedingungen reflektiert, die für alle Unternehmen an diesem Standort gelten.[320]

Schließlich sei noch darauf hingewiesen, dass es durch die Entstehungsgeschichte des Art. VI GATT fern liegt, von den Antidumping-Vorschriften über ein Prinzip der „Fairness" auf die Notwendigkeit von Maßnahmen gegen „Sozialdumping" zu schließen.[321] Auf amerikanischen Vorschlag wurde während der *London Meetings* des *Technical Sub Committees* festgestellt, dass es „vier Arten" von Dumping gibt, von denen die Havanna-Charta jedoch allein Preisdumping umfassen sollte. Dumping in Form von Transportsubventionen, Wechselkurssenkungen zur Exportsteigerung und niedrigen Sozialstandards sollte nicht Gegenstand einer Regelung der Havanna-Charta werden.[322] Dieser Standpunkt wurde auf der

---

319 Siehe unten, S.115f.

320 Siehe Stellungnahme des Ausschusses für soziale Angelegenheiten, Beschäftigung und Arbeitsumwelt des Europäischen Parlaments, für den Ausschuß für Außenwirtschaftsbeziehungen zu der „Sozialklausel" im internationalen Handelssystem PE/205.101/endg./Anl. (DOC-DE\RR\244276) S.5.

321 Vgl. *Jackson*, John H. (Fn.139): S.403.

322 Vgl. Art.11 *US Proposed Charter of Anti-Dumping Duties*, U.N. Doc. EPCT/C.II/48, S.1 (1946), diese Ansicht wurde später im Rahmen der Havanna-Konferenz betätigt, siehe United Nations Conference on Trade and Employment, Reports of Committees and Principal Sub-Committees

Havanna-Konferenz bestätigt.[323] Die Vertragsparteien haben somit bewusst eine enge Definition von Dumping gewählt und „Sozialdumping" davon ausdrücklich ausgeschlossen. Dadurch verbietet es sich aus den Antidumping-Regeln über den Umweg eines unpräzisen *"Fair Trade"* Konzepts erneut einen Anknüpfungspunkt für Maßnahmen gegen „Sozialdumping" in der Welthandelsordnung zu konstruieren.[324]

(3) Herleitung aus den Subventions-Regeln des GATT

Es ist weiterhin zu untersuchen, ob sich aus den Vorschriften zur Subventionskontrolle Anhaltspunkte für ein Prinzip des *"Fair Trade"* ergeben[325]. Die Ursprünge nationaler Regelungen zur Kontrolle von subventionierten Einfuhren liegen zeitlich vor denen des Antidumping. Bereits 1890 beschloss der amerikanische Kongress das erste Gesetz zur Bekämpfung subventionierter Einfuhren.[326] Das GATT in seiner Originalfassung von 1947 beschränkte sich im wesentlichen auf eine Notifikations- und Konsultationspflicht für handelsbeschränkende staatliche Beihilfen.[327] Dagegen umfasst das GATT heute umfangreiche Subventions-Regeln, die 1979 als Ergänzung in das GATT eingefügt und in Form des SCM-Agreements seit 1994 nunmehr für alle WTO-Mitglieder verbindlich sind.[328] Das SCM-Agreement unterscheidet mit dem sog. *"traffic light approach"* zwischen Beihilfen die verboten (*"red light subsidies"*), angreifbar (*"yellow light subsidies"*) oder erlaubt (*"green light subsidies"*) sind.[329] Zu welcher Gruppe eine Subvention

---

("Havanna Reports"), Genf, 1948, S.74 sowie U.N Doc. E/CONF.2/C.3/C/18, S.3.

323 So wurde während der Havanna-Konferenz bezogen auf Art.45(vi) Havanna-Charta, welcher der Ausnahmevorschrift Art.XX(e) GATT für in Gefängnisarbeit hergestellte Waren entspricht, festgestellt, daß diese Vorschrift keinerlei Ergänzung zur Bekämpfung des „Sozialdumpings" bedürfe. Kurzfristige Maßnahmen werden von Artikel 40 Havanna-Charta [Art.XIX GATT] und langfristige Maßnahmen von Art.7 Havanna-Charta (gerechte Arbeitsnormen) abgedeckt, von den Antidumping-Regeln war in diesem Zusammenhang nicht die Rede; siehe *Report of the Sub-Committee on Articles 40, 41 and 43*, UN-Doc.E/Conf.2/C.3/37 (undatiert) Nachdruck in: United Nations Conference on Trade and Employment, Reports of Committees and Principal Sub-Committees ("Havanna Reports"), Genf, 1948, S.84.

324 Zur Ableitung des Prinzips der Kostenwahrheit siehe unten, S.115f.

325 So offenbar *Benedek*, Wolfgang (Fn.125): S.56.

326 US Tariff Act of 1890, Chapter 1244, Sec.237, 26 Stat. 584, zitiert nach *Nettesheim*, Martin (Fn.286): S.32; dieses Gesetz ließ Ausgleichszölle auf subventionierte Zuckereinfuhren zu, vgl. ferner *Collins-Williams*, Terry/*Salembier*, Gerry: International Disciplines on Subsidies, in: Journal of World Trade 30 (1996) 1, S.6.

327 In Art.XVI GATT werden die Begriffe „Beihilfe" und „Subvention" nachfolgend synonym verwendet.

328 Vgl. für einen detaillierten Überblick über die Subventionskontrolle durch das GATT *Jackson*, John H. (Fn.3): S.285ff.

329 *Ohlhoff*, Stefan: Verbotene Beihilfen nach dem Subventionsabkommen der WTO im Lichte

zählt, hängt davon ab, ob sie schon durch Bedingungen ihrer Vergabe verboten[330], oder durch ihre nachteiligen Auswirkungen angreifbar[331] ist und gleichzeitig den Handel verzerrt oder wirtschaftliche Interessen anderer Mitglieder schädigt[332]. Die Subventions-Vorschriften enthalten ein Kriterium der Schädigung (*"material injury test"*), das parallel zu den Antidumping-Regeln ausgestaltet ist.[333] Im Unterschied zu den Antidumping-Regeln enthalten die Beihilfevorschriften im GATT ein Verbot bestimmter Subventionen.[334]

Mit Blick auf ein Prinzip der „Fairness" im GATT ist allerdings festzustellen, dass es umstritten ist, ob die Bekämpfung subventionierter Importe wirtschaftlich sinnvoll ist und welcher Zweck hinter den GATT-Regeln zur Begrenzung von Subventionen steht.

Einige sind der Ansicht, dass gegen Subventionen nicht mit handelspolitischen Ausgleichsmaßnahmen vorgegangen werden sollte. Setzt man Wohlfahrtseffekte für den Einzelstaat als entscheidendes Kriterium für diese Bewertung an, lässt sich der Nutzen von Antisubventions-Maßnahmen bezweifeln. Der Importstaat, bzw. zumindest dessen Konsumenten, ziehen aus den verbilligten Importwaren einen Nutzen. Es wird deshalb vorgeschlagen, auf subventionierte Einfuhren nicht mit Ausgleichszöllen, sondern mit einem „Dankschreiben" zu antworten.[335] Gegen Antisubventions-Maßnahmen wird eingewandt, dass Wettbewerber zwar von einem Ausgleichszoll gegen subventionierte Importe profitieren. Durch die Verteuerung der Importe wirken sich diese Maßnahmen jedoch für alle übrigen Marktteilnehmer wie eine Steuer und damit wohlfahrtsmindernd aus.[336] Beihilfen können ferner Marktversagen oder Wettbewerbsverzerrungen korrigieren, wodurch sie zu einer verbesserten der Allokation verfügbarer Ressourcen beitragen und gesamtwirtschaftliche Wohlfahrtseffekte generieren.[337] Zu einer solchen gesamtwirtschaftlich positiven Bewertung von Subventionen wird man jedoch nur

---

aktueller Rechtsprechung, in: EuZW 11 (2000) 21, S.646.
330 Vgl. Art.3 SCM-Agreement (Agreement on Subsidies and Countervailing Measures), abgedruckt in: *WTO*, The Legal Texts (Fn.1): S.231ff.; deutsche Übersetzung in: *Hummer*, Waldemar/*Weis*, Friedl (Fn.1): Nr.47, S.682ff.
331 Vgl. Art.5 SCM-Agreement.
332 Vgl. Art.6 SCM-Agreement sowie den Hinweis in Art.XVI:5 GATT.
333 Vgl. *Jackson*, John H. (Fn.3): S.279, der den Zweck der einheitlichen Gestaltung des Schadenserfordernisses anzweifelt.
334 Vgl. *Creally*, Eugene (Fn.312): S.23.
335 So *Jackson*, John H. (Fn.3): S.281, ähnlich *Dixit*, Avinash: How Should the United States Respond to Other Countries' Trade Policies ?, in: U.S. Trade Policies in a Changing World Economy, Stern, Robert M. (Hrsg.), Cambridge MA, 1987, S.245ff.
336 *Hoekman*, Bernard M./*Kostecki*, Michel M. (Fn.260): S.185.
337 *Dixit*, Avinash (Fn.335): S.245ff.

kommen, wenn man subventionierte Importe allein aus dem Blickwinkel des Einfuhrstaates bewertet.[338] Aus dieser Perspektive können sowohl die Kosten für die Bereitstellung der Beihilfen, als auch die Verfälschung des internationalen Wettbewerbs durch Subventionen außer Betracht bleiben. Zur Zweckbestimmung der Vorschriften des GATT ist diese Perspektive allerdings untauglich. Es ist vielmehr auf die gesamtwirtschaftlichen Auswirkungen von Subventionen in zumindest regionalen Märkten oder für den Welthandel insgesamt abzustellen[339].

Gegen die subventionsfreundliche Ansicht lässt sich ferner einwenden, dass Beihilfen „unechte" Kostenvorteile darstellen. Dies gilt sowohl für Exportsubventionen, als auch für Beihilfen mit bloßer Binnenwirkung (sog. *"domestic subsidies"*). Schon im Subventions-Kodex des GATT aus dem Jahre 1979 waren deshalb beide Formen von Subventionen erfasst.[340] Exportsubventionen können wie jede allgemeine Beihilfe (*"production subsidy"*) dazu führen, dass die Ausfuhren eines begünstigten Unternehmens einen Kostenvorteil gegenüber heimischen Produzenten oder Waren aus Drittstaaten erlangen.[341] Durch Beihilfen verbilligte Exporte spiegeln nicht die tatsächliche Wettbewerbsfähigkeit des Unternehmens oder die „echten" Kostenvorteile eines Standortes wider, wodurch der Wettbewerb verzerrt wird.[342] Beihilfen mit bloßer Binnenwirkung, also die Subventionierung von Unternehmen, die lediglich innerhalb des Heimatmarktes agieren, stellen dagegen eine Marktzugangsbeschränkung dar, die sich in ihrer Wirkung mit derjenigen eines nichttarifären Handelshemmnisses oder eines Einfuhrzolls vergleichen lässt.[343] Durch Subventionen inländischer Hersteller nimmt die relative

---

338 *Jackson*, John H. (Fn.3): S.282.
339 Ähnlich Raaflaub, S.106.
340 Vgl. Raaflaub, S.111.
341 *Jackson*, John H. (Fn.139): S.365; *ders.*: (Fn.3): S.280.
342 *Nettesheim*, Martin (Fn.286): S.25; so können insbesondere nur vorübergehend gewährte Subventionen (*"short-term subsidies"*) im Importland zu Anpassungskosten führen, die sich nach Wegfall der billigen Einfuhren als vergeblich, und damit ineffizient erweisen, *Jackson*, John H. (Fn.3): S.280ff.
343 *Denton*, Geoffrey/*O'Cleirearain*, Seamus: Subsidy Issues in International Commerce, London, 1972 S.33ff. sowie S.52ff.; *Jackson*, John H. (Fn.139): S.365; *ders.*: (Fn.3): S.281, vgl. hierzu die von den USA im Rahmen der *"preparatory meetings"* zur Havanna Konferenz in London vertretene und bemerkenswerte Ansicht, wonach allgemeine Subventionen zwar eine Zöllen und Quotierungen ähnliche Wirkung entfalten, aber gegenüber diesen handelspolitischen Instrumenten vorzugswürdig seien, Preparatory Committee of the United Nations Conference on Trade and Employment, U.N. Doc. E/PC/T/C.II/37 (1946), S.7. So war der Zweck des ersten nationalen Antisubventionsrechts auch rein protektionistischer Natur, indem durch Ausgleichszölle verhindert werden sollte, daß die hohen US-amerikanischen Einfuhrzölle durch staatliche Beihilfen umgangen werden, woraus sich die Beschränkung des Gesetzes auf zollpflichtige Waren erklärt. Kriterien der Schädigung oder Verfälschung des Wettbewerbs enthielt dieses erste Antisubventionsrecht dementsprechend nicht,

Wettbewerbsfähigkeit von vergleichbaren Importwaren ab.[344] Durch diese protektionistische Wirkung und die direkte Zufuhr finanzieller Mittel versetzen Subventionen einheimische Unternehmen in die Lage, Wettbewerber vom Markt zu verdrängen und ggf. in der Folge eine preisbeherrschende Stellung einzunehmen.[345] Die Vorschriften des GATT über Subventionen und Dumping weisen insofern vergleichbare Zielsetzungen auf, als in beiden Fällen handelsbeschränkende und wettbewerbsverzerrende Praktiken nicht zu einem Verdrängungskampf auf Basis „unechter Wettbewerbsvorteile" führen sollen. Subventionen unterscheiden sich von Dumping nur insofern, als letzteres lediglich ein Symptom von Marktzugangsschranken auf dem Heimatmarkt darstellt, während Subventionen selbst eine Handelsschranke bilden können.[346] Dieser Unterschied mag erklären, warum gegen Dumping lediglich mit Ausgleichsmaßnahmen vorgegangen werden darf, während Subventionen in bestimmten Fällen gänzlich verboten sind.

Aus alledem ist zu schließen, dass die im GATT vorgesehene Möglichkeit, gegen Subventionen vorzugehen, einen Wettbewerb ausschließlich auf Basis „tatsächlicher Kostenvorteile" ermöglichen soll. Auch die Subventions-Vorschriften deuten insofern auf einen im GATT enthaltenen Grundsatz der „Kostenwahrheit" hin. Anhaltspunkte für ein aus den Subventions-Vorschriften des GATT abzuleitendes „Prinzip der Fairness" sind dagegen nicht ersichtlich.[347]

---

siehe *Nettesheim*, Martin (Fn.286): S.32.

344 *Arndt*, Hans-Wolfgang: Europarecht, 3. Auflage, Heidelberg, 1998, S.142.

345*Jackson*, John H. (Fn.3): S.283, zu den Zweifeln an der tatsächlichen Gefahr von *"predatory pricing"* vgl. oben, S.103. Andere sehen in Exportsubventionen deshalb eine Form des vor allem aus der Finanz- und Währungspolitk bekannten Phänomens des *"beggar-thy-neighbor policy"*; vgl. *Collins-Williams*, Terry/*Salembier*, Gerry (Fn.326): S.5, die Subventionen ferner *"some of the most obvious damaging spill-over effects on trading partners"* zuschreiben; dementsprechend enthielt der Antisubventionskodex von 1979 noch die ausdrückliche Feststellung, daß die Gewährung von Subventionen mit den Interessen anderer Mitgliedstaaten in Konflikt stehen kann, vgl. auch Art.6 SCM-Agreement.

346 Dies gilt insbesondere für *"domestic subsidies"*, zur Wirkung solcher Subventionen als Marktzugangsschranke siehe oben, S.111.

347 So auch *Stichele*, Myriam Vander: Elements for a New Trade System: Fairness, Sustainability and Development, in: Social and Environmental Standards in International Trade Agreements, Malanowski, Norbert (Hrsg.), Münster, 1997, S.26; a.A., jedoch ohne nähere Begründung *Benedek*, Wolfgang (Fn.125): S.56f.; *Jackson*, John H. (Fn.3): S.279 und auch *Fields*, Gary: Trade and Labour Standards. A Review of the Issues, OECD (Hrsg.), Paris, 1995, S.58, der unter Verweis auf *Bhagwati*, Jagdish (Fn.38): S.39 schon in der Existenz einer Subventionskontrolle im GATT das Ziel „fairen, wettbewerbsorientierten Handels" zu erkennen vermag.

(4) Herleitung aus der *Escape Clause* des GATT

Teilweise wird der Grundsatz des *"Fair Trade"* auch aus der Schutzklausel des Art.XIX GATT hergeleitet.[348] Ob Art.XIX GATT den Schluss auf ein Fairness-Gebot nahelegt, soll ebenfalls durch teleologische Untersuchung dieser Vorschrift ermittelt werden.

Die *Escape Clause* des Art.XIX GATT und das dazugehörige Agreement on Safeguards bestimmen die Voraussetzungen und das Verfahren bei der Anwendung von Schutzmaßnahmen gegen Wareneinfuhren.[349] Solche Notfallmaßnahmen dürfen ergriffen werden, wenn aufgrund einer unvorhergesehenen Entwicklung die Einfuhren zunehmen und daraus eine ernsthafte Schädigung im Importland resultiert oder zumindest droht. Schutzklauseln (*"safeguards"*) finden in vielen leistungsbezogenen, völkerrechtlichen Verträgen, insbesondere im Wirtschafts-völkerrecht, Verwendung und stellen keine Besonderheit des GATT dar.[350]

Einen ersten Hinweis auf den Sinn und Zweck des Art.XIX GATT bietet Abs. 3 Agreement on Safeguards. Dort kommt indirekt zum Ausdruck, dass Schutzmaßnahmen einem Staat vorübergehende Protektion zur Anpassung an veränderte Wettbewerbssituationen bieten sollen. Nach der Vorschrift des Art.5:1 Agreement on Safeguards sind Schutzmaßnahmen auf das für die *Anpassung an den Wettbewerb* notwendige Maß zu begrenzen. Die Schutzklausel gestattet demnach für Krisensituationen vorübergehende Handelsbeschränkungen gegen Importe, um den Wettbewerbsdruck zu vermindern.[351] Die *Escape Clause* besitzt daher einen vordergründig protektionistischen Normzweck.[352] Für einen protektionistischen Hintergrund der allgemeinen Schutzklausel spricht auch, dass die *Escape Clause* vor allem auf Druck der amerikanischen Regierung in die

---

348 *Benedek*, Wolfgang (Fn.125): S.56.
349 Das WTO Agreement on Safeguards ist abgedruckt in: *WTO, The Legal Texts* (Fn.1): S.231ff., deutsche Übersetzung in: *Hummer*, Waldemar/*Weis*, Friedl (Fn.1): Nr.47, S.760ff.; zum Agreement on Safeguards weiterführend *Hoekman*, Bernard M./*Kostecki*, Michel M. (Fn.260): S.170ff.; *Lee*, Y. S./*Mah*, Jai S.: Reflections on the Agreement on Safeguards in the WTO, in: World Competition 21 (1998) 6, S.25ff.
350 *Hoekman*, Bernard M./*Kostecki*, Michel M. (Fn.260): S.161.
351 Zum internationalen Wettbewerb der Unternehmen und Standorte siehe unten, S.230ff.
352 *Hoekman*, Bernard M./*Kostecki*, Michel M. (Fn.260): S.163 sehen in der großen Zahl der von den Industrieländern ergriffenen Antidumping- und Antisubventions-Maßnahmen im Verhältnis zur relativ sparsamen Nutzung der *Escape Clause* ein Indiz dafür, daß Art.XIX zum Zwecke vorübergehender, aber auch dauerhafter Marktabschottung durch die wettbewerbspolitischen Schutzinstrumente substituiert wurde. Die Ursache hierfür mögen die Verpflichtungen der nichtdiskriminierenden Anwendung von Schutzmaßnahmen und die erforderlichen Kompensationszahlungen sein, vgl. *ebenda*, S.168.

Havanna-Charta integriert wurde, die der eigenen Industrie Protektion gegen ausländische Konkurrenz zugestanden hatte[353]. Dadurch, dass die *Escape Clause* die kontrollierte Aussetzung unzumutbarer Verpflichtungen zulässt, schützt sie gleichzeitig das Welthandelssystem vor den Folgen unkontrollierter Rechtsverletzungen. Die Doppelfunktion der protektionistischen *Escape Clause* im Welthandelssystem lässt sich mit dem Zweck eines „Überdruckventils" an einer Dampfmaschine vergleichen.[354] Einerseits ist es durch Betätigung des „Ventils" dem Betreiber möglich, Gefahren durch die Maschine zu vermeiden. In vergleichbarer Weise ermöglicht die *Escape Clause* die temporäre Flucht aus vertraglich zugestandenen Liberalisierungen, wenn als deren Folge der Wettbewerbsdruck unerwartet steigt und Schäden im Importland drohen.[355] Auf der anderen Seite dient ein Überdruckventil aber auch dem Schutz der Maschine *selbst*, da überschüssiger Druck kontrolliert abgebaut werden kann. Ebenso dienen Schutzklauseln mittelbar auch der Geltung und Funktion des liberalen Handelssystems.[356] Durch die kanalisierte und legalisierte Aussetzung unzumutbar gewordener vertraglicher Verpflichtungen können unkontrollierte Rechtsverletzungen verhindert werden. Eine Zunahme sog. *grey area measures* kann letztlich zur Erosion der Akzeptanz und Bindungswirkung des gesamten Regelwerkes führen.[357] Insofern kanalisiert die *Escape Clause* protektionistische Rückfälle in Zeiten nationaler Wirtschaftskrisen. Dies geschieht zum einen aus Gründen der Solidarität mit dem betroffenen Staat, aber auch im allseitigen Interesse aller Mitglieder an der Überwindung der Krise und der Einhaltung der Welthandelsregeln.[358]

Die *Escape Clause* des Art.XIX GATT stellt jedoch kein grundsätzliches Korrektiv des Wettbewerbs dar.[359] Schutzmaßnahmen unter der *Escape Clause*

353 US Department of State, Havanna Charter for an International Trade Organisation; 24.3.1948, Publication 3206, Art.40 (zitiert nach *Senti*, Richard (Fn.131): S.241), vgl. umfassend zur Entstehungsgeschichte des Art.XIX, *Quick*, Reinhard: Exportselbstbeschränkungen und Art.XIX GATT, Köln (e.a.), 1983, S.98.
354 Ähnlich *Hoekman*, Bernard M./*Kostecki*, Michel M. (Fn.260): S.161, die Schutzklauseln als "*insurance mechanisms*" für das betreffende Abkommen bezeichnen.
355 *Benedek*, Wolfgang (Fn.125): S.174.
356 *Weber*, Albrecht: Schutznormen und Wirtschaftsintegration: Zur völkerrechtlichen, europarechtlichen und innerstaatlichen Problematik von Schutznormen und *ordre public* Vorbehalten, Baden-Baden, 1982, S.42.
357 Vgl. *Beise*, Marc/*Oppermann*, Thomas/*Sander*, Gerald G. (Fn.38): S.61ff.
358 Zur Bedeutung der *Escape Clause* im Hinblick auf das Prinzip des allseitigen Vorteils und Aspekte zwischenstaatlicher Solidarität siehe oben, S.92ff.
359 Vgl. *Hoekman*, Bernard M./*Kostecki*, Michel M. (Fn.260): S.163; zu Recht weist *Quick*, Reinhard (Fn.353): S.102 darauf hin, daß der *Escape Clause* sogar eine indirekte Liberalisierungfunktion zukommt. Das Schlupfloch des Art.XIX GATT mag es den Staaten im Rahmen der Zollverhandlungen erleichtern, Zugeständnisse zu geben, zu denen sie anderenfalls nicht bereit gewesen wären; ähnlich

richten sich nicht wie die Antidumping- oder Subventions-Regeln gegen bestimmte wettbewerbswidrige Praktiken, sondern gegen unerwartete Folgen des Wettbewerbs in Ausnahmesituationen[360]. Der Schutzzweck der *Escape Clause* besteht deshalb zuvorderst in einer eng begrenzten protektionistischen Ausnahme für Notfälle. Aus der *Escape Clause* sollte deshalb nicht auf ein Wettbewerbskorrektiv in Form eines *"Fair Competition"* oder des *"Fair Trade"*-Prinzips geschlossen werden.

(5) Zwischenergebnis: „Kostenwahrheit" statt *"Fair Trade"*

Zusammenfassend kann festgehalten werden, dass weder aus den Antidumping- und Subventions-Vorschriften im GATT, noch die *Escape Clause* auf ein allgemeines „Prinzip des fairen Handels" als Korrektiv des Wettbewerbs geschlossen werden kann.
Die Analyse der Dumping- und Subventionsbestimmungen legt es jedoch nahe, als *minus* zu einem *"Fair Trade"*-Prinzip, Wettbewerb auf Basis „echter" Kostenvorteile als Grundsatz des GATT aufzufassen. Die Besonderheit der GATT-Regeln über Dumping und Subventionen besteht darin, dass der Wettbewerbsvorteil dieser Waren nicht auf „echten" Kostenvorteilen beruht. Der „Dumper" profitiert von Marktunvollkommenheiten auf anderen Märkten, das subventionierte Unternehmen von staatlichen Zuwendungen. Diese Vorteile spiegeln nicht die Kosten der Standorte in den Produktionsfaktoren wieder, sondern beruhen auf privat oder staatlich „verfälschten" Preisen. Die Antidumping- und Antisubventions-Maßnahmen richten sich gegen diese Verfälschung der Kosten und des Wettbewerbs und der damit verbundenen Störung des Marktmechanismus. Der Grund dafür, dass das GATT es den Mitgliedern gestattet, gegen diese Handelspraktiken vorzugehen, liegt in der liberalen Außenwirtschaftstheorie begründet.[361] Die vom GATT geförderte internationale Arbeitsteilung gewährt nur dann die effiziente Allokation der Produktionsfaktoren und damit die größtmögliche Wohlfahrtssteigerung für die beteiligten Handelspartner, wenn sich die Standortvorteile auch in den Güterpreisen niederschlagen.[362] Die Neutralisierung dieser Praktiken dient dementsprechend dazu, die Importpreise den realen, am Standort anfallenden Kosten anzugleichen. Insofern erklären sich die dargestellten Vorschriften am besten daraus, dass dem GATT ein *Prinzip der „Kostenwahrheit"*

Benedek, Wolfgang (Fn.125): S.173.
360 *Holliday*, George D.: The Uruguay Round's Agreement on Safeguards, in: Journal of World Trade 29 (1995) 3, S.156.
361 Zur wirtschaftstheoretischen Grundlegung liberalen Handels siehe oben, S.45ff.
362 Siehe oben, S.47.

immanent ist. Dieser Grundsatz wirkt darauf hin, dass der Preiswettbewerb auf Basis der „echten" Kostenvorteile der Produktionsfaktoren am Standort stattfindet und nicht durch staatliche Förderung oder den Nutzen aus Handelsbarrieren durch „künstlich" niedrige Preise verfälscht wird.

Das Prinzip der „Kostenwahrheit" folgt damit dem Leitbild unverfälschten Wettbewerbs auf Basis der Kostenvorteile der Standorte. Die Frage nach der Grenzlinie zwischen „echten" und „unechten" Kostenvorteilen bestimmt sich jedoch anhand des Einzelfalls. Insofern ist auch das Prinzip der „Kostenwahrheit" zu unbestimmt, um hieraus abstrakt auf grundsätzliche, inhaltliche Grenzen des Wettbewerbes zu schließen. Die Frage, ob es sich bei Vorteilen aus der Verletzung fundamentaler Arbeitnehmerrechte um „echte" Kostenvorteile handelt, kann deshalb auch aus einem Prinzip der Kostenwahrheit nicht beantwortet werden. Auf Basis des Konzepts des freien Wettbewerbs werden die Grenzen „echter" Kostenvorteile durch die WTO-Mitglieder weitgehend politisch festgelegt.

f) Nachhaltigkeit (*Sustainable Development*)

Die Welthandelsordnung könnte weiterhin ein *Prinzip der Nachhaltigkeit* enthalten. Der einzige Hinweis in der Welthandelsordnung auf ein Prinzip der „Nachhaltigen Entwicklung" findet sich in der Präambel des WTO-Agreement.[363] Dort wurde im Rahmen der Uruguay Runde das Konzept des *Sustainable Development* verankert:

"The Parties to this Agreement,

Recognizing that their relations in the field of trade and economic endeavor should be conducted with a view to raising standards of living, ensuring full employment and a large and steadily growing volume of real income and effective demand, and expanding the production of and trade in goods and services, while allowing for the optimal use of the world's resources in accordance with the objective of sustainable development, seeking both to protect and preserve the environment and to enhance the means for doing so in a manner consistent with their respective needs and concerns at different levels of economic development." [364]

---

363 Die Begriffe „Nachhaltigkeit" (*Sustainability*) und „Nachaltige Entwicklung" (*Sustainable Development*) werden nachfolgend synonym verwendet.
364 Hervorhebung hinzugefügt, siehe Abs.1 Präambel WTO-Agreement (Marrakesh Agreement Establishing the World Trade Organization), abgedruckt in: *WTO*, The Legal Texts (Fn.1): S.4ff.; deutsche Übersetzung in: *Hummer*, Waldemar/*Weis*, Friedl (Fn.1): Nr.32, S.315ff.

Für die Frage, ob aus der Referenz an die Nachhaltigkeit im WTO-Agreement ein Prinzip der Welthandelsordnung abgeleitet werden kann, ist es zunächst notwendig, Inhalt und normative Struktur des Konzeptes genauer zu untersuchen. Als Ursprung des Konzepts der „Nachhaltigen Entwicklung" wird der sog. „*Brundtland Report*" der *World Commission on Environment and Development* von 1987 angesehen.[365] Dort heißt es:

*"Humanity has the ability to make **development sustainable** - to ensure that it meets the needs of the present without compromising the ability of future generations to meet their own needs. The concept of sustainable development does imply limits - not absolute limits but limitations imposed by the present state of technology and social organization on environmental resources and by the ability of the biosphere to absorb the effects of human activities."[366]*

Der Anspruch dieses ursprünglichen *Sustainable Development* Konzeptes ist es, wirtschaftliche Entwicklung zu erreichen, ohne dabei die Endlichkeit der hierfür verfügbaren natürlichen Ressourcen zu verkennen. Erstens besitzt *Sustainable Development* somit eine zeitliche Dimension. Diese besteht darin, dass heutige Bedürfnisse nicht auf Kosten zukünftiger Generationen befriedigt werden dürfen. Die zweite Dimension des originären Konzeptes zielt auf die inhaltliche Aussöhnung zwischen wirtschaftlicher Entwicklung einerseits und ökologischen Interessen andererseits ab.

In dieser bipolaren Form fand *Sustainable Development* im Jahre 1992 als umweltökonomisches Konzept Eingang in die Rio-Deklaration der UNCED (*United Nations Conference on Environment and Development*).[367] Zur Implementierung des Konzeptes der Nachhaltigkeit wurde die sog. Agenda 21 beschlossen.[368] Die Agenda 21 stellt ein politisches Aktionsprogramm dar, wodurch das abstrakte Konzept der Nachhaltigkeit in 40 Kapiteln auf alle gesellschaftlichen Ebenen transportiert wird und hierdurch seine Konkretisierung erfährt. In der Folge wurde *Sustainable Development* als integrativer Ansatz der Umweltpolitik auch auf nationaler und supranationaler Ebene implementiert[369].

---

365 *Dessing*, Maryke: The Social Clause and Sustainable Development, Bridges Discussion Papers 1, Genf, 1997, S.8.
366 *World Commission on Environment and Development*: Our Common Future, Oxford, 1987, S.8f. (Hervorhebung hinzugefügt).
367 Der Text der Rio-Deklaration ist im Internet veröffentlicht unter www.unep.org.
368 Vgl. *Doyle*, Timothy: Sustainable Development and Agenda 21: the Secular Bible of Global Free Markets and Pluralist Democracy, in: Third world quarterly 19 (1998) 4, S.771.
369 Vgl. für die nationale Umweltpolitik Deutschlands *Bundesministerium für Umwelt*: Politik für eine nachhaltige und umweltgerechte Entwicklung, Bonn, 1994; für die EU *Europäische Kommission*: Programm der Europäischen Union für Umweltpolitik und Maßnahmen im Hinblick auf eine dauerhafte und umweltgerechte Entwicklung, Brüssel, 1993, in: EG-Abl 1993, Nr.C138, S.5-98,

Es handelt sich bei *Sustainable Development* allerdings nicht um ein statisches oder geschlossenes Modell, sondern um einen dynamischen Prozess, der auf der operationalen Ebene einer ständigen Redefinition unterliegt.[370] Die Flexibilität dieses Konzeptes ermöglichte es, dass sich ergänzend zu dem bipolaren Wertebündeln der Ökonomie und der Ökologie eine soziale Komponente als dritter Aspekt der Nachhaltigkeit ausprägen konnte. Zwar war *"equity"* als Leitbild bereits im *Brundtland Report* als eine der Säulen von *Sustainable Development* angelegt. Das Konzept *"equity"* zielt auf Chancengleichheit und Verteilungsgerechtigkeit auf zwischenstaatlicher und innerstaatlicher Ebene ab.[371] Allerdings befinden sich die Inhalte dieses Gleichheitsappells im steten Fluss.[372] Einen wichtigen Beitrag zur Konkretisierung und Weiterentwicklung der sozialen Komponente von *Sustainable Development* brachte der *World Summit for Social Development* in Kopenhagen im Jahre 1995. Zunächst wurde durch Art.6 *Copenhagen Declaration on Social Development* soziale Entwicklung als dritte Säule des Konzeptes der Nachhaltigen Entwicklung etabliert, wenn es dort heißt:

*We are deeply convinced that **economic** development, **social** development and **environmental** protection are interdependent and mutually reinforcing components of sustainable development.*[373]

Die *Declaration on Social Development* wird durch das *Programme of Action of the World Summit for Social Development* konkretisiert. Durch dieses Aktionsprogramm wird Social Development näher definiert, um die Implementierung zu

---

weiterführend *Theobald*, Christian: Sustainable Development-ein Rechtsprinzip der Zukunft?, Zeitschrift für Rechtspolitik 30 (1997) 11, S.440; *Di Fabio*, Udo, Integratives Umweltrecht, NVwZ 17 (1998) 4, S.329ff.; *Douma*, Wybe Th.: Evolution and Impact of Sustainable Development in the European Union, in: International Economic Law with a Human Face, Weiss, Friedl (Ed.), Den Haag, 1998, S.271ff.

370 *Dessing*, Maryke (Fn.365): S.9f.

371 *International Institute for Sustainable Development*: Trade and Development Principles, Winnipeg, 1994 (*"Winnipeg Principles"*), S.19ff.; *Steininger*, Karl W.: International Trade Regulation and Sustainable Development: An Outlook, Intereconomics 31 (1996) 6, S.292f.

372 Siehe für den ursprünglichen Entwurf des "Equity-Prinzips", dessen Fokus noch auf der Verteilungsgerechtigkeit von Ressourcen lag, *World Commission on Environment and Development*, (Fn.366), S.46ff.; für die Weiterentwicklung dieses Konzeptes siehe *Markandya*, Anil: Is Free Trade Compatible with Sustainable Development, UNCTAD Review, New York (e.a.), 1994, S.10 sowie *Moffatt*, Ian: Sustainable Development, Principles, Analysis and Policies, New York, London, 1995 S.48, der moralische und ethische Prinzipien zur Erreichung von sozialer Gerechtigkeit als Voraussetzung für SD ansieht.

373 *United Nations*: The Copenhagen Declaration and Programme of Action, World Summit for Social Development, New York, 1995, S.3; insbesondere der Abschnitt *"A favourable national and international economic environment"*, ebenda, S.44-50; der Text des *Programme of Action of the World Summit for Social Development* ist im Internet veröffentlicht unter www.undp.org/wssd/wssd.html.

erleichtern. In Abs.54 Programme of Action of the World Summit for Social Development heißt es:

Governments should enhance the quality of work and employment by:

*(a) Observing and fully implementing the **human rights** obligations that they have assumed;*
*(b) Safeguarding and promoting respect for **basic workers' rights**, including the **prohibition of forced labour** and **child labour, freedom of association** and the **right to organize and bargain collectively, equal remuneration** for men and women for work of equal value, and **non-discrimination** in employment, fully implementing the conventions of the International Labour Organization (ILO) in the case of States parties to those conventions, and taking into account the principles embodied in those conventions in the case of those countries that are not States parties to thus achieve truly sustained economic growth and sustainable development; [...]* [374]

Hierdurch wurde festgestellt, dass die Beachtung der Menschenrechte im allgemeinen und der Menschenrechte in der Arbeit im besonderen Voraussetzung für soziale Entwicklung ist.[375] Die wirksame Durchsetzung der fundamentalen Arbeitnehmerrechte stellt somit eine Aufgabe dar, die von der sozialen Komponente von *Sustainable Development* umfasst wird.

Spätestens seit dem *World Summit for Social Development* wird der Gleichklang von ökonomischen, ökologischen und sozialen Interessen deshalb als kennzeichnend für *Sustainable Development* angesehen.[376] Nach überwiegender Ansicht betrifft *Sustainable Development* heute nicht mehr nur die Schnittstelle zwischen Ökonomie und Ökologie, sondern bezieht auch soziale Belange ein und setzt sich dementsprechend heute inhaltlich aus drei Komponenten zusammen.[377] Eine treffende Umschreibung bezeichnet *Sustainable Development* als

"Development that provides economic, social, and environmental benefits in the long term, having regard to the needs of living and future generations." [378]

---

374 *United Nations* (Fn.373), Hervorhebung hinzugefügt.
375 Zur Bestimmung der grundlegenden bzw. „fundamentalen Arbeitnehmerrechte" siehe unten, S.161ff.
376 Gleichklang bedeutet hierbei jedoch nicht notwendig die Berücksichtigung der einzelnen Komponenten in gleicher Gewichtung.
377 Statt vieler *Handl*, Günther: Sustainable Development: General Rules versus Specific Obligations, in: Sustainable Development and International Law, Lang, Winfried (Ed.), London (e.a.), 1995, S.35.
378 *Gilpin*, Alan: Dictionary of Environment and Sustainable Development, Chichester (e.a.), 1996, S.206.

An der nunmehr dreipoligen Struktur lässt sich der umfassende und gleichzeitig integrative Anspruch von *Sustainable Development* als abstraktes Konzept erkennen. Mit den drei Komponenten Ökonomie, Umwelt und Soziales werden durch *Sustainable Development* praktisch alle gesellschaftlichen Bereiche durchdrungen. Nahezu jede Fragestellung wird ökonomische, ökologische und soziale Aspekte und Interessen betreffen, woraus jedoch auch Probleme bei der Implementierung von *Sustainable Development* entstehen.

So stellt sich die Frage, welchen konkreten Inhalt man dem Konzept der Nachhaltigen Entwicklung zuschreiben kann. Praktische Rechtsanwendung in Form eines Rechtsprinzips scheint kaum möglich, wenn man dem Begriff keine greifbare Gestalt verleihen kann. Für ein Rechtsprinzip der Nachhaltigkeit muss daher hinterfragt werden, welche konkreten Inhalte die jeweiligen Komponenten im Einzelfall repräsentieren und in welchem Verhältnis sie bei der Entscheidungsfindung oder der Rechtsauslegung gewichtet und abgewogen werden sollen. Die Implementierungsprobleme resultieren insbesondere daraus, dass der materielle Gehalt der drei Komponenten so allumfassend und abstrakt ist, dass der konkrete Inhalt von *Sustainable Development* gegen Null zu tendieren scheint. Dies führte dazu, dass das Konzept *Sustainable Development* in der Literatur teilweise als inhaltsleeres und fruchtloses Blendwerk kritisiert wird.[379]

Diese Kritik wird jedoch dem Charakter von *Sustainable Development* als integrativ wirkendes und funktionales Rechtsprinzip nicht gerecht. Von einem funktionalen Prinzip eine generelle Handlungsanweisung oder auch nur eine eindeutige Wertaussage zu verlangen, käme der Forderung nahe, eine philosophische Letztbegründung inhaltlich zu definieren.[380] Es verwundert daher nicht, dass die Versuche einer allgemeingültigen inhaltlichen Definition von Nachhaltigkeit vielfältig und kaum noch überschaubar sind.[381] Die Vielzahl angebotener Definitionen ist ein Indiz dafür, dass *Sustainable Development* als instrumentales

---

379 Siehe *Frazier*, Jack: Sustainable Development: Modern Elixir or Sack Dress?, Environmental Conservation 24 (1997) 2, S.182ff.; der als Experte in der Anhörung des Panels Shrimps/Turtle ironisch "*the magic of 'sustainable development'*" kritisierte, Panel Report *US -Shrimp* (Fn.202): S.160, Rn.13.
380 Unter der Letztbegründung wird in der Normbegründung (Ethik) und der Wissenschaftstheorie eine Begründung verstanden, nach der die Forderung nach einer weiteren Begründung nicht mehr sinnvoll erhoben werden kann. Offensichtlich darf es sich hierbei nicht um eine theoretische Begründung handeln, da diese stets hinterfragt werden kann, vgl. Meyers Kleines Lexikon Philosophie, S.247.
381 Vgl. *Pearce*, David W./*Markandya*, Anil/*Barbier*, Edward B.: Blueprint for a Green Economy, London, 1989, S.32ff. der bereits 1989 auf die verschiedenen Facetten und Aspekte von Sustainablility in jeweils unterschiedlichem Kontext hinwies.

Konzept zu begreifen ist und sich nur begrenzt dazu eignet, endgültige Wertaussagen und starre Handlungsanweisungen hervorzubringen. Die einzige substanzielle, aber dabei recht abstrakte Aussage dieses Konzepts ist, dass in eine Entscheidung stets alle relevanten ökonomischen, ökologischen und sozialen Aspekte unter Berücksichtigung der zeitlichen Dimension einzubeziehen sind. Das dreipolige Rechtsprinzip der Nachhaltigkeit ist insofern nicht geeignet, Wertekollisionen aufzulösen, sondern bietet zuvorderst ein integratives und dynamisches Optimierungskonzept.

Zur Gewichtung der drei Wertebündel im Einzelfall kann das Konzept der Nachhaltigkeit keine generelle Aussage treffen. Insbesondere verlangt Nachhaltigkeit nicht, dass all seine drei Komponenten stets gleichberechtigte Berücksichtigung erfahren. Ein Gebot der gleichberechtigten Berücksichtigung ökonomischer, ökologischer und sozialer Aspekte würde zunächst die Realität mit ihren spezialisierten gesellschaftlichen Organisationsformen und Interessengruppen verkennen, die sich zu *Sustainable Development* bekannt haben. Ferner definieren sich Prinzipien stets auch durch ihren rechtlichen Kontext, denn sie verwirklichen sich vor allem durch ihre gegenseitige Ergänzung und Beschränkung, zwischen besteht stets eine Tendenz zum Ausgleich.[382] Ein Rechtsprinzip der Nachhaltigkeit gebietet daher nicht, dass im Rahmen eines Umweltabkommens, der Rechtsordnung des internationalen Arbeitsrechts und im Welthandelssystem alle drei Komponenten von *Sustainable Development* von nun an in gleicher Gewichtung in die Rechtsanwendung einfließen. Durch seine zuvorderst instrumentale Wirkung kann das Prinzip der Nachhaltigkeit durch einen ökonomisch, ökologisch oder sozial geprägten rechtlichen oder institutionellen Kontext eine unterschiedliche Zielrichtung entwickeln. *Sustainable Development* kann in einer Rechtsordnung durch seine umfassende Ausrichtung zudem eine abstrakte, funktionale „Grundnorm" darstellen. Das Konzept kann für Entscheidungen eine zunehmend integrative Perspektive unter Anerkennung der spezifischen Ziele der jeweiligen Organisation bzw. Rechtsordnung vermitteln, und so die gesamtgesellschaftliche Wirkung organisationsinterner Maßnahmen optimieren. Letztlich geht von einem Rechtsprinzip der Nachhaltigkeit im Völkerrecht daher eine integrative Tendenz hin zur Kooperation Internationaler Organisationen und zur Koordination rechtlicher Ordnungen aus.

Nachfolgend soll deshalb der Frage nachgegangen werden, welche Wirkung das Konzept der Nachhaltigkeit für die WTO entfalten kann[383]. Auch innerhalb der

---

382 Vgl. *Larenz*, Karl (Fn.163): 476, *Canaris*, Claus-Wilhelm (Fn.174): S.55.
383 In diesen Effekt des Konzepts der Nachhaltigkeit wurden bereits vor der Gründung der WTO hohe

WTO scheint *Sustainable Development* als übergreifendes, richtunggebendes Optimierungsgebot angelegt zu sein. Darauf deutet bereits die systematische Stellung von *Sustainable Development* in der Rechtsordnung der WTO hin. So findet sich der Bezug zu *Sustainable Development* weder in den Entwicklungsvorschriften noch in den „Umweltausnahmen" des GATT, sondern im WTO-Agreement als institutionellem Dach der Welthandelsordnung. Innerhalb des WTO-Agreement ist *Sustainable Development* in der Präambel, und dort zudem im ersten Absatz, verankert[384]. Diese exponierte systematische Stellung deutet darauf hin, dass *Sustainability* innerhalb der WTO und damit auch für das GATT als übergreifendes Prinzip angesehen werden kann. Zudem bietet es sich aufgrund der Struktur als abstraktes Optimierungsgebot an, *Sustainable Development* als Rechtsprinzip in der Rechtsordnung der WTO zu begreifen. Ein Leitbild wie *Sustainable Development* muss allerdings durch die konkrete Umsetzung im Einzelfall implementiert werden. Daher wird die integrative Wirkung des Rechtsprinzips der Nachhaltigkeit insbesondere bei der Auslegung und Weiterentwicklung der Regeln des Welthandelssystems zu berücksichtigen sein. In seiner Entscheidung *US-Shrimp* zog der Appellate Body das Konzept der Nachhaltigkeit erstmals und bisher zum einzigen Mal zur Auslegung des GATT heran:

"The preamble of the WTO Agreement -- which informs not only the GATT 1994, but also the other covered agreements -- explicitly acknowledges "the objective of sustainable development ".[385]
*[R]ecalling the explicit recognition by WTO Members of the objective of sustainable development in the preamble of the WTO Agreement, we believe it is too late in the day to suppose that Article XX(g) of the GATT 1994 may be read as referring only to the conservation of exhaustible mineral or other non-living natural resources." *[386]

Gleichzeitig erkannte der Appellate Body in dieser Entscheidung mit umweltpolitischem Bezug an, dass das Konzept der Nachhaltigkeit auch eine soziale Dimension besitzt.

Erwartungen gesetzt. So stellte der damalige Generaldirektor des GATT bereits vor Abschluß der Uruguay-Runde fest *"The Round will give a boost to investment, job craetion, sustainable development and economic reform, and it will reinforce the disciplines for free and fair competition.",* Sutherland, Peter D.: Consolidating Economic Globalization, Address to the Canadian Club v. 21. März 1994, Nachdruck in: GATT, News of the Uruguay-Round of Multilateral Trade Negotiations (1994) 83, S.2.
384 An dieser Stelle wird in nationalen Verfassungen üblicherweise auf die Letztbegründung bzw. die Grundnorm der jeweiligen Rechtsordnung verwiesen, so z.B. auf „Gott und den Menschen" in der Präambel des deutschen Grundgesetzes.
385 Appellate Body Report *US-Shrimp* (Fn.160): S.48, Rn.129.
386 Appellate Body Report *US-Shrimp* (Fn.160): S.50, Rn.131.

*This concept [Sustainable Development] has been generally accepted as integrating **economic** and* **social development** *and environmental protection.*[387]

Die Entscheidung *US-Shrimp* verdeutlichte somit erstens, dass das Konzept *Sustainable Development* für die Auslegung von Normen des GATT wie ein Rechtsprinzip angewendet wird, auch wenn es durch die Streitschlichtung noch nicht ausdrücklich als Rechtsprinzip bezeichnet wurde und zweitens, dass dabei auch soziale Aspekte zu berücksichtigen sind.

Bei der Anwendung der Nachhaltigkeit als Rechtsprinzip in der WTO stellt sich allerdings die Frage, welche Gewichtung in Zukunft ökologischen und insbesondere sozialen Aspekten des Handels zugemessen wird. Es wurde bereits festgestellt, dass bei einer Abwägung im Sinne der Nachhaltigkeit für jede Organisation und Rechtsordnung die Gewichtung der drei Komponenten aus ihrer spezifischen Position und ihren Zielen heraus zu bestimmen ist. Für die WTO ist hierbei die Stellung innerhalb der Struktur der Internationalen Organisationen maßgeblich. Die WTO ist eine für den Welthandel, also zuvorderst ökonomische Themen zuständige internationale Organisation, ohne dabei den Status einer UN-Sonderorganisation einzunehmen[388]. Da die WTO zuerst dem Erhalt und Ausbau der liberalen Welthandelsordnung dienen soll, muss der Fokus bei der Anwendung von *Sustainable Development* auf dessen ökonomischer Komponente liegen.

Gleichzeitig gebietet es der integrative Ansatz der Nachhaltigkeit jedoch, auch ökologische und soziale Aspekte in die politische Entscheidungsfindung und die Rechtsanwendung einzubeziehen. Auf der Ebene der Rechtsnormen wird der Grundsatz der Nachhaltigkeit insbesondere für die Auslegung unbestimmter Rechtsbegriffe Bedeutung erlangen.[389] In der Rechtsanwendung erfordert das Prinzip der *Sustainability* nicht notwendig eine Abwägung, zumindest aber eine Berücksichtigung der von einer WTO-Entscheidung tangierten sozialen und ökologischen Werte und Rechtsgüter. Aufgrund des relativen Charakters von

---

387 Appellate Body Report *US-Shrimp* (Fn.160): S.48, Fn.107 (Hervorhebung hinzugefügt).
388 Siehe zum Verhältnis der WTO zur UN das *Verwaltungsabkommen Relations between the WTO and the United Nations*, Communication from the Director-General of the WTO concerning an Exchange of Letters between the Director-General of the WTO and the Sectetary-General of the UN, v. 29. September 1995, angenommen vom General Council am 15. November 1995, WTO Doc. WT/GC/W/10 v. 3. November 1995, deutsche Übersetzung in: *Hummer*, Waldemar/*Weis*, Friedl (Fn.1): Nr.32, S.350-353.
389 Zur Auslegung der unbestimmten Rechtsbegriffe *"public morals"* im Rahmen des Art.XX(a) GATT sowie der *"arbitrary or unjustified discrimmination"* und der *"disguised restriction on international trade"* unter dem *chapeau* Art.XX GATT siehe unten, S.341ff. und S.349ff.

Sustainable Development kann die Gewichtung der Güter in einem Entscheidungsprozess kaum absolut quantifiziert werden. Berücksichtigt man jedoch den gesamtgesellschaftlichen Anspruch von *Sustainable Development*, so sollten Entscheidungen tendenziell nach ihrem Gesamtnutzen für alle Komponenten von *Sustainable Development* getroffen werden.[390] Das würde bedeuten, je geringer die Kosten auf der ökonomischen Seite sind und je größer der Nutzen für die ökologische oder soziale Komponente ist, desto eher müssen auch ökologische und soziale Werte in die Entscheidungsfindung in der WTO einfließen. Durch dieses Verständnis des Prinzips der Nachhaltigkeit in der WTO kann den drei Komponenten von *Sustainable Development* insgesamt zu größtmöglicher Wirkung verholfen werden. Das instrumentale Rechtsprinzip der Nachhaltigkeit ergänzt somit die vorrangig ökonomischen Ziele der WTO, die ebenfalls in der Präambel genannt werden[391]. Beispielsweise sollte die Verbesserung des Lebensstandards als gesellschaftliches Ziel des Handels in Zukunft nicht mehr allein anhand ökonomischen, sondern zunehmend auch ökologischen und sozialen Kriterien bemessen werden. Das ebenfalls in der WTO-Präambel verankerte Ziel der *optimalen* Nutzung verfügbarer Ressourcen bezöge sich deshalb auch auf ökologische und menschliche Ressourcen.

Anhand dieser Ausführungen hat sich gezeigt, dass dem Konzept der Nachhaltigkeit auch als Rechtsprinzip eine konkrete, wenn auch maßgeblich funktionale Bedeutung zukommen kann. Es soll daher nachfolgend davon ausgegangen werden, dass die WTO und damit auch das GATT ein funktionales Rechtsprinzip der Nachhaltigkeit enthält.

g) Der Schutz nicht-wirtschaftlicher Rechtsgüter

Die Vielzahl der Ausnahme- und Schutzklauseln im GATT könnte auf deren besondere Bedeutung als Strukturmerkmal in der Welthandelsordnung hindeuten.[392] Die Auflockerung des GATT durch Ausnahmevorschriften war eine wesentliche Voraussetzung für dessen allgemeine Akzeptanz.[393] Die Rückversicherung, im Falle von wirtschaftlichen Schwierigkeiten oder zum Schutz überwiegender Interessen auf eine der vielfältigen Schutzbestimmungen zurückgreifen zu können, mag den Staaten die Selbstbeschränkung in einem so wichtigen Bereich der Souveränität wie der Handelspolitik erleichtert haben.[394] Durch die Aus-

390 Vgl. *Dessing*, Maryke (Fn.365): S.8.
391 Siehe Abs.1 Präambel WTO-Agreement.
392 *Benedek*, Wolfgang (Fn.125): S.161.
393 Vgl. *Jackson*, John H. (Fn.139): S.535f.; *ders.*: The Puzzle of GATT, Legal Aspects of a Surprising Institution, in: Journal of World Trade Law 1 (1967) 2, S.131 sowie S.151.
394 *Quick*, Reinhard (Fn.353): S.95f.

nahmebestimmungen kann dem dringenden Bedürfnis nach Flexibilität in den internationalen Wirtschaftsbeziehungen Rechnung getragen werden.[395] Ob die Vielzahl der Ausnahmeklauseln allein der Funktion des GATT dienen oder weitere gemeinsame Zwecke verfolgen, die den Schluss auf ein Strukturprinzip des GATT zulassen, soll im folgenden untersucht werden.

Die Ausnahmeregeln des GATT können nach verschiedenen Kriterien unterschieden werden.[396] Für die Ableitung der Strukturprinzipien des GATT ist jedoch zuvorderst die teleologisch-finale Betrachtung der jeweiligen GATT-Regeln das maßgebliche Differenzierungskriterium.[397] Unterscheidet man die Ausnahmevorschriften dementsprechend nach ihrem Schutzzweck, so lassen sich zwei Gruppen unterteilen. Die erste Gruppe der Ausnahmen dient vorrangig wirtschaftlichen Zielen von Staaten, Staatengruppen oder der Mitglieder insgesamt. Die zweite Gruppe dient dem Schutz und der Verwirklichung legitimer nicht-wirtschaftlicher Politikziele.

Wirtschaftliche Politikziele	Nicht-wirtschaftliche Politikziele
Zollunionen und a) Freihandelszonen (Art.XXIV) Entwicklungsvorschriften (Art.XXXVI:8, XVIII, *Enabling Clause*, Kodizes) Allgemeine Schutzklausel (Art.XIX)	*"public morals"* Maßnahmen (Art.XX Sanitäre und phytosanitäre Maßnahmen (Art.XX, lit. b) Kulturelle Schutzmaßnahmen (Art.XX lit. f, Art.IV) Maßnahmen zum Schutz nationaler und internationaler Sicherheit (Art.XXI)

Abb.1: Einteilung wichtiger Ausnahmevorschriften des GATT nach Schutzzweck

Die erste Gruppe der Ausnahmen gestattet die Abweichung von den Grundregeln des GATT aus wirtschaftlichen Gründen. Durch Art.XXIV GATT werden Zollunionen und Freihandelszonen in Abweichung von der Meistbegünstigung

---

395 *Benedek*, Wolfgang (Fn.125): S.161, *Hoekman*, Bernard M./*Kostecki*, Michel M. (Fn.260): S.167.
396 Für eine umfassende Klassifizierung der Schutz- und Ausnahmebestimmungen vgl. *Benedek*, Wolfgang (Fn.125): S.161ff.
397 Siehe oben, S.78.

zugelassen. Regionale Integrationszonen weisen gegenüber dem GATT einen höheren Integrations- und Liberalisierungsgrad auf. In der Summe tragen regionale Integrationszonen wie einzelne „Mosaiksteine" zum Ziel der Liberalisierung zwischen den WTO-Mitgliedern bei.[398] Die Regionalausnahme des GATT hat daher einen zuvorderst wirtschaftlichen Hintergrund.[399] Die *Escape Clause* dient ebenso wie die Vorschriften zur Vorzugsbehandlung der Entwicklungsländer wirtschaftlichen Zielen.[400] Diese Kategorie ökonomisch begründeter Ausnahmen spiegelt zuvorderst das „Prinzip des allseitigen Vorteils" wider.[401]

Die zweite Gruppe der Ausnahmen dient dagegen vorrangig legitimen *nichtwirtschaftlichen Politikzielen*. Diese Ausnahme- und Schutzklauseln erlauben es den Mitgliedern, andere schutzwürdige Interessen in ihre Außenhandelspolitik einfließen zu lassen. Für diese Gruppe fällt die Bestimmung des Schutzzwecks naturgemäß relativ leicht, da sich im Unterschied zur ersten Gruppe das Schutzgut meist unmittelbar aus den Eingriffsvoraussetzungen ergibt. Die Gruppe der Ausnahmen zugunsten nicht-wirtschaftlicher Politikziele umfasst Art.XXI GATT zum Schutz nationaler und internationaler Sicherheit und einige der in Art.XX(a)-(j) GATT bezeichneten „allgemeinen" Ausnahmen. Im einzelnen lässt Art.XXI GATT Maßnahmen zum Schutz wesentlicher Sicherheitsinteressen zu. Gemäß Art.XXI(b) GATT sind Beschränkungen des Handels zum Schutz der nationalen Sicherheit zulässig und unterliegen einer Einschätzungsprärogative der WTO-Mitglieder, wie der Wortlaut „nach ihrer Auffassung" verdeutlicht.[402] Die

---

398 Allerdings wird die Ausnahme für regionale Integrationszonen in der Literatur durchaus kritisch bewertet, da sie zwar zu Liberalisierungen nach innen, aber gleichzeitig zur Bildung von Handelsblöcken mit teilweise hohen Handelsschranken nach außen führt, zum Problemkreis regionaler Integrationszonen weiterführend *Rubin*, Seymour J.: Regional Trade and Investment in the Era of the World Trade Organization (WTO) in: Proceedings of the International Law Association first Asian-Pacific Regional Conference, Chiu, Hungdah (Ed.), Taipei, 1996, S.424ff.; *Echols*, Marsha A.: Regional Economic Integration, in: The International Lawyer 31 (1997) 2, S.453ff.; *Primo* Braga, Carlos: Comments on the Proliferation of Regional Integration Arrangements, in: Law and Policy in International Business 27 (1996) 4, S.963ff.

399 Vgl. *Benedek*, Wolfgang (Fn.125): S.63; *Senti*, Richard (Fn.131): S.117f.; die Existenz dieser Regionalismus-Ausnahme hat allerdings vor dem historischen politischen Hintergrund auch eine ganz pragmatische Ursache, da schon bald nach Ende des zweiten Weltkrieges erste Formen politischer Zusammenarbeit in Europa angestrebt wurden, die sich zunächst in der Gründung der OEEC (1948) als Vorläufer der späteren OECD und des Europarates (1950) niederschlugen.

400 Für den Normzweck der *Escape Clause* (Art.XIX GATT) und des dazugehörigen Ankommens über Schutzmaßnahmen siehe oben, S.113.

401 Die Ausnahmen unter Art.XXXVI:8 GATT und Art.XVIII GATT zur Behebung *struktureller Nachteile* der Entwicklungsländer sowie darüber hinaus Art.XII GATT (Zahlungsbilanz) und Art.XIX GATT (*Escape Clause*) als Schutzklauseln für Staaten mit *temporären Problemen* stehen dem "Prinzip des allseitigen Vorteils" nahe; zum Prinzip des allseitigen Vorteiles vgl. oben, S.92.

402 *Jackson*, John H. (Fn.139): S.752, *Karpenstein*, Ullrich (Fn.85): S.150 m.w.N.

Vorschrift des Art.XXI(c) GATT erlaubt Maßnahmen aufgrund von Verpflichtungen aus der UN-Charta zur Friedenssicherung. Die Vorschrift des Art.XX GATT enthält verschiedene allgemeine Ausnahmetatbestände, die dem Schutz unterschiedlicher Rechtsgüter bezwecken. Die überwiegende Mehrzahl der Ausnahmeklauseln unter Art.XX(a)-(j) GATT schützt Rechtsgüter ohne unmittelbaren wirtschaftlichen Bezug. So enthält Art.XX(b) GATT eine Ausnahme für Maßnahmen zum Schutz des Lebens und der Gesundheit von Menschen, Tieren und Pflanzen. Die Ausnahme des Art.XX(a) GATT gestattet Maßnahmen zum Schutz der öffentlichen Moral und Sittlichkeit. Schließlich ist noch Art.XX(f) GATT zu nennen, wonach der Handel mit nationalem Kulturgut beschränkt werden darf. Diese Klausel dient der Wahrung der kulturellen Identität eines Staates, ebenso wie die in Art.IV GATT enthaltenen Sonderbestimmungen für Kinofilme[403].

Einerseits muss man all diese Ausnahmebestimmungen im GATT als ein Zugeständnis an die typischen Kernbereiche nationaler Souveränität auffassen. Solche *ordre public*-Klauseln sind in ähnlicher Form auch in anderen Handelsverträgen üblich.[404] Allerdings lassen die Ausnahmevorschriften des Art.XX GATT und die entsprechenden Nebenabkommen wie das SPS-Agreement jedoch auch einen Schluss auf eine grundlegende Wertung im Welthandelssystem zu. So statuieren die „nicht-wirtschaftlichen Ausnahmen" einen generellen Vorrang bestimmter Politikziele gegenüber allen vertraglichen Verpflichtungen aus dem GATT. Damit wird anerkannt, dass der notwendige Schutz bestimmter Werte wie Leben, Gesundheit oder kulturelle Identität die Interessen an freiem Handel grundsätzlich überwiegt. Auf ein solches Rangverhältnis deutet schon die Wortwahl im *chapeau* von Art.XX GATT hin, welche die Aufzählung der schutzwürdigen Rechtsgüter mit den Worten einleitet:

"[...] **nothing in this Agreement** shall be construed to prevent the adoption or enforcement by any contracting party of measures [...]".[405]

Für eine absolute Vorrangstellung bestimmter Rechtsgüter gegenüber den Handelsinteressen spricht auch die Anwendung der Ausnahmevorschriften in der GATT-Praxis.[406] So wurde für Art.XX(b) GATT festgestellt, dass diese Vor-

---

403 Die Ausnahmevorschrift des Art.IV GATT zugunsten von Staaten, die über Spielzeitkontingente für ausländische Filme verfügen, wurde in das GATT aufgenommen, da solche Maßnahmen eher dem Bereich nationaler Kulturpolitik als den internationalen Wirtschafts- und Handelsbeziehungen zuzuordnen sind, *Jackson*, John H. (Fn.139): S.293f.
404 *Jackson*, John H. (Fn.3): S.233.
405 Hervorhebung hinzugefügt.
406 So wird im Panel Report *Thailand-Restrictions on Importation of and Internal Taxes on*

schrift *"clearly allowed Contracting Parties* **to give priority** *to human health over trade liberalization".*[407]

Ebenso findet im Rahmen des Art.XX(b) GATT und des SPS-Agreement keine Abwägung zwischen den drohenden Beeinträchtigungen für den Gesundheitsschutz und den betroffenen Handelsinteressen statt.[408] Die Staaten dürfen ihr sanitäres und phytosanitäres Schutzniveau individuell festlegen und mit den erforderlichen Handelsmaßnahmen durchsetzen. Insofern genießt der notwendige Schutz bestimmter nicht-wirtschaftlicher Werte gegenüber den Rechten der übrigen Mitglieder an unbeschränktem Handel *absoluten Vorrang.*
Aus diesen Gründen kann im folgenden davon ausgegangen werden, dass sich aus verschiedenen Ausnahmeklauseln des GATT ein *Prinzip des Schutzes nichtwirtschaftlicher Rechtsgüter* ableiten lässt. Dieser Grundsatz definiert und relativiert sich dadurch, dass er in einem Spannungsverhältnis zu anderen Prinzipien des GATT steht, insbesondere den Grundsätzen der Gleichbehandlung.[409]

h) Proportionalität (Verhältnismäßigkeit)

Vereinzelt wird die Auffassung vertreten, dem GATT wohne *ein Prinzip der Verhältnismäßigkeit* inne.[410] Es ist anerkannt, dass ein Grundsatz der Proportionalität im allgemeinen Völkerrecht existiert.[411] In der Anwendung des deutschen

---

Cigarettes, GATT-Doc. DS10/R v. 7. November 1990 (Nachdruck in: BISD 37S/200, 1991): S.20, Rn.73, festgestellt, daß Art.XX(b) GATT es den Vertragsparteien erlaube, dem Gesundheitsschutz Vorrang vor Handelsliberalisierung einzuräumen; vgl. *Diem, Andreas* (Fn.198): S.127.
407 Panel Report *Thailand-Cigarettes* (Fn.406): S.20, Rn.73, (Hervorhebeung hinzugefügt).
408 Vgl. allerdings die Entscheidung Appellate Body Report *Korea – Beef (*Fn.206*):* S.55, Rn.179f., in der die vom Panel erstmals vorgenommene Prüfung der Verhältnismäßigkeit *("porportionallity")* bestätigt wurde, vgl. unten, S.131.
409 Zu den Grundsätzen der horizontalen und vertikalen Nichtdiskriminierung siehe oben, S.82ff. sowie S.83ff.
410 Mißverständlich *Beise,* Marc/*Oppermann,* Thomas/*Sander,* Gerald G. (Fn.38): S.39, insbes. Fn.110, die zunächst nur von einem „Prinzip der Verhältnismäßigkeit bei der Praktizierung von Schutzmaßnahmen" als Teil eines „Fair Trade"-Prinzips ausgehen, später jedoch für einen dem GATT „unverkennbar" zugrundliegenden Rechtsgrundsatz der Verhältnismäßigkeit eintreten, *Beise,* Marc/*Oppermann,* Thomas/*Sander,* Gerald G. (Fn.38): S.41. An einem den Schutzmaßnahmen des GATT zugrundeliegenden Prinzip der Verhältnismäßigkeit zweifelnd *Bogdandy,* Armin v.: Internationaler Handel und nationaler Umweltschutz: Eine Abgrenzung im Lichte des GATT, EuZW 3 (1992) 4, S.246f.
411 Vgl. *Heintschel v. Heinegg,* Wolf: Die völkerrechtlichen Verträge als Hauptrechtsquelle des Völkerrechts, in: Ipsen, Knut (Hrsg.) Völkerrecht, 4. Auflage, München, 1999, §15, S.170, Rn.81 für Retorsionsmaßnahmen, für wirtschaftliche Sanktionen *Strydom,* H. A.: Reassessing the Appropriateness of Sanctions, in: South African Yearbook of International Law 24 (1999), S.199ff.; grundlegend *Karlshoven,* Frits: Implementing Limitations on the Use of Force: the Doctrine of

Verfassungsrechts hat der Grundsatz der Verhältnismäßigkeit inzwischen eine „kaum zu überschätzende Bedeutung erlangt".[412] Dabei besteht weitgehend Einigkeit, dass sich eine Verhältnismäßigkeitsprüfung aus den drei Elementen der Geeignetheit, der Erforderlichkeit und der Angemessenheit zusammensetzt.[413] Der Grundsatz der Verhältnismäßigkeit begrenzt staatliche Machtausübung gegenüber den Bürgern auf das zur Wahrnehmung öffentlicher Aufgaben unerlässliche Maß.[414] Dementsprechend bestünde im GATT die Funktion eines Proportionalitätsprinzips darin, einen Ausgleich herzustellen zwischen den Rechten derjenigen Mitglieder, die eine Ausnahme in Anspruch nehmen und denjenigen Mitgliedern, deren Rechte auf ungehinderten Marktzugang hierdurch beschränkt werden. Demnach wäre der Grundsatz der Proportionalität als eine, die Ausnahmevorschriften limitierende, Rückausnahme zu begreifen. Sofern man die Grundregeln des GATT mit den Grundrechten vergleicht, käme einer Verhältnismäßigkeitsprüfung wie im deutschen Verfassungsrecht die Funktion einer Eingriffsbegrenzung, oder „Schranken-Schranke" zu, welche die Inanspruchnahme von Ausnahmen beschränkt.

Ein bisher wenig beachteter Hinweis auf ein eventuell im GATT enthaltenes Proportionalitätsprinzip scheint sich im Antidumping- und Subventionsrecht zu finden. So werden beispielsweise gemäß Art.4:4.11 SCM-Agreement und der zugehörigen interpretativen Fußnote 10 lediglich angemessene *("appropriate")* Gegenmaßnahmen gestattet. Diese Beschränkung ist jedoch lediglich Ausdruck des Kompensationscharakters der Ausgleichsmaßnahmen und keine Ausprägung eines allgemeinen Verhältnismäßigkeitsprinzips.[415] Dies verdeutlicht sich daran, dass Antidumping-Maßnahmen ebenfalls auf die Dumpingmarge begrenzt sind, da lediglich „unechte" Kostenvorteile ausgeglichen werden sollen.[416]
Überwiegend wird deshalb im Zusammenhang mit dem Grundsatz der Proportionalität auf die allgemeinen Ausnahmetatbestände des GATT Bezug genommen. Einige Tatbestände der allgemeinen Ausnahmeklausel sind durch das Merk-

---

Proportionality and Necessity, in: American Society of International Law, Proceedings of the 1992 Annual Meeting, Washington DC (e.a.), S.39ff.
412 *Jarass*, Hans D./*Pieroth*, Bodo: Grundgesetz für die Bundesrepublik Deutschland, München, 2000, Art.20, Rn.56; vgl. weiterführend *Leisner*, Walter: Der Abwägungsstaat: Verhältnismäßigkeit als Gerechtigkeit?, Berlin, 1997.
413 Vgl. statt aller *Jarass*, Hans D./*Pieroth*, Bodo (Fn.412): Art.20, Rn.58; BVerfGE 65, S.54 (st. Rspr.).
414 BVerfGE 19, S.348f.; 61, S.134; 76, S.50f.
415 Zur Untersuchung eines Prinzips der Verhältnismäßigkeit im GATT siehe oben, S.128ff.
416 Zu Antidumping-Maßnahmen vgl. Art.9.3 Antidumping-Agreement. Zum Begriff der „echten" Kostenvorteile im Zusammenhang mit Dumping und Subventionen siehe oben, S.106, Fn.310 sowie S.115.

mal der Erforderlichkeit (*"necessary to"*) in ihrer Reichweite beschränkt. In diesem *necessity test* wird teilweise eine Ausprägung des Prinzips der Verhältnismäßigkeit im GATT gesehen.[417] Der *necessity test* limitiert Schutzmaßnahmen auf das mildeste, d.h. das am wenigsten handelsbeschränkende Mittel zur Erreichung des jeweiligen Politikzieles. Unter mehreren denkbaren Maßnahmen ist diejenige zu wählen, die zur Erreichung des Politikzieles geeignet erscheint und den geringsten Verstoß gegen Vorschriften des GATT beinhaltet.[418] Der *necessity test* entspricht damit dem Merkmal der „Erforderlichkeit" der Verhältnismäßigkeit im deutschen Verfassungsrecht, wonach unter mehreren, gleich wirksamen Maßnahmen ebenfalls das „mildeste Mittel" zu wählen ist.[419]

Es erscheint dennoch fragwürdig, ob aus dem *necessity test* auf einen im GATT enthaltenen Grundsatz der Verhältnismäßigkeit geschlossen werden kann. Dies würde voraussetzen, dass die Geeignetheit von Schutzmaßnahmen ebenso geprüft wird, wie deren Angemessenheit.

Es bestehen bereits Zweifel daran, dass im Rahmen Art.XX GATT eine Überprüfung der *Geeignetheit* von Schutzmaßnahmen erfolgt.[420] Ungeeignete Maßnahmen sind gleichzeitig nicht *"necessary"*, wenn ein GATT-konformes und damit milderes Mittel verfügbar war. In der GATT-Praxis wird selbst in evidenten Fällen ungeeigneter Maßnahmen auf die fehlende Erforderlichkeit abgestellt und auf weniger handelsbeschränkende Alternativen verwiesen.[421] Die geringe Bedeutung der Geeignetheit als Kriterium für Schutzmaßnahmen in der Praxis mag allerdings auch mit der Kompetenz und der Legitimation der WTO zusammen-

---

417 Vgl. *Bogdandy*, Armin v. (Fn.410): S.246f.; *Diem*, Andreas (Fn.198): S.91ff.
418 Panel Report *Thailand-Cigarettes* (Fn.406): S.20, Rn.74; Panel Report *United States-Section 337* (Fn.206): S.44, Rn.5.26.
419 Statt vieler *Jarass*, Hans D./*Pieroth*, Bodo (Fn.412): Art.20, Rn.60.
420 So aber *Diem*, Andreas (Fn.198): S.68 und S.91; *Bogdandy*, Armin v. (Fn.410): S.246, begründet die fehlende Prüfung der Geeignetheit des Thunfisch-Importverbotes im Panel-Report *US-Tuna I* (*United States-Restrictions on Imports of Tuna* (nicht angenommen), GATT Doc. DS21/R v. 3. September 1991, Nachdruck in: BISD 39S/155, 1993) mit deren evidentem Vorliegen.
421 Insbesondere der Panel Report *Thailand-Cigarettes* (Fn.406), S.222-226, Rn.72-81 gibt Anlaß daran zu zweifeln, daß die Geeignetheit einer Maßnahme explizit oder auch nur inzident im Rahmen der Erforderlichkeit in Art.XX(b) geprüft wird. In diesem Fall hatte Thailand Handelsbarrieren gegenüber ausländischen Zigaretten mit dem Ziel eingeführt, hierdurch im Interesse des Gesundheitsschutzes die Qualität zu sichern und die Zahl der in Thailand konsumierten Zigaretten zu senken. Wie nicht nur der nachfolgende Anstieg des Zigarettenkonsums in Thailand zeigte, bestehen schon erhebliche Zweifel an der Geeignetheit eines bloßen Importverbotes ohne gleichzeitige Maßnahmen gegen inländische Zigaretten zur Erreichung des Zieles. Dennoch begründete das Panel die Unvereinbarkeit der Maßnahme mit dem GATT mit der fehlenden Erforderlichkeit, da verschiedene GATT-konforme Maßnahmen (wie z.B. Werbeverbote) denkbar sind, um das Ziel des Gesundheitsschutzes zu erreichen.

hängen. Die Rechtswidrigkeit mitgliedstaatlicher Schutzmaßnahmen lässt sich durch die WTO überzeugender und unverfänglicher mit unnötigen Handelsschranken, als mit der fehlenden sachlichen Eignung der von einem Mitglied ergriffenen Maßnahme begründen.

Der wesentliche Einwand gegen ein Prinzip der Verhältnismäßigkeit besteht aber darin, dass in der GATT-Praxis bisher keine Abwägung zwischen den bei Schutzmaßnahmen involvierten Rechtsgütern stattfand. Diese Prüfung der Angemessenheit, also der Abwägung der betroffenen Rechtsgüter, bildet jedoch den Kern jeder Verhältnismäßigkeitsprüfung. Im innerstaatlichen deutschen Recht bedeutet Proportionalität eine Gesamtabwägung „zwischen der Schwere des Eingriffs und dem Gewicht und der Dringlichkeit der rechtfertigenden Gründe"[422]. In einer seiner jüngsten Entscheidungen *Korea - Beef* scheint der Appellate Body sich allerdings erstmals auf das dünne Eis einer solchen Abwägung zu begeben, wenn es dort heißt:

"In sum, determination of whether a measure, which is not 'indispensable', may nevertheless be 'necessary' within the contemplation of Article XX(d), involves in every case a process of weighing and balancing a series of factors which prominently include the contribution made by the compliance measure to the enforcement of the law or regulation at issue, the importance of the common interests or values protected by that law or regulation, and the accompanying impact of the law or regulation on imports or exports." [423]

Im Ergebnis führte ein solcher *proportionality test* für Schutzmaßnahmen zu einer Abwägung zwischen der auszusetzenden GATT-Verpflichtung und der Bedeutung des unter Art.XX GATT verfolgten legitimen Politikziels. In der GATT-Praxis fand eine solche Güterabwägung aus guten Gründen bisher nicht statt und vor der Entscheidung *Korea-Beef* befasste sich auch noch kein einziger Bericht der WTO-Streitschlichtung mit Proportionalitätsaspekten.[424] Vielmehr genoss eine Maßnahme, sofern kein „weniger GATT-inkonsitentes" Mittel zum Schutz nichtwirtschaftlicher Rechtsgüter gleich wirksam war, absoluten Vorrang.[425] Im Rahmen eines Proportionalitätstests für Schutzmaßnahmen müssten die Organe der WTO-Streitschlichtung dagegen das nationale Schutzziel offen gegen die wirtschaftlichen Interessen der übrigen Mitglieder abwägen. Mithin stellte sich die

---

422 BVerfGE 83, S.19, ähnlich BVerfGE 30, S.316; 67, S.178; 193, S.219.
423 Appellate Body Report *Korea – Beef (*Fn.206*)*: S.50, Rn.164.
424 *Diem*, Andreas (Fn.198): S.92; zweifelnd *Bogdandy*, Armin v. (Fn.410): S.247, der innerhalb des Panel Berichts *US-Thuna I* offenbar Elemente einer Güterabwägung erkennen möchte.
425 Vgl. hierzu auch die spezielle Vorschrift des Art.5 SPS, welche die Durchführung einer Risikobewertung, nicht aber eine Abwägung zwischen Handelsbeeinträchtigung und Gesundheitsschutz vorschreibt, vgl. *Quick*, Reinhard/*Blüthner*, Andreas (Fn.140): S.615ff.

Frage, wie die nationalen Schutzgüter, beispielsweise Moralvorstellungen oder Gesundheitsschutz, gegenüber den Interessen der übrigen Mitglieder an ungehindertem Marktzugang zu bewerten sind. Dabei sind Abwägungen erforderlich, für die der WTO-Streitschlichtung erstens die Kompetenz und mangels geeigneter Kriterien zweitens die Legitimation fehlt.

Mit einer Verhältnismäßigkeitsprüfung für Schutzmaßnahmen griffe die WTO erheblich weiter als bisher in die innerstaatliche Souveränität ein. Ohne eine hinreichende vertragliche Einzelermächtigung durch die Mitgliedstaaten, die in dem Merkmal *necessary* allein kaum gesehen werden kann, begegnet ein *proportionality test* für mitgliedstaatliche Schutzmaßnahmen durch die WTO-Streitschlichtung kompetenzrechlichen Bedenken.[426]
Eine Prüfung der Verhältnismäßigkeit wird der Frage nach der Legitimation und Akzeptanz von WTO-Entscheidungen zudem eine neue Qualität verleihen.[427] So wird es dauerhaft kaum akzeptiert werden, wenn die WTO indirekt über die Wertigkeit politischer Zielvorstellungen der Mitgliedstaaten richtet, indem sie diese gegen das Interesse am Freihandel abwägt. Dies gilt insbesondere, wenn nicht-wirtschaftliche Rechtsgüter betroffen sind, die in den Mitgliedstaaten Verfassungsrang genießen. So würde eine Entscheidung der WTO unabhängig vom Ergebnis kaum akzeptiert werden, wenn darin beispielsweise der Wert des Handelsvolumen gentechnisch modifizierten Saatguts gegen den „Wert" der einheimischen Artenvielfalt abgewogen würde.[428]
Für solche *"hard cases"* fehlt es der WTO auch an anwendbaren Kriterien für eine Abwägung, sieht man einmal von den handelspolitischen Grundsätzen des Welthandelssystems ab. Dies gilt um so mehr, als ein Rückgriff auf die nicht-wirtschaftlichen Grundwerte des UN-Systems bisher ausgeschlossen scheint. Weder ist die WTO eine UN-Sonderorganisation, noch besitzt sie die Kompetenz zur Auslegung und Anwendung der entsprechenden Vorschriften.

---

426 Zum Grundsatz der begrenzten Einzelermächtigung im Recht der internationalen Organisationen *Epping*, Volker (Fn.110): §5, S.56f.; Rn.6f.; *Kimminich*, Otto (Fn.110): §6, S.72, Rn.6.
427 Vgl. *Esty*, Daniel C.: We the People: Civil Society and the World Trade Organization, in: New Directions in International Economic Law, Essays in Honour of John Jackson, Bronckers, Marco/Quick, Reinhard (Ed.), Den Haag (e.a.), 2000, S.89ff.
428 Dementsprechend wird im SPS-Agreement bei der Anwendung von Schutzmaßnahmen das Recht auf ungehinderte Lebensmitteleinfuhren auch nicht gegenüber Gesundheitsgefahren abgewogen, sondern letztere genießen im Falle ihrer wissenschaftlichen Rechtfertigung uneingeschränkt Vorrang. Das SPS-Agreement schreibt demnach keinen Proportionalitätstest vor, sondern verlangt für Schutzmaßnahmen im wesentlichen eine wissenschaftliche Rechtfertigung und eine konsistente Anwendung, vgl. Art.5.1 SPS und Art.5.5 SPS.

Es bleibt daher festzuhalten, dass sich der Appellate Body mit Güterabwägungen bei der Anwendung der Ausnahme- und Schutzbestimmungen, wie sie ein Grundsatz der Proportionalität erforderte, selbst auf eine *"slippery slope"* manövriert. Die Kontrolle der Schutzmaßnahmen sollte sich deshalb auch in Zukunft auf das Merkmal der Erforderlichkeit beschränken. Eine Begrenzung von Schutzmaßnahmen sollte statt durch eine Verhältnismäßigkeitsprüfung in der Rückausnahme des *chapeau* Art.XX vorgenommen werden.[429] Eine Güterabwägung zwischen den "Freihandelsprinzipien" und den involvierten Schutzgütern findet hier nicht statt.[430] Es bleibt zu hoffen, dass der Ansatz eines *proportionality tests* in der Entscheidung *Korea-Beef* vom Appellate Body nicht weiter verfolgt wird und ein auf Art.XX(d) beschränkter Einzelfall bleibt.[431] In dieser Arbeit wird deshalb weiterhin davon ausgegangen, dass dem GATT kein Grundsatz der Verhältnismäßigkeit innewohnt.

i) Zwischenergebnis

Als Zwischenergebnis kann festgehalten werden, dass die Grundregeln des GATT den Schluss auf insgesamt zehn Strukturprinzipien zulassen, die bei Überlegungen zu *Trade&Labour de lege ferenda* als Kriterien der Systemkonformität Beachtung finden müssen. Die Grundsätze des GATT können anhand ihrer Zielrichtung in

---

429 *Dam*, Kenneth W.(Fn.128): S.194; *Jackson*, John H. (Fn.3): S.164. *Senti*, Richard (Fn.131): S.277 weist darauf hin, daß die Rückverweise im *chapeau* des Art.XX GATT auf Meistbegünstigung und Inländergleichbehandlung erst der existierenden Ausnahmeliste nachträglich angefügt wurden. Diese Entstehungsgeschichte könnte eine Erklärung für diese Regelungstechnik durch Rückausnahmen in Art.XX GATT bieten; vgl. auch *Diem*, Andreas (Fn.198): S.72.
430 *Appleton*, Arthur E.: Shrimp/Turtle: Untangling the Nets, in: Journal of International Economic Law, 2 (1999) 3, S.492 meint allerdings zu erkennen, daß sich der Appellate Body mit seiner Interpretation des *chapeau* Art.XX GATT im Fall Appellate Body Report *US-Shrimp* (Fn.160) bereits einem Propor-tionalitätstest annähert.
431 Das hier lediglich an Art.XX GATT dargestellte Merkmal der „Erforderlichkeit" wird auch an anderen Stellen im GATT und in Nebenabkommen zur Begrenzung von Ausnahmen eingesetzt, vgl. z.B. Art.5.1 *Enabling Clause* oder die Vorschrift des Art.2.2 TBT (Agreement on Technical Barriers to Trade) abgedruckt in: *WTO*, The Legal Texts (Fn.1): S.121ff., deutsche Übersetzung in: *Hummer*, Waldemar/*Weis*, Friedl (Fn.1): Nr.54, S.929ff., die als Beispiel eines Proportionalitätsprinzips angeführt wird, *Diem*, Andreas (Fn.198): S.92. Diese Vorschrift besagt, daß bei der Bewertung der Notwendigkeit von Zielen, die mit technischen Handelshemmnissen verfolgt werden, die Risiken, die durch die Nichterreichung der Ziele entstehen, zu berücksichtigen sind. Eine sprachlich kaum gelungenere, im endgültigen Text nicht aufgenommene Fußnote lautete *"This provision is intended to ensure proportionality between regulations and the risk non-fulfilment of legitimate objectives would create"*. Die Tatsache, daß diese Fußnote aus der endgültigen Version des Abkommenstextes entfernt wurde, scheint gegen die Annahme zu sprechen, Art.2.2 TBT enthalte eine Angemessenheitsprüfung, a.A. *Diem*, Andreas (Fn.198): S.92 der jedoch im Ergebnis zu Recht feststellt, daß das GATT grundsätzlich kein Proportionalitätsprinzip kennt.

vier Gruppen unterteilt werden, wobei diese Unterscheidung Überschneidungen nicht ausschließt. Die erste Gruppe gewährt Gleichbehandlung und umfasst die Grundsätze horizontaler und vertikaler Nichtdiskriminierung, die zweite betrifft Aspekte der Gegenseitigkeit und umschließt die Prinzipien instrumentaler Gegenseitigkeit (Reziprozität) und materieller Gegenseitigkeit sowie den Grundsatz des allseitigen Vorteils. Die Prinzipien der Transparenz, der Kostenwahrheit und der Offenheit lassen sich unter dem Ziel der Chancengleichheit im Wettbewerb zusammenfassen. Als vierte Kategorie bleiben diejenigen Grundsätze, die nicht-wirtschaftliche Politikziele betreffen, namentlich das Prinzip des Schutzes nicht-wirtschaftlicher Rechtsgüter sowie der Grundsatz der Nachhaltigkeit.

2. Grundkonsens

Die Strukturprinzipien des GATT lassen verschiedene übergreifende Schwerpunkte erkennen, aus denen sich der Grundkonsens des GATT zusammensetzt. Nicht alle Prinzipien des GATT finden allerdings Eingang in den Grundkonsens. In ihrer Summe spiegeln die GATT-Prinzipien jedoch *die Schaffung und den Erhalt liberalen Handels und gleicher Wettbewerbschancen zum allseitigen Vorteil* als Basiskonsens der Mitglieder wider.

a) Liberaler Handel

Unter *liberalem Handel* wird die Minimierung der staatlichen Interventionen in die grenzüberschreitenden Warenströme verstanden.[432] Die Funktion des GATT als Liberalisierungsinstrument prägt die Struktur dieses Handelsabkommens. Vielfach besteht allerdings Unklarheit darüber, ob das Konzept des liberalen Handels im GATT Selbstzweck oder nur Mittel zur Erreichung anderer Ziele ist. Teilweise wird im Abbau der Zölle und anderer Handelsschranken ein *Grundsatz* oder sogar ein *Ziel* des GATT gesehen.[433] Nach dem Wortlaut der Präambel des GATT soll die Liberalisierung jedoch nur „zur Verwirklichung [der] Ziele [des GATT]"

---

432 *Jackson*, John H. (Fn.3): S.11. Sofern hier von der Liberalisierung des Handels die Rede ist, wird darunter die Verminderung der an den Grenzübertritt anknüpfenden tarifären und nichttarifären Handelshemmnisse sowie der in den jeweiligen Märkten bestehenden Marktzugangschranken verstanden.
433 *Benedek*, Wolfgang (Fn.125): S.42 sieht in der Handelsliberalisierung ein *instrumentales* Ziel des GATT; *Beise*, Marc/*Oppermann*, Thomas/*Sander*, Gerald G. (Fn.38): S.37 und S.39 erkennen „Liberalisierung" unscharf als „tragenden Grundsatz" an.

beitragen.[434] Berücksichtigt man zusätzlich die Systematik der Präambel, zeigt sich, dass Abs.2 der GATT-Präambel die Ziele des GATT nennt, während Abs.3 die dazu vorrangig anzuwendenden Mittel enthält. Die Schaffung *freien Handels* stellt deshalb das wichtigste *Mittel* zur Erreichung der Ziele des GATT und keinen Selbstzweck dar.

Der liberale Grundkonsens der WTO-Mitglieder wird vor allem durch die wiederkehrende Änderung der Zollisten in den Handelsrunden in die Praxis umgesetzt. Dort erlangt der Grundsatz der instrumentalen Gegenseitigkeit (Reziprozität) als Verhandlungsmaxime Bedeutung.[435] Rechtliche Grundlage der Liberalisierungsrunden ist Art.XXVIIIbis GATT der die Liberalisierung des Handels als Ziel der Zollverhandlungen ausdrücklich nennt. Inzwischen konnten die Zölle soweit gesenkt werden, dass nach Abschluss der Uruguay-Runde der Durchschnittszollsatz für Waren aus Industrieländern nur noch 3,9% beträgt.[436] Durch die verminderte Bedeutung der Zölle wird die weitere Liberalisierung des Handels zukünftig vor allem von der Beseitigung nichttarifärer Handelshemmnisse abhängen.

So werden vereinbarte Liberalisierungen durch das Prinzip der horizontalen Nichtdiskriminierung in Form der Meistbegünstigungspflicht abgesichert.[437] Nach ihrem Wortlaut scheint die Meistbegünstigungsklausel eher eine Triebfeder für neue Liberalisierungen, als ein Sicherungsinstrument für bereits vereinbarte Zugeständnisse zu sein. Demnach müssen alle vereinbarten Handelserleichterungen sofort und unbedingt auch den übrigen Vertragsparteien gewährt werden. Der Meistbegünstigungsklausel über einen multiplikatorischen Effekt für Zollsenkungen scheint damit eine *aktive Liberalisierungsfunktion* zuzukommen.[438] In der Praxis spielt die Meistbegünstigung für die Senkung des Zollniveaus dennoch nur eine untergeordnete Rolle. Zollsenkungen werden in der Regel nicht bilateral, sondern multilateral im Rahmen der Handelsrunden vereinbart. Dadurch kommt die multiplikatorische Wirkung der Meistbegünstigung für bilaterale Vereinbarungen in der Praxis nicht zum tragen. Allerdings trägt die Meistbegünstigungspflicht mittelbar zu den multilateralen Liberalisierungen bei. Durch die unbedingte Pflicht zur Meistbegünstigung verlieren bilaterale Handelsvereinbarungen ihre Attraktivität, da die vereinbarten Zugeständnisse sofort und ohne Gegenleistung an die übrigen Mitglieder weitergegeben werden müssten.[439] Daher kann es zumindest

---

434 Abs. 3 Präambel des GATT.
435 Zum Grundsatz der instrumentalen Gegenseitigkeit (Reziprozität) siehe oben, S.89f.
436 *Jackson*, John H. (Fn.3): S.74.
437 Art.I:1 GATT, zum Grundsatz horizontaler Nichtdiskriminierung siehe oben, S.82ff.
438 *Mayer*, Udo/*Raasch*, Sibylle: Internationales Recht der Arbeit und der Wirtschaft, Opladen, 1980, S.21; *Jackson*, John H. (Fn.3): S.159.
439 Zur Unterscheidung zwischen bedingter und unbedingter Meistbegünstigung *Jackson*, John H.

als indirekte Folge der unbedingten Meistbegünstigung angesehen werden, dass Staaten Zugeständnisse nicht bilateral, sondern im Rahmen von Handelsrunden aushandeln, zumal sie sich hier dem Gedanken der Reziprozität folgend ihr Entgegenkommen mit gleichwertigen Zugeständnissen „aufwiegen" lassen können. Die Meistbegünstigung und das Gebot zur Inlandsbehandlung als Ausprägung des Prinzips horizontaler und vertikaler Nichtdiskriminierung sichern die erreichten Liberalisierungserfolge dadurch, dass diskriminierende Abweichungen von den in Zollisten festgehaltenen Vereinbarungen grundsätzlich nicht gestattet sind. Nach alledem bleibt festzuhalten, dass insbesondere die Grundsätze der Nichtdiskriminierung und der instrumentalen Gegenseitigkeit (Reziprozität) dazu beitragen, den Grundkonsens der Mitglieder über liberalen Handel zu verwirklichen.

b) Chancengleichheit im Wettbewerb

Anhand der oben entwickelten Prinzipien zeigt sich ferner, dass die Vertragsparteien die *Gewährleistung gleicher Wettbewerbschancen* ein wesentliches Basisinteresse der WTO-Mitglieder darstellt. So garantiert das Prinzip der horizontalen Nichtdiskriminierung die Chancengleichheit zwischen Importen.[440] Das Prinzip der vertikalen Nichtdiskriminierung sorgt ergänzend für die Chancengleichheit zwischen in- und ausländischen Waren.[441]
Eine ähnliche Zielrichtung kommt dem Prinzip der Transparenz zu[442]. Das Prinzip der Transparenz sorgt dafür, dass Importe nicht einen Wettbewerbsnachteil durch ein Informationsdefizit erleiden, da die entsprechenden Informationen den inländischen Anbietern bekannt oder zumindest leichter zugänglich sind. Auch das Prinzip der Transparenz soll gewährleisten, dass Importwaren auf Basis gleicher Wettbewerbschancen mit Waren des Heimatmarktes konkurrieren können. Die Grundsätze der Nichtdiskriminierung werden durch das Prinzip der Transparenz insofern ergänzt, als hierdurch die Schaffung gleicher Wettbewerbschancen auf den praktisch relevanten Bereich der Informationsbeschaffung ausgedehnt wird.
Letztlich dient auch das Prinzip der Kostenwahrheit dem Erhalt gleicher Wettbewerbschancen.[443] Handel und Wettbewerb sollen auf Basis der Kostenvorteile der Produktionsfaktoren bestritten werden. Die Vorschriften und Grundsätze des GATT bringen zum Ausdruck, dass „echte" Kostenvorteile der Handelspartner nicht durch Subventionen verfälscht oder durch Marktzugangsschranken

---

(Fn.3): S.161.
440 Zum Prinzip der horizontalen Nichtdiskriminierung vgl. oben, S.82ff.
441 Zum Prinzip der vertikalen Nichtdiskriminierung vgl. oben, S.83ff.
442 Zum Prinzip der Transparenz vgl. oben, S.85f.
443 Zum Prinzip der Kostenwahrheit vgl. oben, S.115ff.

zunichte gemacht werden dürfen.[444] Die Strukturprinzipien des GATT lassen daher erkennen, dass das GATT auf dem Grundkonsens der WTO-Mitglieder über *gleiche Wettbewerbschancen* basiert.

c) Gemeinsamer und allseitiger Nutzen

Die Welthandelsordnung beruht letztlich einerseits auf dem Konsens der WTO-Mitglieder, dass liberaler Handel à la GATT die Wohlfahrt aller beteiligten Handelspartner in der Summe erhöht, mithin dem gemeinsamen Nutzen dient.[445] Andererseits verdeutlichen die Prinzipien der Reziprozität und des allseitigen Vorteils, dass die WTO-Mitglieder auch gemeinsame Erwartungen an die Verteilung der insgesamt generierten Wohlfahrtseffekte hegen. Liberaler Handel soll demnach nicht nur den Handelspartnern in der Summe, sondern möglichst auch jedem einzelnen WTO-Mitglied Nutzen stiften. Deshalb zielt das GATT auf den *gemeinsamen und allseitigen* Vorteil aller WTO-Mitglieder ab.

3. Zwischenergebnis

Als Zwischenergebnis kann der Grundkonsens der Vertragsparteien des GATT als die *Schaffung und den Erhalt liberalen Handels und gleicher Wettbewerbschancen zum gemeinsamen und allseitigen Vorteil* umschrieben werden.

---

444 Zum Begriff der „echten" Kostenvorteile im Zusammenhang mit Dumping und Subventionen siehe oben, S.106 sowie Fn.310.
445 Vgl. Abs.3 Präambel des GATT, wo von "*reciprocal and mutually advantageous arrangements*" die Rede ist.

III. Ergebnisübersicht

Die Strukturebenen des GATT

Grundkonsens

Funktion:	Bestimmt die Grenzen der Rechtsanwendung und -evolution und ist Voraussetzung für das Funktionieren der Streitschlichtung
Inhalt:	Schaffung und Erhalt liberalen Handels und gleicher Wettbewerbschancen zum gemeinsamen und allseitigen Vorteil

Prinzipien
und Grundnormen

Gleichbehandlung

Horizontale Nichtdiskriminierung	Vertikale Nichtdiskriminierung
GATT Art. I:1 (Meistbegünstigung)	GATT Art.III:2 (Inlandsbehandlung)

Gegenseitigkeit

Reziprozität	Materielle Gegenseitigkeit	Allseitiger Vorteil
Art. XXIIIbis GATT	Art. XXIII:2 GATT	Art. XXXVI:8 GATT
		Enabling Clause
		Art. XII GATT

Chancengleichheit im Wettbewerb

Transparenz	Kostenwahrheit	Offenheit
Art. X, Art. XI GATT	Art. VI GATT	Art.V GATT
	Art. XVI GATT	

Nichtwirtschaftliche Politikziele

Schutz nichtwirtschaftlicher Rechtsgüter	Nachhaltigkeit
Art. XX, Art.XXI GATT	Präambel WTO-Agreement

Abb.2: Strukturebenen des GATT

Drittes Kapitel

Die Grundlagen internationalen Arbeitsrechts

A. Der Ursprung internationalen Arbeitsrechts

Der entscheidende Anstoß für die Entstehung des nationalen Arbeitsrechts ging von der zunächst unbeantworteten „sozialen Frage" im Europa zu Beginn des 19. Jahrhunderts aus. Als „soziale Frage" werden die sozialen und ökonomischen Probleme der Arbeiterschaft bezeichnet, die aus der beginnenden Industrialisierung und der damit verbundenen Landflucht resultierten.[1] Die Industrialisierung brachte zunehmende Arbeitsteilung und Automation, wodurch sich die Anforderungen, der Wert und damit auch die Bedingungen abhängiger, menschlicher Arbeit grundlegend änderten.

Der Menschenrechtsschutz beschränkte sich zu dieser Zeit noch auf die Freiheitsrechte der sog. ersten Dimension[2]. Der damals herrschenden liberalen Gesellschaftsdoktrin „laissez faire, laissez aller" war staatliche Sozialverantwortung weitgehend fremd.[3]
Im individuellen Arbeitsrecht fand die damalige liberale gesellschaftliche Grundströmung durch die Einführung des Prinzips der Vertragsfreiheit seine Ausprägung.[4] Die staatlichen oder ständischen Regulierungen, welche die Arbeitsverhältnisse in der vorindustriellen Zeit regelten, wurden abgeschafft.[5] Die Vertragsfreiheit, verbunden mit der beginnenden Automation des Produktionsprozesses, führte zu einer Verschärfung des Wettbewerbs für lohnabhängige Arbeit. Die Löhne stellten zu dieser Zeit für die Unternehmen noch den größten Kostenfaktor

---

1 Vgl. *Odendahl*, Guido: Die sozialen Menschenrechte - ein historischer, systematischer und rechtsvergleichender Überblick, in: Juristische Arbeitsblätter 28 (1996) 11, S.899.
2 Zu den verschiedenen Dimensionen des Menschrechtsschutzes vgl. *Riedel*, Eibe H.: Menschenrechte der dritten Dimension, in: Europäische Grundrechte-Zeitschrift 16 (1989) 1, S.9ff.; zu den Menschenrechten der dritten Dimension grundlegend *ders.*: Theorie der Menschenrechtsstandards, Berlin, 1986, S.210ff.
3 Kritisch *Benöhr*, Hans-Peter: Wirtschaftsliberalismus und Gesetzgebung am Ende des 19. Jahrhunderts, in Zeitschrift für Arbeitsrecht 8 (1977) 2, S.187.
4 *Richardi*, Reinhard: Einführung in das Arbeitsrecht, in: Arbeitsgesetze, München, 1997, S.XIV.
5 *Zöllner*, Wolfgang: Arbeitsrecht, 5. Auflage, München, 1998, S.28.

dar. Durch die Rationalisierung der Produktion sank der Bedarf an Arbeitskräften. Die Industrialisierung führte zum Niedergang des Handwerks und der Hausindustrie und so zur Proletarisierung großer Bevölkerungsschichten.[6] Der Angebotsüberhang auf dem Arbeitsmarkt hatte mangels arbeitsrechtlicher Vorgaben eine fortschreitende Verschlechterung der Arbeitsbedingungen zur Folge. Aus der fortschreitenden Automatisierung resultierte letztlich eine Zunahme der Arbeitslosigkeit, wodurch das Angebot auf dem Arbeitsmarkt zunahm und sich die Konditionen für Lohnarbeit weiter verschlechterten.[7]

Neben der dürftigen Entlohnung war zu dieser Zeit insbesondere die Arbeitssicherheit ein großes Problem. Ernste Körperverletzungen durch unzureichende Arbeitsbedingungen waren häufig.[8] Kinderarbeit war in der industriellen Produktion an der Tagesordnung.[9] Im Ergebnis mündete für den neuen Stand des Proletariats die formelle politische Freiheit von ihren Feudalherren in eine neue soziale Abhängigkeit vom Arbeitgeber durch die Lohnarbeit. Die uneingeschränkte Vertragsfreiheit hatte für die Arbeiter sogar den Nachteil, dass den Arbeitgeber nicht die gleichen sozialen Schutzpflichten trafen, die noch für den Feudalherrn unter der vergangenen, ständischen Ordnung galten.
Die sozialen Probleme führten zu Beginn des 19. Jahrhunderts in England zu Arbeiteraufständen, die sich zunächst gegen die Maschinen, als vermeintlich unmittelbare Ursache der Verelendung, und später gegen die liberale Gesellschaftsordnung als Ganzes richtete.[10] In Frankreich fand 1831 ein Aufstand der Seidenweber in Lyon statt. In Deutschland führte die Verarmung großer Teile der Bevölkerung zu mehreren schlesischen Weberaufständen.[11] Die Unruhen von 1844 konnte die preußische Staatsregierung nur unter Zuhilfenahme des Militärs unterdrücken.[12]

Arbeitsrechtliche Regelungen trugen anfangs nur begrenzt zur gesellschaftlichen Befriedung bei. Zunächst beschränkte sich der Staat darauf, die schlimmsten Arbeitspraktiken zu unterbinden. Zu den ersten arbeitsrechtlichen Regelungen zählt der britische *"Moral and Health of Apprentices Act"* von 1802, der als der

---

6 *Roscher*, Helmut: Die Anfänge des modernen Arbeitsrechts, Frankfurt am Main, 1985, S.382.
7 *Roscher*, Helmut (Fn.6): S.392f.
8 *Roscher*, Helmut (Fn.6): S.395.
9 Vgl. *McIntosh*, Robert: Boys in the Pits: Child Labour in Coal Mining, Montreal, 2000, S.17ff.
10 *Abendroth*, Wolfgang: Sozialgeschichte der europäischen Arbeiterbewegung, Frankfurt am Main, 1964, S.12ff.; *Morton*, A.L./*Tate*, George: The British Labour Movement, London, 1956, S.17f.
11 Vgl. *Grebing*, Helga: The History of the German Labour Movement, London, 1969, S.26f.
12 *Roscher*, Helmut (Fn.6): S.389ff.

Beginn staatlicher Arbeits- und Sozialpolitik betrachtet wird.[13] Weitere arbeits-rechtliche Vorschriften folgten erst wesentlich später als Ergebnis einer Wechsel-wirkung zwischen Gewerkschaftsgründungen und -verboten, Streiks, Gewalt und Gegengewalt. Im Jahre 1847 wurde in England nach einigen sektoralen, sozial-politischen Zugeständnissen die erste allgemeine gesetzliche Begrenzung der Arbeitszeit auf täglich zehn Stunden eingeführt. Diese Zugeständnisse an die eng-lische Arbeiterschaft dienten den kontinentalen Arbeiterbewegungen als Vorbild. Die ersten arbeitsrechtlichen Regelungen zeigten, dass sich sozialpolitische Konzessionen durch gewerkschaftlich organisierten Druck erzwingen ließen. Schon bald kam es in England und Frankreich zu parallelen Arbeitskampf-maßnahmen, die, unterstützt durch die 1847 einsetzende Wirtschaftskrise, auf ganz Europa übergriffen.[14]

Neben der „Abstimmung mit den Füßen" auf der Straße fand auch auf intellektueller Ebene eine Auseinandersetzung über den Liberalismus und die Notwendigkeit einer Sozialreform statt. Intellektuelle Unterstützung bekamen die aufbegehrenden Arbeiter von den in der zweiten Hälfte des 19. Jahrhunderts ent-stehenden sozialistischen und kommunistischen Bewegungen.[15] Prämisse der kommunistischen Lehre ist bekanntlich der historische Materialismus, demzufolge die Verelendung der Arbeiterklasse über einen revolutionären Umsturz zwangsläu-fig zur Entwicklung einer sozialistischen Gesellschaft ohne private Produktions-mittel führt. Daran, dass es in Mitteleuropa zu einem solchen Umsturz nicht kam, hatte die Entstehung nationalen Arbeitsrechts einen erheblichen Anteil.

Als Reaktion auf klassenkämpferische Unruhen im Europa Mitte des 19. Jahrhunderts entstanden in vielen europäischen Staaten erstmals umfangreiche nationale arbeitsrechtliche Schutzvorschriften. So erließ Preußen ein verbessertes Jugendschutzrecht (1849), ein erstes Arbeitsschutzrecht für Erwachsene (1853) und die Gewerbeordnung von 1869. Die einsetzende Arbeitsgesetzgebung und die später geschaffenen sozialen Sicherungssysteme verbesserten die Lebensbedin-gungen der Arbeiterschaft stetig. Durch die Zugeständnisse an die gegen die schlechten Lebens- und Arbeitsbedingungen aufbegehrende Arbeiterschaft konnte das in der „sozialen Frage" liegende revolutionäre Potential in Mitteleuropa ent-schärft werden. Diese Entwicklung verdeutlichte die Anpassungsfähigkeit des

---

13 *Brinkmann*, Gisbert: Der Anfang des internationalen Arbeitsrechts: Die Berliner Internationalen Arbeiterschutzkonferenzen von 1890 als Vorläufer der Internationalen Arbeitsorganisation, in: Weltfriede durch soziale Gerechtigkeit, Bundesministerium für Arbeit und Sozialordnung, BDA, DGB (Hrsg.), Baden-Baden,1994, S.13.
14 *Abendroth*, Wolfgang (Fn.10): S.33.
15 Für eine Übersicht der Geschichte der sozialistischen Bewegungen in verschiedenen Ländern *Laidler*, Harry W.: History of Socialism, London, 1968, S.475ff.

frühkapitalistischen Systems und widerlegte die marxistische Annahme des historischen Materialismus.

Bis zur Vereinbarung der ersten *internationalen* arbeitsrechtlichen Regelungen vergingen nochmals zwei Jahrzehnte. Im Jahre 1890 fand in Berlin die „Internationale Konferenz zur Regelung der Arbeit in gewerblichen Anlagen und Bergwerken", auch „Internationale Arbeiterschutzkonferenz" genannt, statt.[16] Dort fanden sich 13 Vertreter ausschließlich europäischer Staaten zusammen, um erstmals über internationale Mindestarbeitsstandards zu verhandeln. Wie die Entstehung nationalen Arbeitsrechts können auch die ersten internationalen arbeitsrechtlichen Verhandlungen nur aus dem gesellschaftlichen Kontext heraus erklärt werden. Ausgangspunkt war die noch immer instabile politische Situation in Deutschland und anderen europäischen Ländern, vor allem bedingt durch den Streik von Bergarbeitern an der Ruhr (1889) und die Gründung der II. Sozialistischen Internationalen (1889) gefolgt vom Erlass des deutschen Sozialistengesetzes (1890).[17] Als Ergebnis der Internationalen Arbeitsschutzkonferenz wurden sechs Standards zur Arbeit in Bergwerken, Sonntagsarbeit, Kinder-, Jugend- und Frauenarbeit sowie ein Konzept zur Implementierung der Konferenzergebnisse beschlossen.[18] All diesen Standards kam lediglich Empfehlungscharakter zu. Die Internationale Arbeitsschutzkonferenz kann jedoch trotz der materiell bescheiden wirkenden Ergebnisse als Geburtsstunde des internationalen Arbeitsrechts bezeichnet werden.

Im Rahmen der Weltausstellung in Paris im Jahre 1900 wurde auf dem internationalen Arbeiterschutzkongress die Gründung der Internationalen Vereinigung für gesetzlichen Arbeiterschutz (*International Association for Labour Legislation*) vereinbart.[19] Ziel dieser ersten internationalen, aber nicht-staatlichen Organisation waren vor allem rechtsvergleichende Studien nationaler, arbeitsrechtlicher Regelungen. Die Vereinigung bereitete zwei Konferenzen in Bern im Jahre 1905 und 1906 vor, in deren Rahmen die ersten internationalen Konventionen zum Arbeitsschutz ausgehandelt wurden[20]. Die Arbeit der *International Association for*

---

16 *Barnes*, George N.: History of the International Labour Office, London, 1926, S.30.
17 Vgl. *Deutschland*, Heinz: International Labour Organisation, Berlin, 1981, S.11ff.
18 *Brinkmann*, Gisbert (Fn.13): S.13ff.
19 *Thomas*, Albert: The International Labour Organisation. Its Origins, Development and Future, in: International Labour Law Review 1 (1921) 1, S.5-22, Nachdruck in: International Labour Review 135 (136) 3/4, S.264; *Barnes*, George N. (Fn.16): S.30.
20 Zu den wohl bekanntesten frühen Arbeitsstandards des Internationalen Arbeitsamtes zählen die im Jahre 1906 beschlossenen Übereinkommen gegen die Verwendung von weißem Phosphor bei der Herstellung von Zündhölzern und über die Nachtarbeit von Frauen, vgl. *Samson*, Klaus Theodor: The International Labour Organisation, in: Encyclopedia of Public International Law, Bernhardt (Hrsg.), Vol. 5, Amsterdam (e.a.), 1983, S.88.

Labour Legislation blieb jedoch insgesamt ohne internationale Akzeptanz und kam durch den Ausbruch des ersten Weltkrieges zum Erliegen.[21]

Die Gründung der ILO folgte unmittelbar auf die revolutionären Bewegungen zwischen 1917 und 1919 in Mittel- und Osteuropa. Zusammenfassend und plakativ kann man die ILO als „Versailles Antwort auf den Bolschewismus" ansehen.[22] Der mit der Gründung der ILO erzielte Durchbruch im internationalen Arbeitsrecht nach dem ersten Weltkrieg ging damit wiederum von einer sozio-ökonomischen Krisensituation in Europa aus. Die Verfassung der ILO wurde zwischen Januar und April 1919 von der *Labour Commission* der Friedenskonferenz erarbeitet und fand in den Vertrag von Versailles als Teil XIII Eingang.[23] Neben der internationalen Gewerkschaftsbewegung hatte auch die deutsche Reichsregierung die Festlegung internationalen Arbeitsrechts in dem Friedensvertrag gefordert.[24] Aus der Internationalen Vereinigung für gesetzlichen Arbeiterschutz ging mit dem Abschluss des Vertrags von Versailles im April 1919 die ILO hervor.[25] Die erste Konferenz der ILO begann am 29. Oktober 1919 in Washington und setzte sich dreigliedrig aus Vertretern der Mitgliedstaaten, Arbeitgebern und Arbeitnehmern zusammen. Sie endete mit dem Beschluss der ersten sechs ILO-Konventionen über Arbeitszeit, Arbeitslosigkeit, Mutterschutz, Nachtarbeit von Frauen und Jugendlichen sowie zum Mindestalter der Beschäftigung.[26] In der Folge prägte die ILO die Entwicklung des internationalen Arbeitsrechts.

Einen wichtigen Schritt zur Implementierung internationaler Arbeitsstandards stellte die Einführung des Überwachungssystems der ILO im Jahre 1926 dar. Zu diesem Zweck wurde das aus unabhängigen Juristen zusammengesetzte *Committee of Experts* gegründet, das noch heute über die Einhaltung der ILO-Standards

---

21 *Samson*, Klaus Theodor (Fn.20): S.88.
22 *Cox*, Robert W./*Jacobson*, Harold K.: The Anatomy of Influence, New Haven, 1973, S.102.
23 *Thomas*, Albert (Fn.19): S.270.
24 So heißt es in den deutschen Vorschlägen für das internationale Arbeitsrecht im Welt-friedensvertrag: „Der Friedensvertrag, der den Weltkrieg beendet, hat auch die Aufgabe, den Arbeitern in allen Ländern ein Mindestmaß von Schutz rechtlicher und wirtschaftlicher Art zu gewähren. Das Arbeitsrecht ist deshalb als Gegenstand internationaler Regelung in den Friedensvertrag aufzunehmen", zitiert nach *Bauer*, Gustav/*Glaß*, Otto: Arbeitsrecht und Arbeitsschutz-Sozialpolitische Maßnahmen der Reichsregierung seit dem 9.11.1918-Denkschrift für die Nationalversammlung, Berlin, 1919, S.212; vgl. auch *Lörcher*, Klaus: Die Normen der Internationalen Arbeitsorganisation und des Europarats - Ihre Bedeutung für das Arbeitsrecht der Bundesrepublik, in: Arbeit und Recht 34 (1991) 4, S.97.
25 *Valticos*, Nicolas: International Labour Law, 2. Auflage, Deventer (e.a), 1995, S.93.
26 *Thomas*, Albert (Fn.19): S.266; *Mahaim*, Ernest: International Labour Law, in: International Labour Review 135 (1996) 3, S.288.

wacht.[27] Ein weiterer Meilenstein im internationalen Arbeitnehmerschutz wurde auf der Internationalen Arbeitskonferenz in Philadelphia im Jahre 1944 gelegt. Diese mit Vertretern von Regierungen, Arbeitnehmer- und Arbeitgebervertretern aus 41 Ländern besetzte Konferenz beschloss die sog. *Deklaration von Philadelphia.*[28] Die Deklaration von Philadelphia stellt einen integralen Bestandteil der Verfassung dar und enthält die Ziele und Verfassungsprinzipien der ILO[29]. Im Jahre 1946 wurde die ILO als Sonderorganisation Teil des entstehenden UN-Systems. Die ILO erhielt 23 Jahre später den Friedensnobelpreis.[30] Die wohl schwerste Krise der ILO wurde in den Jahren 1977 und 1980 ausgelöst, als die USA ihre Mitgliedschaft widerriefen. Durch die fehlenden Beiträge der USA büßte die ILO ein Viertel ihres Budgets und damit einen Teil ihrer Handlungsmöglichkeiten ein. In der jüngeren Vergangenheit ist vor allem auf den Beschluss der *Declaration on Fundamental Principles and Rights at Work* im Jahre 1998 hinzuweisen.[31] Durch diese Deklaration wurden vier fundamentale Arbeitnehmerrechte aus den übrigen ILO-Standards herausgehoben. Auf die ILO-Deklaration und ihre Inhalte wird an späterer Stelle vertieft einzugehen sein.[32]

Diese kurze Übersicht verdeutlicht, dass Fortschritte im nationalen und internationalen Arbeitsrecht in ungelösten sozialen Problemen und daraus resultierenden gesamtgesellschaftlichen Krisen ihren Ursprung haben. Zuvorderst erkämpfte sich die Arbeiterschaft die arbeitsrechtlichen und sozialpolitischen Anpassungen des frühkapitalistischen Systems. Erst in zweiter Linie ist die Entstehung des nationalen und internationalen Arbeitsrechts auf staatliche Initiativen zurückzuführen. Nationale und internationale arbeitsrechtliche Initiativen wurden als „Überdruckventil" eingesetzt, sofern der soziale Frieden durch Arbeitskämpfe ernsthaft bedroht war. Die historische Entwicklung nationaler und internationaler Arbeitsstandards resultierte aus dem Bedürfnis nach sozialem Frieden und sozialer Entwicklung in der Gesellschaft. Die historischen Ursprünge des internationalen Arbeitsrechts spiegeln sich noch heute in der Präambel der ILO-Verfassung wider, wenn es dort heißt *„universal and lasting peace can be only established if it's based upon social justice".* Das Bedürfnis nach sozialem Frieden und Entwicklung stellt

---

27 *ILO:* About the ILO, Who we are: ILO History, im Internet veröffentlicht unter www.ilo.org. Zum ILO *Committee of Experts* und seinen Aufgaben siehe unten, S.167.
28 Abgedruckt als Annex zur Verfassung der ILO in: Constitution of the International Labour Organisation and Standing Orders of the International Labour Conference, Genf, 1998, S.22ff.
29 Art.1:1 ILO-Verfassung, abgedruckt in: *ILO* (Fn.28): S.5ff.
30 *Samson,* Klaus Theodor (Fn.20): S.88.
31 Der Text der Declaration on Fundamental Principles and Rights at Work v. 18. Juni 1998 (ILO-Deklaration 1998) ist im Internet veröffentlicht unter www.ilo.org.
32 Siehe unten, S.161.

noch heute die wichtigste Begründung für nationales und internationales Arbeitsrecht dar.[33]

B. Die Funktion von Arbeitnehmerrechten

Grundsätzlich kann man das Arbeitsrecht als einen Versuch des Ausgleichs zwischen Effizienz und Gerechtigkeit im Arbeitsmarkt ansehen.[34] Nachfolgend soll jedoch genauer untersucht werden, welche Funktion dem Arbeitsrecht im Allgemeinen und den fundamentalen internationalen Arbeitstandards im Besonderen zukommt.[35]

I. Individualschutz

Allen grundlegenden Arbeitnehmerrechten ist gemein, dass sie den individuellen Schutz des einzelnen Arbeitnehmers als Menschen und als Träger von Rechtsgütern bezwecken[36]. So dienen Regelungen zum Mindestalter bzw. Vorschriften zur Abschaffung von Kinderarbeit dem Schutz von Jugendlichen vor einer Schädigung ihrer Gesundheit, Arbeitskraft und Entwicklung durch zu frühe oder ungeeignete Erwerbsarbeit[37]. Das Verbot der Zwangsarbeit schützt Arbeiter in ihrer positiven und negativen Willensfreiheit und vor den, mit Zwangsarbeit oft einhergehenden, Gefahren für Leib und Leben durch gefährliche Arbeitsbedingungen und Strafmaßnahmen.[38] Das Gebot der Nichtdiskriminierung soll den

---

33 Zur Befriedungsfunktion arbeitsrechtlicher Vorschriften siehe unten, S.150, zum Beitrag grundlegender Arbeitsstandards zu sozialer Entwicklung als Komponente von *Sustainable Development* siehe oben, S.118ff., zu „sozialem Frieden" als internationales öffentliches Gut siehe unten, S.274ff.

34 *Mehmet*, Ozay/*Mendes* Errol/*Sinding*, Robert: Towards a Fair Global Labour Market: Avoiding a New Slave Trade, New York, 1999, S.86.

35 Im nachfolgenden werden unter „grundlegenden" oder „fundmentalen" Arbeitnehmerrechten die in der ILO-Deklaration 1998 enthaltenen vier Rechte und Prinzipien der Vereinigungsfreiheit einschließlich des Rechts auf Kollektivverhandlungen, der Abschaffung von Zwangs- und Kinderarbeit sowie das Gebot der Nichtdiskriminierung verstanden. Zur ILO-Deklaration 1998 siehe ausführlich unten, S.156.

36 Zur Schutzfunktion des Arbeitsrechts *Zöllner*, Wolfgang (Fn.5): S.2, zu den einzelnen fundamentalen Arbeitnehmerrechten siehe unten, S.156.

37 Zum Jugendschutz im deutschen Arbeitsrecht vgl. *Zmarzlik*, Johannes: Jugendarbeitsschutz, in: Münchner Handbuch Arbeitsrecht, Bd.2, Individualarbeitsschutz, Richardi, Reinhard/Wlotzke, Ottfried (Hrsg.), München, 1993, S.1772ff., Rn.2ff.

38 Vgl. *ILO*: Forced Labour in Mayanmar (Burma), Genf, 1998, S.89, Rn.292.

Arbeitnehmer vor Nachteilen durch Ungleichbehandlungen aufgrund sachfremder Kriterien im Arbeitsverhältnis schützen.[39]

Selbst das *kollektive* Recht der Vereinigungsfreiheit entfaltet mittelbar und unmittelbar individualschützende Wirkung. Über individualschützende Kollektivvereinbarungen wirkt die Vereinigungsfreiheit *mittelbar* individualschützend. Durch Vereinigungen können im Rahmen von Kollektivverhandlungen individualschützende Vereinbarungen getroffen werden, die vom Schutz der Persönlichkeit über die Modalitäten einer Kündigung bis hin zu Abfindungsregelungen beim Verlust des Arbeitsplatzes reichen können.[40] Regelmäßig wird die effektive Garantie der Vereinigungsfreiheit darüber hinaus auch *unmittelbar* individualschützende Vorschriften zugunsten der Vertreter von Vereinigungen erfordern. Sofern die einzelnen Vertreter der Vereinigungen nicht vor Benachteiligungen aufgrund ihrer Betätigung bewahrt werden, bleibt die institutionelle Garantie der Vereinigungsfreiheit eine Leerformel.[41] Insbesondere Diskriminierungen der Arbeitnehmervertreter sind keine seltene Praxis, um die Ausübung der Vereinigungsfreiheit zu behindern.[42] Deshalb kennt auch das kollektive Arbeitsrecht individualschützende Garantien.

II. Ausgleichsfunktion

Weiterhin besitzen Arbeitnehmerrechte eine Ausgleichsfunktion hinsichtlich des sog. „Machtgefälles" zwischen Arbeitnehmern und Arbeitgebern.[43]

---

39 Vgl. *Nielsen*, Henrik Karl: The Concept of Discrimination in ILO Convention No.111, in: International and Comparative Law Quarterly 43 (1994) 4, S.829.
40 *Gamillschegg*, Franz: Kollektives Arbeitsrecht, Bd. I, München, 1997, S.8.
41 Zum Verbot der Benachteiligung von gewerkschaftlich organisierten Arbeitnehmern vgl. Art.1 C98, zum Zusammenhang zwischen der Vereinigungsfreiheit und dem Recht auf Kollektivverhandlungen siehe unten, S.161.
42 Für aktuelle Einzelfälle sog. *anti-uninion discrimination* siehe ILO, 324th Report of the Committee on Freedom of Association, ILO-Doc. GB.280/9 v. März 2001, S.10, Rn.14 (Bangladesch), S.11, Rn.20 (Ukraine), S.13, Rn.30 (China/Hong Kong), S.17, Rn.48 (Kolumbien), S.19, Rn.53 (Costa Rica) *et passim*.
43 *Feld*, Lars: Sozialstandards und die Welthandelsordnung, in: Außenwirtschaft 51 (1996) 1, S.54; *Langille*, Brian: General Reflections on the Relationship of Trade and Labour (or: Fair Trade is Free Trade's Destiny), in: Fair Trade and Harmonization (Vol.2: Legal Analysis), Bhagwati Jagdish/Hudec, Robert. E. (Ed.), Cambridge MA, 1996, S.242f., allerdings mit einer kritischen Diskussion des Schlagwortes *"inequality of bargaining power"* als pauschale Rechtfertigung regulativer Eingriffe in den Arbeitsmarkt.

Die Existenz eines Machtgefälles zwischen Arbeitnehmern und Arbeitgebern wird heute kaum noch bestritten.[44] In einer liberalen Wirtschaftsordnung wird nach dem Grundsatz der Vertragsfreiheit zwar rechtliche Parität zwischen Arbeitnehmern und Arbeitgebern herrschen. Rechtlich sind Arbeitnehmer daher frei, angebotene Arbeitsverträge abzulehnen oder ein bestehendes Beschäftigungsverhältnis zu kündigen. Sie können sich eine neue Anstellung suchen oder sich selbstständig machen, wenn sie nicht bereit sind, zu den vom Arbeitgeber angebotenen Konditionen zu arbeiten.

In der Praxis kann die rechtliche Parität allerdings nicht verhindern, dass die ungleiche wirtschaftliche Stärke zu einem faktischen Machtgefälle am Verhandlungstisch führt[45]. Dieses Machtgefälle äußert sich darin, dass es den meisten Arbeitnehmern bei ihrer Einstellung kaum möglich ist, Einfluss auf die Bedingungen ihres Arbeitsvertrages zu nehmen, sieht man einmal von umworbenen Fachkräften ab. Bei arbeitsrechtlichen Fragen, sei es bei Abschluss, Auslegung oder Auflösung des Vertrages wird der einzelne Arbeitnehmer kaum seine Rechte wahrnehmen können oder sie auch nur kennen. Ihm wird seitens des Arbeitgebers regelmäßig ein Stab arbeitsrechtlich geschulter Mitarbeiter des Unternehmens als Verhandlungspartner gegenüberstehen.[46]
Das faktische Machtungleichgewicht zwischen Arbeitnehmern und Arbeitgebern beruht weiterhin auf der unterschiedlichen Abhängigkeit vom Arbeitsverhältnis. In Ermangelung sozialer Sicherungssysteme in vielen Ländern kann das Anstellungsverhältnis für den einzelnen Arbeitnehmer von existenzieller Bedeutung sein. Besonders in Zeiten hoher Arbeitslosigkeit wird es zur Annahme eines angebotenen Arbeitsvertrages für den Arbeitnehmer oft keine realistische Alternative geben.[47] Der Arbeitgeber kann dagegen insbesondere bei einem großen Angebot auf dem Arbeitsmarkt häufig aus einer Vielzahl von Bewerbern für einen angebotenen Arbeitsplatz wählen. Die oftmals begrenzten Wahlmöglichkeiten von Arbeitnehmern stärken die Verhandlungsposition des Arbeitgebers. Das Bestehen eines faktischen Machtgefälles zwischen Arbeitnehmern und Arbeitgebern wurde

---

44 *Singer*, Reinhard: Tarifvertragliche Normenkontrolle am Maßstab der Grundrechte, in: Zeitschrift für Arbeitsrecht 26 (1995) 4, S.625 m.w.N., kritisch *Zöllner*, Wolfgang (Fn.5): S.3, der in der Erklärung des Arbeitsrechts aus einem Machtgefälle zwischen Arbeitnehmern und Arbeitgebern „eine Metapher, ein Wertungsergebnis" sieht, „durch das die tieferliegenden Gründe eher verschleiert werden".
45 *Mehmet*, Ozay/*Mendes* Errol/*Sinding*, Robert (Fn.34): S.87.
46 *Gamillschegg*, Franz (Fn.41): S.30, *Mehmet*, Ozay/*Mendes* Errol/*Sinding*, Robert (Fn.34): S.87.
47 *Mehmet*, Ozay/*Mendes* Errol/*Sinding*, Robert (Fn.34): S.87 weisen zu Recht darauf hin, daß jede Art unabhängiger Beschäftigung ein erhebliches Startkapital erfordert und dadurch die tatsächliche Wahlmöglichkeit der Arbeitnehmer zwischen selbständiger und abhängiger Arbeit faktisch beschränkt ist.

in verschiedenen arbeits- und verfassungsrechtlichen Entscheidungen nationaler Gerichte anerkannt.[48]

Einige sind sogar der Ansicht, Arbeitsrecht sei erforderlich, um den Missbrauch einer Monopolstellung durch den Arbeitgeber zu verhindern.[49] Allerdings wird dieser Vergleich auch kritisch betrachtet.[50] Gegen den Vergleich des Arbeitgebers mit einem Monopolisten spricht, dass ein Monopol erst dann vorliegt, wenn auf einem Markt für ein Gut nur ein einziger Anbieter existiert. Dies gilt für den Arbeitsmarkt allerdings nicht, da in nahezu allen Berufen Arbeitsplätze von verschiedenen Arbeitgebern angeboten werden. Insofern wird seitens der Arbeitgeber nur selten eine echte Monopolstellung vorliegen.

Von den grundlegenden Arbeitsstandards dient insbesondere die Garantie der Vereinigungsfreiheit und das Recht auf Kollektivverhandlungen dem Ausgleich der Verhandlungsmacht zwischen Arbeitgebern und Arbeitnehmern. Durch die Organisation in Vereinigungen ist es Arbeitnehmern möglich, ihre Forderungen notfalls auch im Arbeitskampf durchzusetzen. Das Recht, Vereinigungen zu bilden und kollektive Vereinbarungen zu treffen, steht auch Arbeitgebern zu. Es stärkt allerdings besonders die Verhandlungsposition der einzelnen Arbeitnehmer, die dem Arbeitgeber nunmehr als Kartell gegenüberstehen.

III. Verteilungsfunktion

Ein bekannter Effekt vieler arbeitsrechtlicher Regelungen ist die Umverteilung der im Wirtschaftsprozess erzielten Erlöse.[51] Unter Umverteilung werden regulative Eingriffe in die Einkommensverteilung zugunsten der unteren Einkommensgruppen verstanden. Ziel der Umverteilung von Einkommen ist ein Gewinn an Verteilungsgerechtigkeit, wofür oft ein Verlust an gesamtwirtschaftlicher Effizienz in Kauf zu nehmen ist.[52] Im Arbeitsrecht stellen Vorschriften zur Entloh-

---

48 Vgl. nur das „Arbeitskampfurteil" des BverfG, E84, 212, 29, für eine Entscheidung des US Supreme Court vgl. National Labour Relations Act, NLRB v. Jones & Laughlin Stell Corp., 301 US 1 (33), zitiert nach *Gamillschegg*, Franz (Fn.33): S.5, für die Entscheidungspraxis des Canadian Supreme Court siehe *Mehmet*, Ozay/*Mendes* Errol/*Sinding*, Robert (Fn.34): S.87.
49 *Zöllner*, Wolfgang: Regelungsspielraum im Schuldvertragsrecht: Bemerkungen zur Grundrechtsanwendung im Privatrecht und zu den sog. Ungleichgewichtslagen, in Archiv für die civilistische Praxis 196 (1996) 1, S.1; *Gamillschegg*, Franz: Die Grundrechte im Arbeitsrecht, Berlin, 1989, S.29ff.; *ders.* (Fn.40): Kollektives Arbeitsrecht, S.3, jeweils m.w.N.
50 Siehe die Nachweise bei *Gamillschegg*, Franz (Fn.40): S.5f.
51 *Zöllner*, Wolfgang (Fn.5): S.6f.; *Miller*, Steven K.: Remuneration Systems for Labour-intensive Investments: Lessons for Equity and Growth, in: International Labour Review 131 (1992) 1, S.78f.
52 *Behrens*, Peter/*Sander*, Gerald: Die Bedeutung der ökonomischen Analyse des Rechts für das

nung, z.b. die Festlegung eines gesetzlichen Mindestlohnes, eine offensichtliche Form der Umverteilung dar. Einen solchen Verteilungseffekt weisen auch eine Reihe internationaler Arbeitsstandards der ILO auf, z.B. die *Social Security (Minimum Standards) Convention* v. 1952 (C102).[53]

Die grundlegenden Arbeitsstandards der ILO stellen keine Instrumente dar, deren *unmittelbarer* Zweck die Umverteilung anfallender Wohlstandseffekte ist.[54] Keine der sieben Kernkonventionen enthält Mindeststandards zur Entlohnung oder über soziale Sicherheit. Mit den, in der ILO-Deklaration 1998 genannten, fundamentalen Rechten wird vielmehr ein mittelbarer und flexibler Ansatz verfolgt, um „soziale Gerechtigkeit" zu erzielen. Die grundlegenden Arbeitnehmerrechte sind nach der Auffassung der ILO-Mitglieder ein Instrument

"of particular significance in that it enables the persons concerned to claim freely and on the basis of equity of opportunity their fair share of the wealth which they have helped to generate [...]"[55]

Mit den grundlegenden Arbeitnehmerrechten soll demnach kein universeller Mindeststandard für „soziale Gerechtigkeit" festgelegt werden. Es wird vielmehr ein instrumentaler Ansatz verfolgt, wonach die grundlegenden Rechte Chancengleichheit als Mittel zum Zweck der gerechten Verteilung anfallender Wohlstandseffekte gewährleisten. So gewährleistet der Schutz vor Diskriminierungen und menschenunwürdigen Arbeitsbedingungen, wie Zwangsarbeit, dem Arbeitnehmer Chancengleichheit für ein berufliches Fortkommen und damit letztlich auch eine höhere Entlohnung. Auch die Abschaffung von Kinderarbeit dient der Verwirklichung beruflicher Chancengleichheit. Erst durch eine Ausbildung erhalten Kinder die Möglichkeit, auch als Erwachsene im Erwerbsleben dauerhaft an wirtschaftlichem Wachstum und Wohlstand zu partizipieren.

Unter den grundlegenden Arbeitnehmerrechten ist die Verteilungsfunktion bei der Vereinigungsfreiheit und dem Recht auf Kollektivverhandlungen wohl am deutlichsten ausgeprägt. Organisierten Arbeitnehmern wird es über Kollektivverhandlungen eher gelingen, ihre materiellen Interessen gegenüber den Arbeitgebern durchzusetzen. Gleichzeitig besitzen kollektive Vereinbarungen eine Verteilungs-

---

Arbeitsrecht, in: Zeitschrift für Arbeitsrecht 20 (1989) 2, S.220, vgl. zur ökonomischen Analyse des Rechts grundlegend *Posner*, Richard A.: Economic Analysis of Law, New York, 5.Auflage, 1998, S.1ff.

53 Der Text der Social Security (Minimum Standards) Convention ist im Internet veröffentlicht in der ILO-Datenbank ILOLEX (http://ilolex.ilo.ch).

54 Zu den grundlegenden bzw. fundamentalen Arbeitsstandards der Vereinigungsfreiheit einschließlich dem Recht auf Kollektivverhandlungen, dem Verbot der Zwangsarbeit, der Abschaffung der Kinderarbeit und der Nichtdiskriminierung vgl. unten, S.156.

55 Abs. 5 Präambel ILO-Deklaration 1998.

wirkung zwischen verschiedenen Gruppen innerhalb der Arbeitnehmerschaft und zwischen Beschäftigten und Arbeitslosen.[56] Allerdings muss die Gewährleistung der Vereinigungsfreiheit nicht notwendig stetige Lohnerhöhungen zur Folge haben. Das Maß, der von der Vereinigungsfreiheit bewirkten Umverteilung kann von den Interessenparteien unter Berücksichtigung der jeweiligen wirtschaftlichen Entwicklung individuell ausgehandelt werden.

Zusammenfassend bleibt festzuhalten, dass insbesondere Vorschriften zur Lohnhöhe die Verteilungsfunktion des Arbeitsrechts verdeutlichen. Eine solche unmittelbare Verteilungsfunktion besitzen die fundamentalen Arbeitnehmerrechte nicht. Im Hinblick auf „soziale Gerechtigkeit" stellen die Kernkonventionen der ILO in erster Linie Rechte auf Prozesse, nicht aber Rechte auf Ergebnisse dar[57]. Die fundamentalen Arbeitnehmerrechte sollten deshalb erst in zweiter Linie als internationale „soziale Mindeststandards" angesehen und bezeichnet werden[58].

IV. Befriedungsfunktion

Für das Gemeinwesen stellt die soziale Befriedung der Arbeitswelt die vielleicht wichtigste Funktion des Arbeitsrechts dar.
Im historischen Rückblick haben zum einen die individualschützenden Vorschriften für Arbeitnehmer zum „sozialen Frieden" beigetragen. Die Schutzlosigkeit der Arbeitnehmer vor schikanöser Behandlung oder gefährlichen Arbeitsbedingungen war immer wieder der Anlass für Streiks oder soziale Unruhen.[59]
Weiterhin sichert auch kollektives Arbeitsrecht, wie die Vereinigungsfreiheit, den sozialen Frieden in der Gesellschaft. Betriebliche Mitbestimmung vermag die Akzeptanz unternehmerischer Entscheidungen zu erhöhen und so Konflikten vorzubeugen. Von den Tarifparteien einvernehmlich ausgehandelte Vereinbarungen über Arbeitsbedingungen und Entlohnung genießen eine breite Legitimation bei Arbeitnehmern und Arbeitgebern. Gleichzeitig wird der Staat aus der unmittelbaren Verantwortung entlassen, in den umstrittenen Bereich der Tarifpolitik regulie-

---

56 *Zöllner*, Wolfgang: Arbeitsrecht und Marktwirtschaft, in: Zeitschrift für Arbeitsrecht, 25 (1994), Heft 3, S.433.
57 *Langille*, Brian: The ILO and the New Economy: Recent Developments, in: The International Journal of Comparative Labour Law and Industrial Relations 15 (1999) 3, S.242; *Maupain*, Francis: Workers Rights and Multilateral Trade Before and After Seattle, Presentation at the Vienna Symposium "The WTO after Seattle Ministerial Conference", Wien, 8.-9. Dezember 1999, S.10.
58 Zur Unterscheidung sozialer Mindeststandards und fundamentaler Rechte in der Arbeit *Valtikos*, Nicolas (Fn.25): S.95.
59 Vgl. oben, S.141ff.

rend tätig zu werden und kann sich auf die Position des Schlichters zurückziehen.[60]

Schließlich stellen Arbeitnehmerrechte wirtschaftsordnendes Recht dar, da zwischen dem Arbeitsrecht und der Wirtschaftsordnung ein unlösbarer Zusammenhang besteht[61]. Neben ihren unmittelbarem Schutzzweck helfen diese Rechte die Macht und die Erträge der Unternehmen zu lenken und stärken hierdurch die soziale Komponente einer Wirtschaftordnung insgesamt.[62] Die „soziale" Ausrichtung einer Wirtschaftsordnung fördert deren Akzeptanz in breiten Schichten der Bevölkerung und trägt so zur Befriedung einer Gesellschaft bei.

V. Zwischenergebnis

Es bleibt festzuhalten, dass dem Arbeitsrecht im Allgemeinen und den grundlegenden Arbeitnehmerrechten im Besonderen verschiedene, sich teilweise überschneidende Funktionen zukommen.

Zuerst bezwecken alle grundlegenden Arbeitnehmerrechte unmittelbar oder zumindest mittelbar den Schutz des individuellen Arbeitnehmers. Insbesondere die Vereinigungsfreiheit und das Recht auf Kollektivverhandlungen dienen ferner dazu, neben der rechtlichen auch die faktische Verhandlungsparität der Arbeitgeber und Arbeitnehmer im Arbeitsverhältnis herzustellen. Weiterhin dient Arbeitsrecht der Umverteilung von Wohlstand. Den grundlegenden Arbeitnehmerrechten kommt allerdings keine unmittelbare Verteilungsfunktion zu. „Soziale Gerechtigkeit" soll durch die grundlegenden Arbeitsstandards der ILO nicht durch absolute Mindeststandards oder ein Recht auf ein bestimmtes Ergebnis erreicht werden. Die grundlegenden Arbeitsrechte sollen Arbeitnehmer vielmehr durch gleiche Chancen in Verhandlungen und im Arbeitsprozess in die Lage versetzen, angemessen an Wohlfahrtssteigerungen teilzunehmen. Schließlich tragen Arbeitsrecht und insbesondere die grundlegenden Arbeitsstandards auf verschiedene Weise dazu bei, den sozialen Frieden in der Arbeitswelt und der Gesellschaft insgesamt zu fördern und zu sichern.

---

60 Vgl. *Gamillschegg*, Franz (Fn.41): S.12.
61 *Brox*, Hans/*Rüthers*, Bernd: Arbeitsrecht, 14. Auflage, Stuttgart (e.a.), 1999, S.4, vgl. dazu ausführlich Reuter, Die Rolle des Arbeitsmarktes im marktwirtschaftlichen System, S.51; *Kraft*, Alfons:
Arbeitsrecht in einer sozialen Marktwirtschaft, in: Zeitschrift für Arbeitsrecht, 26 (1995) 3, S.419ff.
62 *Zöllner*, Wolfgang (Fn.5): S.1.

C. Arbeitnehmerrechte als Inhalt einer „Sozialklausel"

Die wohl wichtigste arbeitsrechtliche Frage im Themenkreis *Trade&Labour* ist, welche Arbeitsstandards in eine „Sozialklausel" aufgenommen werden könnten. Es besteht lediglich Einigkeit darüber, dass nicht alle der inzwischen 183 ILO-Konventionen zukünftig mit Hilfe von Handelsmaßnahmen durchgesetzt werden können. Bereits die für den arbeitsrechtlichen Gehalt einer „Sozialklausel" verwendeten Formulierungen lassen sowohl eine weite inhaltliche Spannbreite, als auch unterschiedliche Intentionen vermuten. Die verwendeten Begriffe reichen von „sozialen Anliegen"[63] über „faire Arbeitsbedingungen"[64], „soziale Mindeststandards"[65], „internationale Sozialstandards"[66], „fundamentale Rechte in der Arbeit"[67] bis hin zu „Menschenrechten in der Arbeit"[68]. Das Problem, welche Arbeitsstandards sich für eine Verknüpfung mit den multilateralen Handelsregeln eignen und vor allem, wie diese Auswahl begründet werden kann, blieb dennoch lange Zeit ungelöst, teilweise sogar unangesprochen.

So finden sich insbesondere in der frühen Diskussionsphase bis zum Abschluss der Uruguay-Runde im Jahre 1994 einige politisch geprägte Beiträge, die das arbeitsrechtliche Definitions- und Begründungsproblem einer „Sozialklausel" schlichtweg umgehen. Die handelspolitischen und -rechtlichen Wirkungen einer „Sozialklausel" hängen jedoch wesentlich von der Quantität und der Qualität des arbeitsrechtlichen Inhalts ab. Deshalb ist es kaum hilfreich, wenn von Argumenten für oder gegen die „Sozialklausel" die Rede ist, gleichzeitig aber deren Inhalt hinter pauschalen Wendungen wie „*die* Sozialstandards" verborgen bleibt[69].

---

63 Charnowitz, Steve: The WTO and Social Issues, Presentation for the Conference "The Future of the Trading System", University of Ottawa, Ottawa (Ontario), 31. Mai 1994, S.1.

64 *Hansenne*, Michel: The Declaration of Philadelphia, in: Labour Law Journal (Chicago) 45 (1994) 8, S.457; *Kullmann*, Ullrich: Fair Labour Standards in International Commodity Agreements, in: Journal of World Trade Law 14 (1980) 6, S.527ff.

65 *Scherrer*, Christoph: The Economic and Political Arguments For and Against Social Clauses, in: Intereconomics 31 (1996) 1, S.11; *Donges*, Jürgen: Nach der Uruguay-Runde, alte und neue Bedrohungen für den freien Handel, in: Zeitschrift für Wirtschaftspolitik 44 (1995) 2, S.223.

66 *Grossmann*, Harald/*Koopmann*, Georg: Sozialstandards für den internationalen Handel? Wirtschaftsdienst 74 (1994) 11, S.585; *Adamy*, Wilhelm: „Sozialklauseln" im internationalen Handel, in: Soziale Sicherheit 44 (1995) 7, S.270f.

67 ILO-Deklaration 1998.

68 *Ehrenberg*, Daniel S.: From Intention to Action, An ILO-GATT/WTO Enforcement Regime for International Labor Rights, in: Human Rights, Labor Rights, and International Trade, Compa, Lance/Diamond, Stephen (Ed.), Philadelphia, 1996, S.163, vgl. auch *Howse* Robert/*Trebilcock*, Michael: The Fair Trade-Free Trade Debate: Trade, Labour and the Environment, in: International Review of Law and Economics 16 (1996) 1, S.64.

69 So aber *Däubler*, Wolfgang: Sozialstandards im internationalen Wirtschaftsrecht, in: Lebendiges Recht - Von den Sumerern bis zur Gegenwart, Festschrift für Reinhold Trinkner, F. Graf v.

In der aktuellen politischen und wissenschaftlichen Diskussion findet sich inzwischen ein weites Spektrum von verschiedenen Ansichten über den relevanten arbeitsrechtlichen Inhalt einer „Sozialklausel". Lediglich die Standards der Vereinigungsfreiheit und das Verbot der Zwangsarbeit werden offenbar unstrittig zum potentiellen Schutzbereich einer „Sozialklausel" zugerechnet.

Die wohl überwiegende Meinung im Streit um die Definition des arbeitsrechtlichen Inhalts einer „Sozialklausel" geht von vier relevanten Arbeitsstandards aus. Dies sind die Vereinigungsfreiheit einschließlich dem Recht auf Kollektivverhandlungen, die Abschaffung von Zwangs- und Kinderarbeit sowie das Gebot der Nichtdiskriminierung in Beschäftigungsverhältnissen.[70] Diese Auswahl wird wahlweise mit dem Handelsbezug dieser Standards[71], deren Bedeutung in der ILO[72] oder deren Qualität als Menschenrechte[73] begründet.

Nicht zum ersten Mal unternahmen die USA im Jahre 1987 einen Vorstoß, um das Thema *Trade&Labour* im Rahmen des GATT zu behandeln.[74] Der Initiative für eine Arbeitsgruppe im Rahmen der gerade begonnenen Verhandlungen der Uruguay-Runde umfasste über die vier genannten Standards hinaus das Recht auf sichere und gesunde Arbeitsbedingungen.[75] Dieser fünf Arbeitsstandards umfassende Katalog war dem nationalen Außenhandelsrecht der USA, genauer dem Allgemeinen Präferenzsystem (*Generalised Scheme of Preferences*, GSP) ent-

---

Westphalen/O. Sandrock (Hrsg.), Heidelberg, 1995, S.480f.

70 *Wear*, Paul: Social Clauses in International Trade, in: Journal of World Trade 30 (1996) 4, S.36ff.; International Confederation of Free Trade Unions, International Workers' Rights and Trade, S.1f.; *Leary*, Virginia: Workers' Rights and International Trade: The Social Clause (GATT, ILO, NAFTA, US Laws), in: Fair Trade and Harmonization (Vol.2: Legal Analysis), Bhagwati Jagdish/Hudec, Robert. E. (Ed.), Cambridge MA, 1996, S.203; *Cappuyns*, Elisabeth: Linking Labour Standards and Trade Sanctions: An Analysis of Their Current Relationship, in: Columbia Journal of Transnational Law 36 (1998) 3, S.660f.; *Lee*, Eddy: Globalization and Labour Standards: a Review of the Issues, in: International Labour Review 136 (1997) 2, S.176f.; *Adamy*, Wilhelm: „Sozialklauseln" im internationalen Handel, in: Soziale Sicherheit 44 (1995) 7, S.263.

71 *LeQuesne*, Caroline: Reforming World Trade-The Social and Environmental Priorities, Oxford, 1996, S.48.

72 *Harworth*, Nigel/*Hughes*, Stephen: Trade and International Labour Standards: Issues and Debates over a Social Clause, in: The Journal of International Relations 39 (1997) 2, S.185.

73 *Reich*, Robert B: Keynote Address, in: International Labour Standards and Economic Integration, Proceedings of a Symposium by the US Department of Labour, Bureau of International Labour Affairs, Schoepfle, G.K., Swinnerton, K.A. (Hrsg.), Washington DC (1994), S.2.

74 Für eine Auflistung US-amerikanischer Gesetze, die für das nationale Außenhandelsrecht eine Verknüpfung von Handel und Arbeitnehmerrechten herbeiführen, siehe *Weiss*, Friedl: Internationally Recognized Labour Standards and Trade, in: Legal Issues of European Integration 23 (1996) 2, S.166, Fn.28, für die in der Vergangenheit unternommenen Bemühungen der USA das Thema *Trade&Labour* in der WTO zu lancieren siehe oben, S.29ff.

75 GATT, Relationship of Internationally Recognized Labour Standards to International Trade, Communication from the United States vom 28. Oktober 1987, zitiert nach *Wear*, Paul (Fn.70): S.25, Fn.3.

nommen.[76] Nachdem der Vorschlag zur Einrichtung einer GATT-Arbeitsgruppe nicht angenommen wurde, bereinigten die USA den Umfang der arbeitsrechtlichen Standards um die besonders umstrittenen Verbote von Kinderarbeit und der Forderung nach sicheren und gesunden Arbeitsbedingungen.[77] Auch dieser damit nur noch drei Arbeitsstandards umfassende Vorstoß fand allerdings keine Zustimmung der Verhandlungspartner.

Ebenfalls lediglich drei Arbeitsstandards betrachtet eine Mindermeinung als maßgeblich für eine „Sozialklausel" im Welthandelssystem. Unter Berufung auf den notwendigen Status als Menschenrecht werden die Vereinigungsfreiheit, das Verbot der Zwangsarbeit und die Nichtdiskriminierung, nicht aber die Abschaffung der Kinderarbeit als *"core labour right"* angesehen.[78] Andere betrachten zwar die Beseitigung der Kinderarbeit als einen von drei grundlegenden Arbeitsstandards, nicht jedoch das Gebot der Nichtdiskriminierung.[79]

Wieder andere nennen bei den relevanten Standards ebenfalls nicht das Diskriminierungsverbot, kommen mit der Forderung nach sicheren und gesunden Arbeitsbedingungen wiederum auf vier *"core labour standards"*. [80]

Eine andere Ansicht geht von der Zahl von fünf Arbeitsstandards aus, die für eine Implementierung durch eine „Sozialklausel" prädestiniert sind. Den Schutz der Arbeitnehmer in den Mittelpunkt stellend, setzten sich die *"fair labour standards"* neben der Vereinigungsfreiheit, dem Verbot von Kinder- und Zwangsarbeit und Diskriminierungen auch aus Vorschriften zur Arbeitssicherheit und zur Arbeitsüberwachung (ILO-Konventionen Nr.81 und Nr.129) zusammen.[81] Der

76 *Weiss*, Friedl (Fn.74): S.170.
77 *GATT*: Relationship of Internationally Recognized Labour Standards to International Trade, Communication from the United States, 21.September 1990, zitiert nach *Wear*, Paul (Fn.70): S.25, Fn.4.
78 *US State Department*: Country Reports on Human Rights Practices for 1990, S.1694, zitiert nach *Collingsworth*, Terry: International Worker Rights Enforcement: Proposals Following a Test Case, in: Human Rights, Labor Rights, and International Trade, Compa, Lance, Diamond, Stephen (Ed.), Philadelphia, 1996, Fn.85.
79 *Feld*, Lars (Fn.43): S.52, Fn.3.; Entschließungsantrag des Europäischen Parlaments „Entschließung zur Einführung der ‚Sozialklausel' in das uni- und multilaterale Handelssystem", EG-Doc. DE\RR\243101, PE 205.101/endg., Art.K.1, S.5.
80 *Vossler Champion*, Karen: Who Pays for Free Trade? The Dilemma of Free Trade and International Labor Standards, in: North Carolina Journal of International Law and Commercial Regulation 22 (1996) 1, S.217ff.; *CUTS*: Trade Liberalisation, Market Access and Non-tariff Barrieres, Briefing Paper Nr.4, April 1998, S.3.
81 Lediglich zweifelnd hinsichtlich Arbeitszeitregelungen *Edgren*, Gus: Fair Labour Standards and Trade Liberalisation, International Labour Review 188 (1979) 5, S.527ff. Zu einem Prinzip des Fair Trade im Welthandelssystem siehe oben, S.95ff. Der Text der Labour Inspection Convention v. 1947 (C81) und der Labour Inspection (Agriculture) Convention v. 1969 (C129) ist im Internet veröffentlicht in der ILO-Datenbank ILOLEX (http://ilolex.ilo.ch).

französische *Conseil économique et social* kommt ebenfalls auf fünf Standards, wenn er empfiehlt, neben den überwiegend gehandelten vier Rechten die in der ILO-Konvention Nr.143 niedergelegten Rechte der Wanderarbeiter in eine „Sozialklausel" aufzunehmen.[82] Auf fünf *"core labour rights"* kommt gleichermaßen, wer zu den vier grundlegenden Rechten entweder sichere und gesunde Arbeitsbedingungen[83] oder einen gesetzlichen Mindestlohn[84] hinzuzählt.

Zu immerhin bereits sieben arbeitsrechtlichen Grundsätzen führt offenbar der Ansatz, die für eine „Sozialklausel" maßgeblichen arbeitsrechtlichen Vorschriften nach dem Grad ihrer „internationalen Anerkennung" auszuwählen. Bei den so ermittelten *"International Labour Standards"* soll es sich um Vorschriften über den Sklavenhandel, Gefängnis- und Zwangsarbeit, Kinderarbeit, Arbeitszeitregelungen, Arbeitsbedingungen und eine angemessene und faire Entlohnung handeln.[85]

Auf mindestens acht Sozialstandards kommt, wer neben den grundlegenden vier Arbeitnehmerrechten zusätzlich die Freiheit der Berufswahl, Jugendarbeitsschutz, angemessene Löhne, Arbeitszeit, Krankenversicherung und andere soziale Sicherungssysteme sowie sichere und gesunde Arbeitsbedingungen zur Grundlage einer „Sozialklausel" machen möchte. Als Begründung für diese großzügige Auswahl wird angeführt, dass diese Standards als Menschenrechte innerhalb der ILO und in der Gesetzgebung auf nationaler Ebene umfassend anerkannt seien.[86]

Ein Katalog von neun Standards, die Berücksichtigung im Welthandelssystem finden sollen, geht zumindest an der politischen Realität vorbei. Die Forderung nach einer „Sozialklausel" , die neben den vier grundlegenden Rechten weiterhin Vorschriften über Mindestlöhne (ILO Konventionen Nrn.26, 99, 131, 135), bezahlten Jahresurlaub (Nr.132), Bildungsurlaub (Nr.140), Mutterschutz (Nr.3)

---

82 Avis et rapports du Conseil économique et social; Les droits fundamenataux de l'homme au travail dans une économie mondialisée, Journal Officiel de la République française, No.9, 18.März 1996, S.17. der Text der Migrant Workers (Supplementary Convention) v. 1975 (C143) ist im Internet veröffentlicht in der ILO-Datenbank ILOLEX (http://ilolex.ilo.ch).

83 *Brand*, D./*Hoffmann*, R.: Sozialdumping oder Protektionismus, in: IFO-Schnelldienst 47 (1994) 25/26, S.24; *Willers*, Dietrich: Sozialklauseln in internationalen Handelsverträgen, in: Weltfriede durch Soziale Gerechtigkeit, Bundesminsiterium für Arbeit und Sozialordnung, BDA, DGB (Hrsg.), Baden-Baden, 1994, S.172f.

84 *Caire*, Guy: Labour Standards and International Trade, in: International Labour Standards and Economic Interdependence, Sengenberger, Werner/Campbell, Duncan (Ed.), Genf, 1994, S.300f.; zustimmend offenbar *Wet*, Erika de: Labour Standards in the Globalized Economy: the Inclusion of a Social Clause in the General Agreement On Tariffs and Trade/World Trade Organization, in: Human Rights Quarterly 17 (1995) 3, S.453.

85 *Charnovitz*, Steve: The Influence of International Labour Standards on the World Trade Regime: a Historical Overview, in: International Labour Review 126 (1987) 5, S.569ff.

86 *Compa*, Lance: Labor Rights and Labor Standards in International Trade, Law and Policy in International Business 25 (1993) 1, S.169ff.

und schließlich Mindeststandards sozialer Sicherheit (Nrn.102, 118) enthalten soll, wird mit dem menschenrechtlichen Bezug dieser Standards begründet[87]. Die mit der handelspolitischen Durchsetzung dieser Standards verbundene Harmonisierung der Wirtschafts- und Sozialsysteme würde allerdings den Kostenvorteil der Entwicklungsländer bedrohen und deshalb auf deren geschlossene Ablehnung stoßen. Aus einem solch umfangreichen Schutzbereich einer „Sozialklausel" kann zudem leicht der Eindruck entstehen, dass den Entwicklungsländern die sozialen Standards der Industrieländer aufgezwungen werden sollen und protektionistische Ansichten verfolgt werden[88].

Der Streitstand um den potentiellen Umfang einer „Sozialklausel" braucht an dieser Stelle allerdings weder näher erläutert, noch entschieden zu werden. Welche Arbeitnehmerrechte als grundlegend anzusehen sind und womit sich diese Auswahl begründen lässt, hat mit dem Beschluss der erst zweiten Deklaration der ILO im Jahre 1998 weitgehende Klärung erfahren. Auf diese Deklaration wird nachfolgend näher einzugehen sein.

D. Die ILO-Declaration on Fundamental Principles and Rights at Work

Es ist bis heute kaum untersucht worden, welchen Beitrag die *ILO-Declaration on fundamental principles and rights at work* zur Diskussion um eine inhaltliche oder institutionelle Verknüpfung zwischen *Trade&Labour* leistet. Dies soll daher die übergeordnete Fragestellung der folgenden Analyse darstellen.

I. Hintergrund

Am 18. Juni 1998 beschloss die Internationale Arbeitskonferenz der ILO in Genf die *Declaration on Fundamental Principles and Rights at Work*. Die ILO-Deklaration 1998 wurde im Jahr des 50. Jubiläums der Allgemeinen Erklärung der Menschenrechte beschlossen. Dieser Zeitpunkt wurde deshalb gewählt, da die ILO-Deklaration diejenigen Menschenrechte behandelt, die unter das Mandat der

---

87 *Meyer*, Dirk: Social Standards and the New World Trading Order, in: World Competition Law and Economics Review 21 (1998) 6, S.34. Der Text dieser ILO-Konventionen ist im Internet veröffentlicht in der ILO-Datenbank ILOLEX (http://ilolex.ilo.ch).
88 So offenbar *Siebke*, Jürgen/*Rolf*, Ulrich: Was ist fairer internationaler Handel ?, Volkswirtschaftliche Korrespondenz der Adolf-Weber-Stiftung 37 (1998) 7, S.1.

ILO fallen[89]. Bei den von der Deklaration als fundamental bezeichneten vier Rechten handelt es sich um

- die Vereinigungsfreiheit einschließlich des Rechts auf Kollektivverhandlungen,
- die Beseitigung jeder Form von Zwangsarbeit,
- die effektive Abschaffung von Kinderarbeit sowie
- die Beseitigung von Diskriminierungen in der Arbeit[90].

Auf den ersten Blick verwundert es, dass die Delegierten 80 Jahre nach Gründung der ILO und der Annahme von nunmehr 183 arbeitsrechtlichen Konventionen eine solch grundsätzliche Stellungnahme in Form einer Deklaration für erforderlich hielten.

Der erste Grund hierfür liegt in der Klarstellungsfunktion der ILO-Deklaration[91]. Sie beantwortet die Frage, welche die wichtigsten der inzwischen 183 Arbeitsstandards in der ILO sind. Das Konzept, einige Arbeitsstandards grundlegend hervorzuheben, war zunächst umstritten, da dies gleichzeitig impliziert, dass die übrigen Standards eine geringere Bedeutung besitzen[92]. Die Hervorhebung der ILO-Standards mit menschenrechtlichem Gehalt erfolgte jedoch keineswegs erstmals durch die ILO-Deklaration. Bereits zuvor wurden die Konventionen der ILO in Menschenrechte, Schlüsselinstrumente der Sozialpolitik und einfache Sozialstandards unterteilt.[93] Heute werden bezüglich der ILO-Standards organisationsintern sieben verschiedene Kategorien unterschieden.[94] Abgesehen von der wichtigsten Kategorie der *"Basic Human Rights"* stellt diese Untergliederung jedoch keine Wertung oder Rangfolge, sondern lediglich eine systematische Strukturierung der Konventionen dar, um die Übersichtlichkeit des ILO-Regelwerks zu gewährleisten.

---

89 *Tapiola*, Kari: The ILO Declaration on Fundamental Principles and Rights at Work and its Follow-up, in: Bulletin of Comparative Labour Relations 37 (2000) 1, S.8.
90 Art.2(a)-(d) ILO-Deklaration 1998.
91 Zur Klarstellungsfunktion der ILO-Deklaration näher unten, S.192 sowie S.195.
92 *Bellace*, Janice R.: ILO Fundamental Rights at Work and Freedom of Association, in Labour Law Journal Chicago 50 (1999) 3, S.192.
93 Zu dieser Klassifizierung siehe *Jenks*, Wilfred C.: Law, Freedom and Welfare, London, 1963, S.103.
94 ILO Classified Guide to International Labour Standards (Including instruments adopted up to the 85th Session of the International Labour Conference, 1997 and taking into account decisions on the policy regarding the revision of standards up to the 268th Session of the Governing Body, 1997). Nachdruck als Anhang in: *Swepston*, Lee: The Universal Declaration of Human Rights and ILO Standards, ILO (Ed.), Genf, 1998.

Zweitens diente die ILO-Deklaration 1998 dazu, den Konsens über die Ziele und die Aufgaben der ILO nach den weltpolitischen Umwälzungen durch den Zusammenbruch der sozialistischen Staatengemeinschaft zu erneuern und zu vertiefen.[95] Der Zeitpunkt hierfür war insofern günstig, als die ILO nun nicht mehr im Brennpunkt der ideologischen Gegensätze zwischen marktwirtschaftlichen und sozialistischen Staatssystemen stand[96]. Mit der Deklaration reagierten die Delegierten auf die Notwendigkeit, nach dem Zusammenbruch der sozialistischen Staatengemeinschaft den Grundkonsens der ILO frei von ideologischen Grabenkämpfen neu zu formulieren.

Drittens muss die Deklaration als unmittelbare Reaktion der ILO auf die Vertiefung der internationalen Wirtschaftsbeziehungen und die Forderungen nach einer „Sozialklausel" in der WTO angesehen werden[97]. Diese Forderung resultiert im Wesentlichen daraus, dass die Mechanismen der ILO für den effektiven Schutz grundlegender Arbeitnehmerrechte im sich verschärfenden internationalen Wettbewerb als ungenügend angesehen werden[98]. Ein wichtiger Anstoß für die ILO-Deklaration datiert aus dem Jahre 1996, als die zweite WTO-Ministerkonferenz in Singapur die Befassung der WTO mit Arbeitsstandards grundsätzlich ablehnte und die ILO indirekt zu einer Initiative aufforderte.[99] Dazu heißt es in der Abschlusserklärung der WTO-Ministerkonferenz:

"We renew our commitment to the observance of internationally recognized labour standards. The **International Labour Organization (ILO) is the competent body to set and deal with these standards**, *and we affirm our support for its work in promoting them. We believe that economic growth and development fostered by increased trade and further trade liberalization contribute to the promotion of these standards. We* **reject** *the use of labour standards for* **protectionist purposes**, *and agree that the* **comparative advantage** *of countries, particularly low-wage developing countries,* **must in no way be put into question**. *In this regard, we note that the WTO and ILO Secretariats will continue their existing collaboration."*[100]

---

95 Vgl. *Bellace*, Janice R. (Fn.91): S.191, kritisch zu dieser Begründung *Langille*, Brian (Fn.57): S.232.
96 Zum historisch-politischen Kontext der Entstehung der ILO vgl. oben, S.143.
97 Vgl. *Langille*, Brian (Fn.57): S.230.
98 Statt vieler *Willers*, Dietrich (Fn.83): S.172.
99 *Langille*, Brian (Fn.57): S.240.
100 Singapore Ministerial Declaration, WTO-Doc. WT/MIN(96)/DEC/W v. 18. Dezember 1999, deutsche Übersetzung in: Hummer/Weiss, Vom GATT'47 zur WTO '94, Nr.74, S.1283ff., S.2, Abs.4, zur Bedeutung dieser Erklärung für die Debatte um eine „WTO-Sozialklausel" vgl. *Leary*, Virginia: The WTO and the Social Clause: Post Singapore, in: European Journal of International Law 8 (1997) 1, S.118.

Diese Stellungnahme setzte die ILO der erheblichen Erwartung aus, die Achtung grundlegender Arbeitsstandards als Spielregeln des internationalen Wettbewerbs sicherzustellen und den Handlungsdruck auf die WTO zu vermindern. Die Hoffnungen, mit der ILO-Deklaration 1998 der Debatte um Handelsmaßnahmen zur Durchsetzung von Arbeitnehmerrechten ein endgültiges Ende zu bereiten, haben sich allerdings noch nicht bestätigt. Wie die Vielzahl der Demonstranten bei der dritten WTO-Ministerkonferenz in Seattle im Jahre 1999 gezeigt hat, sehen viele offenbar immer noch die WTO neben der ILO als die geeignete Organisation an, um Menschenrechte im internationalen Wettbewerb wirksam durchzusetzen.

II. Entstehungsgeschichte

Das Jahr 1994 ist für die Entstehung der ILO-Deklaration von besonderer Bedeutung, denn die ILO konnte in diesem Jahr mit ihrem 75. Geburtstag sowie dem 50. Jahrestag der Verabschiedung der Deklaration von Philadelphia ein doppeltes Jubiläum begehen.[101] Im gleichen Jahr wurde die ILO jedoch durch das Aufleben der Debatte um eine „Sozialklausel" rund um die erste WTO-Minister-konferenz in Marrakesch herausgefordert. Zu diesem für die Organisation wegwei-senden Zeitpunkt entwarf der damalige Generaldirektor Michel Hansenne ein Strategiepapier, das die Zukunft der ILO sichern und gestalten sollte[102]. Hierin finden die sieben wichtigsten *"core conventions"* der ILO, in denen die grund-legenden vier Arbeitnehmerrechte kodifiziert sind, erstmals offiziell gesonderte Erwähnung[103]. Die Bedeutung dieser Rechte hob Hansenne damit hervor, dass er sich von 1995 an für eine universelle Ratifikation der grundlegenden Konventio-nen durch die ILO-Mitgliedstaaten einsetzen werde.

Die Frage, welche Konventionen von grundsätzlicher Bedeutung sind, konnte jedoch schon aufgrund der dreigliedrigen Struktur der ILO nicht von deren Generaldirektor *par ordre du mufti* entschieden werden. Einen weiteren wichtigen Schritt auf dem Weg zur ILO-Deklaration 1998 war deshalb der *World Summit for Social Development* in Kopenhagen im Jahre 1996. Im dort beschlossenen *Programme of Action* wurden die *"basic worker's rights"* als Beitrag zu nachhal-

101 Vgl. *Langille*, Brian (Fn.57): S.238.
102 *Hansenne*, Michel: Defending Values, Promoting Change, ILO, Genf, 1994, S.7.
103 Vgl. die Bezeichnung der grundlegenden Standards (allerdings ohne die Abschaffung der Kinderarbeit) als *"Fundamental ILO Human Rights Conventions"* bei *Hansenne*, Michel (Fn.64): S.457.

tiger sozialer Entwicklung bezeichnet.[104] Hiermit bekannten sich erstmals Staatenvertreter gemeinsam zu der Idee, „grundlegende Arbeitnehmerrechte" aus dem unübersichtlichen Geflecht der ILO-Standards hervorzuheben. Bereits im Jahresbericht der ILO aus dem Jahre 1997 wurde festgestellt, dass der Umfang der *"core labour rights"* inzwischen außer Streit steht.[105] Mit der Annahme der Deklaration im Juni 1998 unterstützen auch die Delegierten der Arbeitnehmer- und Arbeitgeberverbände das Konzept der fundamentalen Arbeitnehmerrechte.[106]

Die Verhandlungen wurden allerdings sehr kontrovers geführt, was die Annahme der Deklaration fast vereitelt hätte. Zwar wurde die Deklaration von der *68th International Labour Conference* (ILC) ohne Gegenstimme angenommen. Allerdings hatten nach den langwierigen Verhandlungen viele Delegierte Genf bereits verlassen. Aufgrund einiger Enthaltungen wurde mit 273 Stimmen das erforderliche Quorum für die Annahme der Deklaration lediglich um 9 Stimmen übertroffen[107]. Es verwundert nicht, dass aufgrund der unterschiedlichen Erwartungen der Weg bis zum Beschluss der Deklaration steinig war.[108] In dem Streit um die Stellung der Deklaration zu Handelsmaßnahmen bildeten sich skurril anmutende Koalitionen aus Befürwortern und Gegnern einer Verknüpfung von Handel und Menschenrechten in der Arbeit. Die Lager setzten sich aus den Delegierten der Industrieländer und den Arbeitnehmervertretern einerseits sowie andererseits den Vertretern der Entwicklungs- und Schwellenländer und den Arbeitgeberverbänden zusammen. Letztere befürchteten, die ILO-Deklaration 1998 könnte als Mittel zur Verknüpfung von Handel und Arbeitnehmerrechten benutzt werden. Inwiefern diese Befürchtung begründet ist, wird an späterer Stelle nachzugehen sein.[109]

---

104 Zum *World Summit for Social Development in Kopenhagen* und den Menschenrechten in der Arbeit als Teil der sozialen Komponente von *Sustainable Development* siehe oben, S.118ff.

105 *ILO*: The ILO, Standard Setting, and Globalization, Report of the Director-General: International Labour Conference (85th Session), Genf, 1997, S.12, wonach *"the list of these* [core] *rights no longer seems open to dispute"*.

106 Zwischenzeitlich versuchte die ILO im Jahre 1997 durch ihren damaligen Generalsekretär Hansenne, den Forderungen nach einer Verknüpfung von Handel und Arbeitnehmerrechten durch den Vorschlag eines umfassenden *"social labelling"* zu begegnen. Der Vorstoß fand jedoch keine Unterstützung und wurde bald verworfen, vgl. *Langille*, Brian (Fn.57): S.244.

107 Zum Abstimmungsergebnis siehe *Langille*, Brian (Fn.57): S.249.

108 Vgl. *Maupain*, Francis (Fn.57): S.12.

109 Siehe unten, S.203ff.

III. Schutzumfang

1. Die Vereinigungsfreiheiten

In der ILO-Deklaration 1998 stehen die Vereinigungsfreiheit und das Recht auf Kollektivverhandlungen in der Auflistung der fundamentalen Arbeitsrechte an erster Stelle.[110] Die Vereinigungsfreiheit und das Recht auf Kollektivverhandlungen stellen die beiden Komponenten dar, aus denen sich die umfassende Freiheit der Betätigung von Vereinigungen zusammensetzt.[111] Das institutionelle Recht der Vereinigungsfreiheit, also zuvorderst die Existenz von Arbeitnehmer- und Arbeitgebervertretungen, sind bereits in der *Freedom of Association and Right to Collective Bargaining Convention* v. 1948 (C87) sektorübergreifend garantiert.[112] Das Recht auf Kollektivverhandlungen ist dagegen in der *Right to Organize and Collective Bargaining Convention* v. 1948 (C98) enthalten und schützt die Vereinigungsfreiheit in ihrer Ausübung[113]. Die ILO-Konvention Nr.98 stellt insofern eine Konkretisierung der ILO-Konvention Nr.87 dar.[114] Nachfolgend sollen die in den Konventionen Nr.87 und Nr.98 enthaltenen Garantien der Vereinigungsfreiheit näher untersucht werden.

a) Die Konvention Nr.87

(1) Entstehungsgeschichte und Normhintergrund

Die erste Kodifikation der Vereinigungsfreiheit im Rahmen der ILO stellte die sog. *Right of Association (Agriculture) Convention* v. 1921 (C11) dar.[115] In der einzig substanziellen Vorschrift dieser Konvention werden Landarbeiter hinsichtlich des Rechts auf Vereinigungen Arbeitern in der Industrie gleichgestellt.[116] Sektoral

---

110 Art.2(a) ILO-Deklaration 1998.
111 *Dunning*, Harold: The Origins of Convention No.87 on Freedom of Association and the Right to Organize, in: International Labour Review 137 (1998) 2, S.163.
112 Der Text der Freedom of Association and Right to Collective Bargaining Convention ist im Internet veröffentlicht in der ILO-Datenbank ILOLEX (http://ilolex.ilo.ch).
113 Der Text der Right to Organize and Collective Bargaining Convention ist im Internet veröffentlicht in der ILO-Datenbank ILOLEX (http://ilolex.ilo.ch).
114 *Novitz*, Tonia: Freedom of Association and "Fairness at Work"- An Assessment of the Impact and Relevance of ILO Convention No. 87 on its Fiftieth Anniversary, in: Industrial Law Journal 27 (1998) 3, S.169.
115 Für die historischen Ursprünge gewerkschaftlicher Betätigung vgl. *Bellace*, Janice R. (Fn.91): S.194. Der Text der Right of Association (Agriculture) Convention ist im Internet veröffentlicht in der ILO-Datenbank ILOLEX (http://ilolex.ilo.ch).
116 Art.1 C11.

beschränkte Garantien der Vereinigungsfreiheit finden sich ferner in den ILO-Konventionen Nr.135 (*Workers Representatives Convention*) von 1971[117], der *Rural Workers' Convention* Nr.141 von 1975[118], der *Labour Relations (Public Service) Convention* Nr.151 von 1978[119] sowie in der *Right of Association (Non-Metropolitan Territories) Convention* Nr.84 von 1947[120]. Weitere Versuche der ILO, das Recht der Vereinigungsfreiheit umfassend zu regeln, schlugen bis zur Annahme der Konvention Nr.87 fehl.[121]

(2) Inhalt

In der *Freedom of Association and Protection of the Right to Organize Convention* v. 1948 (C87) ist eine umfassende Garantie des Rechts auf Vereinigungsfreiheit niedergelegt.[122] Wichtigste Vorschrift ist Art.2 C87, der die Gründung von Vereinigungen garantiert. Das Recht der Gründung und Mitgliedschaft in Vereinigungen steht Arbeitnehmern und Arbeitgebern gleichermaßen zu. Ferner gewährleistet Art.2 C87 den Beitritt zu diesen Organisationen. Von der Konvention Nr.87 nicht ausdrücklich geschützt ist die negative Vereinigungsfreiheit. Negative Vereinigungsfreiheit meint das Recht keiner Vereinigung anzugehören, sich also beispielsweise der gesetzlichen Zwangsmitgliedschaft in einer Vereinigung zu entziehen[123]. Bei weiteren wichtigen Rechten in der Konvention Nr.87 handelt es sich um die Autonomie der Vereinigungen bezüglich ihrer internen Vorschriften sowie die Möglichkeit, eigene Repräsentanten zu benennen[124]. Ferner genießen Vereinigungen das Recht, sich in übergeordneten nationalen oder internationalen Verbänden zu organisieren.[125] Abgesichert werden diese Rechte

---

117 Und der entsprechenden ILO-Empfehlung Nr.143.

118 Und der entsprechenden ILO-Empfehlung Nr.149.

119 Und der entsprechenden ILO-Empfehlung Nr.159, der Text dieser ILO-Empfehlungen ist im Internet veröffentlicht in der ILO-Datenbank ILOLEX (http://ilolex.ilo.ch).

120 Der Text all dieser Konventionen ist im Internet veröffentlicht in der ILO-Datenbank ILOLEX (http://ilolex.ilo.ch).

121 *Dunning*, Harold (Fn.111): S.157. Der Text der Social Security (Minimum Standards) Convention ist im Internet veröffentlicht in der ILO-Datenbank ILOLEX (http://ilolex.ilo.ch).

122 Der Text der Freedom of Association and Protection of the Right to Organize Convention ist im Internet veröffentlicht in der ILO-Datenbank ILOLEX (http://ilolex.ilo.ch).

123 Die Vertreter der Arbeitgeber konnten sich bei den Verhandlungen im Jahre 1947 mit einer entsprechenden Ergänzung des Art.2 C87 nicht durchsetzen, *Dunning*, Harold (Fn.111): S.162. vgl. allerdings Art.20 AEMR, die sowohl die positive als auch die negative Vereinigungsfreiheit anerkennt.

124 Art.3:1 C87.

125 Art.5, C87.

dadurch, dass die Beschränkung der Vereinigungsfreiheit oder ihrer rechtmäßigen Ausübung durch staatliche Stellen verboten ist.[126]

Keine Erwähnung in Konvention Nr.87 findet das Streikrecht, auch Konvention Nr.98 enthält keine diesbezügliche Garantie. In der Praxis der ILO ist das Streikrecht als Teil der Vereinigungsfreiheit jedoch anerkannt. So befand schon 1952 das *Committee on Freedom of Association* (CFA), dass das Streikrecht ein wesentliches Element der Vereinigungsfreiheit ist[127]. Im Jahre 1959 kam das *Committee of Experts on the Application of Conventions and Recommendations* (CEACR) zu dem Ergebnis, dass ein allgemeines staatliches Verbot von Streiks einen Verstoß gegen die Konvention Nr.87 darstellt[128]. Heute wird davon ausgegangen, dass die Konvention Nr.87 das Streikrecht zumindest in seinen Grundzügen garantiert.[129]

(3) Die Vereinigungsfreiheit als fundamentaler ILO-Standard

Es soll nunmehr untersucht werden, warum es sich bei dem Grundsatz der Vereinigungsfreiheit um einen fundamentalen Arbeitsstandard der ILO handelt. Der ILO-Deklaration 1998 kommt insofern nur erläuternde Wirkung zu.[130] Wie in Art.1(b) ILO-Deklaration zum Ausdruck kommt, wurden die vier Rechte und Prinzipien aufgenommen, weil ihnen *innerhalb und außerhalb* der Organisation grundsätzliche Bedeutung zuerkannt wird. Um einen fundamentalen Arbeitsstandard wird es sich insbesondere dann handeln, wenn ihm entweder besondere Bedeutung für die Funktion der ILO zukommt, er konstitutionell im Gründungsvertrag der ILO verankert ist oder den Schutz eines Menschenrechtes beinhaltet.[131]

Der Grundsatz der Vereinigungsfreiheit ist bereits insofern von fundamentaler Bedeutung, als er allgemein als Menschenrecht angesehen wird.[132] Die Klassifizierung der Vereinigungsfreiheit als Menschenrecht lässt sich bereits damit rechtfertigen, dass der Grundsatz der positiven und negativen Vereinigungsfreiheit in

---

126 Art.3:2 C87.
127 *Bellace*, Janice R. (Fn.91): S.194.
128 *Bellace*, Janice R. (Fn.91): S.194f.
129 *Gernigon*, Bernard/*Odero*, Alberto/*Guido*, Horratio: ILO Principles Concerning the Right to Strike, in: International Labour Review 137 (1998) 4, S.442.
130 Zur Rechtsnatur der ILO-Deklaration 1998 siehe unten, S.192ff.
131 Vgl. *ILO*: Consideration of a possible Declaration of principles of the International Labour Organisation concerning fundamental rights and its appropriate follow-up mechanism (Report VII), ILO-Doc. CONFREP\01413-18.E98, Genf, Juni 1998, Rn.162.
132 Siehe statt vieler nur *Dunning*, Harold (Fn.111): S.157.

Art.20 Allgemeine Erklärung der Menschenrechte (AEMR) enthalten ist[133]. Eine grundsätzliche Garantie der Koalitionsfreiheit findet sich in Art.23:4 AEMR.[134] In Art.8 des Internationalen Paktes über wirtschaftliche, soziale und kulturelle Rechte (WSK-Pakt) wird die Vereinigungsfreiheit weiter ausdifferenziert.[135] Die Vereinigungsfreiheit findet in der *Universal Bill of Rights* somit zweimalige Erwähnung und ist als Menschenrechtsstandard anerkannt.[136]

Eine weitere Besonderheit der ILO-Konvention Nr.87 gegenüber einfachen Sozialstandards besteht darin, dass die Vereinigungsfreiheit in der ILO-Verfassung verankert ist. Die besondere Stellung der Vereinigungsfreiheit wird in Abs.2 der Präambel der ILO-Verfassung anerkannt, wenn dort vom *"principle of freedom of association"* die Rede ist, das den Zielen des Friedens und der sozialen Gerechtigkeit dient. Die Verfassung der ILO erkennt zwar in einer offenen Aufzählung eine Reihe weiterer Sozialstandards als diesen Zielen förderlich an. Allein der Vereinigungsfreiheit wird allerdings neben dem Grundsatz „gleicher Lohn für gleiche Arbeit" nach dem Wortlaut der Status eines Verfassungsprinzips zuerkannt[137]. Ferner wird das Prinzip der Vereinigungsfreiheit als einer der wenigen ILO-Standards bereits in der *Declaration of Philadelphia* erwähnt.[138] Zur Vereinigungsfreiheit heißt es in Abs.I der Deklaration von Philadelphia:

*"The Conference reaffirms the **fundamental principles on which the Organization is based** and, in particular, that: [...]*

*(b) **freedom of** expression and of **association** are essential to sustained progress"* [139].

---

133 Der Text der Allgemeinen Erklärung der Menschenrechte v. 10. Dezember 1948 ist abgedruckt in: Resolution 217 (III) Universal Declaration of Human Rights, in: United Nations, General Assembly, Official Records third Session (part I) Resolutions (UN-Doc. A/810), S.71ff., deutsche Übersetzung in: *Khan*, Daniel-Erasmus (Hrsg.): Sartorius II, Internationale Verträge-Europarecht, München, 2000, Nr.19.

134 Dort heißt es allerdings lediglich: „Jeder Mensch hat das Recht, zum Schutze seiner Interessen Berufsvereinigungen zu bilden und solchen beizutreten."

135 Internationaler Pakt über wirtschaftliche, soziale und kulturelle Rechte, BGBL. 1973 II, S.1570ff., mit der Bezeichnung Universal Bill of Rights werden mit der Allgemeinen Erklärung der Menschenrechte, dem Internationalen Pakt über bürgerliche und politische Rechte und dem Internationalen Pakt über wirtschaftliche, soziale und kulturelle Rechte die drei wichtigsten menschenrechtlichen Übereinkommen zusammengefaßt, vgl. *Castermans-Holleman, Monique*: The Protection of Economic, Social and Cultural Rights within the UN-Framework, in: Netherlands International Law Review 42 (1995) 3, S.353ff.

136 Vgl. *Riedel*, Eibe H. (Fn.2): S.297.

137 Korrekt müßte der Grundsatz *"equal remuneration for work of equal value"* mit „gleiche Entlohnung für gleichwertige Arbeit" übersetzt werden. Im nachfolgenden wird jedoch die gebräuchliche und eingängige Übersetzung „gleicher Lohn für gleiche Arbeit" verwendet.

138 Für Hintergrund und Entstehungsgeschichte der Declaration of Philadelphia siehe *Lee*, Eddy (Fn.70): S.467ff.

139 Hervorhebung hinzugefügt.

Die Bezeichnung als konstituierendes Prinzip der ILO an systematisch exponierter Stelle der Deklaration von Philadelphia verdeutlicht, warum die in Konvention Nr.87 kodifizierte Vereinigungsfreiheit zu Recht als eines der fundamentalen Rechte im Normgeflecht der ILO angesehen wird. Diese Sonderstellung der Vereinigungsfreiheit erklärt sich daraus, dass das Recht auf die Gründung von Vereinigungen für die ILO schlechthin konstituierend ist[140]. Ohne die nationale Verwirklichung der Vereinigungsfreiheit wäre die dreigliedrige Struktur der ILO aus Vertretern von Staaten, Gewerkschaften und Arbeitgeberverbänden kaum denkbar.

b) Die Konvention Nr.98

(1) Entstehungsgeschichte und Normhintergrund

Das Recht auf Kollektivverhandlungen hat in der ILO eine relativ junge Geschichte. Die *Right to Organize and Collective Bargaining Convention* v. 1949 (C98) war der erste Arbeitsstandard der ILO, der sich auf das Recht auf Kollektiv-verhandlungen bezieht.[141] Es gab bis dahin weder eine allgemeine noch eine sektorale Konvention in der ILO, die dieses Recht garantierte. Die Entstehung der Konvention Nr.98 wurde durch zwei Umstände begünstigt. Erstens erfolgte die Einigung über die Konvention Nr.98 in der ILO nach dem Ende des zweiten Welt-krieges, der Geburtsstunde vieler internationaler Instrumente. Das internationale Bekenntnis zu Kollektivverhandlungen in der ILO-Konvention Nr.98 wird als Reaktion auf die Einschränkungen dieses Rechts in den Kriegsjahren, insbesondere in Deutschland, Japan und Italien angesehen.[142] Zweitens beschlossen die ILO-Mitglieder mit der Konvention Nr.87 ein Jahr zuvor die institutionelle Garantie der Vereinigungsfreiheit. Insofern war es nur folgerichtig, ein Jahr später durch die Konvention Nr.98 auch die spezifischen Aktivitäten von Vereinigungen und deren Mitglieder unter den Schutz der ILO zu stellen.

---

140 *Novitz*, Tonia (Fn.114): S.171.
141 Der Text der Right to Organize and Collective Bargaining Convention ist im Internet veröffentlicht in der ILO-Datenbank ILOLEX (http://ilolex.ilo.ch).
142 *Lee*, Chang-Hee/*Ozaki*, Muneto/*Rueda*, Catry/*Ruiz*, María Luz Vega: From the Guilds to Coming of Age: Collective Bargaining Prevails over other Forms of Negotiation due to its Flexible Character, in: Collective bargaining: A Fundamental Principle, a Right, a Convention, ILO, Genf, 1999, S.16, vgl. ferner *Bellace*, Janice R. (Fn.91): S.194.

(2) Inhalt

Eine allgemeine Garantie der Ausübung der Vereinigungsfreiheit ist in Art.1:1
C98 enthalten. Dort wird festgeschrieben, dass Arbeitern angemessener Schutz
gegen „gewerkschaftsfeindliche" Diskriminierungen gewährt wird. Diese
grundlegende Vorschrift zum Schutz gewerkschaftlicher Betätigung wird insoweit
konkretisiert, als die Beschäftigung von Arbeitnehmern weder vom Nichteintritt
noch vom Austritt aus einer Gewerkschaft abhängig gemacht werden darf.[143]
Weiterhin wird vorgeschrieben, dass die Mitarbeit in Gewerkschaften für Arbeitnehmer keine Nachteile haben soll; insbesondere darf sie keinen Kündigungsgrund
darstellen.[144]
Diese Vorschriften zum Schutz der Ausübung der Vereinigungsfreiheit finden
ihrem Wortlaut nach nur bei Arbeitnehmern und deren Vertretungen Anwendung.
Vereinigungen der Arbeitgeber werden nicht erfasst. Dies bedeutet jedoch nicht,
dass C98 ausschließlich dem Schutz gewerkschaftlicher Betätigung dient. So
fordert beispielsweise Art.2:1 C98 sowohl für Gewerkschaften als auch für
Arbeitgebervereinigungen angemessenen Schutz vor gegenseitiger Störung ihrer
Arbeit. Mit den umfangreicheren Garantien für Arbeitnehmervertretungen trägt die
Konvention Nr.98 lediglich deren größerem Schutzbedürfnis Rechnung. In der
Regel sind eher Repräsentanten von Gewerkschaften als Arbeitgebervertreter Ziel
staatlicher Repressalien.
In der Konvention Nr.98 haben sich die Unterzeichnerstaaten schließlich
verpflichtet, das Recht auf Kollektivverhandlungen in geeigneter Form umzusetzen.[145] Von Kollektivverhandelungen spricht man bei Verhandlungen zwischen
Unternehmen oder Unternehmensverbänden auf der einen und Arbeitnehmervertretern, meist Gewerkschaftlern, auf der anderen Seite.[146] Das Ziel von Kollektivverhandlungen ist es, zwischen Arbeitgebern und Arbeitnehmern Regelungen über
die Arbeitsbedingungen zu treffen.[147] Hierbei können sektoral oder sogar für die
gesamte nationale Wirtschaft verbindliche Regelungen getroffen werden[148]. Diese
Vereinbarungen tragen meist dazu bei, das Verhältnis der Verhandlungspartner

---

143 Art.1:2(a) C98.
144 Art.1:2(b) C98.
145 Art.4 C98, für die Umsetzung des Rechts auf Kollektivverhandlungen auf europäischer Ebene
siehe *Kim*, Haknoh: Constructing European Collective Bargaining, in: Economic and Industrial
Democracy 20 (1999) 3, S.393ff.
146 *Lee*, Chang-Hee/*Ozaki*, Muneto/*Rueda*, Catry/*Ruiz*, María Luz Vega (Fn.142): S.13.
147 Art.4 C98.
148 *Windmuller*, John P.: Comparative Study of Methods and Practices, in: Collective Bargaining and
Industrialized Market Economies: A Reappraisal, Windmuller, John P. (Ed.), Genf, 1987, S.14.

grundsätzlich zu definieren.[149] Auf bewaffnete Einheiten, die Polizei sowie den öffentlichen Sektor finden die Vorschriften der C98 keine Anwendung.

(3) Kollektivverhandlungen als fundamentaler ILO-Standard

In der ILO-Deklaration 1998 wird das Recht auf Kollektivverhandlungen, zusammen mit der Vereinigungsfreiheit, als einer der vier fundamentalen Arbeitsstandards genannt.[150]

In der Verfassung der ILO findet das Recht auf Kollektivverhandlungen keine eigenständige Erwähnung. Allerdings folgt der konstitutionelle Bezug des Rechts auf Kollektivverhandlungen aus seinem quasi-akzessorischen Verhältnis zum Prinzip der Vereinigungsfreiheit[151]. So werden Kollektivverhandlungen als eine der wichtigsten Aufgaben von Vereinigungen angesehen.[152] Insbesondere bildet das Recht auf Kollektivverhandlungen ein Instrument, um die für ein Land adäquaten sozialen Standards auszuhandeln. Dieser Interessenausgleich fördert den sozialen Frieden in einem Land. Deshalb bliebe die in der ILO-Verfassung verankerte institutionelle Garantie der Vereinigungsfreiheit ohne konkrete Schutznormen für die Betätigung von Vereinigungen eine Leerformel. Aus diesem Zusammenhang der Konventionen Nr.87 und Nr.98 erklärt sich, dass die Vereinigungsfreiheit und das Recht auf Kollektivverhandlungen in der ILO-Deklaration zu einem fundamentalen Standard zusammengefasst wurden.[153]

c) Besonderheiten in der Rechtsdurchsetzung

Die Überwachung der Konventionen Nr.87 und Nr.98 erfolgt zunächst durch das ILO *Committee of Experts on the Application of Conventions and Recommendations* (CEACR). Das *Committee of Experts* überwacht seit dem Jahre 1926 die Einhaltung aller ratifizierten ILO-Standards.[154] Im Hinblick auf die Vereinigungsfreiheit müssen die Mitgliedstaaten dem *Committee of Experts* alle zwei Jahre berichten, inwieweit die nationale Gesetzgebung und Verwaltungspraxis den Anforderungen der Konventionen Nr.87 und 98 entspricht.[155] Das *Committee of Experts* prüft auch die Stellungnahmen nationaler Vertretungen der Arbeitnehmer

---

149 *Windmuller*, John P. (Fn.148): S.3.
150 Art.2(a) ILO-Deklaration 1998.
151 Vgl. *Bellace*, Janice R. (Fn.91): S.194.
152 *Adams*, Roy J.: Regulating Unions and Collective Bargaining: A Global Historical Analysis of Determinants and Consequences, in: Comparative Labour Law Journal 14 (1993) 3, S.272.
153 Siehe Art.2(a) ILO-Deklaration 1998.
154 *Bellace*, Janice R. (Fn.91): S.194; *Langille*, Brian (Fn.57): S.246.
155 *Dunning*, Harold (Fn.111): S.164; *Bellace*, Janice R. (Fn.91): S.194.

und Arbeitgeber, sofern diese den Berichten der Staaten angefügt sind.[156] In einer öffentlichen Diskussion erhalten die Staaten Gelegenheit, ihre Berichte zu erläutern. Verstöße gegen die Vorschriften der Konvention Nr.87 werden im Bericht des *Committee of Experts* in einer besonderen Sektion hervorgehoben[157]. Weiterhin veröffentlicht das *Committee of Experts* jährlich einen allgemeinen Bericht, in dem die Umsetzung und Interpretation der Vereinigungsfreiheit durch die Mitglieder dargestellt wird.[158]

Die Rechte der Vereinigungsfreiheit werden weiterhin vom *Committee on Freedom of Association* (CFA) überwacht, das in mehrfacher Hinsicht eine Besonderheit in der ILO darstellt. Erstens existiert allein für die Konventionen der Vereinigungsfreiheit mit dem *Committee on Freedom of Association* ein besonderes Organ, das neben dem *Committee of Experts* die Rechtsdurchsetzung überwacht. Zweitens ist das *Committee on Freedom of Association* hier von besonderem Interesse, da es in unterschiedlicher Hinsicht für die Mechanismen zur Implementierung der ILO-Deklaration 1998 als Vorbild diente. Bei dem im Jahre 1951 gegründeten *Committee on Freedom of Association* handelt es sich um ein dreigliedrig besetztes Organ der ILO, das spezifisch die Achtung der ILO-Konventionen Nr.87 und Nr.98 überwacht.[159] Rechtsgrundlage für die Einrichtung des Komitees ist Art.10:1 ILO-Verfassung.[160] Die Konsultationen im Rahmen des *Committee on Freedom of Association* stellen ein Vorverfahren dar. Die Empfehlungen des CFA werden an den *Governing Body* oder an das *Committee of Experts* weitergeleitet, sofern dies sachdienlich ist. In der Folge obliegt es dem *Governing Body,* bei Verstößen gegen die ILO-Konventionen Nr.87 und Nr.98 geeignete Maßnahmen zu beschließen. So kann beispielsweise technische Kooperation zur Verfügung gestellt oder auch entzogen werden.[161]

---

156 *Novitz*, Tonia (Fn.114): S.171.
157 Der sog. *"special paragraph"* in den Berichten des Committees of Experts ersetzt dabei die bisherige *"special list"* derjenigen Länder, die gegen die Konvention verstoßen haben, *Landy*, Ernest A.: The Effectiveness of International Supervision, Thirty Years of ILO Experience, London, 1966, S.170.
158 Vgl. z.B. *ILO*: General Survey of the Committee of Experts on Freedom of Association and Collective Bargaining, Genf, 1994, Rn.1ff.
159 Das CFA wurde auf Beschluß des ILO Governing Body nach Verhandlungen mit dem Economic and Social Council der UN (ECOSOC) in Jahre 1950 gegründet, *ILO*: ILO Law on Freedom of Association, Standards and Procedures, Genf, 1995, S.126, vgl. auch *Métall*, Rudolf: Der völkerrechtliche Schutz sozialer Grundrechte durch die Internationale Arbeitsorganisation, in: Festschrift für Hans Schmitz zum 70.Geburtstag, Mayer-Maly, Theo (Hrsg.), Wien (e.a.), 1967, S.202.
160 *ILO* (Fn.131): Rn.17.
161 Die Bandbreite der rund 2000 Beschwerden, die dem CFA bisher meist von Arbeitnehmerseite zugingen, reicht über die Störung von Gewerkschaftsversammlungen über Folter, bis zur Exekution und das „Verschwinden" von gewerkschaftlichen Repräsentanten, *Dunning*, Harold (Fn.111): S.165,

Die kompetenzrechtliche Besonderheit des *Committee on Freedom of Association* besteht darin, dass es für dessen Gründung keine ausdrückliche Ermächtigungsgrundlage im Organisationsrecht der ILO gibt. Die Befugnis der ILO zur Einrichtung des CFA wird damit begründet, dass Staaten schlicht durch ihre Mitgliedschaft die in der Verfassung der Organisation anerkannten Grundsätze respektieren müssen. Konkret wird die Ermächtigung zur Einrichtung des CFA aus Art.1:1 der ILO-Verfassung abgeleitet162. Art.1:1 ILO-Verfassung lautet:

A permanent Organization is hereby established for the promotion of the objects set forth in the Preamble of this Constitution and in the Declaration concerning the aims and purposes of the International Labour Organization adopted at Philadelphia on 10 May 1944, the text of which is annexed to this Constitution.

Auf Basis dieser Vorschrift wird die Existenz des *Committee on Freedom of Association* damit gerechtfertigt, dass es als Organ der ILO durch die Implementierung der Vereinigungsfreiheit, die ein Verfassungsprinzip darstellt, zur *Förderung* der verfassungsmäßigen Ziele der Organisation beiträgt.163

Weiterhin besitzen sowohl das *Committee on Freedom of Association* als auch das *Committee of Experts* die Kompetenz, Beschwerden gegen Staaten nachzugehen und diesen Berichte abzuverlangen, selbst wenn Mitglieder eine Konvention nicht ratifiziert haben. Diese Berichtspflichten der Staaten resultieren ohne weitere Verpflichtung aus deren Mitgliedschaft in der ILO. Die entsprechenden Befugnisse des *Committee on Freedom of Association* und das *Committee of Experts* werden aus Art.19:5(e) ILO-Verfassung hergeleitet:

In case of a Convention: [...]
*(e) if the Member does not obtain the consent of the authority or authorities within whose competence the matter lies, no further obligation shall rest upon the **Member** except that it **shall report** to the Director-General of the International Labour Office, at appropriate intervals as requested by the Governing Body, **the position of its law and practice in regard to the matters dealt with in the Convention**, showing the extent to which effect has been given, or is proposed to be given, to any of*

---

vgl. ferner *Cox*, Laura, Q.C.: The International Labour Organisation and Fundamental Rights at Work, in: European Human Rights Law Review 4 (1999) 5, S.454.
162 *Langille*, Brian (Fn.57): S.246.
163 Zum Status der Vereinigungsfreiheit als Verfassungsprinzip der ILO siehe oben, S.167.

*the provisions of the Convention by legislation, administrative action, collective agreement or otherwise and stating the difficulties which **prevent or delay the ratification of such Convention.** [...]* [164]

Demnach bestehen aus der ILO-Verfassung auch für Nicht-Unterzeichnerstaaten einer Konvention Berichtspflichten gegenüber der ILO. Diese Vorschriften des Art.19:5(e) in Verbindung mit Art.I:1 ILO-Verfassung werden als Grundlage für die Überwachung des verfassungsmäßig garantierten Rechts der Vereinigungsfreiheit durch das CFA und das *Committee of Experts* gegenüber allen Mitgliedstaaten der ILO herangezogen.[165] Diese Herleitung organisationseigener Kompetenzen und mitgliedstaatlicher Pflichten aus der Verfassung der ILO stand Modell für die rechtliche Konstruktion der ILO-Deklaration 1998 und ihres Überwachungsmechanismus (Follow-up-Mechanismus).[166] Mit den Kompetenzen für das CFA und das *Committee of Experts* war bereits vor der ILO-Deklaration 1998 anerkannt, dass aus der ILO-Verfassung allein kraft Mitgliedschaft Berichtspflichten resultieren können, selbst wenn ein Staat die einschlägigen Konventionen nicht ratifiziert hat. Durch die ILO-Deklaration 1998 und den Follow-up Mechanismus wurde dieses Konzept auf die vier fundamentalen Prinzipien, die in sieben unterschiedlichen Konventionen niedergelegt sind, ausgedehnt.[167] Auf die völkerrechtliche Zulässigkeit dieser Herleitung von Kompetenzen aus der ILO-Verfassung wird an späterer Stelle einzugehen sein.[168]

d) Zwischenergebnis

Es bleibt festzuhalten, dass es sich bei der Vereinigungsfreiheit um ein Menschenrecht, ein grundlegendes Recht in der Arbeit sowie ein tragendes Strukturprinzip der ILO handelt. Die in der Konvention Nr.98 enthaltenen Rechte, insbesondere die Koalitionsfreiheit, partizipieren an der grundsätzlichen Bedeutung der in Konvention Nr.87 geschützten Vereinigungsfreiheit. Die Rechte der Konvention Nr.98 sind für die Verwirklichung der institutionellen Garantie der Vereinigungsfreiheit wesentlich, da sie diese in ihrer Ausübung schützen.

---

164 Hervorhebung hinzugefügt.
165 Vgl. *Bellace*, Janice R. (Fn.91): S.195.
166 Dieser rechtstechnischen Ansatz zur Herleitung von mitgliedstaatlichen Pflichten aus der Verfassung wurde für den Follow-up-Mechanismus der ILO-Deklaration 1998 übernommen, vgl. unten, S.189ff.
167 Siehe unten, S.190.
168 Siehe unten, S.200ff.

Die Stellung als Verfassungsprinzip der ILO bietet die rechtliche Begründung dafür, dass der Grundsatz der Vereinigungsfreiheit von allen ILO-Mitgliedern respektiert werden muss, unabhängig davon, ob die entsprechenden Konventionen Nr.87 und Nr.98 ratifiziert wurden. Hinsichtlich der Ableitung mitgliedstaatlicher Pflichten aus der ILO-Verfassung stand der Schutz der Vereinigungsfreiheit offenbar Modell für die rechtliche Konstruktion der ILO-Deklaration 1998 und ihres Follow-up-Mechanismus.

2. Das Verbot von Zwangsarbeit

a) Entstehungsgeschichte und Normhintergrund

Die ILO-Konventionen zum Verbot der Zwangsarbeit fanden in den internationalen Bemühungen zur Bekämpfung der Sklaverei ihren Ausgangspunkt.[169] Als Beginn der völkerrechtlichen Auseinandersetzung mit dem Problem der Sklaverei wird die Berliner Zentralafrika-Konferenz des Jahres 1885 angesehen. In der Abschlusserklärung dieser Konferenz wurde festgestellt, dass der Sklavenhandel mit den Prinzipien des Völkerrechts unvereinbar ist.[170] Es dauerte noch bis zum Jahre 1926, bis der Völkerbund mit dem Übereinkommen über Sklaverei (*Slavery Convention*) ein umfassendes Verbot der Sklaverei beschloss, das noch heute in Kraft ist[171]. Allerdings sah die *Slavery Convention* ursprünglich weder Verfahren noch Organe vor, um die Einhaltung des Sklavereiverbotes zu überwachen.[172] Daraufhin forderte der Völkerbund die ILO auf, das Sklavereiverbot in einem spezifisch arbeitsrechtlichen Standard umzusetzen.[173] Im Jahre 1930 wurde von der ILO das Übereinkommen über Zwangs- oder Pflichtarbeit angenommen, die

---

169 Für einen Überblick über die völkerrechtliche Entwicklung des Sklavereiverbots siehe *Report of the Working Group on Contempory Forms of Slavery*, 19th Session, UN-Doc. CES E/CN.4/Sub.2/1994/33, Abs.101 sowie *Report of the Working Group on Contemporary Forms of Slavery*, 20th Session, UN-Doc. CES E/CN.4/Sub.2/1995/28, Abs.123.
170 Ipsen, Knut: Individualschutz im Völkerrecht, in: Ipsen, Knut (Hrsg.) Völkerrecht, 4. Auflage, München, 1999, §48, S.674, Rn.7, für einen ausführliche und zugleich detaillierte Darstellung des historischen Hintergrundes des Sklavereiverbotes und die Ursprünge des Verbotes der Zwangsarbeit siehe *ILO* (Fn.38): S.12ff.
171 Der Text des Übereinkommens über die Sklaverei i. d. F. des Änderungsprotokolls v. 7.12.1953, ist abgedruckt in: BGBl. 1972 II, S.1473.
172 Erst im Jahre 1975 wurde durch den ECOSOC die Working Group on Contemporary Forms of Slavery zur Überwachung der Konventionen eingesetzt, vgl. *ILO*: World Labour Report, Genf, 1993, S.10.
173 *Swepston*, Lee (Fn.94): The Universal Declaration of Human Rights and ILO Standards, ILO (Ed.), Genf, 1998 S.8.

sog. *Forced Labour Convention* (C29).[174] Ursprünglich hatten die Mitglieder mit der ILO-Konvention Nr.29 vor allem die Einschränkung und Regelung der Zwangsarbeit in Kolonialstaaten im Blick.[175]

Diese erste Zwangsarbeit-Konvention der ILO wurde im Jahre 1957 durch das ILO-Übereinkommen zur Abschaffung der Zwangsarbeit ergänzt, die sog. *Abolition of Forced Labour Convention* (C105).[176] Auch dieser zweiten ILO-Konvention zur Zwangsarbeit ging wiederum ein UN-Standard zur Sklaverei voraus. Dabei handelte es sich um das UN-Zusatzübereinkommen über die Abschaffung der Sklaverei, des Sklavenhandels und sklavereiähnlicher Einrichtungen und Praktiken (*UN-Convention on the Abolition of Slavery, the Slave Trade and Institutions and Practices Similar to Slavery*).[177] Schon diese Entstehungsgeschichte verdeutlicht, dass die ILO-Übereinkommen zur Zwangsarbeit eine Umsetzung des völkerrechtlichen Sklavereiverbots darstellen.

b) Inhalt

(1) Konvention Nr.29

Die *Forced Labour Convention* v. 1930 (C 29) enthält eine Legaldefinition, wonach Zwangsarbeit vorliegt, wenn einem Menschen unter Androhung einer Strafe Arbeit oder eine Dienstleistung abverlangt wird, zu der er sich nicht freiwillig bereit erklärt hat[178]. Hiervon sind die Militärdienstpflicht, „übliche Bürgerpflichten" oder lokale Dienstleistungspflichten sowie Arbeit infolge gerichtlicher Verurteilung oder nationaler Notstandssituationen ausgenommen.[179] Diese Ausnahmen schränken die weite Legaldefinition der Zwangsarbeit und damit auch den Schutzbereich der Konvention Nr.29 erheblich ein.[180] Die Konvention Nr.29 begründet ferner ein Verbot und eine unbedingte aktive Unterbindungspflicht für Unterzeichnerstaaten hinsichtlich jeder Form von

---

174 Der Text der Forced Labour Convention ist im Internet veröffentlicht in der ILO-Datenbank ILOLEX (http://ilolex.ilo.ch).

175 *Bollé*, Patrick: Supervising Labour Standards and Human Rights: The Case of Forced Labour in Myanmar (Burma), in: International Labour Review 137 (1998) 3, S.393; *ILO*: Forced Labour: Report and draft questionnaire, International Labour Conference, 12th Session, Genf, 1929, S.1.

176 Der Text der Abolition of Forced Labour Convention ist im Internet veröffentlicht in der ILO-Datenbank ILOLEX (http://ilolex.ilo.ch).

177 Der Text der UN-Convention on the Abolition of Slavery, the Slave Trade and Institutions and Practices Similar to Slavery ist veröffentlicht in: BGBl. 1958 II, S.203.

178 Art.2:1 C29.

179 Art.2:2 C29.

180 Ipsen, Knut (Fn.170): §48, S.674f., Rn.8.

Zwangsarbeit.[181] Die Mitglieder sind ausdrücklich verpflichtet, gegen Zwangs-arbeit zugunsten von privaten Personen, Unternehmen und Vereinigungen vorzu-gehen.[182] Dementsprechend dürfen keine staatlichen Genehmigungen für privat betriebene Zwangsarbeit erteilt werden und illegal unterhaltene Zwangsarbeit ist von den Unterzeichnerstaaten unter Strafe zu stellen.[183]

(2) Konvention Nr.105

Die *Abolition of Forced Labour Convention* v. 1949 (C105) beinhaltet lediglich zwei Vorschriften. Zum einen werden die häufigsten „Gelegenheiten" und Begründungsversuche für Zwangsarbeit enumerativ aufgezählt und untersagt.[184] So darf Zwangsarbeit, gleich welcher Form, nicht als politische Erzie-hungsmaßnahme oder als Strafe für die Äußerung systemkritischer politischer Ansichten eingesetzt werden.[185] Es wird weiterhin festgestellt, dass Zwangsarbeit weder als Mittel zur Mobilisierung von Arbeitskräften zum Zweck der wirtschaft-lichen Entwicklung, noch als arbeitsrechtliche Disziplinarmaßnahme verwendet werden darf.[186] Ferner wird klargestellt, dass Zwangsarbeit nicht als Strafmaß-nahme für die Teilnahme an Streiks oder zur Diskriminierung aufgrund von Rasse, sozialer Herkunft, Nationalität oder Religionszugehörigkeit erfolgen darf.[187] Insofern stellt die Konvention Nr.105 eine Verknüpfung zu den grundlegenden ILO-Prinzipien der Vereinigungsfreiheit und dem Diskriminierungsverbot her. Die zweite Vorschrift der Konvention Nr.105 stellt lediglich fest, dass die Unterzeich-nerstaaten geeignete Schritte zur Umsetzung des in Art.1 spezifizierten Verbotes der Zwangsarbeit unternehmen werden.[188]

Die Bedeutung der jüngeren ILO-Konvention Nr.105 besteht nicht allein darin, dass sie explizit bestimmte Anlässe und „Rechtfertigungsversuche" für Zwangsarbeit untersagt und damit die allgemeine ILO-Konvention Nr.29 erläutert. Die Konvention Nr.105 reicht in ihrem materiellen Schutzumfang insofern weiter als Konvention Nr.29, als sie durch die enumerative Aufzählung der verbotenen Praktiken ohne die nachträgliche Eingrenzung des Schutzbereichs durch Ausnah-

---

181 Art.1:1 C29, vgl. zum Umfang dieser Vorschrift *ILO* (Fn.38): S.67, Rn.205.
182 Art.4 C29.
183 Art.5 und Art.6 C29.
184 Art.1 C105.
185 Art.1(a) C105.
186 Art.1(b) und (c) C105.
187 Art.1(d) und (e) C105.
188 Art.2 C105.

men auskommt.[189] Ein weiterer Unterschied zwischen den beiden Instrumenten besteht darin, dass die Präambel der Konvention Nr. 105 auf die beiden UN-Standards zum Sklavereiverbot als menschenrechtlichen Hintergrund des arbeitsrechtlichen Verbots der Zwangsarbeit ausdrücklich hinweist.[190]

c) Das Verbot der Zwangsarbeit als fundamentaler ILO-Standard

Das Verbot der Zwangsarbeit hat seinen völkerrechtlichen Ursprung in den Bemühungen der Staatengemeinschaft zur Abschaffung der Sklaverei.[191] Bei dem Verbot und der Abschaffung von Zwangsarbeit handelt es sich um eine spezifische Ausprägung des Sklavereiverbots in der Arbeitswelt. Der faktische Zusammenhang zwischen Sklaverei und Zwangsarbeit ergibt sich daraus, dass mit Sklaverei üblicherweise die Ableistung von Zwangsarbeit bezweckt wird.[192]

Es ist unbestritten, dass es sich bei der Befreiung von Sklaverei um ein Menschenrecht handelt. Die Verbote der Sklaverei und des Sklavenhandels zählen zum völkerrechtlichen Basisschutz, da sie Leben und Gesundheit schützen sowie die Degradierung des Menschen zum (Handels-) Objekt verhindern.[193] Das Sklavereiverbot ist sowohl in Art. 4 AEMR, als auch in Art. 8:1 Internationaler Pakt über bürgerliche und politische Rechte (IPBPR) niedergelegt.[194] Die Vorschrift des Art. 8:2 IPBPR untersagt zudem ausdrücklich die Leibeigenschaft; Art. 8:3 IPBPR statuiert das spezifische Verbot der Zwangs- und Pflichtarbeit. Der materielle Zusammenhang zwischen den Verboten der Sklaverei und Zwangsarbeit spiegelt sich daher auch in dem systematisch einheitlichen Kodifikationsort des Art. 8 IPBPR wider.

Das Verbot der Zwangsarbeit stellt allerdings das einzige der vier fundamentalen ILO-Prinzipien dar, dass weder im Gründungsvertrag der ILO, noch in der Deklaration von Philadelphia ausdrücklich erwähnt wird. Dennoch lässt sich die mitgliedstaatliche Pflicht zur Abschaffung der Zwangsarbeit aus der Verfassung der ILO ableiten. In der Deklaration von Philadelphia, die als Annex Bestandteil der ILO-Verfassung ist, wird mit den Worten *"labour is not a commodity"* klarge-

---

189 Vgl. Art. 2:2 C29.
190 Abs. 5 Präambel C105.
191 Siehe oben, S. 171.
192 *ILO* (Fn. 172): S. 10.
193 Ipsen, Knut (Fn. 170): §48, S. 674, Rn. 2, Rn. 7 und Rn. 11.
194 Der Internationale Pakt über bürgerliche und politische Rechte ist abgedruckt in: *Khan*, Daniel-Erasmus (Hrsg.): Sartorius II (Fn. 133), Nr. 20.

stellt, dass Arbeit keine Ware ist.[195] Sklaverei, Sklavenhandel und Zwangsarbeit stehen zu dieser Aussage im Widerspruch, da Menschen durch diese Praktiken zum Objekt bzw. zur Handelsware herabgewürdigt werden.

Die Deklaration von Philadelphia bietet einen weiteren, eher freiheitsrechtlichen konstitutionellen Anknüpfungspunkt für das Verbot der Zwangsarbeit, wenn es dort heißt:

[T]*he Conference affirms that:*

*(a) all human beings, irrespective of race, creed or sex, have the right to pursue both **their material** **well-being and their spiritual development in conditions of freedom and dignity**, of economic security and equal opportunity;* [...] [196]

Es braucht nicht weiter ausgeführt werden, dass Zwangsarbeit diesem Leitbild der ILO-Mitglieder zuwider läuft.

Deshalb kann festgehalten werden, dass auch das grundsätzliche Verbot der Zwangsarbeit zumindest implizit in der ILO-Verfassung verankert ist.[197] Letztlich kann die Stellung des Verbotes der Zwangsarbeit als fundamentales Recht auch damit begründet werden, dass die beiden Übereinkommen zur Zwangsarbeit unter den inzwischen 183 ILO-Konventionen zu denen mit der höchsten Ratifikations-dichte zählen[198].

d) Zwischenergebnis

Das grundsätzliche Verbot der Zwangsarbeit ist in Konvention Nr.29 enthalten. Es wird durch die enumerative Aufzählung verbotener Praktiken in Konvention Nr.105 sowohl erläutert, als auch in seinem Schutzbereich ergänzt. Beiden ILO-Konventionen ging der Beschluss entsprechender UN-Standards zum Sklave-reiverbot voran. Hieran wird der enge Zusammenhang zwischen Sklaverei und Zwangsarbeit deutlich. Das Verbot der Sklaverei und der Zwangsarbeit zählt zum menschenrechtlichen Basisschutz. Der konstitutionelle Anknüpfungspunkt für die Abschaffung der Zwangsarbeit und deren Status als fundamentales arbeitsrecht-liches Prinzip und Recht besteht in den der Deklaration von Philadelphia imma-

---

195 Art.I(a) Deklaration von Philadelphia.
196 Art.II(a) Deklaration von Philadelphia (Hervorhebung hinzugefügt).
197 Siehe auch *ILO* (Fn.131): Rn.56ff.
198 Die ILO-Konvention Nr.29 wurde von 139 Staaten ratifiziert, die ILO-Konvention Nr.105 von 116 Staaten (Stand 31.12.1998), vgl. auch *ILO* (Fn.192): S.10.

nenten Freiheitsgarantien sowie der dort getroffenen Feststellung, dass Arbeit keine Ware ist.

3. Die Abschaffung von Kinderarbeit

Die Abschaffung der Kinderarbeit ist der umstrittenste fundamentale Arbeitsstandard, den die ILO-Deklaration 1998 enthält. Einerseits sind Bilder von arbeitenden Kindern geeignet, um der Verletzung von Arbeitnehmerrechten in den Industrieländern ein emotional bewegendes Antlitz zu verschaffen. Es verwundert daher nicht, dass wohl die meisten privaten Initiativen gegen die weltweite Verletzung von Arbeitnehmerrechten zur Abschaffung von Kinderarbeit existieren[199]. Andererseits ist das verbreitete Phänomen der Kinderarbeit nicht allein mit dem fehlenden Willen der Staaten zum Schutz der Kinder zu erklären, sondern beruht auf vielschichtigen sozio-ökonomischen Ursachen. Zur wirksamen Bekämpfung von Kinderarbeit bedürfte es vielerorts kostspieliger Reformen des gesamten Ausbildungs-, Sozial- und Wirtschaftssystems. Aufgrund dieser Tatsachen weisen viele dieser Staaten die Forderung nach der Abschaffung von Kinderarbeit als unpraktikabel und realitätsfern zurück.[200]

a) Entstehungsgeschichte und Normhintergrund

Der Kampf in der ILO für die Einschränkung von Kinderarbeit ist so alt wie die Organisation selbst. Bereits im Jahre 1919 beschloss die ILO mit der *Minimum Age (Industry) Convention* das erste sektorale Übereinkommen über das Mindestalter in der Beschäftigung.[201] Seitdem wurden in der ILO neben 12 Empfehlungen weitere 18 Konventionen gegen Kinderarbeit, mit zumeist sektoralem Anwendungsbereich, beschlossen, die jeweils unterschiedliche Anforderungen an das Mindestalter der Beschäftigung enthalten.[202] Erst im Jahre 1973 wurden die in den einzelnen Konventionen verstreuten Standards durch die allgemeine *Minimum Age*

---

199 Zu privaten Initiativen gegen Kinderarbeit, vgl. *Smolin*, David M.: Conflict and Ideology in the International Campaign against Child Labour, in: Hofstra Labour & Employment Law Journal 16 (1999) 2, S.384, für einen Statusbericht über den Kampf gegen Kinderarbeit durch staatliche Initiativen siehe *Giri National Labour Institute*: Child Labour, Challenge and Response: a Status Report on Indian Initiatives towards the Elimination of Child Labour, Noida, 1996, S.1ff.
200 *Smolin*, David M. (Fn.199): S.387.
201 Der Text der Minimum Age (Industry) Convention ist im Internet veröffentlicht in der ILO-Datenbank ILOLEX (http://ilolex.ilo.ch).
202 Vgl. *Bosnick*, Steven: The Human Rights Cost of a Link Between the ILO and the WTO (unveröffentlichter Entwurf), Toronto, 18.1.2000, S.15.

Convention (C138) vereinheitlicht.[203] Das ambitionierte Ziel dieser Vereinheitlichung war es, die Kinderarbeit endgültig zu beseitigen.[204] Die ILO-Konvention Nr.138 ist allerdings diejenige der sieben ILO-Kernkonventionen mit der geringsten Ratifikationsdichte. Lediglich 61 Mitglieder haben dieses Übereinkommen bisher ratifiziert.[205]

Als Reaktion auf den mäßigen Erfolg der ILO im Kampf gegen die Kinderarbeit wurde im Jahre 1992 das *International Programme for the Elimination of Child Labour* (IPEC) aufgelegt[206]. Dabei handelt es sich um eine Initiative zur technischen Kooperation in der Bekämpfung von Kinderarbeit. Voraussetzung für die Unterstützung durch die ILO ist, dass der an diesem Programm teilnehmende Staat durch die Zeichnung eines *Memorandum of Understanding* seinen politischen Willen zur Bekämpfung von Kinderarbeit zum Ausdruck bringt.[207] Heute wird im Rahmen dieses Programms durch die ILO in Zusammenarbeit mit NGOs vielen Entwicklungsländern Unterstützung in der rechtlichen und praktischen Bekämpfung von Kinderarbeit gewährt.[208]

Als Ergänzung zu der von den Mitgliedern nur mäßig angenommenen *Minimum Age Convention* wurde im Jahre 1999 mit der *Worst Forms of Child Labour Convention*, (Nr.182) ein neues Übereinkommen zur Bekämpfung der Kinderarbeit beschlossen.[209] Der Anwendungsbereich dieses ILO-Übereinkommens ist enger als bei der allgemeineren Konvention Nr.138 gefasst. Es bleibt abzuwarten, ob es durch die Beschränkung auf das Verbot der schlimmsten Formen der Kinderarbeit gelingt, auch solche ILO-Mitglieder zur Ratifikation eines Übereinkommens gegen Kinderarbeit zu bewegen, die sich bisher nicht auf ein allgemeines Mindestalter festlegen lassen wollten.

---

203 Dabei handelte es sich um die Minimum Age (Sea) Convention v. 1920, Minimum Age (Agriculture) Convention v. 1921, Minimum Age (Trimmers and Stokers) Convention v. 1921, Minimum Age (Non-Industrial Employment) Convention v. 1932, Minimum Age (Sea) Convention (Revised) v. 1936, Minimum Age (Industry) Convention (Revised) v. 1937, Minimum Age (Non-Industrial Employment) Convention (Revised) v. 1937, Minimum Age (Fisherman) Convention v. 1959 und die Minimum Age (Underground Work) Convention v. 1965, vgl. Abs.4 Präambel C138. Der Text all dieser ILO-Konventionen ist im Internet veröffentlicht in der ILO-Datenbank ILOLEX (http://ilolex.ilo.ch).
204 Vgl. Abs.5 Präambel C138.
205 Zitiert nach *Swepston*, Lee (Fn.94): S.2ff., Stand 31. Dezember 1997.
206 Vgl. *ILO*: IPEC Action Against Child Labour, Lessons Learned and Indications for the Future (1998-1999), Genf, 1999, S.1ff.
207 *Bosnick*, Steven (Fn.202): S.16.
208 *Swepston*, Lee (Fn.94): S.26.
209 Der Text der Worst Forms of Child Labour Convention ist im Internet veröffentlicht in der ILO-Datenbank ILOLEX (http://ilolex.ilo.ch).

b) Inhalt

(1) Konvention Nr.138

Die ILO-Konvention Nr.138 verpflichtet die Unterzeichnerstaaten zunächst dazu, Maßnahmen zur effektiven Beseitigung von Kinderarbeit zu treffen und das Mindestalter in der Beschäftigung entsprechend der körperlichen und geistigen Entwicklung von Jugendlichen angemessen zu erhöhen.[210] Ferner müssen die Staaten alle geeigneten Maßnahmen, einschließlich der Festlegung angemessener Strafvorschriften, treffen, um die *Minimum Age Convention* umzusetzen.[211]

Das Übereinkommen Nr.138 sieht für den Eintritt in Beschäftigungsverhältnisse ein flexibles System zur Festlegung des jeweils national geltenden Mindestalters vor. So muss jeder Staat bei der Ratifikation der Konvention Nr.138 erklären, ab welchem Alter Jugendliche eine Beschäftigung aufnehmen dürfen.[212] Die autonome Festlegung des Mindestalters durch den Unterzeichnerstaat muss sich jedoch in den Grenzen halten, die durch die übrigen Vorschriften der Konvention Nr.138 gezogen werden. So ist vorgeschrieben, dass die Aufnahme einer Beschäftigung erst ab dem generellen Mindestalter von 15 Jahren, frühestens jedoch nach Ende der Schulpflicht erfolgen darf.[213] Von dem allgemeinen Mindestalter von 15 Jahren darf abgewichen werden, wenn die ökonomische Situation und das Erziehungssystem in dem entsprechenden Land unzureichend sind.[214] Die dann mögliche Festsetzung des nationalen Mindestalters auf 14 Jahre zieht Konsultations- und Berichtspflichten für den Unterzeichnerstaat nach sich.[215] Ferner dürfen leichte, die Entwicklung von Kindern nicht negativ beeinflussende Arbeiten bereits mit 13 Jahren und vor Ende der Schulpflicht aufgenommen werden.[216] Dagegen dürfen die Gesundheit, Sicherheit oder die moralische Entwicklung von Jugendlichen gefährdende Arbeiten erst ab 18 Jahren ausgeübt werden.[217] Unter bestimmten Voraussetzungen kann allerdings auch für diese Tätigkeiten ein Mindestalter von 16 Jahren ausreichend sein.[218] Nicht in den Anwendungsbereich der Konvention fällt der Besuch von Schulen und

---

210 Art.1 C138.
211 Art.9:1. C138.
212 Art.2:1 C138.
213 Art.2:3 C138.
214 Art.2:3. C138.
215 Art.2:3 und Art.2:4 C138.
216 Art.7:1 und Art.7:2 C138.
217 Abweichend von Art.2:3 C138 ist hierfür Art.3:1 C138 einschlägig.
218 Vgl. Art.3:3 C138.

Weiterbildungseinrichtungen.[219] Für dort beschäftigte Jugendliche gilt wiederum das herabgesetzte Mindestalter von 14 Jahren.

Schließlich darf die Anwendung der Konvention Nr.138 ausgesetzt oder beschränkt werden, wenn ökonomische oder administrative Schwierigkeiten im Unterzeichnerstaat dies erfordern.[220] Eine solche Notfallmaßnahme zieht ebenfalls Konsultations- und Berichtspflichten gegenüber der ILO nach sich.[221] Von der Beschränkung des Anwendungsbereichs in Notfällen sind allerdings bestimmte Sektoren ausgenommen. Nach einer weiteren Einschränkung findet die Konvention Nr.138 keine Anwendung auf Arbeiten, bei denen dies „spezielle" und „substanzielle" Probleme bereitet.[222] Eine Ausnahme vom Mindestalter in der Beschäftigung darf schließlich noch in Einzelfällen gewährt werden.[223] Diese Vorschrift rundet die lange Liste der den Anwendungsbereich der Konvention Nr.138 einschränken Ausnahmen ab.

(2) Konvention Nr.182

Die *Worst Forms of Child Labour Convention* v. 1999 (C182) verpflichtet die Unterzeichnerstaaten, die schlimmsten Formen der Kinderarbeit unverzüglich durch geeignete Maßnahmen zu verbieten und zu beseitigen.[224] Zu den schlimmsten Formen der Kinderarbeit zählen alle Formen der Sklaverei, die Beschäftigung im Zusammenhang mit Prostitution und Pornographie oder illegalen Geschäften, wie dem ausdrücklich genannten Drogenhandel, sowie Tätigkeiten, die geeignet sind, die Gesundheit, Sicherheit oder die sittliche Entwicklung von Jugendlichen zu gefährden.[225]

Zur Umsetzung der Konvention sollen die Staaten geeignete Mechanismen zur Überwachung[226], Aktionsprogramme[227] sowie entsprechende Strafvorschriften und Sanktionen[228] beschließen. Die Konvention betont ferner die Bedeutung von kostenlosen Ausbildungsmöglichkeiten und sozialer Re-Integration bei der

---

219 Art.6 C138.
220 Art.5:1 C138.
221 Art.5:1 und Art.5:4 C138.
222 Art.4 C138.
223 Art.8:1 C138.
224 Art.1 C182.
225 Art.3 C182, vgl. zur letzten Fallgruppe die weitgehend identische Vorschrift des Art.3:1 C138, die Definition gefährlicher Arbeiten obliegt ebenfalls den nationalen Behörden, vgl. Art.4:1 C182 und Art.3:2 C138.
226 Art.5 C182.
227 Art.6:1 C182.
228 Art.7:1 C182.

Beseitigung der schlimmsten Formen von Kinderarbeit und fordert die Unterzeichnerstaaten auf, entsprechende Maßnahmen zu ergreifen.[229] Die Konvention über die schlimmsten Formen der Kinderarbeit zielt nicht mehr vornehmlich auf die Hebung des Beschäftigungsalters von Kindern ab, sondern verbietet ausdrücklich bestimmte Beschäftigungsformen. Solche Praktiken stellen nicht nur die größte Gefahr für das Wohl der Kinder dar, sondern sie können zudem weitgehend unabhängig vom Entwicklungsstand bekämpft werden. Die Beseitigung der schlimmsten Formen der Kinderarbeit hängt deshalb weniger von den ökonomischen Ressourcen als vom politischen Willen potentieller Unterzeichnerstaaten ab. Dieser im Vergleich zur Konvention Nr.138 unmittelbare und zielgenaue Ansatz lässt hoffen, dass sich eine größere Zahl von Ländern, in denen Kinderarbeit existiert, bereit findet, die Konvention Nr.182 zu ratifizieren. Die Konvention Nr.182 tritt zwölf Monate nach Eingang der ersten beiden Ratifikationen bei der ILO in Kraft.[230] Dies war am 19. November 2000 der Fall.

c) Die Abschaffung von Kinderarbeit als fundamentaler ILO-Standard

Ein ausdrückliches generelles Verbot von Kinderarbeit ist weder in der AEMR, noch in einem der beiden UN-Menschenrechtspakte enthalten. Dennoch finden sich in der *Universal Bill of Rights* verschiedene Vorschriften, die den Schutz von Kindern in Beschäftigungsverhältnissen bezwecken oder in sonstiger Weise auf die Abschaffung von Kinderarbeit hinzielen.

Zunächst gebietet Art.10:3, S.1 WSK-Pakt den Staaten, Sondermaßnahmen zum Schutz von Kindern zu ergreifen und diese ohne Diskriminierungen nach Abstammung oder aus sonstigen Gründen zu treffen. Ferner sollen Kinder und Jugendliche gemäß Art.10:3, S.2 WSK-Pakt vor wirtschaftlicher und sozialer Ausbeutung geschützt werden. Bereits vor Beschluss der Konvention Nr.138 schrieb Art.10:3, S.3 WSK-Pakt vor, dass Staaten ein nationales Mindestalter festlegen, unterhalb dessen die Beschäftigung von Kindern gesetzlich zu verbieten und sogar unter Strafe zu stellen ist.
Die Vorschrift des Art.25:2 AEMR fordert die Staaten auf, dem Kind ("*childhood*") besonderen Schutz und Förderung zukommen zu lassen.[231] Versteht man den Begriff *childhood* nicht als „Kind", sondern richtigerweise als „Kindheit", wird noch deutlicher, dass Kinderarbeit mit diesem staatlichen

---

229 Art.7:2 C182.
230 Art.10:1 C182.
231 Siehe für diese deutsche Übersetzung des in der authentischen englischen Fassung verwendeten Begriffs "*childhood*" Khan, Daniel-Erasmus (Hrsg.): Sartorius II (Fn.133), Nr.20, Art.25 AEMR.

Schutzauftrag nur schwer in Einklang zu bringen ist. In Anbetracht der vielfach harten Arbeitsbedingungen und langen Arbeitszeiten von Kinderarbeitern wird man kaum von einer „Kindheit" im Sinne der Schutzvorschrift des Art.25:2 AEMR sprechen können. Schließlich bleibt denjenigen Kindern, die aufgrund der Notwendigkeit zu arbeiten keine Schule besuchen können, das in Art.26:1 AEMR und Art.13:1 WSK-Pakt niedergelegte Recht auf Bildung faktisch verwehrt.

Es bleibt festzuhalten, dass die AEMR Kindern Rechte in ihrer Eigenschaft als *Menschen*, die sich nicht selbst zu schützen vermögen, gewährt. Der WSK-Pakt gewährleistet dagegen zuvorderst den spezielleren Schutz von Kindern *in der Arbeit*, also als Arbeitnehmer. Der in den Menschenrechtspakten nicht ausdrücklich kodifizierte ILO-Grundsatz der allgemeinen Abschaffung von Kinderarbeit weist daher dennoch verschiedentlich menschenrechtliche Bezugspunkte auf.

Ferner lässt sich aus der Verfassung der ILO ein besonderer Schutzauftrag der Organisation und seiner Mitglieder für Kinder und Jugendliche ableiten, aus dem sich die Abschaffung von Kinderarbeit als fundamentaler Arbeitsstandard begründen lässt. Erstens stellt die Präambel der ILO-Verfassung fest, dass der Schutz von Kindern und „jungen Personen" eine der wichtigsten Herausforderungen und Aufgaben für die ILO und ihre Mitglieder ist.[232] Zweitens haben sich die Mitglieder mit der Deklaration von Philadelphia feierlich zum Ziel gesetzt, über die ILO für das Wohlergehen der Kinder Sorge zu tragen.[233] Daher kann auch die Abschaffung der Kinderarbeit als eines der fundamentalen Verfassungsprinzipien der ILO gelten.

Die vorangegangenen Ausführungen zeigen, dass die allgemeine Abschaffung der Kinderarbeit eine menschenrechtliche Dimension aufweist und gleichzeitig als Ziel der ILO Verfassungsrang genießt. Die auf die allgemeine Abschaffung von Kinderarbeit abzielende *Minimum Age Convention* zählt daher zu Recht zu den fundamentalen Konventionen der ILO.[234]

Die Abschaffung der schlimmsten Formen der Kinderarbeit wurde durch die ILO-Deklaration 1998 dagegen nicht in den Rang der fundamentalen Rechte in der Arbeit gehoben. Dies war allerdings schon deshalb nicht möglich, da die entsprechende Konvention Nr.182 zu diesem Zeitpunkt noch gar nicht beschlossen war.

Es bestehen jedoch kaum Zweifel, dass zukünftig auch die Beseitigung der schlimmsten Formen der Kinderarbeit als fundamentaler ILO-Standard anzusehen ist. So zielt das Verbot der schlimmsten Formen der Kinderarbeit direkt auf den Schutz der Kinder vor gefährdenden Arbeitsmethoden hin, während dies mit einer

---

232 Abs. 2 Präambel ILO-Verfassung.
233 Art.III(h) Deklaration von Philadelphia.
234 Vgl. oben, S.180.

allgemeinen Altersgrenze in der Beschäftigung nicht zu erreichen ist.[235] Dieser unmittelbare Ansatz der neuen Konvention Nr.182 wurde bereits in Art.10:3, S.3 WSK-Pakt verfolgt. Die Vorschrift des Art.10:3, S.3 WSK-Pakt gebietet es Staaten, die Beschäftigung von Kindern mit Arbeiten, die ihre Moral, Gesundheit, ihr Leben oder ihre normale Entwicklung gefährden unter Strafe zu stellen.

Ferner wird es sich bei Kinderarbeit in ihren schlimmsten Formen regelmäßig um einen unmittelbaren Verstoß gegen Menschenrechte handeln. So steht bestimmten Formen der Prostitution und Zwangsarbeit von Kindern das Verbot der Sklaverei und der Leibeigenschaft entgegen.[236] Weiterhin werden die schlimmsten Formen der Kinderarbeit im Vergleich zur allgemeinen Kinderarbeit mit dem oben skizzierten Schutzauftrag der ILO-Verfassung für Kinder und Jugendliche erst recht unvereinbar sein. Schließlich wurde in der Praxis der ILO festgestellt, dass bestimmte Formen von Kinderarbeit mit der *Forced Labour Convention* unvereinbar sind und damit vom Verbot eines weiteren fundamentalen Arbeitsstandards erfasst werden.[237]
Es bleibt festzuhalten, dass das Verbot der schlimmsten Formen der Kinderarbeit ebenfalls menschenrechtlichen Bezug aufweist, in der ILO Verfassungsrang genießt und dementsprechend als fundamentaler ILO-Standard anzusehen ist.

Fraglich ist, ob mit dieser Aufwertung der Konvention Nr.182 gleichzeitig der Status des Übereinkommens Nr.138 als fundamentaler ILO-Standard in Frage gestellt wird. Den Ansatz eines absoluten Mindestalters kann man insbesondere in Anbetracht der schwachen Ratifikationsdichte der Konvention Nr.138 im Allgemeinen - und bei Entwicklungsländern im Besonderen - in Frage stellen. Aufgrund der eingeschränkten Akzeptanz bei Entwicklungsländern stellt sich auch für eine potentielle Regelung in der WTO die Frage, ob die ILO-Konvention Nr.138 als fundamentaler Arbeitsstandard durch die Konvention Nr.182 substituiert werden sollte.[238] Hiergegen spricht allerdings der ausdrückliche Wille der ILO-Mitglie-

---

235 Kritisch zum Konzept einer allgemeinen Altersgrenze als universelle Meßlatte für Kinderarbeit *Hasnat*, Baban:
International Trade and Child Labour, in: Journal of Economic Issues 29 (1995) 2, S.423.
236 *Diller*, Janelle M./*Levy*, David A.: Child Labour, Trade and Investment: Towards the Harmonization of International Law, American Journal of International Law 91 (1997) 4, S.673; *Smolin*, David M. (Fn.199): S.407.
237 *ILO* (Fn.38): S.68; *Swepston*, Lee (Fn.94): S.26, vgl. zur Frage, unter welchen Umständen bei Kindern überhaupt von einer freiwilligen Verpflichtung zur Arbeit gesprochen werden kann und welche Bedeutung hierbei die Einwilligung der Eltern hat, vgl. ILC, 83rd Session, Report III (Part 4A), Report of the Committee of Experts on the Application of Conventions and Recommendations, 1996, S.90, zitiert nach *ILO* (Fn.38): S.68, Rn.206.
238 Zur Diskussion der Frage, ob die Durchsetzung des allgemeinen Verbots der Kinderarbeit mit

der, welche die Konvention Nr.182 als Ergänzung und nicht als Substitut des Übereinkommens Nr.138 beschlossen[239]. So stehen auch in Art.10:3 WSK-Pakt das Verbot der schlimmsten Formen der Kinderarbeit und die Festlegung eines Mindestalters in der Beschäftigung als komplementäre, sich ergänzende Instrumente zum Schutz von Kindern nebeneinander. Dementsprechend wird man beide Konventionen als unterschiedliche Ausprägung eines ILO-Prinzips der *Abschaffung von Kinderarbeit* ansehen können und in Zukunft einschließlich der neuen Konvention Nr.182 von den *acht* Kernkonventionen der ILO sprechen müssen.

d) Zwischenergebnis

Das Normsystem der ILO kennt zwei fundamentale Konventionen, welche die Abschaffung der Kinderarbeit, bzw. ihrer schlimmsten Formen, zum Ziel haben. Dies ist zum einen die *Minimum Age Convention* aus dem Jahre 1973. Der Ansatz dieser Übereinkunft ist die allgemeine Anhebung des Beschäftigungsalters von Kinderarbeitern. Bedenken gegen eine Bewertung dieser Konvention als fundamentalen ILO-Standard bestehen insofern, als die Bekämpfung der Kinderarbeit über die Festlegung einer starren Altersgrenze bei Entwicklungsländern auf wenig Anklang stößt. Dementsprechend weist die Konvention Nr.138 die schwächste Ratifikationsdichte aller als grundlegend bezeichneten Arbeitnehmerrechte auf.

Zum anderen wurde im Jahre 1999 zur Ergänzung der Konvention Nr.138 das Übereinkommen Nr.182 zur Beseitigung der schlimmsten Formen der Kinderarbeit beschlossen. Die Konvention Nr.182 zielt zum Schutz der Kinder nicht pauschal auf das Alter, sondern auch auf die unmittelbar gefährdende Art der Beschäftigung ab. Dieser Ansatz erscheint insofern erfolgversprechend, als es für die Bekämpfung der schlimmsten Formen der Kinderarbeit weniger auf ökonomische Ressourcen, als auf den politischen Willen der verantwortlichen Regierungen ankommt.

Der besondere Schutz von Kindern, aber kein allgemeines Verbot von Kinderarbeit, ist in der AEMR und im WSK-Pakt verankert. Im WSK-Pakt finden sich zudem konkrete Verbote besonders gefährdender Formen der Arbeit von Kindern. Jede Form der Kinderarbeit kann die Verwirklichung des Menschenrechts auf Bildung gefährden. Die Abschaffung der Kinderarbeit stellt ferner ein in der Verfassung verankertes Ziel der ILO dar. Beide Konventionen zur Bekämp-

---

Handelssanktionen zielführend wäre unten, S.385ff.
239 Vgl. "International Labour Conference Takes Aim at Abusive Forms of Child Labour", ILO-Press Release Nr.99/16 v. 1. Juni 1999.

fung der Kinderarbeit sind daher als fundamentale arbeitsrechtliche Standards anzusehen.

4. Nichtdiskriminierung

a) Entstehungsgeschichte und Normhintergrund

Internationale Übereinkommen gegen die Diskriminierung von Menschen haben eine relativ junge Tradition. Für das *"standard setting"* der ILO zur Nichtdiskriminierung kann die AEMR aus dem Jahre 1948 als Initialzündung angesehen werden.[240] Drei Jahre später setzte die ILO mit dem Übereinkommen Nr.100 über die Gleichheit des Entgelts männlicher und weiblicher Arbeitskräfte für gleichwertige Arbeit (*Equal Remuneration Convention*, C100) einen ersten wichtigen Grundsatz der AEMR in einen ILO-Standard um.[241] Im Jahre 1958 folgte mit der *Discrimination (Employment and Occupation) Convention* (C111) ein umfassendes Diskriminierungsverbot in der Arbeit[242]. In der Präambel der ILO-Konvention Nr.111 wird erstmals ausdrücklich auf die Bedeutung der AEMR als menschenrechtlicher Hintergrund für ILO-Übereinkommen Bezug genommen.[243]

b) Inhalt

(1) Konvention Nr.100

Die wichtigste Vorschrift der *Equal Remuneration Convention* v. 1951 (C 100) definiert den Grundsatz „gleicher Lohn für gleiche Arbeit" (*"equal remuneration"*).[244] „Gleicher Lohn für gleiche Arbeit" bedeutet, dass die Entlohnung der Arbeitnehmer ohne Diskriminierungen aufgrund des Geschlechts der Arbeitnehmer zu erfolgen hat. Der Schutzumfang dieses Übereinkommens ist allerdings recht begrenzt, denn der Grundsatz *"equal remuneration"* schließt nur geschlechtsspezifische Ungleichbehandlungen bei der Entlohnung aus. Andere unsachgemäße Differenzierungskriterien, wie Rasse oder Religion, sind ebensowenig erfasst wie

---

240 Vgl. *Nielsen*, Henrik Karl (Fn.39): S.827.
241 Der Text der Equal Remuneration Convention ist im Internet veröffentlicht in der ILO-Datenbank ILOLEX (http://ilolex.ilo.ch).
242 Der Text der Discrimination (Employment and Occupation) Convention ist im Internet veröffentlicht in der ILO-Datenbank ILOLEX (http://ilolex.ilo.ch).
243 Abs.6 Präambel C111.
244 Art.1(b) C100.

außerhalb der Bezahlung liegende Fälle geschlechtsspezifischer Diskriminierungen im Arbeitsleben.[245]

Die Konvention Nr.100 verpflichtet die Unterzeichnerstaaten dazu, das Prinzip „gleicher Lohn für gleiche Arbeit" zu fördern und dessen Verwirklichung „mit den geeigneten Mitteln" sicherzustellen.[246] Als „geeignete Mittel" zur Beseitigung von Diskriminierungen werden Gesetze, gesetzlich verankerte Verfahren zur Bestimmung der Lohnhöhe, tarifliche Vereinbarungen oder eine Kombination dieser Instrumente aufgezählt.[247] Die genannten Instrumente verdeutlichen, dass zur Abschaffung von Diskriminierungen bei der Bezahlung alle innerstaatlich relevanten Akteure eingebunden werden müssen. Die Festlegung der Lohnhöhe wird regelmäßig nicht dem Staat, sondern den Tarifparteien obliegen. So soll erreicht werden, dass sich die Signatarstaaten in Anbetracht von Diskriminierungen in der Lohnhöhe nicht hinter der Tarifautonomie „verstecken", sondern auch über die Arbeitnehmer- und Arbeitgebervereinigungen alle ihnen zur Verfügung stehenden direkten und indirekten Möglichkeiten zur Implementierung der Konvention ausschöpfen.[248] Durch die Einbindung der privaten Vereinigungen in die Umsetzung der Konvention könnte man deshalb von einer Drittwirkung der Konvention Nr.100 sprechen[249]. Bemerkenswert ist schließlich, dass in der Konvention Nr.100, hinsichtlich „gleicher Lohn für gleiche Arbeit", ausdrücklich von einem „Prinzip" die Rede ist[250].

(2) Konvention Nr.111

Die *Discrimination (Employment and Occupation) Convention* v. 1958 (C 111) über Diskriminierungen in Beschäftigung und Beruf enthält in ein umfassendes Gebot der Nichtdiskriminierung im Arbeitsleben.[251] Demnach ist jede diskriminierende Ungleichbehandlung in Beschäftigungsverhältnissen verboten, gleichgültig ob es sich dabei um Benachteiligungen oder Bevorzugungen handelt. Eine Diskriminierung liegt nach der Legaldefinition der Konvention Nr.111 vor, wenn nach Rasse, Hautfarbe, Geschlecht, Religion, politischen Ansichten, nationaler oder sozialer Herkunft Unterscheidungen getroffen werden und hierdurch die

---

245 Ipsen, Knut (Fn.170): §48, S.677, Rn.16.
246 Art.2:1 C100.
247 Art.2:2 C100, wobei es sich hierbei um eine lediglich exemplarische Aufzählung handelt.
248 Vgl. *Canada Department of Labour:* Equal Remuneration for Work of Equal Value, International Labour Affairs Branch, Ottawa (Ontario), 1956, S.149.
249 Vgl. für die vergleichbare Vorschrift des Art.3(a) C111 *Nielsen*, Henrik Karl (Fn.39): S.830.
250 Vgl. zu der Unterscheidung zwischen den in den Kernkonventionen enthaltenen „fundamentalen Rechten" und den in der ILO-Verfassung enthaltenen „fundamentalen Prinzipien" unten, S.192.
251 Art.1:2 C111.

Gleichbehandlung oder die Chancengleichheit in Beschäftigungsverhältnissen oder bei der Einstellung eingeschränkt oder beseitigt wird.[252] Damit statuiert die Konvention Nr.111 einen umfassenden Schutzbereich gegen Diskriminierungen im Arbeitsleben. Die ILO-Konvention Nr.111 zählt sieben unzulässige Differenzierungskriterien auf und konkretisiert damit den in der ILO-Verfassung verankerten Grundsatz der Nichtdiskriminierung, der nur drei Kriterien kennt[253].

Das Übereinkommen über Diskriminierungen zeigt den Unterzeichnerstaaten ferner Wege und Mittel auf, um den Standard der Nichtdiskriminierung rechtlich und politisch zu verwirklichen.[254] Dadurch soll angeregt werden, dass ein Unterzeichnerstaat alle ihm zur Verfügung stehenden Mittel zur Beseitigung von Diskriminierungen ausschöpft, insbesondere durch die Kooperation mit Vereinigungen. Dadurch, dass auch die Konvention Nr.111 Arbeitnehmer- und Arbeitgebervertretungen einbindet, kommt ihr ebenfalls Drittwirkung zu.[255] Das Übereinkommen Nr.111 enthält letztlich eine Ausnahme, wonach die Begünstigung förderungsbedürftiger Bevölkerungsgruppen vom Verbot der Ungleichbehandlung ausgenommen sind.[256]

c) Nichtdiskriminierung als fundamentaler ILO-Standard

Das allgemeine Verbot von Diskriminierungen und das komplementäre Gebot der Gleichbehandlung findet sich in einer Vielzahl internationaler Verträge zum Menschenrechtsschutz. Die erschöpfende Auflistung der in diesen Abkommen mit weltweiter Verbreitungstendenz enthaltenen menschenrechtlichen Diskriminierungsverbote würde an dieser Stelle allerdings zu weit führen[257]. Deshalb sei hier lediglich auf Art.7 AEMR und Art.26 IPBPR verwiesen, die allgemeine Gebote der Nichtdiskriminierung festschreiben. Zudem enthalten sowohl die AEMR, als auch die beiden UN-Menschenrechtspakte Klauseln, wonach die nichtdiskriminierende Anwendung der in den Abkommen enthaltenen Menschenrechte geboten ist. Weiterhin existiert eine Reihe völkerrechtlicher Instrumente,

---

252 In Art.1:1(a) C111, vgl. zum Begriff der Diskriminierung in der ILO-Konvention Nr.111 ausführlich *Nielsen*, Henrik Karl (Fn.39): S.830ff.
253 Vgl. Art.1:1(a) i.V.m. Art.1:2 C111 sowie Art.2(a) Philadelphia-Deklaration.
254 Art.3 C111.
255 *Nielsen*, Henrik Karl (Fn.39): S.830.
256 Art.5:2 C111 nimmt beispielsweise Förderprogramme zugunsten der Beschäftigung von behinderten Personen vom Diskriminierungsverbot aus.
257 Grundlegend *Vijapur*, Abdulrahim P.: The Principle of Non-discrimination in International Human Rights Law: the Meaning and Scope of the Concept, in: India quarterly 49 (1993) 3, S.69ff.; zu den verschiedenen UN-Initiativen gegen Diskriminierungen vgl. *Symonides*, Janusz: The United Nations System Standard-setting Instruments and Programmes against Discrimination, in: The Struggle against Discrimination, Symonides, Janusz (Ed.), Paris, 1996, S.3ff.

die spezifische Formen der Diskriminierung zum Gegenstand haben. Beispielhaft kann das Übereinkommen zur Beseitigung jeder Form der Diskriminierung der Frau[258] sowie das Internationale Übereinkommen zur Beseitigung jeder Form der Rassendiskriminierung[259] genannt werden.

Der in der ILO-Konvention Nr.100 enthaltene speziellere Grundsatz „gleicher Lohn für gleiche Arbeit" ist bereits in Art.23:2 AEMR und Art.7(a)(i) WSK-Pakt verankert. Das durch die ILO-Konvention Nr.111 konkret geregelte umfassende Verbot von Diskriminierungen in der Beschäftigung findet seinen menschenrechtlichen Anknüpfungspunkt ebenfalls in Art.7 WSK-Pakt. Gemäß Art.7(a)(i) WSK-Pakt ist zu gewährleisten, dass Frauen keine ungünstigeren Arbeitsbedingungen als Männern zukommen. Ferner schreibt Art.7(c) WSK-Pakt gleiche Möglichkeiten für den beruflichen Aufstieg vor, wobei keine anderen Gesichtspunkte als Beschäftigungsdauer und Befähigung ausschlaggebend sein dürfen.

Abschließend bleibt festzustellen, dass die Beseitigung von Diskriminierungen als eine gegenüber dem Basisschutz von Leib und Leben fortentwickelte Ebene des Menschenrechtsschutzes betrachtet wird.[260] Das menschenrechtliche Verbot von Diskriminierungen wird als völkerrechtliches *ius cogens* angesehen.[261] Das in der ILO geregelte Verbot von Diskriminierungen in der Beschäftigung kann als Konkretisierung des allgemeinen menschenrechtlichen Gleichheitssatzes betrachtet werden.

Die Klassifizierung des Prinzips der Nichtdiskriminierung als fundamentaler Grundsatz in der ILO beruht jedoch nicht allein auf dessen menschenrechtlichem Gehalt. Es ist wie alle übrigen in der ILO-Deklaration 1998 genannten arbeitsrechtlichen Prinzipen auch in der ILO-Verfassung verankert. In Art.2(a) Philadelphia-Deklaration, die als Annex zur ILO-Verfassung zählt, heißt es:

[T]he conference affirms that:
*(a) all human beings, **irrespective of race, creed or sex**, have the right to pursue both their material well-being and their spiritual development in conditions of freedom and dignity, of economic security and **equal opportunity**[262].*

Die Philadelphia-Deklaration spricht damit das allgemeine Diskriminierungsverbot und den Grundsatz der Chancengleichheit an. Diese beiden Komponenten bilden

---

258 V. 18.12.1979, deutsche Fassung veröffentlicht in: BGBl.1985 II, S.647.
259 V. 7.3.1966, deutsche Fassung veröffentlicht in: BGBl.1969 II, S.961.
260 Ipsen, Knut (Fn.170): §48, S.677, Rn.15.
261 *Doehring, Karl:* Völkerrecht, Heidelberg, 1999, S.422, Rn.987f.
262 Hervorhebung hinzugefügt.

gleichzeitig den Kern der ILO-Deklaration Nr.111. Die konstitutionelle Verankerung des Übereinkommens Nr.111 kommt weiterhin darin zum Ausdruck, dass in seiner Präambel der Wortlaut des Art.2(a) Philadelphia-Deklaration wiedergegeben ist[263].

Der Grundsatz *"equal remuneration for work of equal value"* bildet einen Ausschnitt aus dem allgemeinen arbeitsrechtlichen Diskriminierungsverbot. Das Prinzip „gleicher Lohn für gleiche Arbeit" ist in der ILO-Verfassung ebenfalls ausdrücklich genannt.[264] Bereits der Friedensvertrag von Versailles aus dem Jahre 1919, worin die Gründung der ILO vereinbart wurde, enthielt den Grundsatz *"men and women should receive equal renumeration for work of equal value"*.[265]

Abschließend soll auf zwei weitere Aspekte eingegangen werden, anhand derer sich die Bedeutung des Grundsatzes der Nichtdiskriminierung im Vergleich zu den übrigen ILO-Standards ermessen lässt.

Erstens enthält eine Vielzahl der übrigen 182 ILO-Konventionen ebenfalls ausdrückliche Vorschriften zur Nichtdiskriminierung. Insofern kann der Grundsatz der Gleichbehandlung als *Querschnitts-Prinzip* der ILO angesehen werden. So ist beispielsweise in der ILO-Konvention Nr.87 festgelegt, dass die Diskriminierung von Gewerkschaftsmitgliedern verboten ist und die Vereinigungsfreiheit ein unterschiedslos geltendes Recht für Arbeitnehmer und Arbeitgeber darstellt.[266] Selbst wenn eine solche nichtdiskriminierende Anwendung nicht ausdrücklich vorgeschrieben ist, wird jede diskriminierende Anwendung internationaler Arbeitsstandards in der ILO-Praxis *per se* als Verstoß gegen die einschlägigen ILO-Konventionen angesehen[267].

Zweitens sei noch darauf hingewiesen, dass das Gebot der Nichtdiskriminierung in der ILO-Deklaration 1998 als einziger Standard nicht nur als *Prinzip*, sondern auch als fundamentales *Recht* bezeichnet wird.

Nach alledem kann festgehalten werden, dass der Grundsatz der Nichtdiskriminierung in Beschäftigungsverhältnissen sowohl innerhalb, als auch außerhalb der ILO als fundamentales Recht und Prinzip angesehen wird.

---

263 Abs.5 Präambel C111.
264 Abs.2 Präambel ILO-Verfassung.
265 Art.427:2 Vertrag von Versailles, zitiert nach *Cox*, Laura, Q.C. (Fn.161): S.452 und *Nielsen*, Henrik Karl (Fn.39): S.827.
266 Art.1:1 C87, Art.2 C87.
267 So wurde vom *Committee of Experts* selbst für solch technische Standards wie die Labour Statistics Convention v. 1938, (C63) bereits deshalb eine verbotene Diskriminierung festgestellt, weil das Apartheid-Regime die südafrikanischen Arbeitsstatistiken getrennt nach Rassen erhob, *Swepston*, Lee (Fn.94): S.9 vgl. ferner die entsprechende Vorschrift des Art.2:1 AEMR.

d) Zwischenergebnis

Der arbeitsrechtliche Grundsatz der Nichtdiskriminierung wird durch zwei Konventionen der ILO in konkrete Rechte umgesetzt. Es handelt sich dabei um die Konvention Nr.111 über die Diskriminierung in Beschäftigung und Beruf als umfassendes Diskriminierungsverbot. Das speziellere Prinzip „gleicher Lohn für gleiche Arbeit" umfasst nur die geschlechtsspezifische Gleichbehandlung in der Entlohnung. Beide Rechte sind *expressis verbis* in der ILO-Verfassung verankert und sind sowohl außerhalb, als auch innerhalb des ILO-Systems von fundamentaler Bedeutung. Sie verkörpern die Umsetzung menschenrechtlicher Gleichheitsrechte im spezifischen Anwendungsbereich der Beschäftigungsverhältnisse. Es ist in vielen ILO-Konventionen enthalten. Für alle ILO-Standards gilt zudem, dass die Rechte in der Arbeit grundsätzlich nichtdiskriminierend anzuwenden sind. Deshalb ist das Gebot der Gleichbehandlung als ein arbeitsrechtliches Querschnitts-Prinzip anzusehen.

5. Ergebnis

Mit dem Beschluss der ILO-Deklaration 1998 haben die Mitglieder vier fundamentale Prinzipien des internationalen Arbeitsrechts festgelegt. Es sind dies die Vereinigungsfreiheit, die Beseitigung jeder Form der Zwangsarbeit, die Abschaffung der Kinderarbeit sowie das Verbot jeglicher Diskriminierung in der Beschäftigung. Diese ILO-Standards können deshalb als fundamental angesehen werden, weil sie allesamt menschenrechtlichen Bezug aufweisen und in der ILO Verfassungsrang genießen. Konkretisiert werden die vier fundamentalen Prinzipien durch nunmehr acht Kernkonventionen der ILO, einschließlich der jüngst beschlossenen Konvention Nr.182 über die Abschaffung der schlimmsten Formen der Kinderarbeit.

IV. Überwachungsmechanismen

Der ILO wird innerhalb der Familie der UN-Sonderorganisationen das am weitesten entwickelte System zur Überwachung ihrer organisationseigenen Rechtssätze und Standards zugeschrieben.[268] Seit dem Jahre 1926 überwacht das

---

268 *Bellace*, Janice R. (Fn.91): S.195, in diesem Zusammenhang sei darauf hingewiesen, daß die WTO mit ihrem hochentwickelten Streitschlichtungssystem keine UN-Sonderorganisation ist.

Committee of Experts die Einhaltung der von den Mitgliedern ratifizierten Konventionen.[269] Das *Committee on Freedom of Association* überprüft die Beachtung der Konventionen Nr.87 und Nr.98 sogar unabhängig davon, ob die Mitgliedstaaten diese Übereinkommen ratifiziert haben. Diese, allein auf die Verfassung der ILO gestützte Überwachungskompetenz bescherte den Konventionen Nr.87 und Nr.98 bisher eine Sonderstellung im Regelwerk der ILO[270].

Für die fundamentalen vier Grundsätze der ILO-Deklaration 1998 sind zwei verschiedene Überwachungsinstrumente mit unterschiedlichen Zielsetzungen vorgesehen.

Als erstes Instrument der Implementierung sieht die ILO-Deklaration 1998 jährliche Berichte vor (*Annual Follow-up*)[271]. Diese jährlichen Berichte werden über die Umsetzung der vier grundlegenden Prinzipien in den Staaten angefertigt, die nicht alle acht Kernkonventionen der ILO ratifiziert haben. Mit Hilfe dieser Berichte soll festgestellt werden, in welchen Bereichen diese Länder Schwierigkeiten bei der Umsetzung der vier fundamentalen Prinzipien haben. So soll ein gezielter Einsatz der Förderungsinstrumente der ILO, z.B. technische Kooperation, gewährleistet werden.

Zweitens sieht der *Follow-up*-Mechanismus der ILO-Deklaration 1998 die Veröffentlichung eines länderübergreifenden Berichts (*Global Report*) über Verwirklichung der vier arbeitsrechtlichen Grundprinzipien vor[272]. Dieser Bericht betrifft im jährlichen Wechsel eines der vier fundamentalen Prinzipien.[273] Er soll einen Überblick über dessen weltweite Verwirklichung bieten.[274] Grundlage des *Global Reports* sind Berichte, die im Rahmen der Arbeit der übrigen Organe der ILO erstellt werden.[275] Der *Global Report* wird unter der Verantwortung des ILO-Generaldirektors verfasst und der *International Labour Conference* zur Diskussion übergeben.[276] Zweck des *Global Reports* ist die Überprüfung der Effizienz der Förderungsinstrumente der ILO im Hinblick auf die weltweite Verwirklichung der vier grundlegenden Prinzipien der ILO-Deklaration 1998.[277] Der *Global Report* ergänzt hierdurch die länderspezifischen jährlichen Berichte des *Annual Follow-up*. Während der *Annual Follow-up* als Entscheidungsgrundlage für den Einsatz

---

269 Zum CEACR vgl. oben, S.167.
270 Siehe oben, S.167.
271 Das *Annual Follow-up* basiert auf Annex II.A.1. ILO-Deklaration 1998.
272 Der *Global Report* ist in Annex III ILO-Deklaration 1998 geregelt.
273 Annex III, Abschnitt A, Abs.2 ILO-Deklaration 1998.
274 Annex III, Abschnitt A, Abs.1 ILO-Deklaration 1998.
275 Annex III, Abschnitt B, Abs.1 ILO-Deklaration 1998.
276 Annex III, Abschnitt B, Abs.1 i.V.m. Abs.2 ILO-Deklaration 1998.
277 Vgl. Annex III, Abschnitt A, Abs.1 sowie Annex III, Abschnitt I, Abs.1 ILO-Deklaration 1998.

der ILO-Instrumente dient, vermittelt der *Global Report* ergänzend ein länderübergreifendes Bild über die Erfolge der ILO bei der Verwirklichung der fundamentalen arbeitsrechtlichen Grundsätze.

Die beiden *Follow-up*-Instrumente der ILO-Deklaration 1998 treten neben die bereits bestehenden Überwachungsmechanismen der ILO.[278] Weder das *Annual Follow-up* noch der *Global Report* sollen bestehende Überwachungsmechanismen substituieren. Vielmehr wird die Besonderheit der beiden Konventionen zur Vereinigungsfreiheit, namentlich die Kontrollbefugnisse gegenüber Nicht-Signatarstaaten, durch den *Follow-up*-Mechanismus der ILO-Deklaration 1998 nun auf alle acht Kernkonventionen ausgedehnt.

An dieser Stelle muss klargestellt werden, dass die Überwachungsinstrumente der ILO-Deklaration die acht Kernkonventionen der ILO eine Implementierung durch Sanktionen weder ermöglichen noch bezwecken. Für Strafmaßnahmen fehlt sowohl in der ILO-Deklaration, als auch in der Verfassung der ILO, jede Rechtsgrundlage. Die ILO-Deklaration 1998 stellt vielmehr ausdrücklich klar, das die im *Follow-up* vorgesehene Überwachung "*of a strictly promotional nature*" ist.[279] Der *Follow-up*-Mechanismus der ILO-Deklaration 1998 soll die Staaten in ihren Bemühungen zur Umsetzung der fundamentalen Rechte und Prinzipien *fördern*.[280] Dennoch darf der politische Druck zur Achtung der fundamentalen Rechte, insbesondere von den länderspezifischen Berichten ausgeht, nicht unterschätzt werden. Mit dem *Annual Follow-up* der ILO-Deklaration 1998 werden auch Länder vom politischen Überwachungssystem der ILO erreicht, welche die acht Kernkonventionen nicht ratifiziert haben. Mit der unbedingten Anwendung des ILO-Überwachungs- und Überzeugungssystems auf alle vier fundamentalen Prinzipien haben die ILO-Mitglieder in der Implementierung internationalen Arbeitsrechts neue Wege beschritten. Auch in Staaten, die aufgrund fehlenden politischen Willens die ILO-Kernkonventionen bisher nicht ratifiziert haben, besteht durch die ILO-Deklaration 1998 neue Hoffnung auf eine nachhaltige Verbesserung der arbeitsrechtlichen Situation.[281] Die Ausweitung der Überwachungskompetenzen auf Nicht-Unterzeichnerstaaten der Kernkonventionen ändert allerdings nichts daran, dass der ILO weiterhin jede Kompetenz zur Rechtsdurchsetzung mit Sanktionen fehlt. Dies brachte der ILO in der Vergangenheit den Vorwurf ein, eine

---

278 Vgl. Annex I:2. ILO-Deklaration 1998.
279 Annex I:2 ILO-Deklaration 1998.
280 Annex I:1 ILO-Deklaration 1998.
281 *Langille*, Brian (Fn.57): S.245, ferner weisen *Raynauld*, André/*Vidal*, Jean-Pierre: Labour Standards and International Competitiveness, A Comparative Analysis of Developing and Industrialized Countries, Cheltenham (e.a.), 1998, S.53 als Begründung für die schwache Ratifikationsquote der USA hinsichtlich der ILO-Konventionen darauf hin, daß die Kompetenz hierfür nicht allein US-Bundesorganen, sondern maßgeblich den einzelnen US-Bundesstaaten zufällt.

„zahnlose" Organisation zu sein[282]. Über *"sanctions of shame"* durch öffentliche Bloßstellung und den Entzug technischer Kooperation hinaus verfügt die ILO über kein wirkungsvolles Druckmittel, um Mitglieder von einer Verletzung grundlegender Arbeitnehmerrechte abzuhalten. Daran hat sich auch mit der ILO-Deklaration 1998 nichts geändert.[283]

V. Rechtsqualität

Im Hinblick auf die Bedeutung der ILO-Deklaration für die Debatte um *Trade&Labour* stellt sich die Frage, inwiefern aus der ILO-Deklaration 1998 für die Mitgliedstaaten rechtliche Pflichten resultieren. Um dies zu überprüfen, ist es nötig, die Rechtsqualität der Deklaration und ihrer Inhalte zu untersuchen.

1. Die Deklaration

Das Instrument der Deklaration ist in der UN-Praxis definiert als *"formal and solemn instrument suitable for rare occasion when principles of lasting importance are being enunciated"*[284]. Deklarationen können entweder Empfehlungscharakter besitzen oder aber in ihrer deklaratorischen Funktion bereits begründete Rechte oder rechtliche Pflichten klarstellen.[285] Demzufolge eigenen sich Deklarationen für ein Bekenntnis zu Werten, Zielen und Prinzipien oder können ein langfristiges Aktionsprogramm einer Organisation beinhalten. Deklarationen dienen oftmals dazu, die Auffassung einer Organisation als Ganzes zum Ausdruck bringen, bevor es zur konkreten Rechtsetzung kommt.

In der Praxis der ILO sind Deklarationen als eines von drei nicht-bindenden Instrumenten neben Empfehlungen und Resolutionen anerkannt.[286] Als bindende

---

282 *Langille*, Brian (Fn.57): S.231.

283 *Landy*, Ernest A. (Fn.157): S.201f.; *Brown*, Damian/*McColgan*, Aileen: UK Employment Law and the International Labour Organisation: The Spirit of Cooperation, in: Industrial Law Journal 21 (1992) 4, S.279; *Novitz*, Tonia (Fn.114): S.173, einschränkend *Cox*, Laura, Q.C. (Fn.161): S.452; die Effektivität des Überwachungsmechanismus betonend; vgl. ferner *Langille*, Brian (Fn.57): S.233.

284 Memorandum of the United Nations Office of Legal Affairs, UN-Doc. E/CN.4/L.610 (1962) v. 2. April 1962.

285 Vgl. *Riedel*, Eibe H. (Fn.2): S.309. Bekanntestes Beispiel einer Deklaration ist sicherlich die Allgemeine Erklärung der Menschenrechte, die bei ihrem Beschluß schlichten Empfehlungscharakter hatte und damit rechtlich unverbindlich blieb, allg. Auffassung, vgl. *Riedel*, Eibe H. (Fn.2), S.37 *et passim*.

286 *Cox*, Laura, Q.C. (Fn.161): S.452, *Riedel*, Eibe H. (Fn.2): S.296.

Handlungsoptionen der Organisation sind in der Verfassung der ILO lediglich Konventionen vorgesehen. Sofern Staaten eine Konvention ratifiziert haben, stellen diese, nach heute überwiegender Ansicht, gewöhnliche völkerrechtliche Verträge dar.[287] Unverbindliche Entschließungen finden in der ILO oftmals dann Verwendung, wenn Angelegenheiten aufgegriffen werden, die sich für die Konkretisierung in Form von Konventionen (noch) nicht eignen, insbesondere wenn sie an sich in die Zuständigkeit anderer internationaler Organisationen fallen, jedoch arbeits- und sozialrechtliche Problemkomponenten enthalten.[288]

a) Rechtswirkung für die ILO als Organisation

Trotz ihres rechtlich nicht-bindenden Charakters entfaltet die ILO-Deklaration 1998 rechtliche Wirkung innerhalb der ILO als Organisation. Dies ergibt sich für Resolutionen als ebenfalls nicht-bindende Beschlussform aus Art.17 *ILO Standing Orders of the Conference*.[289] Insofern kann für Deklarationen nichts anderes gelten. Für die Organe der ILO besteht zumindest die konkrete Verpflichtung, Mitglieder in ihren Bemühungen um die Verwirklichung der fundamentalen Rechte und Prinzipien der ILO-Deklaration 1998 in geeigneter Form zu unterstützen.[290] So spricht Art.3 ILO-Deklaration hinsichtlich der Verwirklichung der Ziele der ILO-Deklaration 1998 von einer *"obligation on the Organization to assist its Members"*. Dafür sind in Art.3(a) ILO-Deklaration 1998 beispielsweise technische Unterstützung und Beratung genannt. Deshalb ist die ILO-Deklaration 1998 als *"promotional obligation"*, also als Förderungsverpflichtung, der Organisation gegenüber ihren Mitgliedern anzusehen.[291] Hiermit ist allerdings noch nichts darüber gesagt, welche Verpflichtungen für die einzelnen Mitglieder der Organisation aus der ILO-Deklaration 1998 folgen.

---

287 *Langille*, Brian (Fn.57): S.245, zum Streitstand über den Rechtscharakter der ILO-Konventionen siehe *Morhard*, Tilo: Die Rechtsnatur der Übereinkommen der internationalen Arbeitsorganisation, Frankfurt/M (e.a.) 1988, S.99ff. und *Fried*, Egbert: Rechtsvereinheitlichung im Internationalen Arbeitsrecht, Frankfurt am Main, Berlin 1965, S.48ff., jeweils m.w.N.
288 *Riedel*, Eibe H. (Fn.2): S.296.
289 *ILO* (Fn.131): Rn.44ff., die *ILO Standing Orders of the Conference* ist abgedruckt in: ILO (Fn.28), S.25ff.
290 *ILO* (Fn.131): Rn.47ff.
291 Zu Menschenrechtsstandards in ihrer Wirkung als Förderungsverpflichtung vgl. *Riedel*, Eibe H. (Fn.2): S.156f.

b) Rechtswirkung für die einzelnen ILO-Mitglieder

Nachfolgend soll untersucht werden, welche Wirkung die ILO-Deklaration 1998 für die Mitglieder der ILO entfaltet.
Bereits während der Verhandlungen über die ILO-Deklaration 1998 kam mehrfach die Befürchtung auf, die Deklaration begründe rechtliche Pflichten hinsichtlich nicht-ratifizierter ILO-Konventionen für die Mitglieder[292]. Die Besorgnis, die ILO-Deklaration 1998 verpflichte alle Mitglieder „durch die Hintertür" zur Einhaltung der acht ILO-Kernkonventionen, erscheint auf den ersten Blick ob des Empfehlungscharakters von Deklarationen unbegründet. Allerdings heißt es in der ILO-Deklaration 1998:

The International Labour Conference, [...]
2. Declares that all Members, even if they have not ratified the Conventions in question, have an obligation, arising from the very fact of membership in the Organization, to respect, to promote and to realize, in good faith and in accordance with the Constitution the principles concerning the fundamental rights which are the subject of those Conventions, namely
(a) freedom of association and the effective recognition of the right to collective bargaining;
(b) the elimination of all forms of forced or compulsory labour;
(c) the effective abolition of child labour; and
(d) the elimination of discrimination in respect of employment and occupation.[293]

In dieser Vorschrift ist davon die Rede, dass Mitglieder auch ohne Ratifikation „die *Pflicht* haben", die in den Konventionen niedergelegten fundamentalen Arbeitsrechte zu respektieren. Diese Wortwahl lässt Zweifel am nicht-bindenden Charakter der ILO-Deklaration 1998 und der vier grundlegenden arbeitsrechtlichen Prinzipien aufkommen. Für eine eingeschränkte Rechtswirkung spricht, dass die Deklaration ihrem Namen nach fundamentale *Rechte und Prinzipien* der ILO umfasst. Die ILO-Deklaration 1998 bezieht sich neben den ausdrücklich genannten vier Verfassungsprinzipien auch auf die fundamentalen *Rechte*, welche in den acht Konventionen der ILO enthalten sind[294].

---

292 So forderten die Delegierten der Arbeitgeber, die Deklaration solle lediglich Werte und Prinzipien der Organisation zum Ausdruck bringen, keinesfalls aber neue rechtliche Pflichten begründen, siehe *ILO* (Fn.131): Rn.10. Diese Ansicht wurde durch die Delegierten von Pakistan und Ägypten unterstützt, *ebenda:*, Rn.183, 186. Auch die Vertreter der Arbeitnehmer betonten letztlich, daß *"the Declaration would not impose any legal obligations itself"*, *ebenda:* Rn.193.
293 Art.2 ILO-Deklaration 1998, Hervorhebung hinzugefügt.
294 Siehe zu den einzelnen Konventionen oben, S.161, zur Unterscheidung zwischen ILO-Prinzipien und Rechten siehe unten, S.192.

Der Text des Art.2 ILO-Deklaration 1998 bringt jedoch gleichzeitig zum Ausdruck, dass sich die Pflichten der Mitglieder hinsichtlich der vier *fundamental principles* nicht aus der ILO-Deklaration 1998 selbst ergeben. Sie resultieren vielmehr aus der Mitgliedschaft der Staaten in der Organisation und der damit verbunden Anerkennung der Verfassungsprinzipien. Die ILO-Deklaration 1998 stellt lediglich klar, dass sich die Staaten mit ihrem Beitritt zur Förderung der Verfassungsprinzipien der Organisation bekannt haben.[295] Die Verpflichtung zur Verwirklichung der vier fundamentalen Grundsätze begründet sich damit aus deren Rang als Verfassungsprinzipien der ILO und nicht etwa aus einer rechtlichen Bindungswirkung der ILO-Deklaration 1998 selbst. Bei der Deklaration handelt es sich in ihrer Außenwirkung gegenüber den Mitgliedern nicht um eine rechtsbegründende, sondern um eine rechtsdeklaratorische Entschließung einer Internationalen Organisation *ohne völkerrechtliche Bindungswirkung*[296]. Die ILO-Deklaration 1998 fällt somit in die völkerrechtliche Kategorie des *"soft law"* [297].

2. Die fundamentalen Prinzipien und Rechte

Schon in ihrem Namen unterscheidet die *ILO Declaration on Fundamental Principles and Rights at Work* zwischen grundlegenden arbeitsrechtlichen Prinzipen und Rechten. Es stellt sich deshalb die Frage, welche Verpflichtungen die in der ILO-Deklaration genannten Verfassungsprinzipien für die Mitglieder begründen. Hierfür müssen zunächst die in der ILO-Deklaration 1998 genannten Verfassungsprinzipien gegenüber den fundamentalen Rechten in der Arbeit, wie sie in den acht Kernkonventionen der ILO enthalten sind, abgegrenzt werden[298].

Grundsätzlich unterscheiden sich Rechte und Prinzipien dadurch, dass Rechte unbedingte Geltung im Sinne eines „entweder-oder" einfordern.[299] Prinzipien stellen dagegen Optimierungsgebote dar, denen im Unterschied zu Rechtsregeln der Anspruch auf Ausschließlichkeit fehlt[300]. Prinzipien transportieren Werte in

---

295 Vgl. Art.1:3 ILO-Verfassung.
296 Vgl. *Seidl-Hohenveldern*, Ignaz: Völkerrecht, 9. Auflage, Berlin (e.a.), 1997, Rn.490 und Rn.1457.
297 Kritisch zum Begriff des Soft Law *Heintschel v. Heinegg*, Wolf: Die weiteren Quellen des Völkerrechts, in: Ipsen (Hrsg.) Völkerrecht, 4. Auflage, München, 1999, §19, S.15ff. Rn.20ff.; vgl. zur Interaktion von völkerrechtlichem Soft und Hard Law *Riedel*, Eibe H.: International Environmental Law-A Law to Serve the Public Interest ? in: New Trends in International Lawmaking – "Legislation" in the Public Interest, Berlin, 1997, S.84.
298 Zum Inhalt der acht fundamentalen Rechte in der Arbeit siehe oben, S.161. Zur allgemeinen Abgrenzung von Regeln und Prinzipien im Rahmen des GATT siehe oben, S.76ff.
299 *Dworkin*, Ronald: Taking Rights Seriously, Cambridge MA, 1978, S.25ff.
300 *Dworkin*, Ronald (Fn.299): S.26f.; *Riedel*, Eibe H.: Rechtliche Optimierungsgebote oder

einen konkreten rechtlichen Kontext.[301] Sie lassen sich in ihrer Wirkung als Leit-sätze oder Handlungsmaximen charakterisieren. Die ILO-Deklaration 1998 bezeichnet die Vereinigungsfreiheit, die Abschaffung von Kinderarbeit, die Besei-tigung von Zwangsarbeit und Diskriminierungen als „fundamentale Prinzipien", die alle Mitglieder der ILO achten müssen.[302] Der einleitende Absatz des Art.2 ILO-Deklaration 1998 verdeutlicht, dass die in den acht Kernkonventionen *enthal-tenen fundamentalen Rechte* die entsprechenden vier Verfassungsprinzipien kon-kretisieren. Die *fundamentalen Rechte* manifestieren die vier *fundamentalen Ver-fassungsprinzipien* auf der Ebene der Rechtsanwendung.[303]

Dies bedeutet erstens, dass die Rechte der einzelnen ILO-Konventionen nicht mit den ihnen zugrundeliegenden Verfassungsprinzipien gleichgesetzt werden können. Zweitens folgt aus Art.2 ILO-Deklaration 1998, dass die Mitglieder durch die Deklaration nur auf die vier Verfassungsprinzipien, nicht aber auf die einzelnen Rechte der ILO-Kernkonventionen selbst verpflichtet werden. Die Klarstellung durch den Beschluss der ILO-Deklaration, dass die Mitglieder bestimmte Ver-pflichtungen aus der Verfassung treffen, darf deshalb nicht als „versteckte Ratifi-kation" der acht einschlägigen ILO-Konventionen durch alle ILO-Mitglieder inter-pretiert werden.[304] Die Mitgliedstaaten trifft aus den vier Verfassungsprinzipien deshalb keine völkerrechtliche Verpflichtung, die einzelnen Normen der acht fun-damentalen Kernkonventionen der ILO zu beachten.[305]

Mit dieser Feststellung ist allerdings noch nicht die Frage beantwortet, welche Rechtsqualität die in der Deklaration enthaltenen vier Verfassungsprinzipien besitzen und den Mitgliedstaaten hieraus Pflichten erwachsen.

Einerseits enthalten die in der ILO-Deklaration 1998 genannten Verfassungsprinzi-pien Elemente völkerrechtlicher Hartrechtsnormen. Hierauf deutet hin, dass Staaten bei ihrem Beitritt zur ILO die *"obligations of the Constitution"* ausdrücklich und formell anerkennen müssen[306]. Diese mitgliedstaatliche Ziel-richtung findet ihre Fortsetzung darin, dass der *Follow-up*-Mechanismus Informa-

---

Rahmensetzungen für das Verwaltungshandeln? in: Veröffentlichungen der Vereinigung deutscher Staatsrechtslehrer 58 (1999), S.183.
301 Für eine entsprechende Stellungnahme des Legal Advisers der ILO, vgl. *ILO* (Fn.131): Rn.73.
302 Vgl. Art.2 ILO-Deklaration 1998.
303 International Labour Conference (ILC), Provisional Record, 68th Session, Report of the Committee on the Declaration of Principles, Rn.73.
304 Vgl. für eine entsprechende Klarstellung der Arbeitgebervertreter, *ILO* (Fn.131): Rn.192.
305 Mißverständlich insofern *WTO.*: Trade and Labour Standards: Subject of Intense Debate, Genf, 1999, im Internet veröffentlicht auf der WTO-Seite zur Ministerkonferenz in Seattle unter www.wto.org, wo es heißt *"ILO Member Governments agreed to respect and promote these Core Conventions even if they had not ratified all of them"*.
306 Vgl. Art.I:3 ILO-Verfassung.

tions- und Berichtspflichten für die *einzelnen* Mitglieder vorsieht. In Art.1(a) ILO-Deklaration 1998 wird auf den *freiwilligen* Beitritt zur ILO und die damit einhergehende Anerkennung der Verfassungsprinzipien abgestellt. Die Betonung der Freiwilligkeit lässt sich als Anspielung auf das völkerrechtliche Konsensprinzip deuten, das heute als der herrschende Geltungsgrund des Völkerrechts als Koordinationsrecht angesehen wird[307]. Daher könnte man der Ansicht sein, dass die Mitglieder bereits *aus ihrem Beitritt zur ILO* eine Rechtspflicht zur Verwirklichung der vier Verfassungsprinzipien trifft, die mit der ILO-Deklaration 1998 ausdrücklich bekräftigt wird.

Andererseits weisen die in der ILO-Deklaration 1998 genannten Verfassungsprinzipien auch Merkmale weicher, unverbindlicher Rechtssätze auf.[308]

Erstens sind die fundamentalen Prinzipien teilweise in der Präambel der Verfassung verankert. Die Präambel zählt zwar gemäß Art.31:2 WVK zum Wortlaut eines völkerrechtlichen Vertrages und kann zu dessen Auslegung herangezogen werden. Üblicherweise enthält eine Präambel jedoch die Werte und Ziele, aber nicht unmittelbar bindende Vorschriften eines Vertrages. Sofern eine Vorschrift der ILO-Verfassung Rechtspflichten für die einzelnen Mitglieder konstituiert, kommt dies durch einen entsprechenden Wortlaut zum Ausdruck[309]. Anhand von Formulierungen wie *"in good faith"* oder *"in line with their specific circumstances"*[310] wird deutlich, dass die Verfassungsprinzipien langfristig zu verwirklichende Zielbestimmungen mit eher politisch-moralischem Appellcharakter haben.

Zweitens sind fundamentalen Prinzipien als allgemeine Verhaltensmaßstäbe für die Mitglieder zu charakterisieren, da kein einzelner Staat allein, sondern nur die ILO bzw. die Summe ihrer Mitglieder die „Beseitigung" und „Abschaffung" von Diskriminierungen, Zwangs- und Kinderarbeit bewirken kann. In Anbetracht der vielfältigen Ursachen von Kinderarbeit in asiatischen Ländern wäre es unrealistisch und unpraktikabel, die Abschaffung der Kinderarbeit als verbindliche Rechtspflicht einzelner ILO-Mitglieder anzusehen[311]. Auch dies spricht dafür, den Verfassungsprinzipien keine unbedingte rechtliche Geltung zuzusprechen, sondern sie lediglich als globale Leitsätze anzusehen, die auf die Verwirklichung der grundlegenden Arbeitnehmerrechte hinzielen.

---

307 *Ipsen*, Knut: Regelungsbereich, Geschichte und Funktion des Völkerrechts, in: Ipsen, Knut (Hrsg.) Völkerrecht, 4. Auflage, München, 1999, §1, S.15f., Rn.42ff.
308 Zur AEMR als *"common standard of achievment"* *Riedel*, Eibe H. (Fn.2): S.258 und S.297.
309 Wie z.B. in Art.22 ILO-Verfassung für die Unterzeichnerstaaten von Konventionen.
310 Siehe Art.1(a) und Art.2(a) ILO-Deklaration 1998.
311 Zu den Ursachen der Kinderarbeit siehe oben, S.176ff.

Letztlich spricht die Aufzählung in Art.2 ILO-Deklaration 1998 von der "*elimination of [...] forced [...] labour*", "*abolition of child labour*" und "*elimination of discrimination*". Die Worte „Beseitigung" und „Abschaffung" statt „Verbot" oder „Unterlassung" verdeutlichen, dass es sich bei diesem Katalog der Verfassungsprinzipien nicht um auf den Einzelfall anwendbare Ge- oder Verbote handelt. Die Formulierung der vier fundamentalen Verfassungsprinzipien der ILO stellt vielmehr klar, dass die vier Verfassungsprinzipien den Charakter von Programm- oder Zielnormen („Aspirationsnormen") besitzen[312]. Solche Aspirationsnormen formulieren in langfristiger Projektion richtungsweisende programmatische Zielvorstellungen, von denen eine politisch-moralische Appell- oder Signalwirkung ausgeht. Sie bilden oft den Ausgangspunkt oder Kristallisationskern künftiger Rechtsentwicklungen.[313] Die fundamentalen vier Prinzipien zielen somit darauf ab, dass die Mitglieder auf die Verwirklichung der fundamentalen Arbeitnehmerrechte, wie sie in den acht Kernkonventionen enthalten sind, hinarbeiten.

Es bleibt festzuhalten, dass die in der ILO-Deklaration angesprochenen Prinzipien Merkmale sowohl weicher, als auch harter Rechtsnormen vereinen. Das Völkerrecht kennt keinen *numerus clausus* der Rechtserzeugungsarten und dementsprechend können Staaten auch Normen unterschiedlicher Härtegrade kreieren.[314] Bei den Verfassungsprinzipien der ILO-Deklaration 1998 handelt es sich somit um Normen „mittleren Härtegrades", die den Charakter von Zielbestimmungen oder Aspirationsnormen besitzen. Dennoch dürfen die in der ILO-Deklaration 1998 enthaltenen Zielnormen nicht lediglich als interner Programmsatz der ILO missverstanden werden. Die ILO-Deklaration von Philadelphia diente zur Festlegung der internen Organisationsziele der ILO nach dem zweiten Weltkrieg.[315] Dagegen handelt es sich beim materiellen Inhalt der ILO-Deklaration 1998 nicht lediglich um allgemeine Ziele oder Wertaussagen der ILO.[316] Der Appell der durch die ILO-Deklaration 1998 klargestellten Verfassungsprinzipien richtet sich vielmehr maßgeblich an die Mitgliedstaaten, zur Realisierung der fundamentalen Rechte in der Arbeit beizutragen.

---

312 Zum Eigentumsschutz in der AEMR als Aspirationsnorm vgl. *Riedel*, Eibe H. (Fn.2): S.157.
313 *Riedel*, Eibe H. (Fn.2): S.151.
314 *Verdroß*, Alfred/*Simma* Bruno: Universelles Völkerrecht, 3. Auflage, Berlin 1984, S.323, § 518 und S.422, §657, vgl. ferner *Riedel*, Eibe H. (Fn.2): S.156.
315 Vgl. *Hansenne*, Michel (Fn.64): S.454ff.
316 So die entsprechende und anschließend unwidersprochene Ansicht des Legal Advisers der ILO, *ILO* (Fn.131): Rn.71, 73.

Offen bleibt noch die Frage, ob ein „Verstoß" gegen den Appellcharakter der in der ILO-Deklaration 1998 enthaltenen Prinzipien möglich ist. Den genannten Prinzipien fehlt zwar der Charakter zwingender Rechtsnormen. Allerdings wird die abstrakte Zielvorgabe der Prinzipien durch die einzelnen Gebote der acht Kernkonventionen hinreichend konkretisiert. Daher könnte man von einem „Verstoß" gegen den Geist der ILO-Deklaration sprechen, sofern Mitglieder in ihrem Verhalten signifikant von der Zielrichtung der Verfassungsprinzipien abweichen. Dies wäre beispielsweise dann der Fall, wenn staatliche Stellen eines ILO-Mitglieds systematisch und anhaltend Zwangsarbeit betreiben. In einem solch extremen Fall könnte man wohl von einer „Missachtung" des Prinzips der Beseitigung von Zwangsarbeit sprechen, denn der Staat setzt sich damit in eindeutig Widerspruch zu den politsch-moralischen Pflichten aus seiner Mitgliedschaft. Der Ausschluss von Mitgliedern ist selbst bei schweren Verstößen gegen mitgliedstaatliche Pflichten in der Verfassung nicht möglich. Eine solche Maßnahme widerspräche auch der kooperativen Ausrichtung der ILO- Deklaration 1998, die Arbeitnehmerrechte durch technische Unterstützung und Fördermaßnahmen, und nicht durch Sanktionen zu verwirklichen.

3. Zwischenergebnis

Bei dem Instrument der Deklaration handelt es sich grundsätzlich um eine von drei nicht-bindenden Handlungsoptionen der ILO. Deklarationen besitzen entweder Empfehlungscharakter, beinhalten ein Aktionsprogramm oder haben, wie der Name schon nahelegt, deklaratorische, also klarstellende Funktionen, beispielsweise hinsichtlich von Werten oder Prinzipien einer Organisation. Die ILO-Deklaration 1998 stellt aus der Verfassung abgeleitete Pflichten der Mitglieder klar. Sie schlägt die Brücke zwischen Rechten in den acht Kernkonventionen und den Verfassungsprinzipien der ILO, ohne selbst rechtsbegründende Wirkung zu entfalten. Der Geltungsanspruch der Prinzipien resultiert unmittelbar aus der Mitgliedschaft und der Verfassung der ILO. Der Anspruch der Deklaration geht jedoch über eine bloße politische Absichtserklärung hinaus, wie die implementierten Berichtspflichten für Mitgliedstaaten verdeutlichen.

Den materiellen Verfassungsprinzipien in Form der vier grundlegenden Standards von der Gewerkschaftsfreiheit über die Beseitigung von Zwangs- und Kinderarbeit und Diskriminierungen sind als Optimierungsgebote, Leitsätze bzw. Zielvorgaben für die Mitglieder zu verstehen. Damit reicht die Wirkung der Prinzipien über bloße interne Programmsätze oder Wertbekenntnisse der ILO hinaus.

Die fundamentalen Prinzipien statuieren jedoch keine Pflicht zur Achtung der acht Kernkonventionen der ILO. Die Mitgliedstaaten sind auch in Zukunft nur dann zur

Einhaltung der entsprechenden ILO-Konventionen verpflichtet, wenn sie diese ratifiziert haben. Dennoch wird man massives und fortgesetztes Handeln im Widerspruch zu den fundamentalen Prinzipien als eine Missachtung der Zielvorgaben aus der ILO-Verfassung ansehen können. Hinsichtlich ihrer Normqualität stellen die fundamentalen Prinzipien in der Arbeit somit mehr als bloße unverbindliche Empfehlungen, aber weniger als das "*hard law*" der acht Kernkonventionen dar.

In dieser Bewertung zeigt sich eine Besonderheit der ILO-Deklaration 1998 hinsichtlich ihrer Rechtsnatur. Mit der ILO-Deklaration 1998 wird ein „weiches" Instrument mit relativ „harten" Verpflichtungen der Mitgliedstaaten aus der Verfassung der ILO kombiniert. Ein Kombinationsstandard, wie die ILO-Deklaration 1998, vereinigt eine Musterung aus Standards unterschiedlicher Normqualität und stellt deshalb einen sog. Kombinationsstandard dar[317].

VI. Rechtsgrundlagen

1. Die Deklaration

In keiner Verfassung einer internationalen Organisation findet sich eine Ermächtigung zum Erlass von Deklarationen.[318] Auch die Verfassung der ILO kennt das Instrument einer Deklaration nicht, sieht man einmal davon ab, dass die Deklaration von Philadelphia selbst Bestandteil der ILO-Verfassung ist[319]. Dennoch gehören Deklarationen zur gängigen Praxis vieler internationaler Institutionen. Die Allgemeine Erklärung der Menschenrechte der UN-Generalversammlung ist das wohl bekannteste Beispiel[320].

Es ist weithin umstritten, inwieweit einer internationalen Organisation über die im Gründungsvertrag ausdrücklich zugestandenen Ermächtigungen hinaus weitere Kompetenzen zustehen können.[321] Da es sich bei einer Deklaration jedoch um einen rechtlich nicht bindenden Völkerrechtsstandard handelt, wird davon ausgegangen, dass es hierfür keiner ausdrücklichen Ermächtigung für die ILO

---

317 Zur Rechtswirkung von Kombinationsstandards siehe unten, S.209f.
318 *Schermers*, Herny G./*Blokker*, Niels: International Institutional Law, Den Haag, 3. Auflage, 1995, Rn.1247.
319 Die Deklaration von Philadelphia ist datiert vom 10.Mai 1944 und wurde 1946 zum Bestandteil der ILO-Verfassung erklärt, *Swepston*, Lee (Fn.94): S.6.
320 Für die AEMR siehe oben Fn.133.
321 Für eine ausführliche Darstellung dieses Streitstandes vgl. *Epping*, Volker: Völkerrechtssubjekte, in: Ipsen, Knut (Hrsg.) Völkerrecht, 4. Auflage, München, 1999, §6, S.72ff., Rn.5ff.

bedurfte.[322] Deshalb kommt es für ILO-Deklaration 1998 weder auf die Völkerrechtssubjektivität der ILO an, noch bedarf es einer ausdrücklichen Rechtsgrundlage im Organisationsrecht der ILO.[323] Der Erlass der ILO-Deklaration 1998 durch die *International Labour Conference* war daher auch ohne ausdrückliche rechtliche Ermächtigung zulässig.

2. Die Überwachungsmechanismen

Einer rechtlichen Grundlage bedarf allerdings die im *Follow-up*-Mechanismus der ILO-Deklaration 1998 vorgesehene Berichtspflicht. Diese Pflicht betrifft diejenigen Mitgliedstaaten, die nicht alle acht Kernkonventionen ratifiziert haben.[324] Aus Annex II.B.1 ILO-Deklaration 1998 folgt, dass die Ermächtigung für den *Follow-up* gegenüber den Mitgliedern in Art.19:5(e) ILO-Verfassung liegt.[325] In dieser Verfassungsnorm ist vorgesehen, dass auch Staaten, die eine Konvention nicht ratifizieren, eine Berichtspflicht gegenüber dem Generaldirektor auf Anfrage des Governing Body trifft. Bereits im Rahmen der Kampagne der ILO zur Ratifikation grundlegender ILO-Konventionen wurde Art.19:5(e) ILO-Verfassung als Grundlage für jährliche Berichte von Nicht-Unterzeichnerstaaten herangezogen.[326] Für den *Follow-up*-Mechanismus der ILO-Deklaration 1998 existiert daher in Art.19:5(e) ILO-Verfassung die notwendige organisationsinterne Rechtsgrundlage.

3. Die fundamentalen Prinzipien und Rechte

Die ILO-Deklaration stellt klar, dass die Staaten aus ihrer Mitgliedschaft in der ILO verpflichtet sind, im Einklang mit der Verfassung die vier grundlegenden Prinzipien zu berücksichtigen, zu fördern und zu verwirklichen.[327] Der Ansatz, ohne vertragliche Bindung Obligationen aus der Verfassung einer internationalen Organisation für deren Mitglieder abzuleiten, ist bisher ohne Beispiel und kann daher als revolutionärer Schritt im Verfassungsrecht Internationaler Organisationen angesehen werden. Deshalb kann es nicht genügen, diese Pflichten der Mit-

---

322 Vgl. *Tapiola*, Kari (Fn.89): S.12.
323 *Langille*, Brian (Fn.57): S.245.
324 Abs.II(B)(1), S.1 Follow-up to the Declaration.
325 *ILO* (Fn.28): S.14.
326 *Langille*, Brian (Fn.57): S.244.
327 Art.2 ILO-Deklaration 1998, siehe zur Auslegung dieser Vorschrift ausführlich oben, S.194.

glieder unter pauschalem Verweis auf die ILO-Verfassung herzuleiten.[328] Hinsichtlich der Förderungspflichten der Mitgliedstaaten für die vier fundamentalen Prinzipien müssen vielmehr zwei unterschiedliche verfassungsrechtliche Begründungsebenen unterschieden werden.

Erstens stellte sich die Frage, welche fundamentalen Rechte und Prinzipien der Verfassung immanent sind. Bereits an anderer Stelle wurde dargelegt, dass die Prinzipien der Vereinigungsfreiheit, der Abschaffung der Zwangs- und Kinderarbeit sowie von Diskriminierungen in der Verfassung der ILO verankert sind.[329] Zweitens muss geklärt werden, auf welche Weise die Mitgliedstaaten aus der Verfassung der ILO verpflichtet werden. Grundsätzlich richten sich die in der Präambel eines Gründungsvertrages einer Internationalen Organisation enthaltenen Zielvorgaben an die Organisation selbst. Für die ILO-Deklaration 1998 kann hierbei nichts anderes gelten, denn ihr kommt keine rechtsbegründende Wirkung zu[330]. Auch die Lehre der *Implied Powers* vermag eine entsprechende Förderpflicht der Mitglieder nicht zu begründen. Internationalen Organisationen stehen nach der Lehre der *Implied Powers* zur Erfüllung ihrer satzungsgemäßen Aufgaben zwar unverzichtbare, ungeschriebene Kompetenzen zu.[331] Die Lehre der *Implied Powers* vermag allerdings nur in Ausnahmefällen mitgliedstaatliche Pflichten zu begründen, denn die Völkerrechtssubjektivität internationaler Organisationen hat ihren Ursprung im Konsens der Mitgliedstaaten.[332] Eine Förderpflicht der ILO-Mitglieder hinsichtlich der *fundamental rights* können daher nicht mit *Implied Powers* der ILO begründet werden.

Fraglich bleibt daher, auf welcher Grundlage die ILO-Deklaration aus den Zielbestimmungen und der Präambel der Verfassung unmittelbar mitgliedstaatliche Förderpflichten ableiten kann.

Eine Verpflichtung der Mitgliedstaaten auf die Grundsätze der Verfassung könnte sich aus dem Beitritt zur ILO ergeben. Art.1 ILO-Verfassung sieht verschiedene Modalitäten für den Beitritt vor. Eine erste Möglichkeit des Beitritts zur ILO sieht Art.1:3 ILO-Verfassung vor, wonach jeder UN-Mitgliedstaat der ILO beitreten kann. Voraussetzung ist lediglich, dass der Staat dem Generaldirektor der ILO eine formelle Anerkennung der "*obligations of the Constitution of the International Labour Organisation*" übermittelt. Im Fall des Art.1:3 ILO-Verfassung entsteht die Bindung des einzelnen Mitglieds an die Verfassungsgrundsätze der ILO somit

---

328 So allerdings *Bellace*, Janice R. (Fn.91): S.195.
329 Siehe oben, S.161ff.
330 Siehe oben, S.192ff.
331 *Epping*, Volker (Fn.321): §6, S.72, Rn.10.
332 Vgl. *Köck*, Heribert Franz/Fischer Peter: Das Recht der internationalen Organisationen, 3. Auflage, Wien, 1997, S.279ff.

durch die ausdrückliche Anerkennung der Verfassungspflichten beim Betritt zur ILO. In den übrigen, in Art.1:2 und Art.1:4 ILO-Verfassung vorgesehenen Beitrittsmodi ist allerdings keine ausdrückliche Anerkennung der mitgliedschaftlichen Pflichten aus der ILO-Verfassung vorgesehen. Jedoch handelt es sich bei der Verfassung der ILO, die aus dem Friedensvertrag von Versailles hervorging, um einen völkerrechtlichen Vertrag. Der Beitritt zu einer internationalen Organisation stellt gemäß Art.11 WVK rechtlich einen Beitritt zu deren Gründungsvertrag dar. Die Mitgliedschaft in der ILO erfolgt somit durch den Beitritt zum Gründungsvertrag, also der Verfassung der ILO. Durch den Beitritt ist jedes Mitglied an die Verpflichtungen aus der ILO-Verfassung nach dem Grundsatz *pacta sunt servanda* gebunden.

4. Zwischenergebnis

Es kann festgehalten werden, dass der Beschluss der ILO-Deklaration 1998 durch die *International Labour Conference* keiner ausdrücklichen Rechtsgrundlage bedurfte. Der *Follow-up* Mechanismus der Deklaration fußt auf Art.19:5(e) ILO-Verfassung. Die Förderpflichten der Mitglieder hinsichtlich der einzelnen arbeitsrechtlichen Verfassungsprinzipien ergibt sich aus deren ausdrücklicher oder konkludenter Anerkennung des Gründungsvertrages der Organisation mit dem Beitritt zur ILO.

VII. Die ILO-Deklaration im Kontext von *Trade&Labour*

Das ungeklärte Verhältnis zwischen Handel und Arbeitnehmerrechten und den beiden zuständigen Organisationen war einer der Gründe dafür, dass die WTO-Ministerkonferenz in Seattle im Dezember 1999 ergebnislos endete. Obwohl seit der Annahme der ILO-Deklaration im Juni 1998 erst wenig Zeit verstrichen war, verdeutlichte *Seattle*, dass das Thema *Trade&Labour* mit der ILO-Deklaration 1998 keinen endgültigen Abschluss gefunden hat. Bisher ist kaum untersucht worden, wie die Deklaration der ILO in diesem Kontext zu bewerten ist. Nachfolgend wird deshalb geprüft, inwiefern die ILO-Deklaration 1998 einer rechtlichen und institutionellen Verknüpfung von *Trade&Labour* Vorschub leistet.

1. Rechtspolitische Wirkung

Die rechtliche und die politische Dimension der Durchsetzung von Arbeitsstandards mit Handelsmaßnahmen ist eng miteinander verwoben. Man kann allerdings durchaus verschiedener Ansicht darüber sein, welche rechtspolitische Bedeutung der Deklaration für die ILO und auch für die Thematik *Trade&Labour* zukommt. Einerseits könnte man die ILO-Deklaration von 1998 als einen der drei großen *"constitutional moments"* der Organisation neben der Gründung im Jahre 1919 und der Deklaration von Philadelphia von 1944 ansehen.[333] Die Deklaration allein als einen triumphalen, verfassungsinterpretativen Akt der ILO zu betrachten, fällt in Anbetracht des Hintergrundes und der Entstehungsgeschichte der Deklaration jedoch schwer[334]. Eine solch optimistische Bewertung der ILO-Deklaration 1998 scheint erst dann opportun, wenn die Verwirklichung der fundamentalen Arbeitsrecht von der ILO allein bewältigt werden kann. Allerdings ist bereits abzusehen, dass die ILO in den Augen ihrer Kritiker trotz der ILO-Deklaration 1998 mit ihrem *Follow-up* den Nachweis schuldig bleiben wird, grundlegende Arbeitnehmerrechte ohne „harte" Sanktionsmaßnahmen weltweit durchsetzen zu können. Die indirekte Aufforderung der zweiten WTO-Ministerkonferenz steht noch immer im Raum: "[T]*he International Labour Organisation (ILO) is the competent body to set and deal with these standards*"[335]. Solange fundamentale Arbeitnehmerrechte nicht universell wirksam geschützt werden können, bleibt die ILO den letzten Beweis ihrer Durchsetzungsfähigkeit schuldig.

Andererseits wird die ILO-Deklaration 1998 als Indiz für die Machtlosigkeit und die schwindende Bedeutung der ILO, infolge sich rapide verändernder weltwirtschaftlicher Rahmenbedingungen, angesehen.[336] Diese Einschätzung verkennt jedoch erstens die Erfolge des kooperativen Ansatzes der ILO bei der Implementierung der Vielzahl verschiedener Arbeitsstandards in der Vergangenheit. Zweitens bedürfen auch in Zukunft diejenigen Länder der Unterstützung und Förderung durch die ILO, denen es nicht am politischen Willen, sondern an den Ressourcen zur Verwirklichung der Menschenrechte in der Arbeit mangelt. Das in den letzten Jahren gewachsene Ansehen der ILO kommt nicht nur in dem erzielten Konsens über die ILO-Deklaration 1998 zum Ausdruck. Zudem erfuhr die ILO in ihrer Arbeit zuletzt mehr Unterstützung durch wichtige Mitgliedstaaten, allen voran die USA[337].

---

333 *Langille*, Brian (Fn.57): S.233.
334 Zur Entstehungsgeschichte der ILO-Deklaration 1998 siehe oben, S.159ff.
335 Abs.4, S.2 WTO Singapore Ministerial Declaration (Fn.100).
336 Vgl. *Langille*, Brian (Fn.57): S.233.
337 So besuchte im Jahre 1999 mit Bill Clinton erstmals ein US-Präsident die ILO und betonte die

Neben der Frage, wie die ILO-Deklaration 1998 für die Organisation zu bewerten ist, gehen von ihrem Beschluss wesentliche Impulse für die Debatte um *Trade&Labour* aus. Diese These bedarf allerdings einer sorgfältigen Begründung, denn die Entwicklungs- und Schwellenländer versuchten bei den Verhandlungen zur ILO-Deklaration 1998 jeden Bezug zum internationalen Handel zu vermeiden[338].

Erstens ist mit der ILO-Deklaration 1998 der wohl wichtigste inhaltliche Streitpunkt um eine Verknüpfung von Handel und Arbeitnehmerrechten entfallen. Bis vor wenigen Jahren war heftig umstritten, welches die „grundlegenden Arbeitsstandards" sind.[339] Da diese Frage nicht einheitlich beantwortet wurde, fehlte es für einen Nexus zwischen Handel und Arbeitnehmerrechten an einem eindeutigen arbeitsrechtlichen Ausgangspunkt. Auf diesen Schwachpunkt haben die Gegner einer Verknüpfung von *Trade&Labour* stets verwiesen.[340] Unumstritten war lediglich, dass die Definition grundlegender Arbeitnehmerrechte nicht im Rahmen der WTO getroffen werden kann. Mit der ILO-Deklaration 1998 hob die ILO vier fundamentale Prinzipien aus der Summe internationaler Arbeitsstandards heraus und stellte als zuständige Organisation außer Streit, was unter den Menschenrechten in der Arbeit zu verstehen ist. Hiermit wurde durch die ILO-Deklaration 1998 ein wesentlicher Streitpunkt in der Debatte um *Trade&Labour* beseitigt.

Zweitens schwächt die ILO-Deklaration 1998 die Einwände der ökonomischen und kulturellen Relativität von Menschenrechten in der Arbeit ab. Nach dem Argument der *ökonomischen Relativität* setzt die Beachtung selbst grundlegender Arbeitnehmerrechte ein fortgeschrittenes Stadium wirtschaftlicher Entwicklung voraus. Mit anderen Worten muss sich ein Staat das Bekenntnis und die Umsetzung von Menschenrechten in der Arbeit erst „leisten können". Der Einwand der *kulturellen Relativität* richtet sich gegen den universellen Geltungsanspruch von Menschenrechten im Allgemeinen und ist deshalb kein spezifischer Aspekt der Debatte um *Trade&Labour*.[341] Insbesondere in der

---

gewachsene Bedeutung der Organisation, vgl. *Clinton*, William J.: Address to the World Trade Organization, Rede zum 50. Jahrestag der WTO, Genf, 18.5.1998 im Internet veröffentlicht unter www.ilo.org.

338 So wird der Delegierte Chinas mit den Worten wiedergegeben: *"A number of people feared any idea of a 'social clause'; the Declaration might be considered as an indirect link between* [labour] *standards and trade"*, *ILO* (Fn.131): Rn.40. Siehe auch die unterschiedlichen Positionen in der Diskussion um den Text von Art.5 ILO-Deklaration 1998, *ebenda:*, Rn.266ff.

339 Siehe oben, S.152ff.

340 Vgl. nur *UNICE*: Preliminary Comments on *"Trade and Social Clauses"*, Position Paper v. 29. März 1994.

341 *Sen*, Amartya K: Universal Truths, Human Rights and the Westernizing Illusion, in: Harward International Review, Vol.20, Summer 1998, 3, S.40ff.

Diskussion um die Durchsetzung von Arbeitnehmerrechten wird jedoch immer wieder auf kulturspezifische „Werte" verwiesen, die der Achtung von Menschenrechten entgegenstehen sollen.[342] So bewerten asiatische Gesellschaften die Gemeinschaft höher als das Wohl oder gar die Rechte des einzelnen Individuums.[343] Hieraus wird gefolgert, dass die gesellschaftsbezogenen asiatischen Werte der uneingeschränkten Anwendung des „westlichen" Konzepts absoluter individueller Rechte entgegenstehen bzw. diese entbehrlich machen.[344] Als vorwiegend individuellen Rechten wird auch den Menschenrechten in der Arbeit in Asien nur ein eingeschränkter Geltungsanspruch zugestanden.[345]

Den Einwänden der ökonomischen und kulturellen Relativität tritt die ILO Deklaration 1998 durch die Betonung des universellen Charakters der Menschenrechte in der Arbeit entgegen.[346] Der universelle Geltungsanspruch der fundamentalen arbeitsrechtlichen Prinzipien kommt bereits in der Terminologie der ILO-Deklaration 1998 zum Ausdruck. So ist in deren Titel nicht mehr von *workers rights,* sondern von *rights at work* die Rede. Ein gegen diese Bezeichnung im Namen der ILO-Deklaration 1998 gerichteter Änderungsantrag der Regierung Ägyptens wurde abgelehnt.[347] Mit der Beibehaltung des Terminus *rights at work* wird verdeutlicht, dass diese Rechte allen Personen im Arbeitsprozess aufgrund ihrer Eigenschaft als Mensch und nicht nur als Arbeitnehmer zustehen. Es wird klargestellt, dass es sich bei den grundlegenden Rechten in der Arbeit um Menschenrechte im spezifischen Anwendungsbereich des Arbeitsverhältnisses handelt.[348] Die ILO-Deklaration 1998 bringt den gemeinsamen Willen der Mitglieder zum Ausdruck, den in der Verfassung verankerten grundlegenden Prinzipien und

---

342 Vgl. *Langille*, Brian (Fn.57): S.242.
343 Vgl. *Riedel*, Eibe, H.: Der internationale Menschenrechtsschutz. Eine Einführung, in: Menschenrechte, Bundeszentrale für politische Bildung (Hrsg.), Bonn, 1999, S.14.
344 Vgl. *Bellace*, Janice R. (Fn.91): S.193.
345 *Li*, Xiao-Rong: A Question of Priorities: Human Rights, Development and "Asian Values", in: Report from the Institute for Philosophy and Public Policy 18 (1999) 1/2, S.2; *Hsiung*, James C.: Human Rights in an East Asian Perspective, in: Human Rights in East Asia: a Culture Specific Perspective, Washington Institute for Values in Public Policy, Hsiung, James C. (Ed.), New York, 1986, S.4ff., dafür eintretend, daß die Idee der Menschenrechte zwar universell akzeptiert ist, deren Bedeutung allerdings kulturspezifisch zu bestimmen sei. Für eine Diskussion der Frage, ob Menschenrechte in der Arbeit mit dem asiatischen Konzept der Patriarchie vereinbar sind, siehe *Woodwiss*, Anthony: Globalisation, Human Rights and Labour Law in Pacific Asia, Cambridge, 1998, S.33ff.
346 *Kellerson*, Hilary: The ILO Declaration of 1998 on Fundamental Principles and Rights: A Challenge for the Future, in International Labour Review 137 (1998) 2, S.227.
347 Siehe zum Vorschlag Ägyptens den Titel in *"Declaration on fundamental worker priciples and rights"* zu ändern, *ILO* (Fn.131): Rn.335 und zur entsprechenden Abstimmung *ebenda:*, Rn.362.
348 *Bellace*, Janice R. (Fn.91): S.193.

Rechten in der Arbeit universell zur Geltung zu verhelfen. Die Mitglieder der ILO verdeutlichen mit der gewählten Terminologie, dass die Verwirklichung dieser Rechte und Prinzipien nicht von der ökonomischen Situation oder den kulturspezifischen Werten eines Mitgliedes abhängen soll.

Zudem muss darauf hingewiesen werden, dass das Konzept der fundamentalen ILO-Standards den Einwand ökonomischer Relativität von Menschenrechten bereits berücksichtigt und damit gleichzeitig entkräftet. So werden die vier Prinzipien deshalb als grundlegend angesehen, weil sie Voraussetzungen und Instrumente zur adäquaten innerstaatlichen Verteilung des Wohlstandes darstellen.[349] Die Beschränkung der Deklaration auf den arbeitsrechtlichen Basisschutz überlässt es den Sozialpartnern, bei der Vereinbarung des arbeitsrechtlichen Schutzniveaus die jeweilige ökonomische Situation ihres Landes individuell zu berücksichtigen. Es handelt sich bei den vier Prinzipien deshalb nicht um Instrumente zur Harmonisierung der Sozialpolitiken in den Mitgliedstaaten, wie dies bei anderen der 183 ILO-Standards der Fall ist[350]. Die grundlegenden vier Rechte in der Arbeit sollten nur bedingt als *absolute* soziale Mindeststandards angesehen werden. In erster Linie bieten sie ein flexibles Instrument, um alle Teile der Bevölkerung am wirtschaftlichen Wachstum partizipieren zu lassen und ermöglicht es den Mitgliedern, die vier fundamentalen Prinzipien entsprechend ihrer ökonomischen Möglichkeiten auf unterschiedlichen Wegen zu verwirklichen. Es bleibt damit festzustellen, dass die ILO-Deklaration 1998 durch die Definition der fundamentalen Rechte und Prinzipien in der Arbeit und das Bekenntnis der Mitglieder zu deren universeller und absoluter Geltung zwei wesentliche rechtspolitische Streitpunkte in der Debatte um *Trade&Labour* entschärft hat.

Ferner kann die ILO-Deklaration 1998 als Chance für mehr Kohärenz zwischen den Zielen wichtiger internationaler Organisationen angesehen werden[351]. Die ILO-Deklaration 1998 schafft die Möglichkeit für die inhaltliche und institutionelle Zusammenarbeit mit anderen Organisationen zum Schutz fundamentaler Arbeitsstandards. Einen Ausgangspunkt für eine solche institutionelle Kooperation mit anderen Organisationen könnte Art.3 ILO-Deklaration 1998 bieten.[352] Dort heißt es:

The International Labour Conference [...]

---

349 Vgl. Abs.5 Präambel der ILO-Deklaration 1998.
350 Zur Harmonisierungswirkung von ILO-Standards vgl. *Riedel*, Eibe H. (Fn.2): S.296.
351 Zum Konzept der Kohärenz in Internationalen Organisationen vgl. *Marceau*, Gabrielle: A Call for Coherence in International Law, Praises for the Prohibition Against "Clinical Isolation" in WTO Dispute Settlement, in: Journal of World Trade 33 (1999) 5, S.87ff.
352 Zur möglichen Ausgestaltung einer institutionellen Kooperation zwischen der ILO und der WTO *de lege ferenda* siehe unten, S.449ff.

3. Recognizes the obligation on the Organization to assist its Members [...] by encouraging other international organizations with which the ILO has established relations, pursuant to article 12 of its Constitution, to support these efforts: [...]

(b) by assisting those Members not yet in a position to ratify some or all of these Conventions in their efforts to respect, to promote and to realize the principles concerning fundamental rights which are subject of those Conventions. [...] [353]

Diese Vorschrift gibt der ILO die Option, bei der Verwirklichung ihrer verfassungsmäßigen Aufgaben in Zukunft eine vertiefte Zusammenarbeit mit anderen Organisationen, z.b. mit der WTO einzugehen. Nach dem Wortlaut des Art.3(b) ILO-Deklaration soll die ILO ihre Mitglieder bei der Verwirklichung der fundamentalen Arbeitnehmerrechte *unterstützen*. Als entsprechendes Förderinstrument eignen sich aus dem Bereich der Handelspolitik insbesondere spezielle Zollvergünstigungen, wie sie im Rahmen der nationalen Präferenzsysteme bereits gewährt werden.[354] Die Aufgabe der ILO könnte insbesondere darin bestehen, Entwicklungsländer gezielt bei der Verwirklichung der arbeitsrechtlichen Anforderungen aus den Präferenzsystemen zu unterstützen, damit diese in den Genuss vergünstigter Einfuhrzölle kommen.

Zusammenfassend bleibt festzuhalten, dass die ILO mit dem Beschluss der ILO-Deklaration neue Wege beschritten hat, um den Kernbestand des internationalen Arbeitsrechts im internationalen Wettbewerb zu schützen und rechtspolitische Fragen in der Debatte um *Trade&Labour* geklärt hat. Sofern die ILO-Deklaration tatsächlich einer Verknüpfung von *Trade&Labour* Vorschub leisten sollte, bleibt abzuwarten, ob die Mitglieder der ILO zukünftig in gleichem Umfang wie bisher bereit sind, freiwillige Vereinbarungen über internationale Sozialstandards zu treffen.

---

353 Hervorhebung hinzugefügt.
354 Zu Arbeitsstandards im Rahmen nationaler Präferenzsysteme vgl. unten, S.469ff.

2. Rechtliche Wirkung

a) Ermächtigung für Handelsmaßnahmen

Es steht außer Frage, dass die ILO-Deklaration 1998 keine unmittelbare Grundlage für Handelsmaßnahmen bieten kann. Erstens fehlt es der ILO bereits an der erforderlichen Kompetenz, um Staaten zu Handelssanktionen zu ermächtigen oder um eine entsprechende Re-Interpretation der Welthandelsvorschriften vorzunehmen. Zweitens fehlt der Deklaration die hierfür erforderliche Rechtsqualität[355]. Die ILO-Deklaration 1998 als solche kann daher keine Ermächtigung für Handelsmaßnahmen bieten.

b) Auslegungshilfe für das GATT

Fraglich ist allerdings, inwieweit die ILO-Deklaration zur Frage von Handelssanktionen zur Durchsetzung fundamentaler Arbeitnehmerrechte in Verbindung mit den Vorschriften des GATT Bedeutung erlangen kann. Nachfolgend ist daher zunächst zu prüfen, inwiefern die ILO-Deklaration 1998 im Rahmen der WTO-Streitschlichtung zur Interpretation des GATT herangezogen werden könnte.

(1) Die rechtliche Wirkung von Kombinationsstandards

Die ILO-Deklaration 1998 selbst ist rechtlich unverbindlich, stellt jedoch die Verpflichtungen der Mitglieder aus der Verfassung klar und setzt diese in Bezug zu den bindenden Normen der acht Kernkonventionen. Durch diese Kombination von Normen unterschiedlicher Härtegrade stellt die ILO-Deklaration 1998 einen sog. Kombinationsstandard dar[356]. Es stellt sich die Frage, welche Rechtswirkung solchen Kombinationsstandards zukommen kann.

Einerseits finden Kombinationsstandards in der Praxis der Vereinten Nationen häufig auf einer frühen Stufe der Evolution in der Rechtsentwicklung Verwendung. In Deklarationen enthaltene Standards werden zunächst oft in feierlicher aber unverbindlicher Form zur Abstimmung gestellt. Sofern sich nach einiger Zeit in der Staatengemeinschaft eine entsprechende Rechtsüberzeugung entwickelt, kann ein solcher Standard ggf. in einen Vertrag mit voller Rechtsbindung einmünden.

---

355 Siehe oben, S.192.
356 Solche Kombinationen harter und weicher Rechtsinstrumente lassen sich anschaulich als „Zebras" charakterisieren, so *Riedel*, Eibe H. (Fn.297): S.84, vgl. zu Kombinationsstandards *ders.*: (Fn.343): S.13.

Kombinationsstandards können somit als Wegbereiter für eine künftige Rechtsentwicklung fungieren.[357]

Andererseits können Standards aber auch in unverbindlicher Form in die Praxis internationaler Organisationen einfließen und im Zusammenspiel mit verbindlichen Normen Rechtswirkung erlangen. So kann der in Deklarationen erklärte Konsens der Staaten als Interpretationshilfe für vage und unbestimmte, aber gleichzeitig verbindliche Normen herangezogen werden.[358] Standards können dabei von innen oder von außen an eine Rechtsordnung herangetragen werden.[359] Dementsprechend könnte die ILO-Deklaration 1998 auch als Interpretationshilfe für unbestimmte Völkerrechtssätze außerhalb des internationalen Arbeitsrechts verwendet werden, sofern die Deklaration einen inhaltlichen Bezug zu diesen Vorschriften besitzt. Mit Kombinationsstandards darf allerdings nicht ohne weiteres die Kluft zwischen verbindlichen und unverbindlichen Normen überbrückt werden.[360] Deshalb ist anhand der allgemeinen völkerrechtlichen Auslegungsregeln zu überprüfen, ob die ILO-Deklaration 1998 zur Interpretation des GATT herangezogen werden kann.

(2) Auf das GATT anwendbare Interpretationsmethoden

Bevor untersucht werden kann, ob die ILO-Deklaration 1998 zur Interpretation des GATT herangezogen werden kann, müssen die für das GATT anwendbaren Auslegungsmethoden geklärt werden. Noch für das GATT 1947 wurde teilweise die Auffassung vertreten, dass die allgemeinen völkerrechtlichen Auslegungsregeln im GATT keine oder nur eingeschränkte Anwendung finden, da es sich beim GATT um Recht *sui generis* bzw. ein *self-contained regime* handeln soll[361].

Heute ist dagegen allgemein anerkannt, dass die allgemeinen, völkerrechtlichen Interpretationsmethoden auch auf das Recht der WTO Anwendung finden. Die Anwendbarkeit der allgemeinen, völkerrechtlichen Interpretationsmethoden für die

---

357 *Riedel*, Eibe H. (Fn.2): S.301, *ders.* (Fn.343): Internationaler Menschenrechtsschutz, S.12f.
358 Vgl. *Riedel*, Eibe, H. (Fn.343): S.13.
359 *Riedel*, Eibe H. (Fn.2): S.307.
359 *Riedel*, Eibe H. (Fn.2): S.307.
360 *Riedel*, Eibe H. (Fn.2): S.310
361 So aber *Schermers*, Herny G./*Blokker*, Niels (Fn.318): §1196; *Klein*, Eckhart: Die Internationalen und Supranationalen Organisationen als Völkerrechtssubjekte, in: Bothe, Michael (e.a.), Völkerrecht, Berlin (e.a.), 1997, S.320, vgl. auch *Mavrodis*, Petros: Die WTO als "Self-Contained Regime", in: Recht der Internationalen Wirtschaft 37 (1991) 6, S.497ff.

Vertragspraxis des GATT ergibt sich für das GATT 1994 aus Art.3:2 DSU.[362] Dort heißt es:

The Members recognize that [the dispute settlement system] serves to preserve the rights and obligations of Members under the covered agreements, and to clarify the existing provisions of those agreements in accordance with **customary rules of interpretation of public international law**.[363]

Als Kodifikation der gewohnheitsrechtlichen Interpretationsregeln des Völkerrechts wird allgemein die Wiener Vertragsrechtskonvention (WVK) angesehen.[364] Dementsprechend wurde auch in der Praxis der WTO-Streitschlichtung durch den *Appellate Body* inzwischen anerkannt, dass die Vorschriften der WVK als allgemeine völkerrechtliche Auslegungsregeln zur Interpretation des WTO-Rechts heranzuziehen sind.[365] Noch für das GATT 1947 konnte die Anwendbarkeit der WVK aus dem Jahre 1969 deshalb bezweifelt werden, weil es sich beim GATT 1947 um *lex priori* handelt. Auf *lex priori* ist die WVK nicht anwend-

---

362 Das Understanding on Rules and Procedures Governing the Settlement of Disputes ist abgedruckt in: *WTO: The Legal Texts: The Results of the Uruguay Round of Multilateral Trade Negotiations*, Genf, 1999, S.354ff., deutsche Übersetzung in: *Hummer*, Waldemar/*Weis*, Friedl (Fn.100): Nr.37, S.431ff.

363 Hervorhebung hinzugefügt.

364 *Verdroß*, Alfred/*Simma* Bruno (Fn.314): S.490f., §775; *Vitzthum*, Wolfgang Graf von: Begriff, Geschichte und Quellen des Völkerrechts, in: Bothe, Michael (e.a.), Völkerrecht, Berlin (e.a.), 1997, S.78f.; *Bleckmann*, Albert: Grundprobleme und Methoden des Völkerrechts, Freiburg/München 1982, S.88; *Jackson*, John H.: The World Trading System: Law and Policy of International Economic Relations, 2nd Edition, Cambridge MA (e.a.), 1997, S.121. Die WVK ist ein völkerrechtlicher Vertag und bindet *inter partes* bisher lediglich die 82 Vertragsparteien. Viele der Vorschriften der WVK werden jedoch als kodifiziertes Völkergewohnheitsrecht betrachtet, weshalb von einer universellen Geltung dieses Vertrages ausgegangen werden kann, *Heintschel v. Heinegg*, Wolf: Die völkerrechtlichen Verträge als Hauptrechtsquelle des Völkerrechts, in: Ipsen, Knut (Hrsg.) Völkerrecht, 4. Auflage, München, 1999, vor §9, S.94f. Rn.5.

365 Für Art.31 WVK siehe Appellate Body Report *India – Patent Protection for Pharmaceutical and Agricultural Chemical Products,* WTO-Doc. WT/DS/50/AB/R v. 19. Dezember 1997: S.17, Rn.43ff.; Panel Report *United States-Standards for Reformulated and Conventional Gasoline,* WTO-Doc. WT/DS2/R v. 29. Januar 1996: S.27, Rn.6.7; Appellate Body Report Report *United States-Standards for Reformulated and Conventional Gasoline*, WTO-Doc. WT/DS2/AB/R v. 20. Mai 1996: S.17 (o. Rn.); Appellate Body Report *Japan-Taxes on Alcoholic Beverages*, WTO-Doc. WT/DS8/AB/R, WT/DS10/AB/R, WT/DS11/AB/R v. 4. Oktober 1996, S.11f. (o. Rn.); Appellate Body Report *European Communities – Measures Affecting the Importation of Certain Poultry Products*, WTO-Doc. WT/DS69/AB/R v. 13. Juli 1998, S.52, Rn.147; Appellate Body Report *European Communities – Customs Classification of Certain Computer Equipment*, WTO-Doc. WT/DS62/AB/R, WT/DS67/AB/R, WT/DS68/AB/R v. 5. Juni 1998, S.33, Rn.84; für Art.28 WVK siehe Appellate Body Report *Brazil-Measures Affecting Desiccated Coconut*, WTO-Doc. WT/DS22/AB v. 21. Februar 1997, S.15 (o. Rn.).

bar.[366] Das rechtlich selbständige GATT 1994 unterliegt dagegen als *lex posterior* sowohl dem zeitlichen als auch dem sachlichen Geltungsbereich der WVK[367]. Selbst die formellen Voraussetzungen zur Anwendung der WVK werden damit durch das GATT 1994 inzwischen erfüllt. Es bleibt daher festzuhalten, dass die in der WVK kodifizierten völkerrechtlichen Interpretationsmethoden auf das GATT anwendbar sind. Nachfolgend soll daher auf die wesentlichen Auslegungsmethoden der WVK und deren Anwendung auf das GATT eingegangen werden.

Nach der WVK ist ein völkerrechtlicher Vertrag erstens anhand der gewöhnlichen Bedeutung des Wortlauts, seinem Zusammenhang und im Lichte seines Zieles und Zweckes auszulegen.[368] Wichtigste Quelle der Interpretation ist hierbei der Vertragstext in seinem Kontext.[369] So bedürfen auch Interpretationen aus den Vertragszielen stets eines Anhaltspunktes im Wortlaut.[370] Der Vertragstext bestimmt gleichzeitig die Grenze der Auslegung. Dementsprechend bedarf nach der sog. *Vattel'schen Maxime* ein klarer Wortlaut keiner Auslegung.[371] Von einem eindeutigen und daher nicht auslegungsbedürftigen Wortlaut kann dann ausgegangen werden, wenn sich der ermittelte, natürliche Wortsinn sinnvoll in den Kontext einfügt.[372]

Weiterhin bestimmt die WVK, dass bei der Auslegung völkerrechtlicher Verträge die Vertragspraxis berücksichtigt werden kann.[373] Im GATT kommt der Vertragspraxis in Form der Empfehlungen der Streitschlichtung als *"case law"* besondere Bedeutung zu. Für die Auslegung des GATT 1994 müssen nicht nur die Entscheidungen der WTO-Streitschlichtung, sondern auch die Praxis unter dem GATT 1947, einschließlich der frühen Berichte der *"Working Parties"*, berücksichtigt werden. Zwar ist das GATT 1994 gegenüber dem GATT 1947 ein rechtlich selbständiger Vertag. Jedoch bestimmt das WTO-Abkommen, dass die Praxis der Vertragsparteien unter dem GATT 1947 auch für die WTO und damit für das GATT 1994 Anwendung finden soll.[374] Der Auslegung des GATT durch die

---

366 Gem. Art.4 WVK.
367 Zum sachlichen Anwendungsbereich siehe Art.5 WVK.
368 Art.31:1 WVK.
369 *Verdroß*, Alfred/*Simma* Bruno (Fn.314): S.492, §777.
370 *Bleckmann*, Albert (Fn.364): S.89.
371 *Vattel*, Emer de: Le Droit des Gens ou Principes de la Loi Naturelle, 1758, Nachdruck: Washington 1916, 2.Buch, §263.
372 Zur Grenze des Wortlauts für die Auslegung befand der IGH: *"If the relevant words in their natural and ordinary meaning make sense in their context, that is an end of the matter"*, *UN*: Report of the International Court of Justice, New York, 1950, S.8.
373 Art.31:3(b) WVK.
374 Art.XVI:1 WTO-Agreement.

Organe der Streitschlichtung sind insofern Grenzen gesetzt, als die Rechte und Pflichten der Vertragsparteien weder erweitert noch verkürzt werden dürfen[375]. Die WVK sieht zur Auslegung völkerrechtlicher Verträge ferner die historische Interpretationsmethode vor. Die historische Interpretationsmethode erfolgt anhand der Vertragsmaterialien (*travaux préparatoires*) und stützt sich auf den historischen Parteiwillen beim Abschluss des Vertrages. Für das allgemeine Völkerrecht war lange Zeit umstritten, ob die Auslegung von Verträgen anhand des historischen Parteiwillens (subjektiver Ansatz) oder zuvorderst am Vertragstext (objektiver Ansatz) zu erfolgen habe.[376] Noch für das GATT 1947 war die subjektive Interpretation anhand der *travaux préparatoires* von herausgehobener Bedeutung.[377] Die ehemals subjektiv-historisch geprägte Auslegung des GATT 1947 wurde mit seiner Entstehungsgeschichte als Bruchstück der ITO und der darauf beruhenden mangelnden organisatorischen Verfasstheit begründet.[378] Nach heute überwiegender Ansicht kommt der subjektiv-historischen Methode im Völkerrecht, entsprechend der WVK, nur noch ergänzende Funktion für die Auslegung zu.[379] Die nachrangige Bedeutung der historischen Interpretation hat für multilaterale Verträge seinen Grund in der Rücksichtnahme auf später beitretenden Staaten, die an den ursprünglichen Verhandlungen nicht beteiligt waren.[380] Durch die Gründung der WTO hat sich auch das GATT von der subjektiv-historischen Auslegung emanzipiert. Für die Auslegung von WTO-Recht wird der objektiven Interpretation heute ausdrücklich der Vorrang eingeräumt, wenn es in Art.11 DSU heißt:

Accordingly, a panel should make an **objective assessment** of the matter before it, including an objective assessment of the facts of the case and the applicability of and the conformity with the relevant covered agreement.[381]

---

375 Auf Wunsch der EG wurde in der Ministererklärung von 1982 dieser Dynamisierung des Rechts durch die Streitschlichtung durch die Feststellung insofern eine Grenze gezogen, als *"decisions in this process cannot add to or dimnish the rights and obligations provided in the General Agreement"*, in: BISD 29S/9, 1983, S.16; diese Einschränkung der Rechtsfortbildung wurde auch in der Streitbeilegung der WTO festgeschrieben, Art.3:2, S.2 DSU.
376 *Heintschel v. Heinegg*, Wolf (Fn.364): §11, S.116, Rn.4.
377 Zur Bedeutung der historischen Auslegungsmethode im GATT/WTO-Rechtssystem vgl. oben, S.74ff.
378 Vgl. *Benedek*, Wolfgang: Die Rechtsordnung des GATT aus völkerrechtlicher Sicht, Berlin (e.a.), 1990, S.143. Zum GATT als liberalem Fragment der gescheiterten ITO siehe oben, S.28
379 *Heintschel v. Heinegg*, Wolf (Fn.364): §11, S.116, Rn.4 m.w.N., vgl. Art.32 WVK.
380 *Vitzthum*, Wolfgang Graf von (Fn.364): S.79.
381 Hervorhebung hinzugefügt.

Ferner schreibt Art.31:1 WVK vor, dass die Auslegung eines Vertrages im Lichte seines Zwecks erfolgen muss und gleichzeitig auf den Kontext seiner Bestimmungen abzustellen ist. Weiterhin bestimmt Art.31:3 WVK, dass Übereinkünfte zwischen den Vertragsparteien ebenso wie zwischen den Vertragsparteien anwendbare und einschlägige Völkerrechtssätze zur Interpretation eines Vertrages heranzuziehen sind. Auf diese beiden Quellen völkervertragsrechtlicher Interpretation wird im Hinblick auf die ILO-Deklaration als Auslegungshilfe des GATT nachfolgend vertieft einzugehen sein.

Zuvor soll jedoch als Ergebnis festgehalten werden, dass für das GATT die allgemeinen völkerrechtlichen Auslegungsmethoden Anwendung finden, wie sie in der WVK kodifiziert sind. Vorrangig ist dabei auf den objektiven Wortsinn des Vertragstextes abzustellen. Unter den übrigen Interpretationsmethoden ist für die Anwendung des GATT die Vertragspraxis in Form der Empfehlungen der Streitschlichtung hervorzuheben. Der historischen Auslegung, unter dem GATT 1947 noch eine der maßgeblichen Quellen der Interpretation, kommt für das heute geltende GATT 1994 nur noch ergänzende Funktion zu, wie dies auch in der WVK vorgesehen ist. Die ILO-Deklaration könnte als Übereinkunft der Vertragsparteien bzw. als zwischen den Vertragsparteien anwendbarer Völkerrechtssatz zur Interpretation des GATT herangezogen werden.

(3) Interpretative Übereinkunft gemäß Art.31:3 WVK

Nachfolgend wird untersucht, ob die ILO-Deklaration 1998 auf Basis der Vorschrift des Art.31:3 WVK zur Auslegung des GATT herangezogen werden kann. Nach dieser Vorschrift ist neben den übrigen Quellen für die Auslegung eines Vertrages in gleicher Weise

a) jede spätere Übereinkunft zwischen den Vertragsparteien über die Auslegung des Vertrages oder die Anwendung seiner Bestimmungen; [...]

c) jeder in den Beziehungen zwischen den Vertragsparteien anwendbare einschlägige Völkerrechtssatz zu berücksichtigen.[382]

---

382 Art.31:3(a) WVK lautet in seiner authentischen englischen Fassung:
3. There shall be taken into account together with the context:
(a) any subsequent agreement between the parties regarding the interpretation of the treaty or the application of its provisions; [...]
(c) any relevant rules of international law applicable in the relations between the parties.

aa) Art.31:3(a) WVK

aaa) Übereinkunft

Fraglich ist, ob die ILO-Deklaration 1998 eine „Übereinkunft" im Sinne des Art.31:3(a) WVK darstellt. Im systematischen Vergleich mit dem Wort „Völkerrechtssatz" (*rules of international law*) in Art.31:3 (c) WVK wird deutlich, dass der Terminus „Übereinkunft" (*agreement*) nicht allein bindende Rechtsnormen umfassen kann. Anderenfalls wäre in Art.31:3(a) WVK ebenfalls von Völkerrechtssätzen oder Verträgen (*treaties*) die Rede. Diesem weiten Verständnis von interpretativen Übereinkünften scheint auch der Appellate Body zu folgen, der in *US-Shrimp* mit der Rio-Deklaration und der Agenda 21 völkerrechtliches "*soft law*" zur Auslegung des Art.XX GATT herangezogen hat.[383] Dementsprechend wird man auch ein rechtlich nicht bindendes Instrument wie die ILO-Deklaration 1998 als „Übereinkunft" im Sinne von Art.31:3(a) WVK ansehen können.

bbb) Vertragsparteien

Die ILO-Deklaration 1998 müsste weiterhin als eine Übereinkunft „zwischen den Vertragsparteien" des zu interpretierenden Vertrages anzusehen sein. In diesem Fall sind dies die Vertragsparteien des GATT, also die WTO-Mitglieder. Gegen die Ansicht, dass es sich bei der ILO-Deklaration um eine Übereinkunft zwischen den Vertragsparteien des GATT handelt, spricht die Tatsache, dass es sich bei der ILO und der WTO um zwei verschiedene Internationale Organisationen und bei der Verfassung der ILO und dem GATT um unterschiedliche völkerrechtliche Verträge handelt. Insofern scheinen auch die Vertragsparteien des GATT nicht mit den ILO-Mitgliedern identisch zu sein, welche die ILO-Deklaration 1998 beschlossen haben.[384]
Dennoch könnte die ILO-Deklaration aufgrund folgender Überlegung als Übereinkunft zwischen den Vertragsparteien des GATT anzusehen sein. Zwar

---

383 Appellate Body Report *United States-Import Prohibition of Certain Shrimp and Shrimp Products*, WTO-Doc.WT/DS58/AB/R v. 12. Oktober 1998, S.58f., Rn.154.
384 Vgl. Panel Report *United States-Restrictions on Imports of Tuna* (nicht angenommen), GATT-Doc. DS29/R v. 16. Juni 1994 (Nachdruck in: I.L.M. 33 (1994), S.839ff.): Rn.5.19, S.892, für die in diese Entscheidung eingebrachten „bilateralen" und „plurilateralen" Umweltabkommen wurde verneint, daß es sich dabei um Übereinkommen der Vertragsparteien des GATT i.S.d. Art.31:3(a) WVK handelt. Ohne weitere Begründung forderte das Panel, es müsse sich um „multilaterale" Abkommen handeln, wobei allerdings unklar bleibt, was hierunter zu verstehen ist und woher dieses Merkmal abgeleitet wird. Bei der ILO-Deklaration 1998 wird man allerdings sogar von einem universell beschlossenen Abkommen sprechen können, so daß auch das von dem GATT-Panel aufgestellte Kriterium der „Mulitilateralität" erfüllt wäre.

wurde die ILO-Deklaration 1998 nicht im Rahmen der WTO und im Namen der GATT-Vertragsparteien vereinbart. Jedoch sind alle Mitglieder der WTO gleichzeitig Vertragsparteien des GATT.[385] Weiterhin sind bis auf einzelne Ausnahmen alle Vertragsparteien des GATT auch Mitglieder der ILO.[386] Alle Mitglieder der ILO sind gleichsam an den Gründungsvertrag der ILO gebunden und haben die ILO-Deklaration mitgetragen.[387] Insofern handelt es sich bei den Vertragsparteien des GATT weitgehend um dieselben Staaten, die auch die ILO-Deklaration beschlossen haben.

Die Tatsache, dass die ILO-Deklaration darüber hinaus auch von Nicht-Mitgliedern der WTO angenommen wurde, schadet nicht. Die ILO-Deklaration 1998 wurde ferner vom Konsens nahezu aller Vertragsparteien des GATT getragen, da es bei der Annahme keine Gegenstimme gab[388]. Aus dem Text des Art.31:3(a) WVK folgt nicht, dass eine interpretative Übereinkunft zu einem Vertrag erst dann vorliegt, wenn die Vertragsparteien vollkommen identisch sind. Sofern die Vertragsparteien allerdings nicht vollständig identisch sind, bindet eine interpretative Übereinkunft nur die übereinstimmenden Parteien *inter partes*. Für die übrigen Parteien des auszulegenden Vertrages entfaltet die interpretative Übereinkunft dagegen keine Wirkung. Um so bemerkenswerter ist, dass die WTO-Streitschlichtung sogar völkerrechtliche Verträge zur Entscheidung heranzog, die nicht einmal für die Streitparteien selbst verbindlich waren[389].

Die Tatsache, dass die Abkommen in verschiedenen Organisationen abgeschlossen wurden, kann bei dieser Betrachtung ebenfalls keine Rolle spielen. Parteien einer interpretativen Übereinkunft sind die Staaten, nicht aber die Internationale Organisation, in deren Rahmen ein Abkommen vereinbart wird. Anderenfalls wären interpretative Übereinkommen auf die Kompetenz einer Internationalen Organisation beschränkt. Die Tatsache, dass die ILO-Deklaration und das GATT

---

385 Gem. Art.II:2 WTO-Agreement i.V.m. Annex 1(a), rechtstechnisch ist das GATT damit integraler Bestandteil des WTO-Agreements, eine Vertragspartei des WTO-Agreement ist dadurch gleichzeitig Vertragspartei des GATT.

386 Mitglied der WTO und nicht gleichzeitig der ILO sind lediglich Brunei, Daressalam, Hong Kong (China), Macao (China), Liechtenstein und die Malediven sowie die Europäische Gemeinschaft, vgl. die Listen der Mitglieder der ILO und WTO, in Internet veröffentlicht unter www.ilo.org und www.wto.org. Die Übereinstimmung zwischen den Mitgliedern der ILO und der WTO ist damit wesentlich weitreichender, als dies zwischen den Vertragsparteien der in das TRIPs eingefügten Abkommen zum Schutz des geistigen Eigentums und den Vertragsparteien des GATT der Fall war. Für eine Gegenüberstellung der Vertragsparteien des GATT und der in das TRIPs integrierten Abkommen zum Schutz des geistigen Eigentums siehe *Ross*, Julie C./*Wasserman*, Jessica A.: Trade-Related Aspects of Intellectual Property Rights, The GATT Uruguay Round: A Negotiating History (1986-1992), Deventer (e.a.), 1993, S.6ff.

387 Siehe zu den Verpflichtungen der ILO-Mitglieder aus der ILO-Verfassung oben, S.195.

388 Siehe oben, S.160.

389 So geschehen in Appellate Body Report *US – Shrimp* (Fn.383): S.48f., Rn.130, Fn.110f.

von denselben Staaten im Rahmen unterschiedlicher Organisationen vereinbart wurde, ändert somit nichts daran, dass es sich um die selben *Vertragsparteien* handelt.

Insofern kann die ILO-Deklaration 1998 als eine Übereinkunft der WTO-Mitglieder und damit „der Vertragsparteien" des zu interpretierenden GATT im Sinne des Art.31:3(a) WVK angesehen werden.

ccc) *Lex posterior*

Schließlich wurde die ILO-Deklaration 1998 als *lex posterior* zum WTO-Abkommen und dem GATT 1994 beschlossen. Wie von Art.31:3(a) WVK gefordert, handelt es sich damit bei der ILO-Deklaration 1998 gegenüber dem GATT um eine „spätere" Übereinkunft.

ddd) Zur Auslegung des GATT

Letztlich setzt Art.31:3(a) WVK voraus, dass die interpretierende Übereinkunft „über die Auslegung des Vertrages oder die Anwendung seiner Bestimmungen" getroffen wurde. Dementsprechend müsste die ILO-Deklaration 1998 über die Auslegung des GATT und dessen Vorschriften getroffen worden sein.

Dies erscheint insofern problematisch, als die ILO-Deklaration 1998 offenbar nicht mit der Absicht vereinbart wurde, zur Interpretation des GATT oder dessen Bestimmungen zu dienen. Ein entsprechender ausdrücklicher Hinweis im Text der ILO-Deklaration 1998 fehlt. Erklärtes Ziel der ILO-Deklaration 1998 ist die Förderung von fundamentalen Arbeitsstandards durch die Mitglieder im Rahmen der ILO und nicht die Interpretation des GATT. Unterstützt von den meisten afrikanischen Ländern versuchte insbesondere die Gruppe der asiatisch-pazifischen Staaten die Verwendung der ILO-Deklaration 1998 für Handelsmaßnahmen explizit auszuschließen[390].

Eine Reihe von Argumenten deutet jedoch darauf hin, dass die ILO-Deklaration 1998 als Übereinkunft über die Auslegung des GATT und dessen Bestimmungen anzusehen sein könnte. Erstens kann es für die interpretative Wirkung eines Übereinkommens auf einen Vertrag nicht darauf ankommen, dass dies im Text des interpretativen Übereinkommens ausdrücklich festgelegt ist. Sofern man einen ausdrücklichen Verweis auf den zu interpretierenden Vertrag verlangte, wäre die Auslegungsvorschrift des Art.31:3(a) WVK überflüssig. Deshalb ist ein ausdrücklicher Verweis der ILO-Deklaration 1998 auf das GATT nicht erforder-

---

390 Vgl. die Stellungnahme Kolumbiens, wonach die ILO-Deklaration *"shall not be used for protectionist trade purposes or any other restrictive purposes"*, *ILO* (Fn.131): Rn.353.

lich.[391] Es reicht vielmehr aus, wenn sich ein inhaltlicher Bezug zwischen beiden Abkommen durch Auslegung ergibt. Im Wortlaut der ILO-Deklaration 1998 weisen zumindest zwei Passagen unmittelbar in Richtung des Welthandelssystems. Zunächst lautet Abs.6 Präambel ILO-Deklaration 1998:

*"Whereas the ILO is the constitutionally mandated international organization and **the competent body to set and deal with labour standards**"* [...][392]

Der Wortlaut dieser Bestimmung der Präambel entspricht im Wesentlichen der Erklärung der zweiten WTO-Ministerkonferenz in Singapur, also die Reaktion der WTO auf die Debatte um *Trade&Labour*[393]. Dies spricht dafür, die ILO-Deklaration als „Antwort" der ILO auf die „Aufforderung" durch die WTO-Ministerkonferenz in Singapur anzusehen und es scheint, also ob die ILO-Mitglieder mit der ILO-Deklaration bewusst die in der Kompetenz der ILO liegende arbeitnehmerrechtliche Seite der Debatte um *Trade&Labour* beleuchten wollten.[394] Daher verdeutlicht Art.6 Präambel den generellen Kontext zwischen der ILO-Deklaration und dem Welthandelssystem.

Unmittelbaren Bezug zum internationalen Handel und dem GATT weist jedoch Art.5 ILO-Deklaration 1998 auf, wenn es dort heißt:

The International Labour Conference, [...]
*5. Stresses that labour standards should not be used for **protectionist trade purposes**, and that nothing in this Declaration and its follow-up shall be invoked or otherwise used for such purposes; in addition, **the comparative advantage** of any country should **in no way be called into question** by this Declaration and its follow-up.*[395]

Zunächst entsprechen weite Teile des Art.5 ILO-Deklaration wiederum fast wörtlich dem entsprechenden Passus der WTO-Ministererklärung von Singapur[396]. Die wesentliche Aussage dieses Artikels besteht jedoch darin, dass die Mitglieder der ILO explizit zum Ausdruck bringen, in welchem Umfang die ILO-Deklaration 1998 für Handelsmaßnahmen Verwendung finden darf. In jedem

---

391 Im Hinblick auf die vergleichbare Situation zwischen internationale Umweltabkommen und das GATT vgl. *Petersmann*, Ernst-Ullrich: The GATT/WTO Dispute Settlement System, London (e.a.) 1997, S.127.
392 Hervorhebung hinzugefügt.
393 Für den Wortlaut der Ministererklärung der WTO siehe oben, S.158.
394 Zu den durch die ILO-Deklaration 1998 geklärten arbeitnehmerrechtlichen Fragestellungen hinsichtlich einer „Sozialklausel" vgl. oben, S.204f.
395 Hervorhebungen hinzugefügt.
396 Zur WTO-Ministererklärung von Singapur siehe oben, S.158.

Fall unzulässig ist demnach die Verwendung von Arbeitnehmerrechten für „protektionistische Handelsabsichten". Diese Aussage der ILO-Deklaration lässt zwei grundlegend verschiedene Antworten auf die Frage zu, ob die ILO-Deklaration 1998 zur Interpretation des GATT herangezogen werden kann. Einerseits kann man Art.5 ILO-Deklaration 1998 als eine Schutzklausel ("*safeguard clause*") ansehen, mit der die Verwendung der Deklaration außerhalb der ILO kategorisch ausgeschlossen werden soll. Zwar kann aufgrund des unverbindlichen Charakters der Deklaration auch Art.5 nicht als eine *rechtliche* Schutzklausel angesehen werden. Aber selbst wenn die ILO-Mitglieder nur politisch ihren Willen darüber zum Ausdruck gebracht haben, dass Arbeitnehmerrechte nicht mit Handelszugeständnissen verknüpft werden dürfen, wird man die ILO-Deklaration kaum als interpretative Übereinkunft „*über*" das GATT im Sinne von Art.31:2(a) WVK ansehen können. Es spricht einiges dafür, dass in Art.5 ILO-Deklaration der Wille der Entwicklungsländer zum Ausdruck kommt, jede interpretative Verknüpfung der ILO-Deklaration mit dem GATT auszuschließen. Entsprechende Ansichten wurden in den höchst strittigen Verhandlungen um den Wortlaut des Art.5 ILO-Deklaration mehrfach geäußert.[397] Die Auffassung, dass Art.5 ILO-Deklaration als Schutzklausel jede Verwendung der ILO-Deklaration 1998 außerhalb der ILO ausschließe, blieb allerdings nicht unwidersprochen[398].

Andererseits spricht jedoch einiges dafür, dass gerade über Art.5 ILO-Deklaration eine inhaltliche Verknüpfung zwischen der ILO-Deklaration 1998 und dem GATT erfolgt ist. Erstens verbietet der klare Wortlaut des Art.5 ILO-Deklaration nicht grundsätzlich, dass die fundamentalen Arbeitnehmerrechte zur Basis von Handelsmaßnahmen gemacht werden. Die ILO-Mitglieder haben lediglich untersagt, mit Arbeitnehmerrechten protektionistische Motive im internationalen Handel zu verfolgen. Im Zuge des *argumentum e contrario* könnte daraus gefolgert werden, dass die ILO-Deklaration dann arbeitsrechtlich motivierten Handelsmaßnahmen nicht entgegensteht, wenn keine protektionistischen Ziele verfolgt werden. Dieses Verständnis wird auch durch die Entstehungsgeschichte des Art.5 ILO-Deklaration gestützt. So fanden verschiedene Vorschläge den Wortlaut des Art.5 ILO-Deklaration 1998 restriktiver zu gestalten keine Mehrheit. Erstens ist der einschränkende Art.5 ILO-Deklaration in seinem jetzigen Wortlaut mit der Wen-

---

397 Siehe z.B. die Bezeichnung des Entwurfs von Art.5 ILO-Deklaration 1998 als "*safeguard clause*" in den Stellungnahmen der chilenischen, mexikanischen und venezuelanischen Regierungsvertreter, *ILO* (Fn.131): Rn.300, 305 und 307, vgl. auch die Stellungnahme Kubas, wonach die Wendung "*protectionist trade purposes*" nicht ausreichend sei, *ebenda:* Rn.346.

398 So die Stellungnahme des irischen Delegierten unter den Hinweis darauf, daß eine solche Klausel nicht mehr von der Kompetenz der ILO gedeckt sei, *ILO* (Fn.131): Rn.351, auf den für "*iron-clad assurances of further safeguards*" notwendigen, aber fehlenden Rechtscharakter der Deklaration verweisend der britische Delegierte, *ebenda:*, Rn.337.

dung "*should*" unverbindlicher ausgefallen, als dies die Wendung "*shall*" zum Ausdruck gebracht hätte[399]. Zweitens mangelte es nicht an Anträgen, die Formulierung „*protectionist purposes*" in Art.5 wesentlich weiter zu fassen und damit jegliche Handelsmaßnahmen auf Basis der fundamentalen Arbeitnehmerrechte auszuschließen. Die Vorschläge zur Beschränkung der Verwendung der Deklaration außerhalb der ILO reichten vom Verbot von "*restrictive trade measures*"[400] über "*trade measures including those of a protectionist nature*"[401], "*unilateral measures of any nature*"[402] bis zu "*any other purposes*"[403]. Keiner dieser Änderungsanträge fand allerdings die erforderliche Mehrheit innerhalb des zuständigen Komitees[404]. Da der Wortlaut des Art.5 ILO-Deklaration nur „protektionistische Handelsabsichten" ausschließt, folgt deshalb im Umkehrschluss, dass die Mitglieder die Verwendung der Deklaration für alle übrigen Handelsmaßnahmen zumindest nicht verbieten wollten. Insofern kann zunächst festgehalten werden, dass in Art.5 ILO-Deklaration 1998 nicht zum Ausdruck kommt, dass die Mitglieder jeden Bezug zwischen Handel und Arbeitnehmerrechten vermeiden wollten. Es scheint vielmehr, als haben die ILO-Mitglieder gerade mit Art.5 ILO-Deklaration einen Bezug zum internationalen Handel hergestellt, wodurch die Deklaration als Interpretationshilfe des GATT angesehen werden könnte. Mit diesem Verständnis käme dem Art.5 ILO-Deklaration sogar der gegenteilige Effekt einer von den Entwicklungsländern geforderten Schutzklausel zu. Nachfolgend ist allerdings noch genauer zu untersuchen, inwiefern Art.5 ILO-Deklaration einen Bezug zum GATT aufweist.

Im Wortlaut des Art.5 ILO-Deklaration ist von „protektionistischen Absichten" und den „komparativen Kostenvorteilen" der Mitglieder die Rede. Der Begriff der komparativen Kostenvorteile entstammt der klassischen Außenwirtschaftstheorie[405]. Die Lehre der komparativen Kostenvorteile gilt als ökonomische Grundlegung des GATT. Dieser Hinweis des Art.5 ILO-Deklaration in Richtung der ökonomischen Grundlagen des GATT wäre unnötig, wenn die Mitglieder der

---

399 Siehe die entsprechenden Änderungsvorschläge Kubas und Brasiliens, *ILO* (Fn.131): Rn.346 und Rn.354, die jedoch nicht das erforderliche Quorum in der Abstimmung erreichten, *ebenda:*, Rn.366.

400 Änderungsantrag des Delegierten Japans, *ILO* (Fn.131):, Rn.343.

401 Vorschlag Indiens, *ILO* (Fn.131): Rn.319.

402 Vorschlag Venezuelas, *ILO* (Fn.131): Rn.320.

403 Vorschlag der Vertreter Ägyptens und des Sudan, *ILO* (Fn.131): Rn.335, zu Recht kritisiert vom Delegierten Argentiniens, als insofern der Deklaration jeder Zweck abgesprochen würde, *ILO* (Fn.131): Rn.340.

404 Siehe für die einzelnen Abstimmungsergebnisse *ILO* (Fn.131): Rn.367, Rn.368 und Rn.369.

405 Vgl. zur Theorie der komparativen Kostenvorteile oben, S.48ff.

ILO davon ausgegangen wären, dass die ILO-Deklaration keinerlei Bezug zum Welthandelssystem aufweist. Der Begriff „protektionistische Absichten" weist darüber hinaus Bezug zu konkreten Vorschriften des GATT auf. Zwar wurde „Protektionismus" weder im GATT noch im Schiedsverfahren der WTO bisher definiert. Nach der üblichen Bedeutung des Wortes werden unter Protektionismus jedoch gezielte staatliche Maßnahmen verstanden, die zu einer Beschränkung der Importe führen, um inländische Produzenten vor ausländischer Konkurrenz zu schützen.[406] Ob eine außenhandelspolitische Maßnahme den Schutz der einheimischen Produktion oder dem Schutz der Arbeitnehmerrechte dient, kann nicht die ILO, sondern allein die WTO-Streitschlichtung beurteilen[407]. Ob eine Handelsmaßnahme ein legitimes Politikziel verfolgt oder der Protektion inländischer Produzenten dient, wird in der Regel anhand von Art.XX GATT entschieden.[408] Noch präziser eingegrenzt beinhalten die im *chapeau* des Art.XX GATT enthaltenen unbestimmten Rechtsbegriffe der *"unjustified or arbitrary discrimination"* und der *"disguised restriction of international trade"* den zentralen „Protektionismus-Test" des GATT. Allein die WTO-Streitschlichtung kann anhand dieser beiden unbestimmten Rechtsbegriffe bewerten, ob eine Handelsmaßnahme auf Basis der fundamentalen Arbeitnehmerrechte „protektionistische Ziele" verfolgt.[409]

Es bleibt deshalb festzuhalten, dass allein anhand des GATT beurteilt werden kann, ob eine Handelsmaßnahme auf Basis der Menschenrechte in der Arbeit im Sinne von Art.5 ILO-Deklaration „protektionistischen Zielen" dient[410]. Es erscheint insofern nur folgerichtig, dass die WTO-Streitschlichtung im Falle von Handelsmaßnahmen mit arbeitsrechtlichem Bezug die Wertungen der ILO-Mitglieder, wie sie in der ILO-Deklaration 1998 zum Ausdruck kommen, zur Interpretation unbestimmter Rechtsbegriffe heranzieht.

---

406 *Bhagwati*, Jagdish: Protectionism, Cambridge, 1988, S.43, *Beise*, Marc/*Oppermann*, Thomas/*Sander*, Gerald G.: Grauzonen im Welthandel, Baden-Baden, 1998, S.61.
407 Vgl. Art.3.2 DSU.
408 Zur Anwendung des Art.XX GATT siehe unten, S.330ff.
409 Zur Heranziehung der ILO-Deklaration 1998 zur Auslegung des *chapeau* Art.XX siehe unten, S.358 *et passim*.
410 Art.1:1 WTO-Agreement, vgl. auch den Vorschlag der Arbeitgebervertreter, in die ILO-Deklaration 1998 den Satz einzufügen *"the World Trade Organisation is the competent body to establish trade rules"*, *ILO* (Fn.131): Rn.297, wodurch letztlich weder die ILO, noch die WTO für die Schnittstellenthematik *Trade&Labour* für zuständig erklärt worden wäre.

eee) Zwischenergebnis

Nach alledem bleibt festzuhalten, dass die ILO-Deklaration 1998 verschiedentlich Bezug zum internationalen Warenhandel und den Regeln des GATT aufweist. Dies folgt aus der Entstehungsgeschichte und dem Kontext der ILO-Deklaration in Bezug auf das Thema *Trade&Labour*, der sich zuvorderst in der sprachlichen Parallelität des Wortlauts der Deklaration und der Erklärung der zweiten WTO-Ministerkonferenz äußert. Hinzu kommt, dass sich der Wortlaut des Art.5 der ILO-Deklaration nicht nur auf die ökonomischen Grundlagen des GATT, sondern auch auf die unbestimmten Rechtsbegriffe im *chapeau* des Art.XX GATT zu beziehen scheint. Aus diesem Grund könnte die ILO-Deklaration als eine Übereinkunft der Vertragsparteien über die Anwendung der Bestimmungen des GATT im Sinne von Art.31:3(a) WVK angesehen und von der WTO-Streitschlichtung zur Rechtsanwendung herangezogen werden.

bb) Art.31:3(c) WVK

Eine Berücksichtigung der ILO-Deklaration bei der Anwendung des GATT könnte sich weiterhin durch Art.31:3(c) WVK ergeben. Dafür müsste es sich bei der ILO-Deklaration 1998 um einen zwischen den Vertragsparteien anwendbaren, einschlägigen Völkerrechtssatz handeln.

aaa) Völkerrechtssatz

Bei der ILO-Deklaration 1998 selbst handelt es sich nicht um einen Völkerrechtssatz (*rule of international law*). Für einen Rechtssatz des Völkerrechts fehlt es der ILO-Deklaration 1998 an der erforderlichen Rechtsqualität.[411] Die ILO-Deklaration selbst stellt daher keinen Völkerrechtssatz im Sinne des Art.31:3(c) WVK dar.

Auch wenn die ILO-Deklaration 1998 selbst rechtlich nicht bindet, enthält sie dennoch Verfassungsgrundsätze der ILO-Verfassung und damit rechtliche Normen. Die ILO-Deklaration 1998 kombiniert verbindliche Rechtsnormen mit dem rechtlich unverbindlichen Instrument der Deklaration und ist daher ein Kombinationsstandard[412]. Die ILO-Deklaration 1998 stellt klar, dass die Mitglieder aus dem Gründungsvertrag der ILO verpflichtet sind, die Verwirklichung der fundamentalen Arbeitnehmerrechte zu fördern. Jedenfalls der Gründungsvertrag der ILO und damit auch die immanenten fundamentalen arbeitsrechtlichen Grund-

---

411 Siehe oben, S.192.
412 Siehe oben, S.209.

sätze als Inhalte der ILO-Deklaration stellen einen Völkerrechtssatz im Sinne des Art.31:3(c) WVK dar.

bbb) Zur Auslegung des GATT

Weiterhin müsste es sich gemäß Art.31:3(c)WVK bei den Verfassungspflichten der ILO-Mitglieder um einen für die Auslegung des GATT einschlägigen Völkerrechtssatz handeln. Einen Völkerrechtssatz wird man dann als „einschlägig" ansehen müssen, wenn er für die Auslegung des GATT relevant ist. Dies ist der Fall, wenn der Völkerrechtssatz entweder in Bezug zum internationalen Handel oder zu auslegungsfähigen Vorschriften des GATT steht. Die fundamentalen Arbeitnehmerrechte aus der ILO-Verfassung müssten demnach Bezug zum internationalen Handel oder zu Vorschriften des GATT aufweisen. Ob die grundlegenden Arbeitnehmerrechte *"trade-related"* sind, ist zwar umstritten, braucht hier aber noch nicht vertieft zu werden[413]. Die ILO-Deklaration 1998 enthält die Verfassungsprinzipien der ILO und stellt sie dadurch in einen neuen Kontext. Durch den Beschluss der Deklaration haben die ILO-Mitglieder daher ihre bestehenden Pflichten nicht nur erläutert, sondern den Zusammenhang dieser Pflichten redefiniert. Hinsichtlich der vier grundlegenden Arbeitnehmerrechte könnte man insofern von einer „Klammerwirkung" der Deklaration sprechen. Die ILO-Deklaration, und damit auch die enthaltenen Arbeitsstandards, weisen Bezug zu unbestimmten Rechtsbegriffen im GATT auf.[414] An diesem Ergebnis zeigt sich anschaulich, wie an sich unverbindliche Kombinationsstandards in der Interaktion mit bindenden Normen rechtliche Wirkung entfalten können[415].

ccc) Anwendbarkeit zwischen den Vertragsparteien

Um die Voraussetzungen des Art.31:3(c) WVK zu erfüllen, müssten die Verfassungsprinzipien der ILO zwischen den Vertragsparteien des GATT anwendbar sein. Wie bereits ausgeführt, sind die Vertragsparteien des GATT bis auf wenige Ausnahmen gleichzeitig Mitglieder der ILO. Insofern treffen mitgliedschaftliche Pflichten aus der ILO-Verfassung gleichzeitig nahezu alle Vertragsparteien des GATT. Die aus dem Gründungsvertrag abgeleiteten Pflichten hinsichtlich der vier fundamentalen ILO-Prinzipien ist daher zwischen den Vertragsparteien des GATT anwendbar.

---

413 Zum Nexus zwischen den fundamentalen Arbeitnehmerrechten und internationalem Handel siehe unten, S.226ff.
414 Siehe oben, S.221.
415 Zur rechtlichen Wirkung von Kombinationsstandards siehe oben, S.209f.

ddd) Zwischenergebnis

Die Verwendung der ILO-Deklaration 1998 für die Interpretation des GATT lässt sich auch über Art.31:3(c) WVK begründen. Die in der ILO-Deklaration 1998 enthaltenen Pflichten der ILO-Mitglieder aus dem Gründungsvertrag, namentlich die Förderung der vier fundamentalen arbeitsrechtlichen Prinzipien, stellen einen zwischen den Vertragsparteien des GATT anwendbaren Völkerrechtssatz dar. Auf die Frage, in welcher Weise und in welchem Umfang die ILO-Deklaration 1998 bei der Auslegung des GATT berücksichtigt werden kann, wird anhand der im fünften Kapitel untersuchten Einzelfälle einzugehen sein.[416]

---

416 Vgl. unten, S.279ff.

VIII. Ergebnisübersicht:

Fundamentale Prinzipien und Rechte in der Arbeit

ILO-Deklaration 1998

Rechtlich nicht-bindendes Instrument zur Klarstellung der mitgliedstaatlichen Verpflichtungen aus vier fundamenalen Arbeitsrechten als Verfassungsprinzipien.

Normqualität: Deklaratorischer Kombinationsstandard
Zweck: Klarstellung verfassungsimmanenter mitgliedstaatlicher Pflichten
Inhalt: Menschenrechte in der Arbeit
Durchsetzung: Follow-Up als Überwachungsinstrument (Monitoring)
Rechtspolitischer Effekt: Definition der *"Core Labour Rights"*
Rechtlicher Effekt: Auslegungshilfe für WTO-Recht gem. Art.31 WVK

Verfassungsprinzipien
und Kernkonventionen der ILO

Förderungsverpflichtung der Mitglieder hinsichtlich der Verfassungsprinzipien und der zugrundliegende acht Kernkonventionen kraft Beitritt zur ILO.

Vereinigungsfreiheiten

Vereinigungsfreiheit
C 87 (Freedom of Association)

Kollektivverhandlungen
C 98 (Collective Bargeining)

Verbot von Zwangsarbeit
C 29   (Forced Labour)
C 105 (Abolition of Forced Labour)

Abschaffung von Kinderarbeit
C 138 (Minimum Age)
C 182 (Worst Forms of Child Labour)

Nichtdiskriminierung
C 100 (Equal Remuneration)
C 111 (Discrimination)

Abb3: Fundamentale Prinzipien des int. Arbeitsrechts

Viertes Kapitel

Der Nexus zwischen Handel und Arbeitnehmerrechten

Die Forderung nach einer Verknüpfung von Handel und Arbeitnehmerrechten ist so alt wie Arbeitsstandards selbst und von jeher umstritten[1]. Befürworter wie Gegner in der Debatte um *Trade&Labour* sind sich jedoch in einer Frage weitgehend einig. Voraussetzung jeder Verknüpfung zwischen *Trade&Labour* ist der Nachweis, dass zwischen Handel und Arbeitsrechten ein Nexus - also ein sachlicher Zusammenhang - besteht.[2] Die Frage nach einem solchen *Nexus* ist für das Thema *Trade&Labour* deshalb von Bedeutung, weil die WTO ein Forum für Themen des internationalen Handels und nicht für rein arbeitsrechtliche Fragestellungen ist. Die Kompetenz der WTO ist auf Probleme der internationalen Handelsbeziehungen zwischen den Mitgliedstaaten beschränkt.[3] Die WTO eignet

---

1 Vgl. bereits *Feis*, Herbert: International Labour Legislation in the Light of Economic Theory, in: International Labour Review 15 (1927) 4, S.491ff. (auszugsweise nachgedruckt in: International Labour Standards and Economic Interdependence, Sengenberger, Werner/Campbell, Duncan (Ed.), Genf, 1994); *Hansson*, Göte: Social Clauses and International Trade, London, 1983, S.1.

2 *Golub*, Stephen S.: International Labour Standards and International Trade, International Monetary Fund Working Paper, IMF-Doc. WP/97/37, Washington DC, April 1997, S.14; *Scherrer*, Christoph: The Pros and Cons of International Labour Standards, in: Social and Environmental Standards in International Trade Agreements, Malanowski, Norbert (Hrsg.), Münster, 1997, S.39.; *Third World Network*: The WTO, Labour Standards and Trade Protectionism, Position Paper v. 23. September, Genf, 1997 S.1; *OECD*: Trade, Employment and Labour Standards: A Study of Core Workers' Rights and International Trade, Paris, 1996, S.105; *Leary*, Virginia: Workers' Rights and International Trade: The Social Clause (GATT, ILO, NAFTA, US Laws), in: Fair Trade and Harmonization (Vol.2: Legal Analysis), Bhagwati Jagdish/Hudec, Robert. E. (Ed.), Cambridge MA, 1996, S.200; *Nichols*, Philip M.: Trade Without Values, in: Northwestern University Law Review 90 (1996) 2, S.759.; einschränkend *Langille,* Brian: The ILO and the New Economy: Recent Developments, in: The International Journal of Comparative Labour Law and Industrial Relations 15 (1999) 3, S.241, der die Frage nach einem ökonomischen Zusammenhang zwischen Handel und fundamentalen Arbeitnehmerrechten offenbar mit der ILO-Deklaration 1998 für beantwortet erachtet; zu den handelspolitischen Bezügen der ILO-Deklaration 1998 vgl. oben, S.203ff. Dagegen hält *Ward*, Halina: Common but Differentiated Debates: Environment, Labour and the World Trade Organisation, in: International and Comparative Law Quarterly 45 (1996) 3, S.599f. den Handelsbezug als Begründung für eine Kompetenzbeschränkung der WTO für vorgeschoben, da es nach Art.III:1 WTO-Agreement Aufgabe der WTO ist *"to further the objectives, of this Agreement and of the Multilateral Trade Agreements"*. Das WTO-Agreement (Marrakesh Agreement Establishing the World Trade Organization) ist abgedruckt in: *WTO*: The Legal Texts: The Results of the Uruguay Round of Multilateral Trade Negotiations, Genf, 1999, S.4ff., deutsche Übersetzung in *Hummer*, Waldemar/*Weiß*, Friedl: Vom GATT '47 zur WTO '94, Wien, 1994, Nr.32, S.315ff.

3 Vgl. Art.II:1 und Art.III:2 WTO-Agreement.

sich deshalb erst in zweiter Linie zur Koordination von Politiken, die keine Handelsfragen im engeren Sinne betreffen.[4] Ein Nexus zwischen internationalem Handel und Arbeitnehmerrechten wird daher richtigerweise als rechtspolitische Voraussetzung jeder Verknüpfung von Menschenrechten in der Arbeit mit dem Welthandelssystem angesehen.

Der Nexus zwischen internationalem Handel und Arbeitnehmerrechten soll nachfolgend ausgehend von drei unterschiedlichen Thesen untersucht werden.

Nach einer ersten These könnte der Nexus in einem *negativen mittelbaren Effekt* liberalen Handels auf die Arbeitnehmerrechte bestehen. Diese These basiert auf der Annahme, dass Arbeitnehmerrechte einen Kostenfaktor im internationalen Wettbewerb darstellen, der durch die verschärfte Konkurrenz der Unternehmen und Standorte unter Deregulierungsdruck gerät. Der zunehmend liberale Welthandel wird dafür weniger als unmittelbare Ursache, sondern als Vehikel des sich verschärfenden Kostenwettbewerbs mit negativen Folgen für die Verwirklichung der Menschenrechte in der Arbeit angesehen.[5] Um diese These zu überprüfen, wird zunächst untersucht, ob Arbeitnehmerrechte einen relevanten Faktor im internationalen Wettbewerb der Unternehmen und Standorte darstellen. Sofern sich diese Annahme bewahrheitet, bedeutet die Missachtung von Arbeitnehmerrechten einen Vorteil im Preiswettbewerb. Über den internationalen Handel könnte hierdurch ein Anpassungsdruck bei den Handelspartnern ausgelöst werden. Durch die Notwendigkeit, im Wettbewerb konkurrenzfähig zu bleiben und arbeitsrechtlich bedingte Wettbewerbsvorteile auszugleichen, könnte letztlich sogar ein reflexartiger Deregulierungeswettlauf bei den Arbeitnehmerrechten drohen, der als *race to the bottom* bezeichnet wird[6]. Eine solche arbeitsrechtliche Deregulierungsspirale ließe sich durch die Koordination staatlichen und privaten Wettbewerbsverhaltens im handelsrechtlichen Ordnungsrahmen verhindern[7]. Den Ordnungsrahmen für den internationalen Handel bildet die WTO, weshalb sie nach dieser Ansicht wettbewerbsbegrenzende, arbeitsrechtliche Mindeststandards durchsetzen soll.

---

4 *Nichols*, Philip M.(Fn.2): S.759.
5 *Hart*, Michael: A Question of Fairness: the Global Trade Regime, Labour Standards and the Contestability of Markets, Occasional Papers in International Trade Law and Policy, Ottawa, 1996, S.2 *et passim*.
6 Zur These vom *race to the bottom* vgl. unten, S.255ff.
7 Zu den Implikationen wirtschaftspolitischen Handlungsbedarfs vgl. *Streit*, Manfred: Theorie der Wirtschaftspolitik, 4.Auflage, Düsseldorf, 1991, S.20.

Nach einem zweiten Ansatz könnte der Nexus in einer *positiven Wechselbeziehung* zwischen Handel und Arbeitnehmerrechten bestehen.[8] Einerseits fördert liberaler Handel die Verwirklichung der fundamentalen Arbeitnehmerrechte, da durch die generierten Wohlfahrtseffekte erst die ökonomischen Voraussetzungen zur Verwirklichung der fundamentalen Arbeitnehmerrechte geschaffen werden. Andererseits können Arbeitnehmerrechte als Korrektur und Ergänzung der Marktkräfte zu einer Optimierung bei der Nutzung menschlicher Ressourcen bei- tragen[9]. Dies wäre insbesondere der Fall, wenn hinsichtlich der Arbeitnehmer- rechte Marktversagen vorläge, die Durchsetzung von Arbeitnehmerrechten mithin die Effekte der zunehmend global wirkenden Marktkräfte optimierte. Dann ist zu erwarten, dass die durch liberalen Außenhandel generierten Wohlfahrtseffekte durch die Beachtung der fundamentalen Arbeitnehmerrechte noch gesteigert wer- den können. Nach dieser Meinung besteht der Nexus zwischen *Trade&Labour* darin, dass die effektive Durchsetzung fundamentaler Arbeitnehmerrechte im Rah- men der WTO das Welthandelssystem zielkonform ergänzen würde.

Nach der dritten These besteht lediglich ein geringfügiger Zusammenhang zwischen Handel und Arbeitnehmerrechten. Arbeitsstandards werden weder als signifikanter Faktor im internationalen Wettbewerb angesehen, noch tragen sie zu den Zielen der WTO bei. Liberaler Außenhandel ist vielmehr Voraussetzung wirt- schaftlicher Entwicklung, der letztlich auch Verwirklichung der Arbeitnehmer- rechte folgen wird. Von diesem Standpunkt aus besteht zwischen internationalem Handel und Arbeitnehmerrechten kein signifikanter Nexus, *Trade&Labour* ist dementsprechend in keiner Form ein adäquates Thema für die WTO.

Die Evaluierung dieser drei Thesen über den Nexus zwischen *Trade&Labour* soll anhand zweier Kriterien überprüft werden.

---

8 *Richardson*, David, J.: The WTO and Market-Supportive Regulation: a Way Forward on New Competition, Technological and Labor Issues, in: Federal Reserve Bank of St. Louis 82 (2000) 4, S.122.
9 *Bagwell*, Kyle/*Staiger*, Robert W.: The Simple Economics of Labor Standards and the GATT, in: Social Dimensions of U.S.Trade Policies, Deardorff, Alan V./Stern, Robert M. (Ed.), Ann Arbor MI, 2000, S.227 betonen, daß eine Verknüpfung von Handel und Arbeitnehmerrechten zu Effizienz- gewinnen führt, vgl. auch Abs.2 GATT-Präambel, wo noch von der „vollen Nutzung" der verfügbaren Ressourcen die Rede ist, während in der entsprechenden Passage des dem GATT übergeordneten Abs.1 Präambel WTO-Agreement von der „optimalen Nutzung" der verfügbaren Ressourcen als Ziel des Welthandelssystems gesprochen wird. Der Text des GATT (General Agreement on Tariffs and Trade) ist abgedruckt in *WTO*: The Legal Texts (Fn.2), S.424ff., deutsche Übersetzung in *Hummer*, Waldemar/*Weiß*, Friedl (Fn.2): Nr.47, S.553.

Erstens müssten Arbeitnehmerrechte Aspekte des internationalen Handel betreffen, also *"trade-related"* sein[10]. Definiert ist dieser Begriff im Rechtssystem der WTO zwar nicht[11], aber mit dem TRIPs und dem TRIMs tragen zwei multilaterale Abkommen der WTO ihren Handelsbezug bereits im Namen[12]. Als *"trade-related"* wird man Arbeitnehmerrechte letztlich dann ansehen können, wenn entweder der internationale Handel die Verwirklichung der Arbeitnehmerrechte oder letztere den internationalen Handel merklich beeinflussen.[13]

Zweitens setzt ein *multilaterales* Regelungsbedürfnis für Arbeitnehmerrechte in der Welthandelsordnung voraus, dass der ggf. festgestellte Zusammenhang zwischen Handel und Arbeitnehmerrechten *grenzüberschreitende Auswirkungen* hat[14]. Grenzüberschreitende Auswirkungen lägen vor, sobald aus der Be- oder Missachtung von Arbeitnehmerrechten signifikante Effekte in Drittstaaten resultieren[15]. Sofern die Be- oder Missachtung von Arbeitnehmerrechten dagegen allein innerstaatliche Auswirkungen zeigt, fehlte diesen Rechten ein grenzüberschreiten-

---

10 Zum Begriff der *"trade-relation"* unter Bezugnahme auf die Verhandlungen über das TRIPs-Agreement während der Uruguay-Runde und den Handelsbezug von geistigen Eigentumsrechten vgl. *Leary*, Virginia (Fn.2): S.200.

11 Das TRIMS-Agreement (Agreement on Trade-Related Investment Measures) ist abgedruckt in: *WTO* (Fn.2): S.143ff., deutsche Fassung in: *Hummer*, Waldemar/*Weiß*, Friedl: Vom GATT '47 zur WTO '94, Wien, 1994, S.962ff. Das TRIPs-Agreement (Agreement on Trade-Related Aspects of Intellectual Property Rights) ist abgedruckt in: *WTO* (Fn.2): S.321ff., deutsche Fassung in *Hummer*, Waldemar/*Weiß*, Friedl (Fn.11): S.1086ff.

12 Die Worte *"trade-related"* wurden in den Namen des TRIPs-Agreements aufgenommen, um zum Ausdruck zu bringen, daß der Schutzbereich beider Abkommen auf den „Handelsbezug" ihrer Inhalte limitiert ist. Man könnte jedoch fast meinen, es solle gleichzeitig der gering ausgeprägte Handelsbezug von geistigem Eigentum und Investitionen durch das *"trade-related"* im Namen des jeweiligen WTO-Abkommens kaschiert werden. Zum Handelsbezug der IPRs im TRIPs-Agreement vgl. unten, S.441ff.

13 Ähnlich *Qureshi*, Asif H.: International Trade and Human Rights from the Perspective of the WTO, in: International Economic Law with a Human Face, Weiss, Friedl (Ed.), Den Haag, 1998, S.164.

14 Analog werden auch zwischen Handel und Umwelt grenzüberschreitende Effekte als Voraussetzung einer Regelung in der WTO angesehen, vgl. *Letzgus*, Oliver: Die Ökonomie des internationalen Umweltschutzes, Frankfurt am Main (e.a.), 1999, S.39ff.; *Townsend*, Blair/*Ratnayake*, Ravi: Trade Liberalisation and the Environment, Singapore (e.a.), 2000, S.12ff.; *Cole*, Matthew: Trade Liberalisation, Economic Growth and the Environment, Cheltenham (e.a.), 2000: S.24f.; *Bhagwati*, Jagdish: On Clearly Thinking About the Linkage Between Trade and the Environment, in: The Economics of International Environmental Problems, Siebert, Horst (Ed.), Tübingen, 2000, S.244, der für Menschenrechte und Umweltschutz als Regelungsgegenstand in der WTO die gleichen Anforderungen stellt.

15 *Ward*, Halina (Fn.2): S.607f.; *Blackhurst*, Richard/*Subramanian*, Arvind: Promoting Multilateral Cooperation on the Environment, in: The Greening in World Trade Issues, Anderson, Kim (Ed.), New York, 1992, S.247; *Charnovitz*, Steve: The WTO and Social Issues, in: Journal of World Trade 28 (1994) 1, S.17ff.; *Langhammer*, Rolf J.: On the Nexus between Trade and the Environment and on Greening the GATT, in: The Economics of International Environmental Problems, Siebert, Horst (Ed.), Tübingen, 2000, S.257f.

der Bezug und dementsprechend auch ein multilateraler Regelungsbedarf innerhalb der WTO[16].

Ein hinreichender Nexus zwischen *Trade&Labour* liegt demnach vor, wenn sich die Frage der Einhaltung von Arbeitnehmerrechten erstens auf den Warenhandel und zweitens grenzüberschreitend auswirkt. Nur wenn diese beiden Voraussetzungen kumulativ vorliegen, ist die Welthandelsorganisation der geeignete Ort zur Verwirklichung der fundamentalen Arbeitnehmerrechte.

A. Arbeitnehmerrechte und internationaler Wettbewerb

In der Argumentation von Befürwortern und Gegnern von Arbeitnehmerrechten in der WTO ist das Konzept der „internationalen Wettbewerbsfähigkeit" von zentraler Bedeutung.

Einerseits begründen Vertreter von Entwicklungsländern die Ablehnung einer Verknüpfung von *Trade&Labour* damit, dass soziale Mindeststandards die internationale Wettbewerbsfähigkeit ihrer Standorte und Unternehmen vermindern und Kostenvorteile des Produktionsfaktors Arbeit beeinträchtigen werden.[17]

Andererseits beklagen Befürworter arbeitsrechtlicher Mindeststandards im Welthandelssystem „unfairen" Wettbewerb durch „Sozialdumping".[18] Internationaler Wettbewerb wird als Vehikel für den „Import" niedriger Arbeitsstandards von Entwicklungsländern in Industriestaaten verantwortlich gemacht.[19]

---

16 *Siebke*, Jürgen/*Rolf*, Ulrich: Was ist fairer internationaler Handel?, Volkswirtschaftliche Korrespondenz der Adolf-Weber-Stiftung 37 (1998) 7, S.2; *Langhammer*, Rolf J. (Fn.15): S.257f.; *Townsend*, Blair/*Ratnayake*, Ravi (Fn.14): S.18.

17 Für entsprechende Stellungnahmen von Delegierten aus Entwicklungsländern im Rahmen der Verhandlungen über die ILO-Deklaration 1998 siehe *ILO*: Consideration of a possible Declaration of principles of the International Labour Organisation concerning fundamental rights and its appropriate follow-up mechanism (Report VII), ILO-Doc. CONFREP\01413-18.E98, Genf, Juni 1998, Rn.266ff.

18 *Charnovitz*, Steve (Fn.15): S.7; *Herzberg*, Stephen: In from the Margins: Morality, Economics, and International Labor Rights, in: Human Rights, Labour Rights, and International Trade, Compa, Lance/Diamond, Stephen (Ed.), Philadelphia, 1996, S.102 *et passim*, *Weiss*, Friedl: Internationally Recognized Labour Standards and Trade, in: International Economic Law with a Human Face, Weiss, Friedl (Ed.), Den Haag, 1998, S.81 und S.86.; *ders.*: Internationally Recognized Labour Standards and Trade, in: Legal Issues of European Integration 23 (1996) 2, S.175; *Windfuhr*, Michael: Social Standards in World Trade Law, in: Economics 27 (1997) 55/56, S.115 und S.118; *Sapir*, Andre: Trade Liberalisation and the Harmonization of Social Policies: Lessons from European Integration, in: Fair Trade and Harmonization (Vol.1: Economic Analysis), Bhagwati Jagdish/Hudec, Robert. E. (Ed.), Cambridge MA, 1996, S.543; *Waer*, Paul: Social Clauses in International Trade, in: Journal of World Trade 30 (1996) 4, S.39; *Leary*, Virginia (Fn.2): S.178; kritisch: *Bhagwati*, Jagdish: Free Trade, "Fairness" and the "New Protectionism", Institute of Economic Affairs Occasional Paper No.96, London, 1994, S.26ff.

19 *Hart*, Michael (Fn.5): S.2 *et passim*; *Klevorick*, Alvin K.: Reflections on the Race to the Bottom,

Letztlich findet sich insbesondere bei Interessenvertretern von Unternehmen die Position, dass zwischen internationalem Wettbewerb und dem Schutz der Arbeitnehmerrechte kaum ein Zusammenhang bestehe. Welthandel und internationaler Arbeitnehmerschutz stellen getrennte Systeme dar, weshalb die rechtlichen Fragen auch in Zukunft unabhängig voneinander in zwei unterschiedlichen internationalen Organisationen, der WTO und der ILO, behandelt werden sollten.[20] Diese unterschiedlichen Argumentationslinien beruhen auf divergierenden Auffassungen über Auswirkungen des internationalen Wettbewerbs auf Arbeitsstandards. Es gilt daher zu untersuchen, welcher Zusammenhang zwischen dem Wettbewerb von Standorten und Unternehmen einerseits und der Einhaltung von Arbeitnehmerrechten andererseits besteht.

I. Unternehmen

Ein Zusammenhang zwischen Wettbewerb und Arbeitnehmerrechten könnte sich daraus ergeben, dass unterschiedliche Arbeitsbedingungen die Voraussetzungen von Unternehmen im Wettbewerb, kurz, deren Wettbewerbsfähigkeit beeinflussen. Im folgenden soll deshalb untersucht werden, welche Bedeutung Arbeitnehmerrechte für die Wettbewerbsfähigkeit von Unternehmen haben. Dabei stellt sich zunächst die Frage, was unter der *Wettbewerbsfähigkeit* von Unternehmen zu verstehen ist.

Als international wettbewerbsfähig werden Unternehmen angesehen, die auf ausländischen Märkten tätig sind und sich erfolgreich gegenüber ihren Wettbewerbern durchsetzen können.[21] Schlagwortartig wird dies als *"ability to sell"* charakterisiert.[22] Mit dieser Charakterisierung ist jedoch noch nicht geklärt, welche Faktoren Unternehmen zum international erfolgreichen Absatz ihrer Produkte

---

in: Fair Trade and Harmonization (Vol.1: Economic Analysis), Bhagwati Jagdish/Hudec, Robert. E. (Ed.), Cambridge MA, 1996, S.459; *Sen*, Amartya K: Die Freiheit gleicher Lebenschancen, in: Die Ordnung der Wirtschaft, FAZ v. 31. Dezember 1999, S.15. Auf die Gefahr der Beschränkung von Arbeitnehmerrechten zur Erhöhung der Wettbewerbsfähigkeit hinweisend *United Nations*: Globalization and Economic, Social and Cultural Rights, Statement by the Committee on Economic, Social and Cultural Rights, Genf, 1998, S.1, im Internet veröffentlicht unter www.unhchr.ch/tbt/doc.nsf.
20 Vgl. *UNICE*: Comments on Trade and Labour Standards, Position Paper, Brüssel, 28.Mai 1996.
21 Vgl. *Wießmeier*, Stefan: Von der „internationalen Wettbewerbsfähigkeit" zur „dynamischen Systemqualität", Kaiserslautern, 1998, S.19.
22 *Porter*, Michael E.: Wettbewerbsstrategie: Methoden zur Analyse von Branchen und Konkurrenten, 6. Auflage, Frankfurt am Main, 1990, S.xii.; vgl. *Balassa*, Bela: Changing Patterns in Foreign Trade and Payments, New York, 1964, S.26, für die Übertragbarkeit der betriebswirtschaftlichen Definition der Wettbewerbsfähigkeit (*"ability to sell"*) auf Volkswirtschaften.

befähigen. Etwas konkreter gilt ein Unternehmen als wettbewerbsfähig, wenn es Produkte oder Dienstleistungen von höherer Qualität oder zu niedrigeren Kosten anbieten kann als die Wettbewerber und dadurch langfristig mindestens eine marktübliche Rendite erwirtschaftet[23]. Voraussetzung hierfür wird in der Regel sein, dass ein Unternehmen eine höhere Produktivität als seine Wettbewerber aufweist. Bei marktnahen Bedingungen wird für die internationale Wettbewerbsfähigkeit eines Unternehmens deshalb die Produktivität im Vergleich zu den Wettbewerbern entscheidend sein.

Zwar besteht über die exakte Definition von Produktivität in der ökonomischen Literatur keine Einigkeit.[24] Überwiegend wird jedoch das wertmäßige Verhältnis des Produktionsergebnisses zu den eingesetzten Produktionsfaktoren, also der Herstellungskosten, als maßgeblich angesehen.[25] Sofern Arbeitnehmerrechte bei gleichbleibendem Produktionsergebnis einen Effekt auf den Nutzen oder die Kosten des Produktionsfaktors Arbeit entfalten, würde sich dies folgerichtig auf die Produktivität und damit die Wettbewerbsfähigkeit eines Unternehmens insgesamt auswirken. Es ist daher der Frage nachzugehen, welche Kosten, bzw. welcher Nutzen, einem Unternehmen aus den fundamentalen Arbeitnehmerrechten entstehen.

Prima facie indiziert bereits die Existenz arbeitsrechtlicher Regulierung, dass die Beachtung dieser Rechte Kosten verursacht. Sofern Arbeitnehmerrechte ökonomischen Nutzen generierten und die Wettbewerbsposition verbesserten, würden Unternehmen diese Standards wohl auch ohne arbeitsrechtliche Vorschriften weltweit einhalten. Die Tatsache, dass tatsächlich eine Nachfrage für Arbeit zu Bedingungen unterhalb der ILO-Mindeststandards besteht, deutet darauf hin, dass die Einhaltung von Arbeitnehmerrechten Kosten verursacht und die Wettbewerbsfähigkeit von Unternehmen zumindest kurzfristig negativ beeinflusst. Bei genauerer Betrachtung zeigt sich jedoch, dass die Einhaltung der vier fundamentalen Arbeitnehmerrechte sowohl Kosten, als auch Nutzen generieren und somit unterschiedlichen Einfluss auf die Produktivität und Wettbewerbsfähigkeit von Unternehmen entfalten kann. Dies gilt es nachfolgend für die vier fundamentalen Arbeitnehmerrechte im einzelnen zu untersuchen.

---

23 *Löbbe*, Klaus: Standort Deutschland, in: Außenwirtschaftspolitik, Koerber-Weik, Margot/Wehling, Hans-Georg (Hrsg), Stuttgart (e.a.), 1991, S.54.
24 Für einen Überblick über die verschiedenen Ausprägungen des ökonomischen Produktivitätsverständnisses *Mayes*, David G.: Introduction, in: Sources of Productivity Growth, Cambridge, 1996, S.1ff.; für einen alternativen, auf dem Konzept des *Sustainable Development* basierenden Ansatz *Bleischwitz*, Raimund: Ressourcenproduktivität, Wuppertal, 1997, S.54ff. m.w.N.
25 Hierfür hat *Porter* den Begriff der „Kostenführerschaft" als Wettbewerbsstrategie geprägt, vgl. *Porter*, Michael E.: Wettbewerbsvorteile, Frankfurt am Main, 1999, S.38ff.

1. Nichtdiskriminierung

Für den Standard der Nichtdiskriminierung von Arbeitnehmern wird angenommen, dass er sich vorteilhaft auf die Produktivität von Unternehmen auswirkt. Durch unternehmensinterne Diskriminierungen fließen sachfremde Kriterien wie Rasse, Geschlecht oder Religion in Personalentscheidungen ein. Ein Beispiel hierfür ist die in einigen Ländern praktizierte strikte Trennung der Arbeitskräfte nach ihrem Geschlecht[26]. Dadurch wird verhindert, dass Arbeitnehmer dort eingesetzt werden, wo sie die höchste Produktivität für ihren Arbeitgeber entfalten.[27] Auch staatliche Diskriminierungen (wie Beschäftigungsverbote für bestimmte Bevölkerungsschichten aufgrund von Rasse oder Religion) vermindern die Produktivität und die Wettbewerbsfähigkeit von Unternehmen an einem Standort.[28] Strikte Diskriminierungspolitik schließt befähigte Arbeitnehmer der diskriminierten Gruppe vom Arbeitsmarkt aus, wodurch die optimale Allokation der auf dem Arbeitsmarkt potentiell verfügbaren menschlichen Ressourcen verhindert wird.[29] Im WTO-Abkommen GATS wurde diese Erkenntnis dadurch umgesetzt, dass staatliche Beschränkungen für die Anstellung von Arbeitnehmern, wenn diese zur Erbringung einer Dienstleistung benötigt werden, verboten sind[30].

Die positive Wirkung der Gleichbehandlung auf die Wettbewerbsfähigkeit von Unternehmen zeigt sich auch bei der Umgehung staatlicher Diskriminierungs-*gebote*. So können Unternehmen ihre Kosten senken, wenn sie ordnungspolitische Schutz- oder Förderpflichten für bestimmte Arbeitnehmergruppen bei der Einstellung oder in der Beschäftigung umgehen. Ein Beispiel hierfür wären regelmässige und zwangsweise durchgeführte Schwangerschaftstests für die weibliche Belegschaft, mit denen die Kosten aus den gesetzlichen Vorgaben des Mutterschutzes umgangen werden sollen.[31] Die Umgehung gesetzlicher Förderpflichten mag arbeitsrechtlich zu missbilligen sein. Diese Praktiken verdeutlichen jedoch, dass Unternehmen mit der Gleichbehandlung von Arbeitnehmern Kosten senken und

---

26 Vgl. *ILO*: General Status Report on ILO Action Concerning Discrimination in Employment and Occupation, ILO-Doc.GB.274/LILS/6, Rn.11ff.
27 *OECD* (Fn.2): S.79.
28 *OECD* (Fn.2): S.79.
29 *Hannson*, Göte/*Lundahl*, Mats: Social Clause Against Discrimination in the Labour Market, Journal of Development Economics 14 (1984) 3, S.396f.
30 Art.XVI:2(d) GATS (General Agreement on Trade in Services), abgedruckt in: *WTO*, The Legal Texts (Fn.2): S.284ff., deutsche Übersetzung in: *Hummer*, Waldemar/*Weis*, Friedl (Fn.2): Nr.59, S.1006ff.
31 Für eine Beschreibung der Arbeitsbedingungen bei einem mittelamerikanischen Zulieferer deutscher und amerikanischer Sportartikelhersteller, wo auch von zwangsweisen Schwangerschaftstests für weibliche Arbeitnehmer berichtet wird, vgl. im Internet www.nlcnet.org/nike/formosa.htm.

die Produktivität steigern können. Die Nichtdiskriminierung von Arbeitnehmern trägt deshalb grundsätzlich zur optimalen Nutzung des Produktionsfaktors Arbeit bei und entfaltet positive Auswirkungen auf die Wettbewerbsfähigkeit von Unternehmen.[32]

2. Zwangs- und Kinderarbeit

Die Abschaffung von Zwangs- und Kinderarbeit verdeutlicht, dass die Einhaltung von Arbeitnehmerrechten einem Unternehmen auch Kosten verursachen und letztlich die Produktivität senken kann. So erforderte die Abschaffung von Zwangsarbeit und ausbeuterischer Kinderarbeit die Beschäftigung freier und erwachsener Arbeitnehmer. Die Beschäftigung freier Arbeitnehmer bedingt wiederum die Entlohnung nach Marktpreisen und damit höhere Arbeitskosten. Wettbewerber, die mit Zwangs- und Kinderarbeit produzieren, profitieren dagegen von „unterpreisigen" Löhnen, die nicht aus der freien Preisbildung am Arbeitsmarkt resultieren. Aus Zwangs- oder Kinderarbeit werden mithin Lohnkosten resultieren, die deutlich unter den Kosten für freie und erwachsene Arbeitnehmer im Inland liegen[33]. Hieran zeigt sich, dass die Missachtung grundlegender Arbeitnehmerrechte auch Kostenvorteile im Wettbewerb bieten kann.

Die Schlussfolgerung, dass die Verletzung von Arbeitnehmerrechten zu Vorteilen im Kostenwettbewerb führen kann, wird allerdings teilweise bestritten[34]. So werden Zwangs- oder Kinderarbeit schon aufgrund der Arbeitsumstände weniger produktiv sein als die Arbeit freier und erwachsener Arbeitnehmer. Zwangs- oder Kinderarbeit bringt deshalb nicht notwendig einen Vorteil im Wettbewerb, weil niedrige Lohnkosten häufig nur die geringere Produktivität der Arbeitskräfte kompensieren. Richtig ist, dass niedrige Lohnkosten bei niedrigerer Produktivität keinen Vorteil gegenüber Wettbewerbern verschaffen. Niedrige Löhne für weniger

---

32 Für die positiven Auswirkungen eines hohen arbeitsrechtlichen Schutzniveaus auf die Wettbewerbsfähigkeit am Beispiel des in Japan entwickelten Konzeptes der *lean production* vgl. *Herzberg*, Stephen (Fn.18): S.107.
33 *Smolin*, David M.: Conflict and Ideology in the International Campaign against Child Labour, in: Hofstra Labour & Employment Law Journal 16 (1999) 2, S.391; *Rao*, Hanumantha K./*Rao*, Madhusudhana, M.: Employers' View of Child Labour, in: Indian Journal of Industrial Relations 34 (1998) 1, S.18.
34 *Swinnerton*, Kenneth A.: An Essay on Economic Efficiency and Core Labour Standards, in: The World Economy 20 (1997) 1, S.84.

produktive Arbeitskräfte werden deshalb als marktkonform und ökonomisch „gerechtfertigt" angesehen[35].

Im Zusammenhang mit Zwangs- und Kinderarbeit ist der Verweis auf niedrige Lohnkosten, die lediglich eine geringere Produktivität widerspiegeln, allerdings nicht immer überzeugend. Erstens gibt es arbeitsintensive manuelle Produktionsmuster, wie beispielsweise die Herstellung von Teppichen, Kleidung oder Schmuck, die von Kindern effizienter *und* zu geringeren Löhnen verrichtet werden als von Erwachsenen.[36] Kinder werden in Entwicklungsländern beschäftigt, weil sie besondere Fähigkeiten haben und ihre Arbeitskraft *gleichzeitig* weniger kostet als diejenige Erwachsener.[37] Insofern werden Lohnkostenvorteile aus dem Verstoß gegen fundamentale Arbeitnehmerrechte nicht notwendig durch die weniger effiziente Leistung der Arbeitskräfte aufgezehrt. Selbst wenn zweitens kein Produktivitäts*vorsprung* aus Kostenvorteilen resultiert, können sich geringere Kosten aus Zwangs- oder Kinderarbeit dennoch auf die Produktivität und die Wettbewerbsfähigkeit auswirken. So hängt die Produktivität des Faktors Arbeit nicht allein von den Arbeitskräften, sondern auch von einer Vielzahl anderer Faktoren ab. Die Produktivität der Arbeitnehmer wird vor allem von der Ausstattung eines Unternehmens mit Produktionskapital abhängen. Beispielsweise wird die Produktivität am Arbeitsplatz manueller Kinderarbeit mit vorhandenen Werkzeugen steigen. Dieses Beispiel verdeutlicht, dass selbst bei arbeitsintensiven Produktionsmustern für die Produktivität eines Unternehmens nicht allein auf den Produktionsfaktor Arbeit abgestellt werden darf. Kostenvorteile durch niedrige Arbeitsstandards können daher Produktivitätsdefizite aus der Ausstattung mit *anderen* Produktionsfaktoren kompensieren oder mindern. Die Steigerung der Produktivität durch niedrige Arbeitsstandards muss sich deshalb nicht unbedingt in einem absoluten Produktivitäts- oder Wettbewerbsvorsprung niederschlagen. Die

---

35 *Berthold*, Norbert: Internationale Wettbewerbsfähigkeit - Was sagt die ökonomische Theorie?, in: Deutschland im internationalen Standortwettbewerb, Kantzenbach, Erhard/Mayer, Otto G. (Hrsg.), Baden-Baden, 1994/95, S.78 weist zu recht darauf hin, daß Länder mit niedriger Produktivität überhaupt nur mit entsprechend niedrigen Lohnsätzen wettbewerbsfähig sind, vgl. *Krugman*, Paul R./*Obstfield*, Maurice: International Economics, Theory and Policy, Reading MA (e.a.), 4. Auflage, 1997, S.80ff.
36 *OECD* (Fn.2): S.80; *Hasnat*, Baban: International Trade and Child Labour, in: Journal of Economic Issues 29 (1995) 2, S.423; *Swaminathan*, Maduhra: Economic Growth and the Persistence of Child Labour: Evidence from an Indian City, in: World Development 26 (1998) 8, S.1514.
37 Nach einer Umfrage unter indischen Arbeitgebern werden Kindern zuvorderst wegen deren besonderer Fähigkeiten (65% der Arbeitgeber) und geringeren Lohnkosten (60%) eingestellt (Mehrfachnennungen waren möglich), *Rao*, Hanumantha K./*Rao*, Madhusudhana, M. (Fn.33): S.18 und S.29. Nach *Tucker*, Lee: Child Slaves in Modern India: The Bonded Labour Problem, in: Human Rights Quarterly 19 (1997) 3, S.578 werden Kinder vor allem deshalb beschäftigt, weil sie sich am leichtesten ausbeuten lassen.

Tatsache, dass Unternehmen mit „unfairen" Arbeitsbedingungen oft wenig konkurrenzfähig sind, lässt deshalb nicht den Schluss zu, dass diese Herstellungsmethoden keine Auswirkungen auf die Wettbewerbsfähigkeit des Unternehmens haben. Bereits die Verminderung von Produktivitätsdefiziten ist geeignet, die Wettbewerbsfähigkeit eines Unternehmens zu verbessern.

Ob Zwangs- oder Kinderarbeit in der Summe ihrer Wirkungen zu einem Wettbewerbsvorteil führen oder nicht, hängt von den Umständen des jeweiligen Einzelfalls ab. Im Ergebnis verdeutlichen Zwangsarbeit und ausbeuterische Kinderarbeit jedenfalls, dass die Missachtung fundamentaler Arbeitnehmerrechte einem Unternehmen Kostenvorteile im internationalen Wettbewerb verschaffen kann[38].

3. Vereinigungsfreiheit und Kollektivverhandlungen

Der Beachtung der Vereinigungsfreiheit und des Rechts auf Kollektivverhandlungen für Arbeitnehmer werden sowohl positive wie negative Auswirkungen auf die Produktivität eines Unternehmens zugeschrieben.[39]
Eine Steigerung der Produktivität wird dadurch angenommen, dass sich Gewerkschaften für die Fortbildung der Mitarbeiter einsetzen.[40] Ferner soll die Existenz von Arbeitnehmervereinigungen dazu führen, dass die Arbeitnehmer ihre Sicht über die Unternehmensführung und mögliche Steigerungen der Produktivität einbringen.[41] Die kooperative Zusammenarbeit von Gewerkschaften und Unternehmensvertretungen soll sich insbesondere dann lohnen, wenn Unternehmen im Rahmen von Strukturkrisen zu einschneidenden Reorganisationen gezwungen werden.[42] Es erscheint allerdings fraglich, ob bei einer strukturbedingten Rationalisierung und dem damit verbundenen Personalabbau das Partikularinteresse einer Gewerkschaft nicht zuvorderst auf soziale Anliegen der Belegschaft gerichtet ist. Die sozialen Anliegen der Belegschaft werden oftmals im Widerspruch zu den auf

---

38 Vgl. *OECD* (Fn.2): S.82.
39 *OECD* (Fn.2): S.87, allerdings stützt sich diese Untersuchung allein auf die Gewerkschaftsfreiheiten, da für die übrigen drei fundamentalen Arbeitsstandards nicht ausreichend Datenmaterial der ILO über die Einhaltung diese Rechte vorlag, *ebenda*: S.11.
40 *OECD* (Fn.2): S.81.
41 *OECD* (Fn.2): S.81; *Hayter*, Susan: Social Rules in the Game of Globalisation, in: Globalisation, Social Norms and Worker Protection, Kapstadt, 1998, S.34.
42 *Hessler*, Heiner/*Stråth*, Bo: Restructuring at the Industry Level: Resolving the Shipbuilding Crisis in Germany and Sweden, Creating Economic Opportunities, The Role of Labour Standards in Industrial Restructuring, ILO (Ed.), Genf, 1994, S.212.

Kostensenkungen zielenden Interessen des Arbeitgebers stehen. Überzeugender scheint es, den wesentlichen Beitrag einer Gewerkschaft zu Produktivitätssteigerungen darin zu sehen, dass die Durchsetzung leistungsgerechter Bezahlung die Identifikation und die Leistungsbereitschaft der Belegschaft eines Unternehmens fördert.[43]

Diesen günstigen Auswirkungen der Gewerkschaftsfreiheit auf die Produktivität werden jedoch regelmäßig auch Kosten für das Unternehmen gegenüberstehen. Das Recht auf Kollektivverhandlungen dient zuvorderst dem Ausgleich der unterschiedlichen Verhandlungsmacht zwischen Arbeitnehmern und Arbeitgebern.[44] Die gestärkte Verhandlungsposition der organisierten Arbeitnehmerschaft wird sich folgerichtig in höheren Lohn- und Lohnnebenkosten niederschlagen, beispielsweise durch die Vereinbarung betrieblicher Sozialleistungen. Die Organisation der Arbeitnehmer in einer Gewerkschaft erhöht ferner die Chancen, kostenintensive Forderungen im Wege eines Streiks durchzusetzen. Ein Arbeitskampf beeinträchtigt die Unternehmenstätigkeit und kann durch Störungen des Arbeitsablaufs zusätzliche betriebliche Kosten verursachen. Je nach nationalem Arbeitsrecht kann auch die Freistellung und der Kündigungsschutz von Arbeitnehmervertretern eine kostspielige Folge der Vereinigungsfreiheit sein.

Die Frage, ob die Achtung der Vereinigungsfreiheit und das Recht zu Kollektivverhandlungen günstige oder nachteilige Auswirkungen auf die Wettbewerbsfähigkeit von Unternehmen hat, lässt sich auch im Einzelfall kaum beantworten. In Ermangelung entsprechender Daten wird es kaum möglich sein, betriebliche Kosten und den Nutzen von Vereinigungen und Kollektivverhandlungen zu quantifizieren. Hinzu kommt, dass die Einhaltung verschiedener Arbeitsstandards Synergieeffekte erzeugen kann.[45] Diese hängen wiederum maßgeblich vom technologischen, ökonomischen und sozialen Kontext ab, in dem das Unternehmen operiert.[46]

Abschließend bleibt anzumerken, dass neben den fundamentalen Arbeitnehmerrechten eine Vielzahl weiterer interner und externer Faktoren für die Produktivität eines Unternehmens bestimmend ist. Beispielsweise wird die Wettbewerbsfähigkeit von Unternehmen wesentlich von der Infrastruktur bzw. der

---

43 Vgl. *Gamillschegg*, Franz: Kollektives Arbeitsrecht, Bd. I, München, 1997 S.12.
44 Zur These des Ausgleichs eines Machtgefälles zwischen Arbeitgebern und Arbeitnehmen als Funktion von Arbeitnehmerrechten siehe oben, S.146ff.
45 *Sengenberger*, Werner: The Role of Labour Standards in Industrial Restructuring: Participation, Protection and Promotion, International Institute for Labour Studies, Discussion Paper 19, Genf, 1990 S.1ff.; *Herzberg*, Stephen (Fn.18): S.108ff.
46 *Herzberg*, Stephen (Fn.18): S.109.

„industriellen Ordnung" an einem Standort geprägt.[47] Dies alles lässt es kaum möglich erscheinen, eine zuverlässige, generelle Aussage darüber zu treffen, ob die Achtung der Gewerkschaftsfreiheit der Wettbewerbsfähigkeit von Unternehmen schadet oder nutzt.

4. Zwischenergebnis

Im Ergebnis kann festgehalten werden, dass Verstöße gegen fundamentale Arbeitsrechte den Unternehmen nicht notwendig einen Produktivitätsvorsprung verschaffen. Von Arbeitnehmerrechten können daher positive wie negative Effekte auf die Wettbewerbsfähigkeit ausgehen. Daraus kann zumindest gefolgert werden, dass die fundamentalen Arbeitnehmerrechte die internationale Wettbewerbsfähigkeit von Unternehmen beeinflussen. Auf mikroökonomischer Ebene scheint daher ein Nexus zwischen den fundamentalen Arbeitnehmerrechten und dem Wettbewerb im grenzüberschreitenden Warenhandel zu bestehen.

II. Standorte

Ein Zusammenhang zwischen Handel und Arbeitnehmerrechten könnte auch insofern bestehen, als das arbeitsrechtliche Schutzniveau die Wettbewerbsfähigkeit eines Standortes beeinflusst.

1. Das Erklärungsmodell des Standortwettbewerbs

Teilweise wird bestritten, dass sich Staaten überhaupt in einem Standortwettbewerb miteinander befinden. Sofern das Modell des Standortwettbewerbs unzutreffend ist, würde sich auch die Frage nach der Relevanz des Arbeitsrechts für die Wettbewerbsfähigkeit von Standorten nicht stellen. Es ist deshalb fraglich, inwieweit Standorte bzw. ihre staatlichen Institutionen über den internationalen Handel in einem Wettbewerb zueinander stehen.

In Deutschland, wie auch in anderen Industrieländern, wurde die nachlassende Konkurrenzfähigkeit im Standortwettbewerb, insbesondere gegenüber den asiatischen Schwellenländern, in den letzten Jahren für Phänomene wie

---

47 *Levine*, D. I./*D' Andrea Tyson*, L: Participation, Productivity and the Firm's Environment, in: Paying for Productivity, Blinder (Ed.) Washington D.C. 1990, S.73.

Massenarbeitslosigkeit, die Deregulierung der sozialen Sicherungssysteme oder sinkende Steuereinnahmen verantwortlich gemacht.[48] Kaum ein anderer Begriff findet in der jüngeren wirtschaftspolitischen und wirtschaftswissenschaftlichen Diskussion mehr Beachtung als die "internationale Wettbewerbsfähigkeit"[49]. Obwohl in der öffentlichen Diskussion kaum Zweifel an der Realität eines „Standortwettbewerbs" laut werden, sind in der wirtschaftswissenschaftlichen Literatur Existenz, Umfang und Kriterien eines ökonomischen Wettstreites der Standorte heftig umstritten.

Bereits in den Modellen der klassischen Nationalökonomie wurde auf die Warenströme und Austauschverhältnisse zwischen Ländern abgestellt. Diese Modelle sind jedoch insofern unpräzise, als im Warenaustausch tatsächlich private Wirtschaftssubjekte und nicht Staaten oder Regierungen im unmittelbaren Wettbewerb zueinander stehen. Abgesehen von wenigen Ausnahmen, wie beispielsweise staatlichen Unternehmen auf der Angebotsseite oder staatlicher Auftragsvergabe auf der Nachfrageseite, findet zwischen den großteils marktwirtschaftlich ausgerichteten WTO-Mitgliedern kein unmittelbarer staatlicher Wettbewerb im internationalen Warenhandel statt.[50]

Überwiegend wird jedoch davon ausgegangen, dass in der Weltwirtschaft ein makroökonomischer Wettbewerb der Institutionen eines Standortes stattfindet.[51] Dieses Phänomen wird als Standortwettbewerb oder gelegentlich als *institutional competition* bezeichnet.[52] Nach dem Erklärungsmodell des Standortwettbewerbs

---

48 Vgl. *Däubler*, Wolfgang: Sozialstandards im internationalen Wirtschaftrecht, in: Lebendiges Recht - Von den Sumerern bis zur Gegenwart, Festschrift für Reinhold Trinkner, Graf v. Westphalen, F./Sandrock, O. (Hrsg.), Heidelberg, 1995, S.475.

49 Allein in den Jahren von 1985 bis 1993 sind mehr als 800 Beiträge über „internationale Wettbewerbsfähigkeit" publiziert worden, *Wießmeier*, Stefan (Fn.21): S.1.

50 Das GATT enthält dennoch in Art.XVII Vorschriften über staatliche Handelsunternehmen. Für die WTO-Vorschriften über staatliches Beschaffungswesen vgl. WTO Agreement on Government Procurement (GPA), abgedruckt in: *WTO*, The Legal Texts (Fn.2): S.383ff., deutsche Übersetzung in: *Hummer*, Waldemar/*Weis*, Friedl (Fn.2), Nr.62, S.1139ff.

51 *Caspers*, Rolf: Globalisierung der Wirtschaft und Anpassungsdruck in Deutschland, in: Standortwettbewerb, wirtschaftspolitische Rationalität und internationale Ordnungspolitik, Apolte, Thomas/Caspers, Rolf/Welfens, Paul J.J., Baden-Baden (1999), S.66ff.; *Menzel*, Thomas: Der Außenhandels- und Standortwettbewerb als gemeinsame Determinanten der Produktionsstruktur, Göttingen, S.8ff.; *Lorz*, Jens Oliver: Standortwettbewerb bei internationaler Kapitalmobilität, Kiel, 1997, S.172ff.; *Schlecht*, Otto: Verschärfte Standortkonkurrenz als Herausforderung der Wirtschaftspolitik. in: Standortwettbewerb, wirtschaftspolitische Rationalität und internationale Ordnungspolitik, Apolte, Thomas/Ackermann, Michael (Hrsg.), Baden-Baden, 1999, S.9; *Necker*, Tyll: Standortwettbewerb und Ordnungspolitik, Kiel, 1989 S.3; *Sachverständigenrat zur Begutachtung der Gesamtwirtschaftlichen Entwicklung*: Im Standortwettbewerb, Jahresgutachten, Wiesbaden, 1996, S.2 *et passim*; *Siebert*, Horst: Zum Paradigma des Standortwettbewerbs, Beiträge zur Ordnungstheorie und Ordnungspolitik Nr.165, Tübingen, 2000, S.7.

52 *Schäfer*, Wolf: Standortqualität, Wirtschaftswachstum und internationale Wettbewerbsfähigkeit, in:

befinden sich Institutionen national und international in einem mittelbaren Wettbewerb um den Erhalt und die Attrahierung mobiler Produktionsfaktoren, insbesondere Kapital in Form von Direktinvestitionen.[53] So werden nationale Regierungen und Institutionen bestrebt sein, ansässigen Unternehmen im internationalen Wettbewerb günstige Rahmenbedingungen zu schaffen und gleichzeitig den Zufluss weiterer Investitionen zu ermöglichen. Die Attraktivität eines Wirtschaftsstandortes für einen Investor hängt zuvorderst von der qualitativen und quantitativen Ausstattung mit Ressourcen und den institutionellen Rahmenbedingungen ab.[54] Natürliche Standortbedingungen, z.B. geografische Lage, Größe des Heimatmarktes oder Bodenschätze, sind vom Staat naturgemäß nur zum Teil zu beeinflussen. Nach der sog. Standorttheorie wird der Staat deshalb bemüht sein, als Anbieter sog. öffentlicher Güter die Nachfrage der Kapitalgeber anzuregen, sprich Investoren anzulocken.[55] Staaten bieten als öffentliche Güter Produktionsfaktoren an, beispielsweise eine Infrastruktur und einen wirtschaftlichen Ordnungsrahmen.[56] Hierfür ist von Unternehmen ein Preis zu entrichten, zuvorderst durch die Zahlung von Steuern.[57] Aber auch standortgebundene regulative staatliche Vorgaben fließen als Kosten in die Standortqualität ein.[58] Investitionsentscheidungen für einen bestimmten Standort werden letztlich anhand des Preis-/Leistungsverhältnisses dieser öffentlichen Güter getroffen.[59] Der Standortwettbewerb zwischen den Staaten funktioniert somit, wie auch der Warenhandel, durch den Ausgleich von Angebot und Nachfrage vermittelt durch den Preis. Unternehmen entscheiden anhand der Attraktivität der Standorte für das jeweilige Produktionsmuster über Wahl oder Verlagerung von Standorten.[60] Die Attraktivität eines

---

Kantzenbach, E., Meyer, O.G. (Hrsg.), Deutschland im internationalen Standortwettbewerb, S.22., einschränkend *Siebert*, Horst (Fn.51): S.21, wonach der Begriff der *institutional competition* nur den Wettbewerb der institutionellen Regeln, insbesondere also der Rechtsordnungen umfaßt.

53 *Gunderson*, Morley: Labour Standards, Income Distribution and Trade, in: Integration and Trade 3 (1999) 7/8, S.89; *Schlecht*, Otto (Fn.51): S.12.; *Caspers*, Rolf (Fn.51): S.57; *Hoffmann*, Lutz: Der Standort Deutschland im internationalen Vergleich, in: Deutschland im internationalen Standortwettbewerb, Kantzenbach, Erhard/Mayer, Otto G. (Hrsg.), Baden-Baden, 1994/95, S.56.

54 *Härtel*, Hans-Hagen: Standortqualität, Wirtschaftswachstum und internationale Wettbewerbsfähigkeit, in: Deutschland im internationalen Standortwettbewerb, Kantzenbach, Erhard/Mayer, Otto G. (Hrsg.), Baden-Baden, 1994/95, S.14.

55 Zum Begriff der öffentlichen Güter und der Frage, ob die Einhaltung von Arbeitnehmerrechten ein öffentliches Gut produziert, siehe unten, S.268ff.

56 *Siebert*, Horst (Fn.51): S.15; *Lorz*, Jens Oliver (Fn.51): S.51ff.

57 *Lorz*, Jens Oliver (Fn.51): S.172ff.

58 *Menzel*, Thomas (Fn.51): S.134; *Schäfer*, Wolf (Fn.52): S.22; *Trachtman*, Joel P.: International Regulatory Competition, Externalization and Jurisdiction, in: Harvard International Law Journal 34 (1993) 1, S.47 *et passim*.

59 *Härtel*, Hans-Hagen (Fn.54): S.15.

60 *Caspers*, Rolf (Fn.51): S.69 *et passim*; *Hoffmann*, Lutz (Fn.53): S.56.

Standortes für Investitionen bestimmt sich damit letztlich nach denjenigen Faktoren, die für die Wettbewerbsfähigkeit von Unternehmen entscheidend sind.[61] Der Standortwettbewerb ist deshalb zunächst ein mikroökonomisches Phänomen.[62]

Der internationale Wettbewerb der Institutionen kommt nun dadurch in Gang, dass mobile Kapitalgeber, wie beispielsweise transnationale Unternehmen, die Preis-/Leistungspakete der Standorte vergleichen und daraufhin Investitionsentscheidungen treffen.[63] Die Nachfrage der Standorte durch Kapitalgeber ist für einen Staat von Bedeutung, weil die erhöhte Kapitalausstattung die Produktivität der eingesetzten immobilen Produktionsfaktoren erhöht und das langfristige Wachstum einer Volkswirtschaft fördert.[64] Von Investitionen hängen Arbeitsplätze, die Inlandsnachfrage sowie die Höhe der Steuereinnahmen und damit letztlich die Handlungsfähigkeit des Staates ab. Sofern die Attraktivität eines Standortes sinkt, kann ein Staat entweder durch ein verstärktes Angebot öffentlicher Güter oder durch Kostensenkungen mittels Deregulierung oder Steuerminderungen reagieren.[65] Bei diesen Bemühungen um Investitionen müssen Regierungen zunehmend den Veränderungen im Angebot anderer Standorte Rechnung tragen.[66] Wettbewerbsvorteile definieren sich stets im Vergleich zu anderen Standorten und unterliegen erheblichem Wandel.[67] Daher kann es im Wettbewerb der wirtschaftspolitischen Konzepte zu Positionsverlusten kommen, wenn Standorte auf veränderte Rahmenbedingungen nicht reagieren.[68]

Zum Wettbewerb der Standorte haben die im Rahmen des Welthandelssystems vereinbarten Liberalisierungen einen wesentlichen Beitrag geleistet. Der zunehmend ungehinderte Austausch von Waren und Dienstleistungen wirkt im Standortwettbewerb als Vehikel für den Wettbewerb zwischen den Standorten.

---

61 *Siebert*, Horst (Fn.51): S.8.

62 Vgl. *Siebert*, Horst (Fn.51): S.7, der von drei Ebenen des Standortwettbewerbs ausgeht, erstens der Konkurrenz zwischen Unternehmen, zweitens zwischen Standorten um mobile Produktionsfaktoren und drittens dem Wettbewerb zwischen immobilen Produktionsfaktoren, vor allem den weniger qualifizierten Arbeitskräften in verschiedenen Ländern.

63 *Wießmeier*, Stefan (Fn.21): S.69f.; *Hoffmann*, Lutz (Fn.53): S.56 zudem darauf hinweisend, daß Direktinvestitionen anders als Finanzinvestitionen nicht ohne Verlust wieder rückgängig zu machen sind und sich deshalb eher an „harten" Standortvorteilen, wie der Größe des Absatzmarktes orientieren.

64 *Klodt*, Henning: Standort Deutschland: Strukturelle Herausforderungen im neuen Europa, Kieler Studien Nr.265, Tübingen, 1994 S.4.

65 Vgl. *Lorz*, Jens Oliver (Fn.51): S.51ff.

66 Vgl. *Sinn*, Stefan: Internationale Wettbewerbsfähigkeit von immobilen Faktoren im Standortwettbewerb, Kieler Arbeitspapiere Nr.301, Kiel, 1989, S.9ff.

67 Zur dynamischen Entwicklung von Kostenvorteilen im internationalen Handel nach der Produktzyklus Theorie, vgl. oben, S.52ff.

68 *Wießmeier*, Stefan (Fn.21): S.70, vgl. auch *Sinn*, Stefan (Fn.66): S.14.

Durch den Abbau von Handelsschranken verringern sich die Marktzugangskosten im grenzüberschreitenden Handel.[69] Eine Verminderung der Marktzugangskosten erhöht gleichzeitig die relative Bedeutung von Standortnach- oder vorteilen im Wettbewerb. Durch den erleichterten Marktzugang, in Verbindung mit sinkenden Transportkosten und neuen Kommunikationstechnologien, sind Unternehmen leichter in der Lage, neue Märkte zu erschließen. Mit der Zahl der Anbieter steigt in einem Markt auch die Wettbewerbsintensität, wodurch die Standortbedingungen an Bedeutung gewinnen.[70] Dies alles deutet darauf hin, dass liberaler Handel die Wettbewerbsintensität zwischen den Standorten verstärkt.

Einige Stimmen in der wirtschaftswissenschaftlichen Literatur stehen dem Modell eines Standortwettbewerbs dennoch kritisch gegenüber.[71]
Ein erster Kritikpunkt am Erklärungsmodell des Standortwettbewerbs ist dessen starke Vereinfachung. Die Entwicklung einer Volkswirtschaft hängt in Wirklichkeit von einer Vielzahl von Faktoren ab. Beispielsweise ergibt eine Beurteilung der Wettbewerbsfähigkeit bei flexiblen Wechselkursen nur begrenzt Sinn.[72]
Weiterhin wird bezweifelt, dass sich Standorte überhaupt im Wettbewerb zueinander befinden. So wird die Übertragung des Wettbewerbsgedankens von Unternehmen auf Staaten als unzulässige Analogie angesehen. Volkswirtschaften hören anders als Unternehmen bei mangelnder Wettbewerbsfähigkeit nicht auf zu existieren.[73] Da nicht Volkswirtschaften, sondern Güter und Dienste auf den Auslandsmärkten konkurrieren, können Aussagen über Wettbewerb und Konkurrenzfähigkeit nur auf Unternehmensebene getroffen werden.[74] Wichtigstes Merkmal eines Wettbewerbs ist ferner eine *win-loose-situation* zwischen Konkurrenten. Ein Wettbewerb der Standorte setze demgemäß voraus, dass der Nutzen eines

---

69 Weitere wichtige Faktoren für die Ausweitung des internationalen Handels sind die relative Verringerung der Transportkosten sowie mit Kostensenkungen verbundene Fortschritte der Kommunikationstechnologie; *Hesse*, Helmut/*Keppler*, Horst/*Preuße*, Heinz Gert: Internationale Interdependenzen im weltwirtschaftlichen Entwicklungsprozeß, in: Arbeitsberichte des Ibero-Amerika-Instituts für Wirtschaftsforschung der Universität Göttingen, Heft 22, Göttingen, 1985, S.18ff.; *Menzel*, Thomas: Der Außenhandels- und Standortwettbewerb als gemeinsame Determinanten der Produktionsstruktur, Göttingen, 1996, S.12.; *Fels*, Gerhard: Globalisierung der Märkte - Implikationen für die Wettbewerbsfähigkeit der Wirtschaftsstandorte, in: Fairneß im Standortwettbewerb, Gütersloh, 1996, S.89ff.
70 Anschaulich *Borchert*, Manfred: Außenwirtschaftslehre, 6. Auflage, Wiesbaden, 1999, S.140ff.
71 Vgl. *Berthold*, Norbert (Fn.35): S.78ff. m.w.N.
72 *Suntum*, Ulrich, v.: Internationale Wettbewerbsfähigkeit einer Volkswirtschaft, in: Zeitschrift für Wirtschafts- und Sozialwissenschaften 106 (1986) 6, S.498; *Berthold*, Norbert (Fn.35): S.78.
73 *Suntum*, Ulrich, v. (Fn.72): S.498ff.; *Wießmeier*, Stefan (Fn.21): S.24; *Krugman*, Paul: Der Mythos vom globalen Wirtschaftskrieg, Frankfurt am Main (e.a.), S.24; *Berthold*, Norbert (Fn.35): S.78.
74 *Jürgensen*, Harald: Kriterien der Wettbewerbsfähigkeit, in: Der Volkswirt 17 (1963) 49, S.2689.

Staates nur auf Kosten seiner Handelspartner gesteigert werden kann. Hieran fehlt es insofern, als der liberale Handel von Waren, Kapital und Dienstleistungen die Wohlfahrt aller Handelspartner zu steigern vermag.[75] Es liegt deshalb zwischen Handelspartnern kein Wettbewerb, sondern eine *win-win-situation* vor.[76] Am Modell des Standortwettbewerbs wird ferner kritisiert, dass die Wettbewerbsfähigkeit anhand merkantilistischer Kriterien wie einer positiven Handelsbilanz gemessen und hieran nationale Außenwirtschaftspolitik ausgerichtet wird.[77] Statt der Fixierung auf eine positive Handelsbilanz wird zur Erhöhung des Lebensstandards eines Landes auf die Priorität binnenwirtschaftlicher Faktoren, wie die Produktivitätsentwicklung, hingewiesen.[78]

Zielrichtung dieser Kritik in der Theorie des Standortwettbewerbs ist allerdings weniger dessen Funktion als Erklärungsmodell, sondern vielmehr als Handlungsmaxime staatlicher Außenwirtschaftspolitik, weil sie oft als Anlass oder Rechtfertigung für protektionistische Maßnahmen dient.[79] Diese Kritik läuft allerdings darauf hinaus, dass ein Standortwettbewerb „nicht sein kann, weil er nicht sein darf". Selbst wenn aus dem Modell des Standortwettbewerbs mit neuem Protektionismus falsche, weil wohlfahrtsmindernde Konsequenzen gezogen werden, heißt das nicht, dass kein Wettbewerb um mobile Produktionsfaktoren stattfindet. Die Kritik des Standortwettbewerbs richtet sich gegen das Streben der Staaten nach einer positiven Handelsbilanz, womit sich der Wettbewerb um mobile Produktionsfaktoren in der Realität allerdings nicht in Frage stellen lässt.

Die Realität eines Wettbewerbs der Standorte wird auch bei Handelsstreitigkeiten im Rahmen der WTO deutlich. Anders ist nicht zu erklären, dass die WTO-Mitglieder der liberalen Außenwirtschaftstheorie zum Trotz das multilaterale Handelssystem stets aufs neue durch protektionistische Handelspraktiken herausfordern. So gelingt es der WTO nur mühsam, die nationalen Partikularinteressen zum gemeinsamen Nutzen zu kanalisieren. Ein Beispiel für die Hartnäckigkeit des Wettbewerbsdenkens in den internationalen Wirtschaftsbeziehungen war der Handelsstreit um Marktanteile von Bananen[80]. Die Unnachgiebigkeit der beiden

---

75 Zur wohlfahrtsökonomischen Grundlegung liberalen Außenhandels siehe oben, S.45ff.

76 *Krugman*, Paul R./*Obstfield*, Maurice (Fn.35): S.276.

77 *Krugman*, Paul R./*Obstfield*, Maurice (Fn.35): S.276ff.; zur sog. „strategische Handelspolitik" vgl. oben, S.54ff.

78 *Krugman*, Paul R./*Obstfield*, Maurice (Fn.35): S.276ff.; *Fagerberg* Jan: International Competitiveness, in: Economic Journal 98 (1988) 2, S.355.

79 *Köppen*, Margit: Strukturelle Wettbewerbsfähigkeit von Volkswirtschaften - Ein Gegenentwurf zur Standortkonkurrenz, Marburg, 1997, S.63.

80 Die „unendliche Geschichte" des Bananenstreits in der WTO-Streitschlichtung begann bereits unter dem GATT mit Panel Report *EEC – Member States' Import Regimes for Bananas*, GATT-Doc. *DS32/R* v. 3. Juni 1993 und fand unter der WTO ihre Fortsetzung durch die ursprünglichen Berichte Panel Report *European Communities-Regime for the Importation, Sale and Distribution of Bananas;*

größten Handelsblöcke hinsichtlich eines vergleichsweise geringen Streitwerts gefährdete die Geltung der Welthandelsregeln und letztlich die Akzeptanz der WTO-Regeln insgesamt.[81] Dieses Verhalten der beteiligten Streitparteien verdeutlichte, dass WTO-Mitglieder im Warenhandel nicht nur den gemeinsamen Vorteil sehen, sondern sich offenbar im Wettbewerb zueinander begreifen und zuvorderst ihre Partikularinteressen verfolgen.

Einen weiteren Indikator für den tatsächlich stattfindenden Wettbewerb der Standorte um mobiles Produktionskapital stellten Vergünstigungen für Investoren, z.B. Subventionen oder Steuervorteile (*tax incentives*) dar[82]. Zwar spielen „weiche" Standortvorteile wie Steuererleichterungen gerade bei kapitalintensiven Produktionsmustern offenbar nur eine geringe Rolle für Investitionsentscheidungen.[83] Dennoch begeben sich nicht nur Entwicklungsländer in einen „Preiskampf" um die Attrahierung von mobilem Kapital. Dagegen wird zwar eingewendet, dass selbst Investitionen im Ausland Wohlstandseffekte im Inland erzeugen können.[84] Offenbar ist es realen Regierungen allerdings nicht gleich, ob die mit Investitionen

---

Complaint by Guatemala and Honduras; WTO-Doc. WT/DS27/R/GTM, WT/DS27/R/HND v. 22. Mai 1997; *Complaint by the United States, WTO-Doc.* WT/DS27/R/USA v. 22. Mai 1997; *Complaint by Mexico, WTO-Doc.* WT/DS27/R/MEX v. 22. Mai 1997; über den nachfolgenden Appellate Body Report *European Communities-Regime for the Importation, Sale and Distribution of Bananas, WTO-Doc.* WT/DS27/AB/R/ v. 9. September 1997 bis hin zu der anschließenden, in der Geschichte der WTO erstmals erforderliche Überprüfung der Implementierung der Empfehlungen des DSB unter Art.21:5 DSU durch Panel Report *European Communities-Regime for the Importation, Sale and Distribution of Bananas-Recourse to Article 21:5 by the European Communities*, WTO-Doc. WT/DS27/RW/EEC v. 12 April 1999 sowie *Recourse to Article 21:5 by Ecuador*; WT/DS27/RW/ECU v.12 April 1999. Aus der umfangreichen Literatur vgl. für eine Übersicht zu diesen Entscheidungen *Salas*, Mauricio/*Jackson*, John H.: Procedural Overview of the WTO EC-Banana Dispute, in: Journal of International Economic Law 3 (2000) 1, S.145ff.; *Hirsh*, Bruce R.: The WTO Bananas Decision: Cutting Through the Thicket, in: Leiden Journal of International Law 11 (1998) 2 , S.201ff. Der Text des DSU (Understanding on Rules and Procedures Governing the Settlement of Disputes), ist abgedruckt in: *WTO*, The Legal Texts (Fn.2): S.354ff., deutsche Übersetzung in: *Hummer*, Waldemar/*Weis*, Friedl (Fn.2), Nr.37, S.431ff.

81 Vgl. *MacMahon*, Joseph A.: Going Bananas?-Dispute Resolution in Agriculture, in: Cameron, James (Ed.), Dispute Resolution in the World Trade Organisation, London, 1998, S.128ff.; *Bhala*, Raj: The Bananas War, in: McGeorge Law Review 31 (2000) 4, S.849ff.; *Gardiner*, Caterina: US and EC-Banana Split at the World Trade Organisation-Implications for the Future of Dispute Settlement at the WTO, in: Irish Law Times 17 (1999) 13 , S.199ff.

82 Zu *tax incentives*, Subventionen und Gegensubventionen im Standortwettbewerb vgl. *Christl*, Claudius: Wettbewerb und internationaler Handel, Tübingen, 2001 S.50ff.; *Siebert*, Horst (Fn.51): S.37, für eine übersichtliche Darstellung der zur Attrahierung von Investitionen gewährten Steuervergünstigungen in Entwicklungsländern *Morisset*, Jacques/*Pirnia*, Neda: How Tax Policy and Incentives Affect Foreign Direct Investment - A Review, World Bank Policy Research Working Paper Nr.2509, Washington DC, 2001, S.12ff.

83 *Müller*, Stefan/*Kornmeier*, Martin: Internationale Wettbewerbsfähigkeit, München, 2000, S.257.

84 *Krugman*, Paul R./*Obstfield*, Maurice (Fn.35): S.276.

verbundenen neuen Arbeitsplätze im Nachbarstaat oder im Inland entstehen. Nach alledem deutet einiges auf einen tatsächlich stattfindenden Standortwettbewerb hin, selbst wenn es für das Konkurrenzgebaren der Staaten in den internationalen Wirtschaftsbeziehungen nicht immer eine ökonomisch rationale Begründung gibt.

Es wird weiterhin die Auffassung vertreten, zwischen den Standorten finde zwar ein Wettbewerb statt, dessen Bedeutung jedoch deutlich überbewertet werde. Am Beispiel der USA habe sich gezeigt, dass die langfristige binnenwirtschaftliche Entwicklung nur marginal von den außenwirtschaftlichen Indikatoren der Wettbewerbsfähigkeit abhängt.[85] Entscheidend für die wirtschaftliche Entwicklung eines Landes ist die absolute Verbesserung binnenwirtschaftlicher Indikatoren wie der Produktivität - deren Vergleich mit anderen Ländern sei dagegen weitgehend uninteressant.[86] Der Wettbewerb zwischen Staaten habe daher kaum Auswirkung auf die Entwicklung einer Volkswirtschaft. Beim auf dem Modell des Standortwettbewerbs basierenden Konzept „internationaler Wettbewerbsfähigkeit" handle es sich nur um eine gefährliche wirtschaftspolitische Obzession.[87] Allerdings stellt die USA mit der enormen Größe ihres Binnenmarktes kein verallgemeinerungsfähiges Beispiel dar, an dem sich die Unabhängigkeit der Staaten vom internationalen Wettbewerb belegen ließe. Es ist zwar richtig, dass Staaten mit einem großen Binnenmarkt nur geringfügig vom internationalen Wettbewerb betroffen sind. Mit abnehmender Größe des Binnenmarktes erlangt die komparative Standortstärke für die Entwicklung des Lebensstandards in Volkswirtschaften allerdings eine größere Bedeutung.[88]

Es bleibt zusammenzufassen, dass in der Literatur überwiegend von der Existenz eines Standortwettbewerbs um mobile Produktionsfaktoren ausgegangen wird, auch wenn die Konturen dieses Modells unscharf bleiben. Von der Gegenansicht werden weniger die theoretischen Erklärungsmodelle, als vielmehr die daraus abgeleiteten wirtschaftspolitischen Konzepte und letztlich der Sinn dieser Konkurrenz der Standorte kritisiert. Von den Kritikern des Standortwettbewerbs wird damit zwar teilweise überzeugend der Sinn und die Methoden, aber weniger

---

85 *Krugman*, Paul R.: Peddling Prosperity, Economic Sense and Nonsense in the Age of Dismissed Expectations, New York (e.a.), 1994, S.260.; vgl. *Krugman*, Paul R./*Obstfield*, Maurice (Fn.35): S.276.

86 *Krugman*, Paul R.: Competitiveness-Does it Matter ?, in: Fortune (1994) 1, S.71.

87 *Krugman*, Paul R.: Competitiveness - A Dangerous Obsession, in: Foreign Affairs 73 (1994) 2, S.28; vgl. auch *Straubhaar*, Thomas: Internationale Wettbewerbsfähigkeit einer Volkswirtschaft - was ist das?, in: Wirtschaftsdienst 74 (1994) 10, S.535; *Holzheu*, Franz: Arbeitsplätze im Wettbewerb, in: Finanzarchiv 47 (1989) 1, S.8.

88 *Nitschke*, A.: Wettlauf der Standorte, in: Die Zeit, Nr.23 v. 3. Juni 1994, S.29.

die Existenz einer *institutional competition* kritisch in Frage gestellt. Trotz der Erkenntnis, dass liberaler Außenhandel den Nutzen aller Handelspartner mehrt, hat der Wettbewerb der Standorte in der Wirklichkeit der internationalen Wirtschaftsbeziehungen noch immer Konjunktur.

2. Wettbewerbsfaktoren

Auf Basis des Modells des Standortwettbewerbs muss nunmehr hinterfragt werden, ob das arbeitsrechtliche Schutzniveau die Wettbewerbsfähigkeit eines Standortes beeinflusst. Hierfür ist zunächst zu untersuchen, welche die für die Wettbewerbsfähigkeit eines Standortes maßgeblichen Kenngrößen sind und ob diese von der Verwirklichung der fundamentalen Arbeitnehmerrechte beeinflusst werden.

Welche Indikatoren eine wettbewerbsfähige Volkswirtschaft kennzeichnen, ist heftig umstritten.[89] Die verschiedenen Ansichten lassen sich danach unterscheiden, ob einerseits auf außenwirtschaftliche Kenngrößen, wie Leistungsbilanzsaldo, Exportquoten und Marktanteile oder andererseits auf preisbezogene Faktoren, wie reale Wechselkurse, Lohnquote oder die Lohnstückkosten abgestellt wird. Die verschiedenen Ansätze differieren ferner darin, ob die Wettbewerbsfähigkeit nur anhand einzelner Kriterien[90] oder aber aufgrund einer Vielzahl von Faktoren (Multi-Faktor-Analysen) bewertet wird[91]. Es erscheint daher notwendig zu klären, welche Indikatoren zur Bestimmung der Wettbewerbsfähigkeit von Standorten heranzuziehen sind. Eine Entscheidung in diesem volkswirtschaftlichen Richtungsstreit kann jedoch in einer juristischen Arbeit nicht getroffen werden.[92] Für den weiteren Gang der Untersuchung soll es daher ausreichen, eine maßgebliche Kenngröße der Wettbewerbsfähigkeit auszuwählen, anhand derer sich die Effekte

---

89 So weist *Wießmeier*, Stefan (Fn.21): S.56 darauf hin, daß allein der gemeinsam vom World Economic Forum und dem International Institute of Management (seit 1996 Harvard Institute for International Development) herausgegebene World Competitiveness Report 381 Kriterien zur Bewertung der Wettbewerbsfähigkeit eines Landes heranzieht.

90 *Köppen*, Margit (Fn.79): S.143; für eine Bemessung der Wettbewerbsfähigkeit anhand der realen Wechselkurse siehe *Burda*, Michael C./*Wyplosz*, Charles: Makroökonomik: Eine europäische Perspektive, München, 1994, S.264, kritisch Wetter, Die Wettbewerbsposition der deutschen Wirtschaft, Wechselkurs und internationale Wettbewerbsfähigkeit, S.89, vgl. weiterführend *Brüstle*, Alena: Effektive Wechselkurse als Instrument zur Messung der preislichen Wettbewerbsfähigkeit von Volkswirtschaften, in: RIW-Mitteilungen 45 (1994) 1, S.4ff.

91 Ein Beispiel für eine Multi-Faktor-Analyse ist der World Competitivness Report (Fn.89).

92 Zum Meinungsstand über die Definition und Faktoren internationaler Wettbewerbsfähigkeit siehe *Wießmeier*, Stefan (Fn.21): S.11ff. und *Kaplanek*, Heinz: Arbeitskosten und internationale Wettbewerbsfähigkeit-Some Arguments Against Common Wisdom, St. Gallen, 1996, S.17ff. sowie S.64ff., jeweils m.w.N.

von Arbeitnehmerrechten auf den Standortwettbewerb möglichst einfach und unverfälscht erkennen lassen.

a) Lohnhöhe

In der Diskussion um die Kenngrößen der internationalen Wettbewerbsfähigkeit wird teilweise auf die Unterschiede in der Lohnhöhe abgestellt.[93] Als Kennzeichen „unfairen Wettbewerbs" infolge der Verletzung fundamentaler Arbeitnehmerrechte wird teilweise auf das niedrige Lohnniveau („Lohndumping") in den entsprechenden Ländern hingewiesen.[94] Anhand der Lohnhöhe allein lässt sich allerdings kaum eine Aussage über die Wettbewerbsfähigkeit eines Sektors oder einer Volkswirtschaft insgesamt treffen.[95] Niedrige Löhne an einem Standort senken zwar die Produktionskosten. Ob hieraus auch ein Vorteil im Preiswettbewerb entsteht, hängt jedoch zumindest auch von der gesamtwirtschaftlichen oder sektoralen Produktivität ab.[96] Insofern geht der Vorwurf des „unfairen" Wettbewerbs durch Lohndumping fehl, solange in diese Betrachtung nicht die Produktivität eines Standortes einbezogen wird. Anhand der Auswirkungen von Arbeitnehmerrechten auf die Lohnhöhe kann daher keine Aussage über die Wirkung von Arbeitsstandards im Standortwettbewerb getroffen werden.

b) Lohnstückkosten

Als zweites Kriterium, anhand dessen der Einfluss von Arbeitnehmerrechten auf den Wettbewerb der Standorte untersucht werden kann, kommen die Lohnstückkosten in Frage.

---

93 *Lehment*, Harmen: Lohnpolitik und Beschäftigung bei festen und flexiblen Wechselkosten, in: Weltwirtschaftliches Archiv 115 (1979) 2, S.224ff. Dementsprechend wird immer wieder unter Hinweis auf entsprechende „Weltranglisten" gewarnt, daß die Wettbewerbsfähigkeit Deutschlands aufgrund der hohen Lohnkosten in Gefahr sei, vgl. *Schröder*, Christoph: Industrielle Arbeitskosten im internationalen Vergleich 1980/1998, in: iw-trends 29 (1998) 2, S.49.
94 *ILO*: Labour Cost and International Trade, in: International Labour Review 89 (1964) 5, S.433; auf die hohen Lohn- und Lohnnebenkosten als negativen Standortfaktor in Deutschland hinweisend *Kissel*, Otto Rudolf: Standortfaktor Arbeitsrecht, Standortdebatte und Rechtswirkung - Wie geht es weiter?, Frankfurt/M., 1999, S.20.
95 Statt vieler *Hauf*, Stefan: Volkswirtschaftliche Lohnstückkosten und ihre Komponenten, in: Wirtschaft und Statistik 49 (1997) 8, S.523; *Müller*, Stefan/*Kornmeier*, Martin (Fn.83): S.156f.
96 *Kaplanek*, Heinz (Fn.92): S.95; *Müller*, Stefan/*Kornmeier*, Martin (Fn.83): S.156f.

aa) Theoretische Betrachtung

Die gesamtwirtschaftlichen Lohnstückkosten ergeben sich aus dem Quotienten von Lohnkosten und Arbeitsproduktivität.[97] Bei den Lohnstückkosten handelt es sich um eine theoretische Größe, die in der wirtschaftlichen Realität nicht unmittelbar zu beobachten ist.[98] Hohe Lohnstückkosten werden verbreitet gleichermaßen als Indiz und Ursache für die mangelnde Wettbewerbsfähigkeit von Standorten angesehen.[99] Der negative Einfluss hoher Lohnstückkosten auf die Wettbewerbsfähigkeit wird damit begründet, dass sich hierdurch die Position der Unternehmen im Preiswettbewerb verschlechtert, woraus letztlich zurückgehende Marktanteile, Wachstumseinbußen und Beschäftigungsprobleme an einem Standort resultieren.[100] Nach dieser Auffassung sind für die Wettbewerbsfähigkeit eines Standortes die Lohnstückkosten die maßgebliche Kenngröße.[101]

Eine Untersuchung der Wettbewerbsfähigkeit allein anhand der Lohnstückkosten ist allerdings zweifellos vereinfachend, da der internationale Preiswettbewerb durch weitere Faktoren beeinflusst wird[102]. Zu Recht wird darauf hingewiesen, dass beispielsweise die Aufwertung der Landeswährung die positive Wirkung gleichzeitig sinkender Lohnstückkosten auf die Wettbewerbsfähigkeit zunichte machen wird.[103] Auch die Vergleichbarkeit der den Lohnstückkosten zugrundegelegten Daten und Methoden in verschiedenen Ländern ist zweifelhaft. Unterschiedliche Berechnungsmethoden können sogar dazu führen, dass die errechneten Lohnstückkosten zwischen verschiedenen nationalen Instituten variieren und sich häufig mit den interessenpolitischen Zielen der jeweiligen Auftraggeber decken.[104] Zumindest als psychologischer Faktor bei Investitionsentscheidungen wird den Lohnstückkosten für den Wettbewerb der Standorte weitgehend übereinstimmend Bedeutung zugesprochen.[105]

---

97 *Schröder*, Christoph (Fn.93): S.57; *Wießmeier*, Stefan (Fn.21): S.37; *Köppen*, Margit (Fn.79): S.143; für andere Berechnungsmethoden siehe *Kaplanek*, Heinz (Fn.92): S.86.
98 *Hauf*, Stefan (Fn.95): S.523.
99 *Fagerberg* Jan (Fn.78): S.355; *Köddermann*, Ralf: Sind Löhne und Steuern zu hoch?: Bemerkungen zur Standortdiskussion in Deutschland, in: ifo Schnelldienst 49 (1996) 20, S.7; *Pollan*, Wolfgang: Die Lohnstückkosten als Kennzahl der Wettbewerbsfähigkeit, in: Wifo-Monatsberichte 62 (1989) 10, S.616.
100 *Fagerberg* Jan (Fn.78): S.355; *Wießmeier*, Stefan (Fn.21): S.38.
101 *Köppen*, Margit (Fn.79): S.143.
102 *Fagerberg* Jan (Fn.78): S.371; *Müller*, Stefan/*Kornmeier*, Martin (Fn.83): S.160.
103 *Köddermann*, Ralf (Fn.99): S.8; *Wießmeier*, Stefan (Fn.21): S.39; *Schröder*, Christoph (Fn.93): S.39 sowie S.47.
104 Vgl. ; *Müller*, Stefan/*Kornmeier*, Martin (Fn.83): S.143ff.
105 Telefoninterview mit Stefan Hauf, Statistisches Bundesamt am 4.11.99; Beyfuß, Jörg: Ausfuhren

Bei den Lohnstückkosten scheint es sich ferner um eine Einflussgröße auf die Wettbewerbsfähigkeit zu handeln, die unmittelbar von der arbeitsrechtlichen Situation an einem Standort beeinflusst wird. So wird beklagt, dass bestimmte Sektoren in Schwellenländern teilweise 60-80% der Produktivität von Industrieländern aufweisen.[106] Dieser relativ hohen Produktivität stehen nicht zuletzt durch die Missachtung von Arbeitnehmerrechten vergleichsweise geringe Lohnkosten gegenüber.[107] Wenn die Missachtung von Arbeitnehmerrechten tatsächlich zu Vorteilen im Standortwettbewerb führt, dann sollte sich dies im Verhältnis der Lohnhöhe zur Produktivität, also an niedrigeren Lohnstückkosten ablesen lassen. Deshalb scheint die Kenngröße der Lohnstückkosten besonders geeignet, um den Einfluss der arbeitsrechtlichen Situation auf die Wettbewerbsfähigkeit eines Standortes zu untersuchen.

bb) Empirische Betrachtung

Um den Einfluss von Arbeitnehmerrechten auf die Wettbewerbsfähigkeit eines Standortes empirisch zu überprüfen, soll nachfolgend die Entwicklung der Lohnstückkosten in neun Ländern untersucht werden, die in der Vergangenheit signifikante Verbesserungen im Schutz der Vereinigungsfreiheit vorgenommen haben[108].

Die Lohnstückkosten berechnen sich dabei aus Lohnkosten im Zähler und der Produktivität im Nenner. Die Lohnkosten beinhalten wiederum das Arbeitsentgelt und die Lohnnebenkosten. Die Lohnnebenkosten umfassen gewöhnlich die gesetzlichen, tariflichen und freiwilligen Sozialleistungen sowie die Aufwendungen für arbeitsfreie Tage.[109] Die Kosten, die durch die Einhaltung arbeitsrechtlicher Mindeststandards entstehen, werden nicht explizit in Anrechnung gebracht. Soweit die Daten verfügbar waren, wurden die Veränderungen in den Lohnstückkosten fünf Jahre vor und nach den Maßnahmen zur Verbesserung der Vereinigungsfreiheit mit folgenden Ergebnissen miteinander verglichen[110]:

---

und die Weltmarktposition Deutschlands 1996, in: iw-trends 24 (1997) 1, S.14; *Köppen*, Margit (Fn.79): S.143; *Müller*, Stefan/*Kornmeier*, Martin (Fn.83): S.159ff.
106 *Dorman*, Peter: Trade, Competition, and Jobs: An Internationalist Strategy, in: Labor in a Global Economy Perspectives from the US and Canada, Hecker, Steven/Hallock, Margaret (Ed.), Eugene, Oregon, 1991, S.65.
107 *Dorman*, Peter (Fn.106): *ebenda*.
108 Für die übrigen fundamentalen Arbeitnehmerrechte waren entsprechende Daten nicht verfügbar.
109 Vgl. *Gohout*, Wolfgang: Lohnnebenkosten als Standortfaktor im internationalen Wettbewerb, in: Wirtschaftswissenschaftliches Studium 26 (1997) 9, S.469.
110 Der Berechnung der Lohnstückkosten liegt die Formel Quotient aus dem Bruttoeinkommen aus unselbstständiger Arbeit (Compensation of Employees) und dem Bruttoinlandsprodukt (Gross

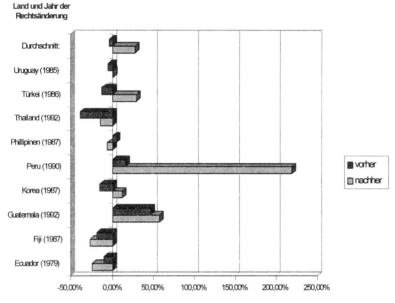

Arbeitnehmerrechte und Standortwettbewerb
Vereinigungsfreiheit und Lohnstückkosten

Land und Jahr der
Rechtsänderung

Durchschnitt:
Uruguay (1985)
Türkei (1986)
Thailand (1992)
Phillipinen (1987)
Peru (1990)
Korea (1987)
Guatemala (1992)
Fiji (1987)
Ecuador (1979)

■ vorher
☐ nachher

-50,00% 0,00% 50,00% 100,00% 150,00% 200,00% 250,00%

Veränderung der Lohnstückkosten nach Verbesserung der Vereinigungsfreiheit

Abb.4: Lohnstückkosten und Vereinigungsfreiheit[111]

Domestic Product) eines Landes zugrunde. Für diese und andere Berechnungsmethoden siehe *Hauf, Stefan* (Fn.95): S.524ff.
111 Daten erhoben aus *United Nations*: Statistical Yearbook, Genf, fortlaufende Jahrgänge, sowie den Berichten der jeweiligen Landeszentralbanken der untersuchten Staaten.

Land	Vorher	nachher	Differenz
Ecuador (1979)	-10,64%	-24,83%	-14,20%
Fiji (1987)	-18,95%	-26,94%	-8%
Guatemala (1992)	46%	57%	11%
Korea (1987)	-15,09%	11,57%	26,66%
Peru (1990)	16,14%	219%	213,86%
Phillipinen (1987)	4,23%	-6,60%	-10,83%
Thailand (1992)	-38,84%	-14,39%	24,45%
Türkei (1986)	-12,50%	28,87%	41,37%
Uruguay (1985)	-5,64%	0,83%	6,47%
Durchschnitt:	-3,92%	27,17%	32,31%

Abb.5: Lohnstückkosten und Vereinigungsfreiheit

Die Ergebnisse der vorgenommenen empirischen Untersuchung zeigen, dass in immerhin sechs von neun Ländern nach Maßnahmen zur Verbesserung der Vereinigungsfreiheit ein relativer Anstieg der Lohnstückkosten gegenüber dem Vergleichszeitraum vor der Rechtsänderung zu verzeichnen war. Im Durchschnitt aller untersuchten Länder gingen die Lohnstückkosten in den fünf Jahren vor den Rechtsänderungen um durchschnittlich rund 4% zurück. Im gleichen Zeitraum nach den Rechtsänderungen zugunsten der Vereinigungsfreiheit war dagegen ein durchschnittlicher Anstieg der Lohnstückkosten von rund 27 % festzustellen. Im Durchschnitt aller Länder folgte den Erleichterungen für gewerkschaftliche Betätigung daher ein signifikanter Anstieg der Lohnstückkosten. Ein Anstieg der Lohnstückkosten ist wiederum zumindest ein Indiz für eine nachlassende Wettbewerbsfähigkeit eines Standortes im Preiswettbewerb.

Man darf dieses Ergebnis allerdings nicht als empirischen Beleg für den negativen Einfluss von Vereinigungen auf die Wettbewerbsfähigkeit eines Standortes bewerten, denn die Untersuchung unterliegt einigen methodisch bedingten Einschränkungen. Erstens konnten aufgrund fehlender Daten nur eine begrenzte Zahl von Ländern untersucht werden, weshalb die Basis der Untersuchung relativ schmal und nicht repräsentativ ist. Zweitens betrafen die Rechtsänderungen meist nicht nur die Vereinigungsfreiheit, sondern waren meist Teil größerer Umwälzungen, wie beispielsweise Verfassungsreformen oder gar eines Wechsels in der

Staatsform. In Peru fielen Verbesserungen der Arbeitnehmerrechte mit dem Ende einer Phase politischer und wirtschaftlicher Instabilität, in der Türkei mit der Beseitigung des Militärregimes und in Korea mit der Demokratisierung zusammen[112]. Hieran wird deutlich, dass neben der Vereinigungsfreiheit weitere Änderungen in den wirtschaftlichen Rahmenbedingungen die Lohnstückkosten beeinflusst haben werden. Aus dem Ergebnis der im Rahmen dieser Arbeit durchgeführten Untersuchung kann deshalb nicht ohne weiteres darauf geschlossen werden, dass die Vereinigungsfreiheit oder gar die Arbeitnehmerrechte generell die Wettbewerbsfähigkeit eines Standortes vermindern.

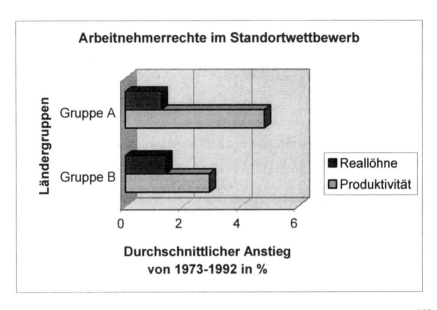

Abb.6: Vereinigungsfreiheit, Reallöhne und Produktivität[113]

Eine von der OECD vorgenommene Studie untersuchte den Einfluss fundamentaler Arbeitnehmerrechte auf den Standortwettbewerb anhand der Reallöhne und der Produktivität.[114] Dabei wurde über einen Zeitraum von zwanzig Jahren die Entwicklung der Löhne und der Produktivität in zwei Gruppen von Ländern gegenübergestellt, die ein unterschiedliches Schutzniveau bei der Vereinigungs-

---

112 Vgl. *OECD* (Fn.2): S.95.
113 Daten: *OECD* (Fn.2): S.89.
114 *OECD* (Fn.2): S.88ff.

freiheit aufweisen. In Gruppe A wurden diejenigen Länder zusammengefasst, in denen die Vereinigungsfreiheit Beschränkungen unterliegt, während die Gewerkschaftsrechte in den Staaten der Gruppe B umfassend geschützt werden[115].

Zunächst kann festgestellt werden, dass die Reallöhne in beiden Vergleichsgruppen mit ungefähr 1,3% jährlich nahezu gleich stark anstiegen[116]. Diese Entwicklung wurde von der OECD dahingehend interpretiert, dass die Existenz von Gewerkschaften offenbar keinen signifikanten Einfluss auf den Anstieg der Löhne und damit auf die Wettbewerbsfähigkeit eines Standortes habe.[117] Diese Bewertung der Daten greift allerdings deutlich zu kurz. Nicht die isolierte Betrachtung des Lohnanstiegs, sondern dessen Verhältnis zum Zuwachs der Produktivität ist eine aussagekräftige Größe für die Entwicklung der Wettbewerbsfähigkeit eines Standortes.[118] Betrachtet man deshalb die Produktivitätsentwicklung, so fällt auf, dass in den Ländern der Gruppe A mit beschränkter Vereinigungsfreiheit ein nahezu doppelt so großer Produktivitätszuwachs erzielt wurde, wie in den Staaten der Gruppe B, die Vereinigungen uneingeschränkt zulassen. Während demnach in Ländern mit gewerkschaftlicher Betätigung die Löhne ungefähr halb so stark zulegten wie die Produktivität, betrug der Lohnzuwachs ohne Gewerkschaftsfreiheit nur rund ein Viertel des Produktivitätsanstiegs.[119] Demnach weisen Länder mit beschränkter Vereinigungsfreiheit in Relation zur Produktivität einen geringeren Lohnzuwachs auf, als die Vergleichsgruppe der Staaten mit unbeschränkter Vereinigungsfreiheit.[120]

Dieses Ergebnis könnte sich folgendermaßen erklären lassen. Die Entwicklung der Produktivität ist bei Tarifverhandlung oft eine Orientierungsgröße für den Lohnzuwachs der Arbeitnehmer. Durch Gewerkschaften und Kollektivverhand-

---

115 Die Gruppe A setzt sich aus China, Ägypten, Indonesien, Iran, Kuwait, Syrien und Tansania zusammen, Länder der Gruppe B sind Australien, Österreich, Bahamas, Barbados, Belgien, Luxemburg, Kanada, Dänemark, Finnland, Frankreich, Deutschland, Griechenland, Irland, Israel, Italien, Japan, Malta, Niederlande, Neuseeland, Norwegen, Portugal, Spanien, Surinam, Schweden, Schweiz, Großbritannien, USA und Uruguay.
116 *OECD* (Fn.2): S.88, einschränkend allerdings *ebenda*, S.92.
117 *OECD* (Fn.2): S.88.
118 Vgl. oben, S.246ff., vgl. auch *OECD* (Fn.2): S.12.
119 Auf diesen in Anbetracht der Untersuchungsergebnisse recht naheliegenden Zusammenhang wird allerdings in der OECD-Studie nicht eingegangen. Vielmehr wird in der Wertung lediglich auf die wenig signifikante Tatsache verwiesen, daß der Lohnanstieg in beiden Gruppen nahezu gleich sei und in einigen Ländern der Gruppe B sogar weitaus höher, *OECD* (Fn.2): S.88. Auf Anfrage begründeten an der Erstellung der OECD-Studie beteiligte ILO-Mitarbeiter diese „Fehlinterpretation" mit der politischen Einflußnahme von OECD-Mitgliedstaaten auf die Ergebnisse der Studie (Interview in Genf am 12.9.1999).
120 Vgl. *OECD* (Fn.2): S.87, Fn.10 unter Verweis auf die Beschränkungen Malaysias im Sektor der Elektronikindustrie.

lungen scheint es Arbeitnehmern eher zu gelingen, über entsprechende Lohnsteigerungen an den Produktivitätszuwächsen zu partizipieren. Kollektivverhandlungen stärken die Verhandlungsposition der Belegschaft und versetzten sie eher in die Lage, an Produktivitätszuwächsen zu partizipieren. Ferner scheint es nicht ausgeschlossen, dass starke Gewerkschaften Rationalisierungen erschweren, da diese oft mit Personalabbau verbunden sind. So ließe sich erklären, warum die Produktivität ohne starke Interessenvertretungen der Arbeitnehmer stärker wachsen kann. Auf Basis dieser Erläuterungen ließe sich der Vorwurf erheben, dass Länder durch Beschränkungen der Vereinigungsfreiheit das Wachstum von Löhnen und Produktivität entkoppeln und durch „künstlich" niedrige Lohnstückkosten einen Standortvorteil erlangen.[121]

Andere empirische Untersuchungen kamen jedoch zu dem Ergebnis, dass die Beachtung von Arbeitnehmerrechten keinen signifikanten Einfluss auf die Wettbewerbsfaktoren eines Standortes hat.[122] So betrachtete eine andere Studie die Entwicklung der Löhne und der Produktivität in sechs Schwellenländern. Dabei wurde ebenfalls untersucht, ob niedrige Arbeitsstandards zu einem ungleichen Anstieg von Löhnen und Produktivität führen. Unabhängig von der arbeitsrechtlichen Situation stiegen Löhne und Produktivität über einen längeren Zeitraum gleichermaßen und in ähnlichem Umfang an.[123] Hieraus ließe sich ableiten, dass Verstöße gegen Arbeitnehmerrechte keinen Wettbewerbsvorteil in Form niedrigerer Lohnstückkosten zu generieren vermögen.

c) Exportergebnis

In der Literatur wurde der Zusammenhang zwischen Wettbewerbsfähigkeit und Arbeitnehmerrechten weiterhin anhand der Exportentwicklung untersucht. Eine theoretische Untersuchung kam zu dem Ergebnis, dass Arbeitnehmerrechte kaum Einfluss auf die Entwicklung der Exporte aus einem Land ausüben können.[124] Allerdings zeigt eine Datenerhebung im Rahmen der gleichen Studie, dass der Anstieg der Exporte in Ländern, die Verbesserungen der gewerkschaftlichen Betätigung zuließen, um rund ein Drittel geringer ausfiel als in Ländern, die diese

121 Vgl. *Lee*, Eddy: Globalization and Labour Standards: a Review of the Issues, in: International Labour Review 136 (1997) 2, S.182.
122 *Raynauld*, André/*Vidal*, Jean-Pierre: Labour Standards and International Competitiveness, A Comparative Analysis of Developing and Industrialized Countries, Cheltenham (e.a.), 1998, S.61, *Golub*, Stephen S.(Fn.2): S.14.
123 *Golub*, Stephen S.(Fn.2): S.14.
124 *OECD* (Fn.2): S.88, ebenso *Raynauld*, André/*Vidal*, Jean-Pierre (Fn.122): S.58.

Rechte achten.[125] Andere sind der Ansicht, dass die Beachtung der Vereinigungs-freiheit die Exportentwicklung positiv beeinflussen kann.[126] Diese Effekte variie-ren allerdings abhängig vom jeweiligen Entwicklungsstand eines Landes. Vor allem in Ländern mit geringem Bruttosozialprodukt ging die Vereinigungsfreiheit mit einem Anstieg der Exporterlöse einher.[127] Auf die Produktion und das Inlandsprodukt der Länder wirkte sich die erweiterte Gewerkschaftsfreiheit dage-gen nicht signifikant aus.[128] Allerdings ist die Aussagekraft dieser Untersuchungen begrenzt, da die Exportentwicklung noch stärker als die Lohnstückkosten von anderen Faktoren als der arbeitsrechtlichen Situation im Inland abhängt[129].

d) Zwischenergebnis

Es bleibt als Zwischenergebnis festzuhalten, dass die Vereinigungsfreiheit offenbar zu einer Steigerung der Lohnstückkosten und damit zu einem Nachteil im Standortwettbewerb führt. Dieses durch die in dieser Arbeit vorgenommene empirische Untersuchung erlangte Ergebnis ist allerdings nicht frei von methodi-schen Einschränkungen und darf keinesfalls auf die übrigen fundamentalen Arbeit-nehmerrechte übertragen werden. Es deutet allerdings darauf hin, dass die Ver-wirklichung der Vereinigungsfreiheit einen signifikanten Faktor im Standortwett-bewerb darstellt.

Exkurs: Die These vom *race to the bottom*

Die These vom *race to the bottom* basiert auf der Annahme, dass sich der verschärfende internationale Standortwettbewerb negativ auf die Verwirklichung von Arbeitnehmerrechten auswirkt. Das Bild von einem *race to the bottom* sugge-riert, dass Staaten im internationalen Wettbewerb einem Feld fehlgeleiteter Athle-ten gleichen, die in die falsche Richtung spurten und hierbei noch um vordere Plätze kämpfen[130]. Nachfolgend soll überprüft werden, ob das Modell des *race to*

---

125 *OECD* (Fn.2): S.131.
126 *Mah*, Jai Sheen: Core Labour Standards and Export Performance in Developing Countries, in: The World Economy 20 (1997) 6, S.783, begründet das gegenüber der OECD-Studie abweichende Ergebnis mit deren unzutreffender Methode zur Berechnung der Exportentwicklung, vgl. *OECD*: An Update of the 1996 Study "Trade, Employment and Labour Standards: A Study of Core Workers' Rights and International Trade", Paris, 2000, S.27, Rn.38.
127 *Mah*, Jai Sheen (Fn.126): S.789f.
128 *OECD* (Fn.2): S.131.
129 *OECD* (Fn.2): S.91.
130 Vgl. *Klevorick*, Alvin K. (Fn.19): S.459.

the bottom einen Nexus zwischen internationalem Wettbewerb und den fundamentalen Arbeitnehmerrechten zu begründen vermag.

Die Furcht, vor einem wechselseitig angetriebenen Deregulierungswettlauf bezüglich der Arbeitnehmerrechte ist nicht neu.[131] Bereits im Gründungsvertrag der ILO wurde auf die Gefahr hingewiesen, dass

> "*[T]he failure of any nation to adopt humane conditions of labour is an obstacle in the way of other nations which desire to improve the conditions in their own countries". [...]*[132]

Mit dieser Aussage der ILO-Verfassung geht die These vom *race to the bottom* insofern konform, als dass befürchtet wird, zunehmender internationaler Wettbewerb erzeuge zunächst Deregulierungsdruck und letztlich einen Abwertungswettlauf der Handelspartner im Arbeitnehmerschutz[133]. Dem Modell des *race to the bottom* liegt die Annahme zugrunde, dass Arbeitnehmerrechte Kosten verursachen und einen Nachteil im Preiswettbewerb generieren.[134] Als Auslöser für eine Abwärtsspirale im arbeitsrechtlichen Schutzniveau wird der Wettbewerb um Marktanteile und Investitionen zwischen Unternehmen und Standorten angesehen.[135] Letztlich geraten Standorte mit hohen Standards durch den Wettbewerb mit Standorten in denen Arbeitnehmer geringeren Schutz genießen unter Kostendruck.[136] Als Reaktion auf die Verletzung von Arbeitnehmerrechten an konkurrierenden Standorten kann das arbeitsrechtliche Schutzniveau im Inland nicht erhöht werden, bzw. muss sogar nach unten angeglichen werden. Zum „Rennen" kann sich die Deregulierung kostenrelevanter Sozialnormen dann entwickeln, wenn Regierungen auf Veränderungen an anderen Standorten reflexartig mit der

---

131 Nach *Fyfe*, A./*Jankanish*, M.: Trade Unions and Child Labour, Genf, 1996, S.85 hat Jacques Necker, französischer Finanzminister unter Louis XVI, bereits im Jahre 1788 darauf hingewiesen, daß die Abschaffung des wöchentlichen Ruhetages einem Land zwar einen wirtschaftlichen Vorteil im Wettbewerb biete, der allerdings zunichte gemacht werde, sobald dies andere Länder ebenfalls tun.
132 Abs.3 Präambel ILO-Verfassung, abgedruckt in: *ILO*: Constitution of the International Labour Organisation and Standing Orders of the International Labour Conference, Genf, 1998, S.5ff.
133 Richtiger wäre es allerdings von einem *"race towards the bottom"* zu sprechen, das kaum ernsthaft vertreten wird, internationaler Wettbewerb werde das Arbeitsrecht aller Handelspartner auf dem kleinsten gemeinsamen Nenner harmonisieren. Der Klarheit halber soll hier jedoch im folgenden die gebräuchliche Bezeichnung *"race to the bottom"* verwendet werden.
134 Vgl. *Wilson*, John D.: Capital Mobility and Environmental Standards: Is there a Theoretical Basis for a Race to the Bottom, in: Fair Trade and Harmonization (Vol.1: Economic Analysis), Bhagwati Jagdish/Hudec, Robert. E. (Ed.), Cambridge MA, 1996, S.393.
135 *Gunderson*, Morley (Fn.53): Labour Standards, Income Distribution and Trade, in: Integration and Trade 3 (1999) 7/8, S.89; *Lee, Eddy* (Fn.121): S.181, *United States Department of Labor*: Institutionalizing Constructive Competition: International Labor Standards and Trade, Economic Discussion Paper 32, Washington, 1988, S.14.
136 *Feis*, Herbert (Fn.1): S.497 und S.500.

Absenkung des eigenen Arbeitnehmerschutzes reagieren, um Kostenvorteile zu sichern. Im *worst-case-scenario* führt der wechselseitige Abbau von Arbeitsstandards zur *"downward labor standards harmonization"*[137]. Im Ergebnis vermag durch die wechselseitigen Anpassungen allerdings keiner der Handelspartner einen dauerhaften Kostenvorteil zu erlangen. Das *race to the bottom* führt jedoch in allen beteiligten Ländern zu einer Absenkung des Arbeitnehmerschutzes.[138] Infolge dieser arbeitsrechtlichen Abwärtsspirale besitzen alle beteiligten Staaten letztlich niedrigere Standards, als dies ohne internationalen Wettbewerb der Fall gewesen wäre.[139] Geht man davon aus, dass die Staaten zuvor das jeweils optimale Niveau nationalen Arbeitnehmerschutzes erreichten, so führt deren Absenkung durch ein *race to the bottom* zu einem sub-optimalen nationalen arbeitsrechtlichen Schutzniveau.[140] Insofern versucht die These des *race to the bottom* plausibel zu machen, dass liberaler Handel und internationaler Wettbewerb langfristig einen negativen Einfluss auf das nationale, arbeitsrechtliche Schutzniveau entfaltet.

In der Literatur herrscht allerdings keine Einigkeit darüber, inwieweit das Modell des *race to the bottom* auf die Realität übertragbar ist. Es ist umstritten, ob durch Liberalisierung der internationalen Wirtschaftsbeziehungen ein Abwertungswettlauf im Bereich der Arbeitnehmerrechte tatsächlich droht oder bereits begonnen hat oder für nationale arbeitsrechtliche Vorschriften nur einen nützlichen Systemwettbewerb entfacht oder gar nur marginale Auswirkungen hat.[141]
Nach der erstgenannten Ansicht regt die Konkurrenz der Standorte lediglich einen nützlichen Wettbewerb der Systeme an, insbesondere zwischen den Industriestaaten.[142] Ein *race to the bottom* ist nach dieser Auffassung unwahrscheinlich, da der Handel zwischen Industrieländern und Entwicklungsländern, in denen Verstöße gegen Arbeitnehmerrechte häufiger auftreten, kaum ins Gewicht fällt. So machte der Handel der Industrieländer mit Entwicklungsländern im Jahr 1994 lediglich 3,8% des Bruttoinlandsproduktes der OECD-Staaten aus.[143] Zudem war

---

137 *Herzberg*, Stephen (Fn.18): S.107.
138 Vgl. *Lee*, Eddy (Fn.121): S.181.
139 *Klevorick*, Alvin K. (Fn.19): S.459; *ders.*: The Race to the Bottom in a federal System: Lessons from the World of Trade Policy, S.178.
140 *Trebilcock*, Michael J./*Howse*, Robert: The Regulation of International Trade, 2nd Edition, London (e.a.), 1999, S.455.
141 So *Lawrence*, Robert Z.: Trade, Multinationals, and Labor, Cambridge MA, 1994 S.39; *Anderson*, Kim: The WTO Agenda for the new Millennium, in: Economic Record 75 (1999) 228, S.83 spricht hinsichtlich Arbeitnehmerrechten dementsprechen von *"issues peripherally related to trade"*.
142 *Beccaria*, Luis/*Garlin*, Pedro: Competitiveness and Labour Regulations, in: CEPAL Review (Economic Commission for Latin America and the Caribbean) 65 (1998) 1, S.72.
143 *Lee*, Eddy (Fn.121): S.176.

dieser marginale Anteil der Entwicklungsländer am Außenhandel der Industrieländer zwischen 1960 und 1990 weitgehend konstant[144]. Die hieraus resultierenden Effekte auf die Beschäftigungsbedingungen in Industrieländern werden dementsprechend gering eingeschätzt. Es wird gefolgert, dass von diesen marginalen Handelsströmen auch kein negativer Anpassungsdruck auf Arbeitnehmerrechte in Industriestaaten ausgehen kann.[145] Hauptkritikpunkt am Modell des *race to the bottom* ist nach dieser Auffassung das Fehlen empirischer Belege für eine beginnende Erosion des Arbeitnehmerschutzes.[146] Diese Ansicht wird dadurch gestützt, dass es Ländern mit hohen Arbeitsstandards seit Jahrzehnten „trotz" offener Märkte und verschärfter Konkurrenz gelingt, ihr arbeitsrechtliches Schutzniveau weitgehend aufrecht zu erhalten.[147] Zudem sei kein Land gezwungen, niedrige Arbeitsstandards anderer Länder zu übernehmen, wenn es bereit ist, für höhere Standards den entsprechenden Preis zu zahlen.[148] So können die Kosten höherer Arbeitsstandards beispielsweise durch niedrigere Löhne, aber auch mit Subventionen und Steuererleichterungen kompensiert werden.[149]

Eine zweite Ansicht verteidigt die These vom *race to the bottom* damit, dass die Möglichkeit der Industrieländer, für ihr hohes Schutzniveau den erforderlichen Preis zu zahlen nichts daran ändert, dass ein arbeitsrechtlicher Deregulierungsdruck besteht.[150] Diesem Deregulierungsdruck werden sich Entwicklungsländer mangels entsprechender Ressourcen und weiterer Standortnachteile nicht in gleicher Weise entziehen können wie Industrieländer. Selbst wenn Staaten willig und in der Lage sind, diesen Preis über Subventionen oder Steuererleichterungen zu zahlen, besteht die Gefahr, im Standortwettbewerb ins Hintertreffen zu geraten.[151] Die zur Aufrechterhaltung hoher Sozialstandards gegen ausländisches „Sozialdumping" aufgewendeten Ressourcen fehlen im Standortwettbewerb lediglich an anderer Stelle.

Zwar ist ein empirischer Beleg dafür, dass Länder mit hohen Arbeitsstandards durch die Liberalisierung des Handels unter Anpassungsdruck geraten, bisher nicht

---

144 *Hayter*, Susan (Fn.41): S.23.
145 *Lee*, Eddy (Fn.121): S.183; *Hayter*, Susan (Fn.41): S.23.
146 *Wilson*, John D. (Fn.134): S.393; *Klevorick*, Alvin K.: The Race to the Bottom in a Federal System: Lessons from the World of Trade Policy, in: Yale Law & Policy Review 14 (1996) 2, S.180; *ders.* (Fn.19): S.461f.
147 Vgl. *Beccaria*, Luis/*Garlín*, Pedro (Fn.142): S.72.
148 *Freeman*, Richard B.: A Hard-headed Look at Labour Standards, in: International Labour Standards and Economic Interdependence, Sengenberger, Werner/Campbell, Duncan (Ed.), Genf, 1994, S.87.
149 *Lee*, Eddy (Fn.121): S.181; *Freeman*, Richard B. (Fn.148): S.87 mit weiteren Beispielen.
150 *Gunderson*, Morley (Fn.53): S.89, vgl. auch *Krueger*, Alan B.: International Labour Standards and Trade, in: Journal of Commerce & Industry 1 (1996) 1,S.6, Fn.5.
151 *Feis*, Herbert (Fn.1): S.497.

ersichtlich.[152] Bestimmte Entwicklungen in der Realität der internationalen Wirtschaftsbeziehungen scheinen die These vom *race to the bottom* dennoch zumindest partiell zu stützen. Der vermeintliche Harmonisierungsdruck des Standortwettbewerbs beeinflusst die nationale Wirtschaftspolitik zumindest psychologisch. So ist internationaler Wettbewerbsdruck durch Länder mit niedrigeren Sozialstandards kein seltenes und neues Argument, um in Tarifverhandlungen Lohnerhöhungen oder eine Anhebung der Sozialleistungen zu verhindern[153]. Auch Regierungen begründeten in der jüngeren Vergangenheit deregulierende Eingriffe in die Sozialpolitik mit dem gestiegenen Harmonisierungsdruck durch Importe aus Ländern mit niedrigen Arbeitsstandards.[154]

Einen Beleg für die beginnende punktuelle Erosion der Arbeitnehmerrechte scheint die steigende Zahl sog. Exportförderzonen (*Export Processing Zones*, EPZs) zu bieten. Die erste EPZ wurde bereits 1959 in Irland ausgewiesen. Seitdem ist deren Zahl rapide angestiegen, und es existieren heute weltweit über 500 dieser Sonderwirtschaftsgebiete. Rund 64% der weltweit in diesen Gebieten Beschäftigten arbeiten in Asien, davon alleine 50% in China.[155] Diese Gebiete müssen nicht notwendig auf ein Staatsgebiet beschränkt bleiben. Es existieren auch grenzüberschreitende EPZs, die sich über das Territorium verschiedener Staaten erstrecken.[156] Ziel dieser Sonderwirtschaftszonen ist es, exportorientierte Unternehmen an diesem Standort zu fördern. Zu diesem Zweck gelten in EPZs nicht nur verringerte Einfuhrzölle oder Steuererleichterungen, sondern teilweise auch geringere arbeitsrechtliche Anforderungen als im übrigen Staatsgebiet.[157] Umfassende Studien zur Situation der Arbeitnehmerrechte in EPZs existieren bisher noch nicht. Jedoch wurde zumindest für 14 Staaten festgestellt, dass selbst fundamentale Arbeitnehmerrechte in EPZs ausgesetzt oder nicht durchgesetzt werden, obwohl

---

152 Vgl. *Bensusán*, Graciela/*Damgaard*, Bodil: Labour Standards and Income Distribution: Their Relation to Trade, in: Integration and Trade 3 (1999) 7/8, S.43ff.

153 So stellt bereits 1927 *Feis*, Herbert (Fn.1): S.498 zutreffend fest: *"We are familiar, for example with the mingled fear and dislike invoked among the workmen of the United States and Europe by the bugaboo of the competition of the work of the Far East carried under much poorer conditions. [...] By the workmen and often by the employer international competition is usually regarded as a force depressing his conditions."*

154 Vgl. *Raynauld*, André/*Vidal*, Jean-Pierre (Fn.122): S.13 unter Bezugnahme auf den ehemaligen französischen Premierminister Éduard Balladur; „Auch die Globalisierung bedroht die Sozialsysteme der Industrieländer", in: Handelsblatt v. 8.Dezember 1997 sowie „Lionel Jospins Rezepte gegen die Arbeitslosigkeit, Reduktion von Sozialabgaben und Arbeitszeit", in: NZZ, Mittwoch, 8.Dezember 1995, S.10.

155 *OECD* (Fn.2): S.99.

156 *OECD* (Fn.2): S.100.

157 *Anderson*, Kim: Social Policy Dimensions of Economic Integration: Environmental and Labour Standards, Center for International Economic Studies, Discussion Paper No. 95/06, Adelaide, 1995, S.23.

dies im übrigen Staatsgebiet gewährleistet ist.[158] So verbieten beispielsweise Bangladesch und Pakistan in Sonderwirtschaftsgebieten gewerkschaftliche Betätigung, obwohl dies im übrigen Hoheitsgebiet erlaubt ist.[159] Auch die Dominikanische Republik beschränkte in ihren sog. *zonas francas* in Abweichung vom nationalen Arbeitsrecht die Vereinigungsfreiheit, woraufhin dort dutzende amerikanische Unternehmen Niederlassungen gründeten. Erst der Druck einheimischer und amerikanischer Gewerkschaften führte schließlich zu einer teilweisen Rücknahme des Gewerkschaftsverbotes in den *zonas francas*.[160] In anderen Ländern gelten die fundamentalen Arbeitnehmerrechte zwar offiziell landesweit, allerdings wird insbesondere aus EPZs von laxer Kontrolle und Durchsetzung dieser Rechte berichtet.[161] In diesen partiellen arbeitsrechtlichen Deregulierungen in EPZs könnte man ein Indiz für den faktischen Beginn eines *race to the bottom* sehen.[162] Dafür spricht zunächst, dass Exportförderzonen *per definitionem* Handelsbezug aufweisen. Die punktuelle Aussetzung nationalen Arbeitsrechts in EPZs deutet darauf hin, dass niedrige Arbeitsstandards offenbar die Attraktivität eines Standortes im internationalen Wettbewerb erhöhen. Arbeitsrechtliche Deregulierung in EPZs scheint zu belegen, dass der zunehmende internationale Wettbewerb auch die Arbeitnehmerrechte erfasst hat.[163] Anders ist es nicht zu erklären, dass in ausdrücklich für den Export ausgewiesenen Gebieten ausländische Investitionen mit der Absenkung des arbeitsrechtlichen Schutzniveaus angelockt werden sollen, obwohl diese Gebiete meist einen höheren wirtschaftlichen Entwicklungsstand aufweisen, als die übrigen Landesteile aufweisen[164]. Die Aussetzung fundamentaler Arbeitsstandards scheint daher *de facto* Investitionen zu attrahieren und die Exportaussichten zu verbessern. Ob niedrige Arbeitsstandards in EPZs tatsächlich die Exportchancen erhöhen, dies nur ein psychologischer Faktor für Investitionsentscheidungen sind oder tatsächlich sogar das Gegenteil der Fall ist, kann dahin-

---

158 *OECD* (Fn.2): S.100.
159 *OECD* (Fn.2): S.100.
160 *Compa*, Lance: Labor Rights and Labor Standards in International Trade, Law and Policy in International Business 25 (1993) 1, S.170.
161 *OECD* (Fn.2): S.100; *Evans*, Tony: Trading in Human Rights, in: Global Trade and Global Social Issues, Taylor, Annie/Thomas, Caroline (Ed.), London (e.a.), 1999, S.46 in Bezug auf Menschenrechtsverletzungen in mexikanischen *Maquiladoras*.
162 *Ward*, Halina (Fn.2): S.611.
163 *Herzberg*, Stephen (Fn.18): S.103, verweist ferner darauf, daß Massenproduktion bisher sowohl Wohlstand, als auch eine Verbesserung der Arbeitnehmerrechte hervorbrachte. Die neue Gefahr durch den Wettbewerb aus EPZs für Arbeitnehmerrechte liege in der bisher unbekannten Kombination von produktiver Massenherstellung und der Absenkung von Sozialstandards, *ebenda*, S.104.
164 vgl. Between here and there, Special Report: The US-Mexican border, in; The Economist v. 7. Juli 2001, S.29ff.

stehen.[165] Die arbeitsrechtlichen Deregulierungen in den sich rasch ausbreitenden EPZs zeigen, dass mit Arbeitnehmerrechten zumindest *de facto* Standortpolitik betrieben werden kann. Es wird sich jedoch kaum feststellen lassen, ob die Zunahme von EPZs negativen Harmonisierungsdruck auf die Arbeitsstandards in Industrieländern hervorruft. Das Exportvolumen aus den EPZs dürfte bei weitem zu gering sein, um einen signifikanten Importdruck auf den Märkten entwickelter Länder zu erzeugen und dadurch den Anstoß zu einem arbeitsrechtlichen *race to the bottom* zu geben.[166] Nicht ausgeschlossen erscheint es jedoch, die Absenkung von Arbeitnehmerrechten in EPZs als punktuell beginnendes indirektes *race to the bottom* zwischen den Entwicklungsländern anzusehen.[167] So stellt Arbeit in diesen Ländern überwiegend den wichtigsten Produktionsfaktor dar. Da die wichtigsten und arbeitsintensiven Exportgüter, wie Textilien, Rohstoffe oder Agrargüter, auf Drittmärkten vor allem über den Preis konkurrieren, sind diese Sektoren für Wettbewerb durch „unterpreisige" Arbeitskosten besonders sensibel.[168] Die Standorte in Entwicklungsländern besitzen ferner kaum Möglichkeiten, dem deregulierenden Druck des Preiswettbewerbs mit anderen Mitteln als einer Verbilligung der Arbeitskosten zu begegnen. Hieraus könnte sich erklären lassen, dass die Unterschreitung fundamentaler Arbeitsstandards in Wirtschaftsförderzonen bisher allein in Entwicklungsländern zu beobachten ist.

---

165 Für eine weiterführende Diskussion des Zusammenhangs zwischen Investitionen und Arbeitsstandards vgl. *Bensusán*, Graciela/*Damgaard*, Bodil (Fn.152): S.49, die u.a. darauf hinweisen, daß niedrige Arbeitsstandards auch ein Investitionshemmnis darstellen können, ebenso *Stern*, Robert M.: Labor Standards in International Trade, in: Integration and Trade 3 (1999) 7/8, S.21, *Lawrence*, Robert Z./*Rodrik*, Dani/*Whalley*, John: Emerging Agenda for Global Trade: High Stakes for Developing Countries, Washington, 1996, S.15.
166 Für eine Darstellung der Kontroverse in den USA um den Wettbewerb durch niedrige Arbeitsstandards in mexikanischen EPZs, die sog. *Maquiladoras*, vgl. *Gruben*, William C.: Mexican Maquiladora Growth: Does it Cost U.S.Jobs ?, in: Economic Review 11 (1990) 1, S.15ff.; *McConnell*, Campbell/*Brue*, Stanley/*Macpherson*, David: Contemporary Labor Economics, Boston (e.a.), 1999, S.296 weisen dagegen darauf hin, daß diese Sonderwirtschaftszonen zu Wachstum in den US-mexikanischen Grenzgebieten geführt und dadurch illegale Immigration in die USA vermindert haben. Zum Einfluß der wirtschaftlichen Integration durch das NAFTA-Agreement auf die Arbeitsbedingungen in den *Maquiladoras* vgl. *Grimm*, Nicole L.: The North American Agreement on Labor Cooperation and its Effects on Women Working in Mexican *Maquiladoras*, in: American University Law Review 48 (1998) 1, S.179ff.
167 *Mayne*, Ruth/*LeQuesne*, Caroline: Calls for Social Trade, in: Global Trade and Global Social Issues, Taylor, Annie/Thomas, Caroline (Ed.), London (e.a.), 1999, S.95; vgl. *Grossmann*, Harald/*Koopmann*, Georg: Sozialstandards für den internationalen Handel? Wirtschaftsdienst 74 (1994) 11, S.586.
168 Vgl. *United States Department of Labor*: Direct Employment Effect of Imports on the U.S.Textile Industry, Economic Discussion Paper 8, Washington, 1980, S.3ff.

III. Zwischenergebnis

Die Untersuchung eines über den internationalen Wettbewerb vermittelten Nexus zwischen internationalem Handel und den fundamentalen Arbeitnehmerrechten hat verdeutlicht, dass eine monokausale Bewertung den komplexen und vielschichtigen Wirkungszusammenhängen nicht gerecht wird. So kann die Beachtung grundlegender Arbeitnehmerrechte sowohl positive wie negative Effekte auf die Produktivität und damit die internationale Wettbewerbsfähigkeit von Unternehmen entfalten. Dies gilt gleichermaßen für den Wettbewerb der Standorte und Institutionen. Insbesondere die Missachtung der Arbeitsstandards des Verbots von Zwangs- und Kinderarbeit scheint allerdings geeignet, einen Vorteil im internationalen Wettbewerb zu verschaffen. Obwohl die Vertreter des *race to the bottom* zumindest den empirischen Nachweis dieses Modells schuldig bleiben, bestehen dennoch Indizien, dass Arbeitnehmerrechte im internationalen Wettbewerb unter Deregulierungsdruck geraten können. Dies scheint insbesondere für den Standortwettbewerb zwischen exportorientierten Sonderwirtschaftszonen in Entwicklungsländern zu gelten, in denen selbst fundamentale Arbeitnehmerrechte ausgesetzt werden. Selbst wenn sich der Nexus zwischen internationalem Wettbewerb und den einzelnen Arbeitnehmerrechten nicht abschließend klären ließ, kann als übergreifendes Ergebnis festgehalten werden, dass es sich bei nationalen Arbeitsstandards und dem Wettbewerb im internationalen Warenhandel nicht um strikt getrennte Systeme handelt, sondern ein vielschichtiger, wechselseitiger Zusammenhang besteht.[169]

B. Arbeitnehmerrechte und Marktversagen

Ein zweiter Ansatzpunkt Begründung für einen Nexus zwischen internationalem Handel und den fundamentalen Arbeitnehmerrechten könnte sich dadurch ergeben, dass die Durchsetzung der fundamentalen Arbeitnehmerrechte im Welthandels-

---

169 Einschränkend muß diesem Zwischenergebnis allerdings angefügt werden, daß die volkswirtschaftliche Zusammenhänge, wie der internationale Warenhandel, sich in komplexen Systemen und Subsystemen vollziehen, auf die eine Vielzahl nicht präzise quantifizierbarer und sich gegenseitig beeinflussender Faktoren einwirkt. Die Untersuchung einer isolierten Einflußgröße, wie der Arbeitnehmerrechte, bedingt die Vereinfachung und Abstrahierung dieser Systeme durch ökonomische Modelle. Mit der *ceterus paribus*-Methode werden die übrigen relevanten Faktoren des Systems ausgeblendet und dadurch konstant gesetzt, obwohl es sich in Wirklichkeit um variable Größen handelt. Dadurch wird die Übertragbarkeit theoretischer oder empirischer Erkenntnisse auf die komplexen Wirkungszusammenhänge der Realität deutlich eingeschränkt; vgl. *Wießmeier*, Stefan (Fn.21): S.5 ff.

system zur Bekämpfung von Marktversagen erforderlich ist.[170] Dies setzt wiederum voraus, dass Marktversagen im Hinblick auf die fundamentalen Arbeitnehmerrechte Handelsbezug aufweist und grenzüberschreitende Effekte hervorruft.[171]

Zunächst müsste Marktversagen im Hinblick auf die Durchsetzung der fundamentalen Arbeitnehmerrechte deshalb Handelsbezug aufweisen. Von Marktversagen spricht man bei Allokationsproblemen die entstehen, wenn die wirtschaftspolitische Koordination ausschließlich den Markkräften überlassen wird.[172] Den verschiedenen Formen von Marktversagen ist gemeinsam, dass sie eine sub-optimale Allokation der verfügbaren Ressourcen zur Folge haben.[173] Marktversagen rechtfertigt aus ökonomischer Sicht staatliche Interventionen in den Markt.[174] Allerdings gibt es keine Garantie dafür, dass staatliche Interventionen zur Beseitigung von Marktversagen tatsächlich den gesellschaftlichen Nutzen erhöhen. Wenn Marktversagen und staatliches Versagen zusammentreffen, kann eine regulative Intervention die sozioökonomische Wohlfahrt weiter vermindern. Sofern ein Marktversagen im Arbeitsmarkt vorliegt, führt dies zur sub-optimalen Nutzung des Produktionsfaktors Arbeit. Die optimale Nutzung der weltweit vorhandenen Produktionsfaktoren ist allerdings das Ziel des liberalen Welthandelssystems.[175] Regelungen, die ein Versagen des Arbeitsmarktes bekämpfen, tragen zur optimalen Allokation der Ressourcen bei und können daher als zielführende Ergänzung des Welthandelssystems betrachtet werden. Sofern die Durchsetzung fundamentaler Arbeitnehmerrechte als Instrument zur Bekämpfung von Marktversagen geeignet und erforderlich ist, könnte sich hieraus arbeitsrechtlicher Rege-

---

170 Vgl. *Siebert*, Horst (Fn.51): S.41; so merkt auch Jackson, John: Comment on *Bagwell, Kyle/Staiger*, Robert W. (Fn.9) in: Social Dimensions of U.S.Trade Policies, Deardorff, Alan V./Stern, Robert M. (Ed.), Ann Arbor MI, 2000, S.233 an "*To some extent, maybe the conceptional link [between Trade and Labour] can be worked out via the notion a 'market failure'. That is, there are certain market failures that stem from a lack of looking at a broader sense of what society is about.*" Zu Marktversagen als ökonomische Rechtfertigung für regulierende Eingriffe in den Markt siehe unten, S.58ff.
171 Zu diesen beiden Kriterien für ein Regelungsbedürfnis in der WTO siehe oben, S.229ff.
172 Marktversagen kann dadurch entstehen, das Märkte für bestimmte Güter gar nicht entstehen können, daß es ökonomisch bedeutsame Beziehungen zwischen Wirtschaftseinheiten gibt, die nicht durch Markhandlungen entstehen, daß trotz Markfähigkeit von Faktoren und Gütern die Modellmechanik der vollkommenen Konkurrenz gestört wird oder daß das Entscheidungsverhalten der Individuen von demjenigen abweicht, daß ein Optimum ermöglichte, *Streit*, Manfred (Fn.7): S.13.
173 *Weltbank*: Weltentwicklungsbericht, Washigton DC, 1997 S.28; *Streit*, Manfred (Fn.7): S.13.
174 Statt vieler *Deardorff*, Alan V.: The Economics of Government Market Intervention and its International Dimension, in: New Directions in International Economic Law, Essays in Honour of John Jackson, Bronkers, Marco/Quick, Reinhard (Ed.), Den Haag (e.a.), 2000, S.73f.; *Krueger*, Alan B. (Fn.150): S.5.
175 Abs.1 Präambel WTO-Agreement.

lungsbedarf im Welthandelssystem ergeben. Neben einem Bezug zum Welthandelssystem ist jedoch weiterhin erforderlich, dass Marktversagen hinsichtlich der fundamentalen Arbeitnehmerrechte einen grenzüberschreitenden Sachverhalt beträfe.[176] National begrenztes Marktversagen lässt sich effizient durch Eingriffe auf der Ebene des nationalen Arbeitsrechts beheben. Eine regulative Intervention im Weltwirtschaftssystem stellt bereits aufgrund der ungleich schwerwiegenderen Auswirkungen einer staatlichen Fehlsteuerung des Marktes eine sub-optimale Eingriffsebene dar. Regulative Eingriffe in den internationalen Handel sind daher nur erforderlich, wenn das Marktversagen grenzüberschreitende Auswirkungen entfaltet.

Nachfolgend gilt es zu unterscheiden, ob erstens in Marktunvollkommenheiten des Arbeitsmarktes, zweitens durch externe Kosten oder drittens hinsichtlich der Bereitstellung eines öffentlichen Gutes ein grenzüberschreitendes Marktversagen hinsichtlich der Durchsetzung der fundamentalen Arbeitnehmerrechte vorliegt, woraus sich ein Nexus zwischen *Trade&Labour* begründen könnte.

I. Unvollkommenheit des Arbeitsmarktes

Gemessen an den Transparenzbedingungen des vollkommenen Marktes in der ökonomischen Theorie sind die meisten realen Märkte von diesem Ideal weit entfernt.[177] Die Unvollkommenheiten des Arbeitsmarktes sind allerdings besonders ausgeprägt.[178] So verhindern die ungleiche Verhandlungsmacht, die asymmetrische Verfügbarkeit von Informationen und die ungleiche Mobilität von Arbeitgebern und Arbeitnehmern die optimale Wirkung der Marktkräfte.[179] Aufgrund dieser Unvollkommenheiten wird die Notwendigkeit regulierender Eingriffe in den Arbeitsmarkt durch arbeitsrechtliche Schutznormen für die nationale Ebene kaum bestritten.[180] Aus den Unvollkommenheiten und Störungen nationaler

---

176 Zu den Kriterien des Handelsbezuges und der grenzüberschreitenden Auswirkungen von Arbeitnehmerrechten als Voraussetzung für ein Regelungsbedürfnis im Welthandelssystem siehe oben, S.229ff.

177 *Streit*, Manfred (Fn.7): S.15.

178 Vgl. oben, S.146ff.

179 *Krueger*, Alan B. (Fn.150): S.5; *Meyer*, Dirk: Social Standards and the New World Trading Order, in: World Competition Law and Economics Review 21 (1998) 6, S.36; *Young-Ki*, Park: Contemporary Challenges to Labour Standards Resulting from Globalization: The Case of Korea, in: International Labour Standards and Economic Interdependence, Sengenberger, Werner/Campbell, Duncan (Ed.), Genf, 1994, S.213; *Richardson*, David, J. (Fn.8): S.122.

180 Vgl. nur *Hoffmann*, Edeltraud/*Walwei*, Ulrich: Das Arbeitsverhältnis aus Sicht der Rechtsökonomie und der Arbeitsmarktprognostik, in: Arbeitsmarktstatistik zwischen Realität und Fiktion, in: Schupp, Juergen (Hrsg.), Berlin, 1998, S.300ff. sowie *Wellner*, Marc: Evaluating the

Arbeitsmärkte allein folgt jedoch noch kein Regelungsbedarf im Welthandelssystem. Regelungen zur Korrektur des Marktes sind auf internationaler Ebene nur erforderlich, wenn Marktstörungen grenzüberschreitend wirken. [181] Dies wäre nur dann anzunehmen, wenn ein globaler Arbeitsmarkt existierte. Bisher allerdings besteht aufgrund der nur eingeschränkten Mobilität von Arbeitnehmern kein globaler Arbeitsmarkt, wenn man einmal von den Möglichkeiten für eine verschwindenden Minderheit bestens ausgebildeter Eliten absieht. [182] Hierfür sorgen die Unvollkommenheit der verfügbaren Informationen über ausländische Arbeitsmärkte und die Migrationskosten der Arbeitnehmer sowie die vielfältigen Beschränkungen der Personenfreizügigkeit zwischen den Staaten. [183] Selbst in regionalen Integrationszonen wie der EU, in denen die Personenfreizügigkeit keinen Beschränkungen unterliegt, besteht aufgrund der verbleibenden sprachlichen Barrieren noch kein integrierter europäischer Arbeitsmarkt. [184] Hieran ändern auch die rasanten Entwicklungen der Kommunikationstechnologie, insbesondere die Nutzung des *World Wide Web* bisher wenig. Über die neuen Kommunikationstechnologien werden vor allem Informationen, Dienstleistungen und auch Waren gehandelt, bisher aber selten grenzüberschreitend abhängige Lohnarbeit angeboten und nachgefragt. [185] Von einem einheitlichen, internationalen Arbeitsmarkt kann daher bisher nicht gesprochen werden. Unvollkommenheiten des nationalen Arbeitsmarktes werden in der Regel keine grenzüberschreitende Beeinträchtigung von Drittstaaten zur Folge haben. Die mit Unvollkommenheiten des nationalen Arbeitsmarktes einhergehende ineffiziente Nutzung verfügbarer Ressourcen fällt daher allein in die souveräne wirtschaftspolitische Verantwortung des einzelnen Staates, multilateraler Regelungsbedarf ergibt sich hieraus nicht.

Es kann als Zwischenergebnis festgehalten werden, dass die Durchsetzung fundamentaler Arbeitnehmerrechte im Welthandelssystem nicht mit Unvoll-

---

Emploment Effects of Public Sector Sponsored Training in Germany, Idstein, 2000, S.21 *et passim*.
181 A.A., *Richardson*, David, J. (Fn.8): S.122; der in dem Machtgefälle zwischen Arbeitnehmern und Arbeitgebern eine Marktstörung erkennt, die es im WTO-System durch die Durchsetzung der fundamentalen Arbeitnehmerrechte auszugleichen gelte, ohne diesen multilateralen Regelungsbedarf jedoch näher zu begründen.
182 *Apolte*, Thomas: Chancen und Risiken nationaler Wirtschaftspolitik bei hoher Kapitalmobilität, in: Standortwettbewerb, wirtschaftspolitische Rationalität und internationale Ordnungspolitik, Baden-Baden, 1999, S.38; a.A. offenbar *Giersch*, Herbert: Immer schneller, gefährlicher, ungleicher. Das Wirtschaftswachstum in Zeiten der Globalisierung, FAZ v. 15. Januar 2000, S.15.
183 *McConnell*, Campbell/*Brue*, Stanley/*Macpherson*, David (Fn.166): S.282.
184 *Apolte*, Thomas (Fn.182): S.38.
185 Für eine praxisnahe Darstellung der Möglichkeiten, Arbeitskraft im Wege sog. Telearbeit ortsunabhängig anzubieten und nachzufragen vgl. *Hensch*, Christian/*Wismer*, Uli: Zukunft der Arbeit, Stuttgart, 1997, S.31 sowie S.57.

kommenheiten des Arbeitsmarktes gerechtfertigt werden kann, da aus diesen Marktstörungen meist keine grenzüberschreitenden Auswirkungen resultieren.

II. Internalisierung externer Effekte

Ein Zusammenhang zwischen internationalem Handel und Arbeitnehmerrechten könnte sich zweitens daraus ergeben, dass die Missachtung fundamentaler Arbeitnehmerrechte externe Effekte (sog. Externalitäten) hervorruft, die eine besondere Form von Marktversagen darstellen.[186] Regulative Eingriffe in den internationalen Handel zur effektiven Durchsetzung von Arbeitnehmerrechten könnten als Instrument zur Internalisierung externer Effekte gerechtfertigt sein. Nachfolgend ist deshalb zunächst zu klären, was unter externen Effekten zu verstehen ist, bevor untersucht wird, ob aus der Verletzung fundamentaler Arbeitnehmerrechte Externalitäten entstehen können.

Externalitäten können in Form positiver oder negativer externer Effekte auftreten. Als positive Effekte bezeichnet man Nutzen, als negative dagegen Kosten, die außerhalb der Marktmechanismen bei anderen Wirtschaftssubjekten als bei dem Verursacher anfallen.[187] Externe Effekte verursachen somit Kosten oder Nutzen die *extern* vom Verursacher auftreten. Externalitäten entstehen lediglich „anlässlich" der Aktivität eines Marktteilnehmers, für die dieser keine Kompensation zahlt oder erhält. Externalitäten sind somit ein unbeabsichtigtes Nebenprodukt aus dem Verhalten von Marktteilnehmern.[188] Während man die Entstehung positiver externer Effekte naturgemäß begrüßen und wirtschaftspolitisch sogar fördern wird, sind externe Kosten in der Regel wirtschaftspolitisch unerwünscht. Da für externe Kosten kein Ausgleich verlangt werden kann, besteht für den Verursacher kein wirtschaftlicher Anreiz, diese einzukalkulieren und zu vermeiden.[189] Da dem einzelnen Wirtschaftssubjekt der Anreiz zur Vermeidung externer Kosten fehlt, besteht ein sog. Schwarzfahrerproblem[190]. Da sich die Vermeidung von Externalitäten für das individuelle Wirtschaftssubjekt nicht lohnt, droht langfristig ein Anstieg externer Kosten zum Nachteil anderer Marktteilnehmer oder der Gemeinschaft.[191] Klassisches Beispiel für einen negativen externen Effekt ist

---

186 *Rahmeyer*, Fritz: Volkswirtschaftliche Grundlagen der Umweltökonomie, in: Umweltökonomie, Stengel, Martin/Wüstner, Kerstin (Hrsg.), München, 1997, S.40.
187 *Lohr*, Wolfgang: Öffentliche Güter und externe Effekte, Konstanz, 1989, S.405ff.; *Letzgus*, Oliver (Fn.14): S.55.
188 *Letzgus*, Oliver (Fn.14): S.32.
189 *Lohr*, Wolfgang (Fn.187): S.406.
190 Zum Schwarzfahrerproblem siehe oben, S.55.
191 *Lohr*, Wolfgang (Fn.187): S.420.

Umweltverschmutzung. Die Ausbildung von Lehrlingen durch ein Unternehmen über den eigenen Bedarf hinaus hat dagegen einen positiven externen Effekt zur Folge.

Nun ist zu klären, ob die Beschäftigung von Arbeitnehmern unter Missachtung der grundlegenden ILO-Standards externe Kosten hervorruft, die es im Rahmen der WTO zu internalisieren gelten könnte. Zwangsarbeit oder auch die schlimmsten Formen der Kinderarbeit gehen oft mit Arbeitsbedingungen einher, die zumindest langfristig Gesundheitsschäden hervorrufen können.[192] Die Behandlungs- und Pflegekosten fallen entweder bei den Angehörigen oder über staatliche Sozialversicherungen bei der Allgemeinheit an. Im Fall von Kinderarbeit kann die fehlende oder mangelhafte Schulbildung Arbeitslosigkeit zur Folge haben, wodurch ggf. bestehenden sozialen Sicherungs-systemen Kosten entstehen können. Bereits diese beiden Beispiele zeigen, dass aus der Verletzung von Arbeitnehmerrechten gesellschaftliche Kosten entstehen können, die nicht bei den Nachfragern der Zwangs- und Kinderarbeit anfallen, denen jedoch der Nutzen in Form niedrigerer Löhne verbleibt. Verstöße gegen grundlegende Arbeitnehmerrechte können daher negative externe Effekte hervor-rufen.[193]

Zweifelhaft ist allerdings, ob diese externen Kosten auch grenzüberschreitende Auswirkungen entfalten. Durch die Missachtung von Arbeitnehmerrechten entstehen, anders als beispielsweise durch den Abbau der Ozonschicht, keine Kosten außerhalb des Territoriums, in dem die relevante Handlung vorgenommen wurde.[194] Regelmäßig liegen daher im Fall von Arbeitnehmerrechten keine grenzüberschreitenden Externalitäten vor.[195] Aus zwischenstaatlicher Sicht stellen die Kosten aus der Verletzung von Arbeitnehmerrechten vielmehr eine „nationale Internalität" dar.

Mit dem Bedürfnis externe Kosten mit grenzüberschreitenden Auswirkungen zu internalisieren, lässt sich die Durchsetzung der fundamentalen Arbeitnehmerrechte im Welthandelssystem daher nicht rechtfertigen.

---

192 *OECD* (Fn.2): S.80.
193 So im Ergebnis auch *OECD* (Fn.2): S.80.
194 Vgl. *Anderson*, Kim (Fn.199): S.22; *Bhagwati*, Jagdish: Trade, Liberalisation and Fair Trade Demands: Addressing the Environmental and Labour Standards Issues, in: The World Economy 18 (1995) 6, S.753.
195 *Charnovitz*, Steve (Fn.15): S.21; *Ward*, Halina (Fn.2): S.609.

III. Öffentliche Güter

Bereits in der klassischen liberalen Nationalökonomie war anerkannt, dass die Bereitstellung öffentlicher Güter (*public goods*) eine Rechtfertigung für eine regulative Intervention in einem liberalen Wirtschaftssystem darstellt.[196] Auch die koordinierte Durchsetzung arbeitsrechtlicher Mindeststandards in der Welthandelsordnung könnte sich demnach aus der Nachfrage für ein öffentliches Gut ergeben.[197] Bevor darauf eingegangen wird, welches öffentliche Gut mit der Durchsetzung fundamentaler Arbeitnehmerrechte erzeugt werden könnte, stellt sich die Frage nach den Kennzeichen eines öffentlichen Gutes.[198]

1. Kennzeichen öffentlicher Güter

Nach überwiegender Ansicht definieren sich öffentliche Güter über zwei Merkmale.[199] Erstes Merkmal öffentlicher Güter ist die fehlende Rivalität im Konsum.[200] Man spricht deshalb auch von sog. nicht-rivalisierenden Gütern. Das bedeutet, dass der Konsum öffentlicher Güter das Angebot für weitere Konsumenten nicht vermindert.[201] Ohne dass der Konsum für die ursprünglichen Nutzer beeinträchtigt wird, können an einem öffentlichen Gut deshalb weitere Konsu-

---

196 So trifft bereits nach *Smith*, Adam: Der Wohlstand der Nationen - Eine Untersuchung seiner Natur und seiner Ursachen (1776), Nachdruck: München, 1974, S.582, einen Staat „die Pflicht, bestimmte öffentliche Einrichtungen und Anstalten und Einrichtungen zu gründen und zu unterhalten, die ein einzelner oder eine kleine Gruppe aus eigenem Interesse nicht betreiben kann, weil der Gewinn ihre Kosten niemals decken könnte, obwohl er häufig höher sein mag, als die Kosten für das Gemeinwesen."
197 Vgl. *Siebert*, Horst (Fn.51): S.41; *OECD* (Fn.2): S.83.
198 Das Konzept der öffentlichen Güter ist eng verwandt mit der Problematik externer Effekte, *Deardorff*, Alan V. (Fn.174): S.74. Nach *Lohr*, Wolfgang (Fn.187): S.420f. fällt der Nutzen öffentlicher Güter allerdings ausschließlich extern an, während externe Effekte stets neben internen Effekten, die beim Verursacher entstehen, entstehen. Bei öffentlichen Gütern ist der Nutzen der einzelnen Konsumenten im Vergleich zu den Gesamtkosten der Bereitstellung relativ gering. Dagegen ist bei Externalitäten der Nutzen oder die Kosten des Handelnden gegenüber den externen Effekten vergleichsweise groß.
199 Für die Gleichförmigkeit bzw. den Zwang zum Konsum als drittes Merkmal öffentlicher Güter siehe *Lohr*, Wolfgang (Fn.187): S.33f.; *Musgrave*, Richard A.: The Theory of Public Finance. A Study in Public Economy, New York, 1959, S.8.
200 *Heertje*, Arnold/*Wenzel*, Heinz-Dieter: Grundlagen der Volkswirtschaftslehre, 5. Auflage, Berlin (e.a.), 1997 S.387; *OECD* (Fn.2): S.83; *Cansier*, Dieter: Umweltökonomie, 2. Auflage, Stuttgart, 1996, S.18; *Lohr*, Wolfgang (Fn.187): S.32ff.; *Letzgus*, Oliver (Fn.14): S.35.
201 *Samuelson*, Paul A.: The Pure Theory of Public Expenditure, in: Review of Economics and Statistics 36 (1954) 3, S.387; *Burkhead*, Jesse/*Miner*, Jerry.: Public Expenditure, Chicago, 1971, S.27.

menten partizipieren.[202] Zweitens ist der Konsum öffentlicher Güter nicht ausschließbar. Das bedeutet, dass potentielle Nutzer am Gebrauch eines öffentlichen Gutes praktisch nicht gehindert werden können.[203] Diese beiden Merkmale öffentlicher Güter führen dazu, dass ihr Nutzen nahezu ausschließlich in Form positiver externer Effekte anfällt[204]. Dies bedeutet, dass keine einzige Nutzungswirkung durch Preise erfasst werden kann[205]. Dadurch entstehen Probleme für den Marktmechanismus, insbesondere droht wiederum ein sog. Schwarzfahrer-Problem[206]. Da es praktisch nicht möglich ist, für öffentliche Güter ein Entgelt zu erheben, fehlt privaten Anbietern regelmäßig der Anreiz, sie bereitzustellen. Isoliert handelnde Wirtschaftssubjekte werden das öffentliche Gut zwar nutzen, aber nicht die Kosten für dessen Bereitstellung tragen[207]. Ein Individuum, das die kostenfreie Nutzung dieses Gutes anstrebt, ohne die Kosten zu tragen, maximiert seinen individuellen Nutzen und handelt somit ökonomisch rational. Es wird darauf vertrauen, dass andere für die Erzeugung öffentlicher Güter sorgen werden. Sofern sich jedes Wirtschaftssubjekt allein an seinem individuellen Nutzen orientiert, werden öffentliche Güter in der Regel nicht produziert werden. Einzelne sind zur Produktion öffentlicher Güter oftmals auch nicht in der Lage. In Ausnahmefällen werden öffentliche Güter zwar durch kooperatives Verhalten Privater angeboten, d.h. finanziert[208]. Sofern eine solche Kooperation jedoch nicht stattfindet, wird der Staat zum kollektiven Nutzen regulierend in den Markt eingreifen müssen, um so für die Bereitstellung des öffentlichen Gutes zu sorgen. Zur Produktion von öffentlichen Gütern kann es deshalb notwendig sein, in den Markt durch Regulierungen einzugreifen.

Ferner ist zu berücksichtigen, dass Güter auch in Mischformen auftreten[209]. Öffentliche Güter sind zunächst von privaten Gütern zu unterscheiden, deren Konsum sowohl rivalisierend, als auch ausschließbar ist[210]. Die Teilmengen privater Güter kommen exklusiv einem bestimmten Nutzer zugute[211]. Es gilt daher das marktwirtschaftliche Ausschlussprinzip, d.h. nur wer den geforderten Preis zahlt,

---

202 *Raynauld*, André/*Vidal*, Jean-Pierre (Fn.122): S.26.
203 *Cansier*, Dieter (Fn.200): S.18; *Letzgus*, Oliver (Fn.14): S.35.
204 *Lohr*, Wolfgang (Fn.187): S.38.
205 *Cansier*, Dieter (Fn.200): S.25.
206 Vgl. weiterführend *Lohr*, Wolfgang (Fn.187): S.90ff.
207 *OECD* (Fn.2): S.83.
208 Für Beispiele siehe *Cansier*, Dieter (Fn.200): S.21.
209 *Samuelson*, Paul A.: The Pure Theory of Public Expenditure and Taxation, in: Public Economics-An Analysis of Public Production and their Relation to the Private Sector, Margolis, Julius und Guitton, Henry (Ed.), London (e.a.), 1969, S.108ff.
210 *Cansier*, Dieter (Fn.200): S.18.
211 *Lohr*, Wolfgang (Fn.187): S.32.

erhält das Gut[212]. Dagegen ist der Konsum von Gütern die auf Gemeineigentum beruhen zwar nicht ausschließbar, wie beispielsweise die Nutzung von Grundwasser. Bei diesen sog. Allmende-Gütern besteht auch keine Rivalität im Konsum.[213] Jedoch tritt bei Gütern in Gemeineigentum ab einem bestimmten Schwellenwert partielle Rivalität im Konsum auf, d.h. ab diesem Punkt sinkt die Qualität oder Quantität des Nutzens bei weiteren Konsumenten (Phänomen der Überfüllung).[214] Letztlich sind öffentliche Güter von Klubgütern abzugrenzen, deren Nutzung zwar nicht rivalisierend, aber ausschließbar ist, beispielsweise Mautstraßen.[215] Schließlich lassen sich öffentliche Güter durch den Kreis ihrer Nutzer unterscheiden. So ist beispielsweise eine Feuerwehrstation ein rein lokales öffentliches Gut, während die Landesverteidigung ein nationales öffentliches Gut darstellt.[216] Ein Regelungsbedürfnis in der internationalen Wirtschaftsordnung besteht allerdings nur bei internationalen öffentlichen Gütern. Von einem internationalen öffentlichen Gut wird man sprechen können, wenn eine grenzüberschreitende Nachfrage besteht, also der Kreis der potentiellen Nutzer nicht auf das Hoheitsgebiet eines Staates begrenzt ist. Ein unproblematisches Beispiel für ein solches internationales öffentliches Gut ist der Erhalt der strahlungsabsorbierenden Ozonschicht.

2. Durch Arbeitnehmerrechte produzierte öffentliche Güter

Nach alledem stellt sich die Frage, welches internationale öffentliche Gut die Arbeitnehmerrechte produzieren, das erstens keine Rivalität im Konsum aufweist, dessen Konsum zweitens nicht ausschließbar ist und wofür drittens eine grenzüberschreitende Nachfrage besteht.[217]

Erstens wird hierzu die Ansicht vertreten, dass die effektive Durchsetzung internationaler Arbeitstandards schon deshalb kein öffentliches Gut produziere, da

---

212 *Cansier*, Dieter (Fn.200): S.18.
213 *Lohr*, Wolfgang (Fn.187): S.40; ähnlich *Cansier*, Dieter (Fn.200): S.20f.; der bei der Mehrzahl der Umweltgüter keine Rivalität im Konsum, jedoch rivalisierende Nutzungsformen sieht, die sich gegenseitig beeinträchtigen, z.B. saubere Umwelt erstens als Konsumgut, zweitens als produktive Ressource und drittens in ihrer Deponiefunktion.
214 *Lohr*, Wolfgang (Fn.187): S.40.
215 *Samuelson*, Paul A. (Fn.209): S.116ff.
216 *Lohr*, Wolfgang (Fn.187): S.35.
217 In *OECD* (Fn.2): S.83 ist mißverständlich bzw. vereinfachend von Arbeitnehmerrechten als öffentlichen Gut die Rede. Zutreffenderweise geht es im Zusammenhang mit Handelsmaßnahmen um die Frage, ob und welche öffentlichen Güter mit der wirksamen Durchsetzung von Arbeitnehmerrechten produziert werden.

die Arbeitsbedingungen in private Güter einfließen und privat nachgefragt werden. Nach dieser sind „sozial verantwortlich" hergestellte Güter privat und nicht öffentlich, denn der Konsum dieser Waren ist ausschließbar und rivalisierend. Insbesondere wenn die Beachtung der Arbeitnehmerrechte bei der Herstellung auf dem Produkt gekennzeichnet wird, obliegt es den Kunden, diese Waren nachzufragen. In diesem Fall erhält niemand unter Einhaltung der Arbeitnehmerrechte hergestellte Waren, ohne diesen moralischen Mehrwert auch zu vergüten.[218] Die Bereitstellung von Arbeitnehmerschutz als öffentliches Gut erübrigt sich demnach.[219] Nach dieser Argumentationslinie stellt der Schutz von Arbeitnehmern kein öffentliches, sondern ein „zu privatisierendes" Gut dar – ein Nexus zwischen den fundamentalen Arbeitnehmerrechten und der Welthandelsordnung ergibt sich hieraus nicht.

Der Ansicht, Arbeitnehmerschutz sei ein privates Gut, kann jedoch entgegengehalten werden, dass dessen „Produktion" ein umfassendes *Labelling* von Waren bezüglich deren Herstellungsbedingungen und ein entsprechendes Bewusstsein der Konsumenten voraussetzt. Diese Bedingungen liegen bisher nur vereinzelt im Konsumgütersektor einiger Industriestaaten, nicht aber beim Großteil der grenzüberschreitend gehandelten Waren vor. Deshalb bestehen gegen diesen marktnahen Ansatz bereits insofern Bedenken, als die Eignung von *Labelling* zur wirksamen Lenkung der Marktkräfte zweifelhaft ist. Eine vollständige und effektive „Privatisierung" des öffentlichen Schutzauftrages für Arbeitnehmerrechte durch Kennzeichnungen erscheint zum heutigen Zeitpunkt unrealistisch.[220] Selbst wenn die Verbreitung ethischer *Labels* weiter zunimmt, muss man sich ferner fragen, ob der effektive Schutz von Menschenrechten in der Arbeit auf internationaler Ebene letztlich allein von den Präferenzen der Konsumenten abhängen darf. Auf diese Weise entzögen sich die Staaten ihrer Pflicht aus den internationalen Menschenrechtspakten und den ILO-Konventionen zur Verwirklichung der fundamentalen Arbeitnehmerrechte. Die „Privatisierung" des Menschenrechtsschutzes durch die Nutzung von Marktmechanismen kann staatliche Regulierungen deshalb lediglich ergänzen, diese aber in absehbarer Zeit nicht ersetzen[221]. Die Ansicht, dass die Beachtung fundamentaler Arbeitnehmerrechte ausschließlich in

---

218 *Freeman*, Richard B. (Fn.148): S.86.
219 Gegen Arbeitnehmerschutz als öffentliches Gut *Bhagwati*, Jagdish/*Srinivasan*, Thirukodikaval N.: International Labour Standards and Global Integration: Proceedings of a Symposion, US Department of Labour, Washington D.C. 1994, S.3ff.
220 Zu Wirkungsweise und Wirksamkeit von *Labelling* als Instrument zur Durchsetzung von Arbeitnehmerrechten vgl. unten, S.478ff.
221 Zur Verwirklichung von Menschenrechten durch transnationale Unternehmen siehe die Ausführungen zum *Global Compact* unten, S.493ff.

private Güter einfließt und deshalb kein öffentliches Gut darstellt ist daher abzulehnen.

Eine zweite Auffassung scheint die Bedenken gegen eine „Privatisierung" des Menschenrechtsschutzes zu berücksichtigen und schlägt vor, den von grundlegenden Arbeitnehmerrechten verwirklichten „moralischen Imperativ" als öffentliches Gut anzusehen.[222] Ein solcher „moralischer Imperativ" ließe sich damit begründen, dass es sich bei den grundlegenden Arbeitnehmerrechten um Menschenrechte und teilweise völkerrechtliche *ius cogens*-Normen handelt[223]. Völkerrechtliche *ius cogens*-Normen, wie die Menschenrechte in der Arbeit, sind universell als „an sich gut" anerkannt, weshalb man sie als kategorischen, „moralischen Imperativ" im Sinne Kants ansehen kann[224]. Solche kategorischen Imperative besitzen die Qualifikation zum „praktischen Gesetz".[225] Die Befolgung und Verwirklichung dieses „praktischen Gesetzes" könnte ein öffentliches Gut darstellen, das durch die Verwirklichung der Menschenrechte in der Arbeit produziert wird. Diese Argumentation mag ethisch und juristisch plausibel klingen. Die ökonomischen Kriterien für staatliche Interventionen zur Produktion öffentlicher Güter erfüllt sie jedoch nicht, da ordnungspolitische Eingriffe in den Markt nur aus der Nachfrage nach einem öffentlichen Gut gerechtfertigt sein können. Aus ökonomischer Sicht stellt sich die Idee eines „moralischen Imperativs" als Zirkelschluss dar, da hiermit ein regulativer Eingriff in den Markt anhand normativer und nichtökonomischer Kriterien gerechtfertigt werden soll. In einem „moralischen Imperativ" kann zumindest aus ökonomischer Perspektive kein öffentliches Gut gesehen werden, das durch die fundamentalen Arbeitnehmerrechte produziert wird.

Drittens wird angenommen, die Befriedung eines „sozial-moralischen Gewissens" ("*social moral consciousness*") der Verbraucher, stelle das durch Arbeitnehmerrechte produzierte öffentliche Gut dar.[226] Für diese Ansicht spricht, dass bereits heute viele Konsumenten in entwickelten Ländern aus moralischen

---

222 *Lee*, Eddy (Fn.121): S.181.
223 *Petersmann*, Ernst-Ullrich: Human Rights and International Environmental Law in the 21st Century: The Need to Clarify their Interrelationships, in: Journal of International Economic Law 4 (2001) 1, S.20. Zum Menschenrechtsgehalt der einzelnen fundamentalen Arbeitnehmerrechte siehe oben, S.163 *et passim*.
224 Zum Menschenrechtsverständnis Kants vgl. *Lorz*, Alexander R.: Modernes Grund- und Menschenrechtsverständnis und die Philosophie der Freiheit Kants, Marburg, 1992, S.71ff.
225 *Kant*, Immanuel: Kritik der praktischen Vernunft, in: Kant, Werke in 10 Bänden, Wilhelm Weischedel (Hrsg.), Darmstadt, 1983, Bd. 6, S.126f.
226 *Schoepfle*, Gregory/*Swinnerton*, Kenneth: Labour Standards in the Context of a Global Economy in: Monthly Labour Review 117 (1994) 9, S.57.

Gründen Wert darauf legen, keine Waren aus Kinderarbeit zu beziehen.[227] Der Konsum von Gütern, die unter arbeitsrechtlich bedenklichen Bedingungen produziert wurden, können von Verbrauchern als Kollaboration zur „Ausbeutung" von Arbeitnehmern in Entwicklungsländern empfunden werden.[228] Sofern die Arbeitnehmerrechte universell beachtet werden, besteht dieser „sozial-moralische Gewissenskonflikt" nicht mehr. An einer solchen Beruhigung des moralischen Gewissens durch die Verwirklichung der Arbeitnehmerrechte könnten beliebig viele Konsumenten partizipieren. Wenn die grundlegenden Arbeitnehmerrechte effektiv verwirklicht sind, kann und muss vom „Konsum des reinen Gewissens" beim Einkauf niemand ausgeschlossen werden. Insofern handelt es sich beim reinen „sozial-moralischen Gewissen" der Verbraucher hinsichtlich der ethischen Begleitumstände von Waren um ein öffentliches Gut.

Der unscharfe Begriff des moralischen Verantwortungsgefühls von Konsumenten ist jedoch dem Vorwurf der Beliebigkeit ausgesetzt. Sofern man das „Volksgewissen" von Konsumenten als öffentliches Gut akzeptiert, ließe sich nahezu jeder Eingriff in den internationalen Handel rechtfertigen, sogar wenn er nur auf der Präferenz einzelner gesellschaftlicher Gruppen beruht. Ferner erfüllt das „sozial-moralische Gewissen" von Konsumenten die dritte Voraussetzung eines Regelungsgegenstandes in der WTO nicht, da es nicht als internationales öffentliches Gut angesehen werden kann. Weltweit bestehen seitens der Käufer interkulturell unterschiedlich ausgeprägte Erwartungen an die Herstellungsbedingungen von Produkten[229].

So dürften Konsumenten in asiatischen Entwicklungsländern beim Kauf von Waren aus Kinderarbeit oder Käufern in arabischen Ländern bei geschlechtsspezifischen Diskriminierungen beim Produzenten seltener in einen Gewissenskonflikt geraten als die Konsumenten westlicher Industrieländer. Die Konstruktion des „sozial-moralischen Gewissens" als öffentliches Gut muss sich daher entgegenhalten lassen, dass sie allein auf die Werturteile der Verbraucher in entwickelten Ländern abstellt. Deshalb kann im „sozial-moralischen Gewissen" der Konsumenten kein internationales öffentliches Gut gesehen werden, das die Implementierung von Arbeitnehmerrechten durch die Welthandelsordnung ökonomisch zu rechtfertigen vermag.

---

227 *Schoepfle*, Gregory/*Swinnerton*, Kenneth (Fn.226): S.57; *OECD* (Fn.2): S.84.
228 Vgl. *Liemt*, Gijsbert van: Minimum Labour Standards and International Trade: Would a Social Clause Work ? in: International Labour Review 128 (1989) 4, S.435.
229 Zur Auslegung des Moralbegriffs im Rahmen des Art.XX(a) GATT siehe unten, S.341ff.

Viertens könnte man schließlich sozialen Frieden und gesellschaftliche Entwicklung als ein öffentliches Gut ansehen, welches durch die Verwirklichung der grundlegenden Arbeitnehmerrechte hervorgebracht wird. Die fundamentalen Arbeitnehmerrechte tragen zu sozialem Frieden in einer industriellen und von Arbeitsteilung geprägten Gesellschaft durch ihre Partizipations-, Verteilungs- und Schutzfunktion bei[230]. Sozialer Frieden erfüllt zweifellos die Merkmale eines öffentlichen Gutes. An sozialem Frieden und Stabilität innerhalb einer Gesellschaft und eines Wirtschaftssystems können beliebig viele Nachfrager partizipieren ohne dass sich das Angebot vermindert. Vom Nutzen der gesellschaftlichen Befriedung kann ferner niemand ausgeschlossen werden. Es besteht somit keine Rivalität und keine Ausschlussmöglichkeit im Konsum. Es handelt sich bei der durch arbeitsrechtliche Eingriffe generierten sozialen Stabilität daher um ein öffentliches Gut. Fraglich ist allerdings, ob für sozialen Frieden innerhalb einer Gesellschaft auch eine grenzüberschreitende Nachfrage besteht. Auf diese Frage findet sich in der Verfassung der ILO scheinbar bereits die Antwort, wenn es dort heißt:

Whereas universal and lasting peace can be established only if is based upon social justice [231]

An diese Aussage der ILO-Verfassung anknüpfend, könnte man der Ansicht sein, dass nach sozialem Frieden eine grenzüberschreitende Nachfrage besteht, weil unzureichende Arbeitsbedingungen zu sozialer Instabilität in anderen Ländern führen können[232].

Es spricht allerdings zunächst einiges gegen die Existenz einer grenzüberschreitenden Nachfrage für sozialen Frieden als durch die Arbeitnehmerrechte produziertes öffentliches Gut. So lässt sich einwenden, dass sozialer Frieden zwar als konstituierend für die Stabilität eines einzelnen Staatswesens angesehen werden kann. Jedoch bringen in der Regel weder menschenunwürdige Arbeitsbedingungen, noch die damit verbundene Bedrohung der sozialen Stabilität grenzüberschreitende Effekte hervor. Soziale Konflikte, die auf unzureichenden Arbeitsbedingungen beruhen, bleiben regelmäßig auf das Territorium des entsprechenden Staates beschränkt. Selbst grenzüberschreitende Migration und Flüchtlingsstöme beruhen selten allein auf unzureichenden Arbeitsbedingungen, sondern haben zuvorderst in einer schlechten gesamtwirtschaftlich Lage oder in nicht-wirtschaftlichen Krisen ihre Hauptursachen.[233] Auf Basis dieser Argumentation bestünde für

---

230 Zur Funktion von Arbeitnehmerrechten im Arbeitsmarkt siehe oben, S.146ff.
231 Abs.3 Präambel ILO-Verfassung.
232 *Trebilcock*, Michael J./*Howse*, Robert (Fn.140): S.443.
233 A.A. jedoch *Anderson*, Kim (Fn.199): S.22f.; *Meyer*, Dirk (Fn.179): S.38.

sozialen Frieden und gesellschaftliche Stabilität mangels Effekten auf Drittstaaten lediglich eine national beschränkte Nachfrage. Es läge demnach auch kein internationales öffentliches Gut vor.

Es erscheint allerdings fraglich, inwieweit diese Einwände im Zuge zunehmender gesamtwirtschaftlicher Vernetzung relativiert werden. Nationale Krisen infolge sozialer Verteilungskämpfe werden in ihren ökonomischen Auswirkungen mit zunehmender weltwirtschaftlicher Integration immer seltener auf einen Staat begrenzt bleiben. Eine nationale soziale oder ökonomische Krise wird im Falle intensiver Handelsbeziehungen selbst für geografisch entfernte Handelspartner spürbar sein. Die jüngere Wirtschaftsgeschichte zeigt, dass z. B. nationale Wirtschaftskrisen durch den eintretenden „Dominoeffekt" regionale oder sogar weltwirtschaftliche Auswirkungen entfalten können. Soziale Spannungen können jedoch nicht nur wirtschaftliche, sondern auch grenzüberschreitende politische Krisen verursachen. So stellt auch die *Agenda for Peace* fest, dass wirtschaftliche und soziale Entwicklung die wichtigste Basis für anhaltenden Frieden bildet.[234] Insofern kann die Gefahr wirtschaftlicher und politischer Krisen infolge sozial bedingter gesellschaftlicher Instabilität heute immer weniger als rein einzelstaatliches Problem betrachtet werden. Für nationale soziale und politische Stabilität besteht somit zunehmend eine regionale, oder sogar eine globale Nachfrage auf zwischenstaatlicher Ebene.[235]

Neben der grenzüberschreitenden, zwischenstaatlichen Nachfrage nach sozialem Frieden wird dieses öffentliche Gut insbesondere auf mikroökonomischer Ebene vermehrt nachgefragt. Die einzelnen Produzenten und Anbieter von Gütern und Dienstleistungen profitieren in hohem Maße von einer Befriedung des Arbeitsumfeldes durch Arbeitnehmerrechte. In vielen Branchen vollzieht sich die Produktion einer Ware allerdings längst nicht mehr allein an einem einzelnen Standort. Transnationale Unternehmen fügen statt dessen vermehrt an verschiedenen Standorten produzierte oder zugekaufte Vorprodukte zu einem Endprodukt zusammen. Diese international vernetzten Wertschöpfungsketten (*value chains*) können unterbrochen werden, wenn an einem Standort durch soziale Unruhen die Produktion beeinträchtigt wird. Sozialer Frieden erlangt jedoch für Unternehmen nicht nur auf der Angebots-, sondern auch auf der Nachfrageseite Bedeutung. So können Arbeitnehmerrechte durch die Verteilung der Wohlfahrtseffekte die Nachfragebasis verbreitern, denn nachhaltige soziale Entwicklung schafft dauerhaft

---

234 *Mehmet*, Ozay/*Mendes* Errol/*Sinding*, Robert: Towards a Fair Global Labour Market: Avoiding a New Slave Trade, New York, 1999, S.100.
235 Ähnlich *Hayter*, Susan (Fn.41): S.35.

neue Märkte. Diese positiven Effekte aus der Verwirklichung der fundamentalen Arbeitnehmerrechte bleiben nicht auf ein Staatsgebiet begrenzt, da transnationale Unternehmen zunehmend die Welt und nicht mehr einzelne nationale Wirtschafts-räume als ihren Absatzmarkt betrachten[236]. Eine Verbreiterung der Inlandsnach-frage durch die Verteilungseffekte der Arbeitnehmerrechte ist daher auch im Interesse exportorientierter Unternehmen mit weltweiten Standorten. Deshalb besteht für die positiven Effekte durch die Verwirklichung von Arbeitnehmer-rechten auch auf mikroökonomischer Ebene eine grenzüberschreitende Nachfrage.

IV. Zwischenergebnis

Es hat sich gezeigt, dass die durch sozialen Frieden entstehenden gesell-schaftlichen, sozialen und ökonomischen Wohlfahrtseffekte von Staaten und zunehmend von Unternehmen grenzüberschreitend nachgefragt werden. Hierin besteht ein öffentliches Gut, zu dessen Produktion die Verwirklichung der funda-mentalen Arbeitnehmerrechte einen wesentlichen Beitrag leisten kann. Die Durch-setzung von Arbeitnehmerrechten kann insofern als Instrument zur Korrektur von Marktversagen angesehen werden und optimiert dadurch die in einem liberalen Weltwirtschaftssystem wirkenden Marktkräfte

C. Ergebnis

Als Ergebnis der Untersuchung des Nexus zwischen *Trade&Labour* bleibt zunächst festzuhalten, dass Arbeitnehmerrechte zum grenzüberschreitenden Wett-bewerb und zum internationalen Handel verschiedene Bezugspunkte aufweisen. So können Verstöße gegen grundlegende Arbeitsstandards sowohl zu positiven wie negativen Effekten für die Wettbewerbsfähigkeit von Unternehmen und Standorten im internationalen Handel führen, Arbeitnehmerrechte sind damit jedenfalls nicht wettbewerbsneutral. Die These, zunehmender internationaler Wettbewerb schade der Verwirklichung von Arbeitnehmerrechten und führe zu einer Deregulierungs-spirale (*race to the bottom*) der Handelspartner, ist in dieser absoluten Form nicht haltbar. Ein Indiz für einen einerseits negativen Einfluss des internationalen Wett-bewerbs auf Arbeitnehmerrechte bieten jedoch die arbeitsrechtlichen Praktiken in EPZs. In diesen Exportförderzonen werden, abweichend vom übrigen Staatsgebiet,

---

236 So heißt es z.B. in der Vision 2010 (Grundwerte und Leitlinien der BASF-Gruppe), S.2 „Unser Markt ist die Welt", die BASF-Vision 2010 ist im Internet veröffentlicht unter www.basf-ag.de.

teilweise arbeitsrechtliche Deregulierungen als Instrument des Standortwettbewerbs eingesetzt.

Andererseits verdeutlichte die Untersuchung, dass der Nexus zwischen internationalem Handel und der Verwirklichung von Arbeitnehmerrechten zuvorderst in einer positiven Wechselbeziehung besteht. Dies folgt insbesondere daraus, dass die Beachtung von Arbeitnehmerrechten ein Instrument zur Korrektur von Marktversagen darstellen kann. Zwar existiert kein globaler Arbeitsmarkt und es resultieren aus der Verletzung von Arbeitnehmerrechten anders als bei globalen Umweltproblemen in der Regel keine grenzüberschreitenden Externalitäten, aus denen sich internationaler Regulierungsbedarf ergäbe. Allerdings stellt sozialer Frieden ein durch die Beachtung von Arbeitnehmerrechten produziertes und zunehmend grenzüberschreitend nachgefragtes öffentliches Gut dar. Konsumiert wird dieses öffentliche Gut vor allem von international operierenden Unternehmen.

Da ein liberales Weltwirtschaftssystem die Produktion von sozialem Frieden als öffentliches Gut nicht allein hervorbringen kann, besteht ein partielles Marktversagen, das durch die effektive Verwirklichung der Menschenrechte in der Arbeit korrigiert werden kann.

Fünftes Kapitel

Handel und Arbeitnehmerrechte de lege lata

Ob Handelsmaßnahmen zur Implementierung fundamentaler Arbeitnehmerrechte zulässig sind, wurde bisher weder für das GATT noch für ein anderes WTO-Abkommen entschieden. Während zum Themenkreis *Trade&Environment* inzwischen eine recht umfangreiche Entscheidungspraxis besteht, musste sich die WTO-Streitschlichtung mit dem Problemkreis *Trade&Labour* noch nie auseinandersetzen. Es ist daher unklar, ob sich WTO-Mitglieder gegenseitig durch Handelsbeschränkungen zur Beachtung der fundamentalen Arbeitnehmerrechte zwingen dürfen. Es gilt deshalb zu analysieren, inwieweit es unter dem GATT *de lege lata* zulässig ist, die Beachtung der vier fundamentalen Arbeitnehmerrechte zur Grundlage des Marktzugangs für Importe zu machen.

In einem ersten Schritt ist dabei zu prüfen, ob gegen eine *Gebotsnorm* des GATT verstoßen wird, wenn Arbeitnehmerrechte mit Handelsmaßnahmen durchgesetzt werden. Sofern gegen eine Gebotsnorm des GATT verstoßen wird, ist die Handelsmaßnahme dennoch zulässig, wenn sie durch einen Ausnahmetatbestand gerechtfertigt ist. In einem zweiten Schritt ist daher zu untersuchen, ob Handelsmaßnahmen zur Durchsetzung von Arbeitnehmerrechten durch einen Ausnahmetatbestand gerechtfertigt werden können.

A. Gebotsnormen des GATT

Im Folgenden soll zuerst untersucht werden, inwiefern ein WTO-Mitglied gegen eine Gebotsnorm des GATT verstößt, wenn es Handelsbeschränkungen für Waren erlässt, die unter Missachtung der fundamentalen Arbeitnehmerrechte hergestellt wurden.

Ob arbeitsrechtlich motivierte Handelsmaßnahmen eine Verletzung des GATT beinhalten, hängt maßgeblich von der Art der Handelsbeschränkung, den betroffenen Waren und den Umständen des Einzelfalls ab. Es kann daher nur anhand verschiedener konkreter Beispielsfälle geprüft werden, welche Gebotsnormen des GATT der Anwendung von Handelsbeschränkungen zur Durchsetzung von Arbeitnehmerrechten in Drittstaaten entgegenstehen.

I. Verkaufsverbote und -beschränkungen

Verkaufsverbote und -beschränkungen könnten ein denkbares Mittel darstellen, um die Beachtung der fundamentalen Arbeitnehmerrechte in Drittstaaten durchzusetzen. Ein Land könnte gesetzlich den Verkauf von Waren verbieten oder reglementieren, die unter Verletzung der fundamentalen Arbeitnehmerrechte hergestellt wurden. Ein Verstoß gegen Vorschriften des GATT erscheint insbesondere fraglich, wenn ein solches Verkaufsverbot nichtdiskriminierend ausgestaltet ist.

Beispielsfall 1: Ein WTO-Mitglied erlässt eine Vorschrift, wonach der Verkauf von Waren allgemein verboten wird, wenn bei der Herstellung die fundamentalen Arbeitnehmerrechte der ILO missachtet wurden. Dieses absolute Verkehrsverbot gilt gleichermaßen für in- und ausländische Waren. Von dem Verkaufsverbot erfasste Importe werden bereits an der Grenze zurückgewiesen.

1. Agreement on Technical Barriers to Trade

Ein nationales Verkaufsverbot für Waren, das allein auf unterschiedliche arbeitsrechtliche Herstellungsmethoden abstellt, könnte gegen die speziellen Diskriminierungsverbote des WTO-Abkommens über Technische Handelshemmnisse (TBT-Agreement)[1] verstoßen, die deshalb vorrangig zu prüfen sind.
Das TBT-Agreement enthält in Bezug auf technische Vorschriften (*technical regulation*) in Art.2.1 ein vertikales und ein horizontales Diskriminierungsverbot[2]. In der Vorschrift des Art.2.1 vereint das TBT-Agreement die Grundregeln der Inlandsbehandlung (vertikale Gleichbehandlung) und der Meistbegünstigung (horizontale Gleichbehandlung).[3] Die Verpflichtung zur Inlandsbehandlung im TBT-Agreement fordert von WTO-Mitgliedern, dass sie ausländische und einheimische *like products* hinsichtlich technischer Vorschriften gleich behandeln.[4] Die Meistbegünstigungsklausel des TBT-Agreement verlangt dagegen bei technischen Vorschriften die Gleichbehandlung ausländischer *like products*

---

1 Das Agreement on Technical Barriers to Trade abgedruckt in *WTO: The Legal Texts: The Results of the Uruguay Round of Multilateral Trade Negotations*, Genf, 1999, S.138ff., deutsche Übersetzung in *Hummer*, Waldemar/*Weiß*, Friedl: Vom GATT '47 zur WTO '94, Wien, 1994, Nr.54, S.929ff.
2 Art 2:1 TBT lautet: *Members shall ensure that in respect of technical regulations, products imported of any territory of any Member shall be accorded treatment no less favourable than that accorded to like products of national origin and to like products originating in any other country.*
3 Zu den Grundsätzen horizontaler und vertikaler Nichtdiskriminierung im Welthandelssystem siehe oben, S.82ff.
4 Art.2:1, 1.Alt. TBT.

untereinander.[5] Gegen diese beiden Diskriminierungsverbote könnte ein Verkaufsverbot verstoßen, wenn es anhand der arbeitsrechtlichen Herstellungsbedingungen differenziert. Dafür müsste das TBT-Agreement zunächst anwendbar sein.

Die Verpflichtung zur Gleichbehandlung unter Art.2.1 TBT gilt nur für *technical regulations.*[6] Der Begriff der *technical regulation* wird in TBT Annex I, Abs.1 definiert.

For the purpose of this Agreement, however the following definitions shall apply:

"1. Technical Regulation
*Document which lays down product characteristics or their **related** processes and production methods, including the applicable administrative provisions, with which compliance is mandatory. It may also include or deal exclusively with terminology, symbols, packaging, marking or labelling requirements as they apply to a product, process or production method."* [7]

Es stellt sich die Frage, ob ein nach arbeitsrechtlichen Herstellungsbedingungen differenzierendes Verkaufsverbot nach dem Wortlaut dieser Legaldefinition eine *technical regulation* darstellt.
Eine *technical regulation* liegt nach TBT Annex I, Abs.1, S.1 der Legaldefinition nur vor, wenn als Regelungsgegenstand *product characteristics or their **related** processes and production methods* (PPMs) betroffen sind. Technische Vorschriften beziehen sich demnach *per definitionem* entweder auf Produkteigenschaften selbst oder auf Produktionsmethoden mit Wirkung auf Produkteigenschaften. Ein Verkaufsverbot auf Basis der fundamentalen Arbeitnehmerrechte knüpft jedoch nicht an Wareneigenschaften, sondern an die Herstellungsmethode an. Die Arbeitnehmerrechte als Produktionsmethode haben auch keine Auswirkung auf die Produkteigenschaften.[8] Bei den Arbeitnehmerrechten handelt es sich deshalb um sog. *non-product-related PPMs*[9]. Nach TBT Annex I, Abs.1, S.1 wäre ein Verkaufsverbot aufgrund der Verletzung von Arbeitnehmerrechten bei der

---

5 Art.2:1, 2.Alt. TBT.
6 Für die Unterscheidung zwischen *technical regulations* und *technical standards* vgl. TBT Annex I, Nr.1 und Nr.2.
7 Hervorhebung hinzugefügt.
8 Zum Zusammenhang zwischen Arbeitnehmerrechten und den Eigenschaften eines Produktes siehe unten, S.291ff. und S.301ff.
9 Vgl. *OECD*: Processes and Production Methods (PPMs): Conceptual Framework and Considerations on Use of PPM-based Trade Measures, OECD-Doc. 7 OECD/GD(97) 137, Paris, 1997, S.12f. Zum Problemkreis der sog. *non-product-related PPMs* bei der Anwendung des Art.III GATT siehe unten, S.286ff.

Herstellung, ebenso wie jede andere Maßnahme, die sich allein auf Herstellungsbedingungen bezieht, keine *technical regulation*.

Fraglich ist, ob sich aus TBT Annex I, Abs.1, S.2 der Legaldefinition etwas anderes ergibt.[10] Dort ist im Unterschied zum ersten Satz nur noch von *„process or production method(s)"* die Rede. Ein Bezug der Herstellungsmethode zu den Produkteigenschaften wird hier anders als in TBT Annex I, Abs.1, S.1 nicht mehr verlangt. Darüber hinaus darf nach dem zweiten Satz des TBT Annex I, Nr.1 eine *technical regulation* sogar ausschließlich (*"exclusively"*) *PPMs* zum Regelungsgegenstand haben. Insofern könnte der zweite Satz TBT Annex I, Nr.1 den Begriff der *technical regulation* auf Maßnahmen ohne jeden Produktbezug (*non-product-related PPMs*) ausdehnen. Für eine solch weite Auslegung spricht zudem das Wort *"also"* in TBT Annex I, Abs.1, S.2.[11] Auch Maßnahmen ohne Produktbezug, wie das Verkaufsverbot auf Basis der fundamentalen Arbeitnehmerrechte, wären dann vom TBT-Agreement und seinen Diskriminierungsverboten erfasst.

Die WTO-Streitschlichtung kam bisher noch nicht in die Verlegenheit, über die Anwendbarkeit des TBT-Agreements für Maßnahmen ohne Produktbezug entscheiden zu müssen. Aber selbst für produktbezogene Maßnahmen wurde trotz bzw. gerade wegen der recht weit gefassten Legaldefinition des TBT Annex I, Abs.1 die Anwendbarkeit des TBT-Agreements von der Streitschlichtung fast immer verneint[12]. Die Vertragspraxis gibt daher keinen Aufschluss über die Frage, ob Maßnahmen auf Basis arbeitsrechtlicher PPMs vom TBT erfasst werden.

---

10 Für den Text des TBT Annex I, Abs.1, S.2 siehe oben, S.281

11 *Chang*, Seung Wha: GATTing a Green Trade Barrier, Eco-Labelling and the WTO-Agreement on Technical Barriers to Trade, in: Journal of World Trade 31 (1997) 1, S.142.

12 Gegen die Anwendbarkeit des TBT-Agreement zuletzt Panel Report *EC-Measures Affecting Asbestos and Asbestos-containing Products*, WTO-Doc. WT/DS135/R v. 18. September 2000, S.412, Rn.8.70., revidiert durch Appellate Body Report *EC-Measures Affecting Asbestos and Asbestos-containing Products*, WTO-Doc. WT/DS135/AB/R v. 12. März 2001, WTO-Doc. WT/DS135/AB/R, S.29, Rn.76. Da die Überprüfungskompetenz des Appellate Body gem. Art.17:6 DSU (Understanding on Rules and Procedures Governing the Settlement of Disputes, abgedruckt in: *WTO: The Legal Texts* (Fn.1): S.354ff, deutsche Übersetzung in: *Hummer*, Waldemar/*Weis*, Friedl (Fn.1): Nr.37, S.431ff.) jedoch auf Rechtsfragen beschränkt ist, sah sich der Appellate Body zur Prüfung der materiellen Vorschriften des TBT mangels hierzu vom Panel erhobener Fakten außerstande. Über dieses Problem ging der Appellate Body in EC-Hormones (Appellate Body Report *EC-Measures Concerning Meat and Meat Products (Hormones)*, WTO-Doc. WT/DS26/AB/R, WT/DS48/AB/R v. 13. Februar 1998) in seiner Fn.180 im Rahmen des SPS-Agreement noch beflissentlich hinweg, kritisch hierzu *Quick*, Reinhard/*Blüthner*, Andreas: Has the Appellate Body erred ? An Appraisal and Criticism of the WTO Hormones Case, in: Journal for International Economic Law 2 (1999) 4, S.608f. Ferner besitzt der Fall *EC-Asbstos* hier keinen Präzedenzcharakter, da es sich bei dem Asbestverbot der EU um eine Maßnahme handelte, die an den Produkteigenschaften von Asbest und asbesthaltigen Produkten und nicht an deren Herstellungsmethode anknüpft. Die umstrittene Frage, ob das TBT-Agreement auf *non-*

Da weder der Wortlaut noch die Vertragspraxis klären konnten, ob das TBT-Agreement auch Maßnahmen auf Basis von PPMs erfasst, muss die *drafting history* zur Auslegung herangezogen werden.
Über die Auslegung von TBT Annex 1.1 wurde zuletzt in der *WTO Commission on Trade and Environment (CTE)* verhandelt[13]. Man einigte sich auf eine durch das WTO-Sekretariat herausgegebene Stellungnahme, in der es heißt:

*"Standards that are based on **Processes and Production Methods (PPMs) related to the product** are clearly **accepted** under the TBT Agreement, subject to them being applied in conformity with its substantive disciplines. The negotiating history suggests that many participants were of the view that standards based inter alia on **PPMs unrelated to product's characteristics** should **not** be considered eligible for being treated as being **in conformity** with the TBT-Agreement."*[14]

Die etwas gewunden formulierte Stellungnahme des CTE besagt, dass sich Maßnahmen auf Basis von PPMs ohne Produktbezug „nicht eignen", um als mit dem TBT-Agreement vereinbar angesehen zu werden. Ob ein Verkaufsverbot auf Basis von *non-product-related PPMs* wie den Arbeitnehmerrechten demnach gegen das TBT verstößt, oder ob das TBT in diesen Fällen unanwendbar ist, bleibt dabei allerdings offen.
Das TBT-Agreement wurde als sog. *"Standards Code"* im Rahmen der Tokio-Runde beschlossen.[15] Bereits während dieser Verhandlungen wandte sich die Mehrzahl der Mitgliedstaaten gegen eine Anwendung des TBT-Agreement auf *non-product-related PPMs*.[16] Dafür wurde angeführt, dass der zweite Satz des Annex I, Nr.1 lediglich einige im ersten Satz erfassten Beispiele exemplarisch aufzählt. Eine exemplarische Aufzählung kann den ersten Satz nicht auf PPMs ohne Produktbezug erweitern.[17] Ferner wurde vorgeschlagen, einen neuen Artikel

---

product-related PPMs anwendbar ist, bleibt daher durch die Streitschlichtung weiter ungeklärt. Zur Problematik von *non-product-related PPMs* unter dem TBT-Agreement beim Labelling von Produkten siehe unten, S.281ff. Das SPS-Agreement (Agreement on the Application of Sanitary and Phyto-sanitary Measures) ist abgedruckt in: *WTO*: The Legal Texts (Fn.1): S.59ff, deutsche Übersetzung in: *Hummer*, Waldemar/*Weis*, Friedl (Fn.1): Nr.52, S.888ff.
13 Zum CTE vgl. Decision on Trade and Environment, *WTO*: The Legal Texts (Fn.1): S.411ff., deutsche Übersetzung in: *Hummer*, Waldemar/*Weis*, Friedl (Fn.1): Nr.46, S.542ff.
14 *WTO*: Negotiating History of the Coverage of the Agreement on Technical Barrieres to Trade with Regard to Labelling Requirements, Voluntary Standards, and Processes and Production Methods Unrelated to Product Characteristics, WTO Document WT/CTE/W/10, G/TBT/W/11, v. 29. August 1995, S.2, Rn.3.
15 Agreement on Technical Barriers to Trade v. 12. April 1979 (Tokyo-Code), abgedruckt in: BISD 26S/8 (1980), vgl. *Trebilcock*, Michael J./*Howse*, Robert: The Regulation of International Trade, 2nd Edition, London (e.a.), 1999, S.140ff.
16 *WTO* (Fn.14): S.7ff., Rn.26ff.
17 *Chang*, Seung Wha (Fn.11): S.142, vgl. auch die Stellungnahme Mexikos während der Sitzung des

einzufügen, der die Umgehung des Abkommens durch PPM-bezogene Maßnahmen ausdrücklich verbietet.[18]

In der Uruguay-Runde wurde zwar erneut vorgeschlagen, das TBT-Agreement
auch auf reine PPM-Maßnahmen auszudehnen, jedoch konnte in dieser Frage
keine Einigung erzielt werden. In einem Kompromiss einigte man sich auf die
jetzige Fassung des Annex I:1

*"in the interests of additional clarity and to ensure that the Agreement **will only
address a narrow selection of processes and production methods**."*[19]

Diese Begründung wurde im Nachhinein auch von vielen Delegationen geteilt.[20]
Die Auffassung, dass das TBT-Agreement hinsichtlich PPMs eng auszulegen ist,
stellt inzwischen auch die herrschende Auffassung in der Literatur dar.[21] Die
Auslegung anhand der *"drafting history"* verdeutlichte, dass *non-product-related
PPMs* wie die Achtung der Menschenrechte in der Arbeit vom
Anwendungsbereich des TBT-Agreements nicht erfasst sind.[22]

2. GATT

Der Erlass von Verkaufsbeschränkungen oder -verboten für Produkte aufgrund der
Verletzung fundamentaler Arbeitnehmerrechte bei der Herstellung könnte
weiterhin einen Verstoß gegen das GATT beinhalten.

Tokyo Round TBT Committees, GATT-Doc. TBT/M/40, zitiert nach *WTO* (Fn.14): S.5, Rn.17,
wonach nur produktbezogene Maßnahmen unter das TBT-Agreement fallen sollen.
18 GATT Doc. MTN/NTM/W/120, zitiert nach *WTO* (Fn.14): S.36, Rn.110.
19 *WTO* (Fn.14): S.51, Rn.147. Auf Vorschlag Mexikos wurden in Annex I:1 die entscheidenden
Worte *"or their related"* eingefügt, vgl. *ebenda*, S.53f., Rn.146.
20 Siehe die Nachweise bei *Chang*, Seung Wha (Fn.11): S.145, Fn.36.
21 *Charnovitz*, Steve: Green Roots, Bad Pruning: GATT Rules and their Application to Environmental
Trade Measures, in: Tulane Environmental Law Journal 7 (1994) 1, S.313, Fn.81; *Gresham*, Zane
O/*Bloomfield*, Thomas A.: Rhetoric or Reality: The Impact of the Uruguay Round Agreement on
Federal and State Environmental Laws, in: Santa Clara Law Review 35 (1995) 4 , S.1155f.; *Chang*,
Seung Wha (Fn.11): S.147.
22 Der Panel Report *EC-Asbestos* (Fn.12), S.406, Rn.8.43 stellte weiterhin fest, daß das TBT-
Agreement keine Anwendung findet, wenn gegen ein spezifisches Produkt, in diesem Fall Asbest, ein
generelles Verbot ausgesprochen wird, das sich nicht auf *"product characteristics"* stützt. Dieser Fall
liegt bei dem hier untersuchten auf arbeitsrechtlichen *PPMs* basierenden Verkaufsverbot jedoch nicht
vor, da kein spezifisches Produkt, sondern bestimmte Herstellungsmethoden verboten werden.

a) Art.III:4 GATT (Inlandsbehandlung)

Die Grundregel des Art.III:4 GATT regelt die Inlandsbehandlung von importierten Waren.[23] Art.III:4 GATT lautet:

4. The products of the territory of any contracting party imported into the territory of any other contracting party shall be accorded treatment no less favourable than that accorded to like products of national origin in respect of all laws, regulations and requirements affecting their internal sale, offering for sale purchase, transportation, distribution or use. [...]

Die Vorschrift gebietet somit, dass eingeführte Waren hinsichtlich innerer Abgaben und Rechtsvorschriften nicht weniger günstig behandelt werden als *like products* inländischen Ursprungs.

Im Folgenden ist erstens zu prüfen, ob Art.III:4 GATT auf ein Verkaufsverbot zur Durchsetzung der Arbeitnehmerrechte anwendbar ist, zweitens, ob die einheimischen und importierten Waren trotz unterschiedlicher arbeitsrechtlicher Herstellungsbedingungen *like products* darstellen und drittens, ob diese verbotenerweise *ungleich* behandelt werden.

(1) Anwendbarkeit

aa) *"Laws, regulations and requirements"*

Das Gebot der Inlandsbehandlung von Waren erstreckt sich auf „Gesetze, Verordnungen und sonstige Vorschriften, über den *Verkauf*, das Angebot, den Einkauf, die Beförderung, die Verteilung oder Verwendung *im Inland".*[24] Bei staatlich veranlassten Verkaufsverboten oder -reglementierungen handelt es sich um Vorschriften, die den Verkauf von Produkten im Inland regeln. In der GATT-Praxis wurde beispielsweise die Festsetzung von Mindest-[25] und Höchstpreisen[26], Ver-

---

23 Zur Grundregel des Art.III GATT als Kern des Prinzips der „vertikalen Nichtdiskriminierung" siehe oben, S.83f.

24 Art.III:4, S.1 GATT (Hervorhebung hinzugefügt).

25 Für die Anwendbarkeit von Art.III:4 GATT und nicht Art.XI GATT auf Mindestpreise Panel Report *Canada-Import, Distribution and Sale of Certain Alcoholic Drinks by Provincial Marketing Agencies,* GATT Doc. DS17/R v. 17. Februar 1992 (Nachdruck in: BISD 39S/27, 1993): S.34ff., Rn.4.10-4.22.

26 Panel Report *United States-Measures affecting Alcoholic and Malt Beverages,* GATT-Doc. DS23/R v. 19. Juni 1992, (Nachdruck in BISD 39S/206, 1993): S.74, Rn.5.59.

packungs[27]-, und Kennzeichnungsvorschriften[28] sowie Ursprungsbezeichnungen[29] unter Art.III:4 GATT behandelt. Staatliche Vorschriften über die Verkaufsbedingungen für Waren aus arbeitsrechtlich bedenklichen Herstellungsbedingungen werden deshalb von der enumerativen Aufzählung des Art.III:4 GATT erfasst. Der Anwendungsbereich des Art.III:4 GATT scheint deshalb ohne weiteres eröffnet .

bb) *Non-product-related PPMs*

Verkaufsverbote oder -beschränkungen aufgrund unterschiedlicher Arbeitsbedingungen bei der Herstellung betreffen auch unter Art.III GATT den Problemkreis der sog. non-product-related PPMs.[30] Die GATT-Streitschlichtung versuchte in ihren Entscheidungen *US-Tuna I*[31] und *US-Tuna II*[32], das Problem der PPMs bereits unter Art.III:4 GATT und nicht etwa erst unter den Ausnahmevorschriften zu lösen.

Gegenstand der Entscheidungen *US-Tuna I* und *US-Tuna II* war ein von den USA erlassenes Importverbot für Thunfisch, der mit Fangmethoden hergestellt wurde, die eine hohe Mortalität von Delphinen zur Folge hatten.[33] Beide Panel-Berichte wurden von den Vertragsparteien zwar nicht angenommen, sind aber für die Auslegung des GATT dennoch von Bedeutung.[34] Beide Berichte wurden in der

---

27 Panel Report *Canada-Provincial Marketing Agencies* (Fn.25) S.34ff., Rn.4.10-4.22. für Verpackungsanforderungen an importiertes Bier.
28 Panel Report *Thailand-Restrictions on Importation of and Internal Taxes on Cigarettes*, GATT-Doc. DS10/R v. 7. November 1990 (Nachdruck in: BISD 37S/200, 1991): S.21, Rn.75 in einem *obiter dictum* zur Erforderlichkeit von Importschranken und dem vergleichsweise „milderen Mittel" von Kennzeichnungen "*in accordance with Article III:4*".
29 Working Party Report *Certificates of Origin, Marks of Origin, Consular Formalities*, GATT-Doc. L/595 v. 17. November 1956, (Nachdruck in: BISD 5S/102, 1957): S.105f., Rn.13.
30 Zu *non-product-related PPMs* siehe oben, S.281ff.
31 Panel Report *United States-Restrictions on Imports of Tuna* (nicht angenommen), GATT Doc. DS21/R v. 3. September 1991 (Nachdruck in: BISD 39S/155, 1993).
32 Panel Report *United States-Restrictions on Imports of Tuna* (nicht angenommen), GATT-Doc. DS29/R v. 16. Juni 1994 (Nachdruck in: I.L.M. 33 (1994), S.839-899).
33 Die nationale gesetzliche Grundlage des Importverbots der USA bildete der *Marine Mammal Protection Act of 1972*, P.L. 92-522, 86 Stat.1027 v. 1972, ergänzt durch P.L.100-711, 102 Stat. 4755 v. 1988 und zuletzt durch P.L. 101-627, 102 Stat. 4467 v.1990, 16 U.S.C. §§ 1362-1407 zitiert nach *Thaggert*, Henry L.: A Closer Look at the Tuna-Dolphin Case: *like products* and "Extrajurisdictionality" in the Trade and Environment Context, in: Trade & the Environment: The Search for Balance, Cameron, James/Demaret Paul/Geradin, Damien (Ed.), London, 1994, Fn.4.
34 So stellte der Appellate Body Report *Japan-Taxes on Alcoholic Beverages*, WTO-Doc. WT/DS8/AB/R, WT/DS10/AB/R, WT/DS11/AB/R v. 4. Oktober 1996, S.15, (o. Rn.) im Hinblick auf die Tuna-Fälle (Fn.31 sowie Fn.32) fest, daß "[unadopted panel reports] *have no legal status in the GATT or WTO system* [...] *a panel could nevertheless find useful guidance in the reasoning of an*

Literatur für ihr Ergebnis[35] und dessen Begründung[36] scharf kritisiert und haben für viel Verwirrung über die Auslegung des Art.III GATT gesorgt. Der Appellate Body hat zum Problem der PPMs noch nicht Stellung nehmen müssen.[37] Es ist daher noch immer ungeklärt, wie PPMs unter Art.III GATT zu behandeln sind.

Von beiden Tuna-Panels wurde die Anwendbarkeit des Art.III GATT für Maßnahmen auf Basis von *non-product-related PPMs* verneint. Im Ergebnis wurde die Anwendbarkeit der sog. *"Note Ad Article III"* abgelehnt, welche den Anwendungsbereich des Art.III GATT ausnahmsweise auf Grenzmaßnahmen ausdehnt.[38] Die Unanwendbarkeit der Note *Ad* wurde damit begründet, dass der Wortlaut des Art.III GATT und der Ergänzungsnote ausschließlich den Terminus

---

unadopted panel report that it considered to be relevant". Diese Ansicht läßt sich damit begründen, daß auch nicht angenommene Entscheidungen die Rechtsauffassung der Streitschlichtung widerspiegeln. Für die rechtliche Relevanz der Tuna-Entscheidungen spricht auch, daß von 40 Staaten die zum Panel Report *US-Tuna I* (Fn.31) eine Stellungnahme abgaben, wovon 39 die Entscheidung unterstützten. Allein die USA waren in der Sache anderer Auffassung, weshalb der Panel Report letztlich nicht angenommen wurde. Die Tatsache, daß der Panel Report dennoch in der offiziellen GATT Publikation Basic Instruments and Selected Documents (BISD) veröffentlicht wurde, spricht darüber hinaus dafür, daß die grundlegenden Wertungen des Panels der offiziellen Auffassung des GATT in diesen Fragen entsprach. Dementsprechend wurden die Tuna-Entscheidungen auch von der WTO-Streitschlichtung zur Auslegung des GATT herangezogen, vgl. Appellate Body Report Report *United States-Standards for Reformulated and Conventional Gasoline*, WTO-Doc. WT/DS2/AB/R v. 20. Mai 1996: S.47, Fn.93; Panel Report Report *United States-Import Prohibition of Certain Shrimp and Shrimp Products*, WTO-Doc. WT/DS58/R v. 6. November 1998: S.283, Rn.16, einschränkend Report Panel Report *India – Quantitative Restrictions on Agricultural, Textile and Industrial Products*, WTO-Doc. WT/DS/90/R v. 6. April 1990: S.156, Rn.5.105 unter Berufung auf Appellate Body Report *Argentina – Safeguard Measures on Imports of Footwear* v. 14. Dezember 1999: Rn.43.
35 *Sorsa*, Piritta: GATT and Environment: Basic Issues and some Developing Country Concerns, in: International Trade and the Environment, Low, Patrik (Ed.), Washington DC, 1992, S.329; *Schlagenhof*, Markus: Trade Measures on Environmental Processes and Production Methods, in: Journal of World Trade 29 (1995) 6, S.128.
36 *Trebilcock*, Michael J./*Howse*, Robert (Fn.15): S.339, zumindest zweifelnd *Petersmann*, Ernst-Ullrich: International and European Trade and Environmental Law after the Uruguay Round, London, 1995, S.68.
37 Aufgrund des den Tuna-Fällen (Fn.31 sowie Fn.32) analogen Sachverhalts wäre die Problematik der *non-product-related PPMs* im Rahmen des Appellate Body Reports *United States-Import Prohibition of Certain Shrimp and Shrimp Products*, WTO-Doc.WT/DS58/AB/R v. 12. Oktober 1998 zu klären gewesen. Allerdings stützte der Apellate Body seine Entscheidung auf Art.XI GATT, wodurch die Klärung des Problems unter Art.III GATT „umschifft" werden konnte.
38 *Note Ad* Art.III GATT lautet: *Any internal tax or other internal charge, or any law, regualtion or requirement of the kind referred to in paragraph 1 which applies to an imported product and to like domestic product and is collected or enforced in the case of the imported at the time or point of importation, is nevertheless to be regarded as an internal tax or other internal charge, or a law, regulation or requirement of the kind referred to in paragraph 1, and is accordingly subject to the provisions Article III.*

„Produkte", niemals aber „Produktionsmethoden" enthalte.[39] Zu dieser Unterscheidung zwischen „Produkt und Verfahren" wird in *US-Tuna II* ausgeführt:

"Article III calls for a comparison between the treatment accorded to domestic and imported like **products**, *not for a comparison of policies and practices of the county of origin with those of the county of importation. The panel found therefore that the Note ad Article III could only permit [...] those laws, regulations and requirements, that affected or were applied to the imported or domestic products considered as products."* [40]

Demnach sei das die *Note ad Art.III* GATT nur auf Maßnahmen anwendbar, die sich auf Produkteigenschaften und nicht auf die bloße Herstellungsmethode beziehen. Folgerichtig wäre auch Art.III GATT für diskriminierende Maßnahmen ohne Produktbezug *grundsätzlich* unanwendbar, da in dessen Wortlaut gleichermaßen nur von Produkten und nicht von deren Produktionsmethoden die Rede ist.

Diese Beschränkung des Anwendungsbereichs von Art.III GATT auf produktbezogene Maßnahmen ist jedoch aus verschiedenen Gründen abzulehnen.

Erstens leuchtet es nicht ein, warum aus der Nennung von *"products"* im Wortlaut des Art.III GATT und seiner Ergänzungsnote folgen soll, dass diese Vorschriften nur auf Regelungen anwendbar sind, die an die Produkteigenschaften *("products as such")* anknüpfen.[41] Die Vorschrift des Art.III GATT ist weder eine Erlaubnisnorm noch ein Verbot spezifischer Differenzierungskriterien, sondern ein allgemeines Diskriminierungsverbot für *Produkte*.[42] Sie handelt von der Gleichbehandlung von Produkten und nicht von Dienstleistungen oder Arbeitnehmerrechten. Deshalb ist naturgemäß nur von *Produkten* und nicht von deren *Herstellungsmethoden* die Rede.[43] Es ist unter Art.III:4 GATT zunächst gleichgültig, aus welchem Beweggrund und anhand welcher Kriterien *Produkte* diskriminiert werden. So kann es keinen Unterschied machen, ob eine Maßnahme Produkte nach deren Herstellungs*ort* oder anhand der Herstellungs*bedingungen* differenziert. In beiden Fällen würden importierte *Produkte* aufgrund von Eigenschaften ungleich behandelt. Wie andere Handelsbeschränkungen auch, betreffen Maßnahmen auf Basis von PPMs den Verkauf von Produkten *("affecting the [...]*

---

39 Panel Report *US-Tuna I* (Fn.31), S.31, Rn.5.11; Panel Report *US-Tuna II* (Fn.32): S.47f., Rn.5.8.
40 Panel Report *US-Tuna II* (Fn.32): S.47f., Rn.5.8, (Hervorhebungen im Original kursiv).
41 Zumindest zweifelnd *Trebilcock*, Michael J./*Howse*, Robert (Fn.15): S.346.
42 *Howse* Robert/*Regan*, Donald: The Product/Process Distinction-An Illusory Basis for Disciplining "Unilateralism", in: Trade Policy, in: European Journal of International Law 11 (2000) 2, S.257.
43 *Howse* Robert/*Regan*, Donald (Fn.42): S.254.

sale"), wie in Art.III:4 GATT beschrieben.[44] Es ist daher nicht nachvollziehbar, warum für ein Verkaufsverbot auf Basis vom PPMs etwas anderes gelten sollte, als für jede andere diskriminierende Maßnahme. Daraus, dass PPMs in Art.III GATT nicht ausdrücklich erwähnt werden, folgt weder, dass auf PPMs basierende Maßnahmen erlaubt wären, noch, dass sie grundsätzlich verboten sind, sondern nur, dass sie unter Art.III keine Besonderheit darstellen. Aus dem Wortlaut kann daher nicht auf die Unanwendbarkeit des Art.III GATT und der *Note ad Art.III* GATT geschlossen werden.

Zweitens verkennt eine Beschränkung des Anwendungsbereichs des Art.III GATT dessen Charakter und Bedeutung im System des GATT. Für die uneingeschränkte Anwendbarkeit des Art.III GATT auf *non-product-related PPMs* spricht, dass die Vorschrift als *Grundregel* des GATT möglichst weit auszulegen ist. Die Beschränkung des Anwendungsbereichs des Art.III GATT auf produktbezogene Maßnahmen ist abzulehnen, da sie mit dem Charakter des Art.III GATT als zentrale Gebotsnorm des GATT nicht vereinbar ist.

Drittens entstehen durch die von den Tuna-Panels in einem *obiter dictum* vorgenommene Verkürzung des Art.III GATT in bestimmten Fällen erhebliche Regelungslücken. Zwar fällt die Beschränkung des Art.III GATT nicht ins Gewicht, solange gleichzeitig eine Verletzung anderer Gebotsnormen vorliegt. Da beiden Tuna-Entscheidungen ein Importverbot zugrunde lag, war trotz der Unanwendbarkeit des Art.III GATT ein Rückgriff auf Art.XI GATT möglich.[45] Für interne Regulierungen, die nicht an der Grenze durchgesetzt werden, stehen Art.XI GATT dagegen nicht zur Verfügung, was durch die Beschränkung des Art.III GATT zu einer Regelungslücke für Maßnahmen auf Basis von *non-product-related PPMs* führt. In Fällen, wie dem im Beispielsfall beschriebenen Verkaufsverbot, wäre demnach weder Art.XI GATT, noch Art.III:4 GATT und auch nicht Art.I:1 GATT anwendbar.[46] Da keine andere einschlägige Gebotsnorm ersichtlich ist, würden in diesen Fällen Diskriminierungen auf Basis von *non-product-related PPMs* vom GATT nicht erfasst. Eine Auslegung, welche die Grundregel des

---

44 *Howse* Robert/*Regan*, Donald (Fn.42): *ebenda.*
45 Die Abkehr von Art.III vereinfachte den konkreten Fall insofern, als Art.XI eine generelle Verbotsnorm ist, während Art.III GATT lediglich Diskriminierungen verbietet und am Vorliegen einer Diskriminierung aufgrund der unterschiedslos an heimischen und importierten Thunfisch gestellten Anforderungen durch die USA zumindest Zweifel angebracht waren. Zur Reichweite des Diskriminierungsverbotes des Art.III:4 GATT siehe unten, S.296ff.
46 Sofern man die Anwendbarkeit von Art.III:4 GATT verneint, führt dies gleichzeitig zur Unanwendbarkeit der Meistbegünstigungsklausel, denn deren Anwendbarkeit hängt gem. Art.I:1 davon ab, ob ein Fall des Art.III:4 GATT vorliegt.

Art.III GATT auf diese Weise in ihrem Anwendungsbereich beschränkt und zu Regelungslücken im GATT führt, erscheint wenig überzeugend.[47] Bei Konkurrenzen zwischen Art.III GATT und Art.XI sollte statt dessen Art.XI GATT der Vorrang eingeräumt werden. Die Tuna-Panels hätten nach der Feststellung einer Verletzung des Art.XI GATT die Prüfung des Art.III GATT unter Berufung auf das *"Principle of Judicial Economy"* unterlassen sollen[48]. Zum *Principle of Judicial Economy* stellte der Appellate Body fest: *„[A] panel need only address those claims which must be addressed in order to resolve the matter at issue"*[49]. Die Beschränkung des Anwendungsbereichs des Art.III GATT durch das *obiter dictum* der Tuna-Panels bietet daher keine tragfähige Lösung zur Behandlung zukünftiger Fälle und ist daher abzulehnen.[50]

Es bleibt festzuhalten, dass die Abgrenzung zwischen Art.XI GATT und Art.III GATT jedenfalls nicht danach erfolgen sollte, ob eine Maßnahme an Produkten oder deren Herstellungsverfahren anknüpft. Richtiger ist vielmehr, dass Art.XI GATT für Einfuhrbeschränkungen *an der Grenze* gilt, während Art.III GATT grundsätzlich nur für *nach der Einfuhr* auftretende diskriminierende Marktzugangsbeschränkungen gilt.[51] Kurz gesagt, Art.XI GATT regelt Importe, Art.III GATT importierte Waren.[52] Ein ernsthaftes Abgrenzungsproblem zwischen Art.III:4 GATT und Art.XI entsteht erst dann, wenn *internal regulations* wie ein Verkaufsverbot bereits an der Grenze *durchgesetzt* werden. Dann ist durch *Note ad* Art.III GATT der Anwendungsbereich für beide Gebotsnormen eröffnet.[53] Bei Art.XI GATT handelt es sich um die striktere Vorschrift, da sie ein absolutes

---

47 Vgl. *Howse* Robert/*Regan*, Donald (Fn.42): S.256.
48 Dementsprechend befand bereits Panel Report *Japan-Trade in Semi-Conductors*, GATT-Doc. L/6309 v. 4. Mai 1988 (Nachdruck in: BISD 36S/116, 1990), S.32, Rn.122: *"The panel, having found the Japanese measures to be inconsistent with Article XI:1, did not consider it necessary to make a finding on whether or not their administration was contrary to Article I:1"*, obwohl sich die Europäische Gemeinschaft und Canada ausdrücklich auf die Meistbegünstigungsklausel berufen hatten, vgl. S.8, Rn.32, S.15, Rn.56 sowie S.24, Rn.88.
49 Appellate Body Report *United States – Measure Affecting Imports of Woven Woolshirts and Blouses*, WTO-Doc. WT/DS33/AB/R v. 23. Mai 1997: S.19 (o. Rn.).
50 Zum Anwendungsbereich von Art.III:4 GATT vgl. Panel Report *United States-Standards for Reformulated and Conventional Gasoline*, WTO- Doc. WT/DS2/R v. 29. Januar 1996: S.28, Rn.6.11, wo es heißt: *"However, Article III:4 of the General Agreement deals with the treatment to be accorded to like products; its wording does not **allow** less favourable treatment dependent on the characteristics of the producer and the nature of the data held by it."* (Hervorhebung hinzugefügt).
51 *Tsai*, Edward S.: "Like" is a Four Letter Word-GATT Article III's "Like Product" Conundrum, in: Berkeley Journal of International 17 (1999) 1, S.28.
52 Panel Report *Canada-Administration of the Foreign Investment Review Act*, GATT Doc. L/5504 v. 7. Februar 1984 (Nachdruck in: BISD 30S/140, 1984), S.15, Rn.5.14.
53 Vgl. *Note Ad* Art.III GATT (Fn.38).

Verbot und nicht nur ein Diskriminierungsverbot enthält. In der Vertragspraxis wird bei Konkurrenzen deshalb vorrangig Art.XI GATT angewendet.[54] Sofern ein Verstoß gegen Art.XI GATT vorliegt, kann und sollte die Prüfung des Art.III GATT unterbleiben.[55] Sofern ein Importverbot jedoch nur die zwangsläufige Folge eines totalen Verkehrsverbots ist und damit vorrangig den internen Verkauf regelt, ist Art.III:4 GATT zu prüfen.[56] Um einen solchen Fall handelt es sich vorliegend, denn das Importverbot dient lediglich der Durchsetzung eines generellen Verkaufsverbotes gegenüber Importen. In diesem Fall ist daher Art.III:4 GATT und nicht Art.XI GATT anwendbar[57].

(2) Arbeitnehmerrechte und *like products*

Nachdem der Anwendungsbereich von Art.III:4 GATT für Maßnahmen auf Basis von *non-product PPMs* eröffnet ist, stellt sich die Frage nach der Rechtmäßigkeit einer Differenzierung von Importen anhand arbeitsrechtlicher Herstellungsbedingungen. Die Vorschrift des GATT Art.III gebietet die Gleichbehandlung von *like products*. Es ist daher zu untersuchen, ob aus *like products* durch unterschiedliche arbeitsrechtliche Herstellungsbedingungen ungleichartige Waren werden. Für ungleichartige Waren gebietet Art.III:4 GATT keine Gleichbehandlung, denn nur *like products* unterliegen der Pflicht zur Nichtdiskriminierung.

Dafür ist zunächst zu prüfen, was unter *like products* im GATT verstanden wird. Der Terminus der *like products* wird im GATT mehrfach verwendet.[58] Abgesehen von der nicht verallgemeinerungsfähigen Bestimmung in Art.2.6 Antidumping-Agreement wurde bisher weder im Text des GATT noch im Rahmen der Streitschlichtungsverfahren eine einheitliche Definition von *like product* festge-

---

54 Panel Report *US-Shrimp* (Fn.34): S.283, Rn.16 unter Verweis auf Panel Report *US-Tuna I* (Fn.31) und Panel Report *US-Tuna II* (Fn.32).
55 Zum Verhältnis von Art.III:4 GATT und Art.XI GATT siehe zuletzt Panel Report *EC-Asbestos* (Fn.12), S.415ff., Rn.8.83ff. Das Panel stellt im Fall des Importverbots für bestimmte Asbestsorten zunächst eine Verletzung des Art.III:4 GATT fest und verzichtete hiernach richtigerweise auf die Prüfung des Art.XI GATT aus Gründen der *judicial economy*, Rn.8.157f., S.431. Dieses Vorgehen wurde vom Apellate Body nicht beanstandet, vgl. Appellate Body Report *EC-Asbestos* (Fn.12), S.32ff, Rn.87ff.
56 Panel Report *EC-Asbestos* (Fn.12), S.417, Rn.8.92; Appellate Body Report *EC-Asbestos* (Fn.12), S.32ff., Rn.87ff.
57 Für die Anwendbarkeit und Prüfung des Art.XI GATT auf Importverbote zur Durchsetzung von Arbeitnehmerrechten siehe unten, S.304ff.
58 Vgl. Art.III:2; Art.III:4; Art.II:2(a); Art.VI:1(a) und Art.VI:1(b); Art.IX:1; Art.XI:2(c); Art.XIII:1; und XVI:4 GATT.

legt[59]. Allerdings findet sich im Bericht einer Arbeitsgruppe ein *like product*-Konzept, das regelmäßig in der Streitschlichtung Anwendung findet:

*"With regard to the interpretation of the term 'like or similar products', which occurs some sixteen times throughout the General Agreement, [...] [s]ome criteria were suggested for determining, on a case-by-case basis, whether a product is 'similar': the **products end-uses** in a given market; **consumers' tastes and habits**, which change from country to county; the **products properties, nature and quality**."[60]*

Trotz dieser drei sog. „*border tax*"-Kriterien darf die Bestimmung dieses unbestimmten Rechtsbegriffs nicht schematisch vorgenommen werden, sondern muss für jede Vorschrift des GATT fallweise erfolgen. So stellte der Appellate Body zum Begriff der *like products* unter Art.III GATT fest:

"[T]here can be no precise and absolute definition of what is 'like'. The concept of 'likeness' is a relative one and evokes the image of an accordion. The accordion of 'likeness' stretches and squeezes in different places as different provisions of the WTO Agreement are applied. The width of the accordion in any of those places must be determined by the particular provision in which the term 'like' is encountered as well as by the context and the circumstances that prevail in any given case to which that provision may apply".[61]

Hiervon ausgehend stellt sich nachfolgend die Frage, ob es sich bei Waren aus unterschiedlichen Herstellungsbedingungen unter Art.III:4 GATT um *like products* handelt.

In der Praxis der Streitschlichtung zu Art.III GATT wurden zur Bestimmung der Gleichartigkeit von *like products* die physischen Produkteigenschaften ("*product properties*") in den Vordergrund der Betrachtung gestellt[62]. Die physische

---

59 Panel Report *Spain-Tariff Treatment of Unroasted Coffee*, GATT-Doc. L/5135 v. 11. Juni 1981, (Nachdruck in: BISD 28S/102, 1982): S.9, Rn.4.5; Panel Report *EEC-Measures on Animal Feed Proteins* GATT-Doc. L/4599 v. 14. März 1978 (Nachdruck in: 25S/49): S.14, Rn.4.1 allerdings unter dem offenbar unzutreffenden Verweis auf BISD II/188 (1952); BISD 1S/53 (1953); BISD II/181 (1952), S.183.
60 Working Party Report *Border Tax Adjustments*, BISD 18S (1971), S.101f., Rn.18. (Hervorhebung hinzugefügt). Diese Kriterien des Konzepts der *like products* legt auch die Streitschlichtung ihren Entscheidungen regelmäßig zugrunde vgl. Panel Report *US – Gasoline* (Rn.50): S.27f., Rn.6.8 und Appellate Body Report *EC-Asbestos* (Fn.12), S.39, Rn.101; Appellate Body Report *Japan-Alcoholic Beverages* (Fn.34): S.113, (o. Rn.), Fn.58.
61 Appellate Body Report *Japan-Alcoholic Beverages* (Fn.34): S.24, (o. Rn.); Appellate Body Report *EC-Asbestos* (Fn.12), S.34, Rn.88.
62 Panel Report *Canada-Measures Affecting the Sale of Gold Coins*, nicht angenommen, GATT-Doc.

Vergleichbarkeit von Produkten verlangt nicht, dass es sich um *"more or less the same product"* handeln muss[63]. Die Produkte sind auch gleichartig, wenn ihnen beispielsweise eine unterschiedliche *Qualität* zukommt[64]. Ergänzend deutet auch die Entstehungsgeschichte des GATT darauf hin, dass unter den Kriterien für das *like product*-Konzept den physischen Produkteigenschaften besondere Bedeutung zukommt[65]. Bereits in den Verhandlungen über das GATT wurde allerdings die Ansicht vertreten, dass unterschiedliche Herstellungsbedingungen nur dann zur Ungleichartigkeit von Produkten führen, wenn sie gleichzeitig in einer unterschiedlichen physischen Beschaffenheit der Produkte resultieren[66]. Ob bei der Produktion Menschenrechte in der Arbeit verletzt wurden, lässt sich anhand des Produktes selbst nicht feststellen. Unterschiedliche arbeitsrechtliche Herstellungsmethoden finden daher keinen Niederschlag in der physischen Produktbeschaffenheit. Dieses Ergebnis indiziert bereits, dass die Frage der Einhaltung von Arbeitnehmerrechten bei der Herstellung keinen Einfluss auf die *"likeness"* von Produkten hat.

Weiterhin werden Produkte als gleichartig angesehen, wenn sie dem gleichen Verwendungszweck (*"end use"*) beim Konsumenten dienen[67]. Dies ist großzügig zu beurteilen, denn auf die vollkommene Substituierbarkeit zweier Produkte kann es unter Art.III GATT nicht ankommen. Dies folgt aus der unterschiedlichen

---

L/5863, Rn.51; Panel Report *US – Alcoholic and Malt Beverages* (Fn.26): S.72f., Rn.5.71ff.; Panel Report *Japan-Taxes on Alcoholic Beverages*, WTO-Doc. WT/DS8/R v. 11. Juli 1996, S.128, Rn.6.22.; Appellate Body Report *EC-Asbestos* (Fn.12), S.42, Rn.110.

63 Panel Report *Japan – Customs Duties, Taxes and Labelling Practices on Imported Wines and Alcoholic Beverages*, GATT-Doc.L/6216 v. 10. November 1987 (Nachdruck in:BISD 34S/83, 1986): S.23, Rn.5.5(b).

64 Vgl. Panel Report *Spain-Tariff Treatment of Unroasted Coffee* (Fn.59): S.7, Rn.3.12; zum Begriff der Qualität aus philosophischer Perspektive *Pirsig*, Robert M.: Zen and the Art of Motorcycle Maintenance. An Inquiry About Values, New York, 1974.

65 Nach unwidersprochener Aussage eines Delegierten bei Verhandlungen über die Havanna-Charta stellen Autos mit einem Gewicht von weniger bzw. mehr als 1500 kg jeweils *like products* dar, UN Conference on Trade and Employment, Third Committee: Commercial Policy, 5th Meeting, UN-Doc. E/Conf.2/C.3/SR.5 v. 4. Dezember 1947, S.4. Siehe ferner die Stellungnahme des US-Delegierten unter Hinweis auf das Economic Committee of the League of Nations bei vorbeitenden Verhandlungen zur Havanna-Konferenz, wonach *"like product"* gleichbedeutend mit *"practically indentical with another product"* sei, Preparatory Committee of the United Nations Conference on Trade and Employment, Committee II, 5th Meeting, UN-Doc. E/PC/T/C.II/36 v. 31. Oktober 1946, S.8.

66 Vgl. GATT Intersessional Committee on Pakistan Licence Fee and Duty on Export of Jute, GATT-Doc. IC/SR.9 v. 18. Februar 1953, S.2f., Rn.2 wonach *"pukka and kutcha bales"* ungleichartig sind, weil sie sowohl unterschiedlichen *Herstellungsmethoden* unterliegen, als auch unterschiedlicher Beschaffenheit sind.

67 Panel Report *Canada-Mesures Affecting the Sale of Gold Coins* (Fn.62), Rn.51.

Wortwahl in Art.III:4 („gleichartig") und Art.III:2 GATT („substituierbar"). Da in Art.III in unterschiedlichem Zusammenhang einmal von *like products* und zum anderen von *"directly competitive or substitutable products"* die Rede ist, muss diesen Termini unterschiedliche Bedeutung zukommen[68]. Unterschiede in den arbeitsrechtlichen Herstellungsbedingungen haben allerdings regelmäßig keinerlei Einfluss auf die Endverwendung von Waren und damit auf die Gleichartigkeit zweier Produkte.

Etwas anderes könnte lediglich im Hinblick auf die Präferenzen und Gewohnheiten der Abnehmer, die sog. *"consumers tastes and habits"*, als drittes Kriterium gelten. Dabei kommt es darauf an, inwieweit Konsumenten Produkte als gleichartig ansehen und verwenden.[69] Es ist deshalb zu untersuchen, ob die arbeitsrechtlichen Herstellungsbedingungen nach der Verkehrsanschauung die Vergleichbarkeit von Waren beeinflussen. Dafür könnte zunächst die zunehmende Zahl von *"Fair Trade"*- Initiativen und der steigende Marktanteil von Produkten, die in ihrer „sozialverträglichen" Herstellung gekennzeichnet sind, sprechen.[70] Zudem ist eine wachsende Zahl von Konsumenten bereit, für „fair" gehandelte Waren einen höheren Preis zu zahlen. In der Regel spielt allerdings die Vorgeschichte eines Produktes selbst für die Kaufentscheidung von Konsumenten in Industrieländern selten eine Rolle[71]. Nach der Verkehrsanschauung sind in den meisten Branchen überwiegend die den Produkten unmittelbar anhaftenden Eigenschaften für die Konsumenten maßgeblich.[72]. Etwas anderes könnte in Zukunft nur dann gelten, wenn der Marktanteil von „sozialverträglich" hergestellten Produkten signifikant zunimmt. Eine klare Aussage über die Präferenzen von Konsumenten

---

68 Vgl. Art.III:2 GATT sowie *Note Ad* Art.III:2 GATT, gegen die Substituierbarkeit als Kriterium für *"like products"* Panel Report *EEC-Animal Feed Proteins* (Fn.59): S.14, Rn.4.2; Working Party Report *Australian Subsidy on Ammonium Sulphate*, GATT-Doc. CP.4/39 v. 3. April 1950, (Nachdruck in: BISD II/188, 1952): S.4, Rn.8.
69 Appellate Body Report *EC-Asbestos* (Fn.12), S.46, Rn.120.
70 Zur Wirkungsweise und Wirksamkeit von Labelling zur Verwirklichung der fundamentalen Arbeitnehmerrechte vgl. unten, S.478ff.
71 Vgl. *Lempp*, Hans-Volkhard: Die Vereinbarkeit einseitiger Maßnahmen der Vereinigten Staaten gegen das sogenannte Sozialdumping mit dem „GATT 1994" und dem Völkergewohnheitsrecht, Würzburg, 1995, S.106.
72 Lediglich in bestimmten Branchen, beispielsweise bei Sport- und Freizeitkleidung, sind die arbeitsrechtlichen Herstellungsbindungen für die Konsumenten offenbar von größerer Bedeutung. Dies mag darin begründet liegen, daß im Bereich jugendlicher Freizeitkleidung nicht allein die Eigenschaften des Produktes, sondern zuvorderst das Image der Marke kaufentscheidend ist, vgl. hierzu die über das Internet organisierten Boykott-Kampagnen gegen das US-amerikanische Unternehmen Nike nach der Verletzung von Arbeitnehmerrechten bei Zulieferern durch die „offizielle" Anti-Nike Website unter www.habourside.com/home/s/stevenm/public_html/resource.html. Zu Kennzeichnungsinitiativen als Instrument zur Verwirklichung von Arbeitnehmerrechten vgl. unten, S.478ff.

im Hinblick auf die Gleichartigkeit von Produkten mit unterschiedlichen arbeitsrechtlichen Herstellungsbedingungen ist zwar nicht möglich.[73] Überwiegend beeinflussen Arbeitnehmerrechte auch aus Sicht der Konsumenten die Gleichartigkeit von Produkten bisher kaum.

Als weiteres Kriterium der *likeness* von Produkten unter Art.III GATT wurde schließlich noch auf die Zollklassifikationen einer Ware abgehoben[74]. Auch hierbei findet jedoch bisher keine Differenzierung anhand von Arbeitnehmerrechten statt.

In der Gesamtschau der zur Bestimmung der Gleichartigkeit herangezogenen Kriterien zeigt sich, dass die Herstellungsmethode einschließlich der herrschenden Arbeitsbedingungen keinen signifikanten Einfluss auf die *"likeness"* von Produkten hat. Verschiedene arbeitsrechtliche PPMs beeinflussen Produkte weder in ihren physischen Produkteigenschaften, noch in ihrer Endverwendung und werden auch nicht in unterschiedlichen Zollisten geführt. Wenn sich Produkte lediglich in der Beachtung von Arbeitnehmerrechten bei der Herstellung unterscheiden, gelten sie im Rahmen des Art.III:4 GATT daher als *like products* und dürfen deshalb nicht diskriminiert werden.

Zu eben diesem Ergebnis, allerdings ohne nähere Begründung, gelangte bereits im Jahre 1953 ein Panel in einem *obiter dictum*, das die Gleichartigkeit von Waren trotz unterschiedlicher sozialpolitischer Produktionsumstände für Art.III GATT feststellte[75]. Auch in der Folge wurden in der GATT-Praxis Waren als *like products* angesehen, sofern sie sich lediglich in ihrer Herstellungsmethode unterschieden, wodurch für die Bestimmung der Gleichartigkeit eine Trennung von Produkt und Verfahren etabliert wurde[76].

---

73 Der Panel Panel Report *EC-Asbestos* (Fn.12), S.427, Rn.8.139, lehnte die Prüfung dieses Kriteriums ab, weil es keine „klaren Ergebnisse" hervorbringe. Diese Ansicht wurde vom Appellate Body zu Recht revidiert, siehe Appellate Body Report *EC-Asbestos* (Fn.12), S.46, Rn.120.
74 Working Party Report *Border Tax Adjustments* (Fn.288): Rn.53; Panel Report *Japan-Taxes on Alcoholic Beverages* (Fn.62): S.127, Rn.6.22; mit Einschränkungen Appellate Body Report *Japan-Alcoholic Beverages* (Fn.34): S.21, (o. Rn.); Panel Report *United States-Taxes on Petroleum and Certain Imported Substances*, GATT-Doc. L/6175 v. 17. Juni 1987 (Nachdruck in: BISD 34S/136, 1988): S.14, Rn.5.1.1; Panel Report *EEC-Animal Feed Proteins* (Fn.59): S.14, Rn.4.3.
75 Panel Report *Belgian Family Allowances*, GATT Doc. G/32 v. 7. November 1952 (Nachdruck in: BISD 1S/59, 1953): S.1f., Rn.3f., wonach Differenzierung anhand der Sozialpolitik des Importstaates unvereinbar sind mit *"the provisions* [of] *Article I (and possibly with those of Article III, paragraph 2)"*.
76 Die Gleichartigkeit von Waren, die sich allein in ihren nicht-produktbezogenen *PPMs* unterscheiden, wurde im Panel Report *US-Tuna II* (Fn.32): S.48, Rn.5.9 offenbar als selbstverständlich vorausgesetzt, wenn dort trotz der Unanwendbarkeit des Art.III in einem *obiter dictum* festgestellt wird, daß das Importverbot gegen Art.III verstieße, sofern diese Vorschrift anwendbar wäre. Für die Trennung von Produkt und Verfahren zur Bestimmung von *like products* im

(3) Reichweite des Diskriminierungsverbotes

Die Vorschrift des Art.III:4 GATT schreibt für ausländische Waren *"treatment not less favourable than that accorded to like products of national origin"* vor[77]. Fraglich ist, in welchem Umfang die Worte *"treatment not less favourable"* Differenzierungen aufgrund unterschiedlicher arbeitsrechtlicher PPMs verbieten.

Offene Diskriminierungen, d.h. eine Differenzierung *de jure* anhand der Herkunft von Waren, werden in der GATT-Praxis unproblematisch als Diskriminierung im Sinne des Art.III GATT angesehen[78]. Ungleich schwieriger ist die Antwort auf die Frage, ob Art.III:4 GATT auch vor Maßnahmen schützt, die wie das vorliegende Verkaufsverbot auf *nichtdiskriminierenden Differenzierungskriterien* beruhen, aber in einer *de facto* Diskriminierung resultieren können.

Es wird teilweise die Auffassung vertreten, dass Ungleichbehandlungen auf Basis einheitlicher Standards keine Diskriminierung im Sinne des Art.III GATT darstellen[79]. In dem gewählten Beispielsfall[80] gilt das Verkaufsverbot bei Verletzung von Arbeitnehmerrechten nichtdiskriminierend für in- und ausländische Waren. Alle Waren müssen sich hinsichtlich ihrer Herstellungsbedingungen unterschiedslos an den gleichen vier fundamentalen Arbeitsstandards messen lassen. Das Verkaufsverbot ist somit hinsichtlich seiner Differenzierungskriterien nichtdiskriminierend ausgestaltet und könnte deshalb den Anforderungen des Art.III:4 GATT

GATT vgl. Panel Report *US-Shrimp* (Fn.34): Rn.20, S.283, wo es heißt: *"Indeed, all foreign shrimp and shrimp products have the same physical characteristics, end-uses and tariff classifications and are perfectly substitutable. Thus, shrimp products which may be imported into the United States pursuant to Section 609 are like shrimp products from non-certified countries which are denied entry. The differential treatment of like products from certified and non-certified countries violates Article XIII:1 "*. Im Unterschied zum sehr ähnlich gelagerten Fall *US-Tuna I* (Fn.31) berief sich die USA diesmal nicht auf Art.III:4 i.V.m. *Note Ad* Article III. Für eine Kritik des Panel Report *US-Shrimp* (Fn.34) vgl. *Howse*, Robert: The Turtles Panel, Another Environmental Disaster in Geneva, In: Journal of World Trade 32 (1998) 5, S.73ff.

77 Art.III:4, S.1 GATT.

78 Panel Report *Italian Discrimination Against Imported Agricultural Machinery*, GATT Doc. L/833 v. 23. Oktober 1958, (Nachdruck in: BISD, 7S/60, 1959): S.3, Rn.13; Panel Report *EC-Asbestos* (Fn.12), S.431, Rn.8.156, für ein recht skurriles Beispiel einer offenen *de jure*-Diskriminierung vgl. GATT Doc. SR.10/13, wonach Australien im Jahre 1955 die Einrichtung eines Panels gegen ein hawaiianisches Gesetz forderte, das Verkäufern von importierten Eiern vorschrieb, sich mit einem Schild *"We sell foreign eggs"* anzuprangern. Zur Einsetzung eines Panels kam es letztlich nicht, da das Gesetz von einem nationalen Gericht als verfassungswidrig und mit Art.III:4 GATT unvereinbar aufgehoben wurde.

79 *Howse* Robert/*Regan*, Donald (Fn.42): S.259.

80 Siehe oben, S.280.

genügen, denn nicht jede Ungleichbehandlung von Importen in der Rechtsanwendung stellt eine verbotene Diskriminierung dar.[81]

Die Gegenmeinung ist der Ansicht, dass Art.III GATT auch solche *de facto* Diskriminierungen verbietet.[82] Unter *de facto*-Diskriminierungen sind solche Maßnahmen zu verstehen, die bei an ihrer Oberfläche (*"on its face"*) nichtdiskriminierend ausgestaltet sind, aber *im Ergebnis* ausländische Produkte diskriminieren[83]. Ob ausländische Produkte diskriminiert werden, bestimmt sich in der Praxis anhand von zwei Kriterien[84]. Erstens wird dies danach bemessen, ob sich durch eine Maßnahme die Wettbewerbsbedingungen, also der Markzugang von Importen zum Nachteil verändern[85] und zweitens, ob daraus nachteilige wirtschaftliche Auswirkungen für Importe resultieren[86]. Ein selektives Verkaufsverbot für Waren aufgrund der Verletzung von Arbeitnehmerrechten hat mit Sicherheit negativen Einfluss auf die Wettbewerbsposition und in der Folge nachteilige wirtschaftliche Auswirkungen für die betroffenen Hersteller der Importwaren. Ein Verkaufsverbot auf Basis arbeitsrechtlicher PPMs würde nach dieser Ansicht deshalb eine Diskriminierung unter Art.III:4 GATT darstellen.

Für die Zulässigkeit eines Verkaufsverbotes auf Basis arbeitsrechtlicher PPMs kommt es daher auf die Reichweite der Verpflichtung zur Gleichbehandlung unter Art.III:4 GATT an, die nachfolgend durch Auslegung zu ermitteln ist.

---

81 Appellate Body Report *Korea – Measures Affecting Imports of Fresh, Chilled and Frozen Beef*, WTO-Doc. WT/DS169/AB/R v. 11. Dezember 2000: S.41, Rn.138.
82 Apellate Body Report *Canada – Certain Measures Affecting the Automotive Industry*, WTO-Doc. WT/DS/139/AB/R, WT/DS/142/AB/R v. 31. Mai 2000, S.46, Rn 140; Panel Report *Italian Discrimination Against Imported Agricultural Machinery* (Fn.78): S.3, Rn.12.
83 *Jackson*, John H., The World Trading System: Law and Policy of International Economic Relations, 2nd Edition, Cambridge MA (e.a.), 1997: S.216f., der *de facto*-Diskriminierungen auch als *"implicit discrimination"* bezeichnet.
84 Panel Report *US – Gasoline* (Rn.50): S.27, Rn.6.7; Panel Report *Canada – Certain Measures Affecting the Automotive Industry*, WTO-Doc. DS/142/R v. 11. Februar 2000: S.123, Rn.6.268; *Roessler*, Frieder: Diverging Domestic Policies and Multilateral Trade Integration, in: Fair Trade and Harmonization (Vol.2: Legal Analysis), Bhagwati Jagdish/Hudec, Robert. E. (Ed.), Cambridge MA, 1996, S.26.
85 Appellate Body Report *US-Gasoline* (Fn.34): S.16f.; (o. Rn.); Panel Report *Korea – Measures Affecting Imports of Fresh, Chilled and Frozen Beef.*, WTO-Doc. WT/DS169/AB/R v. 31. Juli 2000: S.149, Rn.624; Appellate Body Report *Korea – Beef* (Fn.81): S.39, Rn.134; Panel Report *United States-Section 337 of the Tariff Act of 1930*, GATT-Doc. L/6439 v. 7. November 1989 (Nachdruck in: BISD 36S/345, 1990): S.38, Rn.5.11.
86 Working Party Report *Brazilian Internal Taxes*, GATT-Doc. CP.3/42 v. 30. Juni 1949 (Nachdruck in: BISD II/181, 1952): S.3, Rn.16; Panel Report *US-Taxes on Petroleum* (Fn.74): S.16f., Rn.5.1.9.

Der Wortlaut *„treatment not less favourable"* deutet darauf hin, dass Art.III:4 GATT nicht notwendig Gleichbehandlung im Ergebnis erfordert, sondern bereits nichtdiskriminierende Kriterien genügen lässt. Das Wort *"treatment"* ist zu übersetzen als „Behandlung" oder „Bearbeitung"[87]. Verlangt man unter Art.III:4 GATT deshalb „Gleich*behandlung*", so kommt es demnach weniger auf das Ergebnis, sondern lediglich auf gleiche Behandlung im Sinne einheitlicher Standards an. Gegen diese Auffassung spricht allerdings, dass der Wortlaut des Art.III GATT allein auf Produkte und nicht auf Herstellungsmethoden abstellt[88]. Deshalb kann es für die *Reichweite* des Art.III:4 GATT allein auf die Gleichbehandlung von Produkten, nicht aber auf die Gleichbehandlung hinsichtlich der Herstellungsmethoden ankommen[89].

Für die Auslegung des Art.III:4 GATT ist neben dem Wortlaut auch der systematische Zusammenhang mit Art.III:1 GATT zu beachten, der wie folgt lautet:

The contracting parties recognize that internal taxes and other internal charges, and laws, regulations and requirements affecting the internal sale, offering for sale [...], **should not be applied** *to imported or domestic products* **as to afford protection** *to domestic production*[90].

Diese Vorschrift des Art.III:1 GATT stellt eine nicht-bindende Zielbestimmung dar[91]. Hierauf deuten bereits die Worte *recognize* und *should* hin. Ferner ist in den Ver-weisen anderer Absätze von Art.III:1 GATT von *"principles set forth in paragraph 1"* die Rede[92]. Einen solchen ausdrücklichen Verweis auf Art.III:1 GATT enthält zwar Art.III:4 GATT nicht und kann deshalb nicht ohne weiteres als Tatbestandsmerkmal aller übrigen Absätze verstanden werden[93]. Dies ließe die ausdrücklichen Verweise in Art.III:2 und Art.III:5 GATT überflüssig erscheinen. Jedoch kann Art.III:1 GATT als Zielbestimmung aller nachfolgenden spezielleren Absätze des Art.III GATT zu deren Auslegung herangezogen werden[94].

---

87 *Terrel*, Peter/*Schnorr*, Veronika/*Morris*, Wendy V.A./*Breitsprecher*, Roland: Pons Großwörterbuch Deutsch-Englisch, Englisch-Deutsch, 2. Auflage, Stuttgart (e.a.), 1995, S.738.
88 Vgl. oben, S.288.
89 Diese Argumentation unterscheidet sich insofern von den Tuna-Entscheidungen (Fn.31 sowie Fn.32), als die Trennung zwischen Produkt und Verfahren nur für die Bestimmung der Reichweite des Diskriminierungsverbotes herangezogen wird, aber damit nicht ein generelles Verbot von Maßnahmen ohne Produktbezug begründet wird.
90 Hervorhebung hinzugefügt.
91 Panel Report *Japan-Taxes on Alcoholic Beverages* (Fn.62): S.116f., Rn.6.12.
92 Art.III:2 sowie Art.III:5 GATT.
93 So aber offenbar *Reiterer*, Michael: GATT/WTO: Internationaler Handel und Umwelt, in: Außenwirtschaft 49 (1994) 4, S.114.
94 Panel Report *US – Alcoholic and Malt Beverages* (Fn.26): S.64, Rn.525, mit der Einschränkung, sofern dies „relevant und notwendig" werde; Panel Report *Japan-Taxes on Alcoholic Beverages*

Legt man Art.III:4 GATT demnach im Lichte von Art.III:1 GATT aus, so spricht einiges dafür, unter *"treatment no less favourable"* eine weitgehend *effektive* Gleich- behandlung *im Ergebnis* zu verstehen.

Erstens ergibt sich aus Art.III:1 GATT , dass das Ziel von Art.III GATT in der Vermeidung von Protektionismus besteht.[95] Das Gebot der Inlandsbehandlung soll verhindern, dass die einheimische Industrie durch diskriminierende Maßnahmen indirekt geschützt wird. Dem antiprotektionistischen Sinn und Zweck des Art.III GATT entsprechend muss das Diskriminierungsverbot des Art.III:4 GATT daher weit ausgelegt werden, auch weil es sich bei Art.III um eine Grundregel handelt[96]. Die Vorschrift der Inlandsbehandlung ist der Kern des Prinzips der vertikalen Nichtdiskriminierung im GATT[97]. Versteht man das Diskriminierungsverbot des Art.III GATT in diesem weiten Sinne, so verbietet es alle Maßnahmen mit diskriminierendem Effekt, selbst wenn sie anhand einheitlicher Kriterien differenzieren.

Weiterhin spricht auch die Formulierung *"should not be applied to afford protection"* des Art.III:1 GATT dafür, auf den diskriminierenden Effekt einer Maßnahme abzustellen und nicht auf deren Differenzierungskriterien. Nach den Worten (*"applied to"*) kommt es auf die *Anwendung* einer Maßnahme und nicht auf die Regelung „als solche", auf ihre „protektionistische Zweckbestimmung", sondern allein auf ihren Effekt an.[98]

(Fn.62): S.116f., Rn.6.12; deutlicher für die Auslegung aller Absätze im Lichte des Art.III:1 GATT der nachfolgende Appellate Body Report *Japan-Alcoholic Beverages* (Fn.34): S.19, (o. Rn.), wonach "[a]*ny other reading of Article III would have the effect of rendering the words of Article III:1 meaningless, thereby violating the fundamental principle of effectiveness in treaty interpretation.*", bestätigt durch Appellate Body Report *European Communities – Regime for the Importation, Sale and Distribution of Bananas*, WTO-Doc. WT/DS27/AB/R v. 9. September 1997: S.95, Rn.216, ähnlich *Jackson*, John H. (Fn.83): S.217.
95 Appellate Body Report *US-Gasoline* (Fn.34): S.16f., (o. Rn); Appellate Body Report *Korea – Beef* (Fn.81): S.40, Rn.135.
96 Zum rechtlichen Charakter von Grundregeln im GATT siehe oben, S.78ff.
97 Zum Prinzip der horizontalen Nichtdiskriminierung siehe oben, S.82f.
98 In der Streitschlichtung wurde für die Reichweite des Diskriminierungsverbotes unter Art.III GATT anknüpfend an die Worte *"so as to afford"* zunächst darauf abgestellt, ob mit einer Maßnahme protektionistische oder legitime Ziele verfolgt werden (*"aim and effect test"*), Panel Report *United States – Taxes on Automobiles*, GATT-Doc. DS32/R v. 11. Oktober 1994: S.96f., Rn.5.10. Der *aim and effect test* wurde jedoch durch durch Appellate Body Report *Japan-Alcoholic Beverages* (Fn.34): S.30f., (o. Rn.) verworfen. Seitdem stellt die Streitschlichtung in ständiger Entscheidungspraxis für die Feststellung von *de facto*-Diskriminierungen allein auf den objektiv diskriminierenden Effekt einer Maßnahme in ihrer Anwendung ab, siehe nur Appellate Body Report *Chile – Taxes on Alcoholic Beverages*, WTO-Doc. WT/DS87/AB/R, WT/DS110/AB/R v. 13. Dezember 1999: S.17, Rn.61f. m.w.N.

Es wird dennoch die Ansicht vertreten, dass für die Bestimmung von *like products* oder der Reichweite des Diskriminierungsverbotes unter Art.III GATT die Differenzierungskriterien einer Maßnahme entscheidend sein sollen[99]. Demnach soll nach dem gewöhnlichen Verständnis von *like products* keine Diskriminierung vorliegen, sofern Gleichbehandlung *"in any respect relevant to a non-protectionist policy"* vorliegt[100]. Dieser Ansicht kann zwar zugute gehalten werden, dass die Vermeidung von Protektionismus nach Art.III:1 GATT das Ziel der Inlandsbehandlung darstellt. Dieses Ziel kann aber am besten durch eine weite Auslegung des Diskriminierungsverbotes und des *like product*-Begriffs und nicht durch deren Beschränkung auf Maßnahmen mit „protektionistischen Zielen" erreicht werden. Ob mit einer diskriminierenden Maßnahme eine legitime *"non protectionist policy"* verfolgt wird, ist nicht in Art.III GATT, sondern vielmehr im wechselseitigen Zusammenspiel der Ausnahmetatbestände des GATT Art.XX(a)-(j) und dem *chapeau* dieser Vorschrift zu prüfen[101].

Für die Feststellung einer Diskriminierung unter Art.III GATT ist deshalb nicht auf die Differenzierungskriterien, sondern auf den diskriminierenden Effekt einer Maßnahme in ihrer Anwendung abzustellen.

Aus alledem folgt, dass das Diskriminierungsverbot des Art.III:4 GATT nicht nur offene Benachteiligungen, sondern auch *de facto*-Diskriminierungen von Importen umfasst. Wenn Produkte anhand einheitlicher arbeitsrechtlicher Kriterien diskriminiert werden, wird regelmäßig eine solche *de facto*-Diskriminierung vorliegen.[102]

(4) Zwischenergebnis

Ein selektives Verkaufsverbot, das auf die arbeitsrechtlichen Bedingungen bei der Herstellung abstellt, verstößt gegen Art.III:4 GATT.

b) Art.I:1 GATT (Meistbegünstigung)

Weiterhin könnte ein an die arbeitsrechtlichen Herstellungsbedingungen anknüpfendes Verkaufsverbot gegen das Gebot der Meistbegünstigung verstoßen. Für diese Betrachtung ist nicht das Verhältnis zwischen in- und ausländischen, sondern ausländischer Waren untereinander ausschlaggebend.

---

99 *Howse* Robert/*Regan*, Donald (Fn.42): S.260ff.
100 *Howse* Robert/*Regan*, Donald (Fn.42): S.260.
101 Zur Struktur des Art.XX GATT und dessen Anwendung siehe unten, S.330ff.
102 Erheblich ist eine solche Diskriminierung allerdings erst, wenn die Benachteiligung von Importwaren oberhalb einer fallweise festzulegenden *de minimis*-Grenze liegt, Appellate Body Report *Japan-Alcoholic Beverages* (Fn.34): S.34, (o. Rn.).

(1) Anwendbarkeit

Die Meistbegünstigungsklausel des Art.I:1 GATT bezieht sich unmittelbar nur auf Maßnahmen anlässlich der Ein- und Ausfuhr von Waren und daher nicht auf Verkaufsverbote. Über Grenzmaßnahmen hinaus gilt Art.I:1 GATT jedoch auch *"with respect to all matters referred to in paragraphs 2 and 4 of Article III"* [103]. Die Vorschrift des Art.III:4 GATT ist auf ein Verkaufsverbot für Waren auf Basis arbeitsrechtlicher PPMs anwendbar[104]. Durch den Verweis auf Art.III:4 GATT ist daher auch Art.I:1 GATT einschlägig.

(2) Arbeitnehmerrechte und *like products*

Auch unter der Meistbegünstigungsklausel besteht eine Verpflichtung zur Gleichbehandlung nur zwischen *like products*. Wenn die Be- oder Missachtung von Menschenrechten in der Arbeit bei der Herstellung keine Auswirkung auf die Gleichartigkeit von Waren hat, stünde Art.I:1 GATT einer „sozialen Differenzierung" von Waren im Rahmen von Verkaufsbeschränkungen entgegen. Es geht deshalb wieder um die Frage, ob Waren mit unterschiedlichen arbeitsrechtlichen Herstellungsbedingungen *like products* sind[105].

Für die Untersuchung des Begriffs der *like products* anhand der *"border tax"*-Kriterien kann auf das unter Art.III:4 GATT Ausgeführte verwiesen werden[106]. Danach sind Produkte auch dann als „gleichartig" anzusehen, wenn unterschiedliche arbeitsrechtliche Herstellungsbedingungen bestehen. Dennoch ist der Begriff der *like products* fallweise und für jede Vorschrift des GATT gesondert zu bestimmen. Ihm kann daher unter verschiedenen Vorschriften des GATT unterschiedliche Bedeutung zukommen.[107] Für die Auslegung des *like product*-Begriffs unter Art.I:1 GATT kann auf die umfangreiche GATT-Praxis zu Art.III GATT daher nur ergänzend zurückgegriffen werden. Es ist deshalb zu untersuchen, ob auch in der Vertragspraxis zu Art.I GATT Produkte trotz unterschiedlicher Herstellungsmethoden als *like products* angesehen werden.
Zu den Auswirkungen unterschiedlicher Herstellungsbedingungen auf die Eigenschaft als *like product* findet sich zu Art.I GATT allerdings nur eine Entscheidung der Streitschlichtung.

---

103 Art.I:1 GATT.
104 Siehe oben, S.286.
105 Zur Problematik der sog. *non-product-related PPMs* unter Art.III GATT vgl. oben, S.286ff.
106 Siehe oben, S.292ff.
107 Appellate Body Report *Japan-Alcoholic Beverages* (Fn.34): S.24, (o. Rn.); Appellate Body Report *EC-Asbestos* (Fn.12):S.34, Rn.88.

In der frühen Entscheidung der *Belgian Family Allowances* hatte die GATT-Streitschlichtung über eine Konditionierung des Marktzugangs aufgrund unterschiedlicher sozialpolitischer Regelungen im Exportland zu befinden[108]. Dem Fall lag eine Regelung zugrunde, wonach auf Einfuhren eine Abgabe erhoben wurde, wenn im Exportstaat nicht bestimmte Unterhaltsbeihilfen für Familien gewährt werden. Insofern wurde der ungehinderte Marktzugang mit sozialpolitischen Regelungen im Exportstaat verknüpft, die keinen Niederschlag im Produkt finden. In der Entscheidung der Streitschlichtung wurde ein Verstoß gegen Art.I:1 GATT mit der recht pauschalen Begründung festgestellt, dass die Maßnahme *"was based on a concept which was difficult to reconcile the spirit of the General Agreement"*[109]. Obwohl zur Auslegung des *like product*-Begriffs nicht explizit Stellung genommen wurde, liegt dieser Entscheidung die Annahme zugrunde, dass die sozialpolitischen Rahmenbedingungen nichts an der Kategorisierung zweier Produkte als *like* unter Art.I:1 GATT ändern. In der Entscheidung *Belgian Family Allowances* kommt daher ein weites Verständnis des Konzepts der *like products* und der daraus resultierenden Pflicht zur Gleichbehandlung zum Ausdruck. Diese Auslegung lässt sich damit begründen, dass es sich bei Art.I:1 GATT um *die* zentrale Grundregel des GATT handelt[110]. Die Verpflichtung zur unbedingten und allgemeinen Meistbegünstigung steht den Zielen des GATT nahe, denn sie dient dem Abbau von Zöllen und der Absicherung der Handelszugeständnisse[111]. Die gebotene Auslegung eines Vertrages im Lichte seines Zieles mag daher erklären, warum das *like product-* Konzept als Kern des liberalen Welthandelssystems von Beginn an weit ausgelegt wurde.

In der Streitschlichtung werden im übrigen für die Gleichartigkeit von Produkten unter Art.I GATT zuvorderst deren physische Zusammensetzung[112] und Ausgangsstoff[113] sowie der Verwendungszweck[114] als zulässige Indikatoren

---

108 Panel Report *Belgian Family Allowances* (Fn.75).
109 Panel Report *Belgian Family Allowances* (Fn.75): S.2, Rn.8.
110 Zur Bedeutung der Meistbegünstigungsklausel führte Appellate Body Report *Canada-Automotive Industry* (Fn.82): S.23, Rn.69 aus: *"Article I:1 of the GATT 1994 [...] has long been a cornerstone of the GATT and one pillar of the WTO trading system."* Zur Bedeutung der Grundregel des Art.I GATT für das Prinzip der vertikalen Nichtdiskriminierung vgl. oben, S.83f.
111 Vgl. oben, S.82.
112 Für den Proteingehalt von Futtermitteln Panel Report *EEC-Animal Feed Proteins* (Fn.59): S.14, Rn.4.2., für die Inhaltsstoffe alkoholischer Getränke Working Party Report *Brazilian Internal Taxes* (Fn.86): S.1. Rn.7; für verschnittenen (*"blended"*) Kaffee Panel Report *Spain-Tariff Treatment of Unroasted Coffee* (Fn.59): S.9, Rn.4.7., allerdings einschränkend für die naturgegebenen Abweichungen in Zusammensetzung und Geschmack von landwirtschaftlichen Produkten wie Kaffee *ebenda*, Rn.4.6.
113 Panel Report *Spain-Tariff Treatment of Unroasted Coffee* (Fn.59): S.9, Rn.4.6.

angesehen. Ferner erfolgt die Beurteilung der Gleichartigkeit zweier Produkte anhand der Eingruppierung in den Zollisten. Insbesondere wenn dritte Vertragsparteien Produkte unter der gleichen Zollposition führen, spricht dies dafür, dass es sich um *like products* handelt[115]. Weiterhin stellt die Streitschlichtung offenbar auch auf die Gattung der zu vergleichenden Produkte ab. So wurde festgestellt, dass die Meistbegünstigung nur dann eine unterschiedliche Behandlung von Waren erlaubt, wenn es sich um verschiedene *"categories of products"* handelt[116]. Unterschiedliche arbeitsrechtliche Herstellungsmethoden finden jedoch keinen Niederschlag in der Produktbeschaffenheit, werden nicht in unterschiedlichen Zollpositionen geführt, gehören gleichen Gattungen an und führen deshalb auch unter Art.I:1 GATT nicht zur Ungleichartigkeit von Produkten. Die Missachtung von Menschenrechten in der Arbeit bei der Produktion ändert daher nichts an der Qualifikation zweier Produkte als *like* die daher unter Art.I:1 GATT gleich behandelt werden müssen[117].

(3) Reichweite des Diskriminierungsverbotes

Im Rahmen des Art.I:1 GATT stellt sich ebenfalls die Frage, ob selektive Maßnahmen auf Basis einheitlicher arbeitsrechtlicher Kriterien von dem Diskriminierungsverbot erfasst werden.

Es ist nicht ersichtlich, warum diese Frage unter Art.I:1 GATT anders entschieden werden sollte als für Art.III:4 GATT. Bei beiden Vorschriften handelt es sich um Grundregeln des GATT. Um Art.I:1 GATT im Hinblick auf sein Ziel den größtmöglichen Effekt zu verleihen, muss das Diskriminierungsverbot der Meistbegünstigungsklausel ebenfalls weit ausgelegt werden und umfasst deshalb auch *de facto*-Diskriminierungen.[118] Daher werden vom Diskriminierungsverbot des

---

114 Panel Report *EEC-Animal Feed Proteins* (Fn.59): S.14, Rn.4.2.
115 So der Panel Report *EEC-Animal Feed Proteins* (Fn.59): S.14, Rn.4.1f., siehe auch Working Party Report *Australian Subsidy on Ammonium Sulphate* (Fn.68): S.4, Rn.8.; Panel Report *Spain-Tariff Treatment of Unroasted Coffee* (Fn.59): S.9, Rn.4.8. Die Bestimmung von *like products* nach der Einteilung der Zollisten wurde schon vom Preparatory Committee und auf der Havanna Conference selbst vorgeschlagen, *ECOSOC*: Preparatory Committee of the International Conference on Trade and Employment, Verbatin Report UN-Doc. E/PC/T/C.II/PV/12 v. 22. November S.7f., E/CONF.2/C.3/SR.5, S.4.
116 Panel Report *United States-Denial of Most-favoured-nation Treatment as to Non-rubber Footwear from Brasil*, DS18/R, angenommen am 19 Juni 1992, in: BISD39S/128 (1993), S.151, Rn.6.11.
117 Siehe oben, S.291 und S.301.
118 So Apellate Body Report *Canada-Automotive Industry* (Fn.82): S.25, Rn.78 unter Berufung auf Panel Report *Spain-Tariff Treatment of Unroasted Coffee* (Fn.59) und Panel Report *Canada/Spain –*

Art.I:1 GATT auch Maßnahmen auf Basis einheitlicher arbeitsrechtlicher Standards erfasst, wenn sie in einer faktische Benachteiligung bestimmter Produkte resultieren.

(4) Zwischenergebnis

Ein selektives Verkaufsverbot, das auf die arbeitsrechtlichen Bedingungen bei der Herstellung abstellt, verstößt gegen Art.I:1 i.v.m. Art.III:4 GATT sowie gegen Art.III:4 GATT. Der Frage, ob diese Verletzung des GATT unter den Ausnahmevorschriften gerechtfertigt werden kann, ist an späterer Stelle nachzugehen.[119]

II. Importverbote

Die WTO-Mitglieder könnten ferner versucht sein, Menschenrechte in der Arbeit durch selektive Importverbote durchzusetzen.

Beispielsfall 2: Ein Staat beschließt per Gesetz ein Importverbot für bestimmte Waren, bei deren Herstellung die Menschenrechte in der Arbeit missachtet werden. Im Inland werden die entsprechenden Waren nicht hergestellt.

Nachfolgend ist zu prüfen, ob einem solchen Importverbot gegen Waren, bei deren Herstellung gegen die fundamentalen Arbeitnehmerrechte verstoßen wird, Vorschriften des GATT entgegenstehen.

1. Art.XI GATT (Verbot mengenmäßiger Beschränkungen)

a) Anwendbarkeit

Während Art.XI GATT die Behandlung von Importen an der Grenze erfasst, regelt Art.III GATT grundsätzlich nur die Behandlung bereits importierter Waren. Ein innerstaatliches Verbot unterliegt daher prinzipiell Art.III:4 GATT, während für

---

Tariffs on Imports on Spruce, Pine Fir (SPF) Dimension Lumber v. 19. Juli 1989, (Nachdruck in: BISD 36S/167, 1990) wobei an den fallweise zu führenden *prima facie*-Nachweis bei einer *de facto*-Diskriminierung allerdings höhere Anforderungen gestellt werden, als dies bei Ungleichbehandlungen *de jure* der Fall ist.

119 Siehe unten, S.312ff.

Importverbote Art.XI:1 GATT einschlägig ist.[120] Da es sich vorliegend um ein reines Importverbot handelt, kommt Art.XI GATT zur Anwendung.

b) Voraussetzungen

Es ist nachfolgend zu untersuchen, ob das Verbot von Importen, die unter Verletzung der fundamentalen Arbeitnehmerrechte der ILO hergestellt wurden, einen Verstoß gegen Art.XI:1 GATT darstellt. Art.XI:1 GATT lautet:

Article XI (General Elimination of Quantitative Restrictions)

1. No prohibitions or restrictions other that duties, taxes of charges, whether made effective through quotas, import or export licences or other measures, shall be instituted or maintained by any contracting party on the importation of any product of the territory of any other contracting party or on the exportation or sale for export of any product destined for the territory of any other contracting party.

Von Importverboten ist in Art.XI GATT nicht ausdrücklich die Rede. In der Vertragspraxis des GATT werden Importverbote allerdings unproblematisch als *"prohibitions or restrictions* [...] *on the importation of any product of the territory of any other contracting party"* im Sinne des Art.XI GATT angesehen.[121] Importverbote für Waren werden somit vom Verbotstatbestand des Art.XI GATT erfasst. Das Importverbot auf Basis der arbeitsrechtlichen Herstellungsbedingungen verstößt somit gegen Art.XI:1 GATT.

2. Art.XIII GATT (Nichtdiskriminierende Anwendung von Beschränkungen)

Weiterhin könnte in dem Importverbot ein Verstoß gegen Art.XIII GATT vorliegen. Die Vorschrift des Art.XIII:1 GATT lautet:

---

120 Zum Verhältnis von Art.III:4 GATT und Art.XI GATT siehe oben, S.290ff.
121 Vgl. Panel Report *US-Tuna I* (Fn.31), S.32f., Rn.5.17f.; Panel Report *US-Shrimp* (Fn.34): S.283, Rn.7.17, dabei kommt es für das Vorliegen einer *"prohibition or restriction of imports"* nicht darauf an, daß die Maßnahme durch ein Gesetz beschlossen wird, sondern es werden auch Importbeschränkungen auf Basis von Verwaltungsvorschriften von Art.XI GATT erfaßt, Panel Report *Japan – Measures Affecting Film and Paper* v. 31. März 1998, WTO-Doc. WT/DS44/R, S.483, Rn.10.338.

1. No prohibition or restriction shall be applied by any contracting party on the importation of any product of the territory of any other contracting party or on the exportation of any product destined for the territory of any other contracting party, unless the importation of the like product of all third countries or the exportation of the like product to all third countries is similarly prohibited or restricted.

Diese Vorschrift gebietet die nichtdiskriminierende Anwendung von mengenmäßigen Beschränkungen. Eine mengenmäßige Beschränkung verstößt in der Regel gegen Art.XI GATT, gleichgültig ob sie diskriminierend oder nichtdiskriminierend angewendet wird. Das Gebot nichtdiskriminierender Anwendung von Kontingenten des Art.XIII GATT ist deshalb nur dann relevant, wenn mengenmäßige Beschränkungen ausnahmsweise erlaubt sind.[122] Ein solcher Ausnahmefall liegt hier allerdings nicht vor. Bei unter Art.XI GATT verbotenen mengenmäßigen Beschränkungen kommt Art.XIII GATT deshalb keine eigenständige Bedeutung zu und wird in der Vertragspraxis dementsprechend nicht gesondert geprüft[123].

3. Zwischenergebnis

Ein selektives Importverbot auf Basis der arbeitsrechtlichen Herstellungsbedingungen verstößt gegen Art.XI GATT.

III. Tarifäre Implementierungsmaßnahmen

Ein WTO-Mitglied könnte sich für tarifäre Maßnahmen in Form von Ausgleichs- oder Strafzöllen entscheiden, um die Einhaltung von Menschenrechten in der Arbeit in Exportstaaten sicherzustellen. Nachfolgend werden selektive Zölle gegen Waren untersucht, bei deren Herstellung gegen die fundamentalen Arbeitnehmerrechte der ILO verstoßen wird.[124] Für die rechtliche Beurteilung kommt es darauf

---

122 Vgl. Art.XI:2 GATT und Art.XII GATT sowie *Jackson*, John H.: World Trade and the Law of the GATT, Indianapolis (e.a.), 1969, §13.5, S.321.
123 Panel Report *US-Shrimp* (Fn.34): S.284f., Rn.18ff.
124 Für den nur theoretisch vorstellbaren Ansatz, bei der Verletzung von Arbeitnehmerrechten in einem Importstaat allen WTO-Mitgliedern *erga omnes* Strafzölle aufzuerlegen *Lempp*, Hans-Volkhard (Fn.71): S.112.

an, ob es sich bei den betroffenen Waren um konsolidierte Zollpositionen oder um solche ohne Listenbindung handelt.

1. Konsolidierte Zollpositionen

Beispielsfall 3: Ein Staat beschließt eine Zollerhöhung für Waren aus Ländern, in denen Verstöße gegen die Kernkonventionen der ILO erfolgen. Die Zölle betreffen Warengruppen, bei denen es sich um listengebundene Zollpositionen handelt.

Der Abbau von Zöllen ist eines der wichtigsten Anliegen des GATT. Dennoch werden Zölle als handelspolitisches Instrument durch das GATT nicht miss-billigt.[125] Wie im Verbot mengenmäßiger Beschränkungen des Art.XI GATT zum Ausdruck kommt, bleiben Zölle gegenüber nichttarifären Maßnahmen vorrangiges Instrument der Handelspolitik.[126] Jedoch beschränkt das GATT die Staaten im Einsatz von Zöllen als handelspolitisches Instrument. Seit der Genfer Zollkonferenz von 1947 werden die ausgehandelten Zölle in Listen festgehalten. Die in Listen gebundenen Zugeständnisse werden als „konsolidierte" Zollpositio-nen bezeichnet.[127] Insgesamt unterliegen ca. 96% aller gehandelten Waren einer Zollbindung unter dem GATT.[128]
Die Zollisten bilden gemäß Art.II:7 GATT einen Bestandteil des GATT. Die Vor-schrift des Art.II:1(a) GATT legt fest, dass keinem Staat eine weniger günstige Behandlung zukommen darf, als in den Zollisten festgeschrieben ist. Das bedeutet, dass die WTO-Mitglieder durch Art.II:1(a) GATT an die in den Listen vereinbar-ten Zollsätze gebunden sind. Mit Strafzöllen gegen Einfuhren aus arbeitsrechtlich bedenklichen Herstellungsmethoden würden die betroffenen Importstaaten schlechter gestellt, als in den Zollisten vorgesehen. Tarifäre Implementierungs-maßnahmen auf Waren, die einer Zollbindung unterliegen, beinhalten daher stets einen Verstoß gegen Art.II:1(a) GATT.

125 *Senti*, Richard: GATT, Allgemeines Zoll- und Handelsabkommen als System der Welthandelsordnung, Zürich, 1986, S.130f.
126 Petersmann, Allgemeines Zoll- und Handelsabkommen, Einführung, in: Handbuch des Euro-päischen Rechts, Band 21, V A 10, S.9.
127 *Lempp*, Hans-Volkhard (Fn.71): 102.
128 Vgl. *Jackson*, John H. (Fn.83): S.143.

2. Nichtkonsolidierte Zollpositionen

Beispielsfall 4: Ein Staat beschließt eine Zollerhöhung für bestimmte Waren aus denjenigen Ländern, bei deren Herstellung gegen die fundamentalen Arbeitnehmerrechte verstoßen wird. Für die betreffenden Warengruppen besteht keine Zollbindung.

Nunmehr geht es um die Frage, welche Vorschriften des GATT einer Erhebung von arbeitsrechtlich bedingten Strafzöllen gegen Waren ohne Zollbindung entgegenstehen.

Im Falle ungebundener Zollpositionen steht Art.II GATT einer Erhebung von Strafzöllen nicht entgegen. Für Einfuhren ohne Listenbindung sind die WTO-Mitglieder in der Gestaltung ihrer Einfuhrzölle frei, solange kein Verstoß gegen die übrigen Vorschriften des GATT vorliegt. Die selektive Erhebung von Strafzöllen gegen Staaten die sich nicht an die fundamentalen Arbeitsstandards halten, könnte jedoch insbesondere gegen die Grundregel der Meistbegünstigung verstoßen.

Die Grundregel der Meistbegünstigung des Art.I:1 GATT legt fest, dass Einfuhren im Hinblick auf Zölle und andere Belastungen nicht weniger günstig als gleichartige Waren (*like products*) aus dem „meistbegünstigten" Staat (*Most-Favored-Nation*) behandelt werden dürfen. Im Ergebnis schreibt die Meistbegünstigungsklausel somit vor, dass *like products* hinsichtlich der Einfuhrzölle gleichbehandelt werden müssen. Es wurde bereits festgestellt, dass zwei Waren selbst bei unterschiedlichen arbeitsrechtlichen Herstellungsbedingungen unter Art.I:1 GATT *like products* bleiben.[129]

Durch tarifäre Implementierungsmaßnahmen werden Waren zweifelsohne ungleich behandelt, denn gegenüber betroffenen Einfuhren kommt ein weniger günstiger Zoll zur Anwendung, als dies für Importe aus anderen Ländern der Fall ist. Strafzöllen zur Implementierung fundamentaler Arbeitnehmerrechte in Drittstaaten ist die Diskriminierung bestimmter Importe nach arbeitsrechtlichen Kriterien geradezu wesensimmanent. Tarifäre Implementierungsmaßnahmen, die allein an die arbeitsrechtliche Situation im Exportstaat anknüpfen, beinhalten daher einen Verstoß gegen Art.I:1 GATT.

---

129 Siehe oben, S.301ff.

3. Vereinbarkeit mit GATT Teil IV (Handel & Entwicklung)

Weiterhin könnten die Vorschriften zur präferenziellen Behandlung der weniger entwickelten Vertragsparteien in Teil IV GATT selektiven tarifären Sanktionsmaßnahmen entgegenstehen.

Es liegt auf der Hand, dass arbeitsrechtlich intendierte Zollerhöhungen im Wesentlichen weniger entwickelte Vertragsparteien betreffen werden, da in diesen Ländern weitaus häufiger gegen die fundamentalen Arbeitsnormen der ILO verstoßen wird, als in Industrieländern. Die drohende generelle Benachteiligung der Entwicklungsländer durch menschenrechtlich motivierte Handelsmaßnahmen könnte mit dem in den Vorschriften des GATT Teil IV enthaltenen Grundgedanken der besonderen Berücksichtigung der Bedürfnisse der Entwicklungsländer unvereinbar sein.[130]

a) Art.XXXVI GATT

Article XXXVI (Principles and Objectives)

1. *The contracting parties [...] agree as follows.*
2. *There is a need for a rapid and sustained expansion of the export earnings of the less-developed contracting parties.*
3. *There is a need for positive efforts designed to ensure that less-developed contracting parties secure a share in the growth in international trade commensurate with the needs of their economic development.*

Die Vorschrift des Art.XXXVI:2 GATT enthält als Präambel zu GATT Teil IV die Zielvorgabe, dass die Ausfuhrerlöse der weniger entwickelten Vertragsparteien rasch und nachhaltig gesteigert werden sollen. Nach Art.XXXVI:3 GATT sollen Entwicklungsländer zudem entsprechend ihren Bedürfnissen am Wachstum des Welthandels teilhaben. Diese Vorschrift scheint tarifären Implementierungsmaßnahmen gegen Einfuhren aus Entwicklungsländern entgegenzustehen.

Hinsichtlich Art.XXXVI GATT sind jedoch Zweifel angebracht, ob es sich bei dieser mit *"Principles and Objectives"* überschriebenen Vorschrift um eine

---

130 Die besondere Berücksichtigung der Bedürfnisse von Entwicklungsländern wird vielfach sogar als ein Grundsatz des GATT angesehen, *Senti*, Richard: GATT-WTO, Die neue Handelsordnung nach der Uruguay-Runde, Zürich 1994, S.61ff.; *Benedek*, Wolfgang: Die Rechtsordnung des GATT aus völkerrechtlicher Sicht, Berlin (e.a.), 1990, S.45, S.54 und S.72, ihnen folgend *Lempp*, Hans-Volkhard (Fn.71): S.111. Zu dem in dieser Arbeit entwickelten Prinzip des allseitigen Vorteils, das Entwicklungsaspekte als Frage der zwischenstaatlichen Solidarität einschließt vgl. oben, S.92ff.

Gebotsnorm handelt.[131] In der Praxis der Streitschlichtung wurden aus dieser Vorschrift bisher lediglich Kooperationspflichten abgeleitet.[132] Auch der unverbindlich gehaltene Wortlaut spricht dafür, dass Art.XXXVI keine Rechtspflichten für die entwickelten Vertragsparteien statuiert und deshalb als bloßes Leitmotiv für Teil IV GATT anzusehen ist. Ein „Verstoß" gegen Art.XXXVI, der die Rechtfertigung unter einer Ausnahmevorschrift erforderlich machte, ist daher nicht möglich.[133]

b) Art.XXXVII GATT

Article XXXVII (Commitments)

1.The developed contracting parties shall to the fullest extent possible - that is, except when compelling reasons, which may include legal reasons, make it possible - give effect to the following provisions: [...]

(b) refrain from introducing, or increasing the incidence of, customs duties or non-tariff import barriers on products currently or potentially of particular export interest to less-developed contracting parties [...]

Ferner bestimmt Art.XXXVII:1(b) GATT, dass auf Erzeugnisse, die von besonderer Bedeutung für die Ausfuhr der weniger entwickelten Vertragsparteien sind, keine neuen Zölle erhoben oder bestehende Zölle erhöht werden dürfen[134]. Es ist abzusehen, dass sich menschenrechtlich motivierte Handelsmaßnahmen gegen Erzeugnisse richten würden, die von besonderer Bedeutung für die Ausfuhr der weniger entwickelten Vertragsparteien sind. Insofern könnte Art.XXXVII:1(b)

---

131 Zu dieser Sichtweise tendieren vor allem die weniger entwickelten Länder, vgl. die Stellungnahme des Vertreters Malawis in Working Party Report *United States-Subsidy on Unmanufactured Tobacco* v. 22. November 1967, in: BISD 15S/116 (1968), S.123f., Rn.23.; siehe ferner die Argumentation Brasiliens zum Verstoß von europäischen Exportsubventionen gegen Art.XXXVI:2 und Art.XXXVI:3 GATT wiedergegeben im Panel Report *European Communities-Refunds on Exports of Sugar-Complaint by Brasil*, GATT-Doc.L/5011 v. 10. November 1980, in: BISD, 27S/69 (1981): S.79, Rn.2.25, dem offenbar zustimmend *Lempp*, Hans-Volkhard (Fn.71): S.111.
132 Panel Report *European Communities-Refunds on Exports of Sugar* (Fn.131), S.97f., Rn.V.(h); Panel Report *European Economic Community – Restrictions on the Import of Desert Apples*, GATT-Doc. L/6491 v. 22. Juni 1989: S.38, Rn.12.32; zu weitgehend erscheint die Ansicht von *Jackson*, John H. (Fn.122): §25.4, S.646, der Art.XXXVII GATT jede rechtliche Relevanz absprechen will.
133 Allerdings plädierten die Entwicklungsländer in der Streitschlichtung immer wieder vergeblich dafür, Vorschriften des GATT im Lichte des Art.XXXVI GATT auszulegen, so Brasilien in Panel Report *Eurpean Communities – Imposition of Anti-Dumping Duties on Imports of Cotton Yarn from Brasil* v. 4. Juli 1995, WTO-Doc. ADP/137, S.126, Rn.575.
134 Zum verpflichtenden Charakter von Art.XXXVII:3(c) GATT siehe Panel Report *EEC – Restrictions on the Import of Desert Apples* (Fn.132): S.38, Rn.12.31f.

GATT Strafzöllen zur Durchsetzung der fundamentalen Arbeitnehmerrechte in Entwicklungsländern entgegenstehen. Die Vorschrift des Art.XXXVII:1(b) ist als *"Commitments"* tituliert, enthält spezifische Pflichten und ist in seinem Wortlaut wesentlich verbindlicher gefasst als Art.XXXVI GATT.[135] Insofern ist Art.XXXVII GATT wohl als konkrete Gebotsnorm aufzufassen.[136]

Das Verbot von Zollerhöhungen gegenüber Entwicklungsländern steht jedoch gemäß Art.XXXVII:1 GATT unter dem Vorbehalt, dass keine zwingenden Gründe, einschließlich rechtlicher Gründe, ihrer Verwirklichung durch die entwickelten Vertragsparteien entgegenstehen.[137] In einer Verletzung der in der ILO-Deklaration 1998 enthaltenen Menschenrechten in der Arbeit wird man zwar keinen „*rechtlichen* Grund" für Zollerhöhungen sehen können.[138] Die Deklaration verpflichtet oder berechtigt die ILO-Mitglieder nicht zur Durchsetzung der fundamentalen Arbeitsprinzipien mit Zollerhöhungen.[139] Man könnte in der massiven Verletzung von fundamentalen Arbeitnehmerrechten jedoch einen „*zwingenden* Grund" sehen, der eine Abweichung von Art.XXXVII:1(b) GATT zu rechtfertigen vermag. Dafür spricht, dass die Verringerung von Handelsbarrieren zugunsten der weniger entwickelten Staaten gemäß Art.XXXVI:1(e) kein Selbstzweck ist, sondern der Entwicklung dient. Nach dem Bekenntnis der WTO-Mitglieder zum Grundsatz des „*Sustainable Development*" wird man Entwicklungspräferenzen wohl anhand der Erzielung von wirtschaftlichen *und* sozialen Fortschritten beurteilen müssen.[140] Aus diesem Grund könnte der Anwendung der Vorschriften des GATT Teil VI nicht länger ein rein wirtschaftlicher Entwicklungsbegriff zugrundezulegen sein. In Anwendung des Grundsatzes der Nachhaltigkeit wird man bei der Auslegung des Art.XXXVII:1(b) GATT sowohl den wirtschaftlichen Nutzen von ungehinderten Exporten als auch die Aspekte der sozialen Entwicklung aus

---

135 Zur Bedeutung der Art.XXXVI und Art.XXXVII GATT für die Auslegung von Normen im Hinblick auf die Vereinbarkeit des sog. *Countertrade* (Tauschgeschäfte) mit den Vorschriften des GATT *Rieu*, Edward M.: The Application of the General Agreement on Tariffs and Trade to the Countertrade Practices of Less-Developed and Developing Countries: Proposed Amendments to the GATT, in: California Western International Law Journal 16 (1986) 2, S.319ff., zum *Countertrade* von Staats-handelsunternehmen unter dem GATT vgl. *Jackson*, John H. (Fn.83): S.327.
136 Panel Report *EEC – Restrictions on the Import of Desert Apples* (Fn.132): S.38, Rn.12.32 sah Art.XXXVII:1 GATT zwar als rechtsverbindliche Norm an, die allerdings nur „zusätzlich" eingreife, sofern unter GATT Teil I-III keine Rechtsverletzung vorliegt. Da jedoch eine Verletzung des Art.XI:1 GATT vorlag, wurde über die Verletzung von Art.XXVII GATT nicht mehr abschließend befunden.
137 Art.XXXVII:1 GATT lautet: "*The developed contracting parties shall to the fullest extent possible-that is, except when compelling reasons, which may include legal reasons, make it impossible-give effect to the following provisions:* [...]".
138 Zur Rechtsnatur der ILO-Deklaration 1998 siehe oben, S.192ff.
139 Siehe oben, S.209.
140 Zum Grundsatz der Nachhaltigkeit im Welthandelssystem siehe oben, S.116ff.

der Verletzung von fundamentalen Arbeitnehmerrechten beachten können. Wenn Exporte auf systematischen und anhaltenden Verletzungen von Menschenrechten in der Arbeit basieren, liegt in deren tarifärer Begünstigung sicherlich kein Beitrag zur nachhaltigen Entwicklung des Exportstaates. Sofern die Begünstigung von Entwicklungsländern dem Ziel der Nachhaltigen Entwicklung zuwider läuft, wird man hierin wohl einen „wichtigen Grund" für die Aussetzung der Verpflichtungen aus Art.XXXVII:1(b) GATT sehen können. Sofern selektive Zollerhöhungen als *ultima ratio* gegen massive Verletzungen der fundamentalen Arbeitnehmerrechte erfolgen, steht dem zumindest die Vorschrift des Art.XXXVII:1(b) GATT nicht entgegen.

4. Zwischenergebnis

Zölle zur Durchsetzung fundamentaler Arbeitsstandards stellen in jedem Fall einen Verstoß gegen Gebotsnormen des GATT dar. Bei „Strafzöllen" gegen Waren, für die eine Zollbindung besteht, liegt ein Verstoß gegen Art.II:1 GATT vor. Tarifäre Implementierungsmaßnahmen gegen Produkte ohne Listenbindung sind mit Art.I:1 GATT unvereinbar. In beiden Fallgruppen kann gegebenenfalls ein Verstoß gegen die aus Art.XXXVII:1(b) GATT gebotene Vorzugsbehandlung für Importe aus Entwicklungsländern vorliegen. Es bleibt festzuhalten, dass Handelsmaßnahmen zur Durchsetzung von Menschenrechten in der Arbeit, gleich in welcher Form, einen Verstoß gegen Gebotsnormen des GATT bewirken, der nur unter einer Ausnahmebestimmung gerechtfertigt werden kann.

B. Ausnahmen

I. Die Auslegung von Ausnahmen im GATT

Von primärer Relevanz für die Interpretation der Ausnahmebestimmungen und Schutzklauseln ist die Frage, ob im GATT oder im allgemeinen Völkerrecht eine Regel existiert, die es gebietet, Ausnahmevorschriften eng auszulegen. Dies wurde in einigen *Panel Reports* für Art.XX GATT vertreten.[141] Auch in der Literatur scheint die überwiegende Ansicht zu einer generell restriktiven Auslegung der

---

141 Panel Report *US – Alcoholic and Malt Beverages* (Fn.26): S.68f., Rn.5.41; Panel Report *US-Tuna I* (Fn.31), S.34, Rn.5.22, zurückhaltend Apellate Body Report *US-Gasoline* (Fn.34): S.12, (o. Rn.).

GATT-Ausnahmen zu tendieren.[142] Es ist zwar weder im GATT noch im allgemeinen Völkervertragsrecht eine Auslegungsregel kodifiziert, die ausdrücklich eine enge Interpretation von Ausnahmen gebietet. Jedoch besagt Art.31:1 WVK, dass ein Vertrag im „Lichte seines Zieles und Zweckes auszulegen" ist, wodurch dem Vertrag der größtmögliche Effekt verschafft werden soll.[143] Somit muss bei der Interpretation einer Norm stets auch deren Nähe zum Vertragszweck berücksichtigt werden. Der Vertragszweck wird wiederum durch die Grundregeln und nicht durch Ausnahmen auf die Ebene der positiven Normen transportiert. Grundregeln stehen daher den Zielen des Abkommens näher als die Ausnahmevorschriften. Ausnahmen bewirken eine Begrenzung der von ihnen suspendierten Grundregeln. Da Ausnahmen Abweichungen von den Grundregeln eines Vertrages gestatten, dienen sie nicht unmittelbar dem Vertragszweck. Aus dem Gebot, dem Vertragszweck bei der Auslegung besondere Bedeutung beizumessen folgt, dass bei der Auslegung eines Vertrages Grundregeln weit und infolgedessen die Interpretation der Ausnahme- und Schutzvorschriften restriktiv erfolgen muss.

II. Spezielle Ausnahmen

Das GATT kennt in den Subventions- und Dumping-Regeln spezielle Ausnahmetatbestände, die Zollerhöhungen zur Implementierung der Menschenrechte in der Arbeit als Ausgleichs- oder Gegenmaßnahme rechtfertigen können. Nach-

---

142 *Benedek*, Wolfgang (Fn.130): 163; *Cherry*, Christopher A.:Environmental Regulation within the GATT Regime: A new Definition of "Like Product", in: University of California at Los Angeles Law Review 40 (1992/93) 4, S.1083; *Klabbers*, Jan: Jurisprudence in International Trade Law, Article XX of GATT, Journal of World Trade 26 (1992) 2, S.70 und S.88., a.A. *Feddersen*, Christoph T.: Focusing on Substantive Law in International Economic Relations: The Public Morals of GATTs Article XX(a) and "Conventional" Rules of Interpretation, Minnesota Journal of Global Trade 7 (1998) 1, S.96.
143 *Heintschel v. Heinegg*, Wolf: Die völkerrechtlichen Verträge als Hauptrechtsquelle des Völkerrechts, in: Ipsen, Knut (Hrsg.) Völkerrecht, 4. Auflage, München, 1999, S.118, Rn.10, die Anwendung der „allgemeinen" völkerrechtlichen Interpretationsregeln schreibt Art.3:2 DSU vor. Für die Anwendung des Art.31 WVK im WTO-Recht siehe nur Appellate Body Report *India – Patent Protection for Pharmaceutical and Agricultural Chemical Products*, WTO-Doc. WT/DS/50/AB/R v. 19. Dezember 1997: S.17, Rn.43ff.; Panel Report *US – Gasoline* (Rn.50): S.27, Rn.6.7. Zur Auslegung von völkerrechtlichen Verträgen im Lichte ihres objektiven Vertragszweckes vgl. das Gutachten des IGH zur Genozid Konvention, *UN*: Report of the International Court of Justice, New York, 1951, S.24. Der Text der Wiener Vertragsrechtskonvention (WVK, Vienna Convention on the Law of the Treaties) ist abgedruckt in: United Nations Conference on the Law of the Treaties, Off. Rec., Documents of the Conference (UN-Doc. A/CONF.39/11/Add.2), New York, S.287ff.; deutsche Übersetzung in: *Khan*, Daniel-Erasmus (Hrsg.): Sartorius II, Internationale Verträge-Europarecht, München, 2000, Nr.320.

dem tarifäre Maßnahmen gegen „Sozialdumping" regelmäßig einen Verstoß gegen GATT-Pflichten darstellen, könnten die Dumping- und Subventions-Regeln als spezielle Rechtfertigungstatbestände in Frage kommen.

1. Subventionsvorschriften

Eine Ausnahme von der grundsätzlichen Bindung an die Zollisten nennt Art.II:2(b) GATT, wonach subventionierte Waren bei der Einfuhr mit Ausgleichszöllen belegt werden dürfen. Unter Ausgleichszöllen wird ein Sonderzoll verstanden, der erhoben wird, um jede mittelbar oder unmittelbar für die Herstellung, Gewinnung oder Ausfuhr einer Ware gewährte „Prämie oder Subvention" unwirksam zu machen[144]. Tarifäre Implementierungsmaßnahmen sind daher nur gerechtfertigt, wenn die Verletzung von Arbeitnehmerrechten als „Prämie oder Subvention" angesehen werden kann.

Dies erscheint auf den ersten Blick für verschiedene Fallgruppen nicht ausgeschlossen. Zu denken wäre zunächst an den Verzicht auf die effektive Durchsetzung nationalen Arbeitsrechtes durch den Staat. In diesem Fall geschähe die Verletzung von Arbeitnehmerrechten zwar durch das jeweilige Unternehmen, allerdings unter staatlicher Duldung. Besteht national ein nur unzureichendes Arbeitsrecht oder verzichtet der entsprechende Staat gänzlich auf Arbeitnehmerschutz, läge dementsprechend ein staatliches regulatives Unterlassen vor.[145] Bei landesweit niedrigen Arbeitsstandards fehlt es jedoch bereits an einer für Subventionen begriffsnotwendigen spezifischen Begünstigung einzelner Unternehmen.[146] Eine spezifische Begünstigung durch aktives Tun eines Staates könnte dahingegen insbesondere die Einrichtung sogenannter *"Export Processing Zones"* (EPZ) darstellen[147]. In ca. 70 Staaten, bei denen es sich meist um Entwicklungs- oder

---

144 Art.VI:3, S.2 GATT.

145 *Lempp*, Hans-Volkhard (Fn.71): S.104.

146 *Brown*, Drusilla K.: A Transactions Cost Politics Analysis of International Child Labour Standards, in: Social Dimensions of U.S.Trade Policies, Deardorff, Alan V./Stern, Robert M. (Ed.), Ann Arbor MI, 2000, S.106.

147 Ebenso bekannt unter den Bezeichnungen *"free zones"*, *"industrial free zones"*, *"special economic zones"* oder *"maquiladoras"*, *Romero*, Ana Theresa: Labour Standards and Export Processing Zones: Situation and Pressure for Change, Development Policy Review 13 (1995) 3, S.247, zu EPZs vgl. ferner *Johannson*, Helena: The Economics of Export Processing Zones Revisited, Development Policy Review 12 (1994) 4, S.387ff. sowie *Starnberg Institute*: Working Conditions in Export Processing Zones in Selected Developing Countries, Final Report Prepared for the US Department of Labor, Bureau of International Labor Affairs, Starnberg, 1988, S.1ff.; für ein Verzeichnis der weltweit existierenden EPZs siehe, *Flagstaff Institute*: WEPZA International Directory of Export Processing Zones & Free Trade Zones, 3. Auflage, Flagstaff Arizona, 1997.

Schwellenländer handelt, existieren EPZs.[148] Hierbei handelt es sich um Sonderwirtschaftsgebiete, in denen steuerliche oder sonstige Vergünstigungen für ausländische Unternehmen gewährt werden, die hauptsächlich für Exportzwecke produzieren[149]. Neben fiskalischen Erleichterungen werden die Unternehmen oft von
arbeitsrechtlichen Verpflichtungen entbunden, bzw. es wird staatlicherseits auf
deren Durchsetzung verzichtet.[150] Es findet demnach eine innerstaatlich differenzierte Anwendung des Arbeitsrechts statt, verbunden mit der für Subventionen
erforderlichen Begünstigung einzelner Unternehmen. Insbesondere für die regionale Aussetzung von Arbeitnehmerrechten in EPZs erscheint es nicht von vornherein abwegig, niedrige Arbeitsstandards als indirekte Exportsubventionierung anzusehen[151].

Nach dem Abschluss des SCM-Agreements 1994 im Rahmen der Uruguay-Runde
ist diese Auffassung allerdings nicht mehr haltbar.[152] So enthält Art.1:1 SCM-
Agreement erstmals eine Legaldefinition des Subventionsbegriffs, wonach nur
finanzielle Beihilfen sowie jede Form von Einkommens- oder Preisstützung, durch
die ein Vorteil erlangt wird, als Subvention gelten. Weder das staatliche
Unterlassen im Hinblick auf Erlass oder Durchsetzung arbeitsrechtlicher Schutznormen noch die Absenkung des Schutzniveaus in EPZs stellen unmittelbare
finanzielle Hilfen bzw. Maßnahmen zur Preisstützung dar.[153] Hinzu kommt, dass
es auch bei Wettbewerbsvorteilen aus niedrigen Arbeitsstandards in EPZs regelmäßig an einem spezifischen Vorteil für ein Unternehmen als Voraussetzung einer
Subvention fehlt.[154] Anderenfalls müsste man jedes regulative Tun oder Unterlas-

148 *Romero*, Ana Theresa (Fn.147): S.247f.

149 *ILO/UNCTAD*: Economic and Social Effects of Export Processing Zones, Genf, 1988, S.4.

150 *Mehmet*, Ozay/*Mendes* Errol/*Sinding*, Robert: Towards a Fair Global Labour Market: Avoiding a
New Slave Trade, New York, 1999, S.116; *Romero*, Ana Theresa (Fn.147): S.252, wobei insbesondere
Einhaltung der Rechte auf gesunde Arbeitsbedingungen, Vereinigungsfreiheit und
Kollektivverhandlungen in den EPZs oftmals nicht gewährleistet ist, vgl. auch *Travis*, Karen F.:
Women in Global Production and Worker Rights Provisions in U.S.Trade Laws, Yale Journal of
International Law 17 (1992) 1, S.181. Aus diesem Anlaß hat die ILO Zielvereinbarungen und
Leitlinien zur Verbesserung der arbeitnehmerrechtlichen Situation in den EPZs ausgearbeitet, siehe
ILO, Labour and Social Issues relating to Export Processing Zones: Note on the Proceedings at the
Tripartite Meeting of Export Processing Zones-Operating Countries, S.14 *et passim.*

151 *Hansson*, Göte: Social Clauses and International Trade, London, 1983, S.185; *Travis*, Karen F.
(Fn.150): S.181.

152 Das SCM-Agreement (Agreement on Subsidies and Countervailing Measures) ist abgedruckt in:
WTO: The Legal Texts (Fn.1): S.231ff., deutsche Übersetzung in: *Hummer*, Waldemar/*Weis*, Friedl
(Fn.1): Nr.47, S.682ff.

153 Vgl. Working Party *United States – Subsidy on Unmanufactured Tobacco* vom 22. November
1967 (Nachdruck in: BISD 15S/116, 1968): S.2ff., Rn.5ff.

154 Zur Auslegung des Merkmals *"benefit"* in Art.1:1 i.V.m. Art.14 SCM-Agreement vgl. Appellate
Body Report *Canada – Measures Affecting the Export of Civilian Aircraft*, WTO-Doc.
WT/DS70/AB/R v. 2. August 1999: S.38ff., Rn.158ff., wonach eine spezifische Besserstellung des

sen eines Staates mit positivem Einfluss auf die internationale Wettbewerbsfähigkeit als Vorteil und damit als Subvention begreifen. Die Begünstigung von Unternehmen durch niedrige Sozialstandards fällt daher nicht unter den Subventionsbegriff des GATT.[155]

2. Antidumping-Regeln

Ein spezieller Rechtfertigungsgrund für tarifäre Implementierungsmaßnahmen zur Durchsetzung von Arbeitnehmerrechten könnte in den Antidumping-Regeln der WTO zu finden sein. So gestattet es Art.VI:2 GATT den Mitgliedstaaten, auf Waren, die Gegenstand eines Dumpings sind, Ausgleichszölle in Höhe der Dumpingmarge zu erheben. Fraglich ist daher, ob „Sozialdumping" eine unter Art.VI GATT ausgleichsfähige Form von Dumping darstellt. Der Begriff des „Sozialdumping" scheint es zunächst nahezulegen, dass der Anwendungsbereich von Art.VI eröffnet ist.[156] Jedoch versteht das GATT gemäß Art.2.1 Antidumping-Agreement unter Dumping nur den Verkauf von Waren im Ausland unter den Preisen im Heimatmarkt, kurz eine räumliche Preisdifferenzierung.[157] Die Missachtung von Arbeitnehmerrechten oder auch schlicht niedrigere Sozialstandards können zwar Kostenvorteile einbringen, die es einem Unternehmen ermöglichen, allgemein zu niedrigeren Preisen zu verkaufen.[158] Dem „Sozialdumping" fehlt es jedoch regelmäßig am Element der räumlichen Preisdifferenzierung. Zwar gab es während der Verhandlungen des GATT 1947 den Vorschlag, Antidumping-Maßnahmen auch gegen „Sozialdumping" resultierend aus *"sweated labour"* zuzulassen. Diese Initiative Kubas wurde jedoch bemerkenswerterweise von den USA abgelehnt und fand so in späteren Entwürfen des GATT keinen Niederschlag.[159]

Subventionsempfängers innerhalb eines Marktes vorliegen muß, woran es bei generell niedrigen Arbeitsstandards, auch im Rahmen von EPZs, regelmäßig fehlt.

155 So im Ergebnis auch *Lempp*, Hans-Volkhard (Fn.71): S.106f.; *Reuß*, Matthias: Menschenrechte durch Handelssanktionen, Hamburg, 1999, S.95, *Vellano*, Michele: Full Employment and Fair Labour Standards in the Framework of the *WTO*: in: International Trade Law on the 50th Anniversary of the Multilateral Trading System, Mengozzi, Paolo (Ed.), Mailand, 1999, S.398, a.A. *Mehmet*, Ozay/*Mendes* Errol/*Sinding*, Robert (Fn.150): S.112ff.

156 Vgl. *Brown*, Drusilla K.; S.105.

157 Das Anti-Dumping-Agreement (Agreement on Implementation of Article VI of the General Agreement on Tariffs and Trade 1994) ist abgedruckt in: *WTO*: The Legal Texts (Fn.1): S.147ff., deutsche Übersetzung in: *Hummer*, Waldemar/*Weis*, Friedl (Fn.1): Nr.47, S.609ff.

158 Zur Auswirkung von Arbeitnehmerrechten auf die internationale Wettbewerbsfähigkeit von Unter-nehmen siehe oben, S.231ff.

159 Report of the Preparatory Committee for the Havanna Conference UN-Doc. E/PC/T/W/97 (1947), Working Party on *Technical Articles*, GATT-Doc. E/PT/TWP.1/SR/8 (1947): S.4f.

Diese Episode aus der Verhandlungsgeschichte des Art.VI GATT bestätigt, dass „Sozialdumping" kein ausgleichsfähiges Dumping im Sinne des GATT darstellt.[160]

3. Zwischenergebnis

Die speziellen Rechtfertigungstatbestände für Maßnahmen gegen subventionierte Importwaren und Dumpingeinfuhren vermögen selektive Handelsmaßnahmen zur Implementierung von Menschenrechten in der Arbeit nicht zu rechtfertigen.

III. Allgemeine Ausnahmen

Art.XX GATT ist als „allgemeine Ausnahme" tituliert, denn diese Vorschrift enthält einen umfangreichen Katalog von Gründen, die jeden Verstoß gegen Gebotsnormen des GATT zu rechtfertigen vermögen. Daneben existieren mit Art.XIX und Art.XXI GATT jedoch weitere „allgemeine Ausnahmen", die zwar einen engeren Anwendungsbereich besitzen, aber ebenso wie Art.XX GATT *jede* Abweichung von GATT-Vorschriften rechtfertigen können. Nachfolgend ist zu prüfen, ob die in den Beispielsfällen festgestellten Verstöße gegen Gebotsnormen des GATT unter einer dieser Ausnahmen zu rechtfertigen sind.

1. Art.XIX GATT (Escape Clause)

Die Vorschrift des Art.XIX gilt als die zentrale Schutzklausel des GATT.[161] Sie ermöglicht eine „Flucht" aus allen vertraglichen Verpflichtungen des GATT und

---

160 Im Ergebnis ebenso *Lempp*, Hans-Volkhard (Fn.71): S.102f.; *Diller*, Janelle M./*Levy*, David A.: Child Labour, Trade and Investment: Towards the Harmonization of International Law, American Journal of International Law 91 (1997) 4, S.681; *Reuß*, Matthias (Fn.155): S.94; a.A. offenbar *Brown*, Drusilla K., S.105 sowie *Mehmet*, Ozay/*Mendes* Errol/*Sinding*, Robert (Fn.150): S.112ff., welche den traditionellen Dumpingbegriff des GATT um das sog. *"regulatory dumping"* erweitern wollen. Die finanzielle Komponente des Dumping-Begriffs soll bei „Sozialdumping" in den aus Arbeitnehmerrechtsverletzungen resultierenden günstigeren Arbeitskosten *"below market-level"* bestehen.

161 Weiterführend zum Agreement on Safeguards vgl. *Holliday*, George D.: The Uruguay Round's Agreement on Safeguards, in: Journal of World Trade 29 (1995) 3, S.160; *Zampetti*, Americo B.: The Uruguay Agreement on Safeguards, in: World Competition 19 (1995) 2, S.150ff.; *Jackson*, John H./*Yntema*, Hessel E.: The Role of GATT in Monitoring and Promoting Adjustment: The Safeguards System, Seminar Discussion Paper No.170, Michigan, 15. Mai 1986, S.14; zum Normhintergrund des

wird deshalb auch als *Escape Clause* bezeichnet[162]. Mit dem Agreement on Safeguards trat eine Vielzahl von Ausführungsvorschriften zu Art.XIX GATT in Kraft.[163] Diese regeln die Anwendung von Schutzmaßnahmen unter Art.XIX GATT.[164]

Die Schutzklausel des Art.XIX GATT gestattet den Mitgliedern die Anpassung oder Rücknahme von Zugeständnissen zum temporären Schutz der inländischen Wirtschaft vor erhöhtem Importdruck.[165] Es erscheint nicht ausgeschlossen, unilaterale Maßnahmen zum Schutz von Arbeitnehmerrechten in Drittländern unter dieser Vorschrift zu rechtfertigen, da Art.XIX nicht auf die Ursache des erhöhten Importdrucks abstellt.[166] Allerdings haben die Anforderungen für eine Schutzmaßnahme unter GATT durch das Inkrafttreten des Agreement on Safeguards einige Klarstellungen und Änderungen erfahren, so dass nunmehr zu prüfen ist, ob Schutzmaßnahmen gegen „sozial-gedumpte" Importe von Art.XIX:1(a) in Verbindung mit dem Agreement on Safeguards gedeckt sind.

Die Voraussetzungen hierfür sind, dass bei einem Produkt erhöhter Einfuhrdruck besteht, aus dem als unvorhergesehenes Ereignis ein ernsthafter Schaden resultiert.

a) Erhöhter Einfuhrdruck

Erhöhter Einfuhrdruck als erste Voraussetzung einer Schutzmaßnahme unter Art.XIX GATT liegt vor, wenn Waren in „erhöhten Mengen" und „unter derartigen Bedingungen" in das Hoheitsgebiet eines Mitgliedstaates eingeführt werden, so dass hieraus ein wirtschaftlicher Schaden im Einfuhrland entstehen kann.

Art.XIX vgl. oben, S.113ff.

162 *Zampetti*, Americo B. (Fn.161): S.149, vgl. auch *Jackson*, John H (Fn.83): S.175ff.; *ders* (Fn.122), §23.2, S.555.

163 Das Agreement on Safeguards ist abgedruckt in: *WTO: The Legal Texts* (Fn.1): S.275ff., deutsche Übersetzung in: *Hummer*, Waldemar/*Weis*, Friedl (Fn.1): Nr.47, S.760ff. Ziel der im Rahmen der Uruguay-Runde durchgeführten Reform der *Escape Clause* im GATT war die Verminderung sog. "grey-area measures", womit Schutzmaßnahmen außerhalb der Rechtsordnung des GATT gemeint sind. Als eine Erklärung für die Tatsache, daß in der Vergangenheit Art.XIX nur von einigen wenigen Staaten in bisher ca. 150 Fällen angewandt wurde, während die tatsächliche Anzahl der temporären protektionistischen Maßnahmen dagegen weitaus höher liegt, wird angeführt, daß die Bedingungen für Schutzmaßnahmen unter Art.XIX zu unattraktiv sind; vgl. *Zampetti*, Americo B. (Fn.161): S.153, sowie Absatz 2 Agreement on Safeguards, worin als Ziel des Abkommens genannt ist, „die multilaterale Kontrolle über Schutzmaßnahmen wiederherzustellen".

164 Art.1 Agreement on Safeguards.

165 *Holliday*, George D. (Fn.161): S.156.

166 *Hansson*, Göte (Fn.151): S.186; *Lempp*, Hans-Volkhard (Fn.71): S.129.

(1) Erhöhte Mengen

Bezüglich der Mengensteigerung wurde in der GATT-Praxis ein relativer Anstieg der Einfuhren gegenüber der einheimischen Produktion als ausreichend angesehen, wohingegen die wohl überwiegende Meinung in der Literatur einen absoluten Anstieg der Importe als Voraussetzung der Schutzklausel als erforderlich ansah.[167] Dieser Streit ist nunmehr durch Art.2 Agreement on Safeguards entschieden, wonach bereits der relative Mengenanstieg von Importen Schutzmaßnahmen zu rechtfertigen vermag[168]. Handelsmaßnahmen auf Basis arbeitsrechtlicher Herstellungsbedingungen sind daher unter Art.XIX GATT nur gegen Importwaren zulässig, die gegenüber einheimischen Waren zumindest in relativ zunehmenden Mengen eingeführt werden.

(2) „Unter derartigen Bedingungen"

Fraglich ist, welche Bedeutung dem Merkmal „unter derartigen Bedingungen" im Rahmen des Art.XIX:1(a) und Art.2 *Safeguard Agreement* zukommt. Nach seiner grammatikalischen Stellung bezieht sich *"under such conditions"* nicht etwa auf die (arbeitsrechtlichen) Herstellungsbedingungen der importierten Produkte, sondern auf die Eignung der Importe, einen Schaden im Importland hervorzurufen.[169] In der GATT-Praxis und in der Literatur wurde dieser Formulierung kaum Beachtung geschenkt. Es wurde davon ausgegangen, dass diesem Merkmal keine eigenständige Bedeutung bei der Prüfung von Schutzmaßnahmen im GATT zukommt.[170] Nach der WTO-Streitschlichtung erstreckt sich der Terminus „unter derartigen Bedingungen" auf die Wettbewerbsbedingungen zwischen Importen und Waren einheimischer Produktion im Importmarkt. Entscheidend ist, ob die

---

167So stellte die Working Party *Modifications on the General Agreement*, GATT Dok. CP.2/22/Rev.1 v. 1. September 1948, in: BISDII/39 (1952): S.44f., Rn.30. fest, daß eine Klarstellung im Wortlaut des Art.XIX:1(a) durch die Einfügung des Wortes *"relatively"* überflüssig ist, da bereits der jetzige Wortlaut die Fälle lediglich relativer Steigerungen der Einfuhren erfasse. Demhingegen noch für Art.XIX:1(a) noch auf die absolute Zunahme von Importen gegenüber der einheimischen Produktion abstellend *Quick*, Reinhard: Exportselbstbeschränkungen und Art.XIX GATT, Köln (e.a.), 1983, S.111; *Jackson*, John H. (Fn.122): S.557ff.; *Dam*, Kenneth W.: The GATT: Law and International Economic Orga-nization, Chicago (e.a.), 1970, S.102.
168 Appellate Body Report *United States – Definitive Safeguard Measures on Imports of Wheat Gluten from the European Communities*, WTO-Doc. WT/DS166/AB/R v. 22. Dezember 2000: S.26f., Rn.77. *Zampetti*, Americo B. (Fn.161): S.153.
169 In Bezug auf Art.XIX GATT merkt *Jackson*, John H. (Fn.122): S.557, zu Recht an, daß der Wortlaut der Schutzklausel selbst für GATT-Verhältnisse *"extraordinary oblique"* geraten ist.
170 *Quick*, Reinhard (Fn.167): S.109. Für die Rechtslage unter dem neuen Agreement on Safeguards, welches den Term *"under such conditions"* übernommen hat, ohne jedoch eine weitere Erläuterung dazu zu enthalten siehe *Jackson*, John H. (Fn.83): S.181f.

Veränderung der Wettbewerbsbedingungen zugunsten von Importen geeignet ist, dem entsprechenden einheimischen Sektor Schaden zuzufügen.[171] Die WTO-Streitschlichtung prüft damit allerdings lediglich Teilaspekte der Kausalität zwischen Einfuhren und Schädigung und gesteht den Worten *"under such conditions"* daher ebenfalls keine selbständige Bedeutung zu.[172]

b) Ernsthafter Schaden

Schließlich müsste durch die Einfuhr von Waren, die unter Verletzung von Arbeitnehmerrechten produziert wurden, ein „ernsthafter Schaden" im Importland vorliegen. Das Agreement on Safeguards enthält eine Legaldefinition des Merkmals *"serious injury"*:

" '[S]erious injury' shall be understood to mean a significant overall impairment in the position of a domestic industry."[173]

Art.4:1(b) i.V.m. Art.2 Agreement on Safeguards stellt klar, dass sowohl eine bereits eingetretene, als auch eine bevorstehende Schädigung, deren Feststellung auf Tatsachen beruht, die Voraussetzungen des *"serious injury tests"* erfüllen. Zu beachten ist, dass gemäß Art.4.1(b) Agreement on Safeguards der Schaden im Gegensatz zu Art.XIX GATT nicht nur auf einzelne *"domestic producers"*, sondern auf *"domestic industries"*, also einen einheimischen Wirtschaftssektor als Ganzes beziehen muss.[174] Ob ein ernsthafter Schaden gegeben ist, bemisst sich danach, ob sich Faktoren wie Produktion, Umsatz, Gewinn sowie Beschäftigung zum Nachteil der inländischen Wirtschaft verändert haben.[175] Das Vorliegen eines

---

171 Panel Report *Argentina– Safeguard Measures on Imports of Footwear*, WTO-Dok. WT/DS121/R v. 12. Januar 2000: S.195f., Rn.8.250 führt hierzu aus: *"We believe that the phrase 'under such conditions' would indicate the need to analyse the conditions of competition between the imported product and the domestic like or directly competitive products in the importing country's market. That is, it is these 'conditions of competition' in the importing country's market that will determine whether increa-sed imports cause or threaten to cause serious injury to the domestic industry. The text of Article 2.1 supports this interpretation, as the relevant phrase in its entirety reads 'under such conditions as to cause or threaten to cause serious injury'"*, bestätigt zuletzt durch Appellate Body Report *US – Wheat Gluten* (Fn.168): S.27, Rn.78.
172 Vgl. Panel Report *Argentina – Footwear Safeguards* (Fn.171): S.195f., Rn.8.250f.; Appellate Body Report *Argentina – Footwear Safeguards* (Fn.34): S.52., Rn.145. Zum Kausalitätserfordernis vgl. im Einzelnen unten, S.322ff.
173 Art.4:1(a) Agreement on Safeguards.
174 Diese Verschärfung des Tatbestandmerkmals durch das Agreement on Safeguards entspricht der Formulierung, wie sie seit dem US-Mexikanischen Handelsabkommen von 1943 im US-Außenhandelsrecht gebräuchlich ist, vgl. *Jackson*, John H./*Yntema*, Hessel E. (Fn.161): S.10 und S.15.
175 Art.4:2 (a) Agreement on Safeguards, vgl. Panel Report *Argentina – Footwear Safeguards*

ernsthaften Schadens wird anhand der im konkreten Einzelfall von den zuständigen Behörden des Importstaates vorgelegten Daten beurteilt.[176] Ein ernsthafter Schaden durch Importwaren, bei deren Herstellung Arbeitnehmerrechte missachtet wurden, könnte insbesondere im Textilsektor nachweisbar sein, da dieser in den Industrieländern in den vergangenen Jahren erheblich geschrumpft ist.[177]

c) Unvorhergesehenes Ereignis

Die Vorschrift des Art.XIX GATT verlangt weiterhin, dass die erhöhten Einfuhren „infolge unvorhergesehener Entwicklungen" eintreten. Im sog. *hatters' fur case* ging es darum, ob der Wandel der Mode ein solches „unvorhergesehenes Ereignis" darstellt. In diesem Fall wurde folgende Definition für diesen unbestimmten Rechtsbegriff entwickelt:

"[T]*he term 'unforeseen development' should be interpreted to mean developments occurring after the negotiation of the relevant tariff concession which it would not be reasonable to expect that the negotiators of the country making the concession could and should have foreseen at the time when the concession was negotiated".*[178]

Im Ergebnis stellte die Arbeitsgruppe fest, dass zwar nicht die Tatsache, dass sich Frauenmode ändere, jedoch der hierdurch bedingte ungewöhnliche Anstieg der Importe ein unvorhergesehenes Ereignis im Sinne von Art.XIX darstelle.[179] Die Tatsache, dass die *Working Party* letztendlich der recht spitzfindigen Argumentation der USA folgte und die *Folgen* einer Modeänderung als unvorhersehbar qualifizierte, legt den Schluss nahe, dass unter Art.XIX keine allzu strengen Anforderungen an die „Unvorhersehbarkeit" der Importerhöhungen gestellt werden[180]. Da das Erfordernis der „unvorhergesehenen Entwicklung" im

---

(Fn.171): S.183ff., Rn.8.208ff.
176 Zu den Anforderungen an den Nachweis der korrekten Durchführung des *"serious injury tests"* durch die nationalen Behörden vgl. Panel Report *Korea – Definitive Safeguard Measure on Imports of Certain Dairy Products*, WTO-Doc. WT/DS98/R v. 12. Januar 2000: S.172ff., Rn.7.58.
177 Vgl. *Reuß*, Matthias (Fn.155): S.84f., betonend, daß die Entwicklungsländer im Textilsektor potentielle Kostenvorteile besitzen und die Exporte deshalb von besondere Bedeutung für diese Ländergruppe sind.
178 Working Party Report *Withdrawal by the United States of a Tariff Concession under Art.XIX of the General Agreement of Tariffs and Trade ("hatter's fur case")*, GATT Dok. CP.6/SR.19 v. 22. Oktober 1951: S.6, Rn.9.
179 *Hatter's fur case* (Fn.178): S.7f., Rn.11f.
180 Etwas pauschalisierend, aber letztendlich zu Recht, stellt *Jackson*, John H (Fn.83): S.186 fest: *"One is tempted to conclude that if change of style of women's hats is deemed to be an 'unforeseen*

Agreement on Safeguards keine Erwähnung mehr findet, vertrat das Panel *Argentinia-Footwear* unter Berufung auf die für den Falle des Konfliktes zweier WTO-Abkommen in Art.1:1 WTO-Agreement enthaltene Regel *"lex spezialis derogat lex generalis"* sogar die Auffassung, dass dem Merkmal *"unforeseen development"* keine Bedeutung mehr zukommt.[181] Der Appellate Body folgte dieser Ansicht nicht, da das Agreement on Safeguards die

Vorschrift des Art.XIX GATT nicht ersetzen, sondern ergänzen soll.[182] Nach dem Appellate Body folgt aus den Worten *"unforeseen development"*, dass der Eintritt der übrigen Voraussetzungen für Schutzmaßnahmen „unerwartet" war und schloss sich der Definition im *hatters' fur case* weitgehend an.[183] Demnach muss bei Schutzmaßnahmen gegen Importe, bei deren Herstellung Arbeitnehmerrechte verletzt wurden, ein unerwarteter Eintritt der Voraussetzungen des Art.XIX GATT i.V.m Agreement on Safeguards nachgewiesen werden.

d) Kausalität

Als weitere Voraussetzung einer Schutzmaßnahme muss der Anstieg der Importe ursächlich für die ernsthafte Schädigung des inländischen Sektors sein. Art.4.2 Agreement on Safeguards legt die hierfür relevanten Kriterien fest.[184] Es wird für Maßnahmen zur Durchsetzung von Arbeitnehmerrechten vom jeweiligen Einzelfall abhängen, ob der wirtschaftliche Schaden durch verstärkten Importdruck ursäch-

---

development', then anything could be an unforeseen development! (The same could be said for the width of men's neckties!)".
181 Panel Report *Argentina – Footwear Safeguards* (Fn.171): S.147ff., Rn.8.55ff.
182 Appellate Body Report *Argentina – Footwear Safeguards* (Fn.34): S.30f., Rn.89f.
183 Appellate Body Report *Argentina – Footwear Safeguards* (Fn.34): S.34f., Rn.96. ebenso Appellate Body Report *Korea – Definitive Safeguard Measure on Imports of Certain Dairy Products*, WTO-Doc. WT/DS98/ABR v. 14. Dezember 1999: S.27ff., Rn.84ff.
184 Art.4.2.Agreement on Safeguards lautet:
(a) In the investigation to determine whether increased imports have caused or are threatening to cause serious injury to a domestic industry under the terms of the Agreement, the competent authorities shall evaluate all relevant factors of an objective and quantifiable nature having a bearing on the situation of that industry, in particular, the rate and amount of the increase in imports of the product concerned in absolute and relative terms, the share of the domestic market taken by increased imports, changes in the level of sales production, productivity, capacity utilisation, profits and losses and employment.
(b) The determination referred to in subparagraph (a) shall not be made unless this investigation demonstrates, on the basis of objective evidence, the existence of the causal link between increased imports of the product concerned and serious injury or threat thereof. When factors other than increased imports are causing injury to the domestic industry at the same time, such injury shall not be attributed to increased imports.

lich tatsächlich auf einer Verletzung von Arbeitnehmerrechten im Exportstaat beruht.[185]

e) Anwendung von Schutzmaßnahmen

Sofern die zuvor geprüften Tatbestandsvoraussetzungen kumulativ vorliegen, sind schließlich die im Agreement on Safeguards enthaltenen Vorgaben über die Anwendung von Schutzmaßnahmen zu beachten.

Erstens schließt Art.9.1 Agreement on Safeguards Schutzmaßnahmen gegen Waren mit Ursprung in einem Entwicklungsland aus, sofern deren Marktanteil nicht 3% übersteigt. Somit sind Schutzmaßnahmen auf Basis der arbeitsrechtlichen Herstellungsbedingungen gegen Waren aus Entwicklungsländer nur sehr beschränkt.

Zweitens legt Art.2:2 Agreement on Safeguards die nichtdiskriminierende Anwendung von Schutzmaßnahmen fest. Demnach müssen Maßnahmen gegen die (drohende) Schädigung eines inländischen Wirtschaftszweiges unabhängig von der Herkunft der Waren durchgeführt werden. Dieses Erfordernis schränkt die Eignung der *Escape Clause* zur Ahndung von Arbeitnehmerrechtsverletzungen erheblich ein. Schutzmaßnahmen dürfen nicht selektiv aufgrund der arbeitsrechtlichen Herstellungsbedingungen, sondern nur nichtdiskriminierend gegen alle importierten Produkte mit Schädigungspotential verhängt werden. Dadurch wird ein gezieltes Vorgehen gegen Arbeitnehmerrechtsverletzungen unter der *Escape Clause* praktisch unmöglich.

Drittens beschränkt Art.5:1, S.1 Agreement on Safeguards den Umfang von Schutzmaßnahmen auf das zur Milderung oder Abhilfe der Schädigung erforderliche Maß. Hierdurch wird die Eignung von Schutzmaßnahmen zur Durchsetzung von Arbeitnehmerrechten weiter eingeschränkt, da nicht die Beseitigung der Rechtsverletzung sondern die Protektion der inländischen Industrie die Bezugsgröße für die Erforderlichkeit der Maßnahme darstellt.

Viertens leidet die Attraktivität des Art.XIX als Rechtsgrundlage für unilaterale Maßnahmen zum Schutz von Arbeitnehmerrechten darunter, dass der betroffene Importstaat gemäß Art.8:2 Agreement on Safeguards die Aussetzung eigener Zugeständnisse im Wert der Schutzmaßnahme bewirken kann.

---

185 Für die Anwendung der einzelnen Kausalitätskriterien Panel Report *Argentina – Footwear Safeguards* (Fn.171): S.189ff., Rn.8.228ff.

f) Zwischenergebnis

Zusammenfassend bleibt festzuhalten, dass die nicht allzu strengen Voraussetzungen des Art.XIX GATT durch das Agreement on Safeguards deutlich verschärft wurden. Zwar erscheint es denkbar, dass eine unerwartete Zunahme von unter Verletzung von Arbeitnehmerrechten hergestellten Importen zu einer Schädigung der entsprechenden Sektoren im Importland führt und somit die grundlegenden Voraussetzungen für Schutzmaßnahmen vorliegen. Dabei ist allerdings zu beachten, dass im *Dispute Settlement* diejenige Partei die Beweislast (burdon of proof) trägt, die sich auf das Vorliegen der Voraussetzungen einer Schutzmaßnahme beruft[186].

Allerdings zeigen erst die Vorschriften über die Anwendung von Schutzmaßnahmen, insbesondere die Verpflichtung zur nichtdiskriminierenden Anwendung von Schutzmaßnahmen und deren Verbot gegen Waren aus Entwicklungsländern, dass die *Escape Clause* keine taugliche Rechtsgrundlage für die Implementierung von Arbeitnehmerrechten unter dem GATT darstellt. Zudem würde auch dem menschenrechtlichen Anliegen solcher Maßnahmen kein Dienst erwiesen, wenn sie unter der protektionistischen Fluchtklausel des GATT implementiert würden.[187]

2. Art.XXI GATT (Security Exceptions)

Die Vorschrift des Art.XXI ist eine für Handelsverträge übliche Klausel, welche die Suspendierung vertraglicher Verpflichtungen zur Wahrung von Sicherheitsinteressen gestattet. Es mag auf den ersten Blick abwegig erscheinen, den Schutz von Arbeitnehmerrechten in Drittländern unter Berufung auf nationale oder internationale Sicherheitsinteressen zu rechtfertigen, denn die Verletzung von Arbeitnehmerrechten wird nur selten zu grenzüberschreitenden Konflikten führen.[188] Dennoch betont schon die ILO in der Präambel ihrer Verfassung, dass Weltfriede auf Dauer nur auf sozialer Gerechtigkeit aufbauen kann.[189] Deshalb soll nachfol-

---

186 Panel Report *United States – Definitive Safeguard Measures on Imports of Wheat Gluten from the European Communities,* WTO-Doc. WT/DS166/R v. 31. Juli 2000: S.241, Rn.63; Panel Report *Korea – Dairy Safeguards* (Fn.176): S.164, Rn.7.24, grundlegend zur Beweislastverteilung Appellate Body Report *US- Shirts and Blouses* (Fn.49): S.14 (o. Rn.).
187 Zu Bedeutung und Wirkungsweise von Schutzklauseln siehe oben, S.113ff.
188 Siehe oben, S.274.
189 ILO-Präambel, Abs. 1 und Abs.2, S.1 lauten: *"Whereas universal and lasting peace can be established only if it is based upon social justice; and whereas conditions of labour exist involving such injustice hardship and privation to large numbers of people as to produce unrest so great that the peace and harmony of the world are imperilled; [...]"*

gend untersucht werden, ob die Durchsetzung von Arbeitnehmerrechten mit Handelsmaßnahmen unter der *security exception* des Art.XIX GATT zu rechtfertigen ist. Die Vorschrift lautet in ihrem hierfür relevanten Teil:

Article XXI (Security Exceptions)

Nothing in this Agreement shall be construed [...]

(b) to prevent any contracting party from taking any action which it considers necessary for the protection of its essential security interests [...]

(iii) taken in time of war or other emergency in international relations [...]

(c) to prevent any contracting party from taking any action in pursuance of its obligations under the United Nations Charter for the maintenance of international peace and security.

a) Art.XXI(b)(iii) GATT

Erstens könnte für den Schutz von Arbeitnehmerrechten Art.XXI(b)(iii) GATT einschlägig sein, der Schutzmaßnahmen im Interesse der nationalen Sicherheit bei ernsten Krisen in internationalen Beziehungen erlaubt.

(1) Nationale Sicherheitsinteressen

Bei Art.XXI handelt es sich um eine Ausnahme, die zwischen den Rechten des GATT und den sicherheitspolitischen Interessen der Mitgliedstaaten vermitteln soll. Erste Voraussetzung dieser Rechtfertigungsnorm ist, dass wesentliche Sicherheitsinteressen (*"essential security interests"*) eines WTO-Mitgliedes betroffen sind. Es spricht einiges dafür, dass Maßnahmen, die ein Staat zum wesentlichen nationalen Sicherheitsinteresse erklärt, unter Art.XXI GATT nur begrenzt justiziabel sind. In der Frage, ob Handelssanktionen der USA gegen Nicaragua für die wesentlichen nationalen Sicherheitsinteressen der USA erforderlich waren, erklärte sich das Panel für *"not authorized"*:

*"The Panel also noted that, in the view of the United States, Article XXI applied to **any action** which the contracting party is considered necessary for the protection of its **essential security interests** and that the Panel, both by the terms of Article XXI and by its mandate, was **precluded from examining** the validity of the United States' invocation of Article XXI. [...] The Panel concluded that [...] it **was not authorized** to examine the justification for the United States' invocation of a general exception to the obligations under the General Agreement [...]"* [190]

---

190 Panel Report *United States-Trade Measures Affecting Nicaragua*, GATT Doc. L/6053 v. 13. Oktober 1953: S.10f., Rn.5.1ff. (Hervorhebung hinzugefügt).

Auch in verschiedenen Stellungnahmen der Vertragsparteien im Laufe der GATT-Praxis kam zum Ausdruck, dass letztlich allein der jeweilige Staat darüber zu entscheiden habe, welche Maßnahmen zur Wahrung der nationalen Sicherheitsinteressen erforderlich sind[191]. Dieser große Beurteilungsspielraum der Staaten findet seine Stütze in den Worten *"which it considers necessary for"* des Art.XXI(a)(iii).

Es gab dementsprechend in der GATT-Praxis bisher auch keinen Fall, in dem abschließend darüber befunden wurde, ob eine Maßnahme tatsächlich auf einer Beeinträchtigung wesentlicher nationaler Sicherheitsinteressen beruht. Da das Merkmal der nationalen Sicherheitsinteressen weitgehend außerhalb der Justiziabilität des GATT liegt, muss GATT Art.XXI(b)(iii) eher als politische Ausnahme angesehen werden. Einzelne gehen dementsprechend davon aus, dass ein Staat insbesondere bei massiven Verletzungen von Arbeitnehmerrechten in einem Nachbarstaat diese zu einem Anliegen seiner nationalen Sicherheit erklären kann.[192]

(2) Krise in internationalen Beziehungen

Weiteres Merkmal des GATT Art.XXI(b)(iii) wäre das Vorliegen einer Krise in den internationalen Beziehungen.

Diese Voraussetzung liegt nach dem Wortlaut nicht im Ermessen des jeweiligen Mitgliedstaates.[193] Dennoch hat die bezüglich Art.XXI(b)(iii) spärliche Vertragspraxis auch diese Voraussetzung nur indirekt einer Überprüfung unterzogen. Grund hierfür war, dass das Mandat *(terms of reference)* der jeweiligen Panels die Prüfung der Beweggründe von Maßnahmen unter Art.XXI(b)(iii) GATT ausdrücklich untersagte.[194] Der in diesem Zusammenhang geführte Einwand, die WTO-Streitschlichtungsorgane seien weder kompetent noch zuständig, eine Krise

---

191 Vgl. *United States Export Restrictions*, Decision by CONTRACTING PARTIES, GATT-Doc. CP.3/SR22 v. 8. Juni 1949, (Nachdruck in: BISD II/28, 1952): S.3ff. bezüglich Exportbeschränkungen der USA gegen die Tschechoslowakei; sowie in GATT-Dok. SR.19/12, S.196 die entsprechende Stellungnahme Ghanas zu einem Boykott portugiesischer Waren. Während der Falkland-Krise stellte der Vertreter der EG zur Begründung des Embargos der EG sowie Kanadas und Australiens gegen Argentinien in Bezug auf Art.XXI fest: *"The exercise of these rights constituted a general exception, and required neither notification, justification or approval, a procedure confirmed by thirty-five years of implementation of the General Agreement"*, GATT-Dok. C/M/157, S.10. Jedoch wurde eine entsprechende Notifizierungspflicht von Art.XXI-Maßnahmen kurz darauf durch die *Decision Concerning Article XXI of the General Agreement* v. 30. November 1982, GATT-Dok. L/5426 (Nachdruck in: BISD, 29S/23, 1983) ausdrücklich festgelegt.
192 So auch *Lempp*, Hans-Volkhard (Fn.71): S.141.
193 *Lempp*, Hans-Volkhard (Fn.71): S.141.
194 Panel Report *US-Trade Measures Affecting Nicaragua* (Fn.190): S.10f., Rn.5.1ff.

in den internationalen Beziehungen festzustellen, ist nicht von der Hand zu weisen.[195] Im übrigen deutet vieles darauf hin, dass auch das zweite Merkmal des Art.XXI(b)(iii) GATT nur einer limitierten und großzügig gehandhabten Überprüfung seitens der WTO-Streitschlichtung unterliegt. So wurde im Rahmen einer *Working Party* der Beitritt eines Landes zum GATT nicht deshalb in Frage gestellt, weil Boykott-Maßnahmen gegen Vertragsparteien aufrechterhalten wurden. Die Begründung, das Embargo sei ein Aspekt eines bedeutenden politischen Problems und beruhe auf „außergewöhnlichen Umständen" wurde von der Working Party akzeptiert und die Aufnahme des entsprechenden Landes empfohlen.[196] Erst bei Quotierungen von Schuhen zur Sicherung einer nationalen Grundversorgung äußerten im *GATT Council* Delegierte Zweifel daran, ob solche Maßnahmen dem Geist und den Buchstaben des Art.XXI entsprächen.[197]

Man wird jedoch auch unter Art.XIX verlangen müssen, dass die Entscheidung über Handelssanktionen nicht im Belieben des jeweiligen Staates stehen kann. Es scheint daher geboten, den Wertungsspielraum des die Schutzmaßnahme ergreifenden Staates entsprechend des Wortlautes auf die Betroffenheit nationaler Sicherheitsinteressen zu beschränken und für das Vorliegen einer „ernsten internationalen Krise in den internationalen Beziehungen" zumindest plausible Anhaltspunkte zu verlangen. Die Formulierung "internationale Beziehungen" verdeutlicht ferner, dass das Ausmaß der Krise nicht allein auf einen Drittstaat begrenzt sein darf. Damit scheidet eine Berufung auf GATT Art.XXI(b)(iii) aus, solange die Verletzung von Arbeitnehmerrechten nicht soziale Unruhen mit grenzüberschreitenden Auswirkungen zu Folge hat. Dies wird nur in seltenen Einzelfällen der Fall sein, z.B. wenn massive Menschrechtsverletzungen Flüchtlingsströme in ein Nachbarland zur Folge haben. Eine solide Rechtsgrundlage zur dauerhaften Verwirklichung der Menschenrechte in der Arbeit bietet die Vorschrift des Art.XXI(b)(iii) jedenfalls nicht.[198]

---

195 *Pullen*, Mike: The Helms-Burton Act: Compliance with International Law and the Proposed Counter-measures, in: International Trade Law and Regulation 2 (1996) 5, S.164.
196 Working Party Report *Accession of the United Arabic Republic*, GATT-Dok. L/3362 v. 27. Februar 1970 in: BISD 17S/33 (1970): S.39f. und 42f., Rn.22 und 32.
197 GATT-Dok. C/M/109, S.8-9 bezüglich der Importquoten Schwedens für Schuhe auf Basis nationaler Sicherheitsinteressen. Schweden notifizierte später die Aufhebung der Maßnahme, GATT-Dok. L/4250/Add.1 sowie GATT-Dok. L/4254, S.17f.
198 Bereits während der Verhandlungen im "*Preparatory Committee*" zum Entwurf der ITO-Charta in Genf äußerte ein Delegierter die Befürchtung, daß die Ausnahme für nationale Sicherheitsinteressen "*would permit anything under the sun*", Preparatory Committee of the International Conference on Trade and Employment, UN-Dok. E/PC/T/A/PV/33 v. 24. Juli 1947 S.20f. und Corr.3; zur Reichweite von Sicherheitsausnahmen vgl. auch Preparatory Committee of the International Conference on Trade and Employment UN-Doc. E/PC/T/A/SR/33 v. 24. Juli 1947, S.3.

b) Art.XXI(c) GATT

Die Ausnahme des Art.XXI(c) gestattet Maßnahmen aufgrund von Verpflichtungen, die WTO-Mitgliedern aus der Charta der UN zur Erhaltung des internationalen Friedens und der internationalen Sicherheit erwachsen. Fraglich ist, ob die Durchsetzung von Menschenrechten in der Arbeit mit Handelsmaßnahmen unter Art.XXI(c) gerechtfertigt werden kann.

(1) Verpflichtung aus der UN-Charta

Als erste Voraussetzung des Art.XXI(c) müsste eine Verpflichtung unter der UN-Charta vorliegen, auf die sich ein Mitglied zur Durchsetzung der Arbeitnehmerrechte berufen kann. Unproblematisch wird von dieser Ausnahme ein Handelsembargo auf Grundlage von Kapitel VII UN-Charta erfasst.[199] Es erscheint aber sehr zweifelhaft, ob für WTO-Mitglieder eine Verpflichtung zur Durchsetzung von Arbeitnehmerrechten unter der UN-Charta besteht.

Dafür könnte zunächst sprechen, dass mit der ILO-Deklaration 1998 hervorgehoben wurde, dass es sich bei den vier fundamentalen ILO-Standards um *Menschenrechte* in der Arbeit handelt[200]. Die Verwirklichung der Menschenrechte ist gemäß Art.1:3 in Verbindung mit Art.2 UN-Charta zumindest ein Ziel der UN und ihrer Mitgliedstaaten. Ferner kann man grundlegende Arbeitsstandards wie das Sklavereiverbot als völkerrechtliches *ius cogens* ansehen[201]. Teilweise wird die Auffassung vertreten, dass die Verletzung von *ius cogens*-Normen Repressalien gegenüber Drittstaaten zu rechtfertigen vermag.[202] Man könnte daher der Ansicht sein, dass die Durchsetzung der fundamentalen Arbeitnehmerrechte mit Handelssanktionen als Verpflichtung unter der UN-Charta im Sinne von Art.XXI GATT anzusehen ist.[203]

---

199 Vgl. Art.40, S.2 UN-Charta.
200 Zum Menschenrechtsgehalt der fundamentalen Arbeitnehmerrechte siehe oben, S.163ff.
201 *Petersmann*, Ernst-Ullrich: Human Rights and International Environmental Law in the 21st Century: The Need to Clarify their Interrelationships, in: Journal of International Economic Law 4 (2001) 1, S.20. Heute ist weitgehend unbestritten, daß es neben dispositiven Normen des Völkerrechts einige wenige zwingende Normen (*ius cogens*) gibt. Kontrovers geblieben ist allerdings sowohl der Begriff *ius cogens*, als auch die Frage, welche Normen im einzelnen zu diesem zwingenden Völkerrecht zählen, vgl. *Heintschel v. Heinegg*, Wolf (Fn.143): §15, S.157ff., Rn.36ff.
202 *Hannikainen*, Lauri: Peremptory Norms (ius cogens) in International Law: Historical Development, Criteria, Present Status, Helsinki, 1988, S.724ff. Zur Anwendung des Repressalienrechts unter dem GATT vgl. *Hahn*, Michael J.: Die einseitige Aussetzung von GATT-Verpflichtungen als Repressalie, Berlin (e.a.), 1996.
203 *Allmand*, Warren: Trading in Human Rights, The Need for a Human Rights Sensitivity at the World Trade Organization, A Brief to the Standing Committee on Foreign Affairs and International

Hierbei würde jedoch verkannt, dass die UN-Charta den Mitgliedern zwar die Einhaltung, nicht aber die sanktionsbewehrte Durchsetzung von Menschenrechten in Drittstaaten *gebietet.* Zwar mag die UN-Charta die Staaten zum Schutz und zur Verwirklichung der Menschenrechte in der Arbeit anhalten. Es erscheint jedoch schon zweifelhaft, unter welchen Voraussetzungen diese Rechte in Drittstaaten nach allgemeinem Völkerrecht durchgesetzt werden *dürfen.*[204] Zweifellos besteht allerdings unter der UN-Charta keine den „Kapitel VII-Maßnahmen" vergleichbare *Verpflichtung* für Staaten, fundamentale Arbeitnehmerrechte in Drittstaaten durch Handelsmaßnahmen zu erzwingen.

Die Verletzung von Arbeitnehmerrechten in Drittstaaten begründet für WTO-Mitglieder deshalb keine Verpflichtung, diesen Rechtsverletzungen durch Handelssanktionen zu begegnen. Die Voraussetzungen des Art.XXI(c) GATT liegen daher nicht vor.

(2) Erhalt der internationalen Sicherheit und des Friedens

Weiterhin dient die Durchsetzung von Arbeitnehmerrechten auch nicht *"the maintenance of international peace and security",* wie dies Art.XXI(c) GATT verlangt. Bei den Merkmalen „internationale Sicherheit" und „internationaler Frieden" handelt es sich um *termini technici* im Sinne von Kapitel VII UN-Charta. Die Vorschrift des Art.39 UN-Charta bestimmt, dass der Sicherheitsrat über Maßnahmen zur Erhaltung oder Wiederherstellung des „internationalen Friedens" und der „internationalen Sicherheit" befinden kann. Entsprechend erlaubt Art.41, S.2 UN-Charta, dass diese Maßnahmen auch in der teilweisen oder völligen Unterbrechung der ökonomischen Beziehungen eines Landes bestehen können. Für diese „Kapitel VII-Maßnahmen" stellt Art.XXIII(c) GATT die notwendige Öffnungsklausel dar, um Normkonflikte zwischen der UN-Charta und dem GATT zu vermeiden.
In der Havanna-Charta der ITO war die Art.XXI(c) GATT entsprechende Regelung in Art.86 (Beziehungen zu den Vereinten Nationen) geregelt. In Art.86:3, S.2 war festgelegt, dass Maßnahmen unter Kapitel IV und VI UN-Charta nicht von der Havanna-Charta *erfasst werden.* Die Vorschrift des Art.86:4 Havanna-Charta entspricht dem Art.XXI(c) und *erlaubt* alle Maßnahmen zum Schutz des Friedens und der internationalen Sicherheit. Aus dieser systematischen Struktur des Art.86 Havanna-Charta wird deutlich, dass der abschließende Art.86:4 allein Maßnahmen

Trade, ICHRDD (Hrsg.), Montreal, 24. März 1999, S.5.
204 Aus dem Schrifttum zur humanitären Intervention vgl. nur *Pradetto*, August: Die NATO, humanitäre Intervention und Völkerrecht, in: Aus Politik und Zeitgeschichte 16 (1999) 1, S.26ff.; *Merle*, Jean-Christophe/*Pinzani* Alessandro: Rechtfertigung und Modalitäten eines Rechts auf humanitäre Intervention in: Vierteljahresschrift für Sicherheit und Frieden 18 (2000) 1, S.71ff., jeweils m.w.N.

unter Kapitel VII UN-Charta meinen kann. Für eine Begrenzung des Art.XXI(c) auf Sanktionen unter Kapitel VII UN-Charta spricht ferner, dass es nicht Aufgabe der WTO, sondern nur des UN-Sicherheitsrates sein kann darüber zu entscheiden, ob eine Maßnahme dem Erhalt internationaler Sicherheit und dem Frieden dient.

Dies bedeutet, dass die Öffnungsklausel des Art.XXI(c) nur für Maßnahmen auf Basis von Kapitel VII der UN-Charta anwendbar ist, wenn eine formelle Feststellung des Sicherheitsrates vorliegt, die eine Bedrohung oder einen Bruch des Weltfriedens konstatiert. Das erscheint bei der Verletzung von Arbeitnehmerrechten jedoch kaum vorstellbar.

c) Zwischenergebnis

Die Ausnahme des Art.XXI GATT zum Schutz der nationalen und internationalen Sicherheit ist jedenfalls nicht geeignet, um Handelsmaßnahmen zur Durchsetzung von Menschenrechten in der Arbeit zu rechtfertigen.

3. Art.XX GATT (Allgemeine Ausnahme)

Abschließend soll untersucht werden, ob Handelsmaßnahmen zum Schutz von Arbeitnehmerrechten in Drittstaaten unter der allgemeinen Ausnahme des Art.XX GATT zu rechtfertigen sind. Die dafür relevanten Vorschriften des Art.XX GATT lauten:

Art.XX (General Exceptions)

Subject to the requirement that such measures are not applied in a manner which would constitute a means of arbitrary or unjustifiable discrimination between countries where the same conditions prevail, or a disguised restriction of trade, nothing in this agreement shall be construed to prevent the adoption or enforcement by any contracting party of measures: [...]

(a) Necessary to protect public morals;
(b) necessary to protect human, animal or plant life or health; [...]
(e) relating to the products of prison labour; [...]

a) Struktur und Anwendung

Die Prüfung einer Maßnahme unter der allgemeinen Ausnahmeklausel des Art.XX GATT muss in zwei verschiedenen Schritten erfolgen.[205] Erstens muss eine Maßnahme unter Art.XX GATT einen der insgesamt zehn verschiedenen Ausnahmetatbestände erfüllen. Mit diesem abschließenden Katalog *legitimer Politikziele* erkennt Art.XX(a)-(j) GATT die Souveränität der Staaten an, ein legitimes Politikziel selbst dann zu verfolgen, wenn die handelspolitischen Mittel einen Verstoß gegen Welthandelsrecht beinhalten[206]. Zum Schutz dieser *legitimate policy objectives* ist es einem Staat gestattet, unilateral und ohne weitere Ermächtigung durch die anderen WTO-Mitglieder von einer Bestimmung des GATT abzuweichen.[207] Die Ausnahmetatbestände kennzeichnen wichtige Politikbereiche, in denen ein „Souveränitätsvorbehalt" für die Mitgliedstaaten besteht. Von den zehn verschiedenen Ausnahmetatbeständen wird eine Maßnahme letztlich aber nur erfasst, wenn sie auch hinreichenden Bezug zu dem angestrebten Politikziel aufweist. Dieses Erfordernis bringt Art.XX(a)-(j) GATT mit den Worten *"necessary to"*, *"relating to"* oder *"necessary to secure compliance"* zum Ausdruck. Je nach Wortlaut variieren die Anforderungen an den Zusammenhang zwischen Maßnahme und Politikziel zwischen den einzelnen Ausnahmen der Art.XX(a)-(j)[208]. Die Konjunktionen *"necessary to"*, *"relating to"* oder *"necessary to secure compliance"* enthalten jeweils eine rudimentäre Form des Übermaßverbotes und bewirken dadurch eine erste Begrenzung der Ausnahmetatbestände unter GATT Art.XX(a)-(j).

Als zweite Stufe der Rechtfertigung ist die Vereinbarkeit einer Maßnahme mit der Präambel des Art.XX zu prüfen.[209] Die Präambel des Art.XX GATT wird auch als

---

205 Zur Ausnahme des Art.XX(g) GATT führte der Appellate Body Report *US-Gasoline* (Fn.34): S.21f., (o. Rn.) aus: *"In order that the justifying protection of Article XX may be extended to it, the measure at issue must not only come under one or another of the particular exceptions -- paragraphs (a) to (j) -- listed under Article XX; it must also satisfy the requirements imposed by the opening clauses of Article XX. The analysis is, in other words , **two-tiered:** first, provisional justification by reason of characterization of the measure under XX(g); second further appraisal of the same measure under the introductory clauses of Article XX. "* (Hervorhebung hinzugefügt), bestätigt durch Appellate Body Report *US-Shrimp* (Rn.37): S.44, Rn.118 und S.55, Rn.147.
206 *Jackson*, John, H.: The World Trading System: Law and Policy of International Economic Relations, Cambridge MA (e.a.), 1989, S.206.
207 Für die Bezeichnung der Rechtfertigungsgründe als *"legitimate policy objectives"* in der Praxis der WTO-Streitschlichtung siehe nur Appellate Body Report *US-Shrimp* (Rn.37): Rn.149, S.56.
208 Appellate Body Report *US-Gasoline* (Fn.34): S.17, (o. Rn.), so enthält Art.XX (a), (b) und (d) die Relation *"necessary"*, Art.XX (c), (e), und (g) *"relating to"*, Art.XX(h) *"in pursuance of"*, Art.XX(f) *"for the protection of"*, Art.XX(i) *"involving"* und schließlich Art.XX(j) *"essential to"*.
209 Den Ansatz des Panel Reports *US-Shrimp* (Fn.34), zunächst den *chapeau* und erst dann die Tatbestände des Art.XX GATT zu prüfen, wurde vom Apellate Body als *"error in legal*

headnote, introductory clause oder *chapeau* (frz. Hut) bezeichnet. Der *chapeau* erfordert, dass eine Maßnahme erstens keine *"arbitrary or unjustifiable discrimination"* und zweitens keine *"disguised restriction on international trade"* darstellt. Diese beiden Kriterien des *chapeau* sind als Rückausnahmen zu den Rechtfertigungstatbeständen des Art.XX(a)-(j) GATT zu begreifen.

Bei der Prüfung einer Maßnahme stellt der Appellate Body unter den Rechtfertigungstatbeständen einerseits und der Rückausnahme des Art.XX GATT andererseits auf zwei unterschiedliche Perspektiven ab:

> *"The chapeau by its express terms addresses, **not so much** the questioned measure or its specific contents as such, but rather the manner in which the **measure is applied"*[210].

Für die Frage, ob eine Maßnahme einen Rechtfertigungsgrund der Art.XX(a)-(j) erfüllt, kommt es demnach zuvorderst auf die Ausgestaltung der Maßnahme selbst an, während unter dem chapeau vor allem auf die Wirkung der Maßnahme in ihrer Anwendung abzustellen ist.

Nachfolgend ist zu prüfen, ob Maßnahmen, die Waren nach der Beachtung der fundamentalen Arbeitsrechte in den Exportstaaten differenzieren, erstens einen der Rechtfertigungsgründe unter Art.XX(a)-(j) erfüllen und zweitens mit den Rückausnahmen im chapeau vereinbar sind.

b) Ausnahmetatbestände

Die Vorschrift des Art.XX GATT enthält eine Reihe einzelner Ausnahmetatbestände, zugunsten derer WTO-Mitglieder von den übrigen Verpflichtungen aus dem GATT abweichen dürfen. Nachfolgend ist zu untersuchen, welche dieser sog. „legitimien Politikziele" für Maßnahmen zur Implementierung der Menschenrechte in der Arbeit in Frage kommen.

(1) Art.XX(b) (Lebens- und Gesundheitsschutz)

Die in Art.XX(b) GATT enthaltene Ausnahme erlaubt alle Maßnahmen, die auf den Schutz von Leben und Gesundheit von Menschen, Tieren und Pflanzen abzielen. Fraglich ist, ob hierunter auch Maßnahmen zur Durchsetzung der fundamentalen Arbeitnehmerrechte gerechtfertigt werden können.

---

interpretation" verworfen, Appellate Body Report *US-Shrimp* (Rn.37): S.45, Rn.122.
210 Appellate Body Report *US-Gasoline (Fn.34): S.22, (o. Rn.)*, unter Bezug auf die ähnliche Formulierung in Panel Report *United States-Imports of Certain Automotive Spring Assemblies*, GATT-Doc. L/5333 v. 11. Juni 1987 (Nachdruck in: BISD 30S/107, 1984): S.12f., Rn.56 (Hervorhebung hinzugefügt).

aa) Anwendungsbereich des Art.XX (b)

Die Vorschrift des Art.XX(b) GATT umfasst Maßnahmen zum Schutz des Lebens und der menschlichen Gesundheit. Bestimmte Verstöße gegen Menschenrechte in der Arbeit können zweifelsohne eine Gefährdung der menschlichen Gesundheit zur Folge haben. So wird Zwangsarbeit oder Kinderarbeit häufig unter solchen Bedingungen erbracht, die eine Gefährdung für die Gesundheit der Arbeitnehmer zur Folge haben. So wird beispielsweise noch immer über das „Verschwinden" oder sogar die Exekution von Arbeitnehmervertretern in einigen Ländern berichtet.[211] Sofern aus der Verletzung der fundamentalen Arbeitnehmerrechte Gesundheits- oder Lebensgefahr für Menschen resultiert, wird dieser Sachverhalt vom Schutzbereich des Art.XX(b) GATT erfasst.[212]

bb) *Necessity test*

Die Vorschrift des Art.XX GATT erfordert ferner, dass eine Maßnahme hinreichenden Bezug zu dem angestrebten Politikziel aufweist. Unter Art.XX(b) GATT muss die Schutzmaßnahme für die Verwirklichung des Schutzziels *necessary* sein. Diesem sog. *necessity test* des GATT müssen Handelsmaßnahmen zum Schutz von Arbeitnehmerrechten genügen, wenn sie unter Art.XX(b) gerechtfertigt werden sollen.

Der *necessity test* im Rahmen des Art.XX GATT dient dazu, die Erforderlichkeit einer Maßnahme im Hinblick auf ihr Ziel zu überprüfen.[213] In der Entscheidung *Thailand-Cigarettes* wurde das Merkmal der Erforderlichkeit für die Ausnahme des Art.XX(d) definiert und seitdem in gleicher Weise für andere Absätze des Art.XX GATT angewandt[214]:

---

211 Siehe oben, S.168, Fn.161.

212 Es sei hier darauf hingewiesen, daß der Appellate Body das Problem der Extraterritorialität als Beschränkung der Rechtfertigungstatbestände und nicht erst im *chapeau* behandelt, vgl. Appellate Body Report *US-Shrimp* (Rn.37): S.50f. Rn.133, wobei das Problem der Extraterritorialität hier nur gestreift wird. In dieser Arbeit wird jedoch der *chapeau* als systematisch richtiger Ort zur Erörterung dieses Problemkreises erachtet, siehe unten, S.359ff.

213 Keiner Prüfung im Rahmen des *necessity test*s unterliegt dagegen die Notwendigkeit zur Verwirklichung des Politikziels einer Maßnahme, vgl. Panel Report *EC-Asbestos* (Fn.12), S.434, Rn.8.171 unter Verweis auf Panel Report *US – Gasoline* (Rn.50): S.31, Rn.6.22.

214 Panel Report *Thailand-Cigarettes* (Fn.28): S.20, Rn.74, Fn.2, führte hierzu aus: *"The panel could see no reason, why under Art.XX GATT the meaning of the term necessary under paragraph (d) should not be the same as in paragraph (b)".*

"[T]he Import Restrictions imposed by Thailand could be considered to be 'necessary' in Terms of Article XX(b) only if there were no alternative measure consistent with the General Agreement, or less inconsistent with it, which Thailand reasonably be expected to employ to achieve its health policy objectives." [215]

Der *necessity test* dient dem Ziel, die Verletzung der Vorschriften des GATT durch Schutzmaßnahmen auf das unvermeidbare Maß zu begrenzen. Die darüber hinaus vom Appellate Body in der Entscheidung *Korea-Beef* vorgenommene Angemessenheitsprüfung (*proportionality test*), also eine Abwägung des nicht-wirtschaftlichen Politikziels mit den verletzten GATT-Pflichten, wurde in dieser Arbeit abgelehnt.[216] Deshalb muss ein Mitglied zur Erreichung seiner Politikziele vorrangig GATT-konforme Maßnahmen einsetzen. Für den Fall, dass keine GATT-konforme Schutzmaßnahme verfügbar ist, ist diejenige Maßnahme zu wählen, die den *geringsten Verstoß* gegen das GATT beinhaltet.[217] Eine Maßnahme gilt somit als *necessary*, wenn sie zur Erreichung ihres Zieles den geringstmöglichen Eingriff in den Handel darstellt. Auf ein vorrangig anzuwendendes „milderes Mittel" wird ein Staat nur verwiesen, wenn vernünftigerweise erwartet werden kann, dass diese Alternativmaßnahme erfolgversprechend ist.[218] An den Nachweis, dass zur Erreichung des Politikziels keine sinnvolle Alternative zur ergriffenen Maßnahme bestand, stellt die GATT-Praxis recht hohe Anforderungen. So ist eine alternative Maßnahme selbst dann vorrangig, wenn sie nur mit höherem administrativen oder finanziellen Aufwand verbunden ist und zur Erreichung des Schutzziels weniger effektiv ist.[219] So scheiterte ein Importverbot gegen Zigaretten auch deshalb am *necessity test*, weil die Gesundheitsgefahren durch Rauchen nicht nur durch ein Importverbot, sondern auch durch Werbeverbote und Kennzeichnungsprogramme erreicht werden können.[220]

Der *necessity test* wird teilweise als zu weitreichende Einschränkung der staatlichen Souveränität bei der Wahl der Mittel zum Schutz wichtiger Rechtsgüter abgelehnt. Insbesondere dem Erfordernis, „mildere" Maßnahmen auch unter

---

215 Panel Report *Thailand-Cigarettes* (Fn.28): S.21, Rn.75 (Hervorhebung hinzugefügt), inhaltlich ebenso, allerdings in weniger griffiger Formulierung bereits Panel Report *US-Section 337 of the Tariff Act of 1930*, (Fn.85): S.44f., Rn.5.26.
216 siehe oben, S.128ff.
217 Panel Report *Thailand-Cigarettes* (Fn.28): S.20f., Rn.74 unter Bezugnahme auf Panel Report *US-Section 337 of the Tariff Act of 1930*, (Fn.85): S.44f., Rn.5.26.
218 Panel Report *US-Section 337 of the Tariff Act of 1930*, (Fn.85): S.44f., Rn.5.25ff. in: BISD 36S/345 (1990), S.392f.; Panel Report *Thailand-Cigarettes* (Fn.28): S.21, Rn.75.
219 Panel Report *US-Section 337 of the Tariff Act of 1930*, (Fn.85): S.45, Rn.5.27.
220 Panel Report *Thailand-Cigarettes* (Fn.28): S.21, Rn.77.

höherem administrativem oder finanziellem Mehraufwand vorrangig anzuwenden, begegnet im Hinblick auf die limitierten Ressourcen der Entwicklungsländer Bedenken.[221]

Man kann die geringeren Anforderungen an vorrangig anzuwendende Alternativmaßnahmen allerdings damit rechtfertigen, dass Handelsbeschränkungen oft das einfachste Mittel darstellen, um gegenüber Importen ein Schutzziel zu verwirklichen. Wenn man lediglich absolut gleichwertige Alternativmaßnahmen als „milderes Mittel" ansehen wollte, bestünde die Gefahr, dass Sanktionen aufgrund ihrer Wirksamkeit zum bevorzugten Mittel der unter Art.XX(a)-(j) GATT genannten Politiken aufsteigen. Deshalb soll nachfolgend von den in der Streitschlichtung entwickelten Kriterien für den *necessity test* festgehalten werden.

Ob Handelsmaßnahmen zum Schutz von Arbeitnehmerrechten die Voraussetzungen des *necessity tests* erfüllen, lässt sich abschließend sich nur anhand der Umstände des konkreten Einzelfalls beurteilen. Für Handelssanktionen auf Basis arbeitsrechtlicher PPMs dürfte es jedoch bereits schwierig werden, das Fehlen einer weniger GATT-inkonsistenten Alternative zur Durchsetzung von Arbeitnehmerrechten nachzuweisen. Neben der Beschränkung des Marktzugangs für Exporte werden zur Implementierung von Arbeitnehmerrechten in Drittstaaten regelmäßig alternative Handlungsoptionen bestehen. Als denkbare Alternativen zu Sanktionen können Kennzeichnungs- und Zertifizierungsprogramme, aber auch Handelspräferenzen für Waren aus arbeitsrechtlich einwandfreien Herstellungs bedingungen angesehen werden.

Einerseits kann diesen „weichen" Alternativmaßnahmen nicht von vornherein abgesprochen werden, dass sie *"reasonably could be expected to employ to achieve* [the] *policy objectives"*[222]. Durch den *necessity test* werden Staaten deshalb in vielen Fällen gehalten sein zuerst positive Anreizmechanismen wie *Labelling* oder Präferenzen auszuschöpfen, bevor die Implementierung von Arbeitnehmerrechten mit Handelsmaßnahmen als „erforderlich" gelten kann.

Andererseits ist die Durchsetzung von Arbeitnehmerrechten mit Handelsmaßnahmen dann „erforderlich" im Sinne von Art.XX(b) GATT, wenn keine andere Maßnahme geeignet ist, um eine Gefahr für die Gesundheit oder das Leben von Arbeitnehmern abzuwenden. Sofern beispielsweise Zwangsarbeit in solchem Umfang und unter solchen Bedingungen betrieben wird, dass hieraus eine akute Lebensgefahr für eine Vielzahl von Arbeitnehmern resultiert, werden Kennzeichnungsprogramme kurzfristig kaum als gleichwertige Alternative gegenüber

---

221 *Trebilcock*, Michael J./*Howse*, Robert (Fn.15): S.337.
222 Vgl. Panel Report *Thailand-Cigarettes* (Fn.28): S.21, Rn.75; Panel Report *US-Section 337 of the Tariff Act of 1930*, (Fn.85): S.44f., Rn.5.26.

Handelsmaßnahmen zu betrachten sein. In solchen extrem gelagerten Fällen können Handelsmaßnahmen das mildeste Mittel darstellen, um Staaten zur wirksamen Einhaltung von Arbeitnehmerrechten zu bewegen und somit Gefahren für Leben und Gesundheit von Arbeitnehmern abzuwenden.[223]

Im Ergebnis bedeutet dies, dass der *necessity test* für Handelsmaßnahmen zum Schutz der Gesundheit und des Lebens von Arbeitnehmern eine erhebliche Hürde darstellt, die in der Praxis kaum überwunden werden kann. Menschenrechtlich motivierte Sanktionen erfüllen jedoch den Tatbestand des Art.XX(b) GATT dann, wenn sie aufgrund der Umstände des Einzelfalls das „mildeste" und einzig wirksame „Mittel" zum Schutz der Arbeitnehmer darstellen.

(2) Art.XX(e) (Gefängnisarbeit)

Der Rechtfertigungsgrund des Art.XX(e) GATT umfasst alle Maßnahmen, die sich auf Waren aus Gefängnisarbeit (*"prison labour"*) beziehen. Es ist zu untersuchen, ob diese Klausel Handelsmaßnahmen zur Durchsetzung der fundamentalen vier Arbeitnehmerrechte zu rechtfertigen vermag.

Die Ausnahmebestimmung des Art.XX(e) GATT erfasst unproblematisch jegliche Handelsmaßnahme, die sich gegen in Gefängnisarbeit hergestellte Waren richtet.[224] Die Vorschrift des Art.XX(e) GATT unterscheidet sich zunächst dadurch von anderen Absätzen des Art.XX, als sie erstens die *Produktionsmethode* von Waren, zweitens einen Sachverhalt *im Exportstaat* und drittens einen *Arbeitsstandard* betrifft. Aufgrund dieser Besonderheiten scheint es trotz des eindeutigen Wortlauts nicht ausgeschlossen, auch über Gefängnisarbeit hinaus Maßnahmen zur Implementierung der fundamentalen Arbeitnehmerrechte unter dieser Ausnahme zu rechtfertigen. Deshalb ist zu untersuchen, ob dieser Artikel erweiternd oder ergänzend ausgelegt werden kann, so dass beispielsweise auch Sklaverei, Zwangsarbeit oder die schlimmsten Formen der Kinderarbeit von dieser Ausnahme erfasst werden[225].

Im Wortlaut ist nur von *prison labour* die Rede. Der Vertragstext bestimmt im Völkerrecht die Grenze der Auslegung, denn ein eindeutiger Wortlaut bedarf keiner Interpretation.[226] Ein eindeutiger Wortlaut liegt vor, wenn sich der ermit-

---

223 Zu den Kriterien zielführender Handelsmaßnahmen siehe unten, S.393ff.
224 *Lempp*, Hans-Volkhard (Fn.71): S.133.
225 *Stensland*, Juli: Internationalizing the North American Agreement on Labor Cooperation, Minnesota Journal of World Trade 4 (1995) 1, S.148 und *Lempp*, Hans-Volkhard (Fn.71): S.132 halten Art.XX (e) für abschließend und daher nicht auslegungsfähig und verneinen dementsprechend jede Möglichkeit zur Durchsetzung von sonstigen „Arbeitsstandards" unter dieser Vorschrift.
226 *Vattel*, Emer de: Le Droit des Gens ou Principes de la Loi Naturelle, 1758, Nachdruck:

telte natürliche Wortsinn sinnvoll in den Kontext einfügt.[227] Gefängnisarbeit umfasst nach seinem natürlichen Wortsinn die Beschäftigung in Strafvollzugsanstalten infolge einer Verurteilung. Zwangsarbeit, Sklaverei oder die Arbeit von Kindern als Leibeigene erfolgt weder in Strafvollzugsanstalten, noch infolge einer gerichtlichen Verurteilung. Fraglich ist allerdings, ob sich dieses enge natürliche Verständnis von *prison labour* sinnvoll in den Kontext der Vorschrift einfügt. Die Ausnahme für Gefängnisarbeit steht im Kontext der übrigen Rechtfertigungsgründe des Art.XX(a)-(j) GATT. Es wurde bereits festgestellt, dass die Rechtfertigungsgründe „legitime Politikziele" der Mitgliedstaaten festlegen.[228] Während Gefängnisarbeit in den meisten WTO-Mitgliedstaaten erlaubt und von der ILO lediglich reglementiert ist, sind Sklaverei und Zwangsarbeit in den Rechtsordnungen fast aller Mitgliedstaaten und nach allgemeinem Völkerrecht verboten[229]. Aus diesem Kontext heraus könnten sich Wertungswidersprüche ergeben, wenn man allein die Bekämpfung von *prison labour* als „legitimes Politikziel" anerkennt, dies aber für Zwangsarbeit, Sklaverei oder die Arbeit von Kindern als Leibeigene verneint. Aus diesem Grund scheint sich der ermittelte natürliche Wortsinn des Art.XX(a) GATT nicht vollkommen widerspruchsfrei und sinnvoll in den Kontext einzufügen und ist daher der weiteren Auslegung zugänglich. Es bleibt jedoch festzuhalten, dass sich *prison labour* nach seinem Wortsinn nur auf in Strafvollzugsanstalten hergestellte Waren bezieht. Die wörtliche Auslegung spricht deshalb bereits gegen eine erweiternde Auslegung des Art.XX(e) GATT. Es bleibt zu prüfen, ob sich anhand der übrigen Interpretationsmethoden etwas anderes ergibt.

Die GATT-Praxis trägt zur Erhellung wenig bei, da Art.XX(e) bisher in noch keinem einzigen Fall entscheidungserheblicher Gegenstand eines Streitschlichtungsverfahrens war[230]. Die Vorschrift des Art.XX(e) GATT wurde in der Streitschlichtung bisher nur im Zusammenhang mit dem Problemkreis extraterritorial

---

Washington 1916, 2.Buch, §263.

227 So befand der IGH: "*If the relevant words in their natural and ordinary meaning make sense in their context, that is an end of the matter*", *UN*: Report of the International Court of Justice, New York, 1950, S.8.

228 Siehe oben, S.331.

229 Zu Entstehungsgeschichte und Umfang des Verbots von Sklaverei und Zwangsarbeit im allgemeinen Völkerrecht und dem internationalen Arbeitsrecht siehe oben, S.174ff.

230 *Jackson*, John, H. (Fn.206): S.34; *Stirling*, Patricia: The Use of Trade Sanctions as an Enforcement Mechanism for Basic Human Rights: a Proposal for Addition to the World Trade Organization, in: American University International Law Review 11 (1996) 1, S.36; *Vellano*, Michele (Fn.155): S.396. Der Analytical Index des GATT, worin sich die bisherige Vertragspraxis und Verweise auf die Enstehungsgeschichte der GATT-Vorschriften finden, enthält keinen Eintrag zu Art.XX(e) GATT.

wirkender Maßnahmen als kodifiziertes Beispiel angeführt, ohne dass Art.XX(e) selbst angewendet wurde.[231]

Zu einer erweiternden Auslegung des Begriffs *prison labour* könnte man dadurch gelangen, dass man Art.XX(e) GATT im Lichte anderer völkerrechtlicher Verpflichtungen interpretiert, wie dies Art.31:1(c) WVK vorsieht. Seit dem Beschluss des Art.XX(e) GATT in seiner jetzigen Fassung im Jahre 1947 hat sich der Normbestand der Menschenrechte in der Arbeit erheblich weiterentwickelt. So wurde die Vereinigungsfreiheit erst im Jahre 1948 und das Recht auf Kollektivverhandlungen erst 1949 in der ILO als Konvention kodifiziert.[232] Beispiele für Entwicklungen in der jüngeren Vergangenheit sind die *ILO-Declaration on Fundamental Principles and Rights at Work* aus dem Jahre 1998 und die neue ILO-Konvention Nr.182 über die Beseitigung der schlimmsten Formen von Kinderarbeit[233]. Man könnte daher der Ansicht sein, dass Art.XX(e) GATT entsprechend der völkerrechtlichen Evolution der Menschenrechte erweiternd auszulegen ist.[234] Hiergegen spricht jedoch, dass drei der vier fundamentalen Arbeitnehmerrechte bereits im Jahre 1947 in ILO-Konventionen niedergelegt waren. Die Tatsache, dass die damals bereits bestehenden Rechte keine Aufnahme in das GATT fanden, spricht auch gegen eine erweiternde Auslegung des Art.XX(e) zum heutigen Zeitpunkt.

Daher ist weiterhin zu untersuchen, welche Auslegung der Sinn und Zweck der Vorschrift gebietet. Zunächst könnte man annehmen, die Sanktionierung von Gefängnisarbeit sei aus menschenrechtlichen Gründen zum Schutz ausländischer Arbeitnehmer vor Ausbeutung und unmenschlichen Arbeitsbedingungen in Gefängnissen erlaubt.[235] Läge Art.XX(e) ein solch menschenrechtlicher Zweck zugrunde, ließe sich im Wege des *argumentum a majorem ad minus* für eine erweiternde Auslegung argumentieren. Wenn Gefängnisarbeit aus humanitären Gründen sanktionierbar ist, muss dies für Verletzungen der vier Menschenrechte in der Arbeit sicherlich „erst recht" gelten.

Anhand der *"drafting history"* des GATT lässt sich die Frage nach dem Sinn und Zweck des Art.XX(e) nicht unmittelbar beantworten.[236] Jedoch offenbart ein Blick

---

231 So stellte Panel Report *US-Tuna II* (Fn.32): S.50, Rn.5.16 lediglich fest: *"An example was the provision of Art.XX (e) relating to products of prison labour. It could not therefore be said that the General Agreement proscibed in an absolute manner measures that related to things or actions outside the territorial jurisdiction of the party taking the measure."* Zur Bedeutung von Art.XX(e) im Hinblick auf den Problemkreis extraterritorialer Maßnahmen im GATT siehe unten, S.359ff.
232 Siehe oben, S.161ff.
233 Zur ILO-Deklaration 1998 siehe oben, S.156ff., zur ILO-Konvention Nr.182 siehe oben, S.179ff.
234 Vgl. dementsprechend die erweiternde Auslegung des Art.XX(g) durch Appellate Body Report *US-Shrimp* (Rn.37): S.50, Rn.131 im Lichte der Entwicklungen im internationalen Umweltschutz.
235 Für eine solch humanitäre Zwecksetzung *Stirling*, Patricia (Fn.230): S.38.
236 Unüblicherweise wurde Art.XX(e) vom *Preparatory Committee* zur Havanna-Konferenz

auf die systematische Stellung des mit Art.XX(e) GATT identischen Art.45(iv) Havanna-Charta, dass die Ausnahme für Gefängnisprodukte einen *ökonomischen* und keinen menschenrechtlichen Normzweck besitzt[237]. Im Unterschied zum GATT enthielt die Havanna-Charta mit Art.7 eine Vorschrift über „faire Arbeits-bedingungen".[238] Während Gefängnisarbeit in Art.45(iv) Havanna-Charta in Kapitel IV („Handelspolitik") geregelt ist, findet sich Art.7 Havanna-Charta dagegen in Kapitel II, („Arbeit und wirtschaftliche Tätigkeit"). Die unterschiedliche systematische Stellung der Bestimmungen über Gefängnisarbeit und faire Arbeitsbedingungen deutet auf unterschiedliche Zielsetzungen beider Vorschriften hin. Neben der Havanna-Charta enthielten auch andere Handelsverträge eine humanitäre Ausnahme einerseits und eine Klausel betreffend Gefängnisarbeit andererseits, was ebenfalls gegen einen menschenrechtlichen Normzweck des Art.XX(e) GATT spricht.[239]

Unter einer menschenrechtlichen Zwecksetzung leuchtete es auch nicht ein, warum Art.XX(e) lediglich Gefängnisarbeit nennt, die nicht notwendig unter unmensch-lichen Bedingungen verrichtet wird[240]. Im Hinblick auf eine menschenrechtliche Zwecksetzung müsste man erwarten, dass Art.XX(e) entweder allgemein auf unmenschliche Arbeitsbedingungen abstellt, oder aber, dass der Katalog auch andere, weitaus unmenschlichere Arbeitsformen als die in den meisten WTO-Staaten als Mittel des Strafvollzugs verbreitete Gefängnisarbeit umfasst. Hinter der Ausnahme des Art.XX(e) steht daher zumindest keine *menschenrechtliche* Zwecksetzung, mit der sich eine ergänzende Auslegung rechtfertigen ließe.

Aus einem rein ökonomischen Normzweck des Art.XX(e) GATT könnte sich jedoch ebenfalls eine erweiternde Auslegung rechtfertigen. Es wird vertreten, dass Art.XX(e) vor „unfairem" Wettbewerb infolge der Niedriglöhne in Gefängnissen

---

angenommen, ohne daß in den Verhandlungsprotokollen eine Stellungnahme hierzu dokumentiert wäre, siehe Report of the Drafting Committee of the Preparatory Committee of the United Nations Conference on Trade and Employment, UN-Doc. E/PC/T/C.II/56, S.4.

237 So im Ergebnis auch *Reuß*, Matthias (Fn.155): S.98, allerdings mit der Begründung, daß Art.XX (e) nicht auf die „tatsächlichen Lebens- und Arbeitsbedingungen der Strafgefangenen abstellt"; a.A. *Prove*, Peter: Human Rights at the World Trade Organization ? (unveröffentlichter Entwurf), zur Veröffentlichung vorgesehen in: Human Rights and Economic Globalisation: Directions for the WTO, Mehra, Malini (Ed.), Uppsala, 1999, S.6.

238 siehe oben, S.28

239 *Weiss*, Friedl: Internationally Recognized Labour Standards and Trade, in: Legal Issues of European Integration 23 (1996) 2, S.172 unter Bezugnahme auf das Handelsabkommen zwischen der Schweiz und den USA von 1936; a. A. noch *Muhammad*, Seyid V.A.: The Legal Framework of World Trade, Keeton, George W./Schwarzenberger, Georg (Ed.), London 1958, S.172f.

240 *Weiss*, Friedl (Fn.239): S.172.

schützen soll.[241] Demnach bezweckt Art.XX(e) GATT, den Wettbewerb durch Waren unterbinden zu dürfen, deren Preise nicht durch Marktmechanismen entstanden sind und somit nicht auf einem „echten" Kostenvorteil beruhen. Durch den Zwang im Strafvollzug herrschen keine marktkonformen Bedingungen und entsprechend sind die Kosten für den Faktor Arbeit niedriger, als dies bei freier Preisbildung der Fall wäre. Strafvollzugsanstalten haben dadurch einen Preisvorteil gegenüber denjenigen Herstellern, die den „Faktor Arbeit" unter Marktbedingungen entlohnen müssen. Um solche Wettbewerbsverzerrungen zu vermeiden, dürfen Staaten unter Art.XX(e) GATT gegen Einfuhren aus *prison labour* vorgehen. Aufgrund dieses wettbewerbspolitischen Hintergrundes stellt Art.XX(e) GATT eine Ausprägung des im GATT enthaltenen Prinzips der Kostenwahrheit dar[242].

Wenn der Normzweck des Art.XX(e) GATT im Schutz vor Waren aus nicht marktkonformer Preisbildung liegt, dann kann hieraus für eine erweiternde Auslegung des Art.XX(e) im Hinblick auf bestimmte Menschenrechte in der Arbeit geschlossen werden, denn Zwangs- oder Sklavenarbeit erfolgen ebenfalls ohne marktgerechte Entlohnung der Arbeitskräfte.[243] Aufgrund seines Normzwecks könnte Art.XX(e) GATT daher zumindest auf Zwangs- und Sklavenarbeit auszudehnen sein.

Gegen eine erweiternde Auslegung spricht allerdings die systematische Stellung des Art.XX(e) GATT. Diese Vorschrift ist als Ausnahme grundsätzlich eng auszulegen.[244] Einer den Wortlaut erweiternden Auslegung des Art.XX(e) GATT durch die Vertragspraxis steht ferner Art.3, S.3 DSU entgegen, wonach

"[r]ecommendations and rulings of the DSB cannot add or diminish the rights and obligations provided in the covered agreement".

Eine erweiternde Auslegung der Ausnahmebestimmung des Art.XX(e) GATT auf Sklaven- und Zwangsarbeit würde jedoch einerseits die Rechte des Staates, der

---

241 *Weiss*, Friedl (Fn.239): S.172.
242 Zum Prinzip der „Kostenwahrheit" siehe oben, S.115ff.
243 In einer Interpretationsnote der Vereinigten Staaten zu einem internationalen Handelsabkommen des Völkerbundes als Vorläufer des GATT wurde für eine entsprechende Erweiterung der Ausnahmebestimmungen für Gefängnisarbeit plädiert, vgl. International Convention for the Abolition of Import and Export Restrictions v. 8. November 1927, 46 Stat. 2461, Leage of Nations Doc. C.I.A.P 1927, zitiert nach *Diller*, Janelle M./*Levy*, David A. (Fn.160): S.684, Fn. 182. Diese Note und auch die entsprechende Ratifikationsurkunde gezeichnet von US-Präsident Hoover vom 20. September 1929 besagte, daß die Ausnahme zu "prison-made goods" auch Zwangs- und Sklavenarbeit umfassen solle.
244 Zur engen Auslegung von Ausnahmen im GATT siehe oben, S.312ff.

sich auf die Ausnahme beruft, erweitern und gleichzeitig die Rechte des von Maßnahmen betroffenen Staates aus den Grundregeln des GATT verkürzen. Einer den
Wortlaut ergänzenden dynamischen Interpretation des Art.XX(e) GATT sind
daher durch das DSU letztlich Grenzen gesetzt. Zusammenfassend bleibt daher
festzuhalten, dass Art.XX(e) GATT *de lege lata* nur Maßnahmen gegen
Gefängnisarbeit, nicht aber zur Durchsetzung anderer Arbeitnehmerrechte
rechtfertigen kann.

(3) Art.XX(a) (*public morals*)

Die Ausnahme des Art.XX(a) erlaubt es Staaten, durch Maßnahmen "*necessary to
protect public morals*" von ihren Pflichten aus dem GATT abzuweichen. Einige
sind der Ansicht, dass Kinderarbeit[245] und die Verweigerung grundlegender
Arbeitnehmerrechte[246] ebenso wie beispielsweise die Einfuhr pornographischer
Schriften[247] oder der Handel von Pelzen aus Tellereisen-Fallen[248] die Schnittstelle
zwischen internationalem Handel und Moral betreffen[249].

Es liegt auf der Hand, dass es sich bei dem Terminus "*public morals*" um einen
unbestimmten und daher auslegungsbedürftigen Rechtsbegriff des GATT handelt[250]. Der vage Wortlaut des Art.XX(a) macht die erforderliche Gratwanderung
zwischen legitimen Politikzielen und den drohenden Missbrauchsgefahren bei der
Interpretation der Rechtfertigungsgründe des Art.XX GATT besonders deutlich.
Legt man die Ausnahme der "*public morals*" zu eng aus, wird die Souveränität der
WTO-Mitglieder in moralischen Fragen im Interesse des Freihandels unangemes-
sen beschränkt. Stellt man dagegen an moralisch zu begründende Beschränkungen
des Handels zu geringe Anforderungen, dann stehen die Rechte anderer WTO-

---

245 *Charnovitz*, Steve: The Moral Exception in Trade Policy, in: Virginia Journal of International Law
38 (1998) 4, S.740ff.
246 *Torres*, Raymond: Labour Standards and Trade, in: OECD Observer (1996) 202, S.10.
247 *Feddersen*, Christoph T. (Fn.142): S.75.
248 *Feddersen*, Christoph T. (Fn.142): S.98ff.; *Charnovitz*, Steve (Fn.245): S.736ff. sowie *Quick*,
Reinhard: The Community's Regulation on Leg-hold Traps: Creative Unilateralism Made Compatible
with WTO Law Through Bilateral Negotiations ? in: New Directions in International Economic Law,
Essays in Honour of John Jackson, Bronckers, Marco/Quick, Reinhard (Ed.), Den Haag (e.a.), 2000,
S.245ff. für eine umfassende Analyse der Vereinbarkeit von Maßnahmen gegen Pelzprodukte mit dem
GATT, die unter Verwendung von Tellereisen hergestellt wurden.
249 Zu Menschenrechten als "*moral rights*" siehe *Petersmann*, Ernst-Ullrich (Fn.201): S.18.
250 Zur Auslegung unbestimmter Rechtsbegriffen im GATT vgl. *Schoch*, Frank: Unbestimmte
Rechts-begriffe im Rahmen des GATT, Frankfurt am Main (e.a.), 1994.

Mitglieder und letztlich das ganze GATT unter dem unilateralen „Moralvorbehalt" einzelner Staaten.[251] Der Schutz von Menschenrechten fundamentaler Arbeitnehmerrechte im GATT hat allerdings nicht allein eine ökonomische und handelspolitische Dimension.[252] In der Debatte um eine Verknüpfung zwischen *Trade&Labour* kommt ethischen und moralischen Argumenten eine mindestens ebenso große Bedeutung zu.[253] Deshalb soll nachfolgend untersucht werden, ob Marktzugangsschranken zur Durchsetzung der fundamentalen Arbeitnehmerrechte als *"necessary to protect public morals"* gerechtfertigt werden können. Dafür kommt es im wesentlichen auf die Auslegung des Begriffs *"public morals"* an.

aa) Auslegung des unbestimmten Rechtsbegriffs *"public morals"*

Das GATT enthält keinen ausdrücklichen Hinweis auf die Definition des Terminus *"public morals"*.
Erstens ist für die Auslegung des Begriffs der *"public morals"* auf den Wortsinn abzustellen. Die Bedeutung des Begriffs *"moral"* wird gemeinhin mit

"of or relating to principles or considerations of right and wrong action or good and bad character"

umschrieben.[254] Bei dieser Umschreibung von „Moral" bleibt allerdings fraglich, welche Kriterien für die Unterscheidung von „richtig" und „falsch", „gut" oder „böse" im Rahmen des GATT gelten und wer hierüber entscheiden soll. Das GATT verwendet jedoch nicht den Terminus *"moral"*, sondern *"public morals"*, worunter

„those rules and principles in a given society which both characterize conduct as right or wrong and stipulate the behavioral norms in that society"

verstanden wird.[255] Anhand dieser Begriffsbestimmung wird deutlich, dass es für die Unterscheidung zwischen „richtig" und „falsch" bei *„public morals"* auf die *in der Gesellschaft* verankerten Regeln und Werte ankommt. Unabhängig davon, ob man nun auf nationale oder internationale Werte abstellt, könnte man die Bedeutung von Menschenrechten durchaus als eine Frage von „richtig" und „falsch" oder

---

251 Ähnlich, allerdings pauschal auf protektionistische Mißbrauchsgefahren hinweisend *Vellano, Michele* (Fn.155): S.396, vgl. ferner *Feddersen*, Christoph T. (Fn.142): S.78.
252 Zum ökonomischen Nexus zwischen *Trade&Labour* siehe oben, S.226ff.
253 *Feddersen*, Christoph T. (Fn.142): S.105.
254 *Gove*, Philip B.: Websters Third New International Dictionary, Bd.2, London, 1966, S.1468.
255 Blacks Law Dictionary, 6.Auflage, 1990, zitiert nach *Feddersen*, Christoph T. (Fn.142): S.106.

„gut" und „böse" begreifen. Auf den natürlichen Wortsinn kann es bei der Auslegung in Anbetracht des unscharfen Wortlauts des Art.XX(a) GATT allerdings nicht allein ankommen.[256]

Zweitens soll deshalb die Vertragspraxis des GATT zur Auslegung herangezogen werden. In den internationalen Handelsbeziehungen existiert zwar eine Vielzahl von Marktzugangsschranken, die einen ethischen oder religiösen Hintergrund besitzen.[257] Dennoch erging bisher keine einzige Entscheidung der GATT/WTO-Streitschlichtung über die Rechtfertigung einer Handelsmaßnahme unter Art.XX(a).[258] Zu dieser Vorschrift finden sich lediglich vereinzelte Stellungnahmen von *interested third parties* in Streitschlichtungsverfahren. So vertrat Australien im Fall *US-Tuna I* die Auffassung, dass Art.XX(a) GATT Maßnahmen gegen die *„inhumane"* Behandlung von Tieren rechtfertige.[259] Ausgehend von dieser Ansicht kann man argumentieren, dass Art.XX(a) „erst recht" Maßnahmen gegen die inhumane Behandlung von Menschen in Form der Verletzung fundamentaler Arbeitnehmerrechte umfasst. Die einzelne Rechtsansicht einer Vertragspartei in einem Streitschlichtungsverfahren taugt jedoch sicherlich nicht als gesicherte Interpretationsbasis des Art.XX(a). Die Vertragspraxis des GATT hilft bei der Auslegung der Worte der *„public morals"* daher nicht weiter.

Drittens kann zur Bestimmung des Begriffs der *"public morals"* der Kontext des Art.XX(a) GATT herangezogen werden[260]. Der Rechtfertigungsgrund der *"public morals"* steht im Kontext der übrigen Ausnahmen der Art.XX(b)-(j). Fraglich ist, was aus dem systematischen Zusammenhang zwischen Art.XX(a) und Art.XX(e) GATT (Gefängnisarbeit) gefolgert werden kann. Die Vorschrift des Art.XX(e) GATT bezieht sich auf die Arbeitsbedingungen im Exportstaat. Hieraus wird geschlossen, *argumentum e contrario*, dass die Arbeitsbedingungen in Exportstaaten betreffende Maßnahmen nicht in die *"blanket clause"* des Art.XX(a) GATT hineingelesen werden dürfen[261]. Diese Argumentation verkennt allerdings,

---

256 *Feddersen*, Christoph T. (Fn.142): S.106 mit der zutreffenden Begründung, daß Art.XX(a) GATT sonst der Charakter einer „Pauschalausnahme" zukomme.
257 So enthält das Außenhandelrecht der USA Importverbote für pornografische Bilder, Indien könnte die Einfuhr von Rindfleisch verbieten, weil Kühe für Hindus heilig sind, und Länder, in denen der Islam offizielle Religion ist, könnten die Einfuhr von Schweinefleich verbieten, *Rege*, Vinod: GATT Law and Environmental-Related Issues Affecting the Trade of Developing Countries, in: Journal of World Trade 28 (1994) 3, S.117, Fn.20; für weitere Beispiele siehe *Charnovitz*, Steve (Fn.245): S.695ff.
258 Selbst in vielen Lehrbüchern zum GATT findet Art.XX(a) GATT keine Erwähnung und im GATT Analytical Index ist Art.XX(a) GATT ebenfalls gänzlich ausgespart.
259 Panel Report *US-Tuna I* (Fn.31): S.42, Rn.4.4.
260 Vgl. Art.31:1 WVK, zur Anwendung der WVK auf das GATT siehe oben, S.209ff.
261 *Feddersen*, Christoph T. (Fn.142): S.110.

dass die Rechtfertigungsgründe des Art.XX(a)-(j) GATT nicht in einem Exklusivitätsverhältnis zueinander stehen, sondern sich überlappen und überschneiden[262]. Ein Sachverhalt kann daher durchaus von verschiedenen Ausnahmetatbeständen erfasst sein[263]. Die Tatsache, dass die Gesundheitsbedingungen von Arbeitnehmern unter Art.XX(b) GATT oder die Arbeit in Gefängnissen unter Art.XX(e) erfasst sind, schließt nicht aus, dass „unmoralische" Arbeitsbedingungen gleichzeitig Gegenstand des Art.XX(a) GATT sind. Allerdings kann aus dem Kontext auch nicht geschlossen werden, *argumentum a majorem ad minus*, dass Art.XX(a) alle Arbeitsbedingungen umfasst, die moralisch wesentlich anrüchiger sind als Gefängnisarbeit in Art.XX(e). Gegen einen solchen „erst-recht"-Schluss für Art.XX(a) GATT spricht bereits, dass Art.XX(e) einen rein ökonomischen und keinen menschenrechtlichen Normzweck verfolgt[264]. Aus dem Kontext des Art.XX(a) ergibt sich daher ebenfalls kein eindeutiger Hinweis auf die Auslegung des Begriffs der *"public morals"* im Hinblick auf Arbeitnehmerrechte.

Viertens müssen die Worte *"public morals"* auch im Lichte des Sinn und Zwecks der Vorschrift des Art.XX(a) GATT interpretiert werden. Es handelt sich beim Rechtfertigungsgrund der *„public morals"* wie bei den anderen unter Art.XX(b)-(j) genannten Ausnahmen um legitime Politikziele, die Souveränitätsvorbehalte der WTO-Mitglieder verkörpern[265]. Innerhalb der Grenzen des Wortlauts steht die Definition dieser Politikziele deshalb zuvorderst den souveränen Einzelstaaten zu.[266] Hierauf deutet schon der Wortlaut des *chapeau* Art.XX hin, der den Rechtfertigungsgründen absoluten Vorrang gegenüber den Pflichten aus dem GATT einräumt. Im SPS-Agreement, welches der Auslegung und Anwendung des Art.XX(b) GATT dient, ist ausdrücklich festgelegt, dass das nationale Schutzniveau im Gesundheitsschutz in die souveräne Entscheidung der Mitgliedstaaten fällt.[267] Ob eine Maßnahme den Schutz der öffentlichen Moral betrifft, ist daher zunächst eine Entscheidung des jeweiligen Mitgliedstaates. Es kann nicht Aufgabe

---

262 Vgl. Appellate Body Report *US-Shrimp* (Rn.37): S.47, Rn.127f.
263 *Feddersen*, Christoph T. (Fn.142): S.107f. zu Recht unter Hinweis auf die Entstehung des GATT als Ergebnis internationaler Verhandlungen im Unterschied zu kohärenten nationalen Rechtsordnungen, in denen man anhand korrekter systematische Interpretation zu einem Exklusivitätsverhältnis von Tatbeständen wie Art.XX(a)-(j) GATT gelangen könnte.
264 Zum Normzweck des Art.XX(e) GATT siehe oben, S.338.
265 Siehe oben, S.331.
266 *Jackson*, John, H. (Fn.206): S.206.
267 Vergleiche auch Art.3:3 SPS, der gemäß Abs.8 Präambel SPS eine selbständige Ausführungsvorschrift zu Art.XX(b) GATT darstellt. Art.3:3 SPS erkennt das Recht der Mitgliedstaaten zur individuellen Bestimmung der Standards im Gesundheitsschutz ebenfalls ausdrücklich an.

der Welthandelsorganisation sein, über die Wertvorstellungen in einem Mitgliedstaat zu richten und sich damit eine Entscheidung über „gut" und „böse" anzumaßen, nicht zuletzt weil dafür in der Welthandelsordnung die entsprechenden Wertmaßstäbe fehlen. Im Rahmen der Art.XX(a) kann daher nicht überprüft werden, ob ein Staat die „richtigen" moralischen Maßstäbe angelegt hat. Im Rahmen der WTO-Streitschlichtung kann lediglich überprüft werden, ob eine Maßnahme objektiv von den vorgegebenen moralischen Zielen umfasst ist.[268] Nach alledem bleibt festzuhalten, dass die Bestimmung des Politikziels der *"public morals"* weitgehend der souveränen Entscheidung der Mitgliedstaaten obliegt.

Hilfsweise kann zur Auslegung einer vertraglichen Bestimmung auf die Entstehungsgeschichte einer Vorschrift zurückgegriffen werden. Deshalb soll nachfolgend die Entstehungsgeschichte des Art.XX(a) GATT hinsichtlich des Begriffs *„public morals"* untersucht werden.

Der erste von der US Regierung verfasste Entwurf der ITO-Charta enthielt eine Reihe von Ausnahmen. Die erste galt für Maßnahmen *"necessary to protect public morals".*[269] Diese Formulierung blieb bis zur Aufnahme ins GATT in allen Entwürfen unverändert und veranlasste ersichtlicherweise nur einen Delegierten zu einer Stellungnahme, die sich auf verschiedene Beschränkungen von Alkohol in seinem Heimatstaat bezog[270]. Es mag auf den ersten Blick verwunderlich wirken, dass sich trotz des unscharfen Wortlauts in der *"drafting history"* des Art.XX(a) GATT kaum ein Diskussionsbeitrag zu dieser Vorschrift findet. Dies könnte sich jedoch damit erklären lassen, dass solche „Moralklauseln" bereits vor dem GATT in Handelsverträgen enthalten waren und die Delegierten sich der Bedeutung von *"public morals"* deshalb bewusst waren.

Der Wortlaut der klassischen handelspolitischen „Moralausnahmen" umfasste neben *"public morals"* häufig den Terminus *"humanitarian grounds".*[271] In der *"drafting history"* zu einem dieser frühen Handelsverträge wurde die Ansicht vertreten, dass unter der „Moralklausel" gegen schlechte Arbeitsbedingungen vorgegangen werden kann.[272] Daraus könnte man folgern, dass auch die Moralklausel

---

268 Zur objektiven Auslegung in der WTO-Streitschlichtung siehe oben, S.213.

269 Letter of Assistent Secretary Clayton: Proposals for Consideration by an International Conference on Trade and Employment, 13 Dep't St. Bull. 923 (1945), zitiert nach *Charnovitz*, Steve (Fn.245): S.704, Fn.86.

270 So vertrat ein norwegischer Delegierter die Ansicht, daß Norwegens Beschränkungen der Produktion, des Imports und Verkaufs von Alkohol *"had its chief objective in the promotion of temperence"* und seien deshalb von den Ausnahmen zum Schutz menschlicher Gesundheit und der Moralklausel gedeckt, Report of the Drafting Committee of the Preparatory Committee of the United Nations Conference on Trade and Employment, UN-Doc. E/PC/T/34 (1947), S.31.

271 Für die einzelnen, meist bilateralen Verträge siehe die umfangreichen Nachweise bei *Charnovitz*, Steve (Fn.245): S.709f., Fn.123 und 124.

272 Siehe die Stellungnahme des US-Senators Arthur Vandenberg zu der letztlich nicht in Kraft

des GATT Handelsmaßnahmen gegen inhumane Arbeitsbedingungen deckt. Bei dieser Argumentation bleibt aber unberücksichtigt, dass das GATT die klassische Zwillingsausnahme *"public morals and humanitarian grounds"* gerade nicht enthält. Die Tatsache, dass Art.XX(a) GATT trotz der traditionellen Verwendung des Begriffspaares „Humanität" und „Moral" in früheren Handelsverträgen keinen humanitären Rechtfertigungsgrund enthält, spricht dagegen, inhumane Arbeitsbedingungen unter diese Ausnahme zu subsumieren. Vereinzelt wird zwar die Auffassung vertreten, dass die Verhandlungen zu frühen Handelsverträgen aufgrund der Standardisierung von Ausnahmeklauseln auch zur Auslegung des GATT herangezogen werden können.[273] Allerdings darf der Entstehungsgeschichte, insbesondere derjenigen anderer Handelsverträge, für die Auslegung des Art.XX(a) GATT nur hilfsweise Bedeutung beigemessen werden.[274]

Es bleibt festzuhalten, dass der Rechtfertigungsgrund der *"public morals"* in Art.XX(a) GATT nicht abschließend definiert werden kann. *"Public morals"* betreffen Unterscheidungen in „richtig" und „falsch", „gut" oder „böse", wobei es dafür auf die *in der Gesellschaft* verankerten Regeln und Werte ankommt. Der Sinn und Zweck des Art.XX(a) als Souveränitätsvorbehalt der Mitgliedstaaten legt es nahe, die Bestimmung des Begriffs der *"public morals"* innerhalb der Grenzen des Wortlauts der souveränen Entscheidung der Mitgliedstaaten zu überlassen. Ob eine Maßnahme dem Politikziel der *"public morals"* dient, kann daher solange nur einer sehr eingeschränkten Prüfung durch die WTO-Streitschlichtung unterliegen, solange es hierfür in der WTO-Rechtsordnung an entsprechenden Wertmaßstäben, wie sie in nationalen Wirtschaftsverfassungen verankert sind, fehlt.

bb) *"Public morals"* und Arbeitnehmerrechte

Sofern man die Bestimmung des Begriffs der *"public morals"* weitgehend der souveränen Entscheidung des jeweiligen WTO-Mitglied überlässt, könnten sich die Menschenrechte in der Arbeit mit zwei verschiedenen Begründungen als Frage der öffentlichen Moral begreifen lassen.

Erstens könnte ein Staat zur Rechtfertigung von Handelsbeschränkungen darauf abstellen, dass der Import von Waren aus inhumanen Arbeitsprozessen mit den Moralvorstellungen der Konsumenten im Inland unvereinbar ist. In den meisten

---

getretenen *International Convention for the Abolition of Import und Export Prohibitions and Restrictions* von 1927, wonach die Ausnahme aus moralischen und humanitären Gründen auch Maßnahmen gegen *"forced and compulsory labor"* umfassen solle, 71 Cong. Rec. 3744 (1929), zitiert nach *Charnovitz*, Steve (Fn.245): S.707.
273 *Charnovitz*, Steve (Fn.245): S.705.
274 Vgl. Art.32 WVK.

Industrieländern sind Sklaven- oder Zwangsarbeit, ebenso wie rassische Diskriminierungen oder ausbeuterische Kinderarbeit mit den herrschenden gesellschaftlichen Wertvorstellungen nicht vereinbar. Hinzu kommt, dass einige der grundlegenden Arbeitnehmerrechte durch die beiden UN-Menschenrechtspakte geschützt werden, die auch innerstaatlich das Wertekostüm einer Reihe der WTO-Mitglieder bilden.[275] Viele Konsumenten würden den bewussten Erwerb solcher Waren deshalb wohl als moralisch anstößig ablehnen, da sie dadurch indirekt menschenunwürdige Herstellungsbedingungen unterstützen.

Zweitens könnte die Missachtung von Menschenrechten in der Arbeit gegen internationale moralische Standards verstoßen.[276] Dafür könnte insbesondere auf die Standards in der ILO-Deklaration 1998 abzustellen sein, da letztere zur Auslegung des GATT herangezogen werden kann.[277] Mit der ILO-Deklaration haben sich nahezu alle WTO-Mitglieder, da sie gleichzeitig Mitglieder der ILO sind, zu der politisch-moralischen Verpflichtung bekannt, die Verwirklichung der fundamentalen vier Arbeitnehmerrechte zu fördern. Auch aus diesem Grund können Verstöße gegen die vier fundamentalen Arbeitnehmerrechte durch ein WTO-Mitglied als Missachtung internationaler *"public morals"* angesehen werden.

Daher lässt sich die Durchsetzung der Menschenrechte in der Arbeit mit Handelsmaßnahmen offenbar mit zwei unterschiedlichen Begründungen unter *"public morals"* subsumieren[278]. Die Voraussetzungen der Ausnahme des Art.XX(a) GATT sind allerdings nur dann erfüllt, wenn eine Handelsmaßnahme zum Schutz von Menschenrechten in der Arbeit auch im Sinne des *necessity tests* erforderlich ist, also das „mildeste Mittel" darstellt.[279] Für die Vereinbarkeit mit dem GATT müssen zudem die Voraussetzungen des *chapeau* Art.XX GATT erfüllt sein, worauf nachfolgend einzugehen ist

---

275 *Leary*, Virginia: Workers' Rights and International Trade: The Social Clause (GATT, ILO, NAFTA, US Laws), in: Fair Trade and Harmonization (Vol.2: Legal Analysis), Bhagwati Jagdish/Hudec, Robert. E. (Ed.), Cambridge MA, 1996, S.221.

276 *Leary*, Virginia (Fn.276): S.221, ihr folgend *Bal*, Salman: International Free Trade Agreements and Human Rights: Reinterpreting Article XX of the GATT, in: Minnesota Journal of Global Trade 10 (2001) 1, S.78f.

277 Zur ILO-Deklaration als interpretative Übereinkunft im Sinne des Art.31 WVK siehe oben, S.209ff.

278 Im Ergebnis ebenso *Charnovitz*, Steve (Fn.245): S.730; *Leary*, Virginia (Fn.276): S.221; *Bal*, Salman: International Trade and Human Rights (unveröffentlicht), Genf, 1998, S.15f.

279 Auf eine gesonderte Darstellung der Erfordernisse an die Notwendigkeit einer Maßnahme kann an dieser Stelle verzichtet werden, da die für Art.XX(b) angewandten Kriterien in gleicher Weise für Art.XX(a) gelten, vgl. schon Panel Report *Thailand-Cigarettes* (Fn.28): S.20, Rn.74, Fn.2 für die gleiche Bedeutung des Begriffes *"necessary"* im Hinblick auf Art.XX(b) und Art.XX(d).

cc) Zwischenergebnis

Es bleibt festzuhalten, dass Maßnahmen zur Implementierung der in der ILO-Deklaration 1998 genannten vier Menschenrechte in der Arbeit *"public morals"* betreffen und daher als legitimes Politikziel dem Rechtfertigungsgrund des Art.XX(a) GATT unterfallen können. Ob eine Maßnahme zur Durchsetzung der fundamentalen Arbeitnehmerrechte trotz ihres moralischen Bezugs mit den Grundsätzen des GATT unvereinbar oder rechtsmissbräuchlich ist, wird anhand des *chapeau* Art.XX zu beurteilen sein.

c) *Chapeau Art.XX* (Rückausnahmen)

Der erste Halbsatz des Art.XX des *chapeau* begrenzt als Rückausnahme die einzelnen in Art.XX(a)-(j) genannten Ausnahmen. Eine Maßnahme ist nur dann unter Art.XX GATT gerechtfertigt, wenn sie die Voraussetzungen dieser Rückausnahme erfüllt. Der *chapeau* des Art.XX GATT verlangt, dass eine Maßnahme erstens keine willkürliche oder ungerechtfertigte Diskriminierung (*"arbitrary or unjustified discrimination"*) und zweitens keine verschleierte Beschränkung des internationalen Handels (*"disguised restriction of international trade"*) bewirkt. Diesen Merkmalen wohnen die Grundregeln des GATT und somit Rechte der übrigen Mitglieder als Begrenzung der Souveränität des die Schutzmaßnahme erlassenden Staates inne.[280]

In diesen Rückausnahmen spiegeln sich die Prinzipien der horizontalen und vertikalen Nichtdiskriminierung, wie sie in den Grundregeln des Art.I und Art.III GATT niedergelegt sind, wider. Der *chapeau* Art.XX schützt die zentralen Grundsätze des GATT und damit die Rechte der übrigen Mitglieder vor der rechtsmissbräuchlichen Beeinträchtigung durch Schutzmaßnahmen unter der allgemeinen Ausnahmevorschrift. Der *chapeau* des Art.XX GATT stellt gleichzeitig den letzten „Protektionismus-Test" dar, bevor eine Schutzmaßnahme unter dem GATT als gerechtfertigt gilt.[281] Dieses Ziel der Präambel des Art.XX und das Spannungsverhältnis zwischen den souveränen Rechten der Mitglieder charakterisiert der Appellate Body folgendermaßen:

*"The chapeau is animated by the principle that while the **exceptions of Article XX** may be invoked as a matter of **legal right**, they should not be so applied as to frustrate or defeat the **legal obligations** of the holder of the right under the **substantive rules** of the General Agreement. [...] [T]he particular*

---

280 *Jackson*, John H. (Fn.83): S.234 bezeichnet den *chapeau* des Art.XX deshalb zu Recht als *"soft MFN obligation"*.
281 Zur Struktur des *chapeau* des Art.XX siehe ausführlich oben, S.331.

*exceptions must be applied reasonably, with due regard **both** to the **legal duties** of the party claiming the exception and the **legal rights** of the other parties concerned.* "[282]

Hierin kommt zum Ausdruck, dass unter Art.XX GATT ein Interessenausgleich zwischen den „legitimen Interessen" der Mitglieder aus den Rechtfertigungs- tatbeständen einerseits und den Interessen der übrigen Mitglieder an ihren Rechten aus den Grundregeln des GATT, geschützt im *chapeau* Art.XX, andererseits erzielt werden soll. Anders ausgedrückt, sucht Art.XX die Balance zwischen dem souveränen Recht eines Staates, bestimmte als legitim anerkannte Ziele autonom zu verfolgen, und seiner Pflicht zur Einhaltung der Grundregeln des GATT gegenüber den übrigen Mitgliedern[283]. Der *chapeau* soll sicherstellen, dass die Anwendung der allgemeinen Ausnahmen nicht rechtsmissbräuchlich erfolgt.[284] Da sich die Merkmale des *chapeau* auf alle Ausnahmen unter Art.XX GATT beziehen, gelten die nachfolgenden Ausführungen gleichermaßen für die einzelnen oben geprüften Ausnahmetatbestände des Art.XX(a), Art.XX (b) und Art.XX(e) GATT.

Weder im Vertragstext noch in der Vertragspraxis des GATT existiert eine Definition für die einzelnen Rückausnahmen des Art.XX. In seinen frühen Entscheidungen ging der Appellate Body davon aus, dass sich die im *chapeau* des Art.XX enthaltenen Anforderungen ergänzen und überschneiden und prüfte den *chapeau* des Art.XX GATT eher summarisch.[285] In der jüngeren Vertragspraxis wurden die Merkmale des *chapeau* von Art.XX erstmals getrennt geprüft und erste rudimentäre Kriterien entwickelt, anhand derer beurteilt wird, ob eine willkürliche oder ungerechtfertigte Diskriminierung oder eine verschleierte Beschränkung des internationalen Handels vorliegt.[286]

(1) Willkürliche oder ungerechtfertigte Diskriminierung

Es ist zunächst zu prüfen, ob Maßnahmen zur Durchsetzung von Menschenrechten in der Arbeit in Drittstaaten mit dem Diskriminierungsverbot im *chapeau* des Art.XX GATT in Einklang gebracht werden können. Dies ist nicht der Fall, wenn solche Maßnahmen eine *"arbitrary or unjustified discrimination"* darstellen.
Dafür ist erstens zu untersuchen, worauf sich das Diskriminierungsverbot bezieht und zweitens, in welchem Umfang Diskriminierungen verboten sind. Erst hiernach

---

282 Appellate Body Report *US-Gasoline* (Fn.34): S.22, (o. Rn.).
283 Appellate Body Report *US-Shrimp* (Rn.37): S.60, Rn.156.
284 Appellate Body Report *US-Gasoline* (Fn.34): S.22, (o. Rn.); Appellate Body Report *US-Shrimp* (Rn.37): S.160, Rn.151.
285 Appellate Body Report *US-Gasoline* (Fn.34): S.25, (o. Rn.).
286 Panel Report *EC-Asbestos* (Fn.12), S.446ff., Rn.8.224ff.

kann beurteilt werden, ob selektive Maßnahmen zur Durchsetzung von fundamentalen Arbeitnehmerrechten dem Diskriminierungsverbot des *chapeau* Art.XX unterliegen.

aa) Zielrichtung des Diskriminierungsverbotes

Es stellt sich zunächst die Frage, worauf sich das Diskriminierungsverbot im *chapeau* des Art.XX GATT bezieht. Der Appellate Body hat sich hierzu bisher nur insofern geäußert, als für eine Diskriminierung unter Art.XX GATT nicht ausreichen kann, dass bereits unter den Grundregeln des GATT eine Ungleichbehandlung vorlag.[287] Dem Appellate Body ist darin zuzustimmen, dass

"[t]he provisions of the chapeau cannot logically refer to the same standard(s) by which a violation of a substantive rule has been determined to have occurred."[288]

Dies folgt bereits daraus, dass der Begriff der Diskriminierung im Unterschied zu den Grundregeln der Art.I und Art.III in Art.XX durch die Attribute „willkürlich" und „ungerechtfertigt" qualifiziert ist. Ferner wäre ohne den Verstoß gegen das Diskriminierungsverbot einer Grundregel regelmäßig keine Rechtfertigung unter Art.XX GATT erforderlich.[289] Weiterhin sind den Schutzmaßnahmen unter Art.XX(a)-(j) GATT Diskriminierungen zwischen Produkten geradezu wesensimmanent.[290] Deshalb kann unter Art.XX nicht gleich darauf abgestellt werden, ob eine Maßnahmen „*Produkte*" ungleich behandelt.

Es spricht einiges dafür, die Frage nach dem Gegenstand des Diskriminierungsverbotes im *chapeau* Art.XX auf das „legitime Politikziel" einer Maßnahme abzustellen. Dem Diskriminierungsverbot unter Art.XX GATT ist jedoch nicht schon

---

287 Appellate Body Report *US-Shrimp* (Rn.37): S.62, Rn.160. Der Appellate Body wendet das Diskriminierungsverbot im *chapeau* bisher als eine fallweise zu bestimmende Ausprägung *"of the principle of good faith"* an, Appellate Body Report *US-Shrimp* (Rn.37): S.60, Rn.158ff. Aufgrund der in dieser Arbeit dem Diskriminierungsverbot zugesprochenen eigenständigen Bedeutung als Kohärenzerfordernis für Ausnahmemaßnahmen werden Aspekte des Rechtsmißbrauchs stattdessen unter dem generalklauselartig formulierten Tatbestandsmerkmal *"disguised restriction of international trade"* geprüft, siehe unten, S.356ff.
288 Appellate Body Report *US-Gasoline* (Fn.34): S.23, (o. Rn.), ähnlich Appellate Body Report *US-Shrimp* (Rn.37): S.57, Rn.150.
289 Zwar enthält Art.XI GATT selbst kein Diskriminierungsverbot, sondern umfaßt unterschiedslos alle Importverbote, jedoch schreibt Art.XIII GATT die nichtdiskriminierende Anwendung mengenmäßiger Beschränkungen vor.
290 So erfordert z.B. eine Handelsmaßnahme zum Gesundheitsschutz zwangsläufig eine selektive Benachteiligung gesundheitsgefährdender Produkte.

dadurch Genüge getan, dass eine diskriminierende Maßnahme die *„legitimen Politikziele"* der Art.XX(a)-(j) GATT verfolgt.[291] Diskriminierungen können nicht allein durch das Vorliegen von *„legitimen Politikzielen"* unter Art.XX(a)-(j) GATT gerechtfertigt sein, denn dann wäre das Diskriminierungsverbot im *chapeau* dieser Vorschrift überflüssig[292].

Dabei ist zu berücksichtigen, dass der *chapeau* des Art.XX GATT nicht die Maßnahmen als solche, sondern deren Anwendung betrifft.[293] Damit ist jedoch immer noch fraglich, woran *"arbitrary or unjustified discrimination"* anknüpft. In dieser Arbeit wird der Ansatz vertreten, dass sich das Diskriminierungsverbot im *chapeau* auf die Art und Weise der Verfolgung der unter Art.XX(a)-(j) aufgelisteten Politikziele bezieht. Das bedeutet, dass Maßnahmen zur Erreichung der grundsätzlich als legitim anerkannten Ziele zusätzlich *nichtdiskriminierend angewendet* werden müssen. Demnach würde eine Maßnahme dann keine willkürliche oder ungerechtfertigte Diskriminierung darstellen, wenn hinsichtlich des Politikziels zwischen Importen und einheimischen Waren einheitliche Maßstäbe und Standards angelegt werden. Eine Diskriminierung liegt unter dem *chapeau* dagegen vor, wenn eine Maßnahme unterschiedlich strenge Anforderungen an Importe und einheimische Waren hinsichtlich des Politikziels stellt. Dies umfasst die Ungleichbehandlung zwischen einheimischen Waren und Importen (vertikale Diskriminierung) ebenso wie zwischen Importen untereinander (horizontale Diskriminierung).[294]

Für diese Auslegung, wonach sich das Diskriminierungsverbot im *chapeau* auf die Anwendung der darunter geregelten Ausnahmetatbestände bezieht, lassen sich verschiedene Gründe anführen.

Erstens passt sich diese Auslegung in die Systematik des Art.XX GATT ein, denn die Prüfung des *chapeau* Art.XX erfolgt erst, nachdem festgestellt wurde, ob unter Art.XX(a)-(g) GATT ein legitimes Politikziel verfolgt wird. Deshalb sollte sich auch das Diskriminierungsverbot im *chapeau* auch darauf beziehen, in welcher Weise die Politikziele des Art.XX GATT verwirklicht werden.

Zweitens legen die Worte *"arbitrary"* und *„unjustified"* nahe, das Diskriminierungsverbot auf die Rechtfertigungsgründe einer Maßnahme zu beziehen.

---

291 So aber der Vorschlag der *US Appellant's Submission*, Appellate Body Report *US-Shrimp* (Rn.37): S.11, Rn.28.
292 So auch Appellate Body Report *US-Shrimp* (Fn.37): S.56, Rn.149.
293 siehe oben, S.332
294 Zu den Prinzipien der vertikalen und horizontalen Diskriminierung siehe oben, S.82ff.

Dafür spricht einerseits die Wortwahl *"unjustified"*, denn die Politikziele unter Art.XX(a)-(j) GATT stellen *"justifications"* dar. Von einer *"unjustified discrimination"* sollte man demnach dann ausgehen, wenn sich die Diskriminierung nicht aus den Politikzielen erklärt. Auch das Wort *"arbitrary"* (willkürlich) spricht dafür, das Diskriminierungsverbot auf die Rechtfertigungsgründe zu beziehen. *Willkür* ist durch eine ungebundene Willensausübung gekennzeichnet, die sich nicht an sachgerechten oder vernünftigen Gründen orientiert.[295] Der sachliche Grund für Ausnahmemaßnahmen ist allein in den rechtfertigenden Politikzielen unter Art.XX(a)-(j) GATT zu sehen. Ohne sachlichen Grund und daher „willkürlich" ist eine Diskriminierung deshalb, wenn sie sich nicht objektiv aus den Rechtfertigungsgründen erklärt, die der handelnde Staat für sich unter Art.XX(a)-(j) GATT in Anspruch genommen hat.

Drittens spricht auch der Kontext des Art.XX GATT mit dem SPS-Agreement dafür, dass das Diskriminierungsverbot im *chapeau* auf die Anwendung einer Maßnahme hinsichtlich ihres Politikziels abzielt. Das SPS-Agreement dient dazu, Regeln für die Anwendung des Art.XX GATT festzulegen und enthält zudem in der Präambel eine wörtliche Referenz an den *chapeau*.[296] Zwar dient das SPS-Agreement ausdrücklich nur der Erläuterung des Art.XX(b) GATT. Aber auch GATT Art.XX(b) untersteht wie alle Rechtfertigungsgründe dem *chapeau* und es ist nicht ersichtlich, warum der *chapeau* für andere Tatbestände unter Art.XX(a)-(j) grundsätzlich eine andere Auslegung erfahren soll, als für Fälle des Art.XX(b). Deshalb kann das SPS-Agreement als Kontext zur Auslegung des *chapeau* Art.XX herangezogen werden. Das SPS-Agreement enthält in Art.5:5 SPS ein Konsistenzgebot für nationale SPS-Maßnahmen. Dort heißt es:

> *With the objective of achieving* **consistency in the** *application of the concept of appropriate* **level of** *sanitary and phytosanitary* **protection** *[...] each Member shall avoid* **arbitrary and unjustifiable** *distinctions in the levels it considers to be appropriate in different situations, if such* **distinctions** *result in a* **discrimination** *or a disguised restriction on international trade.*

In dem an den *chapeau* des Art.XX angelehnten Wortlaut des Art.5:5 SPS kommt zum Ausdruck, dass es für eine willkürliche und ungerechtfertigte Diskriminierung auf *"distinctions in the levels of [national protection]"* ankommt. Das SPS-Agreement stellt als Rückausnahme für Schutzmaßnahmen somit auf Diskriminie-

---

295 Vgl. *Gove*, Philip B.: Websters Third New International Dictionary (Fn.254): S.110: *"arising from unrestrained exercise of the will, caprice or personal preference [...] based on random or convenience or choice rather than on reason or nature."*
296 Vgl. Präambel SPS-Agreement, Abs.1 und Abs.8.

rungen hinsichtlich des Schutzzwecks ab und fordert von den Staaten dadurch die konsistente Verfolgung ihrer Politikziele. Nichts anderes sollte daher für den *chapeau* des Art.XX GATT gelten.

Es bleibt festzuhalten, dass die Worte *"arbitrary or unjustified discrimination"* im *chapeau* Art.XX verlangen, dass ein Staat seine legitimen Politikziele gegenüber einheimischen und importierten Waren *nichtdiskriminierend* verfolgen muss. Das Diskriminierungsverbot im *chapeau* fordert daher die *nichtdiskriminierende Anwendung* von Maßnahmen zur Durchsetzung von Menschenrechten in der Arbeit unter Art.XX(a)-(j) GATT.

bb) Umfang des Diskriminierungsverbotes

Es ist allerdings fraglich, in welchem Umfang bei der Implementierung von fundamentalen Arbeitnehmerrechten unter dem *chapeau* Art.XX Gleichbehandlung geboten ist. Zunächst kann festgestellt werden, dass das Diskriminierungsverbot im *chapeau* die Gleichbehandlung von Gleichem sowie die Ungleichbehandlung von unterschiedlichen Sachverhalten gebietet. Der Appellate Body fordert bei der Anwendung von Schutzmaßnahmen deshalb ein Mindestmaß an *Flexibilität* hinsichtlich der unterschiedlichen Bedingungen in verschiedenen Ländern.[297] Das Kriterium der Flexibilität wurde in der Entscheidung *US-Shrimp* folgendermaßen begründet:

*"However, it is not acceptable, in international trade regulations, for one WTO-Member to use an economic embargo to **require** other Members to adopt **essentially the same** comprehensive **regulatory program**, to achieve a certain policy goal, as that in force within that Member's territory, **without taking into consideration different conditions** which may occur in the territories of those other Members."[298]*

Das Gebot des *chapeau* Art.XX Ungleiches entsprechend ungleich zu behandeln, wird demnach aus den Worten *"unjustified discrimination between countries where the same conditions prevail"* hergeleitet.[299] Eine Maßnahme ist dann verboten, wenn sie zwischen Ländern mit *gleichen Bedingungen* differenziert oder Länder mit ungleichen Bedingungen nicht entsprechend unterschiedlich behan-

---

297 Appellate Body Report *US-Shrimp* (Fn.37): S.63, Rn.161.
298 Appellate Body Report *US-Shrimp* (Fn.37): S.64, Rn.164.
299 Appellate Body Report *US-Shrimp* (Fn.37): S.63, Rn.161.

delt.[300] Eine weitergehende Bedeutung kommt den das Diskriminierungsverbot erläuternden Worten *"where the same conditions prevail"* nicht zu.[301]
Als Diskriminierung erfasst der *chapeau* Art.XX alle Ungleichbehandlungen, gleich ob es sich um *de jure-* oder *de facto*-Diskriminierungen handelt.[302] Zum Verbot von *de facto* Diskriminierungen unter dem *chapeau* Art.XX führte der AB in der Entscheidung US-*Shrimp* aus:

*"We note, preliminary, that the application of a measure may be characterized as amounting to an abuse or misuse of an exception of Article XX not only when detailed operating provisions of the measure prescribe the arbitrary or unjustifiable activity, **but also when a measure, otherwise fair and just on its face, actually applied in an arbitrary or unjustifiable manner.**"[303]*

Die vom Appellate Body gewählte weite Auslegung des Diskriminierungsverbotes im *chapeau* Art.XX GATT schützt damit auch vor „indirektem Protektionismus" und wird auch durch die *drafting history* des Art.XX GATT gestützt[304]. Unter dem *chapeau* Art.XX sind demnach *de jure-* und *de facto*-Diskriminierungen gleichermaßen erfasst.
Ferner gebietet das Diskriminierungsverbot im Rahmen des *chapeau* des Art.XX sowohl die Gleichbehandlung verschiedener Importstaaten (horizontale Gleichbehandlung), als auch die Inlandsbehandlung von Importen (vertikale Gleichbehandlung)[305], da es die Grundregeln des Art.I und III reflektiert. Zusammen-

---

300 Appellate Body Report *US-Shrimp* (Fn.37): S.64f. Rn.165.
301 *Diem*, Andreas: Freihandel und Umweltschutz in GATT und WTO, Baden-Baden, 1996, S.73 zweifelt dagegen daran, ob diesem diesem Merkmal im *chapeau* überhaupt eine eigenständige Bedeutung zukommt.
302 Zu *de jure*-Diskriminierungen unter Art.XX GATT vgl. bereits Appellate Body Report *US-Gasoline* (Fn.34): S.27, (o. Rn.), der in der Nichtanwendung der sog. Basislinie für einheimisches im Vergleich zu importiertem Benzin eine *"unjustifiable discrimination"* erkannte. Hierbei handelt es sich um eine offene Diskriminierung, da die Maßnahme in ihrer Anwendung *de jure* und nicht bloß *de facto* eine Ungleichbehandlung zwischen Importstaaten bewirkt.
303 Appellate Body Report *US-Shrimp* (Fn.37): S.62f., Rn.160.(Hervorhebung hinzugefügt).
304 So wurde bereits in einer Stellungnahme der Niederlande, Belgiens und Luxemburgs zu der Art.XX GATT entsprechenden Vorschrift in der Havanna-Charta festgestellt: *"Indirect protection is an undesirable and dangerous phenomenon. [...] Many times, the stipulations to 'protect animal and plant life and health' are misused for indirect protection."* Report of the Drafting Committee of the Preparatory Committee of the United Nations Conference on Trade and Employment, UN-Doc. E/PC/TC.II/32 v. 30. Oktober 1946, S.33.
305 In der Streitschlichtung wurden im Rahmen des Art.XX bisher ausschließlich vertikale Diskriminierungen zwischen inländischen und Importwaren behandelt, vgl. zuletzt Panel Report *EC-Asbestos* (Fn.12), S.419ff., Rn.8.101ff. Dies hat seinen Grund vor allem darin, daß die bisherigen, meist umweltbezogenen Fällen zu Art.XX ausschließlich Verstöße gegen die Inlandsbehandlung des Art.III (vertikale Diskriminierung) und nicht gegen die Meistbegünstigung (horizontale Diskriminierung)

fassend umfasst der *chapeau* Art.XX daher alle Fälle in denen Gleiches ungleich oder Ungleiches gleich behandelt wird, gleichgültig, ob diese Diskriminierungen offen oder verdeckt, horizontal oder vertikal erfolgen.

cc) Maßnahmen zum Schutz der Arbeitnehmerrechte

Maßnahmen zur Durchsetzung von Menschenrechten in der Arbeit müssen unter dem Diskriminierungsverbot im *chapeau* im Hinblick auf den Rechtfertigungsgrund Gleiches gleich und Ungleiches ungleich behandeln. Erstens sollte daher aus dem Gebot der Gleichbehandlung im *chapeau* gefolgert werden, dass Maßnahmen auf Basis arbeitsrechtlicher PPMs in ihrer Anwendung auf einheitlichen Standards beruhen. Sobald an bestimmte Importe strengere Anforderungen gestellt werden als an andere Einfuhren, liegt eine willkürliche und ungerechtfertigte horizontale Diskriminierung vor[306]. Wenn ein Staat an Importe strengere arbeitsrechtliche Maßstäbe als an inländischen Waren anlegt, liegt eine vertikale Diskriminierung unter dem *chapeau* vor. Dies bedeutet im Ergebnis, dass die Einhaltung der fundamentalen Arbeitnehmerrechte im Exportland nicht verlangt werden darf, wenn diese Standards im Inland nicht gleichermaßen eingehalten werden.

Zweitens folgt aus dem Diskriminierungsverbot, dass Maßnahmen auf Basis arbeitsrechtlicher PPMs Ungleiches ungleich behandeln müssen. Wie die Worte *"countries where the same conditions prevail"* andeuten, müssen Maßnahmen so flexibel ausgestaltet sein, dass sie die unterschiedlichen Voraussetzungen der Länder zur Implementierung der fundamentalen Arbeitnehmerrechte berücksichtigen. Gegen dieses Flexibilitätserfordernis würde beispielsweise dann verstoßen, wenn eine Maßnahme auf die Implementierung der fundamentalen Arbeitnehmerrechte abzielt, ohne dabei die begrenzten finanziellen und administrativen Ressourcen in Entwicklungsländern zu berücksichtigen. Selbst wenn eine Maßnahme auf einheitlichen Standards beruht, darf deren Umsetzung einem wirtschaftlich schwächeren Staat nicht den exakt gleichen regulativen und administrativen Aufwand abverlangen, den ein Industrieland betreiben kann.[307] Eine Maßnahme ist demnach nur dann mit dem *chapeau* Art.XX vereinbar, wenn in ihrer Anwendung auf die unterschiedlichen Möglichkeiten der Industrie- und Entwicklungsländer zur Verwirklichung der Menschenrechte in der Arbeit Rücksicht genommen wird.[308]

---

zugrunde lagen. Dementsprechend bezog sich auch die Prüfung im Rahmen der Rückausnahmen des Art.XX lediglich auf willkürliche oder ungerechtfertigte *vertikale* Diskriminierungen zwischen Importen und einheimischen Waren.

306 Zum Begriff der horizontalen und vertikalen Diskriminierung siehe oben, S.81ff.

307 Vgl. Appellate Body Report *US-Shrimp* (Fn.37): S.165, Rn.165.

308 Vgl. Appellate Body Report *US-Shrimp* (Fn.37): S.64. Rn.163, wonach Importstaaten offenbar

dd) Zwischenergebnis

Es bleibt festzuhalten, dass Maßnahmen auf Grundlage der vier fundamentalen Arbeitsstandards erstens einheitlich auf Importe und einheimische Waren angewendet werden müssen. Zweitens müssen in der Anwendung der einheitlichen Standards die unterschiedlichen Voraussetzungen in den Exportländern, insbesondere zwischen Industrie- und Entwicklungsländern berücksichtigt werden. Wenn diese beiden Voraussetzungen erfüllt sind, könnten Maßnahmen zur Durchsetzung von Menschenrechten in der Arbeit im Einzelfall das Diskriminierungsverbot unter dem *chapeau* Art.XX GATT passieren.

(2) Verschleierte Handelsbeschränkung

Handelsmaßnahmen zur Implementierung von Arbeitnehmerrechten sind erst dann mit dem *chapeau* Art.XX vereinbar, wenn keine *"disguised restriction of trade"* vorliegt. Dafür ist zu beachten, dass der *chapeau* eine Ausprägung des allgemeinen völkerrechtlichen Prinzips des Verbots des Rechtsmissbrauchs darstellt.

*"The chapeau of Article XX is, in fact, but one expression of the **principle of good faith**. This principle, at once a general principle of law and a general principle of international law, controls the exercise of rights by states. One application of this general principle, the application widely known as the doctrine of **abus de droit**, prohibits the abusive exercise of a state's rights [...]"* [309]

Der Appellate Body hat bereits einige Kriterien entwickelt, anhand derer beurteilt wird, ob unter dem *chapeau* Art.XX ein Fall des Rechtsmissbrauchs vorliegt.[310] Für Maßnahmen zur Durchsetzung von Arbeitnehmerrechten in Drittstaaten ist dabei relevant, dass gegenüber Handelsmaßnahmen ein „Primat multilateraler Verhandlungen" besteht und die extraterritoriale Verfolgung der Politikziele unter Art.XX GATT umstritten ist .

---

mit Rücksicht auf deren jeweilige Landesgegebenheiten lediglich *"merely comparable"*, nicht aber *"essentially the same policies"* abverlangt werden dürfen.

309 Appellate Body Report *US-Shrimp* (Fn.37): S.61, Rn.158 (Hervorhebung hinzugefügt).

310 Appellate Body Report *US-Shrimp* (Fn.37): S.62f. Rn.160, ähnlich Appellate Body Report *US-Gasoline* (Fn.34): S.25, (o. Rn.).

aa) Primat multilateraler Verhandlungen

Die Rechtsausübung unter Art.XX GATT in Form von Handelsmaßnahmen wird vom Appellate Body dann als missbräuchlich angesehen, wenn nicht zuvor ein ernsthafter Versuch unternommen wurde, das verfolgte Politikziel im multilateralen Verhandlungswege zu erreichen. Der Vorrang von Verhandlungen gegenüber Handelsmaßnahmen ist im WTO-System an verschiedenen Stellen verankert, beispielsweise bei der Implementierung der Ergebnisse der Streitschlichtung[311]. Im Hinblick auf die Anforderungen des *chapeau* Art.XX an Importbeschränkungen der *Appellate Body* in der Entscheidung *US Shrimp* das Primat multilateraler Verhandlungen folgendermaßen:

"*Another aspect* [...] *is the failure of the United States to engage the appellees, as well as other Members exporting shrimp to the United States, in* **serious, across-the-board negotiations** *with the objective of concluding bilateral of multilateral agreements for the protection and conservation of sea turtles, before enforcing the import prohibition against the Shrimp exports of those other Members.*"[312]

Der Erlass von Handelsbeschränkungen durch einen Staat ist demnach rechtsmissbräuchlich, wenn mit den hiervon betroffenen Exportstaaten nicht zuvor ernsthaft der Versuch unternommen wurde, zur Erreichung des Schutzziels eine internationale Übereinkunft zu erzielen.[313] Hierbei wurde bereits der Umstand, dass Verhandlungen mit einigen, nicht aber mit allen betroffenen Ländern geführt wurden, als nicht zu rechtfertigendes formales Versäumnis gewertet.[314] Das „Primat multilateraler Verhandlungen" bedeutet daher, dass die fundamentalen Arbeitsstandards grundsätzlich vorrangig multilateral mit den Instrumenten des internationalen Arbeitsrechts durchgesetzt werden müssen.

Fraglich ist, auf welche Weise bei Handelsmaßnahmen zur Durchsetzung von Menschenrechten diese Anforderung des Appellate Body berücksichtigt werden kann. Auf Basis dieser Kriterien wären Maßnahmen zum Schutz von Arbeitnehmerrechten dann nicht rechtsmissbräuchlich, wenn sich der sanktionierende Staat zuvor durch diplomatische oder völkerrechtliche Verhandlungen ernsthaft um die

---

311 Vgl. nur Art.22:2, S.1 DSU, wonach Gegenmaßnahmen vorherige Verhandlungen zwischen den Streitparteien voraussetzen. Zu Verhandlungselementen im Streitschlichtungsverfahren vgl. *Hauser,* Heinz: Das WTO-Streitschlichtungsverfahren: Eine verhandlungsorientierte Perspektive, in: Außenwirtschaft 52 (1997) 4 , S.525ff.
312 Appellate Body Report *US-Shrimp* (Fn.37): S.65, Rn.166 (Hervorhebung hinzugefügt).
313 Vgl. Appellate Body Report *US-Shrimp* (Fn.37): S.70, Rn.172.
314 Appellate Body Report *US-Shrimp* (Fn.37): S.70, Rn.171f.

Verbesserung des Arbeitnehmerschutzes in den betroffenen Ländern bemüht hat.[315]

Im Jahre 1998 wurde nach zähen Verhandlungen die *ILO-Declaration on Fundamental Principles and Rights at Work* mit dem Ziel beschlossen, den vier fundamentalen Arbeitnehmerrechten weltweit zur Durchsetzung zu verhelfen.[316] Hiermit haben sich die Mitglieder der ILO, die gleichzeitig fast alle WTO-Mitglieder einschließen, zur Verwirklichung der vier fundamentalen Arbeitnehmerrechte bekannt.[317] Mit der ILO-Deklaration wurde somit eine internationale Übereinkunft verhandelt, die ebenso wie Handelsmaßnahmen auf Basis arbeitsrechtlicher PPMs, die Verwirklichung von Menschenrechten in der Arbeit betrifft. Den Verhandlungen über die ILO-Deklaration fehlt es allerdings am spezifischen sachlichen und zeitlichen Zusammenhang mit zukünftigen Handelsmaßnahmen, um dem Primat multilateraler Verhandlungen zu genügen. Die Teilnahme an den Verhandlungen über die ILO-Deklaration allein wird deshalb nicht ausreichen, um Handelsmaßnahmen zur Erzwingung der fundamentalen Arbeitnehmerrechte als nicht rechtsmissbräuchlich erscheinen zu lassen.

Nach der WTO-Ministerkonferenz ist *"[the] International Labour Organization (ILO) the competent body to set and deal with these standards"*.[318] Deshalb wird man Maßnahmen auf Basis arbeitsrechtlicher PPMs nur dann nicht als rechtsmissbräuchlich ansehen können, wenn die Implementierungsmöglichkeiten der für Arbeitnehmerrechte primär zuständigen ILO ausgeschöpft sind.[319] Erst wenn im Rahmen der ILO gegen die Verletzung von fundamentalen Arbeitnehmerrechten in einem Mitgliedstaat keine weiteren Mittel mehr verfügbar sind, könnte man Handelsmaßnahmen als nicht rechtsmissbräuchlich ansehen. In der jüngeren Vergangenheit schöpfte die ILO ihre Mittel bis zum Entzug der technischen Kooperation aus, ohne Myanmar (Burma) zur Beendigung der systematisch betriebenen

---

315 So müßte ein WTO-Mitglied z.B. beim Erlaß unilateraler Handelsmaßnahmen gegen Kinderarbeit vorrangig, ernsthaft aber erfolglos auf die Einhaltung der entsprechenden ILO-Konventionen Nr.138 und Nr.182 drängen.

316 Zur Möglichkeit, die ILO-Deklaration 1998 als interpretative Übereinkunft zur Auslegung des GATT heranzuziehen vgl. oben, S.209ff.

317 Zum Vergleich der Mitglieder der ILO und der WTO siehe oben, S.216

318 Singapore Ministerial Declaration, Abs.4, S.2, WTO-Doc. WT/MIN(96)/DEC/W v. 18. Dezember 1996, Nachdruck in Hummer/Weiss, Vom GATT'47 zur WTO '94, S.1283ff., Nr.74, vgl. die fast wortgleiche Formulierung in Abs.6 Präambel ILO-Deklaration 1998, wo es heißt *"the ILO is the constitutionally mandated international organization and the competent body to set and deal with labour standards."*

319 So sah der Apellate Body amerikanische Maßnahmen zum Schutz von Meeresschildkröten beim Shrimp-Fang im Ausland u.a. deshalb als mit dem GATT als unvereinbar an, weil es die USA versäumten, durch *"serious, across-the-board-negotiations"* vorrangig auf ein multilaterales Umweltabkommen zum Schutz dieser Spezies abzuzielen, vgl. Appellate Body Report *US-Shrimp* (Fn.37): S.65f., Rn.166f.

Zwangsarbeit bewegen zu können.[320] Nur sofern weitere diplomatische Initiativen wenig erfolgversprechend erscheinen, werden Handelsmaßnahmen dem Primat multilateraler Verhandlungen genügen.

Es bleibt festzuhalten, dass Handelsmaßnahmen zur Durchsetzung der fundamentalen Arbeitnehmerrechte unter dem *chapeau* in den wenigen Ausnahmefällen nicht rechtsmissbräuchlich sind, in denen die Implementierungsmöglichkeiten der ILO zuvor erfolglos ausgeschöpft wurden.

bb) Extraterritoriale Maßnahmen

Letztlich ist zu untersuchen, ob Handelsmaßnahmen zur Durchsetzung der fundamentalen Arbeitnehmerrechte dadurch zu einer verschleierten Handelsbeschränkung werden, dass sie eine „extraterritoriale" bzw. „extrajurisdiktionale" Wirkung entfalten.[321] Der Problemkreis der „extraterritorialen Wirkung" von Handelsmaßnahmen betrifft die Frage, inwieweit sich die Verfolgung der legitimen Politikziele unter Art.XX GATT auf das Hoheitsgebiet *anderer WTO-Mitglieder* auswirken darf.

Die Entscheidungspraxis unter dem GATT 1947 ging davon aus, dass Handelsmaßnahmen unter Art.XX grundsätzlich verboten sind, wenn sie sich auf Schutzgüter in Drittstaaten beziehen. Diese Auffassung wurde in den Entscheidungen *Tuna I* und *Tuna II* mit dem Konzept der *"extrajurisdictionality"* begründet.[322] Die WTO-Streitschlichtung vermied es in *US-Shrimp*, zum Konzept der Extraterritorialität im GATT ausdrücklich Stellung zu beziehen.[323] Es ist damit unter der WTO-Streitschlichtung bisher ungeklärt, wie extraterritorial wirkende Maßnahmen unter Art.XX GATT zu beurteilen sind. Dabei geht es letztlich um die Frage, wel-

---

320 Vgl. ILO, Resolution on the widespread use of forced labour in Myanmar (Burma), ILO-Docs. GB.267/16/2, GB.268/14/8, GB.268/15/1, GB.274/5, CIT/1999/PR16; ILO, Measures, including action under article 33 of the Constitution of the International Labour Organization, to secure compliance by the Government of Myanmar with the recommendations of the Commission of Inquiry established to examine the observance of the Forced Labour Convention, 1930 (No. 29), ILO-Docs. GB.267/16/2, GB.268/14/8, GB.268/15/1, GB.274/5, GB.275, GB.276/6; ILO, Report of the Committee set up to consider the representation made by the International Confederation of Free Trade Unions under article 24 of the ILO Constitution alleging non-observance by Myanmar of the Forced Labour Convention, 1930 (No. 29), ILO-Doc. GB.261/13/7.
321 So Panel Report *US-Tuna I* (Fn.31), S.36f., Rn.5.32, für die Problematik der Wirkung staatlicher Maßnahmen außerhalb der eigenen Gesetzgebungshoheit werden die Begriffe *"extraterritorial"*, *"extrajurisdictual"* und *"outward-directed"* synonym verwendet.
322 Panel Report *US-Tuna I* (Fn.31): S.35, Rn.5.25ff., einschränkend Panel Report *US-Tuna II* (Fn.32): S.49ff., Rn.5.15ff. und insbesondere S.52, Rn.5.26, wonach nicht mehr der extraterritoriale Bezug als solcher, sondern der Eingriff in die Souveränität des von Handelsmaßnahmen betroffenen Exportstaates die Unzulässigkeit extraterritorialer Maßnahmen unter dem GATT begründe.
323 Vgl. Appellate Body Report *US-Shrimp* (Fn.37): S.50f., Rn.133.

chen Bezug die legitimen Politikziele unter Art.XX(a)-(j) GATT zu dem Staat aufweisen müssen, der diese Rechtfertigungsgründe für sich in Anspruch nimmt. Der Antwort auf diese Frage soll nachfolgend im Hinblick auf die „extraterritoriale" Wirkung von Maßnahmen zum Schutz der Menschenrechte in der Arbeit genauer nachgegangen werden.

aaa) „*Extrajurisdictionality*" (*US-Tuna*)

Um die Vereinbarkeit von Maßnahmen auf Basis arbeitsrechtlicher PPMs zu beurteilen, ist zunächst zu klären, was von der GATT Streitschlichtung unter „extraterritorial" bzw. „extrajurisdiktional" wirkenden Handelsmaßnahmen verstanden wird.

* Begriffsbestimmung

Es erschließt sich nicht auf den ersten Blick, warum in einem Importverbot auf Basis der Menschenrechte in der Arbeit eine „extraterritorial" oder „extrajurisdiktional" wirkende Maßnahme vorliegen soll. Importbeschränkungen zur Durchsetzung von arbeitsrechtlichen PPMs sind nicht „extraterritorial" im eigentlichen Sinne, denn unmittelbar wird weder eine Maßnahme *jenseits der Grenze* noch außerhalb der eigenen Hoheitsgewalt vorgenommen.[324] Herstellungsbezogene Maßnahmen beschränken den Marktzugang von Waren *an der Grenze*, liegen deshalb in der Hoheitsgewalt des Importstaates und wirken sich unmittelbar nur auf die Einfuhr in dessen Staatsgebiet aus.[325] Dem Exportstaat werden keine unmittelbaren regulativen Vorgaben gemacht, er kann weiterhin unter den Bedingungen seiner Wahl produzieren.[326]
Die so produzierten Waren dürfen allerdings in Ländern nicht mehr verkauft werden, welche Importbeschränkungen auf Basis der Menschenrechte in der Arbeit vornehmen. Die von den *Tuna*-Panels aufgeworfene Problematik der Extraterritorialität stellt daher nicht auf eine *unmittelbar* extraterritoriale Wirkung einer Maßnahme außerhalb des eigenen Hoheitsgebietes ab. Vielmehr wird in den internationalen Handelsbeziehungen vom Phänomen der „Extraterritorialität" bereits dann gesprochen, wenn Schutzmaßnahmen eines Staates *unmittelbare oder mittelbare*

---

324 *Howse* Robert/*Regan*, Donald (Fn.42): S.274.
325 *Petersmann*, Ernst-Ullrich (Fn.36): S.69, Fn.50 weist zu Recht darauf hin, daß der in Panel Report *US-Tuna I* (Fn.31), 5.32, S.36f. verwendete Term "*extrajurisdictional application*" insofern mißverständlich ist, als die Durchsetzung des Importverbotes an der Grenze und damit sehr wohl innerhalb der Gesetzgebungshoheit des USA erfolgte.
326 *Howse* Robert/*Regan*, Donald (Fn.42): S.274.

Wirkung außerhalb des Hoheitsgebietes des regulierenden Staates entfalten.[327] Wenn Handelsmaßnahmen zwischen Waren aufgrund deren arbeitsrechtlichen Herstellungsbedingungen im Exportstaat differenzieren, wird man von einer mittelbaren extraterritorialen Wirkung sprechen können. Mittelbar sind hier die Produktionsbedingungen von Einfuhren und damit die Politik des Exportstaates Ziel der Maßnahme, auch wenn sie sich unmittelbar nur auf den Import von Waren in das Hoheitsgebiet des Einfuhrstaates auswirkt. In dieser mittelbaren *"extrajurisdictionality"* sahen die beiden Entscheidungen *Tuna I* und *Tuna II* einen Verstoß gegen Art.XX GATT. Dementsprechend wurde ein Importverbot für Thunfisch auf Basis bestimmter Fangmethoden als mit Art.XX GATT unvereinbar angesehen, weil das Importverbot mittelbar auf einen Politikwechsel im Exportstaat abzielt. In den Panel-Berichten heißt es im Hinblick auf die Anknüpfung der US-Maßnahmen an die Herstellungsmethode:

*"[I]f the **extrajurisdictional** interpretation by the United States were accepted, each contracting party could unilaterally determine the conservation policies from which other parties could not deviate without joepardizing their rights under the General Agreement.[328] If, however, Article XX (b) were interpreted to permit contracting parties to impose trade embargoes so as **to force other countries to change their policies within their jurisdiction** [...] the objectives of the General Agreement would be seriously impaired.[329] The General Agreement would then no longer constitute a multilateral framework for trade among all contracting parties but would provide legal security only in respect of trade between a limited number of contracting parties with identical internal regulations."[330]*

Die in den *Tuna*-Entscheidungen angesprochene mittelbare Wirkung von Handelsmaßnahmen auf die Politik des Einfuhrstaates charakterisiert die Problematik der „Extraterritorialität" allerdings nur unzureichend. Insbesondere ist die mittelbare Beeinflussung der Politik des Exportstaates für sich betrachtet noch keine Besonderheit von Maßnahmen auf Basis arbeitsrechtlicher und daher nichtproduktbezogener PPMs. Auch vom GATT gedeckte produktbezogene Schutzmaßnahmen können vergleichbaren Harmonisierungsdruck auf den Exportstaat ausüben, ohne dass hierbei vom Problem der „Extraterritorialität" die Rede wäre. Der Bezug von Maßnahmen auf nicht-produktbezogene Herstellungsbedingungen in Drittstaaten kann daher nicht entscheidend für den „extraterritorialen" Charakter einer Maßnahme unter dem GATT sein. Das Problem der „Extraterritorialität" darf daher nicht mit demjenigen der *non-product-related PPMs* unter Art.I GATT und

---

327 *Goode*, Walter: Dictionary of Trade Policy Terms, Adelaide, 1998, S.107.
328 Panel Report *US-Tuna I* (Fn.31): S.36f. Rn.5.32 (Hervorhebung hinzugefügt).
329 Panel Report *US-Tuna II* (Fn.32): S.55, Rn.5.38 (Hervorhebung hinzugefügt).
330 Panel Report *US-Tuna I* (Fn.31): S.35, Rn.5.27, S.199.

Art.III GATT gleichgesetzt oder vermischt werden.[331] Allein aufgrund des Verbots von *non-product-related PPMs* unter Art.I GATT und Art.III kann daher nicht auf eine Unzulässigkeit solcher Maßnahmen unter Art.XX GATT geschlossen werden.[332]

Das Phänomen der mittelbaren „extraterritorialen" Wirkung von Handelsmaßnahmen lässt sich nur dann adäquat erfassen, wenn man auf die geographische Ausrichtung der mit einer Maßnahme verfolgten Politikziele abstellt. Sofern ausschließlich inländische Güter vor Schaden bewahrt werden sollen, beispielsweise die Gesundheit der Bevölkerung im Importstaat, handelt es sich nicht um eine „extraterritorial" wirkende Maßnahme.[333] In diesem Fall wird ein rein nationales Politikziel verfolgt. Zielt eine Maßnahme dagegen ausschließlich auf den Schutz von Rechtsgütern im Exportstaat ab, so besteht eine „extraterritoriale" Ausrichtung. Eine „extraterritorial" wirkende Maßnahme bezieht sich nach dem Verständnis der Streitschlichtung unter GATT 1947 deshalb auf Schutzgüter im Exportstaat. Maßnahmen zur Durchsetzung fundamentaler Arbeitnehmerrechte bezwecken einen arbeitsrechtlichen Politikwechsel im Exportstaat. Nach der Entscheidungspraxis des GATT 1947 wirken Maßnahmen auf Basis arbeitsrechtlicher PPMs daher „extraterritorial".

- Maßnahmen zum Schutz der Arbeitnehmerrechte

Es stellt sich nunmehr die Frage, ob Maßnahmen, welche die Durchsetzung von Arbeitnehmerrechten außerhalb des eigenen Hoheitsgebietes verfolgen und daher „extraterritorial" wirken, unter Art.XX GATT gerechtfertigt werden könnte. Zu dieser umstrittenen Frage werden im wesentlichen drei Positionen vertreten. Erstens kann man „extraterritorial" wirkende Maßnahmen *per se* als unzulässig ansehen.[334] Zweitens kann man der Ansicht sein, dass der extraterritorialen Wirkung von Maßnahmen unter Art.XX GATT gar keine besondere Bedeutung zukommt.[335] Drittens kann man der Meinung sein, dass „extraterritorial" wirkende

---

331 *Düerkop*, Marco: Trade and the Environment: International Trade Law Aspects of the Proposed EC Directive Introducing a Tax on Carbon Dioxide Emissions and Energy, in: Common Market Law Review 31 (1994) 4, S.835, für eine klare Unterscheidung zwischen dem Problem der Extraterritorialität und demjenigen der *non-product-related PPMs* siehe *Charnovitz*, Steve: Exploring the Environmental Exceptions in Art.XX GATT, in: Journal of World Trade 25 (1991) 5, S.37.
332 Appellate Body Report *US-Gasoline* (Fn.34): S.23, (o. Rn.); ähnlich Appellate Body Report *US-Shrimp* (Fn.37): S.57, Rn.150.
333 *Reiterer*, Michael (Fn.93): S.118.
334 Panel Report *US-Tuna I* (Fn.31): S.35, Rn.5.25; zustimmend *Schlagenhof*, Markus (Fn.35): S.138.
335 *Reiterer*, Michael (Fn.93): S.117; *Trebilcock*, Michael J./*Howse*, Robert: The Regulation of

Maßnahmen zwar nicht *per se* verboten sind, aber unter Art.XX GATT dennoch einem besonderen Rechtfertigungsbedürfnis unterliegen[336].

Der *Wortlaut* des Art.XX GATT lässt keine Einschränkungen zu Lasten „extraterritorial" wirkender Maßnahmen erkennen. Weder in den Rechtfertigungsgründen der GATT Art.XX(a)-(j), noch im *chapeau* findet sich ein ausdrücklicher Hinweis auf die Unzulässigkeit von Maßnahmen, die sich auf das Staatsgebiet dritter WTO-Mitglieder beziehen.[337] Das Verbot „extraterritorial" wirkender Maßnahmen wurde dementsprechend in der Entscheidung *Tuna I* zuvorderst mit funktionalen und historischen Argumenten gerechtfertigt.

Die funktionalen Argumente scheinen für eine generelle Unzulässigkeit „extraterritorialer" Maßnahmen zu sprechen. So wird geltend gemacht, dass ein Staat durch „extraterritorial" wirkende Maßnahmen seine Politikziele anderen Ländern aufzwingen kann. In der Konstellation „extraterritorial" wirkender Maßnahmen offenbart sich ein Souveränitätskonflikt zwischen Import- und Exportstaat. So könnte sich einerseits der Importstaat auf Basis seiner Souveränität darauf berufen, die Herstellungsbedingungen aller im Inland verkauften Produkte, auch der Importe, verbindlich regeln zu wollen. Der Exportstaat wird dagegen die Festlegung seines inländischen Schutzniveaus für Arbeitnehmer als souveräne Entscheidung im Rahmen der nationalen Sozial- und Wirtschaftspolitik betrachten. Das völkerrechtliche Prinzip der souveränen Gleichheit der Staaten scheint es hierbei zu gebieten, es als Recht jeden Staates anzusehen, seine Produktionsstandards autonom festzusetzen, solange hierdurch nicht Rechtsgüter dritter Staaten betroffen sind.[338] Weiterhin spricht gegen die Gestattung von Schutzmaßnahmen mit „extraterritorialem" Bezug, dass hierdurch unzulässigerweise über die vertraglich zugesicherten Rechte aus dem GATT disponiert werden kann. So hätte ein Importverbot auf Basis arbeitsrechtlicher PPMs zur Folge, dass der Importstaat wahlweise diese Mindeststandards implementieren kann oder auf den Marktzugang und damit auf seine eigenen GATT-Rechte verzichten muss.[339] „Extraterritorial"

International Trade, 1st Edition, London (e.a.), 1995, S.346 betonen, daß in den Tuna-Fällen (Rn.31 sowie Rn.32) die Vereinbarkeit der US-Maßnahmen mit dem GATT nicht aufgrund des extraterritorialen Bezuges, sondern wegen deren unilateralen Charakters fragwürdig ist.
336 Gegen ein grundsätzliches Verbot extraterritorialer Maßnahmen im GATT *US-Tuna II*, Rn.5.17 und 5.32, S.892 und S.896, zustimmend *Yechout*, Paul J.: In the Wake of Tuna II: New Possibilities for GATT-Compliant Environmental Standards, in: Minnesota Journal of Global Trade 5 (1996) 2, S.273.
337 So auch Panel Report *US-Tuna I* (Fn.31): S.35, Rn.5.25.
338 Vgl. *Petersmann*, Ernst-Ullrich (Fn.36): S.65 und S.70.
339 Panel Report *US-Tuna I* (Fn.31): S.35, Rn.5.25.

wirkende Maßnahmen scheinen daher geeignet, die Rechte des GATT auf Staaten mit gleichen internen Standards zu limitieren.[340] Eine Konditionierung des Marktzugangs auf Basis von Menschenrechten in der Arbeit scheint insbesondere hinsichtlich der Meistbegünstigungsklausel problematisch. So ist es eine Besonderheit und die Basis des Erfolgs des GATT gegenüber früheren Handelsverträgen, dass Meistbegünstigung sofort und vor allem *unbedingt* gewährt werden muss[341]. Da sich die Grundregel der Meistbegünstigung auch im *chapeau* Art.XX widerspiegelt, könnte man daraus auf die „Bedingungsfeindlichkeit" von Schutzmaßnahmen unter Art.XX GATT schließen. Ferner wird zu bedenken gegeben, dass das Welthandelssystem durch „extraterritoriale" Maßnahmen auf eine *"slippery slope"* gerate[342]. Auf eine solche Rutschbahn begibt sich die WTO nicht allein aufgrund der handelsbeschränkenden Wirkung „extraterritorialer" Maßnahmen. Es ist nicht ausgeschlossen, dass eine Verknüpfung der GATT-Rechte mit kontroversen politischen Inhalten wie den Menschenrechten den Grundkonsens der Mitglieder im Welthandelssystem aufbrechen kann.[343] Der nunmehr erreichten Rechtssicherheit in den internationalen Handelsbeziehungen könnte durch die „extraterritoriale" Durchsetzung umstrittener Politikziele ein Rückfall in die Zeiten der Handelsdiplomatie und der *"power politics"* folgen. Hinzu kommt, dass selbst die Verfolgung legitimer Ziele aufgrund des unilateralen Charakters des Art.XX GATT ein besonderes Konfliktpotential birgt.[344]

Als historisches Argument verwies die Entscheidung *Tuna I* auf die Verhandlungen zu Art.32 (b) ITO Charta, der dem späteren Art.XX(b) GATT entsprach. Im sog. *New York Draft* dieser Vorschrift hieß es noch:

"[f]or the purpose of protecting human, animal or plant life or health, if corresponding **domestic safeguards** under similar conditions exist in the importing country".[345]

Aus dieser Passage hat der Panel *Tuna I* gefolgert, dass auch die entsprechende Ausnahme des Art.XX(b) GATT auf " *domestic safeguards"* und damit auf Polit-

---

340 Panel Report *US-Tuna I* (Fn.31): S.35, Rn.5.25.
341 Zur Bedeutung der Pflicht zu unbedingter und sofortiger Meistbegünstigung im GATT vgl. oben, S.82.
342 *Jackson*, John H.: Greening the GATT: Trade Rules and Environmental Policy, in: Trade and the Environment: The Search for Balance, Cameron, James/Demaret, Paul/Geradin, Damien (Ed.), London, 1994, S.33.; zum sog. "Slippery-Slope-Argument" vgl. ferner *Schlagenhof*, Markus (Fn.35): S.130; *Petersmann*, Ernst-Ullrich (Fn.36): S.71, Fn.57.
343 Zur Bedeutung des Grundkonsens der Vertragsparteien im GATT siehe oben, S.71ff.
344 Zum unilateralen Charakter des Art.XX GATT siehe unten, S.415.
345 Second Session of the Prepatory Committee of the UN Conference on Trade and Employment, UN-Doc. E/PC/T/A/PV/30/ v. 16. Juli 1947, UN-Doc. EPCT/A/PV/30/7-15 (1947).

ikziele im eigenen Staatsgebiet zu beschränken ist.[346] Demnach wären Maßnahmen auf Basis arbeitsrechtlicher PPMs zumindest unter Art.XX(b) GATT unzulässig. Diese Begründung ist jedoch abzulehnen. In Protokollen der Verhandlungen zu Art.32(b) *New York Draft ITO Charta* äußerte keiner der Delegierten Bedenken gegen die Rechtmäßigkeit „*extraterritorial*" wirkender Maßnahmen oder sah diese gar als Rechtsmissbrauch dieser Ausnahme an. Aus der Verwendung des Wortes *"domestic"* kann ebenfalls nicht geschlossen werden, dass Schutzmaßnahmen nur dem Schutz innerstaatlicher Politikziele dienen dürfen. Vielmehr sollte der zitierte Halbsatz des Art.32(b) *New York Draft ITO Charta* lediglich die nichtdiskriminierende Anwendung von Schutzmaßnahmen sicherstellen. Schutzmaßnahmen sollten sich nicht allein gegen Importe richten dürfen, sondern es muss stets auch eine entsprechende innerstaatliche Regulierung vorliegen. Insofern handelt es sich bei dem oben genannten Halbsatz lediglich um eine sperrig formulierte Rückausnahme, um die nichtdiskriminierende Anwendung von Schutzmaßnahmen zu garantieren. Da die Inlandsbehandlung bei Schutzmaßnahmen bereits durch das Merkmal *"arbitrary or unjustified discrimination"* gewährleistet ist, wurde der zitierte Halbsatz des Art.32(b) *New York Draft ITO Charta* folgerichtig als zu umständlich und überflüssig verworfen.[347] Aus der *drafting history* zu Art.32(b) *New York Draft ITO Charta* kann deshalb nicht gefolgert werden, dass Maßnahmen unter Art.XX GATT grundsätzlich keine mittelbaren „extraterritoriale" Auswirkungen haben dürfen.

Im Streit um „extraterritoriale" Maßnahmen unter Art.XX GATT wird letztlich auf den systematischen Kontext des *chapeau* Art.XX(e) verwiesen. Die Ausnahme des Art.XX(e) GATT gestattet Maßnahmen gegen Importe, die in Gefängnisarbeit hergestellt wurden. Diese Vorschrift bezieht sich damit auf die Herstellungsmethode im Exportland und scheint dadurch ein im GATT ausdrücklich gebilligtes Beispiel für „extraterritorial" ausgerichtete Maßnahmen zu sein. Die übrigen Ausnahmen der Art.XX(a)-(j) GATT enthalten zudem bezüglich „extraterritorialer" Maßnahmen keine entsprechenden Einschränkungen. Den Verzicht auf eine Einschränkung in den übrigen Schutzklauseln könnte man als Beleg dafür ansehen, dass Art.XX GATT „extraterritoriale" Maßnahmen zumindest nicht grundsätzlich

---

346 Ohne nähere Begründung Panel Report *US-Tuna I* (Fn.31): S.35, Rn.5.26, S.198.
347 So wandte der Delegierte der USA (Mr.Catudal) gegen die umfassende Formulierung mit Recht ein "[i]*t seems to me the protection you would get by the additional phrase is worded in such a particular fashion that no one know exactly what it means. [...] As for the protection needed for exporting countries, to see that this is not abused, it seems to me that is afforded one by the headnote to the Article, which reads, in some detail [...] arbitrary or unjustifiable dicrimination [...] or disguised restriction of international trade.*" Second Session of the Prepatory Committee of the UN Conference on Trade and Employment, UN-Doc. E/PC/T/A/PV/30/ v. 16. Juli 1947, S.7ff..

ausschließt. Dieser vermittelnden Ansicht schloss sich auch der Panel- Bericht *Tuna II* an, denn dort heißt es:

"The Panel then observed that measures providing different treatment to products of different origins could in principle be taken under other paragraphs of Article XX and other Articles of the General Agreement with respect to things located, or actions occurring, outside the territorial jurisdiction of the party taking the measure. An example was the provision in Art.XX(e) relating to products of prison labour. It could therefore not be said that the General Agreement proscribed in an absolute manner measures that related to things or actions outside the territorial jurisdiction of the party taking the measure".348

Das Panel kam daher zu dem Ergebnis, dass Art.XX GATT „extraterritoriale" Maßnahmen nicht grundsätzlich ausschließt, allerdings ist Art.XX(e) GATT hierfür ein schlechtes Beispiel. Die Berufung auf Art.XX(e) GATT als Beispiel für „extraterritoriale" Maßnahmen verkennt, dass sich diese Vorschrift zwar auf auswärtige Herstellungsmethoden, nicht aber auf auswärtige Schutzgüter bezieht.349 Zweck der Ausnahme des Art.XX(e) ist der Schutz *inländischer* Produzenten vor nicht marktkonformem Wettbewerb, nicht aber der Schutz *ausländischer* Strafgefangener vor Gefängnisarbeit.350 Die Vorschrift des Art.XX(a) GATT belegt somit lediglich, dass sich Maßnahmen unter Art.XX auf die Produktionsbedingungen in Drittstaaten beziehen können, sofern hierdurch ein *inländisches Rechtsgut* geschützt wird. Die Ausnahme für Waren aus Gefängnisarbeit stellt daher keinen im GATT ausdrücklich gebilligten Präzedenzfall „extraterritorialer" Maßnahmen dar. Aus dem Kontext mit Art.XX(e) GATT kann daher nicht geschlossen werden, dass der *chapeau* Art.XX „extraterritoriale" Maßnahmen zulässt. Dem Panel *Tuna II* ist jedoch nach den vorangegangenen Ausführungen insofern zuzustimmen, dass Art.XX GATT kein absolutes Verbot „extraterritorial" wirkender Maßnahmen enthält.351

• Zwischenergebnis:

Es kann zunächst festgestellt werden, dass Art.XX GATT „extraterritorial" wirkende Handelsbeschränkungen zur Durchsetzung fundamentaler Arbeitnehmerrechte nicht grundsätzlich ausschließt.

---

348 *US-Tuna II*, Rn.5.16, S.891.
349 Ähnlich *Feddersen*, Christoph T. (Fn.142): S.109 vgl. zur Unterscheidung zwischen *PPMs* und dem Problemkreis der „extraterritorialen Wirkung" von Maßnahmen siehe oben, S.359ff.
350 Siehe oben, S.338ff.
351 *US-Tuna II*, Rn.516, S.891.

bbb) Ein *"Sufficient Nexus Test"* ? (*US-Shrimp*)

Es stellt sich allerdings letztlich die Frage, welche Voraussetzungen erfüllt sein müssen, damit eine *zulässige* „extraterritoriale" Maßnahme vorliegt. In der Entscheidung *US-Shrimp* stellte der Appellate Body zwar ausdrücklich klar, dass er zum Konzept der Extraterritorialität nicht Stellung nehme. Aus der Begründung der Entscheidung kann dennoch eine Lösung für den Streit um „extraterritoriale" Maßnahmen herausgelesen werden.

Im Fall *US-Shrimp* hatte der Appellate Body über die Vereinbarkeit eines Importverbots für Shrimps mit Art.XX GATT zu befinden. Das Importverbot der USA richtete sich gegen Shrimps aus Thailand, dessen Fangmethoden keinen ausreichenden Schutz für Meeresschildkröten garantierten. Entsprechend den GATT-Fällen *Tuna I* und *Tuna II* schien in *US-Shrimp* die Behandlung der heiklen Frage unvermeidbar, ob „extraterritorial" ausgerichtete Importbeschränkungen auf Basis von *non-product-related PPMs* unter der WTO-Streitschlichtung weiterhin verboten sind. Nach dem Verständnis der Panel-Berichte *Tuna I* und *Tuna II* läge auch in *US-Shrimp* eine verbotene „extraterritoriale" Maßnahme vor, denn das Importverbot bezog sich auf Politikziele in Drittstaaten, namentlich dem Schutz von Meeresschildkröten beim Fang von Shrimps in den Gewässern Thailands.

Der Appellate Body stellte in *US-Shrimp* im Ergebnis zwar die Unvereinbarkeit des Importverbotes mit Art.XX GATT fest, umschiffte die Frage der „extraterritorialen" Wirkung von Schutzmaßnahmen für Meeresschildkröten in Thailand jedoch elegant. Statt seine Entscheidung auf das umstrittene Konzept der „Extraterritorialität" zu stützen, stellte der Appellate Body auf die *internationale Migrität* von Meeresschildkröten zwischen den Hoheitsgewässern der Streitparteien ab:

*"[S]ea turtles are highly migratory animals, passing in and out of waters subject to the rights of jurisdiction of various coastal states and the high seas. [...] [T]hese species migrate to, or traverse, at one time or another, waters subject to United States jurisdiction. [...] Neither the appellant nor any of the appellees claims any rights of exclusive ownership over the sea turtles, at least not while they are swimming freely in their natural habitat UN Global - the oceans. We do **not pass upon the question** of whether there is an implied **jurisdictional limitation in Art.XX(g)**, an if so, the nature of extent of that limitation. We note only that in the specific circumstances of the case before us, there is a **sufficient nexus** between the **migratory and endangered marine populations** involved **and the United States** for purposes of Art.XX(g). "* [352]

---

352 Appellate Body Report *US-Shrimp* (Fn.37): S.51, Rn.133 (Hervorhebungen hinzugefügt).

Der Appellate Body entschied ohne weitere Begründung dieses Ergebnisses, dass aufgrund der Umstände des Einzelfalls das Importverbot offenbar keine verbotene „extraterritoriale" Wirkung entfaltet, sondern statt dessen ein *"sufficient nexus"* zwischen dem Schutzgut (Meeresschildkröten) und dem handelnden Staat (USA) besteht. Im Hinblick auf die Zulässigkeit von Maßnahmen auf Basis arbeitsrechtlicher PPMs ist es daher interessant zu untersuchen, welche „Umstände des Einzelfalls" den Appellate Body dazu bewogen haben könnten, einen *"sufficient nexus"* zwischen dem Politikziel und dem handelnden Staat festzustellen, statt entsprechend der *Tuna*-Entscheidungen schlicht auf die „extraterritoriale" Wirkung abzustellen. Deshalb gilt es nachfolgend zu analysieren, ob sich aus den spezifischen Umständen dieses Einzelfalls allgemeine Kriterien für einen *"sufficient nexus test"* entwickeln lassen, der zukünftig an die Stelle des umstrittenen Konzepts der „Extraterritorialität" treten kann.

Eine erste Besonderheit des Falls *US-Shrimp* besteht darin, dass zwischen dem Schutz von Meeresschildkröten (*US-Shrimp*) und Delphinen (*Tuna*-Panels) als Politikziel ein qualitativer Unterschied besteht. Meeresschildkröten zählen zu den weltweit bedrohten und besonders geschützten Arten und fallen unter die *Convention on International Trade in Endangered Species of Wild Fauna and Flora* (CITES), Delphine dagegen nicht.[353] Die CITES stellt ein quasi universelles Umweltabkommen dar.[354] Im Unterschied zu Delphinen stellt der Schutz von Meeresschildkröten deshalb ein universell anerkanntes Politikziel dar.[355] Ein universelles Politikziel wird man auch unter Art.XX GATT nicht ohne weiteres als „extraterritorial" bezeichnen können. Demnach scheint für den Appellate Body die „extraterritoriale" Wirkung einer Maßnahme offenbar dann nicht zu schaden, wenn mit einer Handelsbeschränkung als erstes Kriterium des *"sufficient nexus tests"* ein *universell anerkanntes Politikziel* verfolgt wird.[356]

---

353 Art.II.1 i.V.m. Annex 1 CITES (Convention on International Trade in Endangered Species of Wild Fauna and Flora) v. 3. März 1973, abgedruckt in: I.L.M. 12 (1973), S.1058ff., im Internet veröffentlicht unter www.cites.org.

354 Vgl. *Sand*, Peter H.: Whither CITES? : The Evolution of a Treaty Regime in the Borderland of Trade and Environment, in: European Journal of International Law 8 (1997) 1, S.29ff.

355 So auch die Argumentation der Europäischen Gemeinschaft als *interested third party* in Appellate Body Report *US-Shrimp* (Fn.37): S.25, Rn.72.

356 a.A. *Neumann*, Jan: Die Koordination des WTO-Rechts mit anderen völkerrechtlichen Ordnungen, Berlin, 2002, S.177, wonach der Status der Schildkröten als globales Umweltgut in der Begründung des AB keine Rolle gespielt habe, sondern allein deren physischer Bezug zu US-Hoheitsgewässern.

Zweitens bedurfte es laut Appellate Body in *US-Shrimp* keines Rückgriffs auf das Konzept der „Extraterritorialität", weil Meeresschildkröten zwischen den Hoheitsgewässern der Streitparteien migrieren. Die Verringerung ihres Bestandes in den thailändischen Meeren wirkt sich somit *auch* in den Hoheitsgewässern der USA aus. Die Population von Meeresschildkröten wurde deshalb nicht als exklusives Interesse eines einzelnen WTO-Mitgliedes betrachtet.[357] Daraus könnte zu folgern sein, dass Maßnahmen unter Art.XX GATT keine allein innere Angelegenheit eines anderen Mitgliedstaates zum Ziel haben dürfen, sondern das verfolgte Politikziel muss zumindest *auch* das Hoheitsgebiet des handelnden Staates betreffen. Ein *"sufficient nexus"* scheint neben einem universell anerkannten Politikziel vorzusehen, dass ein hinreichender Bezug zum Hoheitsgebiet desjenigen Staates besteht, der sich auf Art.XX GATT beruft.

Es kann als Zwischenergebnis festgehalten werden, dass der *"sufficient nexus"* zwischen dem legitimen Politikziel und dem handelnden Staat unter Art.XX GATT in der Entscheidung *US-Shrimp* offenbar auf zwei Voraussetzungen basierte. Mit einer Handelsmaßnahme muss erstens ein *universell anerkanntes Schutzziel* verfolgt werden, dessen Beeinträchtigung sich zweitens *auch auf das Hoheitsgebiet* des die Ausnahme beanspruchenden Staates auswirkt. Aufgrund dieser „Umstände des Einzelfalls" war es für den Appellate Body erstens *unbeachtlich*, dass das Importverbot an die Fangmethoden von Shrimps damit an *nonproduct-related PPMs* anknüpfte. Ferner war es für die Rechtmäßigkeit der Importbeschränkung *nicht ausschlaggebend*, dass sie letztlich auf einen Politikwechsel im Exportstaat und damit auf eine „extraterritoriale" Wirkung abzielte.

Damit hat der Appellate Body das Konzept der „Extraterritorialität" zwar nicht verworfen, aber offenbar damit begonnen, positive Kriterien für zulässige „extraterritorial" wirkende Maßnahmen festzulegen. Es bleibt abzuwarten, ob der Appellate Body das Konzept des *"sufficient nexus"* in der zukünftigen Entscheidungspraxis aufgreift und konkretisiert, was nicht allein aufgrund des damit verbundenen Zugewinns an Rechtssicherheit wünschenswert erscheint.

ccc) Maßnahmen zum Schutz der Arbeitnehmerrechte *"sufficient nexus test"*

Nunmehr ist zu untersuchen, ob es sich bei Importbeschränkungen zur Durchsetzung von Arbeitnehmerrechten um Maßnahmen mit unzulässiger „extraterritorialer" Wirkung handelt oder ob sie die zwei Kriterien des oben entwickelten *"sufficient nexus tests"* erfüllen.

---

357 Appellate Body Report *US-Shrimp* (Fn.37): S.51, Rn.133.

- Universell anerkanntes Politikziel

Erstens müssten Importbeschränkungen zur Durchsetzung von Arbeitnehmer-rechten im Exportstaat einem universell anerkannten Politikziel dienen, um dem *"sufficient nexus test"* zu genügen. Mit der ILO-Deklaration 1998 stellten alle 174 ILO-Mitglieder klar, dass sie die vier Menschenrechte in der Arbeit fördern werden, ohne dass es hierfür der Ratifikation der entsprechenden ILO-Konventionen bedarf.[358] Die ILO-Deklaration erklärte die vier fundamentalen Arbeitnehmer-rechte somit zu einem universell anerkannten Politikziel. Die Durchsetzung der Menschenrechte in der Arbeit mit Handelsmaßnahmen könnte dadurch die erste Voraussetzung des *"sufficient nexus tests"* unter dem *chapeau* Art.XX erfüllen.[359]

- Bezug des Politikziels zum Einfuhrstaat

Zweitens müsste bei Maßnahmen zur Durchsetzung von Menschenrechten in der Arbeit auch ein arbeitsrechtliches Politikziel im Einfuhrstaat betroffen sein. Importbeschränkungen zur Implementierung der vier fundamentalen Arbeit-nehmerrechte verfolgen als Politikziel die Verbesserung der Arbeitsbedingungen und letztlich den Schutz von Menschen im Arbeitsprozess[360]. Unmittelbar werden von der Missachtung von Arbeitnehmerrechten bei der Produktion ausschließlich Arbeitnehmer im Exportstaat betroffen. Selbst wenn man entsprechend *US-Shrimp* auf die Migration von Arbeitnehmern abstellen würde, ändert sich hieran nichts. Mit dem Verlassen des Hoheitsgebietes endet für Arbeitnehmer auch die Beein-trächtigung durch menschenrechtswidrige Arbeitsbedingungen. Die negativen Auswirkungen von Verstößen gegen die Grundsätze des internationalen Arbeits-rechts sind in ihrer *unmittelbaren Wirkung* daher auf das Hoheitsgebiet des Exportstaates beschränkt[361].
Für einen *"sufficient nexus"* könnte man jedoch aus verschiedenen Gründen auch die Ansicht vertreten, dass eine mittelbare Beeinträchtigung des Politikzieles im

---

358 Zur ILO-Deklaration 1998 siehe oben, S.415.
359 Man wird gleichsam viele der in der *Unversal Bill of Rights* enthaltenen Menschenrechte als universelles Politikziel unter Art.XX GATT ansehen können, wobei allerdings zweifelhaft ist, ob Handelsmaßnahmen zur Durchsetzung dieser Rechte die übrigen Voraussetzungen des Art.XX GATT erfüllen würden. Zum in der Literatur bisher noch wenig behandelten, über die Menschenrechte in der Arbeit hinausreichenden Themenkreis *Trade & Human Rights* siehe weiterführend *Stirling*, Patricia (Fn.230): S.33ff.; *Elwell*, Christine: Human Rights, Labour Standards and the World Trade Organi-zation: Opportunities for a Linkage, Montreal, 1995, S.21ff.; *Petersmann*, Ernst-Ullrich: The WTO Constitution and Human Rights, in: Journal of International Economic Law 3 (2000) 1, S.19, für Freihandel als Menschenrecht vgl. *ders.* (Fn.201): S.31ff.
360 Zum Individualschutz als Normzweck von Arbeitnehmerrechten siehe oben, S.145f.
361 Siehe oben, S.274.

Importstaat ausreicht. Erstens kann für die Feststellung eines *"sufficient nexus"* nichts anderes gelten, als für die komplementäre verbotene *"extraterritoriale"* *Wirkung* von Handelsbeschränkungen. Dementsprechend könnte man es auf Basis der Entscheidungsgründe von *US-Shrimp* für „extraterritoriale" Maßnahmen genügen lassen, wenn das verfolgte Politikziel nur mittelbaren Bezug zum Importstaat aufweist. Nach der GATT-Streitschlichtung lag dagegen eine „extraterritoriale" Wirkung bereits dann vor, wenn der Exportstaat durch *unmittelbar* rein nationale Importbeschränkungen *mittelbar* zu einem Politikwechsel gezwungen wird.[362] Ferner müssen bei der Prüfung des *"sufficient nexus"* die Eigenarten des jeweiligen Politikzieles berücksichtigt werden.[363] Während man beim Artenschutz oder bei globalen Umweltproblemen einen unmittelbaren physischen bzw. physikalischen Zusammenhang zwischen den betroffenen Staaten nachweisen kann, besteht dieser bei Menschenrechtsverletzungen typischerweise nicht. Mit diesem Argument wird man den Meeresschildkröten zugestandenen Schutz für Menschen allerdings kaum versagen können, ohne die WTO hierdurch in erhebliche Wertungswidersprüche zu manövrieren. Deshalb könnte es für einen *"sufficient nexus"* bei Verstößen gegen Menschenrechte in der Arbeit ausreichen, wenn hieraus signifikante mittelbare Auswirkungen auf die Arbeitsbedingungen im Importstaat resultieren, worauf im Folgenden näher einzugehen ist.

Eine mittelbare Wirkung auf den Importstaat können Verstöße gegen Arbeitnehmerrechte im Exportstaat einerseits über den internationalen Wettbewerb entfalten. Dies wäre der Fall, wenn aus der Verletzung der fundamentalen Arbeitsrechte im Einzelfall nachweisbar ein Kostenvorteil für Unternehmen und Standorte im internationalen Wettbewerb resultiert, wodurch eine mittelbare Beeinträchtigung universeller Politikziele durch die Verletzung von Menschenrechten im Exportstaat gegeben wäre.[364]

Ob Verstöße gegen internationales Arbeitsrecht tatsächlich negative Effekte auf die Arbeitsbedingungen im Importstaat entfalten, hängt allerdings von den spezifischen Umständen des Einzelfalls ab.

Erstens wird es dabei auf den Umfang und die Art der Verstöße gegen fundamentales Arbeitsrecht ankommen. So bewirken Diskriminierungen von Arbeitnehmern im Exportstaat keinen Kostenvorteil im Wettbewerb.[365] Selbst wenn dies bei

---

362 Panel Report *US-Tuna I* (Fn.31): S.35, Rn.5.27 und *US-Tuna II* S.52, Rn.5.24.
363 Siehe Appellate Body Report *US-Shrimp* (Fn.37): S.51, Rn.133, wonach es für einen „sufficient nexus" auf die Umstände des jeweiligen Einzelfalls ankommt.
364 Zu dem von partiellen arbeitsrechtlichen Deregulierungen in EPZs ausgehenden Anpassungsdruck auf das übrige Staatsgebiet und andere Entwicklungsländer siehe oben, S.259 ff.
365 Siehe oben, S.233f.

anderen Arbeitnehmerrechten der Fall wäre, werden Verstöße gegen internationales Arbeitsrecht oftmals keine signifikanten Auswirkungen auf die Arbeitsbedingungen im Importstaat haben. Ein gesetzliches Verbot von Gewerkschaften könnte dagegen einen Vorteil im internationalen Preiswettbewerb bewirken und über „unterpreisige" Exporte letztlich auch die Position von Gewerkschaften im Einfuhrstaat schwächen. Auch für den Export von Waren aus systematisch betriebener Zwangsarbeit ist vorstellbar, dass im Einzelfall ein negativer Anpassungsdruck auf die Arbeitsbedingungen im Einfuhrstaat ausgeht.

Zweitens werden negative Effekte auf die Arbeitsbedingungen im Importstaat vom Umfang der Einfuhren aus arbeitsrechtlich bedenklichen Herstellungsbedingungen abhängen. Einfuhren von sehr geringem Umfang oder breiter sektoraler Streuung werden beispielsweise nicht ausreichen, um signifikante negative Auswirkungen auf die Arbeitsbedingungen in einem großen Binnenmarkt zu entfalten. Dabei wird man nicht allein auf das gesamte Handelsvolumen, sondern bereits auf die sektorale Wirkung von unterpreisigen Importen abstellen müssen. Beispielsweise werden geringfügige Einfuhren verschiedener Produkte von Entwicklungsländern in die USA selbst dann ohne Effekt auf die dortigen Arbeitsbedingungen bleiben, wenn bei der Herstellung massiv gegen kostenrelevante Arbeitnehmerrechte verstoßen wurde. Anders könnte es jedoch zu beurteilen sein, wenn in sog. *Export Processing Zones* (EPZs) unter Verstoß gegen die fundamentalen Arbeitnehmerrechte für den Export in Entwicklungsländer produziert wird und sich die Ausfuhren zudem auf einen sensiblen Sektor konzentrieren. In EPZs werden Unternehmen für den Export vermeintlich vorteilhafte Standortbedingungen angeboten. Auch die Absenkung des arbeitsrechtlichen Schutzniveaus zählt zu den offerierten Standortvorteilen in den *per definitionem* auf die Exportförderung ausgerichteten EPZs.[366] Dies gilt insbesondere bei Ausfuhren von EPZs in andere sich entwickelnde WTO-Mitglieder, die auf Verstöße gegen fundamentales Arbeitsrecht als Instrument der Exportförderung verzichten.
Für den Nachweis dieses Nexus und damit die Zulässigkeit von Handelsbeschränkungen wird es in der Praxis darauf ankommen, wer hierfür die Beweislast trägt. Zwar muss der Einfuhrstaat *prima facie* nachweisen, dass ein Rechtfertigungsgrund unter Art.XX(a)-(j) GATT vorliegt.[367] Sobald dies gelingt, geht die Beweislast für die Rückausnahmen im *chapeau* Art.XX auf den

---

366 Zu den Arbeitsbedingungen in EPZs siehe oben, S.259f.
367 Appellate Body Report *US-Gasoline* (Fn.34): S.22, (o. Rn.); Panel Report *EC-Asbestos* (Fn.12), S.435, Rn.8.177 unter Berufung auf Appellate Body Report *US- Shirts and Blouses* (Fn.49): S.15f. (o. Rn.).

Exportstaat über.[368] Letztlich muss daher der Exportstaat nachweisen, dass die Verletzungen der fundamentalen Arbeitnehmerrechte keine negativen Effekte auf die Arbeitsbedingungen im Importstaat hat.

Es bleibt festzuhalten, dass in besonders gelagerten Einzelfällen die Verletzung von Arbeitnehmerrechten zu einer mittelbaren Beeinträchtigung der Arbeitsbedingungen im Importstaat führen kann. Sofern dem Exportstaat nicht der entsprechende Gegenbeweis gelingt, können Maßnahmen zur Implementierung von Menschenrechten in der Arbeit auf Basis der bisherigen Entscheidungspraxis des Appellate Body auch die zweite Voraussetzung des *"sufficient nexus tests"* erfüllen.

ddd) Zwischenergebnis

Es bleibt festzuhalten, dass es auf die Umstände des Einzelfalls ankommt, ob eine Konditionierung des Marktzugangs mit den fundamentalen Arbeitnehmerrechten einen aus der Entscheidung *US-Shrimp* entwickelten zweistufigen *"sufficient nexus tests"* unter dem *chapeau* besteht. Wie alle Menschenrechte wird man zwar auch diejenigen in der Arbeit zu den *universellen Politikzielen* zählen können. Nur in seltenen Fällen wird die Verletzung von Arbeitnehmerrechten jedoch signifikante Auswirkungen auf die Arbeitsbedingungen als Schutzgut des Einfuhrstaates haben, womit auch die zweite Voraussetzung des *"sufficient nexus tests"* erfüllt wäre. Dies würde erstens voraussetzen, dass aus der Verletzung von Arbeitnehmerrechten Kostenvorteile im internationalen Wettbewerb resultieren. Selbst wenn Waren durch die Verletzung von fundamentalen Arbeitnehmerrechten einen Kostenvorteil genießen, müssen entsprechende Einfuhren in Art und Umfang zweitens signifikante negative Effekte auf die Arbeitsbedingungen im Importstaat entfalten. Zu einer Beeinträchtigung der Arbeitsbedingungen im Importstaat werden allerdings nur massive und kostenrelevante Verstöße gegen fundamentale Arbeitnehmerrechte im Exportsektor führen, beispielsweise bei Ausfuhren aus EPZs. In der Praxis wird die überwiegende Zahl von Handelsmaßnahmen zur „extraterritorialen" Verwirklichung von Menschenrechten in der Arbeit dagegen am *"sufficient nexus tests"* unter dem *chapeau* Art.XX scheitern und als *"disguised restriction on international trade"* zu qualifizieren sein.

---

368 Panel Report *EC-Asbestos* (Fn.12), S.435, Rn.8.178.

C. Ergebnis

Maßnahmen zur Durchsetzung von Menschenrechten in der Arbeit in Drittstaaten beinhalten regelmäßig einen Verstoß gegen Gebotsnormen des GATT. Im Unterschied zu den *Tuna/Dolphin*-Entscheidungen erscheint nach dem Appellate Body Report *US-Shrimp* eine Rechtfertigung solcher Maßnahmen unter Art.XX GATT nicht länger *kategorisch* ausgeschlossen. Der tatsächliche Handlungsspielraum von WTO-Mitgliedern unter Art.XX GATT zur Durchsetzung von Menschenrechten mit Handelsmaßnahmen bleibt *de lege lata* allerdings gering. Die verbleibenden Anforderungen an arbeitsrechtliche Anforderungen für Wareneinfuhren unter Art.XX GATT sind vielschichtig und streng.

Erstens müssen Maßnahmen zum Schutz von Arbeitnehmern einen der Rechtfertigungsgründe des Art.XX(a)-(j) GATT erfüllen. Eine erste Grundlage für arbeitsrechtlich motivierte Handelsmaßnahmen bietet zum einen Art.XX(b) GATT, wenn durch die Verletzung fundamentaler Arbeitnehmerrechte die Gesundheit oder das Leben von Arbeitnehmern bedroht ist. Maßnahmen gegen Zwangs- oder Sklavenarbeit, die Verfolgung von Arbeitnehmervertretern und schlimmste Formen der Kinderarbeit können die Voraussetzungen des Art.XX(b) GATT im Einzelfall erfüllen. Eine Rechtfertigung unter Art.XX (e) über Gefängnisarbeit scheidet dagegen aus, da eine erweiternde Auslegung weder vom Wortlaut noch vom Normzweck dieser Vorschrift getragen wird. Allerdings können Handelsbeschränkungen zur Implementierung der fundamentalen Arbeitnehmerrechte als Maßnahme zum Schutz von *"public morals"* unter Art.XX(a) GATT vorläufig gerechtfertigt werden, insbesondere wenn man das gemeinsame Wertbekenntnis in Form der ILO-Deklaration 1998 als politisch-moralische Selbstbindung der WTO-Mitglieder ansehen mag.

Zweitens müssen Maßnahmen zur Implementierung von Menschenrechten in der Arbeit den *necessity test* erfüllen. Dies ist nur der Fall, wenn dem agierenden Staat kein ebenfalls geeignetes, aber weniger handelsbeschränkendes Mittel zum Schutz der Arbeitnehmer zugemutet werden kann. Ein *proportionality test*, wie er der Entscheidung *Korea-Beef* zugrundegelegt wurde, wird in dieser Arbeit dagegen abgelehnt.

Drittens erfordert der *chapeau* Art.XX, dass Handelsbeschränkungen zur Implementierung fundamentaler Arbeitnehmerrechte vertikal und horizontal nicht-diskriminierend ausgestaltet und angewendet werden. Dadurch unterliegen Schutzmaßnahmen für Arbeitnehmer einer Konsistenzprüfung, denn sie müssen ohne logische Widersprüche hinsichtlich des Schutzziels angewendet werden. Menschenrechtlich motivierte Handelsmaßnahmen sind demnach nur zulässig,

wenn allen Importen und einheimischen Waren ein vergleichbares arbeitsrechtliches Schutzniveau abverlangt wird. Gleichzeitig müssen die jeweiligen Landesgegebenheiten, insbesondere die spezielle Situation der Entwicklungsländer,
berücksichtigt werden.

Viertens dürfen Maßnahmen zur Durchsetzung von Arbeitnehmerrechten nicht
rechtsmissbräuchlich angewendet werden. Das bedeutet zunächst, dass die zur
Durchsetzung der fundamentalen Arbeitnehmerrechte vorhandenen Implementierungsmechanismen bei der zuständigen ILO ausgeschöpft sein müssen. Erst
wenn die im Rahmen der ILO verfügbaren Mittel fruchtlos ausgeschöpft sind,
dürfen Handelsmaßnahmen zur Implementierung von Menschenrechten in der
Arbeit eingesetzt werden. Weiterhin sind Handelsmaßnahmen nur dann nicht
rechtsmissbräuchlich, wenn zwischen dem sanktionierenden Staat und der Verletzung von Arbeitnehmerrechten ein "sufficient nexus" besteht. Die erste Voraussetzung des bisher durch die Streitschlichtung nicht näher definierten "sufficient
nexus tests" erfüllen die fundamentalen Arbeitnehmerrechte, denn sie sind als
Politikziel quasi-universell anerkannt. Um die zweite Voraussetzung des „sufficient nexus tests" zu erfüllen, müsste im Streitschlichtungsprozess nachgewiesen
werden, dass sich arbeitsrechtliche Verstöße über den internationalen Wettbewerb
der Standorte und Unternehmen signifikant auf die Arbeitsbedingungen im
Importland auswirken. Ist eine der beiden Voraussetzungen nicht erfüllt, liegt eine
rechtsmissbräuchliche Handelsmaßnahme mit „extraterritorialer" Wirkung vor.

Es bleibt abschließend festzustellen, das der chapeau des Art.XX GATT so hohe
Hürden errichtet, dass sie mit Handelsmaßnahmen zur Durchsetzung der fun-
damentalen Arbeitnehmerrechte praktisch kaum zu überwinden sein dürften. Das
GATT enthält daher de lege lata keine Rechtsgrundlage, die sich zur dauerhaften
Implementierung von Menschenrechten in der Arbeit eignet.

Sechstes Kapitel

Handel und Arbeitnehmerrechte de lege ferenda

In diesem Kapitel soll untersucht werden, welche Anforderungen an die Implementierung von Menschenrechten in der Arbeit in der WTO *de lege ferenda* zu stellen sind und in welchem Umfang sie umgesetzt werden können, ohne das WTO-System zu gefährden.

Dafür ist zunächst zu beachten, dass Handelsmaßnahmen zur Durchsetzung von Arbeitnehmerrechten regelmäßig eine staatliche Intervention in den Markt darstellen. Für staatliche Interventionen in den Markt kennt die Theorie der Wirtschaftspolitik zwei grundlegende Kriterien zur Umsetzung wirtschaftspolitischer Maßnahmen. Bei diesen beiden Kriterien handelt es sich erstens um die *Zielkonformität* und zweitens um die *Systemkonformität*.[1]

Ein wirtschaftspolitisches Mittel gilt einerseits als *zielkonform*, wenn es zur Lösung eines wirtschaftspolitischen Problems zweckmäßig ist.[2] Allerdings birgt eine allein auf Zielkonformität ausgerichtete Wirtschaftspolitik die Gefahr eines punktuellen, zielfixierten Blickwinkels, der die wirtschaftspolitischen Realitäten außer acht lässt. Systemkonformität bedeutet andererseits, dass ein wirtschaftspolitische Mittel mit dem bestehenden wirtschaftspolitischen Gesamtsystem vereinbar sein muss. Die alleinige Betrachtung der Systemkonformität führt jedoch zu einer dogmatisch verengten, die Faktizität ausblendenden Sichtweise.[3] Es ist

---

1 *Streit*, Manfred E.: Theorie der Wirtschaftspolitik, 4. Auflage, Düsseldorf, 1991, S.265ff.; *Tinbergen*, Jan: On the Theory of Economic Policy, Amsterdam, 1952, S.3; *Pütz*, Theodor: Die wirtschaftspolitische Konzeption, in: Wirtschaftsfragen der freien Welt, Beckerath, Erwin von/Meyer, Fritz W./Müller Armack, Alfred (Hrsg.), Frankfurt am Main, 1957, S.45f.; vgl. zur Zielkonformität als wirtschaftspolitischem Konzept *Willeke*, Eduard: Zur Problematik der Zielbestimmung in wirtschaftspolitischen Konzeptionen, in: Zur Grundlegung wirtschaftspolitischer Konzeptionen, Seraphin/Hans-Jürgen (Hrsg.), Berlin, 1960, S.115ff. sowie *Weippert*, Georg: Zur Problematik der Zielbestimmung in wirtschaftspolitischen Konzeptionen, Korreferat zu den Ausführungen von E. Willeke, in: Zur Grundlegung wirtschaftspolitischer Konzeptionen, Seraphim/Hans-Jürgen (Hrsg.), Berlin, 1960, S.175ff.

2 Vgl. *Streit*, Manfred E. (Fn.1): S.265ff.

3 *Tuchtfeld*, Egon: Zur Frage der Systemkonformität wirtschaftspolitischer Maßnahmen, in: Zur Grundlegung wirtschaftspolitischer Konzeptionen, Seraphim/Hans-Jürgen (Hrsg.), Berlin, 1960, S.207ff.

daher heute weitgehend unbestritten, dass eine optimale wirtschaftspolitische Maßnahme *ziel- und systemkonform* sein muss. Für die Implementierung von Menschenrechten in der Arbeit im WTO-System bedeutete dies, dass dieses Ziel erstens nur mit zweckmäßigen handelspolitischen Mitteln verfolgt werden darf. Zweitens ist zu untersuchen, inwieweit Handelsmaßnahmen als Mittel der Zielerreichung mit den Grundsätzen des bestehenden Welthandelssystems, wie sie im ersten Kapitel herausgearbeitet wurden, in Einklang gebracht werden können.[4]

A. Zielkonformität

I. Begriff

Als zielkonform gelten wirtschaftspolitische Maßnahmen, die grundsätzlich geeignet sind, zur Erreichung eines Zieles *beizutragen.*[5] Zielkonform sind wirtschaftspolitische Maßnahmen also bereits dann, wenn sie die Verwirklichung eines wirtschaftspolitischen Zieles fördern, sie müssen für die Zielerreichung aber nicht *allein* ursächlich sein. Um die Zielkonformität möglicher Maßnahmen zu überprüfen, müssen sie auf ihre Eignung zur Erreichung eines Einzelziels bzw. der Zielkombination untersucht werden.[6] Unter Berücksichtigung von Haupt- und Nebenwirkungen bei gegebener Situation ist zu *bewerten*, welches der möglichen Mittel als optimal bezeichnet werden kann.[7] Die Überprüfung der Zielkonformität eines Mittels erfordert daher teleologische Urteile.[8] Zusammenfassend meint wirtschaftspolitische Zielkonformität demnach die Zweckmäßigkeit eines Mittels im Hinblick auf ein Ziel.[9] Um die Frage der Zielkonformität einer Verknüpfung von *Trade&Labour* zu beantworten, müssen daher zuerst deren Ziele und die Mittel eines solchen Anliegens festgelegt werden.

Als *Mittel* einer Verknüpfung von *Trade&Labour* werden allein Handelssanktionen untersucht[10]. Von Handelssanktionen wird man sprechen, wenn einem Land durch Maßnahmen der Außenhandelspolitik Nachteile auferlegt werden, um

---

4 Zu den rechtlichen Strukturprinzipien der Welthandelsordnung siehe oben, S.76ff.
5 *Streit*, Manfred E. (Fn.1): S.265.
6 *Tuchtfeld*, Egon (Fn.3): S.206.
7 *Tuchtfeld*, Egon (Fn.3): S.206.
8 *Streit*, Manfred E. (Fn.1): S.265.
9 Vgl. *Streit*, Manfred E. (Fn.1): S.265.
10 Für präferenzielle Instrumente zur Durchsetzung von Menschenrechten in der Arbeit siehe unten, S.465ff.

ein bestimmtes Verhalten zu missbilligen oder eine Verhaltensänderung zu erzwingen. Handelssanktionen können z.B. in Form von Importverboten, Ausfuhrbeschränkungen oder Zöllen verhängt werden.

Ziel solcher Handelssanktionen wäre es, die Menschenrechte in der Arbeit wirksam durchzusetzen. Die Einhaltung fundamentaler Arbeitnehmerrechte dient allerdings zuvorderst dem Schutz der individuellen Arbeitnehmer.[11] „Blauer Protektionismus", also der Schutz der inländischen Wirtschaft unter dem Deckmantel der Arbeitnehmerrechte, scheidet im Hinblick auf den Normzweck internationaler Arbeitsstandards als legitimes wirtschaftspolitisches Ziel einer Verknüpfung von Handel und Menschenrechten von vornherein aus.

II. Empirische Betrachtung

Die Zweckmäßigkeit wirtschaftlicher Sanktionen zur Durchsetzung bestimmter Politikziele ist bereits empirisch betrachtet worden. Eine Studie über 115 ausgewählte wirtschaftliche Sanktionsmaßnahmen in den Jahren 1919-1989 kam zu dem Ergebnis, dass mit 34% aller Sanktionsmaßnahmen das angestrebte Ziel erreicht werden konnte.

Sanktionszweck im Zielland	Erfolgreiche Fälle	Erfolglose Fälle	Erfolgsquote in %
Geringer Politikwechsel	17	34	33
Destabilisierung	11	10	52
Beendigung militärischer Handlungen	6	12	33
Schwächung des Militärs	2	8	20
Andere signifikate Politikwechsel	5	15	25
Summe	41	79	34

Abb.6: Erfolgsquote wirtschaftlicher Sanktionen nach Sanktionsziel[12]

Die Einhaltung grundlegender Arbeitnehmerrechte als Ziel wirtschaftlicher Sanktionen wird bei dieser Aufstellung ebenso wie die Achtung anderer Menschenrechte als „geringer Politikwechsel" eingestuft. Die Erfolgsquote dieser

---

11 Zum Individualschutz als Normzweck der einzelnen Arbeitnehmerrechte siehe oben, S.145f.
12 Nach *Hufbauer*, Gary, C./*Schott*, Jeffrey J./*Elliott*, Kimberly Ann: Economic Sanctions Reconsidered, History and Current Policy, 2. Auflage, Washington, 1990, S.93; in diese Aufstellung wurden fünf Fälle, doppelt in Anrechnung gebracht, da sie zwei unterschiedliche Sanktionsziele gleichzeitig verfolgten. Da in vier Fällen die Sanktionen als nicht erfolgreich bewertet wurden, wird das Gesamtergebnis hierdurch leicht negativ beeinflußt.

Kategorie liegt mit 33% etwa im Durchschnitt der überprüften Fälle.[13] Auf die Erfolgsaussichten von eingesetzten Handelssanktionen zur Durchsetzung von Arbeitnehmerrechten im Rahmen der WTO kann aus der zitierten empirischen Studie allerdings nicht ohne weiteres geschlossen werden. So ist in der völkerrechtlichen Praxis bisher kein einziger Fall ersichtlich, in dem Handelssanktionen allein zur Durchsetzung von Arbeitnehmerrechten ergangen sind. Die untersuchten Sanktionen wurden zwar nicht selten anlässlich der Verletzung politischer Menschenrechte verhängt. Die Menschenrechte in der Arbeit spielten dabei allerdings lediglich eine Nebenrolle.[14] Auf die Besonderheiten von Handelssanktionen zur Durchsetzung von Arbeitnehmerrechten wird daher am Beispiel der Kinderarbeit später gesondert eingegangen.[15]

Abschließend erscheint das Ergebnis, dass lediglich jede dritte Wirtschaftssanktion zum Ziel führt, auf den ersten Blick als wenig überzeugend, weshalb die Zweckmäßigkeit unilateraler Sanktionen grundsätzlich in Frage gestellt werden kann.[16] Dieses Ergebnis bedarf für eine abschließende Bewertung allerdings einer genaueren Betrachtung, da Einzelne der Ansicht sind, dass wirtschaftliche Sanktionen im Einzelfall bessere Erfolgsaussichten besitzen, als sich dies empirisch belegen lässt.[17]

Zunächst umfasst die Kategorie „geringe Politikwechsel" auch Sanktionen, die lediglich einzelstaatlichen Partikularinteressen und nicht der Durchsetzung international anerkannter Standards wie den Menschenrechten in der Arbeit dienten. Die Bereitschaft des Ziellandes, internationale Standards einzuhalten, dürfte grundsätzlich höher sein, als dies bei bloßen Partikularinteressen des sanktionierenden Staates der Fall ist.
Ferner muss berücksichtigt werden, dass Sanktionen mit dem Ziel eines „geringen Politikwechsels" oft fehlschlagen, weil ein Erfolg niemals möglich oder beabsichtigt war. Dennoch werden solche bloß symbolischen Sanktionen verhängt,

---

13 Alle nachfolgenden Untersuchungen beziehen sich, sofern nicht ausdrücklich anders bezeichnet, auf Sanktionen zur Erreichung eines „geringen Politikwechsels", da in diese Kategorie auch die Durchsetzung von Arbeitnehmerrechten fällt.
14 Vgl. *Hufbauer*, Gary, C./*Schott*, Jeffrey J./*Elliott*, Kimberly Ann (Fn.12): S.93ff.
15 Zur Durchsetzung eines Verbots von Kinderarbeit mit Handelssanktionen siehe unten, S.385ff.
16 A. A. *Bergeijk*, Peter A.G. van: Economic Diplomacy, Trade and Commercial Policy: Positive and Negative Sanctions in a New World Order, Aldershot, 1994, S.42 der sich für die Wirksamkeit von Handelssanktionen allerdings anders als *Hufbauer*, Gary, C./*Schott*, Jeffrey J./*Elliott*, Kimberly Ann (Fn.12) nicht auf eine systematisch durchgeführte empirische Untersuchung, sondern auf die Darstellung von Einzelfällen beschränkt. Für eine Kritik der empirischen Bewertung von Sanktionen *ders.*: S.21.
17 *Bergeijk*, Peter A.G. van (Fn.16): S.42.

um die Missbilligung eines Verhaltens im Zielland (*"target country"*) zu signalisieren und ggf. der innenpolitischen Forderung, „etwas zu unternehmen" gerecht zu werden[18]. Eine Verhaltensänderung im Zielland wird bei solchen symbolischen Sanktionen nicht ernsthaft erwartet.[19] Diese Maßnahmen sind zum Scheitern verurteilt, da von vornherein nicht die Absicht bestand, Einfluss auf die Politik des Zielstaates zu nehmen.[20] Sie schmälern ebenfalls die empirisch nachweisbare Erfolgsquote von Wirtschaftssanktionen.

Schließlich kann der Erfolg von Sanktionen nicht abschließend bewertet werden, ohne dass die Ausgangssituation und die Voraussetzungen von Wirtschaftssanktionen berücksichtigt werden. Sanktionen finden meist erst als *ultima ratio* Anwendung, wenn eine Verhaltensänderung im Zielland auf anderem Wege nicht zu erreichen ist. Dadurch kommen Sanktionen in der Regel meist gegen Staaten zum Einsatz, in denen bereits kein Wille zur Kooperation, Rechtsbefolgung oder Verhaltensänderung mehr gegeben ist. Es kommt für die Erfolgsaussichten wirtschaftlicher Sanktionen deshalb maßgeblich auf den Prozess an, in den Sanktionsinstrumente eingebunden sind.

Als Zwischenergebnis bleibt festzuhalten, dass bei empirischer Betrachtung rund ein Drittel der bisher verhängten wirtschaftlichen Sanktionen erfolgreich war, wobei die Erfolgsaussichten von Sanktionen maßgeblich von den Umständen des Einzelfalls abhängen werden.

III. Kriterien zielkonformer Handelssanktionen

Nunmehr wird dargestellt, unter welchen Voraussetzungen Handelssanktionen überdurchschnittliche Erfolgsaussichten erwarten lassen.

Erstens zeigen empirische Untersuchungen, dass das sanktionierende Land bei zielführenden Sanktionen regelmäßig eine wesentlich höhere Wirtschaftskraft als das Zielland aufwies. Die wirtschaftliche Übermacht des Sanktionsgebers wird daher als notwendige Voraussetzung für zweckmäßige Sanktionen angesehen - auf das Maß der Überlegenheit kommt es dabei jedoch nicht an.[21]

---

18 *Hufbauer*, Gary, C./*Schott*, Jeffrey J./*Elliott*, Kimberly Ann (Fn.12): S.93.
19 *Malloy*, Michael P.: Economic Sanctions and U.S.Trade, Boston, 1990, S.626., als Beispiel für symbolische Sanktionen werden die U.S. Handelsmaßnahmen aus dem Jahre 1989 gegen China nach dem Massaker auf dem Tiananmen-Platz angesehen, *Hufbauer*, Gary, C./*Schott*, Jeffrey J./*Elliott*, Kimberly Ann (Fn.12): S.93.
20 *Hufbauer*, Gary, C./*Schott*, Jeffrey J./*Elliott*, Kimberly Ann (Fn.12): S.93.
21 *Hufbauer*, Gary, C./*Schott*, Jeffrey J./*Elliott*, Kimberly Ann (Fn.12): S.99.

Zweitens ist es für den Erfolg von Wirtschaftssanktionen relevant, gegen welches Zielland sich die Maßnahmen richten. Statistisch besonders erfolgversprechend waren Sanktionen gegen innenpolitisch instabile Staaten.[22] Drittens weisen diejenigen Sanktionen statistisch einen überproportionalen Erfolg auf, die sich gegen wirtschaftlich eng verflochtene Handelspartner richten.[23]

Viertens führen wirtschaftliche Sanktionen meist dann zum Ziel, wenn sie kurzfristig, d.h. ohne große Vorlaufzeit, verhängt werden. Auf diese Weise bleibt wenig Zeit für eine Anpassung der Wirtschaft im Zielland, wodurch sich die Sanktionswirkung entsprechend erhöht.[24]

Fünftens weisen Sanktionen von kurzer Dauer eine statistisch höhere Erfolgsquote auf als langanhaltende Maßnahmen.[25] Hierfür lässt sich als Erklärung anführen, dass wirtschaftliche Sanktionen von kurzer Dauer die Kosten im sanktionierenden Land senken, wodurch der innenpolitische Widerstand gegen Sanktionen geringer ausfällt[26]. Allerdings liegt der Schluss nahe, dass die kurze Dauer erfolgreicher Sanktionen allein darauf zurückzuführen ist, dass Sanktionen mit Erreichung des Sanktionsziels ihren Sinn verlieren und demzufolge eingestellt werden. Es bleibt deshalb offen, ob die kurze Dauer erfolgreicher Sanktionen Ursache oder zwangsläufige Wirkung der Erreichung des Sanktionsziels ist. Eine eindeutige Aussage über den ursächlichen Zusammenhang von Dauer und Erfolg von Wirtschaftssanktionen ist daher nicht möglich.[27]

Sechstens weisen Handelssanktionen in Kombination mit finanziellen Sanktionen eine wesentlich höhere Erfolgsquote auf als Handelsmaßnahmen allein.[28] Eine Kombination verschiedener Sanktionsmittel scheint daher die Erfolgsaussichten zu verbessern. Weiterhin weisen diejenigen Fälle, in denen ausschließlich finanzielle Sanktionen zum Einsatz kamen, die beste Erfolgsquote auf. Dies lässt sich allerdings darauf zurückführen, dass mit finanziellen Druckmitteln meist weniger ambitionierte Sanktionsziele verfolgt werden, als dies bei Handelssanktionen allein

---

22 *Dies.* (Fn.12): S.97.
23 *Dies.* (Fn.12): S.99.
24 *Dies.* (Fn.12): S.100f.
25 *Dies.* (Fn.12): S.100ff.
26 *Dies.* (Fn.12): S.100ff.; zu den im Land des Sanktionsgebers im Einzelnen anfallenden Sanktionskosten vgl. *Farmer*, Richard D.: Costs of Economic Sanctions to the Sender, in: The World Economy 23 (2000) 1, S.97.
27 A.A. *Hufbauer*, Gary, C./*Schott*, Jeffrey J./*Elliott*, Kimberly Ann (Fn.12): S.100ff.
28 *Dies.* (Fn.12): S.104.

oder in der Kombination der beiden Sanktionsarten der Fall ist.[29] Es kann jedoch festgehalten werden, dass wirtschaftliche, in Verbindung mit finanziellen Sanktionen in der Vergangenheit statistisch die höchste Erfolgsquote aufweisen.

Siebtens weist die Analyse vergangener Sanktionsmaßnahmen darauf hin, dass unilaterale gegenüber multilateral koordinierten Sanktionen erfolgversprechender sind. Mit zunehmender internationaler Beteiligung an wirtschaftlichen Sanktionen sinkt deren durchschnittliche Erfolgsquote.[30] Die höheren Erfolgsaussichten unilateraler gegenüber multilateralen Sanktionen erklärt sich aus der oft schwierigen und zeitraubenden Koordinierung multilateral abgestimmter Maßnahmen. Durch die notwendige multilaterale Abstimmung verzögert sich der Beginn von Sanktionen, wodurch sich die Erfolgsaussichten von Sanktionen generell mindern. Zudem besteht bei multilateral abgestimmten Sanktionen stets die Gefahr, dass sie an Wirkung verlieren, weil einzelne Staaten aus der Allianz ausscheren. Schließlich besitzen unilaterale Sanktionen offenbar den Vorzug, dass bei der Wahl und der Dosierung der Mittel im Unterschied zu multilateral abgestimmten Maßnahmen keine Kompromisse eingegangen werden müssen.
Allerdings scheint nicht die internationale Unterstützung selbst, sondern deren Umstände die Erfolgsaussichten schmälern. So werden mit multilateral abgestimmten Wirtschaftssanktionen üblicherweise höher gesteckte Ziele verfolgt, als dies bei unilateralen Aktionen der Fall ist. So muss z.B. bei einem internationalen Embargo auf Grundlage des Art.41 UN-Charta eine Angriffshandlung oder eine Bedrohung oder der Bruch des Friedens durch den Zielstaat vorliegen[31]. Sanktionen, welche den Zielstaat zur Einstellung von Aggressionshandlungen bewegen sollen, zielen daher auf einen signifikanten Politikwechsel hin. Die Erfolgsaussichten von Sanktionen, die einen signifikanten Politikwechsel im Zielstaat erreichen sollen, sind generell und damit unabhängig von der multilateralen

---

29 *Dies.* (Fn.12): S.104.
30 *Dies.* (Fn.12): S.96f.
31 Hierzu ist gem. Art.39 UN-Charta (abgedruckt in: United Nations Conference on International Organization Documents, Bd.XV (1945), S.335ff., deutsche Übersetzung in: *Khan*, Daniel-Erasmus (Hrsg.): Sartorius II, Internationale Verträge-Europarecht, München, 2000, Nr.1) eine entsprechende Feststellung durch den UN-Sicherheitsrat als Voraussetzung von „Kapitel VII-Maßnahmen" notwendig; zu den Voraussetzungen vgl. *Evans*, Cedric E.: The Concept of "Threat to Peace" and Humanitarian Concerns: Probing the Limits of Chapter VII of the U.N. Charter, in: Transnational Law & Contemporary Problems 5 (1995) 1, S.213ff.; zur aus der Verletzung internationaler Umweltabkommen resultierenden Umweltgefahren unter Kapitel VII UN-Charta vgl. *Daniel*, Anne: Environmental Threats to International Peace and Security: Combating Common Security Threats Through Promotion of Compliance with International Environment Agreements : Twenty-third Annual CCIL Conference, in: LeBouthillier, Yves (Ed.) Selected Papers in International Law, Den Haag, 1999, S.385ff.

Beteiligung besonders niedrig.[32] Schließlich wird zu Recht darauf hingewiesen, dass unilaterale Sanktionen oftmals zu einer Diskreditierung des Sanktionszwecks führen.[33] Es bleibt jedoch festzuhalten, dass unilaterale gegenüber multilateralen Sanktionen empirisch die höhere Erfolgsquote aufweisen und „Unilateralität" daher als weiteres Kriterium für zielführende Handelsmaßnahmen angenommen wird.

Achtens muss in die Beurteilung der Zielkonformität von Sanktionen einfließen, inwieweit sich die Sanktionswirkung auf das für die Erreichung des Sanktionsziels erforderliche Maß begrenzen lässt, denn unerwünschte Nebenkosten mindern die Zielkonformität einer wirtschaftspolitischen Maßnahme[34].
Bei Handelssanktionen zur Durchsetzung internationalen Arbeitsrechts besteht die Besonderheit, dass die schwerwiegenden und weitaus meisten Verletzungen von Arbeitnehmerrechten nicht in der Exportindustrie, sondern im informellen Sektor zu verzeichnen sind[35]. Der überwiegende Anteil der Waren aus dem informellen Sektor wird auf den nationalen Binnenmärkten abgesetzt. Arbeitsrechtlich bedenkliche Güter gelangen somit oft nicht in den grenzüberschreitenden Handel, bzw. fließen lediglich als Vorprodukt in die Herstellung von Exportwaren ein. Handelssanktionen erreichen jedoch unmittelbar nur diejenigen Produkte, die auch exportiert werden. Exportwaren werden wiederum regelmäßig unter besseren Arbeitsbedingungen hergestellt, als dies bei der Produktion für den Binnensektor der Fall ist[36]. Handelssanktionen zur Implementierung arbeitsrechtlicher Standards treffen dadurch stets viele Unternehmen, denen keine Verletzung von Arbeitnehmerrechten vorzuwerfen ist, laufen aber gegenüber Herstellern, die unter arbeitsrechtlich anstößigen Bedingungen für den Binnenmarkt produzieren weitgehend leer. Bei Handelssanktionen zur Durchsetzung von Arbeitnehmerrechten besteht somit die Gefahr, dass sie ihr eigentliches Ziel verfehlen und gleichzeitig unerwünschte Nebenkosten generieren. Zukünftige Handelssanktionen zur Durchsetzung internationaler Arbeitsstandards müssen sich daher daran messen lassen, ob sie sich auf die betreffenden Unternehmen bzw. den Sektor beschränken lassen, in dem tatsächlich gegen internationales Arbeitsrecht verstoßen wird.

---

32 Vgl. oben Abb.3, S.379.
33 *Alston*, Philip: Labor Rights Provisions in US Trade Law, in: Human Rights, Labour Rights, and International Trade, in: Compa, Lance/Diamond, Stephen (Ed.), Philadelphia, 1996, S.88.
34 Siehe oben, S.378ff.
35 *Fyfe*, A./*Jankanish*, M.: Trade Unions and Child Labour, Genf, 1996, S.87 bezogen auf den Arbeitsstandard der Kinderarbeit.
36 *Windfuhr*, Michael: Social Standards in World Trade Law, in: Economics 27 (1997) 55/56, S.126.

Die Minimierung unerwünschter Nebenkosten ist insbesondere für die Ziel-konformität arbeitsrechtlich motivierter Sanktionen gegen *staatliche Stellen* zu beachten. Dabei spielt es keine Rolle, ob der Zielstaat für die unmittelbare aktive Verletzung von Menschenrechten in der Arbeit oder lediglich für sein Unterlassen bei der Durchsetzung der fundamentalen Arbeitnehmerrechte sanktioniert werden soll. In beiden Fällen werden letztlich private Wirtschaftssubjekte stellvertretend für den Exportstaat sanktioniert, um durch die entstehenden gesamtwirtschaft-lichen Kosten eine Verhaltensänderung zu erzielen. Je umfassender solche Sank-tionen ausgestaltet werden, desto höher ist zwar die erwünschte Sanktionswirkung. Gleichzeitig steigen aber auch die eigentlich unerwünschten Nebenkosten bei sanktionierten Unternehmen, wodurch die Zielkonformität der Maßnahmen abnimmt.

Als letztes Kriterium der Zielkonformität bleibt daher festzuhalten, dass die gesamtwirtschaftlichen Kosten als „unerwünschte Nebeneffekte" von Handels-maßnahmen zur Implementierung von Menschenrechten in der Arbeit zu minimie-ren sind.

IV. Sanktionen und Kinderarbeit

Die Zielkonformität einer „Sozialklausel" wird sich nicht allein an einer möglichst effizienten Rechtsdurchsetzung messen lassen. Ob eine Verknüpfung von Handel und Arbeitnehmerrechten zweckmäßig ist, hängt vielmehr auch davon ab, inwieweit dem menschenrechtlichen Sinn und Zweck der einzelnen Arbeit-nehmerrechte durch deren Implementierung mit Sanktionen gedient ist.

Ausgehend von den vier fundamentalen Arbeitsrechten als potentiellem Schutzbereich einer „Sozialklausel" erscheint es insbesondere für die Abschaffung der Kinderarbeit fraglich, ob dem menschenrechtlichen Schutzzweck dieses Arbeitsstandards mit der durch Handelssanktionen erzwungenen Implementierung gedient ist.[37] Dieser Frage wird im Folgenden nachgegangen.

1. Argumente gegen Sanktionen

Nach einer ersten Ansicht wird ein durch Sanktionen erzwungenes Verbot von Kinderarbeit die Situation der Kinderarbeiter nicht verbessern.[38] Dafür wird

---

37 Zur Zweckbestimmung von Arbeitnehmerrechten siehe oben, S.145ff.
38 *Windfuhr*, Michael (Fn.36): S.126; *Baghdadi*, Ali: The Children are Dying, U.S.Sanctions-a Crime Against Humanity, im Internet veröffentlicht unter www.hartford-hwp.com/archives/25a/008.html,

angeführt, dass Kinderarbeit zuvorderst ein Symptom von Armut darstellt.[39] Armut und ihre für Kinderarbeit ursächlichen Folgen wie Analphabetentum oder Arbeitslosigkeit der erwachsenen Angehörigen lassen sich nicht durch Handelssanktionen beseitigen.[40] Die erzwungene Entlassung von Kinderarbeitern reduziert vielmehr das Familieneinkommen, wodurch sich auch die Lage der von Kinderarbeit abhängigen erwerbslosen erwachsenen Angehörigen weiter verschlechtern wird.[41] Es könne nicht davon ausgegangen werden, dass in der Folge andere Familienmitglieder eine Beschäftigung finden, um den teilweise existenzbedrohenden Einkommensverlust auszugleichen.[42] Ferner ist zu befürchten, dass Kinderarbeiter infolge der Sanktionen zwar nicht mehr im sanktionierbaren Exportsektor eingesetzt werden, statt dessen aber in den informellen Sektor oder sogar in die Illegalität abgedrängt werden und gegebenenfalls den sog. schlimmsten Formen der Kinderarbeit nachgehen müssen.[43] Im informellen Sektor sind die Arbeitsbedingungen von Kindern jedem Einfluss der Sanktionswirkung entzogen und unterliegen keinerlei staatlichen Kontrolle[44]. Selbst wenn Kinder infolge von Sanktionen nicht entlassen werden, ist zu befürchten, dass sich durch entstehende Absatzeinbußen in dem sanktionierten Wirtschaftssektor die Arbeitsbedingungen nicht verbessern oder sich sogar weiter verschlechtern werden. Ferner wird durch Sanktionen die Zahl der arbeitenden Kinder auch deshalb kaum zurückgehen, da eine Rückkehr entlassener Kinderarbeiter in die Schule selten ist[45]. Es wird sogar angenommen, dass Sanktionen zu einem Anstieg von Kinderarbeit führen, wenn das sanktionierte Land den entlassenen Kindern keine Alternative zur Arbeit

---

S.1ff.

39 *Windfuhr*, Michael (Fn.36): S.262; *Fyfe*, A./*Jankanish*, M. (Fn.35): S.88; *Swaminathan*, Maduhra: Economic Growth and the Persistence of Child Labour: Evidence from an Indian City, in: World Development 26 (1998) 8, S.1513f.; *Rao*, Hanumantha K./*Rao*, Madhusudhana, M.: Employers' View of Child Labour, in: Indian Journal of Industrial Relations 34 (1998) 1, S.16, *Bonnet*, Michel: Child Labour in Africa, in: International Labour Review 132 (1993) 3, S.375; einschränkend *Hasnat*, Baban: International Trade and Child Labour, in: Journal of Economic Issues 29 (1995) 2, S.419; in Bezug auf niedrige Sozialstandards im Allgemeinen *Dasgupta*, Amit: Labour Standards and WTO: a New Form of Protectionism, South Asia Watch Briefing Paper 2, Katmandu, 2001, S.4.

40 Zu den Ursachen von Kinderarbeit vgl. *Rao*, Hanumantha K./*Rao*, Madhusudhana, M. (Fn.39): S.19ff.

41 *Rao*, Hanumantha K./*Rao*, Madhusudhana, M. (Fn.39): S.19.

42 *Windfuhr*, Michael (Fn.36): S.127.

43 Zu den schlimmsten Formen der Kinderarbeit im Sinne der ILO-Konvention Nr.182 vgl. oben, S.179ff.

44 *Fyfe*, A./*Jankanish*, M. (Fn.35): S.88; *Trebilcock*, Michael J./*Howse*, Robert: The Regulation of International Trade, 2nd Edition, London (u.a.), 1999, S.447; ähnlich *Hasnat*, Baban: International Trade and Child Labour, in: Journal of Economic Issues 29 (1995) 2, S.422.

45 Vgl. *Hasnat*, Baban (Fn.39): S.422; *Fyfe*, A./*Jankanish*, M. (Fn.35): S.88.

anbieten kann[46]. Letztlich ist zu befürchten, dass Handelssanktionen im Zielland dem Kampf gegen die Kinderarbeit die wirtschaftliche Grundlage entziehen. Wirksame Sanktionen haben stets erhebliche volkswirtschaftliche Nebenkosten im Zielland zur Folge. Aufgrund dieser Wohlfahrtseinbußen wird es für das betroffene Land noch schwieriger, Armut als Ursache von Kinderarbeit zu bekämpfen, da entsprechende Ressourcen fehlen[47]. So existieren in den meisten Entwicklungsländern zwar Gesetze gegen Kinderarbeit, es mangelt jedoch in deren Durchsetzung.[48] Dem zur Rechtsdurchsetzung erforderlichen Aufbau administrativer und exekutiver Kapazitäten würden Sanktionen jedoch die wirtschaftliche Basis entziehen. So ist zur Abschaffung von Kinderarbeit beispielsweise die Einführung allgemeiner Schulpflicht geboten.[49] Diese wiederum setzt Verbesserungen des Schulsystems und damit finanzielle Kapazitäten voraus.[50] All diese Argumente sprechen dagegen, die Abschaffung der Kinderarbeit durch Handelssanktionen zu betreiben.

2. Argumente für Sanktionen

Einige Argumente sprechen allerdings dafür, dass auch die Implementierung durch Sanktionen dem menschenrechtlichen Schutzzweck der Abschaffung von Kinderarbeit gerecht werden können. So wird teilweise bezweifelt, dass Armut allein die Ursache für Kinderarbeit darstellt.[51] Es wurde für Indien nachgewiesen, dass in ärmeren Regionen nicht mehr Kinder arbeiten als im Landesdurchschnitt.[52] In Regionen mit überdurchschnittlichem Wirtschaftswachstum stagnierte die Zahl der Kinderarbeit oder nahm sogar leicht zu[53]. Als Ergebnis einer empirischen Untersuchung stellte sich heraus, dass Armut zwar der entscheidende Faktor für

46 *Maskus*, Keith E: Should Core Labour Standards Be Imposed Through International Trade Policy, World Bank Policy Research Working Paper Nr.1817, Washington DC, 1997, S.19ff.
47 *Smolin*, David M.: Conflict and Ideology in the International Campaign against Child Labour, in: Hofstra Labour & Employment Law Journal 16 (1999) 2, S.392.
48 *Smolin*, David M. (Fn.47): S.392, für einen Überblick über die nationale Gesetzgebung in afrikanischen Staaten vgl. *Bonnet*, Michel (Fn.39): S.387ff.; für eine eingehende Erörterung der nationalen Gesetze gegen Kinderarbeit in Indien vgl. *Tucker*, Lee: Child Slaves in Modern India: The Bonded Labour Problem, in: Human Rights Quarterly 19 (1997) 3, S.580ff.
49 *Tucker*, Lee (Fn.48): S.576.
50 *Hasnat*, Baban (Fn.39): S.424, zum Zusammenhang zwischen Kinderarbeit und unzureichenden Schulbedingungen *Bonnet*, Michel (Fn.48): S.376.
51 *Tucker*, Lee (Fn.48): S.580; *Lawrence*, Robert Z.: Trade, Multinationals, and Labor, Cambridge MA, 1994, S.112.
52 *Swaminathan*, Maduhra (Fn.39): S.1514ff.
53 *Swaminathan*, Maduhra (Fn.39): S.1515f.

das Angebot von Kinderarbeit bildet. Für den Umfang von Kinderarbeit sei aber vielmehr die Nachfrage entscheidend, die sich aus den relativ günstigeren Löhnen und besonderen Fähigkeiten von Kindern gegenüber Erwachsenen ergibt[54]. Armut stellt demnach zwar eine Ursache für die Entstehung und Aufrechterhaltung von Kinderarbeit dar. Armut steht aber der Abschaffung von Kinderarbeit nicht entgegen, wenn auf dem Arbeitsmarkt genügend erwachsene Arbeitnehmer verfügbar sind[55]. So stellt das Einkommen von Kinderarbeitern in Entwicklungsländern meist einen zu vernachlässigenden Beitrag zum Haushaltseinkommen dar, da Kinder im Vergleich zu Erwachsenen regelmäßig schlechter bezahlt werden.[56]

Weiterhin erscheint es möglich, dass ein Verbot von Kinderarbeit günstige Beschäftigungseffekte für erwachsene Arbeitnehmer entfaltet. So wird die Zahl der Kinderarbeiter allein für Indien auf zwischen 40 und 100 Mio. geschätzt.[57] Durch ein wirksam durchgesetztes Arbeitsverbot für Kinder würde sich das Angebot von Arbeitskräften auf dem indischen Arbeitsmarkt signifikant verringern. Hierdurch wäre für den Markt erwachsener Arbeitnehmer ein Anstieg der Nachfrage und der Löhne als positive Effekte zu erwarten. Da zumindest ein Großteil dieser Stellen mit bisher erwerbslosen Erwachsenen besetzt werden müßte, könnte die Arbeitslosigkeit Erwachsener und damit wiederum eine der Ursachen von Kinderarbeit bekämpft werden[58]. Es erscheint daher möglich, dass ein erzwungenes Verbot der Kinderarbeit die Aussichten erwachsener Familienmitglieder auf Beschäftigung langfristig erhöht. Sofern Erwachsenen entsprechend höhere Löhne gezahlt werden, könnte sogar das durchschnittliche Familieneinkommen steigen.[59] Hierdurch würde die aus der Nichtbeschäftigung von Kindern zunächst resultierende Verringerung des Haushaltseinkommens sogar überkompensiert.

---

54 *Hasnat*, Baban (Fn.39): S.423; *Swaminathan*, Maduhra (Fn.39): S.1514, nach der Umfrage von *Rao*, Hanumantha K./*Rao*, Madhusudhana, M. (Fn.39): S.18 und S.29, stellen indische Arbeitgeber Kinder zuvorderst wegen deren besonderen Fähigkeiten (65% der Arbeitgeber) und wegen der geringeren Lohnkosten (60%) ein (Mehrfachnennungen waren möglich). Nach *Tucker*, Lee (Fn.48), S.578 werden Kinder auch deshalb beschäftigt, da sie sich am leichtesten ausbeuten lassen.
55 *Swaminathan*, Maduhra (Fn.39): S.1514.
56 Nach *Swaminathan*, Maduhra (Fn.39): S.1521, ergab sich aus einer empirischen Untersuchung, daß in Indien 14% aller Kinderarbeiter mehr als 30% zum jeweiligen Haushaltseinkommen beitragen.
57 *Swaminathan*, Maduhra (Fn.39): S.1513, offizielle Zählungen der Kinderarbeiter in Indien ergaben zwischen 10 Mio. im Jahre 1971 und 17,3 Mio. im Jahre 1991, wobei hierbei jedoch der informelle Sektor, in dem die Mehrzahl der Kinder arbeitet nicht erfaßt ist, *Rao*, Hanumantha K./*Rao*, Madhusudhana, M. (Fn.39): S.16.
58 *Hasnat*, Baban (Fn.39): S.422.
59 *Smolin*, David M. (Fn.47): S.391.

Letztlich ist auch fraglich, welche gesamtwirtschaftlichen Kosten Handelssanktionen zur Durchsetzung der Abschaffung von Kinderarbeit zur Folge haben. Zur Beantwortung dieser Frage müssen den entstehenden volkswirtschaftlichen Sanktionskosten die aus fortdauernder Kinderarbeit anfallenden Opportunitätskosten gegenübergestellt werden. Gesamtwirtschaftliche Kosten der Kinderarbeit resultieren z.b. daraus, dass Kinder häufig unter Bedingungen arbeiten, die dauerhafte Gesundheitsschäden zur Folge haben[60]. Ferner handelt es sich bei Kinderarbeit meist um Tätigkeiten, bei denen sich Kinder kaum besondere Fähigkeiten aneignen können und deshalb später nur als ungelernte Kräfte dem Arbeitsmarkt zur Verfügung stehen. Die Aufrechterhaltung von Kinderarbeit erzeugt daher volkswirtschaftliche Kosten, die mit den Sanktionskosten zu saldieren wären. Schließlich kommt es für die menschenrechtliche Wirkung auf deren rechtliche Ausgestaltung und ggf. gestufte Anwendung an. Kinderarbeit darf im Rahmen einer Verknüpfung von *Trade&Labour* deshalb keinesfalls unmittelbar mit Sanktionen geahndet werden. Eine durch den Beginn von Implementierungsmaßnahmen auflösend bedingte Sanktionsdrohung wird in vielen Fällen zweckmäßiger sein als Sanktionen selbst, ohne dass hierdurch im Zielland tatsächlich Sanktionskosten anfallen.[61]

Nach alledem ist es daher sehr zweifelhaft, ob Sanktionen zur Abschaffung von Kinderarbeit das Los der betreffenden Kinderarbeiter verbessern können.

3. Kinderarbeit als Inhalt einer „WTO-Sozialklausel"

Den vorangegangenen Einwänden gegen den menschenrechtlichen Nutzen von Sanktionen zur Bekämpfung von Kinderarbeit sollte durch eine entsprechende Beschränkung des Schutzbereichs einer potentiellen Regelung in der WTO Rechnung getragen werden.

So wird es für die Beurteilung der menschenrechtlichen Zweckmäßigkeit entscheidend darauf ankommen, gegen welche Formen der Kinderarbeit sich Sanktionen richten. Auf die sogenannten schlimmsten Formen der Kinderarbeit treffen die Bedenken gegen die „menschenrechtliche Zielkonformität" von Sanktionen nur bedingt zu. So ist der Zusammenhang zwischen Armut und ihren Begleiterscheinungen einerseits und Kinderarbeit wie Leibeigenschaft oder Prostitution andererseits wesentlich geringer, als dies bei allgemeiner Kinderarbeit

---

60 *Swaminathan*, Maduhra (Fn.39): S.1516ff.
61 Zum den Vor- und Nachteilen möglicher Regelungstechniken zur Durchsetzung von Menschenrechten in der Arbeit im WTO-Implementierungsverfahren siehe unten, S.402ff.

der Fall ist.[62] Noch weniger ist Armut ein Hindernis, diese Formen der Kinderarbeit zu verbieten. Bei den schlimmsten Formen der Kinderarbeit wird eine durch Sanktionen erzwungene Beendigung des „Beschäftigungsverhältnisses" in fast allen Fällen zu einer Besserstellung der betroffenen Kinder führen, während dies bei der Durchsetzung eines allgemeinen Mindestalters in der Beschäftigung nicht notwendig der Fall ist. Die Bekämpfung der Kinderarbeit in ihren schlimmsten Formen hängt demnach weniger vom Entwicklungsstand oder von der Verfügbarkeit ökonomischer Ressourcen ab, als dies für die Durchsetzung eines Mindestalters in der Beschäftigung gilt. Handelssanktionen sind zweckmäßig, wenn für die Verwirklichung des Normzwecks eines Arbeitsstandards zuvorderst eine Verhaltensänderung und weniger der Einsatz wirtschaftlicher Ressourcen im Zielland erforderlich ist. Für Formen der Kinderarbeit, wie sie in der ILO-Konvention Nr. 182 enthalten sind, ist dies anders als für ein allgemeines Mindestalter in der Beschäftigung entsprechend der ILO-Konvention Nr. 138 der Fall.

Als Ergebnis bleibt deshalb festzuhalten, dass die Zielkonformität von Handelssanktionen zur gänzlichen Abschaffung von Kinderarbeit oder zur Durchsetzung eines Mindestalters in der Beschäftigung im Sinne der ILO-Konvention Nr. 138 Bedenken begegnet. Dementsprechend sollten sich Handelssanktionen im Rahmen einer „Sozialklausel" auf die schlimmsten Formen der Kinderarbeit im Sinne der ILO-Konvention Nr. 182 beschränken. Die ILO-Konvention Nr. 138 sollte demhingegen vom Tatbestand einer Regelung in der WTO ausgeklammert bleiben.

IV. Zwischenergebnis

Als Zwischenergebnis bleibt zunächst festzuhalten, dass sich eine „Sozialklausel" nur begrenzt eignet, um den hinter der Abschaffung von Kinderarbeit stehenden menschenrechtlichen Zweck zu verwirklichen. Dieser Einschränkung soll dadurch Rechnung getragen werden, dass der fundamentale Arbeitsstandard des Mindestalters in der Beschäftigung gemäß ILO-Konvention Nr. 138 vom Schutzbereich einer WTO-Regelung *de lege ferenda* ausgeklammert bleibt. Im Hinblick auf ihre Eignung zur Implementierung durch Handelssanktionen kommen deshalb von vornherein nur folgende arbeitsrechtlichen Grundsätze für den Schutzbereich einer Regelung in der WTO in Betracht:

---

62 Nach *Tucker*, Lee (Fn.48): S.572ff. kommt Leibeigenschaft an Kindern in Indien noch heute vor, wobei Armut allerdings nur eine von vielen Ursachen hierfür ist, vgl. auch *Greven*, Thomas/*Scherrer*, Christoph: Millionen Kinder arbeiten nach wie vor als Quasi-Sklaven, in: Frankfurter Rundschau v. 4. Juli 1997,S.10.

- Vereinigungsfreiheit,
- Nichtdiskriminierung,
- das Verbot von Zwangsarbeit und
- die Abschaffung der schlimmsten Formen der Kinderarbeit.

Die empirische Betrachtung in der Vergangenheit durchgeführter Sanktionen ergab, dass davon insgesamt rund ein Drittel zur Verwirklichung des Sanktionszieles beigetragen hat und insofern als zielkonform gelten kann. Ferner hat sich gezeigt, dass sich vergleichsweise zielführende Maßnahmen anhand bestimmter Kritieren bestimmen, namentlich, dass

- der Sanktionsgeber wirtschaftlich überlegen ist,
- im Zielstaat politische Instabilität herrscht,
- enge Wirtschaftsbeziehungen zwischen Sanktionsnehmer und -geber bestehen,
- Sanktionen kurzfristig und
- unilateral verhängt werden,
- sie so zielgenau wie möglich wirken und
- verschiedene Sanktionsarten kombiniert werden können.

B. Systemkonformität

Nunmehr gilt es zu untersuchen, welche Anforderungen sich aus den Strukturprinzipien der Welthandelsordnung für eine systemkonforme Rechtsgrundlage zur Implementierung von Menschenrechten in der WTO *de lege ferenda* ergeben. Die so entwickelten Kriterien dienen später als Maßstab, um mögliche Regelungstechniken für eine Verknüpfung von *Trade&Labour* im Hinblick auf ihre Konformität mit dem Welthandelssystem zu überprüfen.

I. Begriff

Grundsätzlich wird anhand der Systemkonformität hinterfragt, ob eine wirtschaftspolitische Maßnahme mit den Strukturen des jeweiligen wirtschaftlichen Gesamtsystems vereinbar ist. Wirtschaftspolitische Eingriffe dürfen nicht im Widerspruch zum wirtschaftlichen Gesamtsystem stehen, wenn sie als systemkonform gelten wollen. Deshalb wird man eine wirtschaftspolitische Maßnahme dann als systemkonform ansehen können, wenn sie mit dem betroffenen wirtschaftspolitischen Gesamtsystem weitestgehend kompatibel ist. Dafür ist der Frage nachzugehen, welche Mittel unter dem Aspekt der wertenden Vorentscheidung über die wirtschaftspolitische Generallinie zur Lösung bestimmter Probleme zugelassen werden können.[63] Die Antwort kann dadurch gefunden werden, dass im Wege der Abwägung die Grundwerte des Zielsystems einerseits mit den verfolgten Zielen andererseits weitmöglichst zum Ausgleich gebracht werden.[64] Dabei besteht zwischen „konformen" und „nicht konformen" Maßnahmen kein scharf konturierter Dualismus im Sinne eines „entweder-oder". Bei der Beurteilung der Systemkonformität wird vielmehr graduell zwischen systemnotwendigen, -fördernden, -adäquaten, -neutralen, -inadäquaten und -systemzerstörenden Maßnahmen unterschieden.[65]

Systemkonformität zielt damit letztlich auf die *weitestmögliche* Widerspruchsfreiheit wirtschaftspolitischer Interventionen ab. In der politischen Realität wird man stets wirtschaftliche Mischsysteme, beispielsweise aus einer Kombination markt- und gemeinwirtschaftlicher Komponenten vorfinden.[66] Deshalb kann ein Wirtschaftssystem als Ganzes kaum widerspruchsfrei im streng logischen Sinne sein.[67] Vollkommene Systemkonformität einer wirtschaftspolitischen Maßnahme wird deshalb stets utopisch bleiben.[68] Dies muss insbesondere für Wirtschaftsordnungen wie die WTO gelten, die in ihrer Entstehung nicht durch einen Lenkungsmechanismus koordiniert wurde, sondern als Koordinationsrecht aus notwendigen Kompromissen und dem zwischenstaatlichen Konsens geboren wurde.

Wendet man das Konzept der Systemkonformität auf die Frage nach einer WTO-Sozialklausel an, so muss die möglichst effektive Durchsetzung der vier Menschenrechte in der Arbeit durch wertende Entscheidungen mit den Strukturen des Welthandelssystems in Einklang gebracht werden.

---

63 *Tuchtfeld*, Egon (Fn.3): S.206f. sowie S.209.
64 *Streit*, Manfred E. (Fn.1): S.268.
65 *Thalheim*, Karl.C.: Zum Problem der Einheitlichkeit der Wirtschaftspolitik, in: Festgabe für Georg Jahn, Muhs, Karl (Hrsg.), Berlin, 1955, S.583ff., ihm zustimmend und folgend *Tuchtfeld*, Egon (Fn.3): S.218 und S.225ff. vgl. auch *Streit*, Manfred E. (Fn.1): S.268.
66 *Ritschl*, H.: Wirtschaftsordnung und Wirtschaftspolitik, in: Weltwirtschaftliches Archiv 65 (1950) 2, S.220f.
67 Vgl. *Tuchtfeld*, Egon (Fn.3): S.221.
68 *Tuchtfeld*, Egon (Fn.3): S.223.

II. Kriterien einer systemkonformen WTO-Regelung

1. Beschränkung auf handelsbezogene Aspekte

Aus dem vorrechtlichen Grundkonsens über *den Erhalt liberalen Handels* folgt zunächst die allgemeine Vorgabe, dass sich eine Regelung über *Trade&Labour* in der WTO auf die handelsbezogenen Aspekte der fundamentalen Arbeitnehmerrechte beschränken muss.[69] Insbesondere muss bei der Kodifikation einer WTO-Sozialklausel berücksichtigt werden, dass die WTO nicht zur Durchsetzung von Standards herangezogen werden darf, die nur geringen Bezug zum internationalen Handel aufweisen. Allein das Bedürfnis nach wirksamer Rechtsdurchsetzung völkerrechtlicher Standards rechtfertigt unter dem Gesichtspunkt der Systemkonformität nicht, diese über das Welthandelssystem mit Sanktionen zu implementieren. Ferner resultieren Defizite bei der Implementierung nicht selten aus einem Dissens der Adressaten über Wesen oder Inhalt der betreffenden Rechte. So würde beispielsweise der Dissens über politische Menschenrechte durch deren Implementierung mit Handelssanktionen nicht beseitigt, sondern lediglich in den Bereich der Rechtsdurchsetzung verschoben und auf diese Weise in die WTO „importiert". Aus einer umfassenden Öffnung der WTO für „neue Themen" kann deshalb eine Zunahme von Handelssanktionen und -streitigkeiten resultieren, was der liberalen Zielrichtung der WTO zuwiderliefe und letztlich sogar systemzerstörende Tendenzen entfalten kann. Das Leitbild der Systemkonformität gebietet es daher, dass die Befassung mit Arbeitnehmerrechten die WTO nicht „durch die Hintertür" auf die "*slippery slope*" einer Erweiterung ihres Mandates auf Themen ohne Sachnähe zum internationalen Handel führt[70]. Als erste, noch recht allgemeine Anforderung bleibt daher festzuhalten, dass sich eine systemkonforme WTO-Regelung auf die *handelsbezogenen* Aspekte von Menschenrechten in der Arbeit beschränken muss.

---

69 Zum Inhalt des Grundkonsens als obere Strukturebene des GATT siehe oben, S.134ff.

70 Vgl. *Jackson*, John H.: Comment on *Bagwell*, Kyle/*Staiger*, Robert W.: The Simple Economics of Labor Standards and the GATT, in: Social Dimensions of U.S.Trade Policies, Deardorff, Alan V./Stern, Robert M. (Ed.), Ann Arbor MI, 2000, S.233; zum sog. „Slippery-Slope-Argument" vgl. *Elliott*, Kimberly A.: Getting Beyond No . . .! Promoting Labour Rights *and* Trade, in: The WTO after Seattle, Schott, Jeffrey J. (Ed.), Washington DC, 2000, S.199; *Schlagenhof*, Markus: Trade Measures on Environmental Processes and Production Methods, in: Journal of World Trade 29 (1995) 6, S.130; *Petersmann*, Ernst-Ullrich: International and European Trade and Environmental Law after the Uruguay Round, London, 1995, S.71, Fn.57.

2. Primat von Ausgleichs- gegenüber Sanktionsmaßnahmen

Weiterhin ergibt sich sowohl aus dem Prinzip der Kostenwahrheit, als auch aus dem Grundsatz der Gegenseitigkeit ein Primat von Ausgleichs- gegenüber Sanktionsmaßnahmen zur Implementierung von Menschenrechten in der Arbeit. Zunächst wirkt das Prinzip der materiellen Gegenseitigkeit darauf hin, die Implementierung von Menschenrechten in der Arbeit auf Ausgleichsmaßnahmen zu begrenzen. Dies folgt daraus, dass das Prinzip der materiellen Gegenseitigkeit die zwischen den WTO-Mitgliedern vereinbarten handelspolitischen Zugeständnisse in ihrem Bestand, aber insbesondere auch in ihrem Wert dauerhaft und quasi-akzessorisch miteinander verknüpft. Sofern man die Einhaltung der Arbeitnehmerrechte zukünftig als gegenseitiges Zugeständnis der WTO-Mitglieder kodifizierte, würde durch deren Verletzung dementsprechend ein handelspolitisches Zugeständnis „geschmälert".[71] Der Wert des „geschmälerten" Zugeständnisses entspricht invers dem jeweiligen Kosten- und Wettbewerbsvorteil, den ein Staat aus der Missachtung von Arbeitnehmerrechten zieht und begrenzt somit die Marge zulässiger Implemetierungsmaßnahmen.

Weiterhin wirkt auch das Prinzip der Kostenwahrheit auf Ausgleichs- statt Sanktionsmaßnahmen hin. Entsprechend dem Prinzip der Kostenwahrheit dürfen „unechte" Kostenvorteile in der Welthandelsordnung *ausgeglichen*, aber nicht sanktioniert werden.[72] Ziel dieser Ausgleichsmaßnahmen ist es, wettbewerbswidrige Praktiken ökonomisch zu *neutralisieren*. Auch aus dem Prinzip der Kostenwahrheit folgt daher ebenfalls, dass sich Implemetierungsmaßnahmen in ihrem Umfang auf den Ausgleich der Kostenvorteile aus der Verletzung von Menschenrechten beschränken müssen.

Es bleibt festzuhalten, dass sowohl das Prinzip der materiellen Gegenseitigkeit, als auch der Grundsatz der „Kostenwahrheit" darauf hinwirken, die Implementierung von Arbeitnehmerrechten auf *Ausgleichsmaßnahmen* zu begrenzen.

---

71 Zur Kodifikation der Menschenrechte in der Arbeit als Verpflichtung aus WTO-Recht im Wege eines TRILs-Agreement siehe im Einzelnen unten, S.417ff., zum Konzept des *"nullification and impairment"* als Ausprägung des Prinzips materieller Gegenseitigkeit und dessen Auswirkungen auf die Implemetierung von Arbeitnehmerrechten im WTO-Implemetierungsverfahren siehe unten, S.423f.
72 Zum Inhalt des Prinzips der Kostenwahrheit siehe oben, S.115ff.

3. Primat marktnaher Implemetierungsmaßnahmen

Eine systemkonforme WTO-Regelung über *Trade&Labour* wird ferner marktnahen Lösungen für die Implementierung von Arbeitnehmerrechten grundsätzlich
den Vorzug vor staatlichen Interventionen in den Markt einräumen. Dies folgt
zunächst maßgeblich aus dem Prinzip der Kostenwahrheit, das auf dem Leitbild
des freien Wettbewerbs basiert.

Als marktnahes Instrument sind unter den denkbaren Handelsmaßnahmen zur
Durchsetzung von Arbeitnehmerrechten zuerst private freiwillige Kennzeichnungsprogramme (*Labelling*) anzusehen. Labelling stellt Verbrauchern Informationen
über das Produkt und dessen Herstellung zur Verfügung. Die vollkommene Verfügbarkeit aller relevanten Informationen auf Seiten der Konsumenten ist ein
Merkmal des Idealbildes vom vollkommenen Markt.[73] Diesem Aspekt kann
dadurch Rechnung getragen werden, dass anlässlich einer Regelung über
Trade&Labour auch für *social labelling* eine tragfähige Rechtsgrundlage im Welthandelsrecht geschaffen wird.[74]

Aus dem Prinzip der Kostenwahrheit folgt weiter, dass Zölle gegenüber Kontingenten als handelspolitisches Instrument zur Implementierung von Arbeitnehmerrechten vorzugswürdig sind. Mengenmäßige Importbeschränkungen beeinträchtigen unmittelbar Angebot und Nachfrage, während Zölle lediglich Auswirkungen auf den Preis haben. Auch vom Grundsatz der Transparenz geht ein Vorrang von Zöllen gegenüber Kontingenten zur handelspolitischen Implementierung
von Arbeitnehmerrechten aus.[75]

Schließlich folgt aus dem liberalen Grundkonsens des Welthandelssystems, dass
handelsbeschränkende Maßnahmen nur als *ultima ratio* eingesetzt werden. Der
Implementierung von Menschenrechten durch Handelsmaßnahmen sind daher in
jedem Fall „weiche" Implementierungsmechanismen wie Verhandlungsinstru-
mente innerhalb und außerhalb der WTO vorzuschalten.

Festzuhalten bleibt, dass sich aus dem Grundkonsens und verschiedenen
Strukturprinzipien die Vorgabe einer gestuft marktkonformen Implementierung
von fundamentalen Arbeitnehmerrechten in der WTO ergibt.

---

73 Zum Leitbild des vollkommenen Marktes vgl. oben, S.264.
74 Zur Unanwendbarkeit des Welthandelsrechts auf *social labelling* nach heutiger Rechtslage vgl.
oben, S.284.
75 Zur Vorzugswürdigkeit von Zöllen gegenüber Kontingenten aus dem Gesichtspunkt der
Transparenz siehe oben, S.86.

4. „Protektionimus-feste" Ausgestaltung

Weiterhin müsste eine „Sozialklausel" so ausgestaltet werden, dass sie weitest möglich resistent gegen protektionistischen Missbrauch ist. Dies folgt bereits aus dem vorrechtlichen Grundkonsens über den Erhalt liberalen Handels. So würde der liberale Charakter und letztlich das WTO-System insgesamt bedroht, wenn eine „Sozialklausel" zum Einfallstor für neuen Protektionismus werden würde. Weiterhin fordert auch das Prinzip des allseitigen Vorteil eine weitgehend „protektionismus-feste" Regelungstechnik. Die Möglichkeit protektionistischen Missbrauchs würde den Kostenvorteil der Entwicklungsländer im internationalen Handel aus niedrigen Arbeitskosten gefährden. Deshalb erwächst auch aus dem Prinzip des allseitigen Vorteils die Vorgabe, dass eine „Sozialklausel" im Interesse der Entwicklungsländer in größtmöglichem Maße „protektionismus-fest" ausgestaltet werden muss.

Um protektionistischen Missbrauchsgefahren zu begegnen, sollten Vorschriften über den Schutz von Arbeitnehmerrechten unabhängig von der konkreten Regelungstechnik so ausgestaltet werden, dass in der Rechtsanwendung eine wirksame Unterscheidung zwischen Maßnahmen zum Schutz von Arbeitnehmerrechten einerseits und Maßnahmen zum Schutz der inländischen Wirtschaft andererseits getroffen werden kann. Je klarer und präziser entsprechende Regelungen sprachlich gefasst werden können, desto geringer ist die Gefahr des Missbrauchs dieser Vorschriften. Der Verweis auf präzise und eindeutige WTO-Regeln mag überflüssig erscheinen. Jedoch gibt es im WTO-Rechtssystem genügend Beispiele für die Verwendung von unbestimmten Rechtsbegriffen und Generalklauseln, die dieser Anforderung nicht genügen[76]. Insbesondere bei der Rechtsetzung in umstrittenen Themengebieten bestand in der WTO in der Vergangenheit die Tendenz, den erforderlichen Konsens nicht durch weitere Verhandlungen zu vertiefen, sondern verbleibenden Dissens mit offen und unbestimmt formulierten Regelungen zu kaschieren. Diese Praxis bürdet allerdings letztendlich den Streitschlichtungsorganen der WTO die Verantwortung für eine konsensstiftende Auslegung und Anwendung dieser Normen auf, die sie nur begrenzt tragen können und dürfen.[77] Die

---

76 Vgl. *Schoch*, Frank: Unbestimmte Rechtsbegriffe im Rahmen des GATT, Frankfurt am Main (e.a.), 1994.
77 Nach Art.3:2 und Art.19:2 DSU kann weder der DSB, Panels noch die Appellate Body *"add or diminish the rights and obligations provided by the covered agreements"*. Der Text des DSU (Understanding on Rules and Procedures Governing the Settlement of Disputes), ist abgedruckt in: *WTO:* The Legal Texts: The Results of the Uruguay Round of Multilateral Trade Negotiations, Genf, 1999, S.354ff., deutsche Übersetzung in *Hummer*, Waldemar/*Weiß*, Friedl: Vom GATT '47 zur WTO

aus der Anwendung einer unscharf ausgestalteten WTO-Regelung drohenden Legitimations- und Akzeptanzprobleme für den Appellate Body gilt es auch im Interesse der Rechtssicherheit im Welthandelssystem zu vermeiden.[78] Daher sollte bei der Normierung einer „Sozialklausel" eine „protektionismus-feste" Regelungstechnik gewählt werden, die insbesondere weitestmöglich ohne unbestimmte Rechtsbegriffe auskommt.

5. Nichtdiskriminierende Anwendung

Es ist zunächst bemerkenswert, dass Gleichbehandlung nicht nur im Welthandelsrecht, sondern auch im internationalen Arbeitsrecht ein fundamentales Prinzip darstellt[79]. Den Diskriminierungsverboten von Waren und Arbeitnehmern ist gemein, dass Unterscheidungen nicht anhand sachfremder Kriterien, z.B. der Herkunft vorgenommen werden dürfen. Insofern bilden die Prinzipien der Nichtdiskriminierung eine strukturelle Parallele zwischen den Rechtssystemen des internationalen Handels- und Arbeitsrechts.

Fraglich bleibt, welche Anforderungen sich aus dem handelsrechtlichen Prinzip der Nichtdiskriminierung für die Ausgestaltung und Anwendung einer WTO-Sozialklausel ergeben. Notwendigerweise erfordert die wirksame Durchsetzung von Arbeitnehmerrechten mit Handelsmaßnahmen selektive Diskriminierungen zwischen Waren aufgrund ihrer arbeitsrechtlichen Herstellungsbedingungen. Implementierungsmaßnahmen ergeben nur Sinn, wenn sie selektiv diejenigen Mitgliedstaaten treffen, die Arbeitnehmerrechte missachten. Zunächst steht eine „Sozialklausel" deshalb zum handelsrechtlichen Prinzip der Nichtdiskriminierung notwendigerweise in einem erheblichen Spannungsverhältnis. Um dieses Spannungsverhältnis auszugleichen, muss der Grundsatz der Nichtdiskriminierung bei der Implementierung von Arbeitnehmerrechten in der WTO in größtmöglichem Umfang berücksichtigt werden.

Das Prinzip der Nichtdiskriminierung sollte dadurch berücksichtigt werden, dass bei Maßnahmen zur Implementierung von fundamentalen Arbeitnehmerrechten

---

'94, Wien, 1994, Nr.37, S.431ff.

78 Vgl. *Bronckers*, Marco: Better Rules for a New Millennium: a Warning Against Undemocratic Developments in the WTO, in: Journal for International Economic Law 2 (1999) 4, S.553, der zu Recht auf die Gefahr hinweist, daß aus mangelndem Konsens bei der Rechtsetzung resultierende unscharf formulierte Regeln die Rechtssicherheit im WTO-Regelwerk gefährden.

79 Zum Prinzip der Nichtdiskriminierung im internationalen Arbeitsrecht oben, S.184ff.

maßgeblich Gleichheitsgesichtspunkten Rechnung getragen werden muss. Der Grundsatz der Nichtdiskriminierung kann dabei sowohl in seiner horizontalen als auch in seiner vertikalen Zielrichtung in eine WTO-Regelung über *Trade&Labour* einfließen.[80]

In seiner *horizontalen* Zielrichtung fordert der Grundsatz der Nichtsdiskriminierung die Gleichbehandlung von Waren aus verschiedenen Drittstaaten. Demnach müssten sich Handelsmaßnahmen im Rahmen einer „Sozialklausel" in Art und Umfang an den arbeitsrechtlichen Verhältnissen der betroffenen Drittstaaten orientieren. Das bedeutet einerseits, dass sich gegen gleichwertige Verletzungen von Arbeitnehmerrechten auch maximal in gleichem Umfang vorgegangen werden darf. Andererseits dürften gegen die Verletzung von Arbeitnehmerrechten keine Maßnahmen ergriffen werden, solange gleichwertige Verstöße in dritten Staaten nicht ebenfalls geahndet werden.

In seiner *vertikalen* Komponente fordert das handelsrechtliche Prinzip der Nichtdiskriminierung die Gleichbehandlung inländischer und ausländischer Waren. Die vertikale Zielrichtung der Nichtdiskriminierung gebietet, dass ein Staat nur dann Implementierungsmaßnahmen ergreifen darf, wenn er die betreffenden fundamentalen Arbeitsstandards im Inland selbst einhält.[81] Ein WTO-Mitglied, das arbeitsrechtliche Verstöße sanktioniert, die es im eigenen Staatsgebiet aber duldet, setzt sich dem Vorwurf widersprüchlichen Verhaltens aus. Eine WTO-Regelung *de lege ferenda* müsste deshalb sicherstellen, dass Maßnahmen zur Implementierung von Arbeitnehmerrechten auch in der Relation zwischen Import- und Exportstaat frei von Diskriminierungen und Widersprüchen sind. Sofern Handelsmaßnahmen zur Verwirklichung von Arbeitnehmerrechten diskriminierend angewendet werden, liegt die Vermutung nahe, dass andere Gründe als der Schutz von Arbeitnehmern für Art oder Umfang der Maßnahmen entscheidend waren.

Erst die horizontale und vertikale Gleichbehandlung arbeitsrechtlich vergleichbarer Sachverhalte vermag die Schlüssigkeit handelspolitischer Maßnahmen zur Implementierung von Menschenrechten in der Arbeit sicherstellen und hilft, verschleierte protektionistische Maßnahmen zu vermeiden.

---

80 Zur vertikalen und horizontalen Zielrichtung des Prinzips der Nichtdiskriminierung siehe oben, S.82ff.

81 So bereits *Leary*, Virginia: Workers' Rights and International Trade: The Social Clause (GATT, ILO, NAFTA, US Laws), in: Fair Trade and Harmonization (Vol.2: Legal Analysis), Bhagwati Jagdish/Hudec, Robert. E. (Ed.), Cambridge MA, 1996, S.182, wonach aus dem Rechtsgedanken der Reziprozität heraus ein Land nur dann die Einhaltung von Arbeitnehmerrechten fordern dürfe, wenn es die entsprechenden ILO-Konventionen selbst ratifiziert habe.

6. Primat der Multilateralität gegenüber Unilateralismus

Insbesondere vom Grundsatz materieller Gegenseitigkeit geht durch die wechselseitige Verknüpfung handelspolitischer Zugeständnisse eine Tendenz gegen Handelsmaßnahmen mit unilateralem Charakter aus.[82] Von Unilateralismus spricht man, wenn ein Staat aus seiner Sicht wünschenswerte Entwicklungen gegenüber einem Drittstaat mit Maßnahmen der Handelspolitik durchsetzt.[83] Unilateralen Charakter erhalten Handelsmaßnahmen insbesondere, wenn sie in Art oder Umfang von einem Staat einseitig festgesetzt und durchgeführt werden oder auf allein national festgelegten und akzeptierten Standards beruhen.

Fraglich ist, wie unilaterale Maßnahmen zur Implementierung von Arbeitnehmerrechten vermieden werden können, um dem Grundsatz materieller Gegenseitigkeit Rechnung zu tragen.

Um erstens zu vermeiden, dass eine „Sozialklausel" auf einseitig festgelegten, statt multilateral vereinbarten Standards beruht, kann eine WTO-Regelung nur international anerkannte Arbeitnehmerrechte und nicht national festgelegte Arbeitsstandards zur Grundlage haben. Deshalb kommen als materieller Tatbestand einer WTO-Regelung allein die im Rahmen der ILO-Deklaration 1998 universell anerkannten vier Menschenrechte in der Arbeit in Betracht.

Zweitens würden Handelsmaßnahmen dadurch einen unilateralen Charakter annehmen, dass die zugrundeliegende Rechtsverletzung einseitig *festgestellt* wird. Dies wäre dann der Fall, wenn ein einzelnes Mitglied auch nur *prima facie* darüber befinden könnte, ob und welchem Umfang eine Verletzung von Arbeitnehmerrechten vorliegt. Dem kann bei einer zukünftigen WTO-Regelung über *Trade&Labour* dadurch entgegengewirkt werden, dass die Frage einer Verletzung fundamentaler Arbeitnehmerrechte nicht unilateral, sondern von einem multilateral legitimierten Organ beantwortet wird.[84]

Drittens muss der dem Grundsatz materieller Gegenseitigkeit immanente Gedanke der Multilateralität auch im Bereich der Rechtsdurchsetzung berücksichtigt werden. Um Implementierungsmaßnahmen unilateralen Charakters zu vermeiden,

---

82 Siehe oben, S.91. Zum Spannungsverhältnis zwischen unilateralen Maßnahmen und dem WTO-System, insbesondere Art.XXIII GATT vgl. Panel Report *United States-Sections 301-310 of the Trade Act of 1974*, WTO-Doc. WT/DS152/R v. 22. Dezember 1999, S.311ff., Rn.7.35ff.
83 Vgl. *Goode*, Walter: Dictionary of Trade Policy Terms, Adelaide, 1998, S.243.
84 Zu den institutionellen Aspekten einer „Sozialklausel" siehe unten, S.446ff.

sollte die Entscheidung über die Verhängung von Handelsmaßnahmen nicht allein beim handelnden Mitgliedstaat liegen. Wodurch eine WTO-Regelung über *Trade&Labour* diesem Erfordernis genügen kann, hängt zuvorderst von der gewählten Regelungstechnik ab und soll daher an späterer Stelle diskutiert werden[85].

7. *Berücksichtigung der besonderen Situation von Entwicklungsländern*

Die Anforderung, dass bei einer Regelung von *Trade&Labour* die besondere Situation der am wenigsten entwickelten Länder berücksichtigt werden muss, folgt rechtsdogmatisch aus dem Prinzip des *allseitigen Vorteils*.[86] Fraglich ist dabei, worin genau bei der Implementierung international anerkannter Arbeitnehmerrechte die besondere Situation der Entwicklungsländer besteht.

Die besondere Situation der Entwicklungsländer besteht grundsätzlich in deren limitierter Ausstattung mit wirtschaftlichen und administrativen Ressourcen. Dieser Zustand stellt auch ein wesentliches Hindernis für die wirksame Durchsetzung internationaler Arbeitsstandards dar. Zwar wurde an anderer Stelle festgestellt, dass die Verwirklichung der fundamentalen arbeitsrechtlichen Prinzipien als Zielvorgabe grundsätzlich unabhängig von der ökonomischen Situation eines Landes anzustreben ist.[87] Der Weg zu diesem Ziel wird in der Realität jedoch wesentlich davon geprägt sein, welche wirtschaftlichen Möglichkeiten einem Mitglied zur Bekämpfung menschenrechtlich fragwürdiger Arbeitsbedingungen und ihrer sozio-ökonomischen Ursachen zur Verfügung stehen, wie insbesondere das Ziel der Abschaffung von Kinderarbeit verdeutlicht.

Die Frage, auf welche Weise und inwiefern der besonderen Situation der Entwicklungsländer bei einer Verknüpfung von *Trade&Labour* Rechnung getragen werden kann, muss später anhand der konkreten Regelungstechniken in der WTO untersucht werden.[88]

---

85 Zu den Einzelfragen dieses Ansatzes näher unten, S.402ff.
86 Siehe unten, S.402ff.
87 Siehe oben, S.205.
88 Siehe unten, S.402ff.

8. Notifizierungserfordernis

Schließlich gebietet es der Grundsatz der Transparenz, dass bei der Normierung einer „Sozialklausel" ein *Notifizierungserfordernis* eingeführt wird. Das bedeutet, dass Handelsmaßnahmen zur Implementierung von Arbeitnehmerrechten dem zuständigen Organ innerhalb der WTO möglichst frühzeitig zur Kenntnis gebracht werden müssen. Durch eine Notifizierung hat auch der betroffene Drittstaat die Möglichkeit, eine drohende Sanktionierung frühzeitig zu erkennen und gegebenenfalls die intendierten arbeitsrechtlichen Maßnahmen zu ergreifen, um eine Beeinträchtigung seiner Rechte auf Marktzugang abzuwehren.

9. Zwischenergebnis

Aus dem Grundkonsens und den Strukturprinzipen des Welthandelssystems ergeben sich zusammenfassend folgende Kriterien, anhand derer sich die Systemkonformität einer Regelung zur Implementierung von Arbeitnehmerrechten in der WTO *de lege ferenda* bewerten lässt.

Zunächst folgt aus dem vorrechtlichen Grundkonsens über *den Erhalt liberalen Handels,* dass sich eine Regelung über *Trade&Labour* in der WTO auf die handelsbezogenen Aspekte der fundamentalen Arbeitnehmerrechte beschränken muss.

Weiterhin ergibt sich sowohl aus dem Prinzip der Kostenwahrheit und dem Grundsatz der Gegenseitigkeit ein Primat von Ausgleichs- gegenüber Sanktionsmaßnahmen zur Implementierung von Menschenrechten in der Arbeit in der WTO.

Ferner geht vom Grundkonsens und verschiedenen Strukturprinzipien, insbesondere dem Grundsatz der Kostenwahrheit, die Vorgabe einer gestuft marktkonformen Implementierung von fundamentalen Arbeitnehmerrechten in der WTO aus.

Sowohl der liberale vorrechtliche Grundkonsens, als auch das Prinzip des allseitigen Vorteils gebieten es, eine WTO-Regelung über Menschenrechte in der Arbeit regelungstechnisch so auszugestalten, dass sie weitestmöglich resistent gegen protektionistischen Missbrauch ist.

Um dem Grundsatz der Nichtdiskriminierung zu größtmöglicher Wirksamkeit zu verhelfen, muss die nichtdiskriminierende Anwendung von Handelsmaßnahmen zur Implementierung von Menschenrechten in der Arbeit sichergestellt werden. Aufgrund der Gleichbehandlung in horizontaler Zielrichtung sollte es WTO-Mitgliedern obliegen, Implementierungsmaßnahmen gegenüber Drittstaaten nichtdiskriminierend anzuwenden, also gegen gleichwertige arbeitsrechtliche Verstöße gleichermaßen vorzugehen. Gleichbehandlung in vertikaler Zielrichtung verlangt, dass Verstöße gegen Arbeitnehmerrechte von einem WTO-Mitglied nur dann geahndet werden dürfen, wenn es die Rechte im Inland selbst wirksam schützt.

Der Grundsatz materieller Gegenseitigkeit richtet sich durch die wechselseitige Verknüpfung handelspolitischer Zugeständnisse gegen Handelsmaßnahmen mit unilateralem Charakter und statuiert für eine zukünftige WTO-Regelung ein „Primat der Multilateralität".

Schließlich gebietet es der Grundsatz des allseitigen Vorteils, dass eine „Sozialklausel" die besondere Situation der Entwicklungsländer berücksichtigt. Schließlich legt es der Grundsatz der Transparenz nahe, Handelsmaßnahmen zur Durchsetzung von Arbeitnehmerrechten zu notifizieren, bevor sie verhängt werden dürfen.

C. Ziel- und Systemkonformität verschiedener Regelungstechniken

Für eine rechtliche Grundlage zur Implementierung von Arbeitnehmerrechten durch Handelssanktionen sind im Welthandelssystem verschiedene Regelungstechniken und unterschiedliche systematische Standorte denkbar.[89] Um die Problematik einer Verknüpfung von *Trade&Labour* aufzuzeigen, sollen exemplarisch zwei unterschiedliche Regelungstechniken anhand der zuvor entwickelten Kriterien der Ziel- und Systemkonformität bewertet werden.

---

89 Auf Ansätze zur Überwachung von Arbeitnehmerrechten unter dem Dach der WTO ohne Handelsmaßnahmen soll an dieser Stelle nur verwiesen werden. So wird vorgeschlagen, Arbeitnehmerrechte zum Gegenstand des handelspolitischen Überwachungsmechanismus (Trade Policy Review Mechanism, TPRM, abgedruckt in: *WTO* (Fn.77) S.380ff.) der WTO zu machen, *Waer*, Paul: Social Clauses in International Trade, in: Journal of World Trade 30 (1996) 4, S.41; *Howse*, Robert/*Mutua*, Makau: Protecting Human Rights in a Global Economy, Challenges for the World Trade Organization, Montreal, 2000, S.18 unter Hinweis auf die dadurch zu gewinnende Transparenz, die es NGOs ermöglichte, Menschenrechtsverletzungen effektiver nachzugehen. Die Ergebnisse des TPRM sind allerdings keiner Überprüfung durch die Streitschlichtung zugänglich und ziehen keine Sanktionen nach sich. Es bleibt anzumerken, daß sich die Entwicklungsländer einer Ergänzung des TPRM um Menschenrechte in der Arbeit bereits heftig und erfolgreich zur Wehr gesetzt haben, *Brown*, Drusilla K.: a Transactions Cost Politics Analysis of International Child Labour Standards, in: Social Dimensions of U.S.Trade Policies, Deardorff, Alan V./Stern, Robert M. (Ed.), Ann Arbor MI, 2000, S.106. Die teilweise vertretene Ansicht Arbeitnehmerrechte in Art.XXIII GATT einzufügen, vermag dagegen systematisch bereits auf den ersten Blick nicht zu überzeugen. Es ist nicht ersichtlich, warum und auf welche Weise materielle Inhalte wie die Arbeitnehmerrechte kohärent in die prozessuale Vorschrift des Art.XXIII GATT, die rudimentär die Voraussetzungen der Streitschlichtung regelt, integriert werden sollten. Auf diesen Vorschlag zur Implementierung von Arbeitnehmerrechten in das Welthandelssystem soll daher nicht weiter eingegangen werden.

Bei den nachfolgend untersuchten Regelungstechniken handelt es sich einmal um die Option, Arbeitnehmerrechte in eine der bestehenden *Ausnahme- und Schutzbestimmungen* des GATT zu integrieren. Diesem Ansatz wird das Modell eines neuen multilateralen WTO-Abkommens über *Trade-Related Aspects of International Labour Rights* (TRILs-Agreement) gegenübergestellt.

I. Ausnahme- und Schutzbestimmungen („Sozialklausel")

1. Regelungstechnik

Nach wohl überwiegender Meinung der Befürworter einer Verknüpfung von *Trade&Labour* sollten Arbeitnehmerrechte in die bereits bestehenden *Ausnahme- und Schutzbestimmungen* des GATT eingefügt werden.[90] Damit würde eine Rechtsgrundlage für unilaterale Handelsmaßnahmen zum Schutz von Arbeitnehmerrechten geschaffen. Als Kodifikationsort werden insbesondere die Schutzklauseln des Art.XIX:1 und Art.XXI GATT sowie die verschiedenen Tatbestände der allgemeinen Ausnahmevorschrift des Art.XX GATT diskutiert. Diese Ausnahmevorschriften sind überwiegend auf den Schutz nicht-wirtschaftlicher Rechtsgüter ausgerichtet. Teilweise bieten diese Normen schon de *lege lata* Ansatzpunkte, um die Implementierung von fundamentalen Arbeitsrechten durch Handelsmaßnahmen zu rechtfertigen.[91] Aus diesem Grund liegt es zunächst nahe zu überprüfen, inwiefern sich Arbeitnehmerrechte *de lege ferenda* in die Ausnahme- und Schutzbestimmungen des GATT integrieren ließen.

a) Die *Escape Clause* des Art.XIX GATT

Die sog. *Escape Clause* des Art.XIX GATT, konkretisiert durch das Agreement on Safeguards, scheint sich auf den ersten Blick aufgrund ihres unbestimmten und weiten Wortlauts bereits *de lege lata* für nahezu jede Maßnahme gegen Importe zu eignen.[92] Der „Ausbau" des Art.XIX GATT zur „Sozialklausel" könnte bereits im

---

90 *Trebilcock*, Michael J./*Howse*, Robert: The Regulation of International Trade, 1st Edition, London (e.a.), 1995, S.411f.; *Willers*, Dietrich: Sozialklauseln in internationalen Handelsverträgen, in: Weltfriede durch Soziale Gerechtigkeit, Baden-Baden, 1994, S.169; *Leary*, Virginia (Fn.81): S.196; *Diller*, Janelle M./*Levy*, David A.: Child Labour, Trade and Investment: Towards the Harmonization of International Law, American Journal of International Law 91 (1997) 4, S.681.
91 Zur Untersuchung der Zulässigkeit von Handelsmaßnahmen unter Art.XIX, Art.XX und Art.XIX GATT siehe oben, S.317ff.
92 Für Art.XIX GATT als Kodifikationsort einer „Sozialklausel" *Edgren*, Gus: Fair Labour Standards and Trade Liberalisation, International Labour Review 188 (1979) 5, S.532; *Feld*, Lars:

Wege einer *Interpretationsnote* der WTO-Mitglieder zu Art.XIX GATT oder durch eine Änderung des zugehörigen *Agreement on Safeguards* erfolgen.[93] Rechtstechnisch würde die Durchsetzung von Arbeitnehmerrechten unter Art.XIX GATT als eine länderspezifische Aussetzung von GATT-Rechten zu charakterisieren sein.[94]

Gegen Art.XIX GATT als Kodifikationsort einer „Sozialklausel" spricht allerdings der Charakter der Vorschrift als „Überdruckventil" für Staaten in binnenwirtschaftlicher Notlage, der sich mit dem „extraterritorial" ausgerichteten arbeitsrechtlichen Schutzzweck einer „Sozialklausel" kaum vereinbaren ließe. Ob gegen die Verletzung von Arbeitnehmerrechten mit Handelsmaßnahmen einzuschreiten ist, sollte anhand der arbeitsrechtlichen Lage im Exportstaat und nicht aufgrund der wirtschaftlichen Situation im Importland beurteilt werden, um den protektionistischen Missbrauch einer „Sozialklausel" zu vermeiden. Eine „Sozialklausel" bekäme durch den Normzweck des Art.XIX GATT *a priori* einen „protektionistischen Anstrich"[95]. Die Vorschrift des Art.XIX GATT stellt daher keinen geeigneten Kodifikationsort für eine „Sozialklausel" dar.

b) Die *Security Exceptions* des Art.XXI GATT

Man könnte ferner daran denken, eine Ermächtigung zum Schutz von Arbeitnehmerrechten in Art.XXI GATT zu integrieren. Diese Vorschrift ermächtigt zu Maßnahmen zum Schutz der nationalen und internationalen Sicherheit. Für die Kodifikation einer Klausel über Menschenrechte in der Arbeit kommt insbesondere die Ausnahme des Art.XXI(c) GATT in Betracht, die Handelsmaßnahmen zum Erhalt oder zur Schaffung des internationalen Friedens oder der internationalen Sicherheit erlaubt, zu denen ein Mitglied aus der UN-Charta *verpflichtet* ist. Da das Welthandelsrecht durch diese Vorschrift in Bezug zum Regelwerk der Vereinten Nationen gesetzt wird, scheint sich diese Vorschrift besonders als Kodifikationsort für eine Klausel über Menschenrechte zu eignen. Zur Durchsetzung von Arbeitnehmerrechten in Drittstaaten sind WTO-Mitglieder allerdings in der Regel weder aus der UN-Charta, noch aus allgemeinem Völkerrecht *verpflichtet*. Ferner ist die Missachtung von Arbeitnehmerrechten im Exportstaat von anderer Qualität als die Bedrohung des Weltfriedens oder der nationalen bzw. internationalen Sicherheit. Deshalb erscheint Art.XXI(c) ebenfalls nicht als systematisch richtiger

---

Sozialstandards und die Welthandelsordnung, in: Außenwirtschaft 51 (1996) 1, S.67.

93 Im folgenden schließt die Nennung des Art.XIX GATT stets auch das zugehörige Agreement on Safeguards ein, abgedruckt in: *WTO:* The Legal Texts (Fn.77): S.275ff., deutsche Übersetzung in: *Hummer, Waldemar/Weis,* Friedl (Fn.77): Nr.47, S.760ff.

94 Vgl. *Feld,* Lars (Fn.92): S.67.

95 Zum Normhintergrund der *Escape Clause* siehe oben, S.113ff.

Kodifikationsort für eine Ermächtigung zur Durchsetzung von Arbeitnehmerrechten mit Handelsmaßnahmen.

c) Die allgemeine Ausnahme des Art.XX GATT

Die Vorschrift des Art.XX GATT wird von der überwiegenden Literaturmeinung als der geeigneten Kodifikationsort für eine handelsrechtliche „Sozialklausel" angesehen.[96]

(1) Art.XX(e) GATT

Die Ausnahme des Art.XX(e) GATT für Waren aus Gefängnisarbeit nimmt als einzige Vorschrift des Welthandelsrechts auf die arbeitsrechtliche Situation im Exportland Bezug. Daher liegt der Vorschlag nahe, Art.XX(e) GATT um die vier fundamentalen Arbeitnehmerrechte zu erweitern[97]. Für Art.XX(e) GATT spricht, dass die Ergänzung des Wortlauts um Diskriminierungen, Verletzungen der Gewerkschaftsfreiheit, Kinder- und Zwangsarbeit rechtstechnisch sicherlich die einfachste Lösung zur Kodifikation einer „Sozialklausel" bietet. Die Tatsache, dass der Schutz des Preiswettbewerbs und nicht der Arbeitnehmer den Normhintergrund des Art.XX(e) GATT bildet, stellt für die Kodifikation einer „Sozialklausel" *de lege ferenda* sogar einen Vorteil dar. Auf diese Weise würden die fundamentalen Arbeitnehmerrechte in ihrer ökonomischen und nicht in ihrer menschenrechtlichen Dimension geschützt und ein Präzedenzfall für weitere Ausnahmen in der Welthandelsordnung vermieden. Ferner ist in Art.XX (e) der zum Schutz fundamentaler Arbeitnehmerrechte nötige „extraterritoriale Bezug" bereits gegeben, denn Maßnahmen gegen Waren aus Gefängnisarbeit beziehen sich auf eine Herstellungsmethode im Exportland.[98] Somit bliebe Art.XX(e) GATT weiterhin die einzige Ausnahme mit „extraterritorialem" Bezug und der

---

96 *Trebilcock*, Michael J./*Howse*, Robert (Fn.90): S.411f.; Entschließungsantrag des Europäischen Parlaments zur Einführung der Sozialklausel in das uni- und multilaterale Handelssystem, EG-Doc. DE\RR\243101, PE 205.101/endg., v. 6. Januar 1994, S.11; *Willers*, Dietrich (Fn.90): S.169; *Diller*, Janelle M./*Levy*, David A. (Fn.90): S.696; *CUTS*: Trade, Labour, Global Competition and the Social Clause, Briefing Paper Nr.5, Juni 1998, S.3; *Feld*, Lars (Fn.92): S.67.
97 Für eine Erweiterung des Art.XX(e) GATT *Trebilcock*, Michael J./*Howse*, Robert (Fn.90): S.411, Entschließungsantrag des Europäischen Parlaments zur Einführung der Sozialklausel in das uni- und multilaterale Handelssystem, EG-Doc. DE\RR\243101, PE 205.101/endg., v. 6. Januar 1994, S.11, einschränkend *Feld*, Lars (Fn.92): S.67f.; skeptisch zu diesem Ansatz *Waer*, Paul (Fn.89): Social Clauses in International Trade, in: Journal of World Trade 30 (1996) 4, S.41.
98 Bezüglich der extraterritorialen Ausrichtung ist jedoch zu beachten, daß der Zweck des Art.XX(e) GATT der Schutz der *inländischen* Wirtschaft des Importstaates vor nicht marktkonformem Preiswettbewerb ist, vgl. oben, S.338.

Streit um die generelle Zulässigkeit „extraterritorialer" Maßnahmen würde nicht durch die Kodifikation einer „Sozialklausel" entschieden[99].

Problematisch an einer Ergänzung des Art.XX(e) GATT erscheint allerdings, dass im Rahmen dieser Klausel nach dem bisherigen Wortlaut keine Prüfung der Erforderlichkeit *("necessary to")* von Schutzmaßnahmen stattfindet. Gestattet sind vielmehr bereits alle Maßnahmen die bloßen Bezug *("relating to")* zu Gefängnisarbeit aufweisen. Aufgrund des hohen protektionistischen Potentials einer „Sozialklausel" müsste Art.XX(e) deshalb in jedem Fall um einen *necessity-test* ergänzt werden, wie ihn andere Ausnahmen des Art.XX GATT in der Wendung *"necessary to"* enthalten[100].

Regelungstechnisch ist eine Erweiterung dieser Vorschrift um die fundamentalen Arbeitnehmerrechte aufgrund des eindeutig auf Gefängnisarbeit beschränkten Wortlautes nicht im Wege einer bloßen interpretativen Übereinkunft zu erreichen. Der „Ausbau" des Art.XX(e) GATT zu einer „Sozialklausel" erforderte vielmehr eine Ergänzung im Wege einer Vertragsänderung. Dies bedarf der Zustimmung von mindestens zwei Dritteln der WTO-Mitglieder, bindet dann aber lediglich die zustimmenden Mitglieder *inter partes*[101]. Beschließt die Ministerkonferenz dagegen mit der Mehrheit von drei Vierteln eine Änderung des Art.XX(e) GATT, so steht es den übrigen Mitgliedern in der Folge frei, dies entweder zu akzeptieren, aus der WTO auszutreten oder mit Einverständnis der Ministerkonferenz Mitglied zu bleiben, ohne dass die Änderung für sie wirksam wird.[102] Eine *inter alia* wirksame Änderung des Art.XX(e) GATT erfordert allerdings den Konsens aller WTO-Mitglieder, der entweder durch einstimmigen Beschluss der Ministerkonferenz oder durch nachträgliche Zustimmung zustande kommen kann.[103]

(2) Art.XX(a) GATT

In der jüngeren Literatur scheint für die Problematik *Trade&Labour* eine Lösung unter der „Moralklausel" des Art.XX(a) GATT zumindest *de lege lata* als Ermächtigung für Handelsmaßnahmen zum Schutz von Arbeitnehmerrechten favo-

---

99 Zur Frage, unter welchen Voraussetzungen Art.XX GATT extraterritorial ausgerichtete Maßnahmen gestattet siehe oben, S.359ff.

100 Vgl. Art.XX(a), Art.XX(b), Art.XX(d) und Art.XX(i) GATT; zu den Kriterien des *necessity test* im Rahmen des Art.XX GATT siehe oben, S.333ff.

101 Art.X:3, S.1 WTO-Agreement (Marrakesh Agreement Establishing the World Trade Organization), abgedruckt in: *WTO: The Legal Texts* (Fn.77): S.4ff., deutsche Übersetzung in: *Hummer*, Waldemar/*Weis*, Friedl (Fn.77): Nr.32, S.315ff.

102 Art.X:3, S.2 WTO-Agreement.

103 Art.X:3, S.1 WTO-Agreement.

risiert zu werden.[104] Als *ordre public*-Vorbehalt könnte Art.XX (a) GATT auch für eine Implementierung der Arbeitnehmerrechte *de lege ferenda* in Frage kommen.

Gegen Art.XX(a) GATT spricht, dass bei dieser allgemein gefassten Generalklausel eine ausdrückliche Änderung des Wortlautes um die vier fundamentalen Arbeitnehmerrechte kaum praktikabel ist. Rechtstechnisch erscheint es vielmehr vorzugswürdig, die Arbeitnehmerrechte durch eine interpretative Übereinkunft der Vertragsparteien in diese Vorschrift einzufügen. Dafür müsste festgelegt werden, dass der unbestimmte Rechtsbegriff *"public morals"* in Art.XX(a) GATT zukünftig auch die fundamentalen Arbeitnehmerrechte umfassen soll.

Eine entsprechende interpretative Übereinkunft des Art.XX(a) GATT kann durch die mit Vertretern der Mitgliedstaaten besetzte Ministerkonferenz oder durch den Rat beschlossen werden, nicht aber durch das WTO-Sekretariat.[105] Eine interpretative Übereinkunft des Art.XX(a) GATT erforderte die Zustimmung von drei Vierteln der WTO-Mitglieder[106].

(3) Ein neuer Art.XX(k) GATT ?

Neben einer Ergänzung bestehender Tatbestände des Art.XX GATT ist es auch denkbar, für fundamentale Arbeitnehmerrechte einen neuen Ausnahmetatbestand in Form eines Art.XX(k) GATT zu schaffen. Diese Vorschrift unterläge dann ebenfalls den Rückausnahmen des *chapeau* Art.XX, welche die Beachtung der Grundregeln des GATT sichern und verschleierten Protektionismus verhindern helfen. Hierfür wäre ebenfalls eine Vertragsänderung erforderlich.[107]

d) Zwischenergebnis

Rechtstechnisch stellt die Ergänzung der bestehenden Ausnahme- und Schutzvorschriften sicherlich den einfachsten Weg dar, um eine „Sozialklausel" in die Rechtsordnung des GATT zu integrieren.

---

104 *Stirling*, Patricia: The Use of Trade Sanctions as an Enforcement Mechanism for Basic Human Rights: a Proposal for Addition to the World Trade Organization, in: American University International Law Review 11 (1996) 1, S.36ff.; *Prove*, Peter: Human Rights at the World Trade Organization ? (unveröffentlichter Entwurf), zur Veröffentlichung vorgesehen in: Human Rights and Economic Globalisation: Directions for the WTO, Mehra, Malini (Ed.), Uppsala, 1999): S.7; *Charnowitz*, Steve: The Moral Exception in Trade Policy, in: Virginia Journal of International Law 38 (1998) 4, S.689ff.
105 Art.IX:2, S.1 WTO-Agreement.
106 Art.IX:2, S.3 WTO-Agreement.
107 Zum Verfahren der Vertragsänderung gem. Art.X WTO-Agreement vgl. oben, S.406ff.

Die *Escape Clause* des Art.XIX GATT kommt aufgrund ihres Charakters als „protektionistisches Überdruckventil" als Kodifikationsort einer „Sozialklausel" ebensowenig in Betracht wie Art.XXI GATT, der Schutzmaßnahmen zugunsten der nationalen und internationalen Sicherheit zulässt. Beide Vorschriften werden zudem dem Handelsbezug und der fundamentalen Arbeitnehmerrechte nicht ausreichend gerecht. Aus diesem Grunde soll die Variante einer Erweiterung des Art.XX(e) GATT nachfolgend weiter untersucht werden.

Aufgrund der ökonomischen *ratio* hinter Art.XX(e) GATT (Gefängnisarbeit), scheint diese Vorschrift als Kodifikationsort für die fundamentalen Arbeitnehmerrechte besonders geeignet. Ferner spricht für eine Ergänzung dieser Vorschrift, dass sie bereits extraterritorial ausgerichtete Maßnahmen mit arbeitsrechtlichem Bezug zulässt, wie dies auch die Durchsetzung von Arbeitnehmerrechten in Drittstaaten erfordern würde. Ebenso denkbar wäre auch eine Ergänzung der „Moralklausel" des Art.XX(a) GATT oder die Schaffung eines neuen Ausnahmetatbestandes für Arbeitnehmerrechte als Art.XX(k) GATT.

2. Durchsetzung der Arbeitnehmerrechte

Um die vier fundamentalen Arbeitnehmerrechte durchzusetzen, genießt der handelnde Staat bei einer um Arbeitsstandards ergänzten Ermächtigung des Art.XX(e) GATT weitgehende Freiheit bei der Wahl seiner Mittel. Dementsprechend heißt es bereits im *chapeau* Art.XX GATT *"nothing in this Agreement shall be construed to prevent the adoption or enforcement by any contracting party of measures (...)"*. Es wäre dem Importstaat deshalb möglich, auf die Einfuhr von Waren, die unter Verletzung fundamentaler Arbeitsstandards hergestellt wurden, mit dem *unilateralen* Erlass von geeigneten Handelsmaßnahmen zu reagieren. Ein WTO-Mitglied ist dabei allein an die tatbestandlichen Erfordernisse des Art.XX(e) und des *chapeau* gebunden. Die bereits angesprochene Ergänzung des Art.XX(e) um die Konjunktion *"necessary to"* vorausgesetzt, müssten Sanktionen das mildeste, wirksame Mittel zur Einhaltung der Arbeitnehmerrechte darstellen.[108] Jedoch stellen Sanktionen in Form von Zöllen oder sogar mengenmäßigen Beschränkungen regelmäßig das den Handel am stärksten beeinträchtigende Mittel zur Durchsetzung von Arbeitnehmerrechten dar und werden deshalb nur als *ultima ratio* zulässig sein. Weiterhin gebietet es das Merkmal *"necessary to"*, Sanktionen so *zielgenau* wie möglich einzusetzen. Umfassende Sanktionen gegen jegliche Waren aus einem Land wären demnach unzulässig, wenn sich die Verletzung

---

108 Zu den Voraussetzungen des *necessety test* im Rahmen des Art.XX GATT siehe oben, S.333ff.

fundamentalen Arbeitsrechts auf einen bestimmten Wirtschaftssektor beschränkt. „Erforderlich" wäre in diesem Fall nur eine sektorale Sanktionierung. Weiterhin dürfen unter dem *chapeau* Art.XX Maßnahmen zur Durchsetzung der Arbeitnehmerrechte weder eine „willkürliche oder ungerechtfertigte Diskriminierung" noch eine „verschleierte Handelsbeschränkung" darstellen[109]. Diese Anforderungen gälten dann für alle Maßnahmen unter einer „Sozialklausel" in Art.XX(e) GATT und werden nach der Entscheidungspraxis der WTO-Streitschlichtung anhand der folgenden Kriterien überprüft.

So müssen Maßnahmen unter Art.XX GATT *transparent* und *flexibel* angewendet werden[110]. Für eine „Sozialklausel" bedeutete Transparenz, dass arbeitsrechtlich motivierte Sanktionen vor ihrer Anwendung dem betroffenen Drittstaat in hinreichender Form zu Kenntnis gebracht werden. Flexible Anwendung meint, dass bei Handelsmaßnahmen die arbeitsrechtlichen Bedingungen und Voraussetzungen des Zielstaates zur Einhaltung der fundamentalen Arbeitsstandards berücksichtigt werden müsste. Weiterhin besteht unter Art.XX GATT ein „*Primat multilateraler Verhandlungen*", d.h. vor der Anwendung unilateraler Maßnahmen müssten die Möglichkeiten im multilateralen Forum der ILO ausgeschöpft werden.[111]

An all diesen Anforderungen zeigt sich, dass eine Ermächtigung für Maßnahmen zur Durchsetzung von Arbeitsstandards unter Art.XX(e) nichts daran ändert, dass der *chapeau* des Art.XX GATT als Rückausnahme einige recht hohe Hürden aufstellt[112]. Dadurch erscheint die Gefahr des protektionistischen Missbrauchs einer „Sozialklausel" unter Art.XX(e) relativ gering. Allerdings ergeben sich aus Art.XX GATT für die Durchsetzung von Arbeitnehmerrechten keine unmittelbaren Einschränkungen bezüglich Umfang und Dauer der Maßnahmen. Solange eine Sanktion zur Durchsetzung von Arbeitnehmerrechten die oben untersuchten Kriterien beachtet, kann sie unter Art.XX(e) GATT ohne Beschränkungen in der

---

109 Zu den einzelnen Anforderungen des *chapeau* Art.XX GATT siehe oben, S.348ff.
110 Appellate Body Report *United States-Import Prohibition of Certain Shrimp and Shrimp Products*, WTO-Doc.WT/DS58/AB/R v. 12. Oktober 1998: S.64, Rn.164.
111 Das vom Appellate Body unter Art.XX GATT entwickelte „Primat multilateraler Verhandlungen" korrespondiert mit dem oben aus dem Grundsatz der materiellen Gegenseitigkeit abgeleiteten „Primat der Multilateralität" als Anforderung für eine Sozialklausel, worin sich letztlich auch der Charakter des Art.XX GATT als die Grundstrukturen des GATT beinhaltende Rückausnahme widerspiegelt.
112 So hielt im Bereich des Umwelt- und Gesundheitsschutzes, der wie Arbeitnehmerrechte als anfällig für Protektionismus gilt, in der Vergangenheit noch keine einzige Schutzmaßnahme einer Überprüfung durch die Streitschlichtung unter Art.XX GATT stand, sofern man einmal von der jüngsten Entscheidung Appellate Body Report *EC-Measures Affecting Asbestos and Asbestos-containing Products*, WTO-Doc. WT/DS135/AB/R v. 12. März 2001, WTO-Doc. WT/DS135/AB/R, absieht.

Höhe und Dauer unilateral verhängt und aufrechterhalten werden, bis das verfolgte Politikziel erreicht ist.

Es bleibt festzuhalten, dass Sanktionen zur Durchsetzung von Arbeitnehmerrechten unter den Ausnahmebestimmungen des GATT *transparent* und *flexibel* angewendet werden müssen und erst als *ultima ratio* zum Einsatz kommen dürfen. Sofern eine Verletzung von Arbeitnehmerrechten vorliegt, kann der Importstaat die Ausgestaltung und insbesondere den Umfang von Sanktionen *unilateral* festlegen. Daran ändert auch das unter Art.XX GATT vom Appellate Body statuierte „Primat multilateraler Verhandlungen" grundsätzlich nichts.

3. Rechtsschutz gegen Handelsmaßnahmen

Ein von Handelsmaßnahmen unter Art.XX(e) GATT betroffenes Mitglied kann die Eröffnung eines WTO-Streitschlichtungsverfahrens einleiten, um *ex post* Rechtsschutz gegen verhängte Sanktionen zu erlangen.[113] Solange von der WTO-Streitschlichtung die Unvereinbarkeit mit WTO-Recht noch nicht festgestellt ist, gelten zur Durchsetzung von Arbeitnehmerrechten unter Art.XX(e) GATT verhängte Sanktionen als rechtmäßig[114].

Selektive Handelsmaßnahmen zur Durchsetzung von Arbeitnehmerrechten unter einer „Sozialklausel" stellen materiell-rechtlich regelmäßig eine Verletzung der Art.I:1, Art.III:4 bzw. Art.XI:1 GATT dar.[115] Als generelle prozedurale Regel obliegt es im Rahmen eines Streitschlichtungsverfahrens dem beschwerdeführenden Mitglied, *prima facie* einen Verstoß gegen Vorschriften des GATT nachzuweisen.[116] Sofern dem beschwerdeführenden Mitglied dieser Nachweis gelingt, geht die Beweislast auf den sanktionierenden Staat über. Dieser muss dann die berechtigte Inanspruchnahme des arbeitsrechtlichen Ausnahmetatbestandes, also das Vorliegen der Voraussetzungen des Art.XX(e) GATT, nachweisen.[117] Auf den ersten Blick mag es problematisch erscheinen, dass der Importstaat die Beweislast für Verstöße gegen fundamentale Arbeitnehmerrechte im Exportstaat trägt. Um diesen Nachweis zu führen, kann der Importstaat allerdings auf die Ent-

---

113 Vgl. Art.6:1 DSU.

114 Vgl. Art.23:1 und Art.23:2(a) DSU.

115 Zur Verletzung dieser Grundregeln bei der Durchsetzung von Arbeitnehmerrechten durch selektive Handelsmaßnahmen *de lege lata* siehe oben, S.279ff.

116 Appellate Body Report *United States – Measure Affecting Imports of Woven Woolshirts and Blou-ses*, WTO-Doc. WT/DS33/AB/R v. 25. April 1997: S.14 (o. Rn.), seitdem ständige Entscheidungs-praxis, vgl. zuletzt Panel Report *EC-Measures Affecting Asbestos and Asbestos-containing Products*, WTO-Doc. WT/DS135/R v. 18. September 2000, S.414, Rn.8.79.

117 Vgl. Panel Report *EC-Asbestos* (Fn.116): S.414, Rn.8.79.

scheidungen der ILO als kompetenter Organisation in Fragen des internationalen Arbeitsrechts zurückgreifen. Sofern ein Organ der ILO eine Verletzung von fundamentalen Arbeitnehmerrechten im Zielland der Sanktionen festgestellt hat, würde dies wohl auch in der WTO-Streitschlichtung als Nachweis der Tatbestandsvoraussetzungen einer „Sozialklausel" genügen[118]. Sofern es jedoch an einer entsprechenden Feststellung der ILO fehlt, dürfte der substantiierte Nachweis einer Verletzung von Arbeitnehmerrechten in einem Drittstaat schwerfallen.

Sofern es dem sanktionierenden Staat nicht gelingt, die Voraussetzungen des Art.XX(e) GATT nachzuweisen, wird die WTO-Streitschlichtung eine entsprechende Rechtsverletzung feststellen und empfehlen, die Maßnahme mit den verletzten Vorschriften in Einklang zu bringen[119]. Sofern der sanktionierende Staat dieser Empfehlung auch nach Konsultationen nicht nachkommt, bleibt dem von ungerechtfertigten Sanktionen betroffenen Mitglied die Möglichkeit, als *ulitma ratio* Ausgleichszahlungen auszuhandeln oder Gegenmaßnahmen zu ergreifen[120]. Als Gegenmaßnahme kommt die Aussetzung handelspolitischer Zugeständnisse in Betracht, wofür es zuvor der Ermächtigung des DSB (Dispute Settlement Body) bedarf.[121]

Es bleibt festzustellen, dass Maßnahmen unter einer „Sozialklausel" des Art.XX(e) GATT durch die WTO-Streitschlichtung lediglich *ex post* auf ihre Rechtmäßigkeit hin überprüft werden. Für die Frage, ob und in welchem Umfang Arbeitnehmerrechte verletzt sind, könnte als Beweismittel auf Berichte und Entscheidungen der ILO zurückgegriffen werden. Sofern Sanktionen die Voraussetzungen einer „Sozialklausel" unter Art.XX(e) GATT nicht erfüllen, wird von den Organen der WTO-Streitschlichtung eine Verletzung des GATT festgestellt. Gegen unrechtmäßige, arbeitsrechtlich motivierte Sanktionen kann das sanktionierte Mitglied auf Ausgleichszahlungen drängen oder als *ultima ratio* eigene Zugeständnisse aussetzen.

---

118 Vgl. Art.13:1, S.1 DSU, wo es heißt *"each panel shall have the right to seek information and technical advice from any individual body which it deems appropriate"*. Auf Basis dieser Vorschrift ist es bereits seit längerer Zeit gängige Praxis in der Streitschlichtung, bei Tatsachenfeststellungen auf die Entscheidungen spezialisierter Internationaler Organisationen zurückzugreifen, z.B. für Fragen des Gesundheitsschutzes auf die Praxis der WHO, siehe bereits GATT Panel Report *Thailand-Restrictions on Importation of and Internal Taxes on Cigarettes*, GATT-Doc. DS10/R v. 7. November 1990 (Nachdruck in: GATT BISD 37S/200, 1991): S.23, Rn.80.

119 Vgl. Art.19:1 DSU.

120 Vgl. Art.22 DSU.

121 Art.22:2, S.2 DSU.

4. Bewertung

Nunmehr soll anhand der oben entwickelten Kriterien überprüft werden, inwieweit eine „Sozialklausel" unter Art.XX(e) GATT sich erstens systemkonform in das Welthandelssystem einfügt und zweitens als zielkonform hinsichtlich der Verwirklichung der fundamentalen Arbeitnehmerrechte gelten kann.

a) Systemkonformität

Eine Ergänzung der Ausnahmevorschrift des Art.XX(a) GATT über Gefängnisarbeit um die vier fundamentalen Arbeitnehmerrechte stellt eine nur teilweise systemkonforme Lösung des Problems *Trade&Labour* dar.

Einigen Strukturprinzipien kann diese Regelungstechnik für eine „Sozialklausel" dennoch gerecht werden. So folgt aus dem Grundsatz der Nichtdiskriminierung die Anforderung, dass Sanktionen zur Durchsetzung von Arbeitnehmerrechten hinsichtlich ihres *Schutzzwecks horizontal* und *vertikal nichtdiskriminierend* angewendet werden.[122] Unter dem *chapeau* des Art.XX GATT sind sachfremde horizontale Diskriminierungen zwischen Drittstaaten ebenso wie vertikale Diskriminierungen verboten, d.h. die extraterritoriale Durchsetzung von Standards, deren Einhaltung nicht gleichzeitig auch im Inland sichergestellt ist. Den Anforderungen des Grundsatzes der Nichtdiskriminierung wird eine „Sozialklausel" unter Art.XX daher gerecht.

Kaum Probleme im Hinblick auf die Systemkonformität bereitet unter Art.XX GATT auch das Notifizierungserfordernis, welches sich aus dem Grundsatz der Transparenz ergibt[123]. Zwar ist für Art.XX GATT bisher im Unterschied zu Art.XIX GATT keine Notifizierung von Schutzmaßnahmen geboten.[124] Eine simple Ergänzung des Vertragstextes würde hier jedoch Abhilfe schaffen können.

Ferner erfordert der Grundsatz des allseitigen Vorteils, dass bei der Normierung einer „Sozialklausel" die besondere Situation der Entwicklungsländer berücksichtigt wird.[125] Der *chapeau* des Art.XX GATT verbietet *"discriminations between countries where the same conditions prevail"*, also Ungleichbehandlungen zwischen Ländern mit vergleichbaren Bedingungen. Im Umkehrschluss ist die differenzierte Behandlung von Ländern mit unterschiedlichen Bedingungen gebo-

---

122 Zum Grundsatz der Nichtdiskriminierung in seiner horizontalen und vertikalen Zielrichtung siehe oben, S.82ff.
123 Zu Inhalt und Herleitung des Prinzips der Transparenz siehe oben, S.85ff.
124 Zur Notifikationspflicht einer Maßnahme unter Art.XIX beim *Committee on Safeguards* vgl. Art.12:1 *Agreement on Safeguards*, abgedruckt in: *WTO:* The Legal Texts (Fn.77): S.275ff., deutsche Übersetzung in: *Hummer*, Waldemar/*Weis*, Friedl (Fn.77): Nr.47, S.760ff.
125 Zu diesem Erfordernis aus dem Prinzip des allseitigen Vorteils siehe oben, S.400f.

ten. Der Appellate Body stellte in der Entscheidung *US-Shrimp* ausdrücklich die Unzulässigkeit eines Handelsembargos unter Art.XX GATT fest, weil es auf einheitlichen Standards beruhte, ohne den unterschiedlichen Umständen im Zielland der Sanktionen mit der gebührenden Flexibilität Rechnung zu tragen[126]. Für eine „Sozialklausel" unter Art.XX GATT ist somit gewährleistet, dass der sanktionierende Staat bei der Ausgestaltung und Anwendung von arbeitsrechtlichen Implementierungsmaßnahmen die unterschiedliche wirtschaftliche und arbeitsrechtliche Situation in Entwicklungsländern berücksichtigen muss.

Ob diese Auslegung des Differenzierungs*gebotes* unter dem *chapeau* Art.XX allerdings ausreicht, um die dauerhafte Berücksichtigung der Interessen und Bedürfnisse der Entwicklungsländer bei einer „Sozialklausel" sicherzustellen, wird letztlich von der Anwendung im Einzelfall abhängen. Erst die fallweise Überprüfung von Handelsmaßnahmen im Rahmen der Streitschlichtung wird zeigen, auf welche Weise bei einer „Sozialklausel" unter Art.XX GATT *de lege ferenda* die besondere Situation der Entwicklungsländer berücksichtigt werden kann. Denkbar wäre es, dass der Appellate Body unter dem *chapeau* des Art.XX GATT bei der Anwendung einer „Sozialklausel" für Entwicklungsländer Ausnahmen und Übergangsfristen fordert oder Handelsmaßnahmen gegen am wenigsten entwickelte Mitglieder, denen aus wirtschaftlichen Gründen die Einhaltung grundlegender Arbeitsrechte nicht möglich ist, sogar für unzulässig erklärt. Eine solch weitreichende Bedeutung kam dem Merkmal "*discriminations between countries where the same conditions prevail*" in der Vertragspraxis des Art.XX GATT bislang zwar nicht zu, wäre zur Berücksichtigung der besonderen Situation der Entwicklungsländer bei einer „Sozialklausel" unter Art.XX GATT allerdings angebracht.

Es ist letztlich jedoch zweifelhaft, ob der *chapeau* des Art.XX GATT sich als dauerhafte Basis für die Berücksichtigung der besonderen Bedürfnisse der Entwicklungsländer eignet. Es wäre zu befürchten, dass mit einer „Sozialklausel" unter Art.XX GATT die entscheidende Frage nach dem Schutz der Interessen der Entwicklungsländer nicht mit der gebotenen Rechtssicherheit beantwortet werden kann. Mit einer simplen tatbestandlichen Ergänzung des Art.XX GATT um

---

126 Zur notwendigen Berücksichtigung der Umstände im von Ausnahmemaßnahmen betroffenen Drittstaat führte der Appellate Body Report *US-Shrimp* (Fn.110), S.64f., Rn.164 aus: "*However, it is not acceptable, in international trade relations, for one WTO Member to use an economic embargo to **require** other Members to adopt essentially the same comprehensive regulatory program, to achieve a certain policy goal, as that in force within that Member's territory, without taking in consideration different conditions which may occur in the territories of those other Members.*" (Hervorhebungen im Orginal kursiv).

Arbeitnehmerrechte würde der WTO-Streitschlichtung die Bürde auferlegt, kasuistisch den Interessenausgleich zwischen entwickelten und sich entwickelnden Mitgliedern unter dem *chapeau* des Art.XX herbeizuführen. Die Erfordernisse aus dem Prinzip des allseitigen Vorteils lassen sich unter Art.XX GATT daher nur unzureichend verwirklichen, da der Interessenausgleich zwischen entwickelten und sich entwickelnden WTO-Mitgliedern fallweise von der Streitschlichtung herbeizuführen wäre.

Aus dem Prinzip der Kostenwahrheit folgt weiterhin, dass marktnahe Lösungen zur Durchsetzung von Arbeitnehmerrechten bevorzugt anzuwenden sind.[127] Dies wird allerdings bei einer Implementierung der Arbeitnehmerrechte als Ausnahme unter Art.XX GATT nicht sichergestellt werden können. Zwar sind Ausnahmemaßnahmen unter Art.XX auf das mildeste, d.h. den Handel am geringsten beeinträchtigende Mittel zu beschränken. Danach gingen begünstigende marktkonforme Maßnahmen der Verhängung von Strafzöllen und mengenmäßigen Beschränkungen vor. Allerdings gilt der Vorrang des „mildesten Mittels" unter GATT Art.XX nur für Mittel, die im Hinblick auf das verfolgte Ziel gleich wirksam sind Zumindest kurzfristig erscheinen marktkonforme Lösungen wie Kennzeichnungsprogramme gegenüber Importbeschränkungen allerdings nicht gleichermaßen geeignet, um die Einhaltung von Arbeitnehmerrechten durchzusetzen. Unter GATT Art.XX kann der sanktionierende Staat daher nicht grundsätzlich auf die vorrangige Anwendung marktkonformer, aber weniger wirksamer Mittel anstelle von Sanktionen verwiesen werden. Ein prinzipieller Vorrang marktkonformer Mittel, wie durch das Prinzip der Kostenwahrheit gefordert, wird durch eine Implementierung der Arbeitnehmerrechte unter GATT Art.XX daher nicht gewährleistet.

Die Anforderung aus dem Prinzip Kostenwahrheit in Verbindung mit dem Grundsatz materieller Gegenseitigkeit, dass Sanktionen im Welthandelssystem auf den Ausgleich von Wettbewerbsvorteilen beschränkt bleiben sollen, vermag eine „Sozialklausel" unter GATT Art.XX ebenfalls nicht zu erfüllen. Eine Beschränkung auf Ausgleichsmaßnahmen besteht unter der Ausnahme des GATT Art.XX bisher nicht und sie wäre auch kaum mit dem Charakter dieser Vorschrift zu vereinbaren. Als Souveränitätsvorbehalt gestattet es GATT Art.XX den Mitgliedern, alle erforderlichen Mittel auszuschöpfen, um die enumerativ aufgezählten Politikziele möglichst wirksam zu verfolgen. Hierbei findet weder eine Abwägung zwischen der Wertigkeit des Schutzgutes oder dessen Gefährdung und der Beeinträchtigung des Handels statt, noch kann der Staat auf weniger wirksame Mittel zur

---

127 Zu diesem Erfordernis aus dem Grundsatz der Kostenwahrheit siehe oben, S.115ff.

Erreichung des Schutzzieles verwiesen werden. Der handelnde Staat dürfte unter GATT Art.XX dementsprechend Handelsmaßnahmen in erforderlichem Umfang verhängen, um die Einhaltung von Arbeitnehmerrechten zu erzwingen, wenn Ausgleichsmaßnahmen nicht erfolg versprechend sind. Unter der Vorschrift des GATT Art.XX können Handelssanktionen nicht auf den Ausgleich von Preisvorteilen aus der Verletzung von Arbeitnehmerrechten beschränkt werden, wie dies eine systemkonforme Lösung erforderte.

Weiterhin folgt aus dem Prinzip der materiellen Gegenseitigkeit in Form des „Primats der Multilateralität" die Vorgabe, unilaterale Maßnahmen im Rahmen einer „Sozialklausel" soweit wie möglich zu vermeiden.[128] Die Implementierung unter GATT Art.XX gibt Maßnahmen zur Durchsetzung von Arbeitnehmerrechten jedoch zwangsläufig einen weitgehend unilateralen Charakter. So entscheidet unter GATT Art.XX der handelnde Staat unilateral über Art und Umfang der erforderlichen Maßnahmen, ohne dass es hierfür einer Genehmigung durch ein WTO-Organ bedarf. Durch die unilaterale Ausrichtung des GATT Art.XX lassen sich die Anforderungen aus dem Prinzip der materiellen Gegenseitigkeit an eine systemkonforme „Sozialklausel" daher nicht verwirklichen.

Vor allem aus dem vorrechtlichen Grundkonsens des GATT über liberalen Handel folgt, dass es sich bei einer „Sozialklausel" um eine möglichst „protektionismussste" Regelung handeln muss. Dics ist bei der Implementierung von Arbeitnehmerechten unter Art.XX GATT nur teilweise gewährleistet. In seiner Auslegung durch die WTO-Streitschlichtung stellt der *chapeau* Art.XX zwar eine hohe Hürde für verschleierten Protektionismus dar. Sofern Handelsmaßnahmen unter Art.XX GATT einmal unilateral verhängt sind, bleibt dem betroffenen Staat nur der Gang zur Streitschlichtung. Dort kann er die Maßnahme *ex post* auf ihre Rechtmäßigkeit durch die Streitschlichtung überprüfen lassen und muss die Entscheidung notfalls mit Gegenmaßnahmen durchsetzen. Ob ein zu Unrecht sanktioniertes Entwicklungsland diesen Rechtsschutz in der Praxis auch in Anspruch nehmen wird, ist nicht nur aufgrund der damit verbundenen Kosten zweifelhaft. Durch ein Streitschlichtungsverfahren lenkt das klagende Land auch die öffentliche Aufmerksamkeit auf die sanktionierte arbeitsrechtliche Situation, beispielsweise Zwangsarbeit. Weiterhin ist selbst im Falle des Obsiegens zweifelhaft, ob ein Entwicklungsland gegen ein Industrieland die Entscheidung der Streitschlichtung erforderlichenfalls auch mit wirtschaftlichen Gegenmaßnahmen durchsetzen kann. In einer Ermächtigung der Mitglieder zu unilateralen Maßnahmen zur Durchsetzung von Arbeitnehmerrechten unter Art.XX GATT schlummert daher

---

128 Zu diesem Erfordernis aus dem Prinzip der materiellen Gegenseitigkeit siehe oben, S.399.

ein hohes protektionistisches Potential, dass dem liberalen Grundkonsens der Welthandelsordnung zuwider läuft.

b) Zielkonformität

Bei der Implementierung von Arbeitnehmerrechten in die Ausnahmevorschrift des GATT Art.XX(e) handelt es sich jedoch um eine vergleichsweise zielkonforme Regelungstechnik.

An dieser Aussage sind durch die Vorgaben unter dem *chapeau* Art.XX allerdings zunächst einige Abstriche zu machen. So ist es dem handelnden Staat trotz des unilateralen Charakters des Art.XX GATT nicht gestattet, Handelsmaßnahmen zur Durchsetzung von Arbeitnehmerrechten aus Gründen der Zweckmäßigkeit diskriminierend anzuwenden[129]. So wäre es beispielsweise nicht gestattet, aus Gründen der Effizienz nur Verletzungen von Arbeitnehmerrechten in *wirtschaftlich schwachen* oder *politisch instabilen* Ländern zu ahnden, weil dies erwartungsgemäß die Erfolgsaussichten der Sanktionen erhöht[130]. Ein solchermaßen an der Wirksamkeit von Sanktionen ausgerichtetes selektives Vorgehen gegen die Verletzung von Arbeitnehmerrechten wäre unter Art.XX GATT als *"arbitrary or unjustifiable discrimination"* verboten. Weiterhin dürfte die unter dem Aspekt der Zielkonformität gebotene kurzfristige Verhängung von Sanktionen Bedenken begegnen. Da das *chapeau* Art.XX GATT die transparente Anwendung von Handelsmaßnahmen vorschreibt, dürften kurzfristige und ohne rechtzeitige Information der zuständigen Stellen im Zielland ergriffene Sanktionen unzulässig sein.

Die Erfolgsaussichten von Maßnahmen zur Durchsetzung von Arbeitnehmerrechten unter Art.XX GATT erhöhen sich allerdings dadurch, dass sie unilateral ausgestaltet und angewendet werden dürfen[131]. Insbesondere müssen sich Handelsmaßnahmen unter Art.XX GATT allein an der Zweckmäßigkeit zur Erreichung des Politikzieles messen lassen. Ein in Art.XX(e) einzufügender *necessity test* erfordert es lediglich, Maßnahmen in ihrem Umfang auf das zur Durchsetzung der fundamentalen Arbeitnehmerrechte erforderliche Maß zu begrenzen. Demnach *müssen* Sanktionen unter Art.XX GATT so zielgenau wie möglich ausgestaltet werden, wodurch Nebenwirkungen minimiert werden und damit die Zielkonformität von Maßnahmen unter Art.XX GATT eine Verbesserung erfährt.

---

129 Zu den Kriterien zielführender Handelssanktionen siehe oben, S.381ff.
130 Zur politischer Instabilität im Zielland als Kriterium zielführender Handelsmaßnahmen siehe oben, S.382.
131 Zur Unilateralität als Kriterium zielführender Handelsmaßnahmen siehe oben, S.383.

5. Zwischenergebnis

Eine „Sozialklausel" unter Art.XX GATT hat ihre Vorteile zweifelsohne im Bereich der Zielkonformität, denn der unilaterale Charakter des Art.XX GATT gestattet es, Maßnahmen zum Schutz der Arbeitnehmerrechte weitgehend an Gesichtspunkten der Zweckmäßigkeit auszurichten.
Jedoch lässt sich eine arbeitsrechtliche Ausnahme unter GATT Art.XX nicht spannungsfrei mit den Strukturprinzipien des Welthandelssystems in Einklang bringen. Die systemwidrigen Aspekte dieser Regelungstechnik bestehen im Wesentlichen im unilateralen Charakter von Handelsmaßnahmen zur Durchsetzung von Arbeitnehmerrechten sowie in den unzureichenden Möglichkeiten, den Interessen der Entwicklungsländer dauerhaft und vorhersehbar Rechnung zu tragen. Eine Beschränkung von Implementierungsmaßnahmen auf den Ausgleich von Wettbewerbsvorteilen, also die handelsbezogenen Aspekte der Missachtung von Arbeitnehmerrechten, lässt sich mit dem unbedingten Souveränitätsvorbehalt für die in GATT Art.XX im übrigen garantierten Politikziele nicht vereinbaren. Die Integration der Arbeitnehmerrechte in die Ausnahme- oder Schutzbestimmungen des GATT stellt daher nur eine eingeschränkt systemkonforme Regelungstechnik für eine WTO-Sozialklausel dar.

II. Ein TRILs-Agreement statt einer „Sozialklausel"

Der Ergänzung der Ausnahme- und Schutzvorschriften des GATT um eine „Sozialklausel" wird nun der Vorschlag eines rechtlich selbständigen, multilateralen TRILs-Agreeement als alternative Regelungstechnik zur Implementierung der Arbeitnehmerrechte in der WTO gegenübergestellt.

1. Regelungstechnik

Den Kern des TRILs-Agreement müsste die grundsätzliche Verpflichtung für alle WTO-Mitglieder zur Einhaltung der vier grundlegenden Arbeitnehmerrechte bilden. Durch diese Regelungstechnik wären alle Mitglieder *aus* dem *WTO-Recht* zur Achtung der vier grundlegenden Arbeitsrechte verpflichtet[132]. Dabei bräuchte ein TRILs-Agreement entsprechend dem TRILs-Agreement selbst keine Ermäch-

---

132 Vgl. Art.II:2 WTO-Agreement, wonach "[t]*he agreements and associated legal instruments included in Annexes 1, 2 and 3 (hereafter referred to as 'Multilateral Trade Agreements') are integral parts of this Agreements, **binding all Members**". (Hervorhebung hinzugefügt).

tigung für Handelsmaßnahmen zu enthalten, denn die Durchsetzung der arbeitsrechtlichen Standards erfolgte über die WTO-Streitschlichtung.[133]
Mit dem Ansatz, Arbeitsstandards zur mitgliedstaatlichen Verpflichtung aus
WTO-Recht zu erheben, unterscheidet sich ein multilaterales WTO-Abkommen
über Arbeitnehmerrechte wesentlich von einer Kodifikation dieser Rechte in den
Ausnahmebestimmungen des GATT. Eine „Sozialklausel" unter den Ausnahmebestimmungen ermächtigte den Importstaat zwar unmittelbar zu Handelsmaßnahmen,
statuiert jedoch für die WTO-Mitglieder keine rechtliche Verpflichtung zur Einhaltung der Arbeitnehmerrechte. Diese Unterschiede führen unter dem TRILs-
Agreement zu einer gänzlich unterschiedlichen Implementierung der fundamentalen Arbeitnehmerrechte, worauf nun näher einzugehen ist.

2. Durchsetzung der Arbeitnehmerrechte

In der Implementierung der Arbeitnehmerrechte zeigen sich die wesentlichen
Unterschiede zwischen einer „Sozialklausel" in den Ausnahmebestimmungen und
einem TRILs-Agreement. Unter einem solchen Abkommen stellt die Einhaltung
der Arbeitnehmerrechte eine reziproke Verpflichtung aller WTO-Mitglieder dar,
die sich qualitativ nicht von anderen Zugeständnissen, wie Zollbindungen unterscheidet. Die Missachtung von Arbeitnehmerrechten stellte demnach eine Verletzung mitgliedstaatlicher WTO-Pflichten dar. Deshalb muss gegen eine Verletzung
von fundamentalen Arbeitnehmerrechten unter dem TRILs-Agreement wie gegen
jede andere Verletzung mitgliedstaatlicher Rechte vorgegangen werden. Die Verletzung mitgliedstaatlicher Rechte kann nur im Wege eines Verfahrens der WTO-
Streitschlichtung geklärt werden.[134]

a) Handelsmaßnahmen im Streitbeilegungsverfahren

Unter einem TRILs-Agreement wird der Importstaat nicht unilateral zu Handelsmaßnahmen ermächtigt, sondern müsste hierfür den Umweg über die
Streitschlichtung einschlagen. Für den Fall, dass ein Mitglied gegen die Missachtung von WTO-Rechten vorgehen will, schreibt das DSU zunächst grundsätzlich

---

133 Das TRIPs-Agreement (Agreement on Trade-Related Aspects of Intellectual Property Rights) ist
abgedruckt in: *WTO: The Legal Texts* (Fn.77): S.320ff, deutsche Übersetzung in: *Hummer,
Waldemar/Weis*, Friedl (Fn.77): Nr.60, S.1086; zu den Vor- und Nachteilen der Rechtsdurchsetzung
unter einem TRILs-Agreement *de lege ferenda* siehe im Einzelnen unten, S.423ff.
134 Art.23:1 DSU; Voraussetzung hierfür ist, daß ein zukünftiges TRILs wie fast alle WTO-
Abkommen durch einen entsprechenden Verweis den Regeln der Streitschlichtung unterworfen wird.

Konsultationen mit dem potentiellen Streitgegner vor.[135] Erst wenn dabei zwischen den Streitparteien keine Einigung erzielt wird, kann die Einsetzung eines *Panels* verlangt werden, das eine Verletzung von TRILs-Rechten durch das betreffende WTO-Mitglied überprüfen würde.[136] Als Revisionsinstanz gegen die Entscheidung eines Panels kann erforderlichenfalls der Appellate Body angerufen werden.[137] Für die Erörterung eines Streitbeilegungsverfahrens müssen allerdings die Voraussetzungen des Art.XXIII:1 GATT vorliegen.[138]

Sofern eine Verletzung von TRILs-Verpflichtungen durch unlautere Arbeitspraktiken festgestellt wird, so wird dem betreffenden Mitgliedstaat durch die Streitschlichtungsorgane im Ergebnis eine entsprechende Verhaltensänderung empfohlen. Wenn das unterlegene Mitglied die Empfehlungen der Streitschlichtungsorgane nicht befolgt, hält das DSU ein gestuftes Implementierungsverfahren bereit. Falls die Entscheidung des Streitschlichtungsverfahrens nicht in angemessener Zeit umgesetzt wird und Verhandlungen über die Implementierung der Ergebnisse der Streitschlichtung scheitern, sind im DSU als *ultima ratio* Gegenmaßnahmen durch die obsiegende Streitpartei vorgesehen.[139] Diese werden auf Antrag durch den DSB autorisiert.[140] In ihrem Umfang dürfen Gegenmaßnahmen maximal die Höhe des Nachteils erreichen, der dem Streitgegner durch das beanstandete Verhalten der unterlegenen Partei entstanden ist.[141]

Ferner sind Gegenmaßnahmen unter dem DSU temporärer Natur. Sie dürfen nur solange aufrecht erhalten werden, bis die Rechtsverletzung abgestellt wird oder das zur Implementierung verpflichtete Mitglied eine anderweitige zufriedenstellende Lösung vorschlägt.[142] Hierfür kommt auch die Leistung von Ausgleichszahlungen als Kompensation der Nachteile in Betracht, die dem Importstaat

---

135 Art.4 DSU.
136 Vgl. Art.6:1 DSU.
137 Vgl. Art.17 DSU.
138 Dies folgt aus Art.3:1 DSU; zu den Voraussetzungen des Art.XXIII:1 GATT und den sich aus Art.22:4 DSU ergebenden Einschränkungen bei der Implementierung von Menschenrechten, sofern aus deren Verletzung kein Wettbewerbsvorteil resultiert, siehe unten, S.423ff.
139 Vgl. Art.22:1 DSU
140 Art.22:2 DSU
141 Nach Art.22:4 DSU müssen Gegenmaßnahmen *"equivalent to the level of nullification and impairment"*, also dem entstandenen Nachteil *gleichwertig* sein, die deutsche Übersetzung des Art.22:4 DSU von Hummer/Weiss, Vom GATT '47 zur WTO '94, Nr.37, S.454, wonach Gegenmaßnahmen dem entstandenen Nachteil „*angemessen*" sein müssen, ist unrichtig und irreführend, da hierbei nicht präzise zum Ausdruck kommt, daß Gegenmaßnahmen in ihrer Höhe auf den Wert des entstandenen Nachteils zu beschränken sind; vgl. zur Bedeutung des Wortes *"equivalent"* Terrel, Peter/Schnorr, Veronika/Morris, Wendy V.A./Breitsprecher, Roland: Pons Großwörterbuch Deutsch-Englisch, Englisch-Deutsch, 2. Auflage, Stuttgart (e.a.), 1995, S.216.
142 Art.22:8, S.1 DSU.

aus der Verletzung von Arbeitnehmerrechten entstehen. Sofern sich WTO-Mit-glieder bilateral auf Ausgleichszahlungen einigen, müssen Retorsionsmaßnahmen unter dem DSU eingestellt werden, auch wenn die Verletzung von Arbeitnehmer-rechten fortdauert.

Die in den Vorschriften des DSU vorgesehenen Gegenmaßnahmen sind zugleich Mittel zur Rechtsdurchsetzung und zum Ausgleich der aus Rechtsverletzungen resultierenden wirtschaftlichen Nachteile. Zwar ist im DSU an keiner Stelle von Handelssanktionen, sondern lediglich von Ausgleichszahlungen (*"compensation"*) oder der Rücknahme von Zugeständnissen (*"suspension of concessions"*) die Rede[143]. Mit der Aussetzung von Zugeständnissen soll die unterlegene Streitpartei allerdings durch handelspolitische Nachteile zur Implementierung von WTO-Entscheidungen bewegt werden. Zumindest die Rücknahme von Zugeständnissen hat daher teilweise Sanktionscharakter.

Im Ergebnis ist daher auch unter einem TRILs-Agreement die Durchsetzung von Arbeitnehmerrechten durch Handelssanktionen möglich, sofern die Vorausset-zungen des Implementierungsverfahrens unter dem DSU eingehalten werden. Deshalb ist nachfolgend als erste Voraussetzung zur Implementierung des TRILs-Agreement zu untersuchen, unter welchen Voraussetzungen die Eröffnung eines Streitbeilegungsverfahrens verlangt werden kann.

b) Voraussetzungen der Einleitung eines Streitbeilegungsverfahrens

Die Durchsetzung des TRILs-Agreement unter dem DSU erfordert zunächst die Durchführung eines Streitschlichtungsverfahrens, das unter den Voraussetzungen des Art.XXIII:1 GATT eröffnet wird. Die Grundsätze des Art.XXIII GATT gelten nicht nur für Streitigkeiten im Anwendungsbereich des GATT, sondern für alle Verfahren unter dem DSU[144].
Die Voraussetzungen des Art.XXIII:1 GATT sind von der beschwerdeführenden Partei geltend zu machen und werden in zwei Schritten geprüft.[145]

Im ersten Schritt ist zu untersuchen, ob eine der in Art.XXIII:1 GATT enumerativ aufgezählten drei Fallgruppen vorliegt.[146] Dabei kann es sich erstens um einen *"violation complaint"* handeln, wenn eine Rechtsverletzung des Streitgegners

---

143 Vgl. Art.3:7 und Art.22:1 DSU.
144 Art.3:1 DSU.
145 Zu den verschiedenen „Klagearten" unter Art.XXIII:1 GATT vgl. *Petersmann*, Ernst-Ullrich: The GATT/WTO Dispute Settlement System, London (e.a.) 1997, S.72ff.
146 Art.XXIII:1(a)-(c) GATT.

Gegenstand des Verfahrens sein soll.[147] Zweitens genügt aber auch ein *"non-violation complaint"*, wenn das Verfahren über eine Maßnahme des Streitgegners geführt werden soll, die keine Rechtsverletzung beinhaltet.[148] Drittens kann bei sog. *"situation complaints"* auch „jede andere Situation" Streitgegenstand sein.[149] Die Verletzung der unter einem TRILs-Agreement festgeschriebenen Arbeitnehmerrechte wird regelmäßig als *"violation complaint"* verfolgt werden müssen, denn Gegenstand des Verfahrens ist eine Verletzung von WTO-Rechten durch den Streitgegner.

In einem zweiten Schritt setzt Art.XXIII:1 GATT voraus, dass ein „*Schaden"* eingetreten ist, der entweder darin bestehen kann, dass ein „Vorteil" der beschwerdeführenden Streitpartei „zunichte gemacht oder geschmälert" (*"nullification and impairment"*) wird oder aber die „*Ziele eines Abkommens beeinträchtigt"* werden.[150] Die Verletzung von Arbeitnehmerrechten könnte zunächst als Beeinträchtigung der Ziele eines Abkommens, nämlich des TRILs-Agreement, anzusehen sein. Eines der Ziele des TRILs-Agreement wäre die Einhaltung der fundamentalen Arbeitnehmerrechte in ihrem Handelsbezug. Man könnte deshalb annehmen, dass jeder Verstoß gegen diese Rechte stets auch die Ziele eines TRILs-Agreement beeinträchtigt. Schließt man sich dieser Meinung an, liegt in jeder Verletzung von Arbeitnehmerrechten ein „Schaden" im Sinne des Art.XXIII:1 GATT vor. Inwieweit durch die Rechtsverletzung zulasten der beschwerdeführenden Streitpartei *"nullification and impairment"* vorliegt, müsste dann nicht mehr überprüft werden. Vielmehr lägen bei Verstößen gegen das TRILs-Agreement in jedem Fall die Voraussetzungen des Art.XXIII:1 GATT vor, so dass der Eröffnung eines Streitbeilegungsverfahrens als erste Voraussetzung der Implementierung von Arbeitnehmerrechten durch das Sanktionssystem der WTO nichts entgegenstünde.

Gegenüber dieser allzu simplen Überwindung des Art.XXIII:1 GATT für Rechtserletzungen aus einem TRILs-Agreement sind jedoch aus verschiedenen Gründen Bedenken angebracht. Erstens wurde in der Vertragspraxis des GATT und auch unter der WTO bisher noch kein Fall entschieden, der nicht auf die *"nullification and impairment"*, sondern auf die „Beeinträchtigung der Ziele des Abkommens" gestützt wurde. Aufgrund des vagen Wortlauts wird teilweise sogar davon ausgegangen, dass die zweite Alternative des Art.XXIII.1 GATT generell keine

---

147 Art.XXXIII:1(a) GATT.
148 Art.XXXIII:1(b) GATT, zu den Voraussetzungen von *"non-violation complaints"* vgl. Art.26:1 DSU.
149 Art.XXXIII:1(c) GATT, zu den Voraussetzungen von *"situation complaints"* siehe Art.26:2 DSU.
150 Art.XXIII:1, 1.Alt. GATT und Art.XXIII:1, 2.Alt. GATT.

Anwendung finden sollte.[151] Dieser Auffassung kann zugegeben werden, dass sowohl Art.XXIII GATT als auch das DSU offenbar davon ausgehen, dass die Mitglieder in einem Streitschlichtungsverfahren mehr als nur eine Rechtsverletzung rügen müssen. Der Rechtsschutz im Welthandelssystem schützt die Mitglieder vor wirtschaftlichen Nachteilen aus Rechtsverletzungen, umfasst aber keinen selbständigen Anspruch auf objektiv rechtmäßiges Verhalten der übrigen Mitglieder. Dies ergibt sich aus der Zulässigkeit von *"non-violation complaints"*, bei denen sich die Klage allein auf handelspolitische Nachteile stützt und eine Rechtsverletzung sogar gänzlich fehlt. Die Beschränkung der Streitschlichtung auf die Geltendmachung eigener Nachteile spiegelt den reziproken Charakter der Zugeständnisse in der WTO wider.[152] Nach dieser Auffassung ist die WTO richtigerweise lediglich als Rechtsrahmen für reziproke, multilaterale Handelsvereinbarungen der Mitglieder und noch nicht als Rechtsordnung zu begreifen, in der jedes Mitglied einen Anspruch auf objektiv rechtmäßiges Verhalten der übrigen Mitglieder hat[153].

Anderenfalls hätte man die in Art.XXIII:1(a) GATT geregelte Verletzung von Vertragspflichten als Voraussetzung für ein Streitschlichtungsverfahren genügen lassen. Statt dessen verlangt Art.XXIII:1 GATT jedoch, dass zu einer Verletzung einer Vertragspflicht entweder die Minderung von Vorteilen oder eine Beeinträchtigung der Vertragsziele als „Schaden" hinzukommen muss. Dieses „Schadensmerkmal" wäre zumindest für *"violation complaints"* weitgehend obsolet, wenn man in jeder Verletzung von Arbeitnehmerrechten gleichzeitig eine Beeinträchtigung der Ziele eines TRILs-Agreement sehen wollte. Nach dieser Auffassung kann ein Streitschlichtungsverfahren als Voraussetzung für Implementierungsmaßnahmen nicht mit der Begründung beantragt werden, die Verletzung von Arbeitnehmerrechten beeinträchtige die Ziele des TRILs-Agreement.

Dieser restriktiven Auslegung des Art.XXIII:1, 2.Alt. GATT kann jedoch entgegen gehalten werden, dass die Beeinträchtigung der Ziele eines Abkommens und *„nullification and impairment"* mitgliedstaatlicher Vorteile aus einem Abkommen nach dem Wortlaut gleichwertige Alternativen darstellen. Um zu verhindern, dass bei *"violation complaints"* eine Verletzung von Arbeitnehmerrechten stets als Beeinträchtigung des TRILs-Agreement bewertet wird, reicht es aus, an die Rechtsverletzung bestimmte qualitative Anforderungen zu stellen. Dadurch kann gewährleistet werden, dass dem „Schaden" neben dem Merkmal der „Rechtsver-

---

151 *Petersmann*, Ernst-Ullrich (Fn.145): S.74.
152 Zum Grundsatz der instrumentalen Gegenseitigkeit (Reziprozität) vgl. oben, S.89ff.
153 Vgl. Art.II:1 WTO-Agreement, wonach "[t]*he WTO shall provide the common institutional framework for the conduct of trade relations among its Members"*.

letzung" unter Art.XXIII:1 GATT weiterhin eine eigenständige Bedeutung zukommt. Von einer „Beeinträchtigung der Vertragsziele" wird man deshalb nur dann sprechen können, wenn gegen Hauptpflichten eines WTO-Abkommens über Menschenrechte in der Arbeit verstoßen wird. Dementsprechend wird man nicht jede Verletzung einer Verfahrensnorm als eine Gefährdung der Vertragsziele qualifizieren können, z.B. der Verstoß gegen ein Notifikationserfordernis unter einem TRILs-Agreement. Anders liegt der Fall jedoch bei massiven Verstößen gegen die vier fundamentalen Arbeitnehmerrechte, welche den materiellen Kern des TRILs-Agreement bilden. Bei der massiven oder systematischen Verletzung solcher Hauptpflichten wird man die Verwirklichung der Arbeitnehmerrechte als Ziel des TRILs-Agreement als beeinträchtigt ansehen können.

Ein Verstoß gegen die vier fundamentalen Arbeitnehmerrechte kann deshalb fallweise als „Beeinträchtigung der Ziele des Abkommens" angesehen werden. Bei einer erheblichen Verletzung von TRILs-Rechten lägen somit die Voraussetzungen des Art.XXIII:1(a) GATT vor. Das bedeutet, dass bei Verletzung der vier fundamentalen Arbeitnehmerrechte der *Einleitung* eines Streitschlichtungsverfahrens als erste Voraussetzung für handelspolitische Gegenmaßnahmen nichts entgegenstünde.

c) Voraussetzungen im Implementierungsverfahren

Die Verhängung handelspolitischer Implementierungsmaßnahmen durch einen in einem Streitschlichtungsverfahren über die Verletzung des TRILs-Agreement obsiegende Staat ist von bestimmten Voraussetzungen abhängig. Dabei geht es im Implementierungsverfahren[154] erneut um die Frage, ob die Verletzung von Arbeitnehmerrechten als *"nullification and impairment"* im Sinne des Art.XXIII:1, 1.Alt. GATT anzusehen ist, da nach Art.22:4 DSU

"[t]he level of the suspension of concessions or other obligations authorized by the DSB shall be equivalent to the level of nullification and impairment." [155]

Implementierungsmaßnahmen für ein TRILs-Agreement unter dem DSU nur insoweit zulässig sind, als sie dem Wert des zunichtegemachten oder geschmälerten Vorteils der beschwerdeführenden Partei gleichwertig sind.[156] Darüber, was

---

154 Zur Bedeutung des Art.XXIII:1, 1.Alt. GATT für die Eröffnung eines Streitbeilegungsverfahrens siehe oben, S.419.
155 Hervorhebung hinzugefügt.
156 Über Art.XXIII:1, 2.Alt. GATT, also die „Beeinträchtigung der Ziele" des TRILs-Agreement im

im Zusammenhang mit Gegenmaßnahmen unter *"nullification and impairment"* zu verstehen ist, schweigt das DSU allerdings und verweist wiederum auf die „Grundsätze" des Art.XXIII GATT [157]. Für den Umfang von Handelsmaßnahmen zur Durchsetzung von Arbeitnehmerrechten nach Art.22:4 DSU ist deshalb maßgeblich, inwiefern gemäß Art.XXIII:1, 1.Alt. GATT

"any benefit occurring to [a contracting party] directly or indirectly under this Agreement is being nullified or impaired." [158]

Demnach bemisst sich der Umfang handelspolitischer Maßnahmen zur Durchsetzung des TRILs-Agreement nach dem Umfang des durch die Rechtsverletzung geschmälerten handelspolitischen Vorteils. Es ist daher notwendig, genauer zu untersuchen, was im WTO-Recht unter dem Konzept *"nullification and impairment"* zu verstehen ist.

Aus der Entstehungsgeschichte des Art.93 Havanna-Charta als ähnlich formuliertem Vorläufer des Art.XXIII GATT ergibt sich, dass sich der Begriff des „Vorteils" im Konzept *"nullification and impairment"* nicht nur auf unmittelbare Vorteile wie Zollsenkungen, sondern auch auf die hieraus resultierenden legitimen wirtschaftlichen Erwartungen erstrecken kann.[159] Beim Entwurf des Art.93 Havanna-Charta wurde insofern von einem sehr weiten „Vorteilsbegriff" ausgegangen.[160] Ein relativ weites Verständnis von *"nullification and impairment"*

Fall der schwerwiegenden Verletzung von Arbeitnehmerrechten, kann daher zwar die Einrichtung eines Streitbeilegungsverfahrens über die Verletzung von Arbeitnehmerrechten erreicht werden, ohne daß es auf *"nullification or impairment"* ankäme, vgl. oben, S.419ff. Für die Durchsetzung des Schieds-spruchs ist aber aufgrund von Art.22:4 DSU letztlich dennoch entscheidend, ob infolge der Verletzung von Arbeitnehmerrechten *"nullification and impairment"* vorliegt.

157 Art.3:1 DSU.

158 Hervorhebung hinzugefügt.

159 Reports of Committees and Principal Sub-Committees; UN Conference on Trade and Employment, Havanna, Cuba, 1947/48, ICITO 1948, S.155, zitiert nach *Petersmann*, Ernst-Ullrich (Fn.145): S.144, Fn.27.

160 Im Rahmen der Verhandlungen über Art.93 Havanna-Charta (in deutscher Übersetzung abgedruckt in: *Hummer*, Waldemar/*Weis*, Friedl, Fn.77, Nr.5, S.11ff.) wurde die Stellungnahme geäußert, daß *"by the word 'benefits' we conceive not merely benefits accorded for instance, under the provisions of Art.XXIV* [in Bezug auf tarifäre Zugeständnisse], *but the benefits which other countries derive from the acceptance of the wider obligations imposed by the Charta; that is the benefit which we, amongst other people, would derive from the acceptance of the employment obligations by major industrial countries, and the benefit which industrial countries would drive from the improvements in the standard of living resulting from the operations Chapter IV to countries with under-developed economies. So I would like to make it quite clear, that we have used **benefit in this context in a very wide sense**."*, UN-Doc. EPCT/A/PV/12 (1947), S.7, (Hervorhebung hinzugefügt).

kommt auch in verschiedenen Entscheidungen der GATT-Streitschlichtung zum Ausdruck. Für die Beeinträchtigung eines handelspolitischen Vorteils reichte es bereits aus, wenn *"transaction costs"* oder *"uncertainties which could affect investment plans"* entstehen.[161] Demnach wird ein Vorteil durch eine Maßnahme des Streitgegners nicht erst dann geschmälert, wenn eine messbare Beeinträchtigung des Handelsvolumens vorliegt.

Auf Basis dieser weiten Auslegung des „Vorteilsbegriffs" könnte man die Verletzung von TRILs-Rechten selbst dann als Beeinträchtigung eines Vorteils ansehen, wenn die arbeitsrechtlichen Verstöße *keine unmittelbaren wirtschaftlichen Auswirkungen* auf den beschwerdeführenden Importstaat haben. Für ein solch weites Verständnis des Konzepts *"nullification and impairment"* hinsichtlich eines TRILs-Agreement spricht, dass der Kontext des Art.XXIII:1 GATT in einem Verfahren über die Verletzung von TRILs-Rechten ein anderer ist, als in einem Verfahren über eine Verletzung von GATT-Pflichten. Während das GATT vor allem ökonomisch quantifizierbare Vorteile, wie Zölle und nichttarifäre Zugeständnisse, sichert, besteht der zugesicherte „Vorteil" eines TRILs-Agreement in der Einhaltung der Arbeitnehmerrechte oder - allgemeiner ausgedrückt - darin, dass ein arbeits- und menschenrechtlicher Wettbewerbsrahmen für den Warenhandel festgelegt wird. Insofern besteht an ein TRILs-Agreement die Erwartung, dass Wettbewerb im Warenhandel nur auf Basis der fundamentalen Arbeitnehmerrechte stattfindet und keine Waren aus menschenrechtlich bedenklichen Herstellungsbedingungen exportiert werden.[162] Bei einer Verletzung von TRILs würde diese *"moral baseline"* im internationalen Wettbewerb unterschritten und daher die Erwartung „*fairen Wettbewerbs"* zunichte gemacht, selbst wenn die Rechtsverletzung keine unmittelbar wirtschaftlich messbaren Auswirkungen auf den Handel hat. Nach diesem weiten Verständnis von *"nullification and impairment"* käme es nicht auf einen unmittelbaren Wettbewerbsvorteil für den Importstaat an, um unter dem DSU Handelsmaßnahmen gegen die Verletzung von TRILs zu ergreifen.

Diese Position würde jedoch verkennen, dass das Konzept *"nullification and impairment"* zwar mittelbare wirtschaftliche, aber keine rein *nicht-wirtschaftlichen Vorteile* umfasst. Für ein rein wirtschaftliches Verständnis des in Art.XXIII:1

---

161 Panel Report *Japanese Measures on Imports of Leather*, GATT Doc. L/4789 v. 6. November 1979, (Nachdruck in: BISD 26S/320, 1980), S.14, Rn.55.
162 Vgl. *Cottier*, Thomas/*Schefer*, Krista N.: Good Faith and the Protection of Letigimate Expectations in the WTO, in: New Directions in International Economic Law, Essays in Honour of John Jackson, Bronckers, Marco/Quick, Reinhard (Ed.), Den Haag (e.a.), S.57f.

GATT verankerten Konzepts *"nullification and impairment"* könnte bereits das ökonomisch anmutende Vokabular *"benefit"* und *"nullified"* sprechen. Auch in der Praxis der Streitschlichtung werden bisher nur mittelbare wirtschaftliche Erwartungen, wie Beschäftigungseffekte geschützt[163]. Sofern man dennoch auch nichtwirtschaftliche Vorteile schützen wollte, würde Art.XXIII GATT zu einer Art *clausula rebus sic stantibus*, denn Gegenmaßnahmen könnten sich dann auf jede enttäuschte nicht-wirtschaftliche Erwartung eines WTO-Mitgliedes stützen[164].

Für ein solch weites Verständnis des Art.XXIII GATT fehlt nicht nur jeder Anhaltspunkt im Wortlaut dieser Vorschrift. Zudem werden Notfallmaßnahmen infolge unvorhergesehener Entwicklungen oder sich ändernder Umstände bereits von der *Escape Clause* erfasst und abschließend geregelt. Gegen den Schutz nichtwirtschaftlicher Erwartungen unter Art.XXIII:1 GATT spricht ferner der im Kontext zu beachtende Art.II:1 *WTO-Agreement*, wonach die WTO als institutioneller Rahmen für die *Handels*beziehungen der Mitgliedstaaten fungiert[165]. Deshalb können Tatbestände ohne Bezug zum Handel, wie die enttäuschte Erwartung, dass andere Mitglieder nach Vereinbarung des TRILs-Agreement nicht gegen das arbeitsrechtliche Diskriminierungsverbot verstoßen oder generell ein „arbeitsrechtlicher Wettbewerbsrahmen" eingehalten wird, kaum als „Beeinträchtigung eines Vorteils" im Sinne des Art.XXIII:1,1.Alt. GATT angesehen werden.

Ohne die Beeinträchtigung eines quantifizierbaren Vorteils beträgt die Höchstgrenze für den Wert der Gegenmaßnahmen entsprechend dem *"level of nullification and impairment"* allerdings „null". Auf Basis eines richtigerweise wirtschaftlichen Verständnisses des Konzepts *"nullification and impairment"* können Verletzungen von TRILs-Rechten nur mit Gegenmaßnahmen unter dem DSU geahndet werden, wenn sich hieraus ein ökonomisch relevanter Wettbewerbsnachteil ergibt.

Sofern Verstöße gegen Arbeitnehmerrechte keinen Wettbewerbsvorteil im Handel generieren, wie dies bei Verstößen gegen das arbeitsrechtliche Diskriminierungsverbot regelmäßig der Fall ist, scheitert deren Implementierung mit Handelsmaßnahmen unter einem TRILs-Agreement.

---

163 Panel Report *Canada-Administration of the Foreign Investment Review Act*, GATT Doc. L/5504 v. 7. Februar 1984 (Nachdruck in: BISD 30S/140, 1984): S.11, Rn.3.23 *et passim*.
164 Vgl. *Petersmann*, Ernst-Ullrich (Fn.145): S.144.
165 Bei der Auslegung des GATT im „Kontext" des WTO-Agreements ist zu berücksichtigen, daß das GATT gem. Art.II:1 WTO-Agreement i.V.m. dem dazugehörigen Annex 1A „integraler Bestandteil" des WTO-Agreements ist.

d) Zwischenergebnis

Es bleibt festzuhalten, dass ein TRILs-Agreement unter dem DSU nur dann mit Gegenmaßnahmen durchgesetzt werden kann, wenn die angeprangerten arbeitsrechtlichen Verstöße messbare Wettbewerbsvorteile generieren. In diesem Fall dürfen Rechtsverstöße gegen ein TRILs-Agreement als *ultima ratio* mit Handelsmaßnahmen in Höhe des Wettbewerbsvorteils aus der Verletzung von TRILs geahndet werden. Wenn durch die Verletzung von TRILs kein wirtschaftlicher Vorteil beeinträchtigt oder aufgehoben wird, dürfen aufgrund von Art.22:4 DSU auch keine Gegenmaßnahmen verhängt werden. Dennoch steht es einem Mitglied auch ohne Aussicht auf Gegenmaßnahmen frei, gegen Verletzungen des TRILs erfolgreich zu klagen, um eine Verletzung des TRILs-Agreement *feststellen* zu lassen. Dies ist möglich, da die maßgebliche Verletzung von grundlegenden Arbeitnehmerrechten die „Ziele" eines TRILs-Agreement beeinträchtigen würde, womit zumindest die Voraussetzung der Eröffnung eines Streitschlichtungsverfahrens erfüllt ist. Auch wenn keine Aussicht auf Implementierungsmaßnahmen besteht, so geht von einer „feststellenden" Entscheidung der Streitschlichtung doch zumindest eine Appellwirkung auf die unterlegene Streitpartei aus.

3. Rechtsschutz gegen Handelsmaßnahmen

Letztlich gilt es zu untersuchen, auf welche Weise ein Mitglied gegen Handelsmaßnahmen zur Implementierung eines TRILs-Agreement vorgehen kann. Rechtsschutz gegen Sanktionen zur Implementierung von TRILs kann nur durch ein gesondertes Schiedsverfahren (*"arbitration"*) im Rahmen des DSU erlangt werden[166]. In dieser „dritten Instanz" der WTO-Streitschlichtung kann die Rechtmäßigkeit des Implementierungsverfahrens und die Höhe der festgelegten und durch den DSB autorisierten Sanktionen überprüft werden.[167] Keiner weiteren Überprüfung unterliegt die Art der verhängten Sanktionen.[168] Als Schiedsgericht (*"arbitrator"*) kann entweder das ursprüngliche *Panel* oder ein neues, vom WTO-Generaldirektor festzulegendes Schiedsgericht bestimmt werden.[169] Während der

---

166 Das gesonderte Schiedsverfahren zur Überprüfung von Gegenmaßnahmen (*"arbitration"*) als dritte Stufe der Streitschlichtung ist in Art.22:6 und Art.22:7 DSU geregelt und von dem Schiedsverfahren des Art.25 DSU (*"arbitration"*) als selbstständige Alternative zum üblichen Streitschlichtungsverfahren zu unterscheiden.
167 Art.22:6, S.2 DSU.
168 Art.22:7, S.1 DSU.
169 Gem. Art.22:6 DSU i.V.m. Fn.15 soll vor der Bestellung eines neuen Schiedsgerichts oder einer Einzelperson als Schiedsrichter (*"arbitrator"*) vorrangig auf das ursprüngliche Panel zurückgegriffen

schiedsgerichtlichen Überprüfung müssen die umstrittenen Sanktionen ausgesetzt bleiben.[170] Einen Schiedsspruch über die Sanktionen müssen die Streitparteien akzeptieren, ein weiteres Verfahren ist grundsätzlich nicht vorgesehen.[171] Die sich aus dem Schiedsspruch ergebenden Änderungen der Implementierungsmaßnahmen müssen wiederum vom DSB genehmigt werden.[172] Ein solches gesondertes Schiedsverfahren zur Überprüfung von Sanktionen zur Implementierung einer Entscheidung der Streitschlichtung wurde in der Vergangenheit z.b. im Streit um die europäische Marktordnung für Bananen erforderlich.[173]

Anders liegt der Fall allerdings, wenn ein Staat unilaterale Maßnahmen zur Durchsetzung von TRILs-Rechten ergreift, ohne die Voraussetzungen des Implementierungsverfahrens unter dem DSU einzuhalten.[174] Hier ist die Rechtslage unproblematisch, da ein TRILs-Agreement keine *unmittelbare* Rechtsgrundlage für Sanktionen bieten würde.[175] Gegen solche unrechtmäßigen Maßnahmen zur Durchsetzung von TRILs-Vorschriften kann der sanktionierte Staat mit Erfolg ein Streitschlichtungsverfahren anstrengen. Als *ultima ratio* kann dann der *sanktionierte Staat* vom DSB zu Gegenmaßnahmen in Höhe der unrechtmäßigen Implementierungsmaßnahmen ermächtigt werden, um deren Rücknahme zu erzwingen.[176]

4. Bewertung

a) Systemkonformität

Zunächst ist zu untersuchen, inwiefern ein TRILs-Agreement eine mit dem WTO-System kompatible Regelungstechnik zur Durchsetzung der fundamentalen Arbeitnehmerrechte darstellt. Dafür stellt sich wiederum die Frage, inwiefern die Anforderungen aus den Rechtsprinzipien und dem Grundkonsens der Welthandelsordnung mit einem TRILs-Agreement erfüllt werden können.

---

werden, sofern dessen Mitglieder verfügbar sind.
170 Art.22:6, S.2 DSU.
171 Art.22:7, S.5 DSU.
172 Art.22:7, S.6 DSU.
173 Siehe Panel Report *European Communities-Regime for the Importation, Sale and Distribution of Bananas-Recourse to Article 21.5 by the European Communities*, WTO-Doc. WT/DS27/RW/EEC 12 April 1999 sowie *Recourse to Article 21.5 by Ecuador*; WT/DS27/RW/ECU v.12. April 1999.
174 Zur Implementierung des TRILs-Agreement unter dem DSU siehe oben, S.423ff.
175 Zur Regelungstechnik eines TRILs-Agreement siehe oben, S.417ff.
176 Zum Sanktionsverfahren unter dem DSU vgl. oben, S.423ff.

(1) Nichtdiskriminierende Anwendung

Aus dem Grundsatz der Nichtdiskriminierung folgt, dass bei der Implementierung des TRILs-Agreement zum einen nicht zwischen verschiedenen Importstaaten diskriminiert werden darf (*horizontale Nichtdiskriminierung*) und zum anderen ein Mitglied nur dann gegen die Verletzung von Arbeitnehmerrechten vorgehen darf, wenn es die betreffenden Standards im Inland selbst einhält (*vertikale Nichtdiskriminierung*). [177]

Aus den allgemeinen Vorschriften des DSU werden die WTO-Mitglieder bisher nicht verpflichtet, Implementierungsmaßnahmen nichtdiskriminierend anzuwenden. So existiert im DSU *de lege lata* keine Vorschrift, die Mitgliedstaaten bei der Wahrnehmung ihrer Rechte im Wege der Streitschlichtung zur Gleichbehandlung verpflichtet. Die Einleitung eines Streitschlichtungsverfahrens gegen einen Mitgliedstaat, der gegen das TRILs-Agreement verstößt, verpflichtet in keiner Weise zu *horizontaler* Gleichbehandlung in dem Sinne, dass gegen vergleichbare Rechtsverletzungen dritter Mitglieder ebenfalls geklagt werden muss. Ebenso darf bei der Implementierung unter dem DSU *vertikal* diskriminiert werden, denn Verstöße gegen WTO-Vorschriften dürfen auch dann unter der Streitschlichtung verfolgt werden, wenn sich die beschwerdeführende Partei die gerügten Rechtsverletzungen gleichermaßen zuschulden kommen lässt. Es bleibt daher einem Mitglied unbenommen, Streitschlichtungsverfahren selektiv gegen bestimmte Mitgliedstaaten zu führen und die Entscheidungen letztendlich mit Sanktionen durchzusetzen. Daher reichen die bestehenden Vorschriften des DSU nicht aus, um die nichtdiskriminierende Anwendung von Sanktionen im Hinblick auf den arbeitsrechtlichen Schutzzweck zu gewährleisten.

Jedoch besteht bei der Kodifikation des TRILs-Agreement *de lege ferenda* die Möglichkeit, die aus dem Prinzip der Nichtdiskriminierung gebotene Gleichehandlung bei der Verhängung von Sanktionen sicherzustellen. Hierfür könnten in ein TRILs-Agreement spezielle Vorschriften zur Streitschlichtung aufgenommen werden, die ein nichtdiskriminierendes Vorgehen im WTO-Implementierungsverfahren, insbesondere bei Retorsionsmaßnahmen, vorschreiben. Diese Regelungstechnik wäre nicht ungewöhnlich, denn fast alle multilateralen Abkommen in der WTO enthalten spezielle Vorschriften über die Streitschlichtung, welche die allgemeinen Regeln des DSU ergänzen bzw. einschränken[178]. Daher kann

---

177 Zu den Begriffen der horizontalen und vertikalen Diskriminierung siehe oben, S.82ff.
178 Für Spezialvorschriften über die Streitschlichtung in multilateralen Abkommen vgl. z.B. Art.11 SPS, Art.14 TBT (Agreement on Technical Barriers to Trade), abgedruckt in: *WTO: The Legal Texts*

die systemkonforme Berücksichtigung des Prinzips der Nichtdiskriminierung gewährleistet werden, wenn in einem TRILs-Agreement *de lege ferenda* spezielle Vorschriften eingefügt werden, die ein nichtdiskriminierendes Vorgehen bei der Durchsetzung des TRILs-Agreement im Wege der Streitschlichtung sicherstellen.

(2) Primat marktnaher Implemetierungsmaßnahmen

Aufgrund des Prinzips der Kostenwahrheit ist zur Durchsetzung von Arbeitehmerrechten im WTO-System marktnahen Lösungen der Vorzug einzuräumen.[179] Nachfolgend soll untersucht werden, wie dem Prinzip der Kostenwahrheit bei der Durchsetzung eines TRILs-Agreement über das WTO-Streitschlichtungsverfahren Rechnung getragen werden kann.

Vorrangiges Ziel eines Verfahrens unter dem DSU ist die volle Umsetzung der Entscheidungen der Streitschlichtungsorgane.[180] Wird die Implementierung im vorgegebenen Zeitraum nicht erreicht, müssen von der unterlegenen Streitpartei Verhandlungen über Ausgleichszahlungen aufgenommen werden.[181] Wird hierbei keine Lösung erzielt, so *muss* der DSB auf Antrag der obsiegenden Partei unter folgenden materiellen Voraussetzungen Gegenmaßnahmen genehmigen.[182] Gegenmaßnahmen sind zunächst auf den Sektor zu beschränken, in dem die Verletzung von Vertragspflichten vorliegt.[183] Dies bedeutet, dass die Verletzung von TRILs bei der Herstellung von Exportwaren zuerst mit der Aussetzung von Zugeständnissen für entsprechende Einfuhren geahndet werden muss[184]. Sofern solche „sektoral" beschränkten Maßnahmen nicht geeignet erscheinen, dürfen Zugeständnisse auch sektorübergreifend innerhalb des verletzten Abkommens ausgesetzt

---

(Fn.77), S.121ff, deutsche Übersetzung in: *Hummer*, Waldemar/*Weis*, Friedl (Fn.77): Nr.54, S.929ff.), Art.XXIII GATS (General Agreement on Trade in Services), abgedruckt in: *WTO*: The Legal Texts (Fn.77): S.284ff, deutsche Übersetzung in: *Hummer*, Waldemar/*Weis*, Friedl (Fn.77): Nr.59, S.1006ff.; S.286ff.) und Art.64 TRIPs. Den Vorrang spezieller Vorschriften über das Streitschlichtungsverfahren gegenüber den allgemeinen Vorschriften bringt Art.1:2, S.2 DSU zum Ausdruck.

179 Zu Inhalt und Herleitung des Grundsatzes der Kostenwahrheit siehe oben, S.115ff.

180 Art.21:1, S.2 DSU.

181 Art.22:2, S.1 DSU.

182 Vgl. Art.22:5 DSU, wo es heißt: *"When the situation described in paragraph 2 occurs, the DSB, upon request, **shall** grant authorisation to suspend concessions or other obligations [...] unless the DSB decides by consensus to reject the request."* (Hervorhebung hinzugefügt).

183 Art.22:3(a) DSU.

184 Für den Begriff des „Sektors" ist die Legaldefinition des Art.22:3(f)(i) DSU zu beachten, wonach der Güterhandel insgesamt und nicht etwa nur Waren einzelner Branchen einen „Sektor" im Sinne des Art.22:3 DSU bilden. Maßnahmen gegen Verletzungen der Arbeitnehmerrechte im Sektor Warenhandel, beispielsweise Kinderarbeit in der Teppichindustrie, können daher bereits im ersten Sanktionsschritt auf jede andere Branche des Warenhandels, beispielsweise Nahrungsmitteleinfuhren, erstreckt werden.

werden.[185] Als *ultima ratio* darf die obsiegende Partei sogar eigene Verpflichtungen im Wege der „Quersanktionierung" (sog. *cross retaliation*) aus anderen WTO-Abkommen suspendieren.[186]

Der Forderung nach Marktkonformität von Implementierungsmaßnahmen eines TRILs-Agreement trägt dieses gestufte Verfahren in zweierlei Hinsicht Rechnung. Erstens stellen Maßnahmen, die zunächst auf den betreffenden Sektor und dann auf das verletzte Abkommen beschränkt sind, ein weniger wettbewerbsverzerrendes Mittel gegenüber der sachfernen *cross-retaliation* dar. Die Tatsache, dass diese Quersanktionierungen unter dem DSU erst als *ultima ratio* zulässig sind, kann als gestuft marktkonforme Implementierungsmethode eines TRILs-Agreement bewertet werden.

Zweitens wird dem Gesichtspunkt der Marktkonformität unter dem DSU durch die Möglichkeit von Ausgleichszahlungen Rechnung getragen. Die Vereinbarung von Ausgleichszahlungen schließt die Implementierung eines Schiedsspruchs durch Sanktionen aus.[187] Ausgleichszahlungen des in der Streitschlichtung unterlegenen Staates beeinträchtigen den Handel zweifelsohne weniger als Retorsionsmaßnahmen der obsiegenden Partei in Form neuer Handelsbeschränkungen.[188]

---

185 Art.22:3(b) DSU.

186 Art.22:3(c) i.V.m. Art.22:3(g) DSU, wonach sich *"cross retaliation"* im Warenhandel auch auf Rechte des GATS und des TRIPs-Agreement beziehen darf. Die USA beantragten zur Implementierung der Empfehlungen des DSB im Fall *EC-Bananas* (vgl. Fn.173) besonders empfindliche „*Karussell-Sanktionen*", wonach sich die Aussetzung von Zugeständnissen gegen regelmäßig wechselnde europäische Branchen richten sollte.

187 Dies ergibt sich im Umkehrschluß aus Art.22:2, S.2 DSU, wonach die Aussetzung von Zugeständnissen erst erfolgen darf, wenn es den Streitparteien im Konsultationsverfahren nach Art.22:2, S.1 DSU nicht gelungen ist, sich auf Ausgleichszahlungen zu einigen. Vorrangiges Mittel der Implementierung ist jedoch nach Art.22:1, S.2 DSU die Befolgung der Empfehlungen der Streitschlichtungsorgane.

188 Dementsprechend könnten die WTO-Mitgliedstaaten nicht nur für ein TRILs-Agreement in Erwägung ziehen, ob der obsiegenden Partei im Implementierungsverfahren nicht generell ein Wahlrecht zwischen Ausgleichszahlungen, der Aussetzung eigener Zugeständnisse oder besser einem Anspruch auf neue Zugeständnisse (Liberalisierungen) eingeräumt werden soll. Eine entsprechende Änderung des DSU *de lege ferenda* wäre zumindest unter dem Gesichtspunkt der Marktkonformität als Fortschritt zu werten. Zum umstrittenen Verhältnis zwischen Implementierung, Ausgleichszahlungen und Gegenmaßnahmen unter dem DSU vgl. *Bello*, Judith H.: The WTO Dispute Settlement Understanding: Less is More, in: American Journal of International Law 90 (1996) 3, S.416ff., dafür eintretend, daß das DSU den WTO-Mitglieder ein Wahlrecht zwischen Implementierung und Ausgleichszahlungen und der Hinnahme von Gegenmaßnahmen zusteht; diesen Vorschlag ablehnend *Jackson*, John H.: The WTO Dispute Settlement Understanding - Misunderstandings on the Nature of Legal Obligation, in: Dispute Resolution in the WTO, Cameron, James/Campbell, Karen (Ed.), London, 1998, S.60ff.

Resümierend bleibt festzuhalten, dass im Implementierungsverfahren des DSU dem Gesichtspunkt der Marktkonformität bereits verschiedentlich Rechnung getragen wird. Um eine marktadäquate Implementierung von TRILs *de lege ferenda* zu gewährleisten, müssten allerdings vorrangig die Implementierungsmechanismen der ILO vor freiwilligen Initiativen, wie Labelling[189] und begünstigenden Instrumenten, wie konditionierten Präferenzsystemen[190], eingesetzt werden, bevor zu benachteiligenden tarifären Maßnahmen und schließlich als *ultima ratio* zu nichttarifären Gegenmaßnahmen gegriffen wird. Ein solches, streng nach der Marktkonformität gestuftes Vorgehen verlangt das DSU den WTO-Mitgliedern *de lege lata* bisher jedoch nicht ab.

Allerdings könnte in ein TRILs-Agreement eine Spezialvorschrift zur Streitschlichtung aufgenommen werden, die Retorsionsmaßnahmen unter dem DSU auf das am wenigsten handelsbeschränkende, aber gleich wirksame Mittel beschränkt. Die Missachtung einer solchen Spezialvorschrift im TRILs-Agreement würde dazu führen, dass von einem Mitglied beantragte Retorsionsmaßnahmen vom DSB nicht genehmigt werden[191]. Auf diesem Wege ließe sich *de lege ferenda* entsprechend dem Prinzip der Kostenwahrheit die weitestmögliche Marktkonformität der Instrumente zur Durchsetzung des TRILs-Agreement sicherstellen.

(3) Primat von Ausgleichs- gegenüber Sanktionsmaßnahmen

Vom Prinzip der Kostenwahrheit in Verbindung mit dem Grundsatz materieller Gegenseitigkeit geht die Forderung aus, dass Implementierungsmaßnahmen für ein TRILs-Agreement auf den Ausgleich von Wettbewerbsvorteilen beschränkt bleiben[192]. Dies ist bei einem TRILs-Agreement gewährleistet, da Retorsionsmaßnahmen unter Art.22:4 DSU auf den Nachteil limitiert sind, welcher der obsiegenden Partei durch die Rechtsverletzung entsteht (*"level of the nullification and impairment"*)[193].

---

189 Zu *social labelling* als Instrument zur Implementierung der fundamentalen Arbeitnehmerrechte siehe oben, S.478ff.
190 Zu konditionierten Präferenzsystemen als Instrument zur Implementierung der fundamentalen Arbeitnehmerrechte siehe oben, S.465ff.
191 Art.22:5 DSU.
192 Zu dieser Anforderung aus den Prinzipien der Kostenwahrheit und des Grundsatzes der materiellen Gegenseitigkeit vgl. oben, S.394ff.
193 Zur Beschränkung von Gegenmaßnahmen unter dem DSU auf den Umfang des vorliegenden *nullification and impairment* siehe oben, S.423ff.

(4) Primat der Multilateralität gegenüber Unilateralismus

Das Prinzip der materiellen Gegenseitigkeit gibt für ein TRILs-Agreement ferner vor, *unilaterale Maßnahmen* zur Durchsetzung von Arbeitnehmerrechten zu vermeiden. Die Retorsionsmaßnahmen unter dem DSU zur Durchsetzung der TRILs-Rechte besitzen im Vergleich mit Schutzmaßnahmen unter Art.XX GATT einen wesentlich geringer ausgeprägten unilateralen Charakter[194]. Dies liegt vor allem daran, dass Sanktionen zur Durchsetzung eines TRILs-Agreement eine Entscheidung der WTO-Streitschlichtung voraussetzen und mit dem DSB von einem multilateral besetzten WTO-Organ genehmigt werden müssen[195]. Entscheidungen werden im DSB im Konsens getroffen.[196] Da Handelsmaßnahmen unter einem TRILs-Agreement ein Streitschlichtungsverfahren und die Genehmigung dem DSB vorgeschaltet ist, wird dem gemeinsamen Interesse aller Mitglieder und den Bedürfnissen des sanktionierten Staates bei der Entscheidung über Retorsionsmaßnahmen bereits *ex ante* hinreichend Rechnung getragen. Dagegen werden unilaterale Sanktionen unter Art.XX GATT lediglich *ex post* und auch nur dann durch die Streitschlichtung und den DSB multilateral legitimiert, wenn ein Mitglied gegen die Maßnahmen klagt[197]. Daraus folgt, dass Sanktionen unter einem TRILs-Agreement anders als unter den Ausnahmevorschriften des GATT keinen unilateralen Charakter besitzen. Ein TRILs-Agreement kann daher die sich aus dem Grundsatz der materiellen Gegenseitigkeit ergebenden Anforderungen an eine systemkonforme Integration von Arbeitnehmerrechten in die WTO erfüllen.

(5) Die besondere Situation der Entwicklungsländer

Der Grundsatz des allseitigen Vorteils gebietet es, bei der Normierung einer „Sozialklausel" die *besondere Situation der Entwicklungsländer* angemessen zu berücksichtigen und deren Kostenvorteil aus billiger Arbeit grundsätzlich unangetastet zu lassen.[198]

Die besondere Situation der Entwicklungsländer könnte in einem TRILs-Agreement dadurch berücksichtigt werden, dass den Entwicklungsländern bei der Implementierung eine bevorzugte Behandlung zugebilligt wird. Dabei erscheint es erstens geboten, den Entwicklungsländern eine mehrjährige Implementierungs-

---

194 Zum unilateralen Charakter von Maßnahmen unter Art.XX siehe oben, S.415ff.
195 Vgl. Art.2:1 DSU.
196 Art.2:4 DSU, zur Frage, wann Konsens vorliegt siehe Art.2:4 DSU, Fn.1.
197 Zur Annahme von Panel Reports durch den DSB vgl. Art.16 DSU, zur Annahme von Appellate Body Reports durch den DSB vgl. Art.17:14 DSU.
198 Zu Inhalt und Herleitung des Prinzips des allseitigen Vorteils vgl. oben, S.92ff.

phase zuzugestehen, während derer sie von wesentlichen Pflichten oder deren sanktionsbewehrter Durchsetzung unter dem TRILs-Agreement freigestellt sind. Rechtstechnisch könnte dies dadurch umgesetzt werden, dass in einem TRILs-Agreement der Zugang zur Streitschlichtung gegen Entwicklungsländer für eine Implementierungsphase ausgesetzt wird. Dieser bloße Verzicht auf die Klagbarkeit von TRILs-Rechten hätte gegenüber einer Aussetzung der materiellen Rechtspflichten den Vorteil, dass der Appell zur Einhaltung des TRILs-Agreement für alle Mitglieder gleichermaßen aufrecht erhalten wird.[199] Dadurch würden auch die Entwicklungsländer von Beginn an angehalten, die mittel- und langfristige Verwirklichung der fundamentalen Arbeitnehmerrechte anzustreben. Das Erreichen dieses ehrgeizigen Ziels könnte von den entwickelten Mitgliedern dadurch unterstützt werden, dass den Entwicklungsländern ein Rechtsanspruch auf die zur Verwirklichung der Arbeitnehmerrechte erforderliche technische Zusammenarbeit im TRILs-Agreement eingeräumt wird[200].

Ferner können die Bedürfnisse der Entwicklungsländer auch auf der „Rechtsfolgenseite", also bei der Implementierung der TRILs-Rechte unter dem DSU, berücksichtigt werden. Das DSU enthält bereits *de lege lata* eine Reihe von Vorschriften, welche die Berücksichtigung von Entwicklungsbedürfnissen sowohl bei der Rechtsfindung, als auch bei der Durchsetzung der Streitschlichtungsentscheidungen ermöglichen. So können für Entwicklungsländer zunächst die Fristen in der Streitschlichtung verlängert werden, um genügend Zeit zur Vorbereitung eines Verfahrens über die Verletzung von Arbeitnehmerrechten zu bieten[201]. Weiterhin muss auch bei Entscheidungen über TRILs-Vorschriften von den Organen des *Dispute Settlement* explizit begründet werden, in welcher Form den die Entwicklungsländer begünstigenden Vorschriften Rechnung getragen wurde[202]. Bei der Implementierung von Streitschlichtungsentscheidungen ist weiterhin vorgeschrieben, dass der DSB die besonderen Umstände von Entwicklungsländern in seine

---

199 Für das TRIPs-Agreement wurde dagegen während einer Implementierungsphase nicht nur die Klagbarkeit, sondern die Rechtsbindung für Entwicklungsländer gänzlich ausgesetzt, vgl. z.B. Art.65:2 TRIPs. In der dadurch fehlenden Apellwirkung der TRIPs-Normen könnte eine der Ursachen für die auch nach Ablauf der Implementierungsphase noch immer schleppende Umsetzung des TRIPs-Agreement in Entwicklungsländern liegen; zum Spannungsverhältnis zwischen den Zielen des TRIPs-Agreement und den Interessen der Entwicklungsländer vgl. *Correa*, Carlos M.: Review of the TRIPs-Agreement, Fostering the Transfer of Technology to Developing Countries, in: Journal of World Intellectual Property 2 (1999) 6, S.939ff.; *Groombridge*, Mark A.: The TRIPs Trade-Off, Reconciling Competing Interests in the Millennium Round, in: Journal of World Intellectual Property 2 (1999) 6, S.991ff.
200 Vgl. z.B. Art.67 TRIPs.
201 Art.12:10 DSU i.V.m. Art.4:7 und Art.4:8 DSU.
202 Vgl. Art.12:11 DSU.

Entscheidungen einzubeziehen hat.[203] Besonders weitreichend ist der Schutz für die am wenigsten entwickelten Mitglieder (LDCs) unter dem DSU. So ist vorgesehen, dass sowohl bei der Entscheidungsfindung, als auch bei der Implementierung jederzeit die spezielle Situation dieser Mitgliedergruppe zu berücksichtigen ist.[204] Von den übrigen Mitgliedern wird verlangt, von Klagen, Ausgleichszahlungen oder gar Gegenmaßnahmen gegen LDCs abzusehen.[205]

Insofern besteht sowohl unter den Regeln des DSU *de lege lata*, als auch durch die Einfügung entsprechender spezieller Vorschriften in ein TRILs-Agreement *de lege ferenda* die Möglichkeit, den besonderen Bedürfnissen der sich entwickelnden WTO-Mitglieder Rechnung zu tragen, wie dies der Grundsatz des allseitigen Vorteils gebietet.

(6) Notifizierungserfordernis

Dem Grundsatz der Transparenz wird unter einem TRILs-Agreement bereits dadurch Rechnung getragen, dass Maßnahmen zur Rechtsdurchsetzung in jedem Fall ein Streitschlichtungsverfahren vorausgeht und sie vom DSB zu genehmigen sind. Einer gesonderten Notifizierungspflicht für Handelsmaßnahmen unter einem TRILs-Agreement bedarf es daher nicht.

(7) Beschränkung auf handelsbezogene Aspekte

Die sich aus dem vorrechtlichen Grundkonsens des GATT ergebenden Anforderungen an die Kodifikation der Arbeitnehmerrechte in der WTO können bei einem TRILs-Agreement ebenfalls eingehalten werden. Da Sanktionen unter dem DSU auf die Höhe des Wettbewerbsvorteils aus der Verletzung von TRILs beschränkt sind, ist gewährleistet, dass Arbeitnehmerrechte allein im Umfang ihres Handelsbezugs geschützt werden.

(8) „Protektionimus-feste" Ausgestaltung

Protektionistische Maßnahmen, die nicht den Schutz ausländischer Arbeitnehmer, sondern inländischer Arbeitsplätze bezwecken, werden dadurch ausgeschlossen, dass Sanktionen die Feststellung einer Rechtsverletzung durch die Streitschlichtung voraussetzen und in Höhe und Umfang durch die WTO-Organe genehmigt werden müssen. Bereits durch die Regelungstechnik des TRILs-Agree-

---

203 Art.21:7 und Art.22:8 DSU.
204 Art.24:1, S.1 DSU.
205 Art.24:1, S.2 und S.3 DSU.

ment ist daher weitgehend sichergestellt, dass Handelsmaßnahmen nicht zu „blauem Protektionismus" unter dem Deckmantel der Arbeitnehmerrechte missbraucht werden, wie dies bei unilateralen Schutzmaßnahmen unter Art.XX GATT zu befürchten wäre.[206]

(9) Zwischenergebnis

Es bleibt festzuhalten, dass ein TRILs-Agreement eine weitgehend systemkonforme Regelungstechnik darstellt, insbesondere weil es unilaterale Maßnahmen vermeidet und die Implementierung von Arbeitnehmerrechten auf den Ausgleich von Wettbewerbsvorteilen beschränkt.

b) Zielkonformität

Nachfolgend soll untersucht werden, inwieweit ein TRILs-Agreement zur Implementierung der fundamentalen Arbeitnehmerrechte zweckmäßig ist.

Zunächst gelten hinsichtlich der Zielkonformität im wesentlichen die gleichen Einschränkungen, wie sie bei einer Kodifikation der Arbeitnehmerrechte in den Ausnahmevorschriften des GATT zu machen sind. So dürfen unter einem TRILs-Agreement Sanktionen ebenfalls nicht allein nach den Kriterien ihrer optimalen Wirksamkeit, z.B. gegen politisch instabile oder wirtschaftlich unterlegene Staaten, sondern nur zur Implementierung einer vorangegangenen Entscheidung der Streitschlichtung verhängt werden.[207] Ferner können Sanktionen unter dem DSU auch nicht kurzfristig verhängt werden, obwohl dies die Erfolgsaussichten steigert, da stets ein Streitschlichtungs- und das Implementierungsverfahren sowie die Genehmigung der Sanktionen durch den DSB vorliegen muss. Allein das unter einem TRILs-Agreement erforderliche Streitschlichtungsverfahren kann, wenn es vom Appellate Body in der Berufung entschieden wird, trotz der knappen Fristen des DSU über 9 Monate dauern[208]. Allerdings belässt das DSU der obsiegenden Partei genügend Spielraum, um Gegenmaßnahmen zielgenau gegen diejenige Branchen zu verhängen, in der die Verletzung von TRILs vorliegt.

---

206 Das in dieser Arbeit verwendete Schlagwort „blauer Protektionismus" meint den protektionistischen Mißbrauch einer potentiellen WTO-Regelung über Arbeitnehmerrechte. Der Ausdruck ist an den Begriff des „grünen Protektionismus" für protektionistische Maßnahmen unter dem „grünen Deckmantel" des Umweltschutzes angelehnt, wobei Blau als die Farbe der Arbeit gilt.
207 Zu den Kriterien zielführender Wirtschaftssanktionen siehe oben, S.381.
208 Vgl. Art.12:8 DSU, wonach einem Panel 6 Monate und Art.17:5 DSU, wonach dem Appellate Body 90 Tage für das jeweilige Verfahren zugestanden werden.

Weiterhin dürfen Handelsmaßnahmen gegen die Verletzung von Arbeitnehmer-rechten unter dem TRILs-Agreement nur im Implementierungsverfahren des DSU, nicht aber unilateral verhängt werden. Dadurch sind hinsichtlich der Wirksamkeit von Handelsmaßnahmen zur Durchsetzung der fundamentalen Arbeitnehmerrechte bei einem TRILs-Agreement gegenüber einer „Sozialklausel" in Ausnahmebestimmungen bereits erhebliche Abstriche zu machen.

Die weitaus größte Einschränkung bei der Zielkonformität eines TRILs-Agreement besteht allerdings im Hinblick auf dessen menschenrechtlichen Schutzumfang. Wie bereits angesprochen, beschränkt das DSU Implementierungsmaßnahmen auf die Höhe der beeinträchtigten oder aufgehobenen wirtschaftlichen Vorteile.[209] Ein wirtschaftlicher Vorteil eines ausländischen Wettbewerbers wird jedoch nur dann beeinträchtigt, wenn aus der Missachtung von Menschenrechten in der Arbeit ein Wettbewerbsvorteil resultiert. Dies wird bei Verstößen gegen das arbeitsrechtliche Diskriminierungsverbot regelmäßig nicht der Fall sein, da die Ungleichbehandlung von Arbeitnehmern ökonomisch betrachtet schlicht ineffizient ist. Die mit Diskriminierungen verbundene sub-optimale Allokation der Ressourcen auf dem Arbeitsmarkt wird in der Regel sogar einen Wettbewerbsnachteil generieren.[210]

Bei den anderen fundamentalen Standards, namentlich der Gewerkschaftsfreiheit, den Kollektivverhandlungen sowie der Zwangs- und auch der Kinderarbeit müsste dagegen im Einzelfall berechnet werden, ob aus deren Verletzung ein Wettbewerbsvorteil im internationalen Handel resultiert. Nur sofern dies der Fall ist, kann gegen die Verletzung des TRILs-Agreement unter den Voraussetzungen des DSU als *ultima ratio* mit Gegenmaßnahmen vorgegangen werden[211]. Zwar können demnach die drei übrigen Arbeitsstandards unter dem DSU grundsätzlich mit Sanktionen durchsetzt werden, jedoch wird das Implementierungssystem der WTO auch hier in Einzelfällen versagen. So lässt sich das Verbot der schlimmsten Formen der Kinderarbeit durch ein TRILs-Agreement nur teilweise durchsetzen, weil beispielsweise aus Prostitution kein wirtschaftlicher Vorteil im Warenhandel resultiert. Selbst wenn aus der Verletzung von Arbeitnehmerrechten, beispiels-weise aus Zwangsarbeit oder dem Verbot von Gewerkschaften ein Wettbewerbs-vorteil resultiert, ist fraglich, ob der Umfang entsprechender Ausgleichsmaßnah-men die arbeitsrechtlich erforderliche Sanktionswirkung für eine Verhaltensände-rung im Zielstaat zu bewirken vermag. Für sämtliche fundamentale Arbeitsstan-

---

209 Zur Beschränkung von Gegenmaßnahmen unter einem TRILs gem. Art.22:4 DSU auf den *"level of nullification and impairment"* siehe oben, S.423ff.
210 Zur Untersuchung der Auswirkungen von arbeitsrechtlichen Diskriminierungen auf die Wettbewerbsfähigkeit siehe oben, S.233f.
211 Vgl. Art.22:4 DSU, zu Anforderungen, Einschränkungen und dem Verfahren unter dem DSU für Gegenmaßnahmen vgl. oben, S.423ff.

dards kommt es daher auf den Einzelfall an, ob sie im Rahmen des DSU wirksam durchgesetzt werden können.

Es versteht sich fast von selbst, dass das TRILs-Agreement im Unterschied zu allen anderen WTO-Abkommen nicht durch die wechselseitige Aussetzung vertraglicher Zugeständnisse implementiert werden dürfte. Anderenfalls käme es zu der absurden Situation, dass beispielsweise der Verletzung von Gewerkschaftsrechten durch die im Streitverfahren obsiegende Partei mit der Einführung von Zwangsarbeit als Gegenmaßnahme begegnet werden könnte. Diese skurrile, aber unter den Vorschriften des DSU mögliche Konstellation, muss mit Blick auf die Verwirklichung der Arbeitnehmerrechte als Ziel des TRILs-Agreement vermieden werden. Deshalb muss eine Spezialvorschrift in ein TRILs-Agreement aufgenommen werden, wonach die Aussetzung eigener Zugeständnisse als Maßnahme zur Implementierung ausgeschlossen ist.[212]

c) Zwischenergebnis

Die Regelungstechnik eines TRILs-Agreement ermöglicht eine mit den Grundsätzen des Welthandelssystems weitgehend kompatible Verknüpfung von Handel und Arbeitnehmerrechten. Dies wird insbesondere dadurch gewährleistet, dass ein TRILs-Agreement nicht durch unilaterale Maßnahmen, sondern über das bestehende Streitschlichtungs- und Implementierungssystem der WTO umgesetzt wird.
Die Schattenseite eines TRILs-Agreement liegt in der eingeschränkten menschenrechtlichen Zweckmäßigkeit dieser Regelungstechnik. In der WTO ist die Implementierung eines TRILs-Agreement auf den Ausgleich der wirtschaftlichen Folgen einer Rechtsverletzung beschränkt. Diese Einschränkung ist unter dem Gesichtspunkt der Systemkonformität konsequent, denn die fundamentalen Arbeitnehmerrechte werden so nur in ihrem Handelsbezug geschützt. Jedoch kann dadurch der von der ILO festgelegte menschenrechtliche Kernbestand der Arbeitnehmerrechte in der WTO nicht vollständig durchgesetzt werden, sondern nur soweit die Verletzung von Arbeitnehmerrechten den internationalen Handel berührt. Die sanktionsbewehrte Implementierung des Standards der arbeitsrechtlichen Nichtdiskriminierung ist deshalb grundsätzlich ausgeschlossen, da aus Diskriminierungen regelmäßig kein Wettbewerbsvorteil resultiert. Auch bei Verletzungen der übrigen Arbeitsstandards wird sich im Einzelfall zeigen müssen, ob ein

---

212 Zum Vorrang spezieller Vorschriften über die Streitschlichtung im Verhältnis zu den allgemeinen Vorschriften des DSU vgl. oben, Fn.178.

sanktionierbarer Wettbewerbsvorteil vorliegt, und es ist zweifelhaft, ob diese Marge für die wirksame Implementierung eines TRILs-Agreement ausreicht.

III. Ergebnis

Es hat sich gezeigt, dass keine der untersuchten Regelungstechniken eine Rechtsgrundlage zur Durchsetzung der fundamentalen Arbeitnehmerrechte gleichsam ziel- und systemkonform in die Welthandelsordnung zu integrieren vermag. Jede Form der Verknüpfung von Arbeitnehmerrechten mit Handelssanktionen wird einen Kompromiss zwischen dem menschenrechtlichen Anspruch und der Vereinbarkeit mit dem bestehenden WTO-System erfordern.

Der Vorteil einer klassischen Sozialklausel, also der Ergänzung der Ausnahme des Art.XX GATT um die vier fundamentalen Arbeitnehmerrechte, liegt in ihrer Zielkonformität. Im Rahmen einer „Sozialklausel" können Handelsmaßnahmen vom Importstaat unilateral festgelegt werden und daher zuvorderst an ihrer Eignung zur Durchsetzung von Arbeitnehmerrechten ausgerichtet werden. Maßnahmen unter den Ausnahme- und Schutzvorschriften sind in ihrem Umfang nicht limitiert, solange sie zur Erreichung des Schutzziels „erforderlich" sind.

Die Nachteile einer „Sozialklausel" unter Art.XX GATT bestehen darin, dass sich unilaterale Sanktionen zur Durchsetzung von Arbeitnehmerrechten kaum mit den Strukturen des bestehenden Welthandelssystems vereinbaren lassen. Insbesondere birgt die unilaterale Anwendung von Implementierungsmaßnahmen unter Art.XX GATT die Gefahr protektionistischen Missbrauchs, denn ihre Rechtmäßigkeit kann der betroffene Staat lediglich erst *ex post* durch die Streitschlichtung überprüfen lassen. Ferner bietet Art.XX GATT kaum Ansatzpunkte, um den Interessen der Entwicklungsländer dauerhaft und vorhersehbar Rechnung zu tragen.

Die Regelungstechnik eines multilateralen TRILs-Agreement besitzt ihren Vorzug in der Kompatibilität mit dem bestehenden WTO-System. Ein TRILs-Agreement bindet die WTO-Streitschlichtung in die Implementierung von Arbeitnehmerrechten ein, vermeidet so unilaterale Maßnahmen und schützt die Arbeitnehmerrechte in ihrem Handelsbezug, denn Implementierungsmaßnahmen sind unter dem DSU auf den Ausgleich von Wettbewerbsvorteilen beschränkt.

Hieraus ergibt sich aus menschenrechtlicher Sicht jedoch auch das wesentliche Manko eines TRILs-Agreement. Mit dem bestehenden WTO-Implementierungsverfahren kann die Verletzung fundamentaler Arbeitnehmerrechte nur geahndet werden, soweit hierdurch gemäß dem Konzept *"nullification and impairment*" wirtschaftliche Interessen der klagenden Partei betroffen werden, z.B. durch einen Kostennachteil im Wettbewerb gegenüber Importen aus Zwangsarbeit. In anderen Fällen, beispielsweise bei der Verwirklichung des arbeitsrechtlichen Diskriminierungsverbotes, versagt das Implementierungsverfahren der WTO jedoch, weshalb der effektive arbeitsrechtliche Schutzumfang eines TRILs-Agreement wesentlich hinter demjenigen einer „Sozialklausel" unter Art.XX GATT zurückbleibt.

Letztendlich stellt ein TRILs-Agreement für eine Synthese von *Trade&Labour* jedoch die vorzugswürdige Regelungstechnik dar, weil sie mit dem WTO-System vereinbar ist, protektionistischen Missbrauch ausschließt und die besondere Situation der Entwicklungsländer berücksichtigt werden kann. Damit trägt diese Regelungstechnik den drei wichtigsten Bedenken gegen die Verknüpfung von Handel und Menschenrechten in der Arbeit Rechnung. Das Konzept eines TRILs-Agreement hat deshalb noch die besten Aussichten, realisiert zu werden. Deshalb sollen nachfolgend am Beispiel des TRILs-Agreement einige Überlegungen zu seiner Konkretisierung angestellt werden.

D. Das TRIPs-Agreement als Modell für ein TRILs-Agreement

Die untersuchte Regelungstechnik eines TRILs-Agreement, also völkerrechtlich garantierten Standards durch die Kodifikation als WTO-Pflichten im Wege eines eigenen Abkommens zur Durchsetzung zu verhelfen, ist an das TRIPs-Agreement angelehnt. Die Parallelen zwischen den seit 1995 in der WTO geschützten geistigen Eigentumsrechten (intellectual property rights, IPRs) und den fundamentalen Arbeitnehmerrechten sind weitreichend. Ein Vergleich zwischen IPRs und Arbeitnehmerrechten ergibt im Hinblick auf die Kodifikation eines TRILs-Agreement *de lege ferenda* in zweierlei Hinsicht Sinn. Erstens würde die Vergleichbarkeit ein weiteres Indiz für die Systemkonformität eines TRILs-Agreement *de lege ferenda* bieten. Zweitens kann anhand des TRIPs-Agreement aufgezeigt werden, wie eine zukünftige Übereinkunft über Menschenrechte in der Arbeit in der WTO konkret ausgestaltet werden könnte. Dabei wird sich zeigen, dass das TRIPs-Agreement in vielerlei Hinsicht ein Modell für die Kodifikation eines TRILs-Agreement *de lege ferenda* zu bieten scheint.

I. Parallelen zwischen geistigem Eigentum und Arbeitnehmerrechten

1. Handelsbezug

Die erste Gemeinsamkeit zwischen IPRs und Arbeitnehmerrechten besteht darin, dass ihr Bezug zum internationalen Handel insgesamt nur mäßig ausgeprägt ist[213]. Die handelspolitische Begründung für die Verankerung von IPRs in der WTO war gleichermaßen umstritten, wie dies bei Arbeitnehmerrechten der Fall ist. Dabei wurde mit dem TRIPs-Agreement allerdings offenbar ein handelspolitischer „Sündenfall" begangen, da für den Schutz geistiger Eigentumsrechte das Kriterium der *"trade-relation"* recht großzügig gehandhabt wurde.[214] Zudem regelt das TRIPs-Agreement die Beachtung von IPRs nicht allein im grenzüberscheitenden Warenhandel, sondern verlangt einheitliche nationale Mindeststandards.[215] Ein „handelsbezogener Aspekt" geistigen Eigentumsschutzes liegt unter dem TRIPs-Agreement deshalb bereits vor, wenn eine Ware im Inland unter Verletzung von IPRs hergestellt und auch verkauft wird. Das TRIPs regelt somit auch rein nationale Sachverhalte ohne jeden grenzüberschreitenden Bezug.[216] Analog könnte man argumentieren, dass bereits der rein nationale Verkauf von Waren, die unter Verletzung von Arbeitnehmerrechten hergestellt wurden, ebenfalls Handelsbezug aufweist und deshalb im Rahmen eines TRILs-Agreement verboten werden solle.

Ferner lässt sich der Schutz von geistigem Eigentum in der Welthandelsordnung nur begrenzt aus der Wohlfahrtsökonomie als ökonomischer Grundlage des Welthandelssystems rechtfertigen. Mit der internationalen Durchsetzung gewerblicher Schutzrechte wird zeitlich befristet ein staatlich geschütztes Angebots-Monopol für die Rechtsinhaber geschaffen, also der freie Wettbewerb beschränkt[217]. Zwar wird durch dieses Privileg für die Produzenten geistigen

---

213 Zum nur begrenzten Handelsbezug der geistigen Eigentumsrechte vgl. *Jackson*, John H. (Fn.237): S.310; zum Nexus zwischen Handel und Arbeitnehmerrechten siehe oben, S.226ff.
214 Zum Handelsbezug als Voraussetzung eines Regelungsbedürfnisses in der WTO vgl. oben, S.229.
215 So heben *Lawrence*, Robert Z./*Rodrik*, Dani/*Whalley*, John: Emerging Agenda for Global Trade: High Stakes for Developing Countries, Washington, 1996, S.3 das TRIPs Akommen zu Recht aus den übrigen Ergebnissen der Uruguay-Runde hervor, *"because it established universal minimum standards for behind-the-border pratices and because these are to be enforced by the international trade rules"*.
216 Zu notwendigen grenzüberschreitenden Auswirkungen einer Thematik als Voraussetzung für ein Regelungsbedürfnis in der WTO siehe oben, S.229
217 *Palmer*, Tom G.: Intellectual Property: A Non-Posnerian Law and Economics Approach, in: Hamline Law Review 12 (1989) 3, S.261ff.; kritisch *Groombridge*, Mark A. (Fn.199): S.994.

Eigentums die Innovation gefördert, was sich langfristig wohlfahrtssteigernd aus-wirkt. Aber kurzfristig resultieren aus der Wettbewerbsbeschränkung höhere Preise, als dies ohne gewerbliche Schutzrechte der Fall wäre[218]. Zumindest auf kurze Sicht wirkt sich der Schutz von IPRs daher wohlfahrtsmindernd zum Nach-teil der Konsumenten aus[219]. Zum Schutz geistiger Eigentumsrechte verlangt das TRIPs-Agreement die nationale Einhaltung internationaler Mindeststandards. Das TRIPs baut daher keine Handelshemmnisse ab, vielmehr wird der Handel mit Waren eingeschränkt, bei deren Herstellung IPRs verletzt wurden. Damit besitzt das TRIPs-Agreement insgesamt eine eher anti-liberale Zielrichtung. Allein aus dem liberalen Grundkonsens der WTO-Mitglieder lässt sich die Aufnahme des TRIPs-Agreement in das WTO-System daher nicht rechtfertigen.[220] All diese wohlfahrtsökonomischen Bedenken konnten jedoch nicht verhindern, dass der Schutz von TRIPs Eingang in das WTO-Regelwerk fanden.

Dem ist das Verhältnis zwischen liberalem Handel und Arbeitnehmerrechten insofern vergleichbar, als ein TRILs-Agreement ebenfalls die Einhaltung interna-tionaler Mindeststandards bezwecken und dafür Handelsbeschränkungen in Kauf nehmen würde. Die Beachtung arbeitsrechtlicher Mindeststandards beschränkt den Wettbewerb um den Produktionsfaktor Arbeit und wird ebenso wie der verbesserte Schutz von IPRs kurzfristig zu einem Anstieg der Preise führen, sich aber lang-fristig wohlfahrtssteigernd auswirken[221].

Weiterhin spielt bei den TRIPs eine handelspolitische Argumentationslinie eine maßgebliche Rolle, die auch in der Debatte um *Trade&Labour* häufig strapaziert wird: Die „Fairness" internationaler Wirtschaftsbeziehungen. Die Notwendigkeit, TRIPs wirksam durchzusetzen wird insoweit mit dem Aspekt der „Fairness" begründet, als die Missachtung gewerblicher Schutzrechte „Piraterie" am Erfin-dungsreichtum bzw. der Forschungsarbeit der Urheber darstellt[222]. Ähnlich wird für den Schutz der Arbeitnehmerrechte in der WTO argumentiert, wenn deren Missachtung als Verletzung des *„Fair Trade"*-Grundsatzes angesehen wird[223]. Ein - für den Aspekt der „Fairness" unbeachtlicher - Unterschied besteht lediglich insofern, als IPRs die Rechte am Resultat geistiger Arbeit und bei Arbeitsstandards die Rechte in der Arbeit geschützt werden.

---

218 *Groombridge*, Mark A. (Fn.199): S.994.
219 *Trebilcock*, Michael J./*Howse*, Robert (Fn.**44**): S.308 und S.311.
220 So im Ergebnis auch *Trebilcock*, Michael J./*Howse*, Robert (Fn.**44**): S.311.
221 Zu Arbeitnehmerrechten als Instrument zur Ergänzung der Marktkräfte siehe oben, S.274f.
222 *Trebilcock*, Michael J./*Howse*, Robert (Fn.**44**): S.308.
223 Zu einem Grundsatz des *"Fair Trade"* siehe oben, S.95ff.

Schließlich wird das Bedürfnis nach internationalem, sanktionsbewehrtem Schutz sowohl für die Arbeitnehmerrechte, als auch für IPRs mit einem ansonsten drohenden Schwarzfahrer-Problem begründet.[224] An den gesamtwirtschaftlichen Vorzügen der Einhaltung von IPRs, wie vermehrten Erfindungen, können auch Marktteilnehmer partizipieren, die diese Rechte nicht beachten. Gleiches gilt für sozialen Frieden als kollektivem Nutzen aus der Achtung der Menschenrechte in der Arbeit. Sofern „schwarzfahren" bezüglich dieser Rechte als individuell rationales Verhalten Schule macht, droht die Erosion der Rechtsbefolgung und letztlich der Wegfall des hieraus resultierenden kollektiven Nutzens. Mit dem Schwarzfahrer-Problem und den damit einhergehenden wohlfahrtsmindernden Effekten lässt sich für TRIPs und TRILs gleichermaßen das Bedürfnis nach wirksamerem internationalen Mindestschutz in der Welthandelsordnung rechtfertigen.

Es bleibt festzuhalten, dass mit den IPRs bereits heute Rechte in der WTO geschützt werden, deren Handelsbezug nicht stärker oder anders ausgeprägt ist, als dies bei Arbeitnehmerrechten der Fall ist. Aus liberalistischer handelspolitischer Sicht stellt das TRIPs-Agreement somit einen gefährlichen Präzedenzfall dar, der letztlich Verhandlungen über ein TRILs-Agreement den Weg ebnen könnte.

2. Schutz privater Rechte

Weiterhin sei darauf hingewiesen, dass es sich bei IPRs und den fundamentalen Arbeitnehmerrechten jeweils um Rechte Privater handelt. Geistige Eigentumsrechte wie Arbeitnehmerrechte können natürlichen Personen zustehen. Der Schutz geistigen Eigentums ist der erste Fall, in dem die WTO-Rechtsordnung die Mitglieder nicht verpflichtet, die Rechte anderer Staaten, sondern diejenigen privater Rechtsinhaber zu achten.[225] Ein wesentlicher Unterschied zwischen den Rechtsinhabern besteht insofern, als geistige Eigentumsrechte im wesentlichen die Interessen der entsprechenden Produzenten, Arbeitnehmerrechte dagegen die Interessen der Arbeitnehmer schützen.

---

224 Zum Begriff des Schwarzfahrerproblems siehe oben, S.55.
225 *Howse*, Robert/*Mutua*, Makau: Protecting Human Rights in a Global Economy, Challenges for the World Trade Organization, Montreal, 2000, S.19.

3. Menschenrechtliche Dimension

Den IPRs und den fundamentalen Arbeitnehmern ist ferner gemeinsam, dass sie jeweils eine menschenrechtliche Dimension aufweisen. [226] Der Schutz des geistigen Eigentums ist in verschiedenen menschenrechtlichen Übereinkommen niedergelegt, z.B. in Art.27:2 AEMR und Art.15(c) WSK-Pakt.[227] Allein durch die Erwähnung in zwei wichtigen Menschenrechtsabkommen existieren mit den TRIPs bereits WTO-Verpflichtungen, die zumindest formal menschenrechtlichen Bezug aufweisen.

Die vier fundamentalen Arbeitnehmerrechte leiten ihre grundlegende Bedeutung innerhalb der ILO aus ihrem menschenrechtlichen Bezug ab. Sie finden sowohl in der AEMR, als auch im WSK-Pakt Erwähnung und sind damit Teil der sog. *"Universal Bill of Rights"*.[228]

Systemkonform lassen sich Arbeitnehmerrechte in der WTO allerdings nur insoweit schützen, als der Umfang ihres Handelsbezugs reicht.[229] Dementsprechend werden auch die IPRs in der WTO nicht in ihrer menschenrechtlichen, son-

---

226 Ob geistiger Eigentumsschutz als Menschenrecht angesehen werden kann, ist umstritten, für die grundsätzliche Anerkennung geistigen Eigentumsschutzes als Menschenrecht *Oppermann*, Thomas: Geistiges Eigentum - Ein "Basic Human Right" des allgemeinen Völkerrechts, Eine deutsche Initiative innerhalb der International Law Association, in: Währung und Wirtschaft-Das Geld im Recht, Festschrift für Hugo Hahn zum 70. Geburtstag, Weber, Albrecht (Hrsg.), Baden-Baden, 1997, S.464; *Petersmann*, Ernst-Ullrich: The WTO Constitution and Human Rights, in: Journal of International Economic Law 3 (2000) 1, S.21; *ders.*: Strengthening International Dispute Settlement in Non-Economic Areas, in: Journal of International Economic Law 2 (1999) 2, S.211; *Prove*, Peter (Fn.**104**): S.5, einschränkend, die anderen Menschenrechte als Schranke betonend, *Chapman*, Audrey: Approaching Intellectual Property as a Human Right: Obligations Related to Article 15(1) (c) [WSK-Pakt], UN Doc. E/C.12/2000/12 v. 3. Oktober 2000, Rn.5.26f. Für den Konflikt zwischen TRIPs und den Menschenrechten der zweiten Generation, insbesondere dem Recht auf Nahrung sowie dem Recht auf Gesundheit vgl. UN Sub-Commission on the Promotion and Protection of Human Rights "Intellectual Property Rights and Human Rights", Resulution 2000/7 v. 17. August 2000, Rn.2, zitiert nach *Petersmann*, Ernst-Ullrich: Human Rights and International Environmental Law in the 21st Century: The Need to Clarify their Interrelationships, in: Journal of International Economic Law 4 (2001) 1, S.4 m.w.N.
227 Der Text der Allgemeinen Erklärung der Menschenrechte v. 10. Dezember 1948 ist abgedruckt in: Resolution 217 (III) Universal Declaration of Human Rights, in: United Nations, General Assembly, Official Records third Session (part I) Resolutions (UN-Doc. A/810), S.71ff., deutsche Übersetzung in: *Khan*, Daniel-Erasmus (Hrsg.): Sartorius II, Internationale Verträge-Europarecht, München, 2000, Nr.19; der Internationale Pakt über bürgerliche und politische Rechte ist in der deutschen Übersetzung abgedruckt in: *Khan*, Daniel-Erasmus (Hrsg.): Sartorius II, Internationale Verträge-Europarecht, München, 2000, Nr.20.
228 Zur menschenrechtlichen Dimension der fundamentalen Arbeitnehmerrechte siehe oben, S.163 *et passim*.
229 Vgl. oben, S.423ff.

dern nur in ihrer handelspolitischen Reichweite geschützt. Dies wird bereits daran deutlich, dass im TRIPs-Agreement keinerlei Bezug zu den relevanten menschenrechtlichen Abkommen hergestellt wird. Stattdessen werden die materiellen Mindeststandards des TRIPs über die entsprechenden kommerziellen Abkommen zum Schutz des geistigen Eigentums in die WTO importiert[230]. Der limitierte Schutz der IPRs in ihrer handelspolitischen Dimension, ihr begrenzter Handelsbezug und die institutionelle Abgrenzung zur WIPO finden schließlich im Namen des TRIPs-Agreement ihren Ausdruck, wonach die Kompetenzbeschränkung der WTO auf die *handelsbezogenen* Aspekte geistigen Eigentumsschutzes zum Ausdruck kommt. Eine ähnlich offene Abgrenzung zwischen den menschenrechtlichen und den handelsbezogenen Aspekten des Schutzes der Arbeitnehmerrechte wäre durch das TRILs-Agreement ebenfalls möglich.

Weiterhin wurden vom in den menschenrechtlichen Abkommen garantierten Schutzumfang für IPRs beim TRIPs-Agreement durch die Beschränkung auf den Handelsbezug einige Abstriche gemacht. Mangels Handelsbezug blieben bestimmte völkerrechtlich garantierte geistige Eigentumsrechte im TRIPs-Agreement ausgeklammert.[231]

Eine Differenz zwischen dem menschenrechtlichen und den handelsrelevanten Schutzumfang ist somit eine weitere Gemeinsamkeit zwischen den IPRs und den Menschenrechten in der Arbeit.

II. Regelungstechnik

Eine weitere Parallele der Arbeitnehmerrechte mit den IPRs besteht darin, dass es sich bei ansonsten identischen Waren um *like products* handelt, gleichgültig, ob bei der Herstellung gewerbliche Schutzrechte oder Arbeitnehmerrechte verletzt wurden[232]. Das Konzept der *"likeness"* ist in der WTO deshalb von besonderer Bedeutung, da es die Reichweite der verschiedenen Diskriminierungsverbote bestimmt. Im TRIPs-Agreement wurde eine Regelungstechnik gefunden, mit der

---

230 vgl. z.B. Art.2:1, Art.16:2, Art.22:2(b) TRIPs für die Inkooperation von Vorschriften aus der Paris Convention.

231 Für die unterschiedlichen Positionen zum „adäquaten" Schutzumfang handelsbezogener geistiger Eigentumsrechte während der Verhandlungen im Rahmen der Uruguay-Runde vgl. *Ross*, Julie C./*Wasserman*, Jessica A.: Trade-Related Aspects of Intellectual Property Rights, The GATT Uruguay Round: A Negotiating History (1986-1992), Deventer (e.a.), 1993, S.27.

232 Zu Arbeitnehmerrechten und den Kriterien des Konzepts des *like product* im GATT, namentlich physische Eigenschaften, vergleichbarer Endgebrauch, gleiche Zollisten sowie Geschmack und Gewohnheiten der Konsumenten, zu diesen sog. *"border tax critearia"* zur Bestimmung von *like products* siehe oben, S.292.

die geistigen Eigentumsrechte geschützt werden, ohne dass das Konzept der *like products* durch nicht-produktbezogene Kriterien angetastet wird oder eine Ausnahmebestimmung erweitert werden muss. Dem TRIPs-Agreement gelingt dies, indem die geistigen Eigentumsrechte nicht durch einen konstruierten Produktbezug, sondern in Form von Mindeststandards und damit die Rechte „als solche" geschützt werden. Die Problematik der fehlenden Produktbezogenheit ist bei den Arbeitnehmerrechten ebenso gegeben. Es mangelt nicht an Versuchen, mit dem Begriff des *like product* den Grundbegriff der WTO-Rechtsordnung zu redefinieren, um den Schutz von Umwelt- oder Arbeitsstandards gewährleisten zu können.[233] Demhingegen erscheint für das WTO-System jedoch vorzugswürdig, entsprechend der im TRIPs-Agreement gewählten Regelungstechnik im Wege eines TRILs-Agreement Arbeitnehmerrechte „als solche" zu schützen[234].

Im TRIPs-Agreement werden die materiellen Mindeststandards geistigen Eigentumsschutzes durch einen Verweis auf die entsprechenden völkerrechtlichen Abkommen in das WTO-System importiert[235]. Auf eben diese Weise könnte für ein TRILs-Agreement der Bezug zu den ILO-Konventionen oder zu den in der ILO-Deklaration 1998 enthaltenen vier arbeitsrechtlichen Grundsätzen hergestellt werden. Ein Verweis auf die Übereinkommen der ILO erscheint als möglicher Weg, um den arbeitsrechtlichen Schutzbereich eines TRILs-Agreement zu regeln.

III. Institutionelle Ausgestaltung

1. Ausgangssituation

Mit der WIPO existierte vor Beschluss des TRIPs-Agreement bereits eine internationale Organisation, die für die Vereinbarung, Überwachung und Durchsetzung gewerblicher Schutzrechte zuständig war. Unter dem Dach der WIPO

---

233 Vgl. *Tsai*, Edward S.: "Like" is a Four Letter Word-GATT Article III's "Like Product" Conundrum, in: Berkeley Journal of International 17 (1999) 1, S.60; für die Berücksichtigung der Produktionsmethode zur Abgrenzung von *like products Thaggert*, Henry L.: A Closer Look at the Tuna-Dolphin Case: *like products* and "Extrajurisdictionality" in the Trade and Environment Context, in: Trade & the Environment: The Search for Balance, Cameron, James/Demaret Paul/Geradin, Damien (Ed.), London, 1994, S.85; für den im Panel Report *United States-Taxes on Automobiles* entwickelten, jedoch im Appellate Body Report *Japan-Taxes on Alcoholic Beverages* aufgegebenen *"aim and effect test"*, wonach der legitime bzw. protektionistische Zweck einer Maßnahme schon bei der Betrachtung der Gleichartigkeit von Produkten berücksichtigt werden soll, vgl. oben, S.300.
234 Zur Regelungstechnik eines TRILs-Agreement vgl. oben, S.417ff.
235 So z.B. durch den Verweis in Art.9:1 TRIPs auf Art.1 bis 21 Berner Konvention oder die Verweise auf die Pariser Konvention in Art.15:2, Art.16:2, Art.16:3, Art.22:2, lit.(b) und Art.39:1 TRIPs.

entstand ein beeindruckender Katalog von Mindeststandards zum Schutz von IPRs sowie ein eigenes Implementierungssystem. Die WIPO war allerdings nur begrenzt in der Lage, durch ihr Mediations- und Streitschlichtungsverfahren für die weltweite Beachtung ihrer Standards zu sorgen.[236] Die Schwäche der WIPO bei der Implementierung ihrer Mindeststandards war der entscheidende Grund dafür, dass geistige Eigentumsrechte Eingang in die WTO fanden und dort nun über das *Dispute Settlement* durchgesetzt werden.[237] Anlass für die Aufnahme der IPRs in die WTO war letzthin, dass die entsprechenden Interessengruppen ihre Rechte effektiv geschützt sehen wollten.[238]

Diese Ausgangslage vor dem Beschluss des TRIPs-Agreement ist mit der jetzigen Situation im internationalen Schutz der Menschenrechte in der Arbeit vergleichbar. Die ILO verfügt ebenfalls über einen umfangreichen Bestand materieller Mindeststandards, jedoch nur über begrenzte Mittel zu deren Implementierung.[239] Dies ist einer der Gründe für die Forderung, die fundamentalen Arbeitnehmerrechte in der WTO zu verankern, denn auch hinter den Arbeitnehmerrechten stehen Interessengruppen, denen es um die effektive Durchsetzung ihrer Rechte geht.[240]

Somit besteht sowohl bei den IPRs, wie auch bei den Arbeitnehmerrechten die Situation, dass eine bisher allein zuständige UN-Sonderorganisation mit der WTO bei der Implementierung kooperieren soll. Die Frage nach der Kompetenzverteilung zwischen der WIPO und der WTO war während der Verhandlungen über das TRIPs-Agreement von erheblicher Brisanz[241]. Eine Reihe von Entwick-

---

236 *Trebilcock*, Michael J./*Howse*, Robert (Fn.**44**): S.308. Insbesondere scheiterte der Versuch der WIPO zunächst, ein einheitliches Streitschlichtungsverfahren für die verschiedenen Verträge über gewerbliche Schutzrechte zu etablieren, da der entsprechende Entwurf von den Mitgliedern nicht angenommen wurde, *Ross*, Julie C./*Wasserman*, Jessica A. (Fn.231): S.9. Erst nach der Vereinbarung des TRIPs konnte in der WIPO ein einheitliches Streitschlichtungssystem vereinbart werden, *Trebilcock*, Michael J./*Howse*, Robert (Fn.**44**): S.317.

237 *Abbott*, Frederick: Distributed Governance at the WTO-WIPO: An Evolving Model for Open-Architecture Integrated Governance, in: New Directions in International Economic Law, Essays in Honour of John Jackson, Bronckers, Marco/Quick, Reinhard (Ed.), Den Haag (e.a.), 2000, S.19; *Jackson*, John H.: The World Trading System: Law and Policy of International Economic Relations, 2nd Edition, Cambridge MA (e.a.), 1997, S.311; *Weiss*, Friedl: Internationally Recognized Labour Standards and Trade, in: International Economic Law with a Human Face, Weiss, Friedl (Ed.), Den Haag, 1998, S.104.

238 *Ross*, Julie C./*Wasserman*, Jessica A. (Fn.231): S.64, *Jackson*, John H. (Fn.237): S.311.

239 Zum Implementierungsverfahren der ILO siehe oben, S.167f.

240 Vgl. *ICFTU*: Congress Resolution on International Labour Standards and Trade of the 16th World Congress of the ICFTU Brussels, 25-29.6.1996, im Internet veröffentlicht unter www.icftu.org.

241 *Hardridge*, David/*Subramanian*, Arvind: Intellectual Property Rights: The Issues in GATT, in:

lungsländern wollte die WIPO auch zukünftig als allein zuständige Organisation für die Durchsetzung der IPRs sehen. Dadurch wurde nicht nur die Frage nach einer Kompetenzabgrenzung beider Organisationen, sondern vor allem nach der Form der Kooperation bei der Anwendung und Implementierung der betreffenden materiellen Standards aufgeworfen.

2. Umsetzung

a) TRIPs-Agreement

Die WTO-Mitglieder haben sich im TRIPs-Agreement für eine unabhängige Kooperation zwischen der WIPO und der WTO entschieden. So wurde als einzige Schnittstelle zwischen der WIPO und der WTO der TRIPs-Rat (*Council for TRIPs*) eingerichtet.[242] Mit dem Rat wurde im TRIPs-Agreement ein neues WTO-Organ geschaffen, dessen wichtigste Aufgabe die Anwendung, Überwachung und Interpretation der TRIPs-Vorschriften ist[243]. Um dem Rat die Wahrnehmung dieser Aufgabe zu ermöglichen, müssen Mitglieder innerstaatliche Vorschriften mit Bezug zum TRIPs beim Rat notifizieren[244]. Ferner bietet der Rat den Mitgliedern die Möglichkeit zu Konsultationen über alle Meinungsverschiedenheiten im Zusammenhang mit TRIPs, wodurch ein Rückgriff auf das Streitschlichtungsverfahren vielfach vermieden werden kann.[245] Der Rat beschäftigt sich mit allen von den Mitgliedern vorgebrachten Anliegen, z.B. mit Fragen zur Praxis eines einzelnen Mitgliedstaates oder zur Anwendung von TRIPs-Vorschriften.[246] Darüber hinaus kann der Rat den Mitgliedern Unterstützung in Streitschlichtungsverfahren gewähren.[247] Schließlich fallen dem Rat vorläufige Kompetenzen im Bereich der Streitschlichtung[248], bei der Verlängerung der Übergangsphasen für LDCs[249] und für die regelmäßige Überprüfung des

---

Vanderbilt Journal of Transnational Law 22 (1989) 4, S.909.

242 Vgl. Art.68 TRIPs.

243 *Geuze*, Matthijs/*Wager*, Hannu: WTO Dispute Settlement Practice Relating to the TRIPs-Agreement, in: Journal of International Economic Law 2 (1999) 2, S.382; vgl. Art.68, S.1 TRIPs.

244 Art.63:2 TRIPs.

245 *Geuze*, Matthijs/*Wager*, Hannu (Fn.243): S.382f.

246 *Geuze*, Matthijs/*Wager*, Hannu (Fn.243): S.382.

247 Art.68, S.2 TRIPs.

248 Nach Art.64:3, S.1 TRIPs war das *Council for TRIPs* für eine Übergangszeit von fünf Jahren für die Beurteilung von sog. "*non-violation*" und "*situation complaints*" gem. Art.XXIII:1(b)(c) zuständig, da der Zugang zur Streitschlichtung für solche Klagen gem. Art.64:3, S.1 TRIPs für den Zeitraum von fünf Jahren ausgesetzt war.

249 Art.66:1, S.2 TRIPs.

TRIPs-Agreement zu[250]. In Anbetracht dieser umfangreichen Befugnisse könnte man den Rat als „Hüter des TRIPs-Agreement" bezeichnen.

So stark die Stellung des TRIPs-Rates ist, so schwach ist allerdings die Einbindung der WIPO in dieses WTO-Organ. Auf Grundlage des TRIPs-Agreement wurde zwar zwischen dem Rat und der WIPO ein Kooperationsabkommen beschlossen, das den Austausch von Informationen und Dokumenten regelt[251]. Im Hinblick auf das TRIPs werden der WIPO dabei kaum Kompetenzen zugestanden, denn ihr kommt lediglich eine beratende und unterstützende Funktion für WTO-Mitglieder aus Entwicklungsländern zu[252]. Dem Rat steht es zwar jederzeit frei, bei den zuständigen Organen der WIPO um Auskunft zu ersuchen[253]. Allerdings obliegt die Auslegung und Anwendung des TRIPs und der IPR-Mindeststandards allein den Organen der WTO. Insofern es um die Pflichten aus dem TRIPs geht, spielt die Vertragspraxis unter der WIPO keine Rolle mehr. Im Ergebnis beschränkt sich die Zusammenarbeit der Organisationen WTO und WIPO unter dem TRIPs im wesentlichen auf technische Kooperation.

b) TRILs-Agreement

Die Ausgestaltung und die Kompetenzen des *Council for Trade-Related Aspects of Intellectual Property Rights* könnten als Vorbild für ein *Council for Trade-Related Aspects of International Labour Rights* dienen. Dessen organisatorische Zuordnung zur WTO hätte den Vorteil, dass das etablierte System der ILO durch ein TRILs-Agreement weitgehend unangetastet bliebe. Die Gefahr, dass sich ILO-Mitglieder in Anbetracht drohender Sanktionen in geringerem Maße als bisher freiwillig zur Anerkennung von ILO-Konventionen bereit finden, ließe sich hierdurch entschärfen. Es erscheint allerdings zweifelhaft, ob ein *Council for TRIPs* in der WTO ausreicht, um die ILO in erforderlichem Umfang an der Implementierung eines TRILs-Agreement zu beteiligen.
Die ILO ist die zuständige und kompetente Organisation, um internationale Arbeitsstandards zu vereinbaren und zu handhaben.[254] Sie verfügt über ein detailliertes Verfahren zur Überwachung und Implementierung der fundamentalen

---

250 Art.71 TRIPs.
251 Agreement between WIPO and WTO, im Internet veröffentlicht unter www.wipo.int/eng/iplex/wipo_wto0.htm.
252 Art.4 Agreement between WIPO and WTO.
253 Art.Art.68, S.3 TRIPs.
254 Vgl. Singapore Ministerial Declaration, WTO-Doc. WT/MIN(96)/DEC/W v. 18. Dezember 1996, Abs.4, S.2.

Arbeitnehmerrechte[255]. Nicht zuletzt durch die technische Kooperation mit ihren Mitgliedern erlangt die ILO Kenntnisse über arbeitsrechtliche Tatsachen, die für die Durchsetzung der ILO-Konventionen mit Handelsmaßnahmen unverzichtbar sind. Es erscheint aus diesen Gründen nicht zweckmäßig, dass allein die Organe der WTO über alle das TRILs-Agreement betreffenden Fragen entscheiden. Es böte sich vielmehr an, dass die ILO diese Kompetenzen in die Implementierung der TRILs-Rechte einbringt[256].

Eine erste Möglichkeit, die ILO in die Anwendung eines TRILs-Agreement einzubinden besteht darin, die in der ILO bereits vorhandenen Überwachungs- und Implementierungsverfahren einem WTO-Streitschlichtungsverfahren über TRILs als Zulässigkeitsvoraussetzung vorzuschalten. Dementsprechend wäre ein Verfahren unter dem DSU nur dann möglich, wenn der weiche Implementierungsmechanismus der ILO vorher ergebnislos durchlaufen wurde, d.h. die ILO ihre Mittel für ausgeschöpft erklärt. Durch eine vorrangige Zuständigkeit könnten die bei der ILO vorhandenen Mechanismen aufgewertet werden und bereits im Vorfeld eines WTO-Verfahrens Fakten erhoben und arbeitsrechtliche Fragen geklärt werden.

Eine zweite Möglichkeit, die Kompetenz der ILO im Rahmen eines TRILs-Agreement nutzbar zu machen bestünde darin, dass die mit der Anwendung des TRILs befassten WTO-Organe auf die Praxis der ILO zurückgreifen. Einerseits könnte dies dadurch geschehen, dass das *Council for TRILs* sich die Berichte der zuständigen ILO-Organe zunutze macht[257]. Andererseits besitzen auch die Organe der WTO-Streitschlichtung die Freiheit, zur Auslegung des TRILs-Agreement auf die Entscheidungen der Organe der ILO als „geeignet erscheinende Informationsquelle" zurückzugreifen[258]. Erste Voraussetzung von Implementierungsmaßnahmen unter dem Dach der WTO wäre demzufolge die Feststellung durch die ILO, dass eine Verletzung der fundamentalen Arbeitnehmerrechte vorliegt.[259] Es ist in der Rechtsordnung der WTO eine durchaus übliche Regelungstechnik, auf

---

255 Zum Verfahren zur Implementierung der fundamentalen Arbeitnehmerrechte im Rahmen der ILO-Deklaration 1998 siehe oben, S.189ff.
256 Vgl. *Ehrenberg*, Daniel S.: From Intention to Action, An ILO-GATT/WTO Enforcement Regime for International Labor Rights in: Human Rights, Labour Rights, and International Trade, Compa, Lance/Diamond, Stephen (Ed.), Philadelphia, 1996, S.165.
257 Vgl. Art.68, S.3 TRIPs, wonach der TRIPs-Rat ermächtigt ist, Informationen für seine Arbeit aus jeder geeignet erscheinenden Quelle heranzuziehen.
258 Vgl. Art.13:1, S.1 DSU, in Frage kommen hierfür insbesondere das *Committee of Experts* oder der Governing Body als Organ zur Überwachung der ILO-Deklaration, zum Überwachungsmechanismus der ILO-Deklaration vgl. oben, S.189ff.
259 Ähnlich *Ehrenberg*, Daniel S.(Fn.256): S.166.

Entscheidungen externer Organe oder Institutionen zurückzugreifen. Ein Beispiel hierfür ist der Verweis des Art.3:1 in Verbindung mit Art.3:4 SPS auf internationale Standards der *Codex Alimentarius Commission* (CAC) der Food and Agricultural Organization (FAO) [260]. Im Wege der Streitschlichtung könnte demnach ebenfalls eine, wenn auch lose, Kooperation zwischen der ILO und der WTO geschaffen werden.

Drittens ließen sich die Ressourcen der ILO auch bei der Implementierung eines TRILs-Agreement nutzen. So könnte das Implementierungsverfahren des DSU durch eine Spezialvorschrift im TRILs-Agreement um „weiche" Instrumente, wie beispielsweise technische Kooperation, ergänzt werden. Auf diese Weise ließen sich Arbeitnehmerrechte auch dann unter einem TRILs-Agreement implementieren, wenn ihre Verletzung keinen Wettbewerbsvorteil bringt.

Zusammenfassend bleibt festzuhalten, dass die schwach ausgeprägte institutionelle Kooperation zwischen der WIPO und der WTO für ein TRILs-Agreement nur begrenzt Modellcharakter besitzt. Nicht nur aus fachlichen Gründen, sondern auch für die Legitimation von WTO-Entscheidungen über TRILs erscheint es geboten, die ILO zur Erhebung der relevanten Fakten, der Klärung arbeitsrechtlicher Fragen und bei der Implementierung in die Anwendung des TRILs-Agreement einzubinden.

IV. Besondere Situation der Entwicklungsländer

Die Auswirkungen des TRIPs-Agreement auf die Entwicklungsländer war von Beginn an ein umstrittenes Thema in der Welthandelsordnung. Bereits vor und während den Verhandlungen um die Aufnahme geistigen Eigentumsschutzes in die WTO leisteten die Entwicklungsländer erheblichen Widerstand gegen dieses Vorhaben[261]. Zum Beginn des Jahres 2000 lief zudem die Implementierungsphase des TRIPs für Entwicklungsländer ab, so dass nun bis auf einzelne Ausnahmen für LDCs alle Mitglieder an die Regeln des TRIPs gebunden sind[262]. An den Einwänden der Entwicklungsländer hat dies allerdings nichts geändert - sie werden

---

260 Zur rechtlichen Wirkung der CAC-Standards im SPS-Agreement vgl. *Quick*, Reinhard/*Blüthner*, Andreas: Has the Appellate Body erred ? An Appraisal and Criticism of the WTO Hormones Case, in: Journal for International Economic Law 2 (1999) 4, S.612ff.
261 Zu den Verhandlungspositionen der Entwicklungsländer zum TRIPs in der Uruguay-Runde siehe *Ross*, Julie C./*Wasserman*, Jessica A. (Fn.231): S.17.
262 *Smith*, Gary W.: Intellectual Property Rights, Developing Countries, and TRIPs, in: Journal of World Intellectual Property 2 (1999) 6, S.969; *Correa*, Carlos M. (Fn.199): S.939.

nunmehr im Rahmen der regelmäßig anstehenden Überprüfungen des TRIPs geltend gemacht[263].

So wurde bei den Verhandlungen des TRIPs den Entwicklungsländern ein Anstieg ausländischer Direktinvestitionen (FDIs) und zunehmende Innovationstätigkeit im Inland infolge des verbesserten Schutzes geistigen Eigentums in Aussicht gestellt[264]. Nunmehr beklagen die Entwicklungsländer, dass sich diese Voraussagen nicht eingestellt haben und ihnen das TRIPs-Agreement vor allem wirtschaftliche Nachteile bringe. So nutze der verschärfte und umfangreiche Schutz geistigen Eigentums den Industriestaaten, deren Stärke im Bereich der Innovation liegt. Neue Technologien und Erfindungen unterfallen auf Jahrzehnte hin dem Schutz des TRIPs. Durch den möglichen Schutz von Patenten an Lebewesen können die Entwicklungsländer selbst ihre eigenen Ressourcen gegebenenfalls nur gegen Gebühren nutzen[265]. Die Vorteile des TRIPs erschließen sich somit zuvorderst denjenigen Staaten, deren Wettbewerbsvorteil in Erfindungen, nicht aber in deren Vervielfältigung am Ende des Produktzyklus besteht[266]. In Entwicklungsländern wird vergleichsweise wenig kapitalintensive Forschung betrieben, weshalb der Nutzen aus dem verbesserten Schutz der IPRs gering ist. Hier besteht eher das entgegengesetzte Interesse an günstigen Produkten zur Steigerung der Wohlfahrt von Konsumenten sowie an einem möglichst weitreichendem Technologietransfer.[267] Der strenge Schutz geistigen Eigentums unter dem TRIPs limitiere somit den ungehinderten Zugang zu Technologien für Entwicklungsländer.[268] Nach wohl überwiegender Ansicht in der Literatur hat das TRIPs-Agreement den Entwicklungsländern daher bisher wenig Nutzen gestiftet.[269]

---

263 *Smith*, Gary W. (Fn.262): S.969, vgl. beispielsweise für unterschiedliche Aspekte einer Überarbeitung des TRIPs die Vorschläge Indiens, WTO-Doc. WT/GC/225 oder der afrikanischen Gruppe, WTO-Doc. WT/GC/W/302. Demhingegen treten die entwickelten Mitgliedstaaten gegen jede Aufweichung des TRIPs ein, vgl. *EC-Approach to Trade-Related Aspects of Intellectual Property in the New Round, Communication from the European Communities*, WTO-Doc. WT/GC/W/193 v. 2. Juni 1999 sowie *Japan-Proposal on Trade-Related Aspects of Intellectual Property*, Communication from Japan, WTO-Doc.WT/GC/W/242 v. 6. Juli 1999.
264 *Correa*, Carlos M. (Fn.199): S.939.
265 Art.27:3(b) TRIPs sieht zwar mögliche Ausnahmen bei der Patentierbarkeit von Lebewesen und Pflanzen vor, dies gilt jedoch z.B. nicht für Mikroorganismen.
266 Zur Theorie des Produktzyklus vgl. oben, S.52ff.
267 Vgl. *Jackson*, John H. (Fn.237): S.310, *Trebilcock*, Michael J./*Howse*, Robert (Fn.44): S.310.
268 *Smith*, Gary W. (Fn.262): S.973.
269 *Barton*, John: Intellectual Property, Biotechnology and International Trade: Two Examples (unveröffentlicht), Paper Prepared for the Berne World Trade Forum, Universität Bern, 28./29. August 1999, S.15; *Abbott*, Frederick: The Enduring Enigma of TRIPs: A Challenge for the World Economic System, in: Journal of International Economic Law 1 (1998) 4, S.520; einschränkend *Smith*, Gary W. (Fn.262): S.973, der zu Recht darauf hinweist, daß sich die ökonomischen Auswirkungen des TRIPs

Die Einwände der Entwicklungsländer gegen den Schutz fundamentaler Arbeitnehmerrechte in der WTO ähneln denen gegen das TRIPs, scheinen sie in ihrer Schärfe aber noch zu übertreffen. So wird befürchtet, dass sich die Position der Entwicklungsländer im Welthandel mit der Durchsetzung internationaler Arbeitsstandards verschlechtert und zumindest kurzfristig wohlfahrtsmindernde Effekte eintreten. Während die Industrieländer in kapitalintensiven Produktionsmustern Vorteile haben und bei der Einhaltung von Arbeitnehmerrechten kaum Probleme bestehen, wird von einem TRILs-Agreement mit dem Produktionsfaktor Arbeit der wesentliche Kostenvorteil der Entwicklungsländer betroffen.[270] Da die Einhaltung eines TRILs-Agreement Kosten verursacht, werden sich Arbeitskräfte als wichtigste Ressource der Entwicklungsländer verteuern.

Insofern ist die Verknüpfung von IPRs und fundamentalen Arbeitnehmerrechten mit dem Welthandelssystem hinsichtlich entwicklungspolitischer Vorbehalte durchaus vergleichbar. In beiden Fällen stehen die Entwicklungsländer in der Pflicht, nationale Standards zu verbessern und wirksam durchzusetzen. Wenn ihnen dies nicht adäquat gelingt, drohen unter dem WTO-System wirtschaftliche Nachteile[271]. Sogar die staatlichen Akteure sind mit den Industrieländern, zuvorderst den USA, als bisheriger Befürworter und den Entwicklungsländern als Gegner von IPRs und Arbeitsstandards im Welthandelssystem identisch. Deshalb soll nachfolgend ein Blick auf die entwicklungspolitisch relevanten Vorschriften des TRIPs-Agreement geworfen werden, um zu prüfen, inwiefern diese ein Beispiel für die Kodifikation eines zukünftigen TRILs-Agreement bieten können.

In den entsprechenden Vorschriften des TRIPs-Agreement ist festgeschrieben, dass die Durchsetzung der IPRs dem beiderseitigen Vorteil von Produzenten und Konsumenten dienen, soziale und ökonomische Wohlfahrtseffekte auslösen sowie die technologische Entwicklung fördern soll.[272] Dabei handelt es sich dem Wortlaut nach entweder um nur begrenzt justiziable Zielbestimmungen bzw. um

---

auf die Entwicklungsländer aufgrund der gerade abgelaufenen Übergangszeiten noch nicht abschliessend beurteilen lassen.

270 Vgl. *Neundörfer*, Konrad: Mehr Schaden als Nutzen: Öko- und Sozialklauseln, in: FAZ v. 16. Januar 1995, S.15; *Kullmann*, Ullrich: Fair Labour Standards in International Commodity Agreements, in: Journal of World Trade Law 14 (1980) 6, S.534; *Third World Network*: The WTO, Labour Standards and Trade Protectionism, Position Paper v. 23. September, Genf, 1997, S.5; *Scherrer*, Christoph: The Pros and Cons of International Labour Standards, in: Social and Environmental Standards in International Trade Agreements, Malanowski, Norbert (Hrsg.), Münster, 1997, S.19f.; *Tsogas*, George: Labour Standards in International Trade Agreements: an Assessment of the Arguments, in: The International Journal of Human Resource Management 10 (1999) 2, S.357.
271 Für das TRIPs vgl. *Smith*, Gary W. (Fn.262): S.970.
272 Art.7 und Art.8 TRIPs.

Rechtsprinzipien. Ferner stehen diese Zugeständnisse an die Entwicklungsländer unter dem Vorbehalt, dass keine Vorschriften des TRIPs verletzt werden dürfen. Zwar treten die Entwicklungsländer dafür ein, diese Ziele bei der Anwendung des TRIPs in Zukunft verstärkt zu berücksichtigen[273]. Eine Ermächtigung für entwicklungsspezifische Maßnahmen oder Ausnahmen bieten diese Bestimmungen des TRIPs jedoch nicht. Allerdings befand die Streitschlichtung bereits, dass diese Vorschriften bei der Auslegung anderer TRIPs-Normen berücksichtigt werden müssen.[274] In welchem Umfang dadurch bei der zukünftigen Anwendung des TRIPs-Agreement die besonderen Bedürfnisse der Entwicklungsländer berücksichtigt werden, bleibt allerdings abzuwarten.

Für ein TRILs-Agreement erscheint es zunächst zweckmäßig, entsprechend dem TRIPs-Agreement den Bedenken der Entwicklungsländer gegen die Durchsetzung fundamentaler Arbeitnehmerrechte im Wege entwicklungspolitisch ausgerichteter Zielbestimmungen oder Grundsätze Rechnung zu tragen. Im wesentlichen sollte festgeschrieben werden, dass die Implementierung von TRILs nicht den Kostenvorteil eines Landes in Frage stellen und für protektionistische Zwecke missbraucht werden darf. Diese beiden handelspolitischen Aspekte erachteten die Entwicklungsländer als so grundlegend, dass sie in die *ILO Declaration on Fundamental Rights at Work* aufgenommen wurden.[275] Über unverbindliche Zielbestimmungen hinaus muss dieses Anliegen aber durch die Verankerung entsprechender, rechtsverbindlicher *safeguard clauses* zugunsten von Entwicklungsländern in einem TRILs-Agreement sichergestellt werden.

Ein weiteres, im TRILs-Abkommen zu verankerndes, entwicklungspolitisches Zugeständnis sind angemessene Implementierungsfristen für Entwicklungsländer und LDCs. Industrieländer verfügen bereits über Gesetze zum Schutz geistigen Eigentums und der fundamentalen Arbeitnehmerrechte, während dies in Entwicklungsländern nicht der Fall ist. Im TRIPs-Agreement wird die vollständige Implementierung der IPRs von Entwicklungsländern dementsprechend erst nach Ablauf einer fünfjährigen Übergangsfrist zum Jahr 2000, den am wenigsten entwickelten Mitgliedern gar erst nach 11 Jahren, also ab 2006 abverlangt[276]. Ferner

---

273 So z.B. der entsprechende Vorschlag der Dominikanischen Republik und Honduras, WTO-Doc. WT/GC/W/119.

274 Panel Report *Canada-Patent Protection of Pharmaceutical Products*, WTO-Doc. WT/DS114/R v. 17. März 2000: S.154, Rn.7.26.

275 Zu den handelspolitischen Bezügen der ILO-Deklaration 1998 siehe ausführlich oben, S.221.

276 Art.65:2 TRIPs i.V.m. Art.65:1 TRIPs, WTO-Mitglieder, die sich im Übergang von einer zentralen Planwirtschaft zu einer Marktwirtschaft befinden, dürfen, sofern sie den dreistufigen Test des Art.65:3 TRIPs erfüllen, die Übergangsfristen für Entwicklungsländer ebenfalls beanspruchen. Für

kann für Regelungsbereiche, in denen Mitglieder national bisher keinen Schutz geistiger Eigentumsrechte vorsahen, eine weitere Übergangsfrist von fünf Jahren in Anspruch genommen werden.[277] Während dieser Implementierungsphasen darf allerdings im Sinne eines *"stand-still"* auch keine Verschlechterung des nationalen Schutzniveaus eintreten.[278] Das TRIPs versucht daher, durch gestaffelte Implementierungsphasen den besonderen Bedürfnissen der Entwicklungsländer gerecht zu werden. Bereits nach Ablauf der ersten Übergangsfrist zum 1. Januar 2000 wird jedoch deutlich, dass die vollständige Implementierung des TRIPs in den Entwicklungsländern noch weitere Jahre in Anspruch nehmen wird. Besonders problematisch ist die Frage, wie die anderen Mitglieder auf die durch die Fristüberschreitungen entstehenden Rechtsverletzungen reagieren werden. Es erscheint realitätsfern, die vollständige Implementierung von IPRs in nationales Recht im Wege einer Reihe von Streitschlichtungsverfahren gegen Entwicklungsländer erzwingen zu wollen. Allerdings ist es auch im Hinblick auf die Rechtsgeltung der WTO-Regeln problematisch, über die Überschreitung der Implementierungsphasen als vertragliche Pflichtverletzung schlicht hinwegzusehen. Auch wenn diese Verzögerung nicht nur wirtschaftliche, sondern auch politische Gründe hat, sollte für ein TRILs-Agreement hieraus die Erkenntnis gewonnen werden, dass zu ehrgeizige Implementierungsfristen den Geltungsanspruch eines WTO-Abkommens langfristig beschädigen können.

Für ein TRILs-Agreement kann das gestaffelte Implementierungssystem für TRIPs zwar als Modell gelten. Die Übergangsfristen sollten aber entsprechend den Grundsätzen der ILO-Deklaration nicht an der vollständigen Durchsetzung der vier fundamentalen Arbeitnehmerrechte anknüpfen. Während einer ersten Übergangsphase könnte es vielmehr bereits ausreichen, dass Entwicklungsländer zur Umsetzung der Arbeitnehmerrechte erste messbare Anstrengungen unternehmen, um ihren vertraglichen Pflichten aus dem TRILs-Agreement nachzukommen. Während dieser Übergangsphase könnte die Beachtung von Arbeitnehmerrechten statt durch Sanktionen mit Anreizmechanismen und technischer Unterstützung angeregt werden[279]. Damit würde der Tatsache Rechnung getragen, dass die Verwirklichung der Arbeitnehmerrechte nicht allein vom politischen Willen der WTO-Mitglieder, sondern von langfristigen Strategien zur Beseitigung der sozioökonomischen Ursachen für die Verletzung von fundamentalen Arbeitnehmerrechten abhängt.

---

am wenigsten entwickelte Länder gilt die in Art.66 TRIPs vorgesehene Implementierungsphase.
277 Art.65:4 TRIPs, zu den Übergangsregelungen des TRIPs vgl. *Groombridge*, Mark A. (Fn.199): S.991f.
278 Art.65:5 TRIPs.
279 Für verschiedene kooperative Alternativen zur Durchsetzung von Arbeitnehmerrechten mit Handelsmaßnahmen siehe oben, S.459ff.

Eine Forderung der Entwicklungsländer im Hinblick auf die Implementierung des TRIPs ist ferner, dass ihnen Transaktionskosten ersetzt werden, die bei der Einrichtung und Durchsetzung nationalen Patentrechts entstehen.[280] Eine entsprechende Vorschrift über die Notwendigkeit flankierender Maßnahmen sollte auch in einem TRILs-Agreement enthalten sein, denn die Verwirklichung der fundamentalen Arbeitsstandards wird Entwicklungsländer ungleich mehr kosten, als die Garantie geistiger Eigentumsrechte.

Es bleibt festzuhalten, dass auch die im TRIPs vorgesehenen Zugeständnisse an die besonderen Bedürfnisse der Entwicklungsländer regelungstechnisch als Vorlage für ein TRILs-Agreement dienen können. In Anbetracht des massiven Widerstands der Entwicklungsländer gegen das Thema muss den Interessen dieser Mitgliedergruppe beispielsweise durch großzügige *safeguard clauses* wohl deutlicher Rechnung getragen werden, als dies im TRILs-Agreement gelang. Nur wenn ein fairer Interessenausgleich zwischen entwickelten und sich entwickelnden Mitgliedern angestrebt wird, besteht die Aussicht, dass der Konflikt um Handel und Menschenrechte in der Arbeit durch ein TRILs-Agreement jemals einer Lösung zugeführt werden kann.

V. Ergebnis

Einer Verknüpfung von Handel und Arbeitnehmerrechten in der WTO könnte das TRIPs-Agreement sowohl als Regelungstechnik, als auch aufgrund seiner substanziellen Inhalte in mancherlei Hinsicht Pate stehen.

Zunächst besitzen Mindeststandards im geistigen Eigentumsschutz einen ähnlich schwach ausgeprägten Handelsbezug wie Arbeitnehmerrechte. In beiden Fällen lässt sich deren Schutz in der WTO jedoch ökonomisch mit der Generierung langfristiger Wohlfahrtseffekte rechtfertigen. Entsprechend dem TRIPs-Agreement sollten Arbeitnehmerrechte in der WTO nicht in ihrer menschenrechtlichen Reichweite, sondern nur in ihrem Handelsbezug geschützt werden.

Rechtstechnisch müssten die fundamentalen arbeitsrechtlichen Mindeststandards entsprechend den IPRs im TRIPs durch einen Verweis auf die ILO-Deklaration 1998 oder die entsprechenden Kernkonventionen in ein TRILs-Agreement importiert werden.

Institutionell könnte die Kooperation zwischen der ILO und der WTO durch ein *Council for Trade-Related Aspects of International Labour Rights* koordiniert werden. Zusätzlich sollten die weichen Instrumente zur Rechtsdurchsetzung in der

---

280 *Smith*, Gary W. (Fn.262): S.973.

ILO zunächst ausgeschöpft werden, bevor eine Implementierung unter dem TRILs-Agreement zulässig wird. Bei der Rechtsdurchsetzung kann auf die Ergebnisse der Überwachungsmechanismen und die Entscheidungen der ILO-Organe zurückgegriffen werden. Auch in den Fällen, in denen die Implementierung von Menschenrechten in der Arbeit unter dem TRILs-Agreement versagt, bleibt der Rückgriff auf die Mechanismen der ILO.

Die besonderen Bedürfnisse der Entwicklungsländer müssen bei einer WTO-Regelung über Arbeitnehmerrechte deutlicher berücksichtigt werden, als dies im TRIPs geschah. Dies könnte insbesondere durch großzügige und gestufte Implementierungsfristen, geeignete entwicklungspolitische Grundsatz- und Zielbestimmungen sowie *safeguard clauses* zum Schutz des Kostenvorteils aus günstiger Arbeit geschehen.

Siebtes Kapitel

Alternative Ansätze

Im Hinblick auf die Frage nach einer effektiveren Implementierung von Menschenrechten in der Arbeit finden zunehmend kooperative und somit „weichere" Instrumente Beachtung. Einer „WTO-Sozialklausel" und den nachfolgend vorgestellten Ansätzen ist allerdings gemein, dass den fundamentalen Arbeitnehmerrechten durch die Verknüpfung mit wirtschaftlichen Interessen zur Durchsetzung verholfen werden soll. Im Gegensatz zu Sanktionen, welche notwendig die wirtschaftliche und soziale Entwicklung der betroffenen Länder beeinträchtigen, entfalten die hier vorgestellten alternativen Instrumente ihre Lenkungswirkung jedoch überwiegend durch wirtschaftliche Anreize. Dennoch ist kann sich auch im Hinblick auf weiche Alternativen zu einer „Sozialklausel" die Frage nach der Vereinbarkeit mit Welthandelsrecht stellen. Neben der Wirkungsweise und Effizienz sollen deshalb auch die Anforderungen des Welthandelsrechts an diese alternativen Ansätze untersucht werden.

A. Selektives öffentliches Auftragswesen

I. Begriff

Neben Handelssanktionen könnte die Konditionierung öffentlicher Auftragsvergabe (*selective government procurement*) eine alternative staatliche Handlungsoption bieten, um Arbeitnehmerrechten im internationalen Handel zur Durchsetzung zu verhelfen.[1] Die Konditionierung des staatlichen Beschaffungswesen erfolgt dadurch, dass die Vergabe öffentlicher Aufträge für Unternehmen von der Einhaltung fundamentaler Arbeitnehmerrechte abhängig gemacht wird. Diese in der Praxis bisher seltene Verknüpfung von öffentlichen Aufträgen und Arbeitnehmerrechten dient dazu, durch die Benachteiligung der entsprechenden Unternehmen bei Ausschreibungen die Regierung des Herkunftslandes zur Verbesserung der arbeitsrechtlichen Situation zu bewegen.

---

[1] Für den Begriff des *selective government procurement* vgl. *McCrudden*, Christopher/*Davies*, Anne: A Perspective on Trade and Labour Rights, in: Journal of International Economic Law 3 (2000) 1, S.3.

II. WTO-Praxis

Die WTO-Streitschlichtung musste sich bereits einmal mit einem Fall befassen, der eine Konditionierung des staatlichen Beschaffungswesens durch die Einhaltung von Arbeitnehmerrechten zum Gegenstand hatte.[2] In dem Verfahren *"United States - Measure Affecting Government Procurement"* wandten sich die EU und Japan gegen ein Gesetz des *Commonwealth of Massachusetts* vom 25. Juni 1996, das staatlichen Stellen den Kauf von Waren und Dienstleistungen von Unternehmen verbot, die zu Myanmar (früher Burma) Geschäftsbeziehungen unterhalten[3].

Zweck dieses Gesetzes war die wirtschaftliche Isolierung und indirekte Sanktionierung Myanmars aufgrund der dort betriebenen systematischen staatlichen Zwangsarbeit[4]. Zwar wurde auf Antrag der EU und Japan ein Panel eingesetzt.[5] Basierend auf Art.12:12 DSU wurde das Verfahren jedoch wegen einer in den USA anhängigen Klage gegen die gesetzliche Grundlage der Konditionierung

---

2 Dabei wurde zunächst das Vorverfahren durchlaufen, vgl. *United States-Measure Affecting Government Procurement-Request for Consultations by the European Communities, WTO-Doc.* WT/DS88/1 v. 26. Juni 1997 sowie United States-*Measure Affecting Government Procurement-Request to join Consultations-Communication by Japan, WTO-Doc.* WT/DS88/1 v. 2. Juli 1997.

3 Act Regulating Contracts with Companies doing Business with or in Burma (Myanmar), ch 130, 1996 Session Laws, Mass. Gen. Laws Ann., ch 7, S.223 (West 1997), zitiert nach: *McCrudden*, Christopher/*Davies*, Anne (Fn.1): Fn.11.

4 Zur arbeitsrechtlichen Situation in Myanmar hinsichtlich Zwangsarbeit vgl. ILO, Forced Labour in Mayanmar (Burma), Genf, 1998; *ILO*: Resolution on the widespread use of forced labour in Myanmar (Burma), ILO-Docs. GB.267/16/2, GB.268/14/8, GB.268/15/1, GB.274/5, CIT/1999/PR16; ILO, Measures, including action under article 33 of the Constitution of the International Labour Organization, to secure compliance by the Government of Myanmar with the recommendations of the Commission of Inquiry established to examine the observance of the Forced Labour Convention, 1930 (No. 29), ILO-Docs. GB.267/16/2, GB.268/14/8, GB.268/15/1, GB.274/5, GB.275, GB.276/6; ILO, Report of the Committee set up to consider the representation made by the International Confederation of Free Trade Unions under article 24 of the ILO Constitution alleging non-observance by Myanmar of the Forced Labour Convention, 1930 (No. 29), ILO-Doc. GB.261/13/7.

5 *United States-Measure Affecting Government Procurement-*Request for the Establishment of a Panel by the European Communities, WTO Doc. WT/DS88/3 v. 9. September 1998; *United States-Measure Affecting Government Procurement-*Request for the Establishment of a Panel by Japan, WTO Doc. WT/DS95/5 v. 9. September 1998 sowie *United States-Measure Affecting Government Procurement-*Constitution of the Panel Established at the Request of the European Communities and Japan, WTO Doc. WT/DS88/4 , WT/DS95/4 v. 11. Januar 1999, wodurch das Verfahren gem. Art.9 DSU in einem Panel zusammengefaßt wurde. Der Text des DSU (Understanding on Rules and Procedures Governing the Settlement of Disputes) ist abgedruckt in *WTO: The Legal Texts: The Results of the Uruguay Round of Multilateral Trade Negotations, Genf, 1999, S.354ff., deutsche Übersetzung in *Hummer*, Waldemar/*Weiß*, Friedl: Vom GATT '47 zur WTO '94, Wien, 1994, Nr.37, S.431ff.

ausgesetzt.[6] Nachdem das Gesetz und damit die innerstaatliche Rechtsgrundlage wegen der Unzuständigkeit der Regierung von *Massachusetts* für außenwirtschaftspolitische Fragen vom *US Supreme Court* als verfassungswidrig kassiert wurde, ist letztlich auch der Streitgegenstand des WTO-Verfahrens weggefallen.[7] Die WTO musste nicht mehr darüber entscheiden, ob selektive staatliche Beschaffung auf Basis der Arbeitnehmerrechte mit dem WTO *Agreement on Government Procurement* vereinbar ist.[8]

III. Zielkonformität

Der Konditionierung staatlicher Auftragsvergabe durch Arbeitnehmerrechte ist zugute zu halten, dass sie einen hohen Symbolwert besitzt. Der Staat kann auf diese Weise die Missbilligung bestimmter Arbeitsmethoden zum Ausdruck bringen. Anders als der Einkäufer eines Unternehmens ist das öffentliche Beschaffungswesen den Werten des Staatswesens verpflichtet. Deshalb erscheint es auf den ersten Blick folgerichtig, dass in die Vergabeentscheidung über staatliche Aufträge nicht nur Preis und Qualität, sondern auch die Wertvorstellungen staatlicher Stellen einfließen können. Die Konditionierung staatlicher Aufträge durch die Einhaltung von Arbeitnehmerrechten stellt zudem gegenüber staatlichen Handelssanktionen das mildere Mittel dar, denn es wird nicht durch staatliche Regulierung in den Handel zwischen privaten Wirtschaftssubjekten eingegriffen.

---

6 *United States-Measure Affecting Government Procurement*-Communication from the Chairman of the Panel, WTO Doc. WT/DS88/5 , WT/DS95/5 v. 12. Februar 1999.

7 *United States-Measure Affecting Government Procurement*-Lapse of Authority for Establishment of the Panel-Note by the Secretariat, WTO Doc. WT/DS88/6 , WT/DS95/6 v. 14. Februar 1999, zur Verfassungswidrigkeit des Gesetzes vgl. *Schmahmann*, David R./*Finch*, James S.: The Unconstitutionality of State and Local Enactment in the United States Restricting Business Ties with Burma (Myanmar), in: Vanderbilt Journal of Transnational 30 (1997) 2, S.175ff.; *dies.*: State and Local Sanctions Fail Constitutional Test, in: Trade Policy Briefing Paper, Center for Trade Policy Studies (Ed.) 3 (1998); *Howse*, Robert/*Mutua*, Makau: Protecting Human Rights in a Global Economy, Challenges for the World Trade Organization, Montreal, 2000, S.18.

8 Das Agreement on Government Procurement (GPA) ist abgedruckt in: *WTO*, The Legal Texts (Fn.5): S.383ff., deutsche Übersetzung in: *Hummer*, Waldemar/*Weis*, Friedl (Fn.5): Nr.62, S.1139ff.; zum GPA vgl. *Dischendorfer*, Martin: The Existence and Development of Multilateral Rules on Government Procurement under the Framework of the WTO, in: Public Procurement Law Review 9 (2000) 1, S.1ff.; *Dendauw*, Isabel: New WTO Agreement on Government Procurement: an Analysis of the Framework for Bid Challenge Procedures and the Question of Direct Effect, in: Journal of Energy & Natural Resources Law 18 (2000) 3, S.254ff; *Reich*, Arie: The New GATT Agreement on Government Procurement: the Pitfalls of Plurilateralsim and Strict Reciprocity, in: Journal of World Trade 31 (1997) 2, S125ff.

Verschiedene Gründe sprechen jedoch dagegen, in der Konditionierung staatlichen Beschaffungswesens ein geeignetes Instrument zur Verwirklichung der fundamentalen Arbeitnehmerrechte in Drittstaaten zu sehen. Dies gilt sowohl für den *unmittelbaren* Ausschluss von Unternehmen aus Staaten, in denen Arbeitnehmerrechte verletzt werden, als auch für Maßnahmen, die sich wie im Fall *"United States - Measures Affecting Government Procurement"* pauschal gegen alle Unternehmen richten, die lediglich Geschäftsbeziehungen mit dem betreffenden Land unterhielten.

Gegen den Ausschluss von Bietern mit *unmittelbarem* Bezug zur Verletzung von Arbeitnehmerrechten spricht, dass diese Unternehmen bei der Vergabe von öffentlichen Aufträgen in der Praxis kaum eine Rolle spielen. Erstens sind arbeitsintensive Produkte wie Textilien oder landwirtschaftliche Güter, bei denen die Achtung der Arbeitnehmerrechte besonders problematisch ist, anders als Investitionsgüter oder Dienstleistungen relativ selten Gegenstand öffentlicher Beschaffung.

So dürfte es Anbietern, die gegen Arbeitnehmerrechte verstoßen grundsätzlich kaum gelingen, bei der Vergabe öffentlicher Aufträge in Industrieländern tatsächlich eine signifikante Bedeutung zu erlangen. Unternehmen, die unmittelbar in die Verletzung von Arbeitnehmerrechten involviert sind, werden regelmäßig auch im übrigen Herstellungsprozess rückständig sein und damit letztlich in der Qualität ihrer Produkte hinter andere Bieter zurückfallen. Bieter mit menschenrechtlich anstößigen Herstellungsmethoden werden deshalb oft schon an den qualitativen Anforderungen einer öffentlichen Ausschreibung scheitern und für die Vergabe von Aufträgen von vornherein nicht ernsthaft in Betracht kommen. Diese Unternehmen dennoch plakativ von der Vergabe öffentlicher Aufträge auszuschließen, hat deshalb eher den Charakter einer politische Alibimaßnahme, als dass diese Art der Sanktionierung praktisch zur Verwirklichung von Arbeitnehmerrechten beitragen könnte.

Gegen die Sanktionierung *sämtlicher* Unternehmen, die bloß indirekten wirtschaftlichem Bezug zur Verletzung von Arbeitnehmerrechten aufweisen, sprechen wieder andere Gründe. Im Fall *"United States - Measure Affecting Government Procurement"* dehnte *Massachusetts* die Konditionierung seiner öffentlichen Beschaffung auf alle europäischen und japanischen Unternehmen aus, die in Myanmar Geschäftskontakte unterhielten. Solche Maßnahmen mit nur mittelbarer Wirkung für das Politikziel werden im Welthandelsrecht als *"intermediary measure"* bezeichnet.[9] Von *intermediary measures* werden Staaten oder Unter-

---

9 So unterscheidet der Panel Report *United States-Restrictions on Imports of Tuna* (nicht angenommen), GATT-Doc. DS29/R v. 16. Juni 1994 (Nachdruck in: I.L.M. 33 (1994), S.839-899),

nehmen betroffen, die für das sanktionswürdige Verhalten nicht unmittelbar verantwortlich sind, aber hierzu eine mittelbare, meist wirtschaftliche Beziehung aufweisen. Da auf diese Weise sämtliche Außenwirtschaftsbeziehungen des Zielstaates sanktioniert werden, können *intermediary measures* zur kompletten wirtschaftlichen Isolation des sanktionierten Staates führen - die Sanktionswirkung dieser Maßnahmen ist dementsprechend stark.

Trotz der starken Sanktionswirkungen erscheint eine solch umfassende Konditionierung der staatlichen Auftragsvergabe nur bedingt geeignet, um Arbeitnehmerrechten zur Durchsetzung zu verhelfen.

Erstens setzen wirksame *intermediary measures* voraus, dass das wirtschaftliche Interesse der betroffenen Bieter an den öffentlichen Aufträgen des Sanktionsgebers größer ist, als an den Wirtschaftsbeziehungen zum sanktionierten Zielstaat. In diese Entscheidung wird auch einfließen, ob die politischen Beziehungen zu den öffentlichen Stellen des Sanktionsgebers als wichtiger erachtet werden, als die wirtschaftlichen und politischen Kontakte zum sanktionierten Staat. Diese Voraussetzungen werden allerdings nur vorliegen, wenn Unternehmen die Geschäfte *mit* dem sanktionierenden Staat höher bewerten, als die gesamte Geschäftstätigkeit *im* sanktionierten Land. Die wirksame Anwendung von *intermediary measures* im Rahmen des öffentlichen Beschaffungswesens ist daher ein exklusives Instrument der größten Wirtschaftsmächte und somit ein „Faustrecht des Stärkeren". Ein handelspolitisch weniger bedeutendes Land würde sich mit der Verhängung solcher Maßnahmen lediglich in die wirtschaftliche Selbstisolation treiben.

Zweitens fehlt *intermediary* measures im selektiven öffentlichen Beschaffungswesen die Zielgenauigkeit im Hinblick auf das Sanktionsziel. Sanktionen wirken im Optimalfall unmittelbar und mit geringen Nebenkosten auf die Verwirklichung des Sanktionszieles hin.[10] Dies ist bei *intermediary* measures im öffentlichen Beschaffungswesen aus verschiedenen Gründen nicht der Fall.

S.46 Rn.5.5. zwischen dem *"primary nation embargo"* gegenüber den Produzenten des Thunfischs, bei dessen Fang Delphine getötet werden, S.45, Rn.5.3. und in einem *"intermediary embargo"* gegenüber Drittstaaten, die mit entsprechenden Thunfischprodukten lediglich Handel treiben. Zu solchen sekundären Maßnahmen als Instrument der US-amerikanischen Außenwirtschaftspolitik kritisch *Santeusanio*, David J.: Extraterritoriality and Secondary Boycotts: a Critical and Legal Analysis of United States Foreign Policy, in: Suffolk Transnational Law Review 21 (1998) 2, S.367ff., für US-amerikanische Sanktionen unter dem Helms-Burton Act und dem Iran-Lybia Sanctions Act sowie die daraus resultierenden handelspolitischen Streitigkeiten zwischen der USA und der EU vgl. *Davidson*, Nicholas: U.S. Secondary Sanctions: The U.K. and E.U. Responses, in: Stetson Law Review 27 (1998) 4, S.1425ff.
10 Siehe oben, S.384.

Im Hinblick auf das Ziel solcher Maßnahmen muss es als unerwünschter Nebeneffekt angesehen werden, dass Unternehmen, die nicht direkt in Menschenrechts- verletzungen involviert sind, indirekt um ihre ausländischen Geschäftsbeziehungen gebracht werden. Ferner werden erfolgreiche *intermediary measures* im öffentlichen Beschaffungswesen zu erheblichen wirtschaftlichen Einbußen bis hin zur wirtschaftlichen Isolation des Ziellandes führen. Oft sind es jedoch gerade die Wirtschaftsbeziehungen mit ausländischen Unternehmen, die zur Verbesserung der menschenrechtlichen Situation eines Landes beitragen. Letztlich kommt hinzu, dass dem betroffenen Land durch breit gestreute Sanktionen die wirtschaftliche Grundlage für die Verwirklichung von Arbeitnehmerrechten entzogen werden kann.

Es bleibt festzuhalten, dass die Konditionierung öffentlicher Auftragsvergabe durch die Einhaltung fundamentaler Arbeitnehmerrechte verschiedentlich Bedenken begegnet. Bieter mit unmittelbarem Bezug zu arbeitsrechtlich bedenklichen Herstellungsmethoden werden bei der Vergabe öffentlicher Aufträge nur in seltenen Fällen eine entscheidende Rolle spielen. Die Konditionierung öffentlicher Aufträge in Form von *intermediate measures* ist dagegen aufgrund der weitreichenden unerwünschten Nebeneffekte abzulehnen. Diese ausufernden Maßnahmen dienen oftmals nicht der Bestrafung wirtschaftlicher Beihilfe zu Menschenrechtsverletzungen, sondern lassen eher die eine Absicht zur versteckten Benachteiligung ausländischer Anbieter im Sinne überkommener "*buy national policies*" erkennen.[11]

Aufgrund all dieser Bedenken gegen die Konditionierung öffentlicher Aufträge als Instrument zur Verwirklichung von Arbeitnehmerrechten wird dieser Ansatz hier nicht weiter vertieft.[12]

---

11 Vgl. *McCrudden*, Christopher/*Davies*, Anne (Fn.1): S.9, die zu Recht auf die häufig protektionistische Intention indirekter Maßnahmen hinweisen; ähnlich *Breton*, Albert/*Salmon*, Pierre: Are Discriminatory Procurement Policies Motivated by Protectionism ?, in: Kyklos 49 (1996) 1, S.48ff.; anders *Howse*, Robert/*Mutua*, Makau (Fn.7), S.17, die in der konditionierten öffentlichen Auftragsvergabe ein wichtiges Instrument zur Verwirklichung von Menschenrechten zu erkennen vermögen.

12 Vgl. weiterführend *Benedict*, Christoph: Sekundärzwecke im Vergabeverfahren: Öffentliches Auftragswesen, seine teilweise Harmonisierung im EG-/EU-Binnenmarkt und die „Instrumentalisierung" von Vergaberecht durch „vergabefremde" Aspekte, Berlin (e.a.), 2000; zur Rechtslage im deutschen Vergaberecht vgl. *Huber*, Peter M.: Das öffentliche Auftragswesen als Beschaffungsvorgang oder Instrument der Wirtschaftslenkung und der Sozialgestaltung: Zum Umgang mit sog. beschaffungs-fremden Vergabekriterien, in: Thüringer Verwaltungsblätter 9 (2000) 9, S.193-197.

B. Konditionierte Zollpräferenzsysteme

Eine in den internationalen Handelsbeziehungen bereits praktizierte Verknüpfung von *Trade&Labour* sind konditionierte Zollpräferenzen für Importe, die nach dem nationalen arbeitsrechtlichen Schutzniveau gestaffelt werden.[13] Durch Zollpräferenzen werden Entwicklungsländern abweichend vom Prinzip der Meistbegünstigung selektive Ermäßigungen auf den für die übrigen WTO-Mitglieder geltenden Zollsatz gewährt. Diese Präferenzen verfolgen das entwicklungspolitische Ziel, die Wettbewerbsposition der begünstigten Importe gegenüber Waren aus nichtbevorzugten Drittstaaten zu verbessern.[14] Unilaterale Zollvergünstigungen werden von den Industrieländern in ihren jeweiligen nationalen Präferenzsystemen, den *generalised systems (schemes) of preferences* (GSP) festgesetzt. Die nationalen Präferenzsysteme enthielten zunächst kaum Differenzierungskriterien, so dass begünstigte Entwicklungsländer weitgehend einheitliche Zollermäßigungen erhielten. Heute enthalten die verschiedenen GSPs ein oftmals komplexes Geflecht unterschiedlicher Differenzierungskriterien. Erfüllen Entwicklungsländer diese Kriterien, so können sie einerseits mit weiteren Vergünstigungen rechnen. Andererseits kann ein Verstoß gegen diese Verhaltensmaßregeln aber auch zum Entzug der tarifären Vorzugsbehandlung führen. Einige GSPs enthalten „Sozialklauseln", die abhängig von der nationalen arbeitsrechtlichen Situation entweder weitere Zollermäßigungen oder aber den Entzug von Präferenzen vorsehen. Bevor diese „Sozialklauseln" in den nationalen GSP-Programmen genauer untersucht werden, muss zunächst auf den Hintergrund und die Entstehungsgeschichte allgemeiner Präferenzsysteme eingegangen werden.

I. Ursprung und Hintergrund allgemeiner Präferenzsysteme

Die heute bestehenden Zollpräferenzsysteme kommen ausschließlich Entwicklungsländern zugute. Diese Besonderheit in den internationalen Handelsbeziehungen erklärt sich aus der Dekolonialisierung.[15] Dieser nach dem zweiten Weltkrieg einsetzende und jahrzehntelang andauernde Prozess im Völkerrecht führte eine zunehmende Zahl von Ländern in die politische Unabhängigkeit von

---

13 Zu Wirkungsweise und Funktion allgemeiner Präferenzsysteme vgl. bereits *UNCTAD*: Operation and Effects of the Generalized System of Preferences, Genf, 1974, S.4ff.
14 *Langhammer*, Rolf J./*Sapir*, André: Economic Impact of Generalized Tariff Preferences, Guldford, 1987, S.6.
15 *Murray*, Tracy: Trade Preferences for Developing Countries, London (e.a.), 1977, S.6; *Hilpold*, Das neue allgemeine Präferenzschema der EU, 36 (1996) 1, S.98.

ihren Kolonialstaaten[16]. In der Folge entstand eine Vielzahl neuer souveräner Staaten mit spezifischen politischen und wirtschaftlichen Bedürfnissen, auf die das klassische Völkerrecht und insbesondere die bestehende Weltwirtschaftsordnung nicht ausgerichtet war.[17] Nach der Verwirklichung des nationalen Selbstbestimmungsrechts strebten die Entwicklungsländer nun wirtschaftliche Unabhängigkeit unter dem Schlagwort einer „Neuen Weltwirtschaftsordnung" (NWWO) an.[18] Liberaler Handel á la GATT ohne Berücksichtigung der spezifischen Bedürfnisse der Entwicklungsländer wurde angesichts der geographischen Standortnachteile und der fehlenden Ausstattung mit Finanz- und Humankapital dieser Länder als unzureichend empfunden.[19] Ihren besonderen Bedürfnissen sollte nach dem Willen der Entwicklungsländer im wesentlichen auf zweierlei Weise Rechnung getragen werden: Erstens durch einseitigen Ressourcentransfer der entwickelten Staaten und zweitens durch die Bevorzugung der Entwicklungsländer im internationalen Wirtschaftsverkehr[20]. Zwar kannte bereits das GATT *spezielle* Präferenzen der ehemaligen Kolonialmächte, welche das GATT als sog. *"grandfather rights"* gestattete.[21] Nunmehr wurden aber *allgemeine* Präferenzsysteme von den Industrieländern gefordert, die allen Entwicklungsländern gleichermaßen und nicht nur den jeweils eigenen ehemaligen Kolonien zugute kommen sollten.

Um ihren Forderungen Nachdruck zu verleihen, koordinierten die Entwicklungsländer ihre Politik seit Anfang der sechziger Jahre in verschiedenen internationalen Foren. Durch die Entstehung von über 80 sich entwickelnden Neustaaten zwischen 1945 und 1975 dominierten bald über 100 Entwicklungsländer die Generalversammlung der Vereinten Nationen. Daher verwundert es nicht, dass die Frage einer „globalen Entwicklungsstrategie" Gegenstand mehrerer UN-

---

16 Zum Dekoloniasierungsprozeß vgl. *Schümperli*, Walter: Die Vereinten Nationen und die Dekolonisation, Bern, 1970.

17 Vgl. *Benedek*, Wolfgang: Entwicklungsvölkerrecht, in: Lexikon des Rechts-Völkerrecht, Seidl-Hohenfeldern (Hrsg.), Neuwied, 1985, S.69.

18 *Ginther*, Konrad: Die „Dritte Welt" und das Völkerrecht, in: Österreichisches Handbuch des Völkerrechts, Bd.I, Rn.156; *Murray*, Tracy (Fn.15):S.147.

19 *Murray*, Tracy (Fn.15): S.147f.

20 *Hilpold*, Peter: Das neue allgemeine Präferenzschema der EU, in: EuR 31 (1996) 1, S.99; *Petersmann*, Ernst-Ullrich: Die dritte Welt und das Wirtschaftsvölkerrecht, in: ZaöRV 36 (1976) 1/3, S.536ff. m.w.N.

21 Aufgrund des zunächst provisorischen Charakters gestattete das GATT 1947 den Vertragsparteien die Beibehaltung bereits bestehender nationaler Regelungen als sog. *"grandfather rights"*, selbst wenn diese mit den Vorschriften des GATT nicht vereinbar waren, zur sog. *grandfather clause* des GATT vgl. *Hansen*, Marc/*Vermulst*, Edwin: The GATT Protocol of Provisional Application: A Dying Grandfather ?, in: Columbia Journal of Transnational Law 27 (1988/89) 2, S.263; *Trebilcock*, Michael J./*Howse*, Robert: The Regulation of International Trade, 2nd Edition, London (e.a.), 1999, S.125; *Jackson*, John H.: The World Trading System: Law and Policy of International Economic Relations, 2nd Edition, Cambridge MA (e.a.), 1997, S.41.

Resolutionen war[22]. Im Jahre 1964 wurde erstmals die periodisch wiederkehrende United Nations Conference on Trade and Development (UNCTAD I) einberufen; im selben Jahr formierte sich die „Gruppe der 77". Die damaligen handelspolitischen Forderungen der UNCTAD I kommen vor allem in der Charta von Algier (1967) und dem Aktionsprogramm von Lima (1971) zum Ausdruck[23]. So wurde bereits im Rahmen der UNCTAD I eine generelle nicht-reziproke Präferenzierung der Entwicklungsländer im Außenhandel mit entwickelten Staaten gefordert, als es in der Schlussakte hieß:

"Developed countries should grant concessions to all developing countries and extend to developing countries all concessions they grant to one another and should not, in granting these or other concessions, require any concessions in return from developing countries." [24].

Im Jahr 1968 konnte im *"Special Committee on Preferences"* der UNCTAD II ein Konsens über Zollpräferenzen zwischen Entwicklungsländern und Industriestaaten erreicht werden[25]. Bereits zuvor gaben entwickelte Länder der Forderung einer besonderen außenwirtschaftlichen Behandlung der Entwicklungsländer nach und richteten ab 1966 erste allgemeine nationale Zollpräferenzsysteme ein[26]. Da durch Präferenzen für Entwicklungsländer von der Meistbegünstigung abgewichen werden musste, wurde ein erster *Waiver* für Art.I GATT erforderlich, der seitens der Vertragsparteien temporär erteilt wurde[27]. Im Jahre 1971 unterbreitete die UNCTAD erneut den Vorschlag einer allgemeinen und umfassenden Begünstigung

---

22 Siehe die einstimmig angenommene UN-Res. 1710 (XVI) v. 19. Dezember 1961, sowie die beiden durch Akklamation ohne Abstimmung verabschiedete UN-Res. 2626 (XXV) v. 24. Oktober 1970 und insbesondere die *Declaration on the Establishment of a New International Economic Order*, UN-Res. 3201 (S-VI) vom 1.5.1974, weiterführend *Petersmann*, Ernst-Ullrich (Fn.20): S.494ff.
23 Für die Charta von Algier siehe UNCTAD Proceedings, Second Session, Bd.I (1968), S.431ff.; für das Aktionsprogramm von Lima siehe UNCTAD Proceedings, Third Session, Bd.I (1972), S.373ff.
24 *The Developing Countries in GATT*, UNCTAD Proceedings Volume V, zitiert *Garcia-Amador y Rodriguez*, Francisco V.: The Emerging International Law of Development: a New Dimension of International Economic Law, Oceana, 1990, S.97. Als Befürworter und Vordenker der Forderung nach einer Privilegierung der Entwicklungsländer im Welthandel kann der damalige Generalsekretär der UNCTAD, Raúl Prebisch, gelten, vgl. *Prebisch*, Raúl: Towards a New Trade Policy for Development, Report by the Secretary General of the UNCTAD, New York, 1964, S.34ff.
25 Vgl. *Trebilcock*, Michael J./*Howse*, Robert (Fn.21): S.373; *Garcia-Amador y Rodriguez*, Francisco V. (Fn.24): S.97.
26 Nach *Senti*, Richard: GATT, Allgemeines Zoll- und Handelsabkommen als System der Welthandelsordnung, Zürich, 1986, S.112 richtete Australien 1966 als erstes Land ein allgemeines Präferenzschema für Entwicklungsländer ein.
27 Siehe Waiver Granted under Article XXV:5, *Australia – Tariff Preferences for Less-Developed Countries* v. 28. März 1966, (Nachdruck in: GATT, BISD 14S/23, 1966), sowie den entsprechenden Working Party Report *Australia – Preferences for Developing Countries*, GATT-Doc. L/2527 v. 28. März 1966, (Nachdruck in: BISD 14S/162, 1966).

der Entwicklungsländer im Welthandelssystem[28]. Inzwischen waren auch im Rahmen des GATT die speziellen Bedürfnisse der Entwicklungsländer zur Kenntnis genommen worden, wie dessen Ergänzung um den entwicklungspolitischen GATT Teil IV zeigt[29]. Jedoch enthielt das GATT noch immer keine tragfähige Rechtsgrundlage für allgemeine Präferenzsysteme. Als Rechtsgrundlage wurde im GATT eine einstimmige Erklärung (*unianimous decision*) oder eine Vertragsänderung diskutiert, beides aber wieder verworfen[30]. Deshalb wurde schließlich 1971 durch eine erneute Ausnahmebewilligung (sog. *GSP Waiver*) geschaffen, die entwickelten Vertragsparteien einseitige und allgemeine Entwicklungspräferenzen gestattet[31]. Der *GSP Waiver* erfolgte ohne dauerhafte Änderung des GATT und war auf zehn Jahre befristet[32]. Eine Hauptforderung der Entwicklungsländer im Rahmen der Tokio-Runde war deshalb die Schaffung einer dauerhaften Rechtsgrundlage für Präferenzen.[33] Als Ergebnis einigten sich die Vertragsparteien auf die sog. *Enabling Clause*[34].

Nach dieser Ermächtigungsklausel wird die allgemeine Bevorzugung von Entwicklungsländern in Abweichung von der Pflicht zur Meistbegünstigung als GATT-konform betrachtet.[35] Die *Enabling Clause* erlaubt neben Zollvergünstigungen im Rahmen eines GSP und Vergünstigungen im Bereich der nichttarifären Handelshemmnisse auch spezielle Maßnahmen zugunsten der am wenigsten entwickelten Länder sowie Präferenzen der Entwicklungsländer untereinander[36]. Die Präferenzen im Handel der Entwicklungsländer untereinander wurden 1971 im Rahmen der UNCTAD initiiert und werden als Global System of Trade Preferences (GSTP) bezeichnet[37]. Das GSTP schafft Handelserleichterungen im Süd-Süd-

---

28 *Agreed Conclusions of the Special Committee on Preferences*, UNCTAD-Doc. TD/B/330, 1.Teil.
29 Vgl. *Trebilcock*, Michael J./*Howse*, Robert (Fn.21): S.371; *Hudec*, Robert: The GATT Legal System and World Trade Diplomacy, New York, 1975, S.210 sowie zu Teil IV GATT oben, S.309ff.
30 Für eine Darstellung und Diskussion der unterschiedlichen Ansätze zur Behandlung von Präferenzen im GATT siehe *Gros*, Espiell Hector: GATT: Accommodating Generalized Preferences, in: Journal of World Trade Law 8 (1974) 4, S.341ff.
31 Waiver for Generalized Systems of Preferences (*GSP-Waiver*), GATT-Doc. L/3545 v. 25. Juni 1971, (Nachdruck in: BISD, 18S/24, 1972), deutsche Übersetzung in; Hummer/Weiss, Nr.17, S.255f.
32 Vgl. lit. (a) GSP-Waiver.
33 *Senti*, Richard (Fn.26): S.113.
34 Decision on *"Differential and more Favourable Traetment Reciprocy and fuller Participation of Developing Countries"* [*Enabling Clause*], GATT Dok. L/4903 v. 28. November 1979, abgedruckt in: BISD 26S/203 (1980), deutsche Fassung abgedruckt in: *Hummer*, Waldemar/*Weis*, Friedl (Fn.5): Nr.47, S.757ff.
35 Abs.1 *Enabling Clause*.
36 Abs.2(a)-(d) *Enabling Clause*, vgl. ferner *Senti*, Richard (Fn.26): S.113.
37 Siehe weiterführend zum GSTP *Hudec*, Robert: The Structure of South-South Preferences in the 1988 GSTP Agreement: Learning to Say MFNFN, in: Developing Countries and the Global Trading

Handel und ergänzt damit die den Süd-Nord Handel betreffenden GSPs der Industrieländer. Im Unterschied zu den GSPs sind im GSTP keine „Sozialklauseln" enthalten.

In der jüngeren Vergangenheit werden GSP-Präferenzen für Entwicklungsländer allerdings in zunehmendem Umfang durch Verhaltensvorgaben konditioniert. Neben der Einhaltung von Sozial- und Umweltstandards werden z.b. auch Maßnahmen zur Drogenbekämpfung zur Bedingung der Zollpräferenzen gemacht.

II. „Sozialklauseln" in Präferenzsystemen

Nachfolgend werden anhand des GSP der USA und der EU zwei unterschiedliche Regelungstechniken für „Sozialklauseln" in nationalen Präferenzsystemen analysiert und ihre Vereinbarkeit mit WTO-Recht untersucht.

1. US-Präferenzsystem

Die USA waren Vorreiter in der Verknüpfung von wirtschaftlichen Zugeständnissen mit Arbeitnehmerrechten. In eine Vielzahl von *Trade and Aid*-Programmen wurden inzwischen fundamentale Arbeitnehmerrechte integriert.[38]
Das GSP der USA enthält allein eine *negative „Sozialklausel"*, d.h. die Missachtung von Arbeitnehmerrechten kann mit dem Entzug von Präferenzen sanktioniert werden. In seinem Schutzumfang reicht das GSP der USA über die von der ILO anerkannten vier fundamentalen Arbeitnehmerrechte hinaus.[39] So werden von

---

System, Vol.1: Thematic Studies from a Ford Motor Foundation Project, *Whalley*, John (Ed.), Ann Arbor MI, 1989, S.211ff.

38 Zu nennen sind hierbei der Carribbean Basin Economic Recovery Act (1983), das Generalized Sheme of Preferences (GSP) von 1984 (Section 502 (b) of the US Trade and Tariff Act of 1984), die Overseas Private Investment Corporation (1985), die Multilateral Investment Guarantee Agency (1987), Section 301 des Omnibus Trade and Competitiveness Act (1988), der Andean Trade Preference Act (1991), Section 599 des Foreign Operations Appropriations Act (1992) sowie Section 1621 des Foreign Operations, Export Financing and Related Programs Act von 1995, zitiert nach *OECD*: Trade, Employment and Labour Standards: A Study of Core Workers' Rights and International Trade, Paris, 1996, S.183; zu den Ursprüngen des US-GSP vgl. *Belanger*, Amy E.: Internationally Recognized Worker Rights and the Efficacy of the Generalized System of Preferences: A Guatemalan Case Study, in: American University International Law Review 11 (1996) 1, S.108ff.

39 Zu den vier fundamentalen Arbeitnehmerrechten der Vereinigungsfreiheit einschließlich des Rechts auf Kollektivverhandlungen, der Abschaffung von Zwangs- und Kinderarbeit sowie der arbeitsrechtlichen Nichtdiskriminierung siehe oben, S.161ff.

der „Sozialklausel" des US-GSP auch akzeptable Arbeitsbedingungen, namentlich Mindestlöhne, Arbeitszeitregelungen sowie Arbeitssicherheit und Gesundheitsschutz am Arbeitsplatz zur Grundlage von Handelspräferenzen gemacht[40]. Das GSP stellt in der US-Handelsgesetzgebung das wohl wichtigste und umfangreichste Instrument zur Durchsetzung von Arbeitnehmerrechten dar. Es sieht eine systematische Überprüfung der Arbeitsbedingungen in Importstaaten durch das *GSP Subcommittee* vor, welches sich aus Vertretern verschiedener US-Regierungsbehörden zusammensetzt[41]. Eine Untersuchung der Arbeitsbedingungen in den Importländern kann auch von interessierten Dritten angeregt werden.[42] Die Ergebnisse dieser Untersuchungen können neben der Streichung von Vergünstigungen aus dem GSP als Grundlage weiterer Maßnahmen unter anderen US-Handelsgesetzen dienen.[43]

2. EU-Präferenzsystem

In der EU wurden Arbeitnehmerrechte erst wesentlich später mit Handelspräferenzen verknüpft, als dies in den USA der Fall war.
Im Jahre 1994 trat erstmals ein Präferenzschema der EU in Kraft, das für bestimmte gewerbliche Waren die Verknüpfung von Zollerleichterungen mit fundamentalen Rechten in der Arbeit vorsieht.[44] Abhängig von der arbeitsrechtlichen Situation im Importland sieht das europäische anders als das US-amerikanische GSP nicht nur Sanktionen in Form des Entzugs von Zollerleichterungen, sondern auch zusätzliche Präferenzen *(special incentives)* als positiven Anreiz vor. Die „Sozialklausel" im GSP der EU entwickelt ihre menschenrechtliche Lenkungswirkung daher durch den Einsatz von *"sticks and carrots"*, also einer Mischung aus Bestrafung und Belohnung.

So enthält das geltende EU-Präferenzsystem einerseits eine Ermächtigung für zusätzliche Zollermäßigungen, sofern in den Exportländern Arbeitnehmerrechte

---

40 General System of Preferences Renewal Act of 1984, 19 U.S.C. §§ 2461-2466 (1988), § 2462(a)(4), zitiert nach *Belanger*, Amy E. (Fn.38): S.112ff., Fn.49 und Fn.57.
41 *LeQuesne*, Caroline: Reforming World Trade-The Social and Environmental Priorities, Oxford, 1996, S.62f., *OECD* (Fn.38): S.184f.
42 *Trebilcock*, Michael J./*Howse*, Robert (Fn.21): S.459.
43 *OECD* (Fn.38): S.183.
44 EG-Verordnung Nr.3281/94 vom 19.Dezember 1994, EG-Abl. Nr.L 348 v. 31. Dezember 1994, S.1ff. Für die Präferenzregelung landwirtschaftlicher Erzeugnisse siehe EG-Verordnung Nr.1256/96 vom 20. Juni 1996, EG-Abl. Nr.L 160 v. 29. Juni 1997, S.1ff.

eingehalten werden.[45] Von dieser Ermächtigung machte der Rat im Jahr 1998 Gebrauch, und beschloss, die nachgewiesene Einhaltung von Arbeitnehmerrechten mit zusätzlichen Zollermäßigungen zwischen 10 und 35% zu belohnen.[46] Diese Vergünstigungen können für das Recht auf Vereinigungsfreiheit und Kollektiv- verhandlungen sowie die Abschaffung der Kinderarbeit im Sinne der entsprechen- den ILO-Konventionen gewährt werden.[47] Die vorgesehenen Sonderpräferenzen erhält der Importstaat nur auf Antrag und wenn staatliche Stellen nachweisen, dass die einschlägigen ILO-Konventionen eingehalten werden.[48]

Andererseits kennt das allgemeine Präferenzsystem der EU auch den Entzug von tarifären Vergünstigungen als Sanktion. Bezüglich der Arbeitnehmerrechte ist dies bei Exporten aus Gefängnis- und Sklavenarbeit möglich. Materielle Voraussetzung ist das Vorliegen von Gefängnisarbeit oder Sklaverei im Sinne der Genfer Übereinkommen vom 25. September 1926 und 7. September 1956 oder der ILO- Konventionen Nr.29 und Nr.105.[49] Formell setzt die Rücknahme von Präferenzen voraus, dass das vorgesehene Verfahren zum Entzug der Zollvergünstigungen durchgeführt wurde.[50] Dieses Verfahren kam bereits gegen Myanmar (Burma) zur Anwendung. Dem ostasiatischen Land wurde aufgrund staatlich betriebener Zwangsarbeit auf Vorschlag der Kommission durch den Rat alle Zollvergünsti- gungen aus dem GSP vorübergehend entzogen.[51]

Zusammenfassend bleibt festzuhalten, dass das geltende allgemeine Präferenz- schema der EU zur Verwirklichung der fundamentalen Arbeitnehmerrechte sowohl mit Sonderpräferenzen, als auch mit der Minderung und dem Entzug von Vergünstigungen für Entwicklungsländer als negativem Anreiz arbeitet.

---

45 Das durch die EG-Verordnung Nr.3281/94 etablierte das Präferenzsystem galt für den Zeitraum 1995-1998 und wurde durch die EG-Verordnung Nr.2820/98 v. 21.Dezember 1998, EG-Abl. Nr.L 357 v. 30. Dezember 1998, S.1ff. verlängert. Zur arbeits- und menschenrechtlichen Konditionierung der EU-Präferenzen vgl. *Brandtner*, Barbara/*Rosas*, Allan: Human Rights and the External Relations of the European Community: An Analysis of Doctrine and Practice, in: European Journal of International Law 9 (1998) 3, S.699ff., zu den umweltrechtlichen Konditionierungen siehe *Haan*, Esther J. de: Integrating Environmental Concerns into Trade Relations: the European Union Revised General System of Preferences, in: International Economic Law with a Human Face, Weiss, Friedl (Ed.), Den Haag, 1998, S.307ff.
46 Die Festlegung der Zollanreize wurde mit der EG-Verordnung Nr.1154/98 v. 25. Mai 1998, EG- Abl. Nr.L 160 v. 4. Juni 1998, S.1ff. vorgenommen.
47 Art.7:1 EG-Verordnung Nr.3281/94, zu den in dieser Vorschrift genannten ILO Konventionen Nr.87, 98 und 138 vgl. oben, S.161ff. und S.176ff.
48 Art.7:1 EG-Verordnung Nr.3281/94 i.V.m. Art.11 EG-Verordnung Nr.2820/98.
49 Art.9:1 EG-Verordnung Nr.3281/94, zu den ILO-Konventionen Nr.29 und 105 siehe oben, S.174ff.
50 Art.10-Art.12 EG-Verordnung Nr.3281/94.
51 EG-Verordnung Nr.552/97 vom 24. März 1997 EG-Abl. L 85 v. 27. März 1997, S.8f.

3. Vereinbarkeit mit WTO-Recht

Durch im Rahmen eines Präferenzsystems gewährte Zollvergünstigungen werden Produkte aus Entwicklungsländern günstiger behandelt als die Einfuhren aus den übrigen Staaten. Damit verstoßen Präferenzen grundsätzlich gegen die Meistbegünstigungsklausel des Art.I:1 GATT.[52] Die Streitschlichtung hatte bisher noch nicht abschließend über die Zulässigkeit von tarifären Vergünstigungen unter Präferenzsystemen zu befinden.[53] Bevor auf die Vereinbarkeit *von GSP-Sozialklauseln* mit WTO-Recht eingegangen werden kann, ist daher zu klären, auf welcher rechtlichen Grundlage allgemeine Präferenzsysteme zugunsten von Entwicklungsländern beruhen.

Um Präferenzen zugunsten der Entwicklungsländer zu gestatten, erließen die Vertragsparteien des GATT die sog. *Enabling Clause* als dauerhafte Rechtsgrundlage für allgemeine Präferenzsysteme[54]. In dieser Entscheidung mit dem Titel *"Differential and More Favourable Treatment, Reciprocity and Fuller Participation of Developing Countries"* wird festgestellt, dass

"[n]otwithstanding the provisions of Article 1 of the General Agreement, contracting parties may accord differential and more favourable treatment to developing countries, without according such treatment to other contracting parties." [55]

---

52 Vgl. Panel Report *European Community-Tariff Treatment on Imports of Citrus Products from certain Countries in the Mediterranean Region* v. 7. Februar 1985, GATT-Doc. L/5776, S.95, Rn.4.11; für nicht-tarifäre Zugeständnisse an Entwicklungsländer vgl. Panel Report *United States-Denial of Most-Favoured-Nation Treatment as to Non-Rubber Footwear from Brazil* v. 19. Juni 1992, GATT-Doc. DS/18/R, (Nachdruck in: BISD39S/128, 1993): S.20, Rn.6.14.
53 Im Panel Report *United States Customs User Fee*, v. 2. Februar 1988, GATT Doc. L/6264, (Nachdruck in: BISD 35S/245, 1989): S.31, Rn.1.22 wurden, allerdings ohne formale Annahme der Entscheidung, tarifäre Vergünstigungen unter dem *Caribbean Basin Economic Recovery Act* lediglich deshalb als mit der *Enabling Clause* für unvereinbar angesehen, weil sie nicht im Rahmen eines allgemeinen Präferenzsystems gewährt wurden; zu menschenrechtlichen Zollkonditionierungen im Rahmen des *Caribbean Basin Economic Recovery Act* vgl. *Bittens*, Andrew: Trade Conditionality and the Crane Bill: Rewarding Caribbean Basin Nations for Human Rights Failures, in: Cardozo Journal of International and Comparative Law 6 (1998) 1, S.159ff.; *Frund*, Henry J.: Trade Conditions and Labor Rights, U.S. Initiatives, Dominican and Central American Responses, Florida, 1998, S.103ff., der die Wirksamkeit konditionierter Präferenzen an Fallstudien in einzelnen mittelamerikanischen Ländern diskutiert.
54 Zur Enabling Clause als Rechtsgrundlage von Zollvergünstigungen im Rahmen eines GSP siehe oben, S.468f.
55 Abs.1 *Enabling Clause*.

Nach der *Enabling Clause* gelten Zollpräferenzen für Entwicklungsländer im Rahmen eines allgemeinen Präferenzsystems grundsätzlich als mit Art.I:1 GATT vereinbar. Fraglich ist allerdings, ob ein GSP auch dann noch von der *Enabling Clause* gedeckt wird, wenn die Zollvergünstigungen durch eine „Sozialklausel" konditioniert sind. Grundgedanke der *Enabling Clause* ist es, Entwicklungsländern ungeachtet Art.I GATT eine differenzierte und günstigere Behandlung als den übrigen Ländern zu gewähren.[56] Für Zollvergünstigungen schreibt die *Enabling Clause* allerdings vor, dass diese im Rahmen eines Systems *allgemeiner* Präferenzen gewährt werden müssen.[57] Wann ein solches System allgemeiner Präferenzen vorliegt, bestimmt sich nach der Definition des *GSP Waivers* von 1971[58]. Demnach sind "*non-reciprocal and non-discriminatory preferences beneficial to the developing counties*"[59] zwingende Merkmale eines allgemeinen Präferenzsystems. Es ist daher zu untersuchen, ob ein Präferenzsystem noch als nicht-reziprok und nichtdiskriminierend angesehen werden kann, wenn die Zollvergünstigungen nach der Einhaltung von Arbeitnehmerrechten differenziert werden. Andernfalls wären GSP-Sozialklauseln nicht mehr von der *Enabling Clause* gedeckt und verstießen dadurch gegen Art.I:1 GATT.

a) Nicht-Reziprozität

Ein GSP im Sinne der *Enabling Clause* erfordert zunächst, dass die tarifären Zugeständnisse nicht-reziprok gewährt werden, d.h. die Zollvergünstigungen für Entwicklungsländer müssen ohne Gegenleistung eingeräumt werden[60]. Der Begriff der Nicht-Reziprozität bestimmt sich nach Abs. 5 *Enabling Clause* folgendermaßen:

The developed countries do not expect reciprocity for commitments made by them in trade negotiations to reduce or remove tariffs and other barriers to trade of developing countries, i.e. the

---

56 Vgl. auch den jüngsten *Waiver* der Mitgliedstaaten für LDCs: *Preferencial Tariff Treatment for Least Developed Countries, Decision on a waiver*, WTO-Doc. WT/L/304 v. 15. Juni 1999.
57 Abs.2(a) *Enabling Clause*, vgl. Panel Report *United States Customs User Fee*, v. 2. Februar 1988, GATT Doc. L/6264 (Nachdruck in: BISD 35S/245, 1989), S.31, 1.22.
58 Abs.2(a), Fn.3 *Enabling Clause* lautet: *As described in the Decision of the CONTRACTING PARTIES of 25 June 1971, relating to the establishment of "generalized, non-reciprocal and non discriminatory preferences beneficial to the developing countries"*.
59 Vgl. lit.(a) GSP-Wäiver i.V.m. Abs.3 und Abs.4 Präambel GSP-Waiver.
60 Zur instrumentalen Gegenseitigkeit (Reziprozität) als Grundsatz des GATT vgl. oben, S.89ff.

developed countries do not expect the developing countries, in the course of trade negotiations, to make contributions which are inconsistent with their individual development, financial and trade needs. [...]

Für Präferenzen, die vom sozialen, oder ökologischem Wohlverhalten des Nehmerstaates abhängen, wird teilweise bezweifelt, dass sie nicht-reziprok im Sinne der *Enabling Clause* sind.[61] Man könnte die Einhaltung von Arbeitnehmerrechten als Gegenleistung für eingeräumte Präferenzen ansehen, da nach dem Wortlaut des Abs.5 *Enabling Clause* unzulässige Gegenleistungen nicht notwendig auf tarifäre Zugeständnisse beschränkt sind. So lässt sich argumentieren, dass die Entwicklungsländer durch ökologische oder arbeitsrechtliche Konditionierungen zu regelkonformen Verhalten im Interesse und zum Nutzen der Präferenzgeber erzogen werden. Vereinzelt wird die erzwungene Einhaltung von Sozialstandards insofern als Gegenleistung für Präferenzen und damit als Verstoß gegen das Erfordernis der Nicht-Reziprozität der *Enabling Clause* angesehen.[62]

Es erscheint jedoch fragwürdig, die Einhaltung von Arbeitnehmerrechten als verbotene reziproke Gegenleistung zu Zollsenkungen aufzufassen. Unter Reziprozität wird im GATT die Gleich*wertigkeit* von Handelszugeständnissen im Bereich der Zölle verstanden.[63] Das GATT geht von einem technischen Reziprozitätsbegriff aus. Reziprozität setzt deshalb die Möglichkeit einer mehr oder minder exakten Evaluierung des Wertes gegenseitiger Zugeständnisse voraus.[64] Die Einhaltung von Arbeitnehmerrechten ist einer solchen Bewertung jedoch nur schwer zugänglich. Schon aus diesem Grund sind Zweifel daran angebracht, ob die Einhaltung von Arbeitnehmerrechten als Gegenleistung anzusehen ist.

Von einer Gegenleistung für Präferenzen wird man nur dann sprechen können, wenn die Einhaltung von Arbeitnehmerrechten allein zum Nutzen und im Interesse der Geberländer erfolgte. Sofern eine „Sozialklausel" die umfassende Beachtung sozialer Mindeststandards fordert, wie z.B. das US-amerikanische GSP die Zahlung eines Mindestlohnes, mag dies nicht völlig abwegig erscheinen. So könnte man die mit der Zahlung von höheren Löhnen einhergehende Abnahme der Wettbewerbsfähigkeit des Präferenznehmers als Gegenleistung an den Präferenzgeber für den durch Zollsenkungen erleichterten Marktzugang begreifen. Bei der Einhaltung der vier fundamentalen Arbeitnehmerrechte durch die Präferenzneh-

---

61 *Hilpold*, Peter (Fn.20): S.113.
62 *Hilpold*, Peter (Fn.20): S.113.
63 Vgl. oben, S.89.
64 Zur Berechnung des Wertes von Zugeständnissen bei Zollverhandlungen vgl. *Jackson*, John H. (Fn.21): S.147.

mer, wie sie das GSP der EU fordert, kann jedoch kaum von einer Gegenleistung die Rede sein. Vielmehr haben sich die Mitglieder der ILO, darunter auch die meisten Entwicklungsländer, mit der ILO-Deklaration 1998 die Verwirklichung der fundamentalen Arbeitsstandards zum Ziel gesetzt und dadurch ihr kollektives Eigeninteresse an der Einhaltung dieser Menschenrechte in der Arbeit zum Ausdruck gebracht. Die Beachtung der fundamentalen Arbeitsstandards geschieht deshalb nicht im alleinigen Interesse der Präferenzgeber, sie ist daher keine reziproke Gegenleistung für Zollerleichterungen und erfüllt demnach die erste Anforderung der *Enabling Clause*.

b) Nichtdiskriminierung

Die *Enabling Clause* schreibt weiter vor, dass allgemeine Präferenzsysteme nichtdiskriminierend ausgestaltet sein müssen. Die Differenzierung von Präferenzen anhand der arbeitsrechtlichen Situation der Nehmerländer ist jedoch gerade der Zweck von „Sozialklauseln" in Präferenzsystemen. Es stellt sich deshalb die Frage, ob „Sozialklauseln" mit dem von der *Enabling Clause* geforderten nichtdiskriminierenden Charakter allgemeiner Präferenzsysteme vereinbar sind.

Hierzu wird die Ansicht vertreten, dass Präferenzsysteme über die allgemeine Bevorzugung der Entwicklungsländer hinaus keine Differenzierungskriterien enthalten dürfen, da sie anderenfalls mit dem Gebot zur Gleichbehandlung in der *Enabling Clause* nicht mehr vereinbar seien[65]. Für diese Ansicht lässt sich anführen, dass die *Enabling Clause* als Ausnahme zu Art.I:1 GATT eng auszulegen ist. Dem Diskriminierungsverbot als Rückausnahme von der *Enabling Clause* muss demnach möglichst weitreichend Geltung verschafft werden, weil es die Grundregel der Meistbegünstigung widerspiegelt. Das Diskriminierungsverbot in der *Enabling Clause* als relative Meistbegünstigungsklausel gebiete dementsprechend die weitestmögliche Gleichbehandlung der Entwicklungsländer in Präferenzsystemen.[66]

Da die Verknüpfung von Präferenzen mit Arbeitnehmerrechten aber nicht den Entwicklungs-, Handels- und Finanzbedürfnissen der Entwicklungsländer positiv Rechnung trage, sollen GSP-Sozialklauseln nicht mehr von der *Enabling Clause* gedeckt sein und deshalb gegen Art.I:1 GATT verstoßen.[67]

---

65 *Hilpold*, Peter (Fn.20): S.112f.
66 *Lempp*, Hans-Volkhard: Die Vereinbarkeit einseitiger Maßnahmen der Vereinigten Staaten gegen das sogenannte Sozialdumping mit dem „GATT 1994" und dem Völkergewohnheitsrecht, Würzburg, 1995, S.95.
67 So im Ergebnis *Lempp*, Hans-Volkhard (Fn.66): S.96, der allerdings unscharf von einem Verstoß gegen „das Prinzip der Nichtdiskriminierung" spricht, ihm folgend *Reuß*, Matthias: Menschenrechte

Eine Ausnahme von dieser relativen Meistbegünstigungspflicht gestattet allerdings Abs.3(c) *Enabling Clause.* Dort heißt es:

3. Any differential and more favourable treatment provided under this clause: [...]
*(c) shall in the case of such treatment accorded by developed contracting parties to developing countries be designed and, if necessary, modified, **to respond positively to the development, financial and trade needs of developing countries.***[68]

In dieser Arbeit wird dementsprechend die Ansicht vertreten, dass die arbeitsrechtliche Konditionierung von Präferenzsystemen zulässig ist, da GSP-Sozialklauseln als positiver Beitrag zu den Entwicklungsbedürfnissen der Präferenznehmer im Sinne von Abs.3(c) *Enabling Clause* angesehen werden können. Dabei darf der *Enabling Clause* allerdings kein allein wirtschaftlicher Entwicklungsbegriff zugrunde gelegt werden. Bereits die in Abs. 3 und Abs. 5 *Enabling Clause* verwendete Formulierung *"development, financial and trade needs"* legt nahe, dass *"development"* nicht allein wirtschaftliche Entwicklung meint, denn anderenfalls wäre die gesonderte Erwähnung von *"financial and trade needs"* weitgehend überflüssig. Insbesondere muss der Entwicklungsbegriff der *Enabling Clause* aber im Lichte des im WTO-Agreement verankerten Grundsatzes der Nachhaltigen Entwicklung (*Sustainable Development*) gelesen werden.[69] Die Relevanz des WTO-Agreement für die Auslegung des GATT und damit auch der *Enabling Clause* folgt aus Art.II:1 in Verbindung mit Annex 1 WTO-Agreement, wonach das GATT integraler Bestandteil des WTO-Agreement ist. Es wurde bereits ausgeführt, dass die fundamentalen Arbeitnehmerrechte die soziale Komponente Nachhaltiger Entwicklung betreffen.[70] Sofern ein Präferenznehmer Probleme bei der Einhaltung der fundamentalen Arbeitnehmerrechte offenbart, besteht insofern ein soziales Entwicklungsbedürfnis, dem die Modifikation von Präferenzen durch eine GSP-Sozialklausel Rechnung trägt. Solange sich eine „Sozialklausel" auf die fundamentalen Arbeitnehmerrechte beschränkt, stellt sie in Anbetracht des Prinzips der Nachhaltigen Entwicklung daher eine zulässige Differenzierung anhand der sozialen „Entwicklungsbedürfnisse" im Sinne des Abs.3(c) *Enabling Clause* dar.

Weiterhin verlangt Abs.3(c) *Enabling Clause* jedoch, dass Präferenzsysteme den Entwicklungsbedürfnissen der Präferenznehmer *positiv* Rechnung tragen. Die

---

durch Handelssanktionen, Hamburg, 1999, S.97.
68 Hervorhebung hinzugefügt.
69 Zum Grundsatz der Nachhaltigkeit vgl. oben, S.116ff.
70 Siehe oben, S.118.

Gewährung von *special incentives* im GSP der EU erfüllt diese Voraussetzung, da zusätzliche Präferenzen für die Einhaltung von Arbeitnehmerrechten zweifelsohne geeignet sind, die soziale Entwicklung des Präferenznehmers zu fördern. Allerdings erscheint dies bei negativen „Sozialklauseln", die einen Entzug von Präferenzen zur Folge haben können, zweifelhaft.

Das GSP der EU sieht einen Entzug von Präferenzen allein in Fällen von Gefängnis- oder Zwangsarbeit vor. Für diese Fälle kommt es auf die Vereinbarkeit mit Abs.3(c) *Enabling Clause* nicht an, denn Maßnahmen gegen Gefängnis- oder Zwangsarbeit lassen sich gegebenenfalls unter der allgemeinen Ausnahme des Art.XX(e) GATT rechtfertigen.[71]

Anders liegt der Fall bei dem Präferenzsystem der USA, dessen „Sozialklausel" ausschließlich mit dem Entzug von Vergünstigungen arbeitet, sobald ein Präferenznehmer gegen den umfangreichen Katalog von Sozialstandards verstößt. Da sich diese Maßnahmen auch auf Mindestlöhne oder Arbeitszeitregelungen beziehen, kommt eine Rechtfertigung unter den allgemeinen Ausnahmen des GATT nicht in Frage. Dennoch spricht einiges dafür, auch Präferenzsysteme mit einer negativ ausgestalteten „Sozialklausel" als positiven Entwicklungsbeitrag im Sinne von Abs.3(c) *Enabling Clause* anzusehen.

Hierfür lässt sich zunächst anführen, dass die entwickelten Mitglieder keine Verpflichtung trifft, Zollpräferenzen zu gewähren. Insbesondere enthält der entwicklungspolitische Teil IV des GATT keine Vorschrift, die Entwicklungsländern einen Rechtsanspruch auf tarifäre Bevorzugung einräumt. Deshalb ist jedes freiwillig eingeräumte Präferenzsystem als positiver Beitrag zur Entwicklung anzusehen, gleichgültig ob es für bestimmte Fälle die Aussetzung oder die Rücknahme der Vergünstigungen vorsieht. Ob Anreize positiv oder negativ konzipiert werden, ist zudem lediglich eine Frage des juristischen Designs von Präferenzsystemen und lässt keinen Schluss auf deren entwicklungspolitischen Wert zu. So können die durch eine negative „Sozialklausel" geminderten Präferenzen wertmäßig sogar über den durch arbeitsrechtliche Boni aufgestockten Zollvergünstigungen liegen, da es hierfür maßgeblich auf den Ausgangswert ankommt. Es bleibt daher festzuhalten, dass auch Präferenzsysteme mit negativen „Sozialklauseln" einen positiven Beitrag zu Entwicklungsbedürfnissen leisten können. Die Einhaltung von Arbeitnehmerrechten stellt daher eine zulässige Differenzierung für Präferenzsysteme im Sinne von Abs.3(c) *Enabling Clause* dar.

Dennoch bleibt das Gebot relativer Gleichbehandlung der *Enabling Clause* für GSP-„Sozialklauseln" nicht ohne Wirkung. Ihm muss dadurch Rechnung getragen werden, dass „Sozialklauseln" in Präferenzsystemen einheitliche Arbeitsstandards

---

71 Zu den Voraussetzungen und deren Auslegung des Art.XX(e) GATT, siehe oben, S.336ff.

für alle Präferenznehmer zugrunde gelegt werden. Sofern die Inhalte einer GSP-Sozialklausel nichtdiskriminierend für alle Nehmerländer gelten, liegt daher kein Verstoß gegen das Gebot relativer Meistbegünstigung unter der *Enabling Clause* vor.

III. Zwischenergebnis

„Sozialklauseln" in nationalen Präferenzsystemen, die Zollvergünstigungen für Entwicklungsländer mit der Einhaltung von Arbeitnehmerrechten verknüpfen, stellen eine „weiche" Alternative zur Implementierung von Arbeitnehmerrechten mit Handelssanktionen dar. Sie sind mit WTO-Recht vereinbar, wenn sie von allen Präferenznehmern gleichermaßen die Einhaltung der vier fundamentalen Arbeitnehmerrechte verlangen, wobei sowohl mit positiven, als auch mit negativen Zollanreizen gearbeitet werden darf. Allerdings darf das Instrument konditionierter Präferenzsysteme nicht überschätzt werden, da sich im Zuge genereller Zollsenkungen der Effekt von Präferenzsystemen im Allgemeinen und damit auch von menschenrechtlich motivierten Differenzierungen im Besonderen vermindert.

C. Social Labelling

Die Zahl der privaten Initiativen, die sich der Verknüpfung von Arbeitnehmer- und Menschenrechten mit dem Warenhandel verschrieben haben, wächst stetig. Viele dieser sog. *ethical trading initiatives* bieten Unternehmen und Verbänden die Möglichkeit, sich im Rahmen eines Kennzeichnungsprogrammes zertifizieren zu lassen. Nachfolgend sollen Merkmale und Wirkungsweise sozialer Kennzeichnungsprogramme und ihre Vereinbarkeit mit WTO-Bestimmungen untersucht werden.

I. Begriff

Die Merkmale sozialer Kennzeichnungsinitiativen variieren in vielerlei Hinsicht. Deshalb sollen im folgenden einige Gemeinsamkeiten und Unterschiede der verschiedenen *social labels* herausgearbeitet werden.

Grundsätzlich kann Labelling sowohl als verbindliche, staatliche Vorschriften und Produktstandards, als auch in Form freiwilliger, von nicht-staatlichen Organisationen vergebener Kennzeichnung oder als Mischform aus beidem auftreten. Soziale Kennzeichnungsprogramme werden allerdings bisher ausschließlich von privaten Akteuren betrieben, darunter nicht nur NGOs, sondern auch Gewerkschaften, Unternehmen, Industrieverbände oder Gemeinschaftsinitiativen dieser Gruppen.[72] Soziale Kennzeichnungen, die von staatlichen oder zwischenstaatlichen Stellen vergeben werden, existieren bisher nicht.[73] Allerdings kommt es vor, dass die Gründung privater Kennzeichnungsinitiativen mit Unterstützung der jeweiligen Regierung erfolgt, ohne dass diese in der Folge jedoch organisatorisch involviert bleibt.[74] Erstes Merkmal von *social labels* ist demnach, dass sie von privaten Kennzeichnungsinitiativen vergeben werden.

Ein weiteres Merkmal des *social labelling* ist, dass es bisher ausschließlich in freiwilliger Form erfolgt. Erstens entscheidet sich der Produzent freiwillig für eine Kennzeichnung seiner Ware, ohne dass dies durch Herstellungsbestimmungen oder Einfuhrvorschriften vorgegeben ist. Zweitens beruht auch der Entschluss zum Kauf solcher Waren auf der jeweils freien Entscheidung des Abnehmers oder der Konsumenten[75].

Freiwilliges, privates Labelling von Waren dient dazu, durch Hinweise auf besondere Merkmale des Produkts oder des Herstellungsverfahrens die Attraktivität der Güter für die Konsumenten zu steigern. Im Fall des *social labelling* erfolgt eine Kennzeichnung auf dem Etikett oder ein Hinweis im Rahmen des Verkaufs oder Marketings, dass Waren oder Dienstleitungen unter Einhaltung bestimmter arbeitsrechtlicher Vorgaben hergestellt wurden[76].

Über Umfang und Auslegung der arbeitsrechtlichen Kriterien eines Labels entscheidet üblicherweise die Kennzeichnungsinitiative. Zur Konkretisierung der Standards werden dabei entweder eigene Definitionen entwickelt, auf nationales Recht oder aber auf den Inhalt internationaler Arbeits- und Sozialstandards der ILO verwiesen.[77]

Dabei variiert der arbeitsrechtliche Inhalt von Kennzeichnungsinitiativen stark. So

---

72 *Diller*, Janelle M.: A Social Consistence in the Global Marketplace ? Labour Dimensions of Codes of Conduct, Social Labelling and Investor Initiatives, in: International Labour Review 138 (1999) 2, S.104.

73 *Diller*, Janelle M. (Fn.72): S.105.

74 So wurde in England die private *"Ethical Trading Initiative"* unter Mitwirkung der britischen Regierung gegründet und wird noch heute durch Regierungsmittel finanziert. Um jedoch eine staatliche Verantwortlichkeit vor der WTO zu vermeiden, wurde auf eine Beteiligung im Vorstand der Organisation verzichtet, *Zadek*, Simon/*Lamb*, Harald: Business Ethics: Civil Porcesses, Voluntary Initiatives and WTO Rules, New Economics Foundation, London, 1998, S.14f.

75 *Hilovitz*, Janet: Labelling Child Labour Products, ILO-Documentation, Genf, 1997, S.1.

76 *Goode*, Walter: Dictionary of Trade Policy Terms, Adelaide, 1998, S.255, vgl. auch *Diller*, Janelle M. (Fn.72): S.103.

77 *Diller*, Janelle M. (Fn.72): S.115.

beschränken sich einige Programme allein auf die Vermeidung von Kinderarbeit[78], andere decken weitere der vier fundamentalen Arbeitnehmerrechte ab[79] und eine Reihe von *social labels* macht den Herstellern sogar umfassende Vorgaben über die Arbeitsbedingungen einschließlich Mindestlöhnen, Sozialleistungen, Arbeitszeiten, Arbeitssicherheit oder Weiterbildung der Arbeitnehmer[80]. Bemerkenswert ist, dass fast alle bekannten arbeitsrechtlichen Kennzeichnungen den Einsatz von Kinderarbeit verbieten und von den Herstellern die Entlassung der Kinder verlangen. Einige Initiativen sind sich der sozio-ökonomischen Hintergründe von Kinderarbeit allerdings bewusst und unterstützen deshalb Erziehungs- und Hilfsprogramme für die entlassenen Kinderarbeiter aus den Erlösen der Kennzeichnung.[81]

Auch bei der Finanzierung sozialer Kennzeichnungsprogramme existieren verschiedene Modelle. So erheben einige Kennzeichnungsinitiativen eine einheitliche Mitglieds- oder Lizenzgebühr, während sich andere *social labels* über einen prozentualen Anteil am Umsatz gekennzeichneter Waren finanzieren.[82] Einige Initiativen verwenden einen Teil des erzielten Erlöses für einen Fonds, aus dem soziale Projekte in der Region und dem Sektor gefördert werden, aus dem die vertriebenen Waren stammen.[83]

Bei sozialen Kennzeichnungsinitiativen lassen sich ferner verschiedene Methoden zur Überwachung der Labelling-Kriterien unterscheiden. Ein Teil der Initiativen lässt seine Kriterien von den teilnehmenden Herstellern, deren Vertragspartnern oder den entsprechenden Industrieverbänden selbst überwachen ("*self-*

---

78 Beispiele hierfür sind die im Jahre 1995 gegründete Kaleen-Initiative des *Carpet Export Promotion Council* (CEPC) der indischen Regierung oder die 1990 mit Unterstützung der ILO und der UNICEF gegründete Abrinq-Foundation, die sich zunächst auf die südamerikanischen Hersteller von Schuhwerk spezialisiert hat, nun aber sektorübergreifend ein "*Child-Friendly Enterprise*" Label vergibt, vgl. *Hilovitz*, Janet (Fn.74): S.33ff.
79 So beispielsweise die Schweizer Initiative STEP (Stiftung für gerechte Bedingungen in Teppichherstellung und -handel), die abgesehen vom Standard der Nichtdiskriminierung die Achtung aller vier fundamentalen Arbeitnehmerrechte von den Herstellern verlangt; die einzelnen Labelling-Kriterien sind im Internet veröffentlicht unter www.step-foundation.ch.
80 Solche umfassenden Anforderungen an die Arbeitsbedingungen bei zertifizierten Herstellern stellt beispielsweise die bereits 1988 gegründete Kennzeichnungsinitiative *Fairtrade Labelling Organizations International* im Rahmen ihrer auf landwirtschaftliche Produkte spezialisierten Labels *Max Havelaar*, *TransFair* und *Fairtrade Mark*. Für weitere Informationen siehe im Internet www.fairtrade.net.
81 Hierzu zählen *Care&Fair*, *Kaleen*, *Rugmark*, *STEP*, das *Double Income Project*, *Pro-Child* und Abrinq, *Diller*, Janelle M. (Fn.72): S.106.
82 Vgl. *Diller*, Janelle M. (Fn.72): S.106.
83 *Hilovitz*, Janet (Fn.74): S.2.

monitoring").[84] Aus Gründen der Transparenz und Glaubwürdigkeit verlangen soziale Kennzeichnungsinitiativen allerdings überwiegend, dass die Einhaltung der Labelling-Kriterien von unabhängigen Dritten überwacht wird ("*third-party-monitoring*"). Die Kontrolle der Hersteller können dabei entweder professionelle Auditoren oder NGOs übernehmen; einige setzen zusätzlich auf Informationen von Regierungen oder Arbeitnehmervertretungen.[85]

Zusammenfassend bleibt festzustellen, dass arbeitsrechtliche Labelling-Initiativen zumindest folgende gemeinsame Merkmale aufweisen:

- Physische Kennzeichnung des Produkts oder der Verkaufsräume durch ein Logo, dessen Vergabe auf der Einhaltung arbeitsrechtlicher Standards bei der Herstellung beruht.

- Die Kennzeichnung richtet sich an Konsumenten, denen hierdurch das Anliegen des jeweiligen Programms kommuniziert wird.

- Die Teilnahme an der Kennzeichnung ist freiwillig und erfolgt über private, nicht-staatliche Organisationen.

- Es besteht eine Form der Überwachung, um die Einhaltung der Produktionsstandards durch die Hersteller zu gewährleisten.

II. Wirkungsweise

Die Wirkung sozialer Kennzeichnungsinitiativen setzt an zumindest drei verschiedenen Punkten an.

Erstens und primär sollen Kennzeichnungsprogramme einen Anreiz für die Produzenten schaffen, ihre Herstellungsbedingungen bezüglich der Einhaltung von Arbeitnehmerrechten zu verbessern. Ein positiver Anreiz hierfür besteht in dem Vorteil gegenüber nicht gekennzeichneten Waren der Wettbewerber, insbesondere im Konsumgüter-Sektor. Gleichzeitig wächst durch eine Kennzeichnungsinitiative der Druck auf die nicht teilnehmenden Hersteller. Dies kann bis zu öffentlichen Boykott-Kampagnen führen, sofern ein Hersteller oder seine Lieferanten in Verletzungen von Arbeitnehmerrechten involviert sind[86]. Die Gefahr des hieraus dro-

---

84 Ausschließlich auf Selbstüberwachung basieren das 1994 gegründete *Care&Fair* Label und die 1997 ins Leben gerufene Baden-Kennzeichnung für Sportbälle, vgl. *Diller*, Janelle M. (Fn.72): S.106.
85 *Diller*, Janelle M. (Fn.72): S.104.
86 Im Internet wurden von den NGOs *Campaign for Labour Rights* (www.summersault/~agj/clr) und *Co-op America* (www.coopamerica.org und www.sweatshops.org) Kampagnen gegen Disney und den

henden Imageschadens bildet den negativen Anreiz zur Partizipation an freiwilligen Kennzeichnungsprogrammen.

Zweitens werden staatliche Stellen auf das soziale Ziel des privaten Kennzeichnungsprogrammes aufmerksam. Manche erwarten durch *social labelling* sogar einen verbesserten gesetzlichen Schutz von Arbeitnehmerrechten, sofern Regierungen politische Vorbehalte gegen Kennzeichnungsinitiativen ausländischer NGOs hegen, z.B. dass bei der Kontrolle inländischer Unternehmen durch eine ausländische Labelling-Initiative vertrauliche Informationen ausgespäht werden.[87] Der Druck für inländische Unternehmen, sich einer ausländischen Kennzeichnungsinitiative zu unterwerfen, kann durch verbesserten gesetzlichen Schutz für Arbeitnehmerrechte gesenkt werden.[88]

Drittens führt die Kennzeichnung von Waren zu einer Sensibilisierung der Konsumenten für das jeweilige Anliegen. Dies kann zunächst den Effekt haben, dass gekennzeichnete Waren in erhöhtem Maße nachgefragt werden wodurch letztendlich eine zunehmende Zahl von Arbeitnehmern in den Genuss „fairer" Arbeitsbedingungen kommt. Gleichzeitig steigert erhöhter Absatz die Erträge der den Kennzeichnungsinitiativen angeschlossenen Fonds, durch deren Projekte das Los der Arbeitnehmer im Herstellungsland ebenfalls verbessert wird.

Dennoch lässt sich der Ansatz des *social labelling* aus verschieden Gründen kritisieren. Gegen Kennzeichnungsprogramme kann zuerst eingewandt werden, dass es sich *de facto* nicht um freiwillige Initiativen handelt. Ziel von Labelling ist gerade die Errichtung indirekter, faktischer Diskriminierungen für diejenigen Unternehmen, die nicht bereit sind an Kennzeichnungsprogrammen teilzunehmen. Unternehmen haben deshalb die „Wahl", entweder auf eigene Kosten an den Labelling-Programmen teilzunehmen oder aber einen Nachteil gegenüber Wettbewerbern in Kauf zu nehmen. In Anbetracht dieser beiden Optionen werden Zweifel an der Freiwilligkeit von Kennzeichnungen laut.[89]

Sportartikelhersteller Nike organisiert, da diese Unternehmen angeblich in die Verletzung von Arbeitnehmerrechten involviert waren.

87 *Hilovitz*, Janet (Fn.74): S.4, vgl. zu den Bedenken im Hinblick auf vertrauliche Informationen entsprechende Äußerungen des japanischen Botschafters H. Ukawa, Vorsitzender der *Group on Environmental Measures and International Trade*, 49th Session of the Contracting Parties, GATT-Dok. L/7402 v. 2. Februar 1994, Ziff. 73.

88 *Hilovitz*, Janet (Fn.74): S.5f.

89 Vgl. *Economic and Social Commission for Asia and the Pacific*: Trade Effects of Eco-Labelling, Market Access Implications, New York, 1997, S.11.

Weiterhin kann man gegen *social labelling* vorbringen, dass es die Hersteller in entwickelten Ländern bevorzuge. So hängt der Stand der Arbeitsbedingungen zumindest auch mit der Produktivität und Ausstattung der Produktionsanlagen zusammen. Deshalb können Hersteller aus entwickelten Ländern allein durch ihren technischen Vorsprung bessere Arbeitsbedingungen bieten, als Produzenten in unterentwickelten Regionen.[90] Bei den Herstellern in Entwicklungsländern resultiert aus den zur Erfüllung der Labelling-Kriterien erforderlichen Sicherheits- oder Modernisierungsmaßnahmen dagegen ein Anstieg der Produktionskosten.[91] Hierzu kommen noch die Kosten der Kennzeichnung selbst.[92] Dies trifft insbesondere kleinere Unternehmen, in deren Kalkulation die durch das Labelling verursachten Fixkosten bezogen auf eine Produkteinheit durch das geringere Produktionsvolumen besonders ins Gewicht fallen. Gleiches gilt für die Hersteller geringwertiger und arbeitsintensiver Produkte, die zuvorderst auf Basis der Preise mit höherwertigen Waren auf Exportmärkten konkurrieren. Auch wenn Labelling gegenüber einer „Sozialklausel" im Welthandel das mildere Mittel darstellt, bewirken Kennzeichnungsprogramme letztlich ebenfalls eine Verknüpfung des Markzugangs mit Arbeitnehmerrechten. Eine wirkungsvolle Kennzeichnung wirft daher gleichermaßen wie Handelsmaßnahmen die Problematik auf, dass den Unternehmen im Exportland arbeitsrechtliche Produktionsstandards von außen aufgezwungen werden. Aus all diesen Gründen stoßen soziale Kennzeichnungsinitiativen insbesondere bei Herstellern aus Entwicklungsländern auf Vorbehalte.

Ein weiterer Kritikpunkt am Labelling ist die durch verschiedene nationale Kennzeichnungsinitiativen bewirkte Marktfragmentierung. Durch die fehlende Harmonisierung der Kriterien der jeweiligen Programme entstehen für exportorientierte Unternehmen für den jeweiligen nationalen Markt zusätzliche Informations- und Anpassungskosten, die sich durch die oftmals mangelhafte Transparenz der einzelnen Programme noch steigern.[93]

---

90 Vgl. *Economic and Social Commission for Asia and the Pacific* (Fn.89): S.12.
91 *Chang*, Seung Wha: GATTing a Green Trade Barrier, Eco-Labelling and the WTO-Agreement on Technical Barriers to Trade, in: Journal of World Trade 31 (1997) 1, S.138.
92 Die Steigerung der Produktionskosten für die AZO-freie Produktion im Rahmen eines deutschen Kennzeichnungsprogramms für Textilien betrug beispielsweise in den ASEAN-Ländern zwischen 5 und 20%, siehe *Economic and Social Commission for Asia and the Pacific* (Fn.89): S.12f. Obwohl eine entsprechende Studie über den Kostenanstieg für die Einhaltung von Menschenrechten in der Arbeit bisher fehlt, dürfte der entsprechende Durchschnittswert eher niedriger liegen, jedoch erscheinen abhängig vom Anteil des Faktors Arbeit an der Produktion und der bisherigen Arbeitsbedingungen auch Kostensteigerungen von über 20% möglich.
93 Siehe zu diesem Problemkreis das *US Proposal Regarding further Work on Transparency of Eco-Labelling*, WTO-Doc. WT/CTE/W/27 vom. 25. März 1996, S.1 worin die Auffassung vertreten wird,

Anlass zu kritischer Reflexion bietet auch der vermeintliche Vorteil von Kennzeichnungsprogrammen gegenüber staatlichen Handelsmaßnahmen. So kommt privates Labelling ohne staatliche Regulierung aus, setzt auf den freien Entschluss der Konsumenten und wird deshalb als marktkonformes Instrument zum Schutz von Arbeitnehmerrechten angesehen.[94] Allerdings fehlt den nicht-staatlichen Kennzeichnungsinitiativen zumeist jede demokratische Legitimation. Ferner darf die wirkungsvolle Einhaltung von Menschenrechten in der Arbeit nicht allein davon abhängen, ob Konsumenten bereit sind, einen höheren Preis für sozial verträglich hergestellte Produkte zu zahlen. Anderenfalls entzögen sich die Staaten ihrer Pflicht zur Verwirklichung der fundamentalen Arbeitnehmerrechte aus den internationalen Menschenrechtspakten und den ILO-Konventionen. Deshalb kann der pragmatische Ansatz der Kennzeichnungsprogramme lediglich eine Ergänzung für staatliche Regulierungen sein, um Arbeitnehmerrechten weltweit zur Durchsetzung zu verhelfen.[95]

III. Vereinbarkeit mit WTO-Recht

Weder unter dem GATT, noch unter der WTO musste die Streitschlichtung in der Vergangenheit darüber befinden, ob und unter welchen Voraussetzungen Labelling mit internationalem Handelsrecht vereinbar ist. In den Empfehlungen des *WTO Committees on Trade and Environment* (CTE) von 1996 spiegelt sich allerdings die positive Einstellung der WTO-Mitglieder gegenüber Kennzeichnungen als "weichem" Lenkungsinstrument der Handelspolitik wider, wenn es dort heißt:

"Well designed eco-labelling schemes/programmes can be effective Instruments of environmental policy to encourage the development of an environmentally conscious consumer public." [96]

Bis heute sind bezüglich der Behandlung von Labelling-Programmen unter WTO-Recht zwei Fragen unbeantwortet. Erstens ist umstritten ob Kennzeichnungsprogramme überhaupt WTO-Recht unterfallen, wenn sie sich wie *social labelling* nicht auf produktbezogene Eigenschaften des Herstellungsverfahrens (*non-pro-*

---

daß die Verbesserung der Transparenz von (Umwelt-) Kennzeichnungsinitiativen sowohl aus handels- als auch aus umweltpolitischer Sicht wünschenswert sei.

94 *Diller*, Janelle M. (Fn.72): S.104.

95 A.A. *Senti*, Martin: "Social Labelling": Alternative zur Sozialklausel, in: NZZ v. 15. August 1997, S.6.

96 *Report of the Committee on Trade and Environment*, WTO-Dok. WT/CTE/1 v. 12. November 1996, Rn.184, (o.S.).

duct-related PPMs) beziehen. Die Anwendbarkeit des TBT-Agreement vorausgesetzt ist fraglich, welche Anforderungen das Welthandelsrecht an soziale Kennzeichnungen stellt.

1. Agreement on Technical Barriers to Trade

a) Anwendungsbereich

Das TBT-Agreement unterscheidet zwischen verbindlichen technischen Vorschriften (*technical regulations*), und sog. technischen Standards (*technical standards*), deren Einhaltung nicht zwingend vorgeschrieben ist.[97] Die Kriterien einer sozialen Kennzeichnungsinitiative sind nicht zwingend vorgeschrieben und Kennzeichnungserfordernisse (*labelling requirements*) werden vom TBT-Agreement als Beispiel für technische Standards ausdrücklich genannt.[98] Bei den arbeitsrechtlichen Kriterien einer Kennzeichnungsinitiative handelt es sich deshalb um technische Standards im Sinne des TBT-Agreement.[99] Der Anwendung des TBT-Agreement auf soziale Kennzeichnungen steht es nicht entgegen, dass *social labelling* von nicht-staatlichen Organisationen betrieben wird. Anders als unter dem GATT sind nicht nur Staaten, sondern auch nicht-staatliche Normungsorganisationen Adressaten der Regeln des TBT-Agreement.[100] Der Anwendungsbereich des TBT-Codes ist für private Labelling-Initiativen grundsätzlich eröffnet.

Allerdings liegt bei den technischen Standards des *social labelling* gegenüber anderen Kennzeichnungen, z.B. aufgrund der Umweltfreundlichkeit eines Produkts, insofern ein Sonderfall vor, als sich die Arbeitsbedingungen bei der Herstellung nicht in Produkteigenschaften niederschlagen. Regelungsgegenstand des *social labelling* sind somit *non-product-related processes and production methods (PPMs)*.

Für zwingende technische Vorschriften (*technical regulations*) wurde bereits dargelegt, dass sich das TBT-Agreement nur auf produktbezogene Anforderungen,

---

97 Annex 1, Art.2, 1.Hs. TBT, das Agreement on Technical Barriers to Trade ist abgedruckt in: *WTO*, The Legal Texts (Fn.5): S.121ff, deutsche Übersetzung in: *Hummer*, Waldemar/*Weis*, Friedl (Fn.5): Nr.54, S.929ff.
98 Annex 1, Art.2, 2.Hs TBT.
99 Annex 1, Art.2, 1.Hs TBT.
100 Vgl. Art.4:1, S.2 TBT.

nicht aber *non-product-related PPMs* erstreckt.[101] Dies ergibt sich aus Annex 1, Art.1 TBT, wo es heißt:

1. Technical Regulation

*Document which lays down **product characteristics** or their **related processes and production methods**, including the applicable administrative provisions, with which compliance is mandatory. It may also include or deal exclusively with terminology, symbols, packaging, marking or labelling requirements as they apply to a product, process or production method.*[102]

Die Beschränkung auf produktbezogene Standards folgt dabei vor allem aus den in Worten *"products or related processes and production methods"*. Nichts anderes kann aufgrund der wortgleichen Formulierung für freiwillige Labelling-Kriterien gelten, denn auch zu technischen Standards führt das TBT-Agreement aus:

2. Standard

*Document approved by a recognized body, that provides, for common and repeated use, rules, guidelines or **characteristics for products** or **related processes and production methods**, with which compliance is not mandatory. It may also include or deal exclusively with terminology, symbols, packaging, marking or labelling requirements as they apply to a product, process or production method.*[103]

Da Arbeitnehmerrechte und Sozialstandards keinen Niederschlag in den Eigenschaften eines Produktes finden und daher keine *produktbezogenen* PPMs im Sinne des TBT-Code darstellen, ist nach der in dieser Arbeit vertretenen Auffassung für das *social labelling* der Anwendungsbereich des TBT-Codes nicht eröffnet[104].

In der WTO, genauer im CTE, bestehen unter den Mitgliedstaaten jedoch vier

---

101 Annex 1, Art.2 TBT, zur Unanwendbarkeit des TBT-Agreement auf *non-product-related PPMs* siehe oben, S.284.
102 Hervorhebung hinzugefügt.
103 Annex 1, Art.2, 1.Hs. TBT, Hervorhebung hinzugefügt.
104 So auch *Chang,* Seung Wha (Fn.91): S.147; *Charnovitz,* Steve: Green Roots, Bad Pruning: GATT Rules and their Application to Environmental Trade Measures, in: Tulane Environmental Law Journal 7 (1994) 1, S.299 und S.313, Fn. 81, für Umweltkennzeichen, die sich auf *PPMs* beziehen *Bloomfield,* Thomas A./*Gresham,* Zane O.: Rhetoric or Reality: The Impact of the Uruguay Round Agreement on Federal and State Environmental Laws, in: Santa Clara Law Review 35 (1995) 4, S.1155f.

unterschiedliche Auffassungen darüber, wie mit Labelling-Kriterien ohne Produkt-bezug unter dem TBT-Agreement umgegangen werden soll. Dabei wird vertreten, dass Kennzeichnungen im Hinblick auf *non-product-related processes and production methods (PPMs)*

- vom TBT-Agreement erfasst und mit diesem vereinbar sind,
- vom TBT-Agreement nicht erfasst sind, aber dessen Anwendungsbereich entsprechend erweitert werden müsse,
- vom TBT-Agreement nicht erfasst sind und der Anwendungsbereich auch nicht erweitert werden solle.
- vom TBT-Agreement erfasst und mit dessen Vorschriften unvereinbar sind.[105]

Da seit der Gründung des CTE im Jahr 1996 im Streit um die Behandlung nicht-produktbezogener Kennzeichnungen in der WTO kein Fortschritt erzielt wurde, bewegt sich auch das *social labelling* bisher in einer WTO-rechtlichen Grauzone. Es ist jedoch nicht auszuschließen, dass durch eine entsprechende Entscheidung der Streitschlichtung oder eine Klarstellung der Mitgliedstaaten das TBT-Agreement auf nicht-produktbezogene Kennzeichnungen für anwendbar erklärt wird. Deshalb soll im folgenden untersucht werden, welche Anforderungen sich aus WTO-Recht an *social labelling* ergeben.

b) Anforderungen an Social Labelling

Die Ausarbeitung, Annahme und Anwendung technischer Standards ist in der Vorschrift des Art.4 TBT geregelt[106]. Nach Art.4.1, S.2 TBT sollen die Mitglied-staaten darauf hinwirken, dass mit technischen Standards befasste nicht-staatliche Organisationen, den im TBT-Agreement enthaltenen „Kodex des guten Verhal-tens" (*Code of Good Practice for the Preparation, Adoption and Application of Standards, CGP*) beachten.[107] Der CGP entfaltet Bindungswirkung für alle mit technischen Normen und Standards befassten Organisationen, sobald diese den

---

105 *Motaal*, Doaa Abdel: Eco Labelling and the World Trading Organisation (unveröffentlichtes WTO-Arbeitspapier), Genf, undatiert, S.5 unter Berufung auf WTO-Doc. WT/CTE/M/5 v. 30. November 1995, WT/CTE/M/6 v. 17. Januar 1996, WT/CTE/M7 v. 22. März 1996, WT/CTE/M/8 v. 11. April 1996, WT/CTE/M10 v. 12. Juli 1996, WT/CTE/M11 v. 22. August 1996 sowie WT/CTE/M12 v. 21. Oktober 1996.
106 Vgl. *Liu*, Vivian: Eco-Labelling and the WTO-Agreement on Technical Barriers to Trade, in: Eco-Labelling and International Trade, Zarrilli, Simonetta/Jha, Veena/Vossenaar, René (Ed.), London (e.a.) 1997, S.267.
107 Der Code of Good Practice for the Preparation, Adoption and Application of Standards ist abge-druckt in: *WTO*, The Legal Texts (Fn.5): S.139ff., deutsche Übersetzung in: *Hummer*, Waldemar/*Weis*, Friedl (Fn.5): Nr.54, S.954ff.

Kodex anerkennen.[108] Da die WTO-Streitschlichtung den Kodex guten Verhaltens noch nie angewandt hat, ist die Bedeutung der relevanten Vorschriften ggf. durch Auslegung zu ermitteln.

(1) Nichtdiskriminierung

Nach Art. CGP dürfen technische Standards Importe nicht weniger günstig behandeln, als gleichartige Waren aus dem Inland oder Drittstaaten. Auch für technische Standards gelten somit die Grundsätze horizontaler (Meistbegünstigung) und vertikaler Nichtdiskriminierung (Inlandsbehandlung).[109]
Deshalb stellt sich zuerst die Frage, ob Abs. D CGP bereit solche Diskriminierungen verbietet, die allein aus der Begünstigung bestimmter Produkte resultiert. Dafür spricht zunächst der Wortlaut dieser Vorschrift. Hiernach dürfen eingeführte Produkte nicht weniger günstig (*"no less favourable"*) als Waren aus dem Inland oder anderen Mitgliedstaaten behandelt werden. Eine Präferenz für ein Produkt bedeutet stets die „weniger günstige Behandlung" der übrigen. Hieran wird der relative Charakter von Diskriminierungsverboten deutlich, die nicht auf absolute Nachteile, sondern auf Gleichbehandlung im Vergleich mit anderen Waren abstellen.

Weitaus problematischer ist allerdings, inwieweit die Anwendung von *social labelling* Gleichheitsaspekten Rechnung tragen muss, um dem Gebot der Nichtdiskriminierung des Art.D CGP zu genügen.
Einerseits könnte man die Ansicht vertreten, dass Art.D CGV jede Diskriminierung durch technische Standards verbiete. In Anbetracht der weiten Auslegung der Diskriminierungsverbote der Art.III:4 und Art.I:1 GATT könnte das Prinzip der einheitlichen Auslegung einer Rechtsordnung ebenfalls eine weite Auslegung des Abs. D CGP gebieten.
Allerdings ist es gerade der Zweck des *social labelling*, den Verbraucher über unterschiedliche Herstellungsmethoden zu informieren und dadurch die Produkte von Herstellern zu beurteilen, die an der Kennzeichnung teilnehmen. Deshalb darf bei der Auslegung des Diskriminierungsverbotes des Abs. D CGP nicht der Zweck technischer Normen außer acht gelassen werden, der sich von den unter Art.III:4 und Art.I:1 GATT erfassten tarifären und nichttarifären Maßnahmen unterscheidet. So bezwecken Normungen regelmäßig, dass durch bestimmte Kriterien ein Standard gesetzt wird, um z.B. die Sicherheit oder die technische Kompatibilität von

---

108 Art.B CGP, entsprechend Art.C CGP ist die Anerkennung des CGP beim ISO/IEC Information Center in Genf zu notifizieren.
109 Zu den Grundsätzen horizontaler und vertikaler Nichtdiskriminierung siehe oben, S.82ff.

Produkten zu gewährleisten. Notwendigerweise findet hierdurch eine diskriminierende Selektion derjenigen Waren statt, die diese Standards nicht erfüllen, wobei ggf. sogar zwischen „gleichartigen" Produkten differenziert werden muss.[110] Dagegen sind „interne Regulierungen" oder tarifäre Maßnahmen des Art.III GATT nicht grundsätzlich auf die Differenzierung bzw. die Selektion von Produkten ausgerichtet. Bei diesen Maßnahmen kann daher bereits eine jede faktische Ungleichbehandlung gleichartiger Produkte auf eine protektionistische Maßnahme hindeuten.[111] Ein solch weites Verständnis von Gleichbehandlung kann dem TBT-Agreement nicht zugrunde liegen, da hierdurch der Zweck der wohl meisten technischen Standards *ad absurdum* geführt würde. Sofern Art.D CGP umfassende *de facto* Gleichbehandlung forderte, dürfte eine Kennzeichnungsinitiative keinem Hersteller die Verwendung des *social labels* verbieten, selbst wenn dieser gegen die arbeitsrechtlichen Kriterien massiv verstößt. Für technische Standards kann Art.D CGP deshalb nur *de iure* Gleichbehandlung verlangen.

Für *social labelling* bedeutet dies insbesondere die Verwendung nichtdiskriminierender Labelling-Kriterien und die Gleichbehandlung aller Hersteller bei der Vergabe des Labels.

(2) Transparenz

Der Kodex guten Verhaltens enthält ferner Vorschriften, die arbeitsrechtlichen Kennzeichnungen ein Mindestmaß an Transparenz abverlangen. So müssen Kennzeichnungsinitiativen über die von ihnen zugrundegelegten Kriterien der Kennzeichnung informieren und diese bei der ISO notifizieren.[112] Sofern die Kennzeichnungsinitiative ihre Kriterien ändern oder neue Kriterien hinzufügen will, muss interessierten Parteien aus anderen WTO-Mitgliedstaaten über einen Zeitraum von 60 Tagen Gelegenheit für Stellungnahmen zu dem Vorhaben eingeräumt werden und hierauf durch Veröffentlichung hingewiesen werden.[113]

---

110 Zwar ist in Abs.D CGP lediglich von *"products"* und nicht von *"like products"* die Rede. Da Gleichbehandlung jedoch eine bestimmte Vergleichbarkeit der Produkte voraussetzt, kann davon ausgegangen werden, daß auch dieser Vorschrift das *"like products"*-Konzept des GATT zugrundeliegt. Zu *"like procducts"* unter Art.III GATT vgl. oben, S.291 und unter Art.I GATT oben, S.301.
111 Zu *de facto*-Diskriminierungen unter Art.III sowie Art.I GATT vgl. oben, S.296 sowie S.303.
112 Art.J CGP.
113 Art.L CGP.

(3) „Unnötige Handelsbeschränkungen"

Ferner dürfen technische Standards keine unnötigen Hindernisse für den internationalen Handel schaffen. Die Formulierung *"unnecessary obstacles to international trade"* in Art.E CGP scheint zunächst an die im *chapeau* des Art.XX GATT verwendete Formulierung *"disguised restriction on international trade"* zu erinnern.[114] Berücksichtigt man hierbei, dass Handelsmaßnahmen mit extraterritorialem Bezug von der GATT-Streitschlichtung als mit dem *chapeau* des Art.XX GATT unvereinbar angesehen wurden[115], so könnte man dies gleichermaßen für extraterritorial ausgerichtetes Labelling unter Art.E CGP annehmen, zumal die Formulierung *"unnecessary obstacles"* nach dem üblichen Verständnis des Wortlautes weiter gefasst ist als die Worte *„disguised restriction"*.

Gegen die Annahme, dass freiwillige Kennzeichnungsinitiativen allein durch ihren extraterritorialen Bezug zu arbeitsrechtlichen Herstellungsbedingungen in Drittstaaten *per se* ein „unnötiges Hemmnis des internationalen Handels" darstellen, spricht jedoch der systematische Zusammenhang des Abs. E CGP mit Art.2.2 TBT, der korrelierenden Norm für obligatorische *technische Vorschriften*. Diese Norm enthält wortgleich den in Abs. E CGP enthaltenen Passus, der in Art.2.2, S.2 TBT zusätzlich näher erläutert wird:

Members shall ensure that technical regulations are not prepared, adopted or applied with a view to or with the effect of creating **unnecessary obstacles to international trade**. **For this purpose, technical regulations shall** **not be more trade-restrictive than necessary** *to fulfil a legitimate objective, taking account of the risks non-fulfillment would create.*[116]

Der Terminus *"unnecessary obstacles to international trade"* in Art.2.2, S.1 TBT wird in S.2 dahingehend erläutert, dass technische Vorschriften ihre Ziele mit dem am wenigsten handelsbeschränkenden, also mildesten Mittel zu verfolgen sind. Dieses Verständnis entspricht dem sog. *necessity test* im Rahmen des Art.XX GATT, der an dem mehrfach verwendeten Wortlaut *"necessary to"* anknüpft.[117]

---

114 Zur Auslegung des Terminus *"disguised restriction on international trade"* unter dem *chapeau* Art.XX GATT siehe oben, S.356ff.

115 Panel Report *United States-Restrictions on Imports of Tuna* (nicht angenommen), GATT Doc. DS21/R v. 3. September 1991 (Nachdruck in: BISD 39S/155, 1993): S.35, Rn.5.25ff.; einschränkend Panel Report *Tuna II* (Fn.9): S.49ff, Rn.5.15ff. offengelassen durch Appellate Body Report *United States-Import Prohibition of Certain Shrimp and Shrimp Products*, WTO-Doc.WT/DS58/AB/R v. 12. Oktober 1998: S.50f., Rn.133.

116 Hervorhebung hinzugefügt.

117 Zu den Kriterien des *necessity tests* im Rahmen des Art.XX GATT siehe oben, S.333ff.

Die Tatsache, dass der auf freiwillige Standards anwendbare Art.E CGP keine Art.2.2, S.2 TBT entsprechende Klarstellung enthält, spricht nicht dagegen, diese Erläuterung zur Auslegung heranzuziehen. Es ist nicht ersichtlich, warum freiwillige technische Standards strikteren Anforderungen unterliegen sollten als obligatorische technische Vorschriften. Legt man Art.E CGP zudem im Lichte der grundsätzlich positiven Äußerung des CTE zu Kennzeichnungsinitiativen aus, so sind *"well designed [...] labelling schemes"* mit Art.E CGP grundsätzlich vereinbar.[118] Freiwillige technische Normen wie Labelling-Programme bilden demnach regelmäßig kein „unnötiges Hemmnis" für den internationalen Handel, solange sie das mildeste Mittel zur Implementierung von Arbeitnehmerrechten darstellen. Dies wird man für *social labelling* insbesondere mit Blick auf Handelsmaßnahmen grundsätzlich bejahen können. Abschließend lässt sich die Vereinbarkeit eines Kennzeichnungsprogramms mit Art.E CGP allerdings erst anhand dessen konkreter Ausgestaltung beurteilen.

2. GATT

Für die hier relevanten *privaten* Kennzeichnungsinitiativen ist das GATT bereits deshalb nicht anwendbar, da die Vorschriften des GATT grundsätzlich nur Staaten berechtigen und verpflichten. Dies zeigt sich schon daran, dass sich alle für Kennzeichnungen einschlägigen Normen direkt oder indirekt auf Staaten beziehen. So spricht Art.III:4 von *"laws, regulations, and requirements"*, deren Erlass nur der Legislative oder der Exekutive eines Staates, nicht aber einer privaten Kennzeichnungsinitiative möglich ist[119]. Auch die Meistbegünstigungsklausel des Art.I:1 GATT bezieht sich auf die Einfuhrmodalitäten von Waren und somit schon der Sache nach auf einen originär staatlichen Regelungsbereich. Ferner betrifft Art.I:1 lediglich „Vorteile, Vergünstigungen, Vorrechte und Befreiungen, die eine *Vertragspartei* für eine Ware gewährt"[120]. Da sich auch die allgemeine Beseitigung mengenmäßiger Beschränkungen in Art.XI GATT lediglich auf die Mitgliedstaaten bezieht, fehlt es für das *private* Labelling schon an einer einschlägigen und anwendbaren Gebotsnorm des GATT. Es bleibt damit festzuhalten, dass nichtstaatliche, freiwillige Kennzeichnungsinitiativen zur Durchsetzung der Arbeitnehmerrechte vom GATT nicht erfasst werden.[121]

---

118 Für die Stellungnahme des CTE zu Labelling siehe oben, Fn.96.
119 *Ward*, Halina: Trade and Environment Issues in Voluntary Eco-Labeling and Life Cycle Analysis in: Review of European Community & International Environmental Law 6 (1997) 2, S.141.
120 Hervorhebung hinzugefügt.
121 Auf die Frage, ob das TBT-Agreement gegenüber dem GATT eine abschließende Spezialregelung

IV. Ergebnis

Eine wachsende Zahl von Kennzeichnungsinitiativen hat sich der Förderung menschenrechtlich einwandfreier Produktionsbedingungen in Entwicklungsländern verschrieben. Solche *social labels* werden in der Praxis von privaten, nicht-staatlichen Organisationen vergeben, die Teilnahme ist für die Produzenten freiwillig und die Einhaltung der arbeitsrechtlichen Kriterien wird seltener durch die Teilnehmer selbst, als vielmehr häufiger durch *third party monitoring* sichergestellt. Soziale Kennzeichnungsinitiativen erzielen ihre arbeitsrechtliche Lenkungswirkung über die Marktkräfte und sind daher ein weitgehend marktkonformes Instrument zur Durchsetzung von Arbeitnehmerrechten. Ferner besitzt Social Labelling gegenüber einer „WTO-Sozialklausel" den Vorteil, dass die Gefahr protektionistischen Missbrauchs gering ist.[122] Auf absehbare Zeit wird *social labelling* allerdings nur eine Ergänzung staatlicher Maßnahmen bleiben, denn die Überwachung und Implementierung von Menschenrechten in der Arbeit kann nicht allein privaten Organisationen und den Konsumentenpräferenzen überlassen werden.

Über die Frage, ob Kennzeichnungen dem WTO-Recht unterliegen, bestehen unterschiedliche Auffassungen, sofern sich Kennzeichen allein auf die Herstellungsbedingungen eines Produktes beziehen, wie dies beim *social labelling* der Fall ist. Die vorangegangene Untersuchung hat gezeigt, dass die Welthandelsregeln, namentlich das TBT-Agreement und das GATT, auf *social labelling* bisher nicht anwendbar sind. Sollten sich die Mitgliedstaaten oder die Streitschlichtung dafür entscheiden, diese Regelungslücke zu schließen, so ergeben sich im Wesentlichen drei Anforderungen an *social labelling* aus dem TBT-Agreement und dem dazugehörigen CGP.

Im Ergebnis müssen arbeitsrechtliche *"Fair Trade"*-Kennzeichen demnach erstens nichtdiskriminierend ausgestaltet werden, d.h. sie müssen in- und ausländische Hersteller *de iure* gleich behandeln; zweitens muss bei Festlegung und Anwendung der Labelling-Kriterien Transparenz gewährleistet werden und drittens darf *social labelling* nicht handelsbeschränkender als erforderlich wirken.

---

darstellt, braucht hier daher nicht eingegangen zu werden.
122 *Stern*, Robert M.: Labor Standards in International Trade, in: Integration and Trade 3 (1999) 7/8, S.19.

D. Der UN Global Compact

Der UN *Global Compact* (Globalisierungspakt) bezweckt die Verwirklichung universell anerkannter Grundsätze der Weltgemeinschaft im Globalisierungsprozess. Der neue Ansatz des *Global Compact* besteht darin, diese Prinzipien durch die Kooperation der UNO und ihrer Sonderorganisationen mit privaten Unternehmen zu verwirklichen. Gegenstand des *Global Compact* sind auch die vier fundamentalen Arbeitnehmerrechte.

I. Was der Global Compact ist

Bei der UN in New York fand am 26. Juli 2000 in den Räumen des Wirtschafts- und Sozialrats ECOSOC das erste *High Level Meeting* des *Global Compact* statt[123]. Der *Global Compact* ist ein Projekt der UN mit der Wirtschaft unter kooperativer Beteiligung vielfältiger gesellschaftlicher Gruppen. Der Globalisierungspakt geht auf eine Initiative des UN-Generalsekretärs Kofi Annan zurück, der in seiner Rede auf dem Weltwirtschaftsforum in Davos am 31. Januar 1999 an die versammelten Vertreter der Weltwirtschaft das Angebot formulierte:

"let us choose to unite the power of markets with the authority of universal ideals. Let us choose to reconcile the creative forces of private entrepreneurship with the need of the disadvantaged and the requirements of future generations".[124]

Dieses Angebot wurde am 26. Juli 2000 in New York von zunächst 44 transnationalen Unternehmen aus verschiedenen wirtschaftlichen Sektoren angenommen, darunter bedeutende *"Global Players"* wie ABB, BASF, DaimlerChrysler, Deutsche Bank, Dupont, Nike und UBS.[125] Aber auch ausgewählte kleine und mittlere Unternehmen und Verbände unterstützen den *Global Compact*. Das Spektrum der NGOs, die sich zum *Global Compact* bekennen, ist ebenfalls vielfältig. Es umfasst Menschenrechtsorganisationen wie *Amnesty International* und *Human Rights Watch*, Umweltgruppen wie den *WWF* und gesellschaftliche Initiativen wie

---

123 Eine Fülle von Informationen zum New York Meeting und dem *Global Compact*, wie UNO-Dokumente, Verpflichtungserklärungen der Unternehmen, Fallstudien, Reden, Pressefundstellen bis hin zu Aufsätzen im Volltext sind im Internat veröffentlicht unter www.unglobalcompact.org.
124 Die Rede Annans in Davos (UN-Doc. SG/SM/6881/Rev.1) ist im Internet veröffentlicht unter www.un.org/partners/business/davos.htm.
125 Als transnationale Unternehmen werden Organisationseinheiten bezeichnet, die bei der Teilnahme am Geschäftsverkehr über die Grenze eines Landes hinaus in mindestens einem anderen Land Aktivitäten entfalten, *Epping*, Volker: Völkerrechtssubjekte, in: Ipsen, Knut (Hrsg.) Völkerrecht, 4. Auflage, München, 1999, § 8, S.90, Rn.14.

Business for Social Responsibility oder *Transparency International*.[126] Noch lässt die Mitgliederstruktur erkennen, dass der *Global Compact* vor allem in Europa Unterstützung findet.[127] Annan betonte jedoch, dass die *Global Compact Alliance* offen für alle wichtigen Unternehmen ist, die bereit sind, zur Verwirklichung der universellen Ziele des *Global Compact* beizutragen[128].

1. Materieller Inhalt

Den materiellen Inhalt des Globalisierungspaktes bilden die folgenden neun Prinzipien, auf deren Verwirklichung die in der *Global Compact Alliance* vereinten Unternehmen hinarbeiten sollen:

Human rights

1. *World business should support and respect the protection of internationally proclaimed human rights within their sphere of influence; and*

2. *make sure they are not complicit in human rights abuses.*

Labor rights

3. *Businesses should uphold freedom of association and the effective recognition of the right to collective bargaining;*

4. *the elimination of all forms of forced and compulsory labor;*

5. *the effective abolition of child labor; and*

6. *the elimination of discrimination in respect of employment and occupation.*

Environment

7. *Businesses should support a precautionary approach to environmental challenges;*

8. *undertake initiatives to promote greater environmental responsibility; and*

9. *encourage the development and diffusion of environmentally friendly technologies.[129]*

---

126 Die Liste aller Gründungsmitglieder des *Global Compact* einschließlich der Verbände und der *NGO*s ist veröffentlicht unter www.un.org/partners/business/gcevent/participants_c.htm. Ferner waren beim New York Meeting Vertreter aus 18 Staaten als Beobachter vertreten, darunter neben den USA, Deutschland und Norwegen auch Indien, Pakistan und Thailand.
127 Vgl. *Clerk*, Julia: U.S.Businesses Back Annan's Concept But Want More Clarity, in: International Herald Tribune, Special Section on the Global Compact, 25. Januar, 2001, S.13.
128 Vgl. *Executive Summary and Conclusion, High Level Meeting on the Global Compact*, Abs.5, im Internt veröffentlicht unter www.un.org/partners/business/gcevent/press/summary.htm.
129 Diese neun Prinzipien finden sich bereits in der Davoser Rede Annans, als UN-Doc. SG/SM/6881/Rev.1, im Internet veröffentlicht unter www.un.org/partners/business/davos.htm.

Die neun Prinzipien des *Global Compact* greifen fundamentale Werte des UN-Systems auf und sind überwiegend als Förderauftrag konzipiert. Mit dem ersten Prinzip bekennen sich die Mitglieder dazu, Menschenrechte im Rahmen ihres Einflusses zu fördern. Der zweite Grundsatz verpflichtet Unternehmen zu verhindern, dass sie als „Komplizen" in Menschenrechtsverletzungen verstrickt werden. Das dritte bis sechste Prinzip des *Global Compact* entspricht den vier Grundsätzen der *ILO-Declaration on Fundamental Principles and Rights at Work* aus dem Jahre 1998.[130] Die zuletzt genannten drei umweltrechtlichen Grundsätze des *Global Compact* finden allesamt in der *Rio Deklaration* des Jahres 1992 Erwähnung[131].

2. Prozedurale Komponenten

Neben den neun Prinzipien als materiellem Inhalt wird der *Global Compact* auch durch prozedurale Komponenten geprägt. Den *due process* des Projektes gewährleisten dabei drei formale Verpflichtungen für die Mitglieder des *Global Compact*.

Erstens müssen sich die Mitglieder durch eine schriftliche Erklärung zur Förderung der Grundsätze und Ziele des *Global Compact* verpflichten und ihre Motivation zur Teilnahme erläutern. Diese Verpflichtungserklärung haben Gründungsmitglieder bereits zum *High Level Meeting* in New York abgegeben, während sie Neumitglieder beim jüngst gegründeten *Global Compact Office* der UN einreichen müssen. Diese Erklärungen der Mitglieder der *Global Compact Alliance* werden auf der Internetseite des *Global Compact* veröffentlicht, wodurch sich die Mitglieder gegenüber der UN und der Öffentlichkeit selbst binden.

Zweitens müssen alle Mitglieder pro Jahr mindestens einmal auf der Website der UN veröffentlichen, auf welche Weise sie entsprechend ihrer Verpflichtungserklärung zur Verwirklichung der Prinzipien des *Global Compact* beigetragen haben. Dabei soll über beispielhaftes Verhalten (sog. *best practices*) berichtet werden, das zur Umsetzung der neun Prinzipien in die Praxis beigetragen hat. Die Veröffentlichung von *best practices* kann in verschiedener Hinsicht zum Erfolg des *Global Compact* beisteuern. So wird durch Transparenz und Öffentlichkeit ein konstruktiver Wettbewerb der Unternehmen um beispielhaftes Verhalten in den Bereichen Menschen- und Arbeitnehmerrechte sowie Umweltschutz entfacht. Weiterhin kön-

---

130 Zur ILO-Deklaration 1998 siehe ausführlich oben, S.156ff.
131 Der Text der Rio-Deklaration ist ebenso wie andere "*milestones*" des internationalen Umweltrechts im Internet veröffentlicht unter www.unep.org.

nen andere Mitglieder der *Global Compact Alliance* aus der Veröffentlichung der *best practices* lernen und diese als Anregung für eigene Aktivitäten nehmen. Den Unternehmen bietet der *Global Compact* wiederum eine Plattform, um die Ausübung ihrer soziale Verantwortung öffentlich zu demonstrieren. Mit dem Konzept der *"best practices"* baut der *Global Compact* auf die multiplikatorische Wirkung, das vorbildliches Verhalten auf transnationale Unternehmen erlangen kann. Die weltweit agierenden Großunternehmen stehen mit einer Vielzahl von Lieferanten und Kunden in Geschäftsbeziehungen und können so mit *"best practices"* allgemeine Maßstäbe setzen. So verlangen einige Unternehmen inzwischen bereits von ihren Lieferanten, dass diese sowohl für die Herstellung eigener Produkte, als auch für die zugekauften Vorprodukte die Einhaltung der fundamentalen Arbeitnehmerrechte garantieren. Auf diese Weise können Großunternehmen in Kooperation mit ihren Lieferanten auf die Berücksichtigung der Prinzipien des *Global Compact* in der gesamten Wertschöpfungskette, oder mit anderen Worten, auf die Steigerung der „*Wert*schöpfung" im ökonomischen, ökologischen und sozialen Bereich hinarbeiten.

Drittens sollen Mitglieder des *Global Compact* eine partnerschaftliche Kooperation mit einer UN-Sonderorganisation eingehen. Die Partnerschaften mit den internationalen Organisationen sind nicht als finanzielle Patenschaft, sondern als Kooperation auf Projektbasis zu begreifen. Eine Kooperation soll auf der Ebene der operativen Unternehmenstätigkeit „mosaikartig" durch einzelne Projekte zur Verwirklichung der Prinzipien des *Global Compact* beitragen. Einige UN-Organisationen kooperieren bereits seit einiger Zeit erfolgreich bei Projekten mit dem Privatsektor und verfügen über entsprechende Erfahrung.[132] Den Unternehmen kann eine solche Kooperation nutzen, da viele unter den Schlagworten *Social Responsibility* oder *Good Corporate Citizenship* entwickelte Projekte sich mit besseren Ergebnissen und geringeren Kosten realisieren lassen, wenn die im *Global Compact* vorhandenen Ressourcen genutzt werden. So verfügen Internationale Organisationen, aber auch die im *Global Compact* beteiligten NGOs über Kenntnisse und Erfahrungen, die im Privatsektor nicht notwendig vorhanden sind. Die von den Unternehmen zur Ausübung ihrer sozialen Verantwortung eingesetzten Kapazitäten können durch die Kooperation mit Internationalen Organisationen daher gezielter eingesetzt werden.

---

132 Über eine große Erfahrung in der Kooperation mit transnationalen Unternehmen verfügt z.B. die ILO (www.ilo.org). Ferner sind die Partnerschaftsprogramme der UNIDO erwähnenswert, die z.B. die Schnittstelle zwischen transnationalen Unternehmen und deren Lieferanten in Entwicklungsländern verbessern sollen; weiterführende Informationen über die *private-public patnership* Initiativen (PPP) sind im Internet zu finden unter www.unido.org/sites/partner/.

Es bleibt festzuhalten, dass die drei prozeduralen Verpflichtungen des *Global Compact* zunächst dem Nachweis der Kooperationsbereitschaft der einzelnen Mitglieder in der *Global Compact Alliance* dienen. Die Vernetzung der unterschiedlichen gesellschaftlichen Gruppen gibt dem *Global Compact* eine selbstlernende Struktur und regt die Kommunikation, die Kooperation und den Wettbewerb zwischen den Mitgliedern an. Der *Global Compact* hat das Potential, sich zum globalen Netzwerk aus Akteuren und *Stakeholdern* der Globalisierung zu entwickeln, wobei die drei prozeduralen Verpflichtungen den Motor des Kooperationsmodells *Global Compact* bilden.

II. Was der *Global Compact* nicht ist

Der Ansatz des *Global Compact* zur Verwirklichung der neun fundamentalen Prinzipien wird noch klarer, wenn man herausarbeitet, was der *Global Compact* *nicht* ist.

Der *Global Compact* ist zunächst *kein völkerrechtlicher Vertrag*. Zwar haben die Unternehmen bei ihrem Beitritt eine Verpflichtungserklärung abgegeben, in der sie darlegen, warum sie sich an die neun Prinzipien gebunden fühlen. Jedoch verkörpern die neun Prinzipien des *Global Compact* bereits aufgrund ihrer Formulierung keine verbindlichen Rechtspflichten, sondern unverbindliche Leitlinien und Förderaufträge. Für einen wirksamen völkerrechtlichen Vertrag mit einer Internationalen Organisation fehlt es transnationalen Unternehmen zudem regelmäßig an der Qualität als Völkerrechtssubjekt[133]. Rechtlich sind die Stellungnahmen der Mitglieder des *Global Compact* deshalb als lediglich politisch-moralisch bindende Selbstverpflichtungserklärungen gegenüber der UN und der Öffentlichkeit zu charakterisieren.

---

133 Vereinzelt wird die Ansicht vertreten, daß transnationalen Unternehmen eine begrenzte Völkerrechtssubjektivität zukommen kann, wenn Staaten mit ausländischen juristischen Personen des Privatrechts sog. internationalisierte Verträge abschließen und diese kraft Parteiautonomie dem Völkerrecht unterstellen, z.B. Vereinbarungen über die Nutzung von Rohstoffvorkommen. Begründen läßt sich diese sog. "*international agreement doctrine*" damit, daß den juristischen Personen des Privatrechts durch die Anerkennung des Staates eine den internationalen Organisationen vergleichbare, abgeleitete, partielle Völkerrechtssubjektivität verliehen wird, *Epping*, Volker (Fn.126): § 8, S.91, Rn.15. Diese Auffassung wird jedoch zu Recht abgelehnt, da Staaten in diesem Fall die durch einseitige Anerkennung verliehene Völkerrechtssubjektivität den Vertragspartnern auch wieder einseitig entziehen könnten, was jedoch mit dem Grundsatz *pacta sunt servanda* nicht zu vereinbaren ist, *Liemen*, Erhard: Erdöl-Produktionsverträge des Iran: Rechtsgrundlagen und Praxis der Zusammenarbeit mit transnationalen Unternehmen, Tübingen, 1981, S.150ff.

Die neun Prinzipien des *Global Compact* sind ferner *keine Mindeststandards*. Mindeststandards sind in ihren Inhalten fix, legen eine allgemeine untere Verhaltensgrenze fest und richten sich damit gegen *worst practices*. Die Inhalte des *Global Compact* sind dagegen als Prinzipien konzipiert, die flexible Leitlinien für *best practices* aufzeigen. Zur Verwirklichung seiner Prinzipien setzt der *Global Compact* auf einzelne, konkrete Projekte und nicht auf starre, allgemeine Handlungsanweisungen im Sinne von Mindeststandards. Dem Ansatz des *Global Compact* wohnt notwendigerweise wesentlich mehr Flexibilität inne, als dies bei einem auf Mindeststandards basierenden *Code of Conduct* der Fall ist.

Der *Global Compact* kennt *keine direkte Überwachung* seiner Mitglieder. Unternehmen werden weder durch die UN selbst, noch durch die Einzelstaaten auf die Umsetzung des *Global Compact* kontrolliert. Der *Global Compact* baut vielmehr auf Offenheit, Öffentlichkeit, Transparenz und Dialog als Anregung zur Selbstkontrolle. Dazu trägt die Verpflichtung zur Veröffentlichung eines Projektes auf der Website der UN ebenso wie die Teilnahme an Partnerschaften und gemeinsamen Projekten bei.

Im *Global Compact* sind *keine Sanktionen* vorgesehen. Es existieren auch keine Regeln über die Folgen der Missachtung von Prinzipien oder formaler Verpflichtungen durch Mitglieder. Es fehlt sogar jede Regelung darüber, unter welchen Umständen die Mitgliedschaft in der *Global Compact Alliance* entzogen werden kann. Die Initiatoren des *Global Compacts* haben zwar deutlich gemacht, dass die UN bereit ist, das Projekt *Global Compact* im Fall des Misserfolgs wieder einzustellen.[134]

Man kann sich dennoch fragen, ob auch dem *Global Compact* die Zähne fehlen, um aus den Prinzipien tatsächlich „beste Praxis" werden zu lassen. Wer diese Frage vorschnell bejaht, übersieht allerdings, dass der *Global Compact* kein regulatives Steuerungsinstrument ist, sondern auf das Lenkungswirkung des Marktes setzt.[135] Statt durch regulative Vorgaben soll der Globalisierungspakt der UN vom eigenständigen Streben der Mitglieder nach Synergien und den sog. *win-win situations* leben. Damit beantwortet sich die Frage nach dem Vorgehen bei Missachtung der neun Prinzipien bereits fast von selbst, denn in jedem Fall wird Mit-

---

134 *Ruggie*, John: Remarks on the Global Compact to the NGO Community, Genf, 13.10.2000, im Internet veröffentlicht unter www.unglobalcompact.org/gc/unweb.nsf/content/Ruggiengo.htm, S.1.
135 Vgl. *Ruggie*, John (Fn.134): S.1.

gliedern die Möglichkeit nicht abgeschnitten werden, den Anschluss an jeweilige *"best practices"* wieder zu schaffen.[136]

Schließlich bleibt festzustellen, dass der *Global Compact* zur Implementierung der neun Prinzipien *staatliche Maßnahmen nicht ersetzen* soll und kann. Während staatliche Regelungen beispielsweise den einheitlichen nationalen arbeitsrechtlichen Mindeststandard festlegen, soll der *Global Compact* durch einzelne Projekte umgesetzt werden, deren Ausgestaltung und Ziele von den Projektteilnehmern festgelegt wird. Der *Global Compact* kann aufgrund seines Projektcharakters nur eine positive Ergänzung zu regulativen staatlichen Vorgaben bieten.

III. Der *Global Compact* und eine „WTO-Sozialklausel"

Die Zielrichtung des *Global Compact* und einer „Sozialklausel" in der WTO sind im Hinblick auf die vier fundamentalen Arbeitnehmerrechte weitgehend deckungsgleich, denn beide Konzepte zielen auf deren Schutz und Verwirklichung im internationalen Wirtschaftsverkehr ab.

Beide Ansätze unterscheiden sich jedoch diametral in den Implementierungsmethoden. Wo eine „WTO-Sozialklausel" als *"top down approach"* Menschenrechte in der Arbeit über den Umweg staatlicher Regulierung durchzusetzen würde, setzt der *Global Compact* als *"bottom up approach"* direkt auf der Ebene operationaler Unternehmenstätigkeit an, dort, wo sich die Frage nach der Verletzung oder der Verwirklichung der Menschenrechte in Arbeit unmittelbar stellt. So würde zur Abschaffung von Kinderarbeit unter einer „WTO-Sozialklausel" gegen die *worst practices* der Unternehmen durch Handelsbeschränkungen für Waren (aus Kinderarbeit) vorgegangen. Der *Global Compact* regt Unternehmen dagegen zu *best practices* an, beispielsweise zur Durchführung eines Ausbildungs- und Erziehungsprojektes für ehemalige Kinderarbeiter. Der These vom durch Handelsliberalisierungen bedingten destruktiven Wettbewerb (*race to the bottom*) um niedrige Sozialstandards können die Teilnehmer des *Global Compact* somit

---

136 Im Rahmen des New York Meetings wurde vorgeschlagen sektorale *Global Compact* Strukturen zu fördern. *"Best practices"* von Unternehmen eines Sektors sind zwar sicher besser zu vergleichen und unternehmensübergreifend zu nutzen. Aufgrund des unmittelbaren Wettbewerbs zwischen Unternehmen eines Sektors,auch in „weichen" Disziplinen wie der Ausübung „sozialer Verantwortung", sollte die intrasektorelle Kooperationsbereitschaft allerdings nicht überschätzt werden.

einen konstruktiven Wettbewerb (*"race to the top"*) um die Verwirklichung der vier fundamentalen Arbeitnehmerrechte entgegensetzen.[137]

Der *Global Compact* setzt zur Verwirklichung der neun Prinzipien auf die „weichen" Instrumente der Transparenz, des Dialogs und der Kooperation. Die Implementierung der fundamentalen Arbeitnehmerrechte mit Sanktionen unter einer „WTO-Sozialklausel" würde dagegen handelspolitischen Zwang und Konfrontation bedeuten. Eine „WTO-Sozialklausel" sieht Beschränkungen des Handels und Eingriffe in den Markt vor - worin gleichzeitig die Gefahr neuen Protektionismus lauert - wohingegen der *Global Compact* freiwillig und marktkonform konzipiert ist.[138] Der *Global Compact* basiert auf der Erkenntnis, dass allein liberaler Handel die Bekämpfung von Armut ermöglicht und deshalb notwendige Voraussetzung für nachhaltige Entwicklung und letztlich die Verwirklichung der fundamentalen Arbeitnehmerrechte ist.[139] Die Mitglieder des *Global Compact*, darunter einige NGOs, haben sich damit klar zum Konzept des liberalen Handels bekannt und von den polarisierenden und verneinenden Positionen der Globalisierungsgegner abgewandt. Gleichzeitig gibt der *Global Compact* den Unternehmen als *stakeholdern* des Globalisierungsprozesses die Möglichkeit, sich für die Verwirklichung gesellschaftlicher Werte einzusetzen, bevor deren Durchsetzung als *"Trade ands"* mit Handelsmaßnahmen zu einer Bedrohung des liberalen Welthandelssystems werden kann. Zudem können transnationale Unternehmen durch ihre Partnerschaften mit den UN als Akteure des Globalisierungsprozesses eine bisher nicht gekannte Legitimation erlangen. So verbindet der *Global Compact* die Effizienz der globalisierten Wirtschaft mit den Idealen der UN und bildet ein pragmatisches, integratives und positiv ausgerichtetes Gegenmodell zum polarisierenden Konzept einer „WTO-Sozialklausel".

Ob der *Global Compact* letztlich als ernsthafte Alternative zu einer Verknüpfung von *Trade&Labour* in der WTO wahrgenommen wird, wird sich anhand der Zahl und dem Engagement der teilnehmenden Unternehmen entscheiden. In dem Maße, wie es dem *Global Compact* gelingt, die vier fundamentalen Arbeitnehmerrechte in breitem Umfang weltweit zur Grundlage unternehmerischer Aktivitäten zu machen, werden die Rufe nach einer „Sozialklausel" in der WTO leiser werden.

---

137 Zur These des *race to the bottom* siehe oben, S.255ff.
138 Zum Verhältnis des Global Compact zur WTO vgl. *Kell*, Georg/*Ruggie*, John: *Global Markets and Social Legitimacy: The Case of the Global Compact*, Presentation at the Conference Governing the Public Domain beyond the Era of the Washington Consensus ? Redrawing the Line Between the State and the Market, York University, Toronto, Canada, 4.-6. November.1999, im Internet veröffentlicht unter www.unglobalcompact.org/gc/unweb.nsf/content/gkjr.htm, S.7.
139 Vgl. *Ruggie*, John (Fn.134): S.4.

Zumindest kurzfristig wird allerdings auch der *Global Compact* nicht dafür sorgen können, dass "*worst practices*" verschwinden, wie beispielsweise die staatlich betriebene systematische Zwangsarbeit in Myanmar (Burma). Hinzu kommt, dass sich unmenschliche Arbeitsbedingungen besonders in kleinen Unternehmen und im informellen Sektor der Entwicklungsländer halten werden, die der *Global Compact* nicht erreicht.[140] Die Frage nach der effektiven Verwirklichung von Mindeststandards zum Schutz der arbeitenden Menschen in einer zusammenwachsenden Weltwirtschaft wird deshalb solange aktuell bleiben, bis die vier fundamentalen Arbeitsstandards als "*moral baseline*" im internationalen Wettbewerb weitgehend respektiert werden.

IV. Warum der *Global Compact* funktionieren könnte: Zehn Gründe

Der *Global Compact* ist ein Experiment mit offenem Ausgang.[141] Aus verschiedenen Gründen bestehen allerdings berechtigte Hoffnungen, dass die Mitglieder der *Global Compact Alliance* den Konsens des *High-Level-Meetings* in New York letztendlich auch in konkrete Ergebnisse umsetzen werden.

• Erstens besitzen die Vereinten Nationen Kompetenz als „*neutraler Broker*". Sie haben Erfahrung im Ausgleich von Interessenkonflikten und können Konsens und Kooperation zwischen Ungleichen auf internationaler Ebene zu erzielen, wodurch der *Global Compact* überhaupt erst möglich wurde. Die Vermittlungskompetenz der UN wird aber auch bei der konkreten Umsetzung der neun Prinzipien, z.B. bei Projekten in Krisengebieten hilfreich sein.

• Zweitens „produzieren" die Vereinten Nationen Frieden und Stabilität, also die von global agierenden Unternehmen nachgefragte „weiche Infrastruktur". Mit der zunehmenden Internationalisierung globaler Wertschöpfungsketten werden diese öffentlichen Güter für Unternehmen immer wertvoller und die Bereitschaft wächst, sich an deren Produktion zu beteiligen.

• Drittens tragen die Unternehmen bereits heute als Produzenten zu den Zielen der UN bei. Vor allem Menschenrechte der zweiten Generation, wie das Recht auf Nahrung oder das Recht auf Gesundheit können durch die Produkte der

140 *Stratte-McClure*, John: Protecting Basic Rights in the Workplace, in: International Herald Tribune, Special Section on the Global Compact, 25. Januar, 2001, S.12.
141 *Ruggie*, John (Fn.134): S.2ff.

Unternehmen gefördert werden. Nicht zuletzt durch den technologischen Fortschritt erscheint dieses Potential der Unternehmen noch steigerungsfähig.

- Viertens zeigt der *Global Compact* Überschneidungen der wirtschaftlichen und entwicklungspolitischen Interessen auf, denn nachhaltige wirtschaftliche Entwicklung vermindert Armut und schafft langfristig Märkte für Unternehmen.

- Fünftens vernetzt der *Global Compact* gesellschaftliche und wirtschaftliche Ressourcen. Die Kombination unterschiedlicher Kompetenzen mehrt die Hoffnung, dass selbst Probleme mit vielschichtigen Wirkungszusammenhängen gelöst werden, wie die Einhaltung der fundamentalen Arbeitnehmerrechte in LDCs.

- Sechstens liegt eine konzeptionelle Stärke des *Global Compact* darin, dass er die Vorzüge der Partner positiv hervorhebt. Dadurch wird das Erkennen von Synergien vereinfacht und insgesamt ein positives und dadurch ergebnisorientiertes Klima angeregt.

- Siebtens sind Unternehmen maßgeblich am Leitbild der Effizienz ausgerichtet und verstehen es, die Marktkräfte zu nutzen und dadurch ökonomische Werte zu schaffen. Der *Global Compact* versucht als erster globaler Ansatz, dieses Potential zu nutzen, indem Unternehmen durch positive Anreize zur vermehrten „Produktion" gesellschaftlicher Werte angeregt werden .

- Achtens verschiebt sich das wirtschaftspolitische Steuerungspotential von der Politik in Richtung der Unternehmen, und damit korrelierend wächst deren soziale Verantwortung. Transnationale Unternehmen agieren auf globalen Märkten und müssen dementsprechend auch zunehmend auf globaler Ebene soziale Verantwortung übernehmen. Der *Global Compact* ist hierfür ein ausgezeichnetes Instrument, da die Wahrnehmung gesellschaftlicher Interessen auf internationaler Ebene eine Kernkompetenz der verschiedenen UN-Sonderorganisationen darstellt.

- Neuntens wachsen langsam Strukturen zur Implementierung der neun Prinzipien des *Global Compact* heran. So wurde in der UN ein direkt dem Generalsekretär unterstelltes *Global Compact* Office geschaffen, und auch auf Unternehmensebene werden Ressourcen zur Umsetzung der neun Prinzipien des *Global Compact* in die Praxis abgestellt.

- Zehntens wird der *Global Compact* stets um neue Instrumente ergänzt, welche die Ziele des Projekts fördern. Jüngstes Beispiel ist das *Global Compact*

Learning Forum (GCLF), das den Austausch und die Auswertung von Erfahrungen der Partner der *Global Compact Alliance* bei der Umsetzung der Prinzipien erleichtern soll.

Seit dem offiziellen Start des *Global Compact* im Sommer 2000 ist sicherlich noch zu wenig Zeit verstrichen, um bereits abschließend Bilanz über die Erfolgsaussichten des *Global Compact* ziehen zu können. Jedoch bestehen zwischen den Partnern der *Global Compact Alliance* bisher noch erhebliche Berührungsängste, die langfristig den Erfolg des Projektes gefährden können. Der *Global Compact* baut auf die Bereitschaft und die Offenheit, vorhandene Ressourcen zu verknüpfen und von geeigneten *"best practices"* gegenseitig zu lernen. Nur dann besteht eine Chance, dass sich der *Global Compact* als Instrument der Kooperation im internationalen Wettbewerb der Unternehmen und Institutionen auf globaler Ebene etabliert.[142]

V. Fazit

Der *Global Compact* ist ein neues Instrument der UN zur Durchsetzung der fundamentalen Arbeitnehmerrechte durch die verschiedenen Akteure der internationalen Wirtschaftsbeziehungen. Den Unternehmen als wichtigster Mitgliedergruppe kommt die Verpflichtung zu, aus den vier fundamentalen Arbeitsprinzipien durch konkrete Projekte in Kooperation mit NGOs und Internationalen Organisationen, vorrangig naturgemäß der ILO, unternehmerische Praxis werden zu lassen. Dadurch unterscheiden sich die Aktivitäten des *Global Compact* maßgeblich vom konfrontativen Sanktionscharakter der Handelsmaßnahmen unter einer „WTO-Sozialklausel". Transnationale Unternehmen als Gegner einer „Sozialklausel" sollten den *Global Compact* entsprechend unterstützen. Im Erfolgsfall können liberale Interessengruppen durch ihre Beiträge zum *Global Compact* der Forderung nach einer Verknüpfung von Trade&Labour selbst den handelspolitischen Wind aus den Segeln nehmen.

---

142 Zum *Global Compact* als Instrument der Kooperation in den internationalen Wirtschaftsbeziehungen *Blüthner*, Andreas: Der Global Compact – Ein Globalisierungspakt über Werte und Effiezienz, in: Kooperation oder Konkurrenz internationaler Organisationen, Hobe, Stefan (Hrsg.), Baden-Baden, 2001, S.72ff. und insbes. S.79

E. Ergebnis

In diesem Kapitel wurden selektive staatliche Auftragsvergabe, „Sozialklauseln" in Zollpräferenzsystemen, arbeitsrechtliche Kennzeichnungen (*social labelling*) und der UN *Global Compact* als Alternativen zu einer „WTO-Sozialklausel" diskutiert.

Die Konditionierung staatlicher Auftragsvergabe erscheint dabei kaum geeignet, um Arbeitnehmerrechten weltweit zur Durchsetzung zu verhelfen.
Dagegen stellen „Sozialklauseln" in Zollpräferenzsystemen ebenso wie das *social labelling* alternative Ansätze zur Verwirklichung der Arbeitnehmerrechte dar, die bei Beachtung bestimmter Voraussetzungen mit WTO-Recht vereinbar sind.
Der *Global Compact* weist als einziges der untersuchten Instrumente keine unmittelbare WTO-rechtliche Relevanz auf, scheint aber im Erfolgsfall geeignet, der Forderung nach einer „Sozialklausel" in der WTO handelspolitisch den Boden zu entziehen.

Schlußbetrachtung

"I am absolute convinced [...] that labor standards questions as well as other social policy questions, must [...] become internalized in the GATT/WTO process. It is not possible politically and I think conceptually either, simply to put those concepts off and leave them to the rest of the world to take care of."

John H. Jackson[*]

Bei aller Hochachtung vor John H. Jackson als Begründer des Welthandelsrechts als juristischer Disziplin und seinem wissenschaftlichem Lebenswerk kann zu seinem Wunsch nach einer Verknüpfung von *Trade&Labour* als Fazit dieser Arbeit nur bilanziert werden: *It's not as simple as that.* Es hat sich gezeigt, dass das Thema Handel und Menschenrechte in der Arbeit vielschichtig ist, weil es die Schnittstelle zwischen *law and economics* betrifft und dabei Fragen der Rechtsetzung, -anwendung und -durchsetzung in den Systemen des internationalen Handels- und Arbeitsrechts sowie des Menschenrechtsschutzes aufwirft. Es ist deshalb vereinfachenden Lösungsvorschlägen nur begrenzt zugänglich, zumal die Tücken der Thematik vielfach im (juristischen) Detail liegen.

So hat die Untersuchung zweier möglicher Regelungstechniken für die Implementierung von Menschenrechten im WTO-System *de lege ferenda* gezeigt, dass hierfür kein Königsweg ersichtlich ist. Vielmehr weisen sowohl eine Regelung in Form einer „klassischen Sozialklausel" unter Art.XX GATT, als auch der in dieser Arbeit entwickelte Ansatz eines multilateralen TRILs-Agreement komplementäre Vor- und Nachteile auf.

Einerseits würde eine Kodifikation in den Ausnahmebestimmungen im GATT einen vergleichsweise wirkungsvollen Sanktionsmechanismus zur Implementierung der Menschenrechte in der Arbeit schaffen. So genießen Maßnahmen zum Schutz legitimer Politikziele unter den Ausnahmebestimmungen des GATT absoluten Vorrang gegenüber den dadurch ausgesetzten Rechten der übrigen WTO-Mitglieder. Sie müssten sich dabei im wesentlichen lediglich an ihrer Zweckmäßigkeit und Erforderlichkeit messen lassen und könnten kurzfristig, uni-

---

[*] Comment on *Bagwell*, Kyle/*Staiger*, Robert W.: The Simple Economics of Labor Standards and the GATT, in: Social Dimensions of U.S.Trade Policies, Deardorff, Alan V./Stern, Robert M. (Ed.), Ann Arbor MI, 2000, S.233

505

lateral und ohne Ermächtigung durch WTO-Organe ergriffen werden. Dies führt im Ergebnis zu einer hohen Sanktionswirkung im Zielland, womit sich die Einhaltung von Arbeitnehmerrechten wohl vielfach wirksam erzwingen ließe.

Andererseits lässt sich das Konzept einer solchen „klassischen Sozialklausel" kaum kohärent mit den Grundstrukturen des WTO-Systems in Einklang bringen. Die systemgefährdenen Elemente dieser Regelungstechnik bestehen erstens in ihrem unilateralen Charakter, der sich rechtsdogmatisch nicht mit dem Grundsatz der materiellen Gegenseitigkeit vereinbaren lässt. Zweitens könnten Maßnahmen unter den Ausnahmebestimmungen lediglich *ex post* durch die WTO-Streitschlichtung überprüft werden. Die Gefahr eines Missbrauchs durch mächtige Handelsnationen, eines Rückfalls in *"power politics"* statt *"rule of law"* durch neue Handelsbeschränkungen und letztlich die Überforderung des WTO-Streitschlichtungs- und Implementierungssystems durch *"hard cases"* ist groß. Drittens erscheint es bei unilateralen Maßnahmen unter Art.XX GATT kaum möglich, die berechtigten Interessen der Entwicklungsländer bei einer Verknüpfung von *Trade&Labour* zu wahren.

Genau spiegelverkehrt stellen sich die Vor- und Nachteile eines an das TRIPs-Agreement angelehnten TRILs-Agreement dar, also einer zukünftigen multilateralen Übereinkunft über *Trade-Related Aspects of International Labour Rights* im Rahmen der WTO. So ließe sich ein TRILs-Agreement weitgehend systemkonform in die Welthandelsordnung integrieren, denn es böte die Möglichkeit, den von den Strukturprinzipien des Welthandelssystems ausgehenden Anforderungen an eine Verbindung von *Trade&Labour* weitgehend Rechnung zu tragen. Zu nennen sind hiervon zuvorderst die Notwendigkeit nichtdiskriminierender und vorrangig marktkonformer Implementierungsmaßnahmen und die Berücksichtigung der Interessen der Entwicklungsländer. Systemkonformität wäre ferner dadurch gewährleistet, dass die Durchsetzung der Menschenrechte in der Arbeit ausschließlich über das WTO-Streitschlichtungs- und Implemetierungsverfahren erfolgen könnte. Maßnahmen zur Implementierung der TRILs-Rechte wären nur zulässig, wenn *ex ante* durch eine endgültige Entscheidung der WTO-Streitschlichtung ein Verstoß gegen fundamentale Arbeitnehmerrechte festgestellt und im WTO-Implementierungsverfahren eine Ermächtigung zu Gegenmaßnahmen erteilt wurde. Dadurch wären unilaterale Maßnahmen ausgeschlossen und die Rechtsdurchsetzung bliebe durch das Konzept *"nullification and impairment"* auf die handelsbezogenen Aspekte internationaler Arbeitnehmerrechte beschränkt.

Eben hieraus resultiert der einem TRILs-Agreement anhaftende wesentliche Nachteil: Die beschränkte Eignung zur effektiven Durchsetzung von Menschenrechten in der Arbeit. Als Ausprägung des Reziprozitätsgedankens ist die Rechtsdurchsetzung im WTO-Implementierungsverfahren auf den Ausgleich der wirtschaftlichen Vorteile aus einer Rechtsverletzung beschränkt. Aus arbeitsrechtlichen Diskriminierungen resultiert allerdings regelmäßig kein wirtschaftlicher Vorteil, denn die Diskriminierung von Arbeitnehmern ist schlicht ineffizient. Auch Verstöße gegen die übrigen fundamentalen Arbeitsstandards werden vielfach keinen oder nur einen geringen ausgleichsfähigen wirtschaftlichen Vorteil generieren, wodurch die Implementierung im WTO-System oftmals versagen würde. Übrig bliebe in diesen Fällen lediglich die Appellwirkung der vorangegangen Entscheidung der WTO-Streitschlichtung, wodurch ein TRILs-Agreement das Rechtssystem der WTO um Feststellungsurteile „bereichern" würde.

Als Ergebnis dieser Gegenüberstellung der Vor- und Nachteile potentieller Regelungen in der WTO lässt sich zunächst knapp bilanzieren, dass eine „Sozialklausel" unter den Ausnahmebestimmungen zwar eine relativ wirksame Implementierung ermöglicht, aber kaum mit dem WTO-System kompatibel ist, während ein TRILs-Agreement zwar WTO-konform wäre, aber Defizite in der Rechtsdurchsetzung offenbart.

Durch diese Ergebnisse werden zwei verbreitete Gemeinplätze der Debatte um *Trade&Labour*, oder genauer, über das Spannungsverhältnis zwischen liberalem Handel und Menschenrechten in der Arbeit, in Frage gestellt.
Einerseits ist die Aussage, die Verankerung von Menschenrechten in der WTO führe notwendig zu Protektionismus, gefährde Kostenvorteile der Entwicklungsländer im Handel und letztlich das WTO-System insgesamt, in dieser Pauschalität unzutreffend. Es kommt vielmehr auf das „juristische Design" einer entsprechenden Regelung an.
Andererseits ist die häufig anzutreffende Ansicht, der Import universell anerkannter Standards in die WTO würde aufgrund des im Völkerrecht einmalig effektiven Implementierungsmechanismus quasi automatisch deren wirksame Durchsetzung gewährleisten, in dieser Schlichtheit ebenfalls nicht haltbar. Die Welthandelsordnung kennt anders als das UN-System kein Instrumentarium für kollektive Sanktionen, sondern ist ein multilaterales Forum für die gegenseitige, wechselseitig abhängige Vereinbarung und Überwachung von Handelserleichterungen. Die aufgezeigten Grenzen der Rechtsdurchsetzung für Arbeitnehmerrechte in der WTO sollten deshalb gleichzeitig Anlass bieten, die Überfrachtung der WTO mit immer neuen *"Trade ands"* kritisch zu hinterfragen.

Über diese *"nitty-gritty details"*, also die technischen Details, des Themas *Trade&Labour* hinaus sollte die vorgenommene Untersuchung allerdings auch im breiteren Kontext der auflebenden akademischen Diskussion über eine Weltwirtschaftsverfassung betrachtet werden - als grundlegender Versuch über eine synergetische Verbindung von universell anerkannten Werten und wirtschaftlicher Rationalität.

Die WTO ist anders als das GATT 1947 längst kein Recht *sui generis* oder gar ein *"self-contained regime"* mehr, sondern Teil eines zunehmend interdependenten Systems völkerrechtlicher Organisationen und Rechtsordnungen. Dieser Prozess der konstitutionellen Verdichtung völkerrechtlicher Systeme hat sich bereits in der Anwendung des WTO-Rechts niedergeschlagen. So hat der Appellate Body im Fall *US-Shrimp* auf das Umweltabkommen CITES zurückgegriffen, obwohl nicht einmal beide Streitparteien Vertragsparteien dieses Abkommens waren.

Im jüngsten Streit um den vermeintlich bestandsgefährdenden Fang von jungen Schwertfischen hatte Chile eigene Häfen für EU-Trailer gesperrt. Wäre der Streit nicht beigelegt worden, hätte sich erstmals die Frage nach der institutionellen und materiell-rechtlichen Koordination der gleichzeitig anhängigen Verfahren vor dem internationalen Seegerichtshof auf Basis des Seerechts und vor der WTO aufgrund von Welthandelsrecht gestellt. Diese Beispiele verdeutlichen exemplarisch, dass die durch den Appellate Body begonnene Öffnung des Welthandelsrechts gegenüber anderen völkerrechtlichen Ordnungen in Zukunft wohl weiter fortschreiten wird.

Langfristig könnte sich diese Tendenz zur Entwicklung einer Weltwirtschaftsverfassung verdichten, in der die wohlfahrtssteigernden Effekte wirtschaftlicher Liberalisierung mit der Legitimation universell anerkannter Werte verknüpft werden. Auch nationale Wirtschaftsordnungen genießen auf Dauer nur Akzeptanz und Legitimation, weil sie auf einer gemeinsamen Wertebasis der Marktteilnehmer basieren und beschränken sich nicht darauf, allein die Vertragsfreiheit zu schützen. Dementsprechend genießen die universell anerkannten Menschenrechte in der Arbeit in vielen nationalen Rechtsordnungen Verfassungsrang. Gleichzeitig ist bemerkenswert, dass die wirtschaftlichen Grundfreiheiten außerhalb der WTO kaum effektiv geschützt werden, obwohl sie teilweise Menschenrechte darstellen oder doch zumindest menschenrechtlichen Bezug aufweisen.

Deshalb wurde in dieser Arbeit verschiedentlich auf die Kongruenz der Ziele der Systeme des Menschenrechtsschutzes und des internationalen Handels hingewiesen. Sowohl Menschenrechte, als auch Wohlfahrtsgewinne aus liberalem Handel bezwecken letztlich eine Verbesserung menschlicher Lebensbedingungen. Zwischen beiden Systemen bestehen bisher wenig ausgeschöpfte Möglichkeiten für Synergien. So produzieren Menschenrechte öffentliche Güter wie sozialen Frieden und letztlich Demokratisierung und schaffen so die „weiche Infrastruktur" für ungehinderten internationalen Handel. Andererseits bereitet Handel oft den

Weg für politischen Wandel und Menschenrechte, wirtschaftliche Integration entfaltet eine friedensstiftende Wirkung und ökonomischer Wohlstand erleichtert die Verwirklichung der Menschenrechte in der Arbeit. Diese positive Wechselbeziehung einer Verknüpfung von Werten und Effizienz aufzuzeigen und zu nutzen, sei es nun innerhalb oder außerhalb der WTO, war ein Anliegen dieser Arbeit. Das Projekt des *Global Compact* hat das Potential der so möglichen Synergien für die mikroökonomische Ebene der Unternehmen erkannt. Die Initiative verdient deshalb als kooperative Alternative zu „Sozialklauseln" an dieser Stelle besondere Erwähnung.

Seht euch vor, ihr Philosophen und Freunde der Erkenntnis,
und hütet euch vor dem Martyrium !
Vor dem Leiden „um der Wahrheit willen" !

Friedrich Nietzsche*

* Jenseits von Gut und Böse, Zweites Hauptstück: Der freie Geist, S.29, in: Werke, München (e.a.), 1999

DRAFT MINISTERIAL DECISION
ON TRADE, GLOBALIZATION,
DEVELOPMENT AND LABOUR
("Costa Rica Document")

Ministers

Recalling that the Members of the WTO have agreed that their relations in the field of trade and economic endeavour should be conducted with a view to raising standards of living, ensuring full employment and a large and steadily growing volume of real income and effective demand;

Reaffirming our pledge to implement the commitments assumed in the Copenhagen Declaration on Social Development, including with respect to the goals of poverty eradication, the promotion of full employment and the promotion of social integration;

Reaffirming our pledge in the Rio Declaration that all states and all people shall cooperate in the essential task of eradicating poverty as an indispensable requirement for sustainable development, in order to decrease the disparities in standards of living and better meet the needs of the majority of the people of the world;

Recalling paragraph 4 of the Singapore Ministerial Declaration and welcoming the work being undertaken within the United Nations system, including in the ILO's Working Party on the Social Dimensions of the Liberalization of International Trade and, in particular, the adoption of the ILO Declaration on Fundamental Principles and Rights at Work and its Follow-Up;

Affirming that a conscious endeavour is required to promote greater equity in the globalized world economy through measures for poverty eradication, employment generation, universal literacy, basic health care and improved working conditions and that these objectives need to be addressed without recourse to protectionism;

Reaffirming that economic growth and development fostered by increased trade and further trade liberalization contribute to the promotion of internationally-recognized core labour standards;

Reaffirming our firm rejection of the use of labour standards for protectionist purposes and our agreement that the comparative advantage of countries, particularly low-wage developing countries, must in no way be put into question;

Reaffirming that the International Labour Organization (ILO) is the competent body to set and deal with core labour standards.

Decide

To conduct an in-depth discussion on trade, globalization, development and labour, with a view to promoting a better understanding of the issues involved through a substantive dialogue among governments and relevant non-governmental organizations. In addition to the WTO, participation should be open to relevant international organizations, such as the ILO, the World Bank and the UNCTAD. Such dialogue should include an examination of the relationship between trade policy, trade liberalization, development, including the fight against poverty and labour. Participating organizations, in consultation with their memberships should jointly prepare for the in-depth discussions. A factual summary of the deliberations would be prepared and be made publicly available.

Literaturverzeichnis

Abbott, Frederick:
The Enduring Enigma of TRIPs: A Challenge for the World Economic System, in: Journal of International Economic Law 1 (1998) 4, S.427-521.

Ders.
Distributed Governance at the WTO-WIPO: An Evolving Model for Open-Architecture Integrated Governance, in: New Directions in International Economic Law, Essays in Honour of John Jackson, Bronckers, Marco/Quick, Reinhard (Ed.), Den Haag (e.a.), 2000, S.15-33

Abendroth, Wolfgang:
Sozialgeschichte der europäischen Arbeiterbewegung, Frankfurt am Main, 1964

Adams, Roy J.:
Regulating Unions and Collective Bargaining: A Global Historical Analysis of Determinants and Consequences, in: Comparative Labour Law Journal 14 (1993) 3, S.272-301

Adamy, Wilhelm:
International Trade and Social Standards, in: Intereconomics 29 (1994) 6, S.269-278

Ders.:
Sozialklauseln im interntionalen Handel, in: Soziale Sicherheit 44 (1995) 7, S.260-267

Ders.:
Weltgipfel für soziale Entwicklung, in: Soziale Sicherheit 43 (1995) 4, S.120-126

Ders.:
Stellenwert der IAO-Normen für Arbeitsschutz und frauenspezifische Anti-diskriminierungspolitik, in: Weltfriede durch soziale Gerechtigkeit, Bundes-minsiterium für Arbeit und Sozialordnung, BDA, DGB (Hrsg.), Baden-Baden, 1994, S.179-204

Alexy, Robert:
Zum Begriff des Rechtsprinzips, in: Krawietz, Werner (Hrsg.), Argumentation und Hermeneutik in der Jurispudenz, Rechtstheorie, Beiheft 1 (1979), S.59-87

513

Ders.:
Theorie der Grundrechte, Baden-Baden, 1985

Allmand, Warren:
Trading in Human Rights, The Need for a Human Rights Sensitivity at the World Trade Organization, A Brief to the Standing Committee on Foreign Affairs and International Trade, ICHRDD (Hrsg.), Montreal, 24. März 1999

Alston, Philip:
Labor Rights Provisions in US Trade Law, in: Human Rights, Labour Rights, and International Trade, in: Compa, Lance/Diamond, Stephen (Ed.), Philadelphia, 1996, S.71-95

Anderson, Kim:
Social Policy Dimensions of Economic Integration: Environmental and Labour Standards, Center for International Economic Studies, Discussion Paper No. 95/06, Adelaide, 1995

Dies.:
The WTO Agenda for the new Millennium, in: Economic Record 75 (1999) 228, S.77-88

Anner, Mark:
Evaluation Report, ICFTU Campaign for Core Labour Standards in the WTO, Genf (e.a.), 2001

Apolte, Thomas:
Chancen und Risiken nationaler Witschaftspolitik bei hoher Kapitalmobilität, in: Standortwettbewerb, wirtschaftspolitische Rationalität und internationale Ordnungspolitik, Baden-Baden, 1999, S.21-44.

Appleton, Arthur E.:
Shrimp/Turtle: Untangling the Nets, in: Journal of International Economic Law 2 (1999) 3, S.477-496

Arndt, Hans-Wolfgang:
Europarecht, 3. Auflage, Heidelberg, 1998

Bael, Ivo Van:
Improving GATT Disciplines Relating to Anti-Dumping Measures, in: A New GATT for the Nineties and Europe '92, Oppermann, Thomas (Ed.), Baden-Baden, 1991, S.171-185

Baer, Paul:
Das soziale Dumping, Halberstadt, 1928

Baghdadi, Ali:
The Children are Dying, U.S.Sanctions - a Crime Against Humanity, im Internet veröffentlicht unter www.hartford-hwp.com/archives/25a/008.html

Bagwell, Kyle/*Staiger*, Robert W.:
The Simple Economics of Labor Standards and the GATT, in: Social Dimensions of U.S.Trade Policies, Deardorff, Alan V./Stern, Robert M. (Ed.), Ann Arbor MI, 2000, S.195-231.

Bal, Salman:
International Trade and Human Rights (unveröffentlicht), Genf, 1998

Ders.:
International Free Trade Agreements and Human Rights: Reinterpreting Article XX of the GATT, in: Minnesota Journal of Global Trade 10 (2001) 1, S.62-108

Balassa, Bela:
Changing Patterns in Foreign Trade and Payments, New York, 1964

Barcelo, John, J.:
The Antidumping Law: Revise it or Repeal It, in: Michigan Yearbook of International Legal Studies 1 (1979), S.53-74

Bardhan, P.K.:
Economic Growth, Development and Foreign Trade. A Study in Pure Theory, New York, 1970

Barnes, George N.:
History of the International Labour Office, London, 1926

Bartolomei, Maria Luisa:
The Globalization Process of Human Rights in Latin America versus Economic, Social and Cultural Diversity, in: International Journal of Legal Information 25 (1997) 3 , S.156-200

Barton, John:
Intellectual Property, Biotechnology and International Trade: Two Examples (unveröffentlicht), Paper Prepared for the Berne World Trade Forum, Universität Bern, 28./29. August 1999

Bast, Joachim/*Schmidt*, Andrea:
Das GATT Streitschlichtungsverfahren, in: RIW 37 (1991) 11, S.929-934

Bauer, Herbert:
Der Satz „pacta sunt servanda" im heutigen Völkerrecht, Marburg, 1934

Bauer, Gustav/*Glaß*, Otto:
Arbeitsrecht und Arbeitsschutz - Sozialpolitische Maßnahmen der Reichsregierung seit dem 9.11.1918 - Denkschrift für die Nationalversammlung, Berlin, 1919

BDI:
Deutschland und die USA, Partner für das 21. Jahrhundert, Position zu wichtigen Themen der transatlantischen Wirtschaftsbeziehungen, Köln, Mai 2001

Beard, Ryan:
Reciprocity and Comity: Politically Manipulative Tools for Protection of Intellectual Property Rights in the Global Economy, in: Texas Tech Law Review 30 (1999) 1, S.156-196.

Beccaria, Luis/*Garlín*, Pedro:
Competitiveness and Labour Regulations, in: CEPAL Review (Economic Commission for Latin America and the Caribbean) 65 (1998) 1, S.71-84.

Behrens, Peter/*Sander*, Gerald:
Die Bedeutung der ökonomischen Analyse des Rechts für das Arbeitsrecht, in: Zeitschrift für Arbeitsrecht 20 (1989) 2, S.209-238

Beier, Dietrich:
Die Theorie der peripheren Wirtschaft nach Raúl Prebisch, Berlin, 1965

Beise, Marc/*Oppermann*, Thomas/*Sander*, Gerald G.:
Grauzonen im Welthandel, Baden-Baden, 1998

Belanger, Amy E.:
Internationally Recognized Worker Rights and the Efficacy of the Generalized System of Preferences: A Guatemalan Case Study, in: American University International Law Review 11 (1996) 1, S.101-136

Bellace, Janice R.:
ILO Fundamental Rights at Work and Freedom of Association, in: Labour Law Journal Chicago 50 (1999) 3, S.191-196

Bello, Judith H.:
The WTO Dispute Settlement Understanding: Less is More, in: American Journal of International Law 90 (1996) 3, S.416-418.

Bellstedt, Christoph:
Antidumping-Zoll auf Einfuhren im aktiven Veredelungsverkehr, in: Recht der Internationalen Wirtschaft 29 (1983) 9, 670-673.

Benedek, Wolfgang:
Die Rechtsordnung des GATT aus völkerrechtlicher Sicht, Berlin (e.a.), 1990

Ders.:
Entwicklungsvölkerrecht, in: Lexikon des Rechts - Völkerrecht, Seidl-Hohenfeldern (Hrsg.), Neuwied, 1985, S.69-70

Benedict, Christoph:
Sekundärzwecke im Vergabeverfahren: Öffentliches Auftragswesen, seine teilweise Harmonisierung im EG-/EU-Binnenmarkt und die „Instrumentalisierung" von Vergaberecht durch „vergabefremde" Aspekte, Berlin (e.a.), 2000

Benöhr, Hans-Peter:
Wirtschaftsliberalismus und Gesetzgebung am Ende des 19. Jahrhunderts, in Zeitschrift für Arbeitsrecht 8 (1977) 2, 187-218

Bender, Dieter:
Außenhandel, in: Vahlens Kompendium der Wirtschaftstheorie und Wirtschaftspolitik, Bd.1, 5. Auflage, München, 1992

Bensusán, Graciela/*Damgaard*, Bodil:
Labour Standards and Income Distribution: Their Relation to Trade, in: Integration and Trade 3 (1999) 7/8, S.39-86

Bergeijk, Peter A.G. van:
Economic Diplomacy, Trade and Commercial Policy: Positive and Negative Sanctions in a New World Order, Aldershot, 1994

Berthold, Norbert:
Internationale Wettbewerbsfähigkeit - Was sagt die ökonomische Theorie ?, in: Deutschland im internationalen Standortwettbewerb, Kantzenbach, Erhard/Mayer, Otto G. (Hrsg.), Baden-Baden, 1994/95, S.77-89

Beseler, Johannes-Friedrich:
Die Abwehr von Dumping und Subventionen durch die Europäischen Gemeinschaften, Baden-Baden, 1980

Beyfuß, Jörg:
Ausfuhren und die Weltmarktposition Deutschlands 1996, in: iw-trends 24 (1997) 1, S.5-14

Bhagwati, Jagdish:
Trade, Liberalisation and Fair Trade Demands: Addressing the Environmental and Labour Standards Issues, in: The World Economy 18 (1995) 6, S.745-754

Ders.:
Fair Trade, Reciprocity and Harmonisation: The New Challenge to the Theory and Policy of Free Trade, in: Analytical and Negotiating Issues in the Global Trading System, Deardorff, Alan V./Stern, Robert M. (Hrsg.), Ann Arbor, 1994, S.548-599

Ders.:
Protectionism, Cambridge, 1988

Ders.:
Is Free Trade Passé After All ?, in: Weltwirtschaftliches Archiv 125 (1989) 1, S.17-44

Ders.:
Aggressive Unilateralism, in: Money, Trade and Competition, Herbert Giersch (Ed.), Berlin (e.a.), 1992, S.201-231

Ders.:
Free Trade, "Fairness" and the "New Protectionism", Institute of Economic Affairs Occasional Paper No.96, London, 1994

Ders.:
On Clearly Thinking About the Linkage Between Trade and the Environment, in: The Economics of International Environmental Problems, Siebert, Horst (Ed.), Tübingen, 2000, S.243-256

Bhagwati, Jagdish/*Srinivasan*, Thirukodikaval N.:
International Labour Standards and Global Integration: Proceedings of a Symposion, US Department of Labour, Washington DC, 1994

Bhala, Raj:
The Bananas War, in: McGeorge Law Review 31 (2000) 4, S.839-876

Bierwagen, Rainer M.:
GATT Article VI and the Protecionist Bias in Anti-Dumping Laws, Deventer, Boston, 1996

Bittens, Andrew:
Trade Conditionality and the Crane Bill: Rewarding Caribbean Basin Nations for Human Rights Failures, in: Cardozo Journal of International and Comparative Law 6 (1998) 1, S.159-182

Blackhurst, Richard/*Subramanian*, Arvind:
Promoting Multilateral Cooperation on the Environment, in: The Greening in World Trade Issues, Anderson, Kim (Ed.), New York, 1992, S.247-268

Blanqui, Jérome A.:
Cours d'Écononomie Industrielle, Paris, 1838/39

Bleckmann, Albert:
Grundprobleme und Methoden des Völkerrechts, Freiburg/München 1982

Bleischwitz, Raimund:
Ressourcenproduktivität, Wuppertal, 1997

Bloomfield, Thomas A./*Gresham*, Zane O.:
Rhetoric or Reality: The Impact of the Uruguay Round Agreement on Federal and State Environmental Laws, in: Santa Clara Law Review 35 (1995) 4, S.1143-1170

Blüthner, Andreas:
Der Global Compact – Ein Globalisierungspakt über Werte und Effiezienz, in: Kooperation oder Konkurrenz internationaler Organisationen, Hobe, Stefan (Hrsg.), Baden-Baden, 2001, S.72-79

Börner, Bodo:
Dumping und Diskriminierung, in: Probleme des europäischen Rechts, Festschrift für Walter Hallstein, Cämmerer, Ernst/v., Schlochauer, Hans-Jürgen/Steindorff, Ernst (Hrsg.), Frankfurt am Main, 1966, S.36-62

Bogdandy, Armin v.:
Internationaler Handel und nationaler Umweltschutz: Eine Abgrenzung im Lichte des GATT, EuZW 3 (1992) 4, S.243-247.

Bollé, Patrick:
Supervising Labour Standards and Human Rights: The Case of Forced Labour in Myanmar (Burma), in: International Labour Review 137 (1998) 3, S.391-408.

Bonnet, Michel:
Child Labour in Africa, in: International Labour Review 132 (1993) 3, S.371-389

Borchert, Manfred:
Außenwirtschaftslehre, 6. Auflage, Wiesbaden, 1999

Bosnick, Steven:
The Human Rights Cost of a Link Between the ILO and the WTO (unveröffentlichter Entwurf), Toronto, 18.1.2000

Botsch, Andreas:
Workers' Rights in the Global Trade and Investment System, in: Social and Environmental Standards in International Trade Agreements, Malanowski, Norbert (Hrsg.), Münster, 1997, S.77-86.

Brand, Diana/*Hoffmann*, Ralf:
Sozialdumping oder Protektionismus, in: IFO-Schnelldienst 47 (1994) 25/26, S.23-33

Brandtner, Barbara/*Rosas*, Allan:
Human Rights and the External Relations of the European Community: an Analysis of Doctrine and Practice, in: European Journal of International Law 9 (1998) 3, S.468-490

Dies.:
Trade Preferences and Human Rights, in: The EU and Human Rights, Alston, Philip (Ed.) Oxford, 1999, S.699-722

Breton, Albert/*Salmon*, Pierre:
Are Discriminatory Procurement Policies Motivated by Protectionism ?, in: Kyklos 49 (1996) 1, S.47-68

Brinkmann, Gisbert:
Der Anfang des internationalen Arbeitsrechts: Die Berliner Internationale Arbeiterschutzkonferenzen von 1890 als Vorläufer der Internationalen Arbeitsorganisation, in: Weltfriede durch soziale Gerechtigkeit, Bundesministerium für Arbeit und Sozialordnung, BDA, DGB (Hrsg.), Baden-Baden,1994, S.13-26

Brockhaus Enzylopädie:
18. Auflage, 24 Bände, Mannheim, 1986-1994

Brodley, Joseph F/*Hay*, George:
Predatory Pricing: Competing Economic Theories and the Evolution of Legal Standards, in: Cornell Law Review 66 (1980/81) 4, S.738-803

Bronckers, Marco:
Better Rules for a New Millennium: a Warning Against Undemocratic Developments in the WTO, in: Journal for International Economic Law 2 (1999) 4, S.547-566

Brown, Damian/*McColgan*, Aileen:
UK Employment Law and the International Labour Organisation: The Spirit of Cooperation, in: Industrial Law Journal 21 (1992) 4, S.265-279

Brown, Drusilla K.:
A Transactions Cost Politics Analysis of International Child Labour Standards, in:

Social Dimensions of U.S.Trade Policies, Deardorff, Alan V./Stern, Robert M. (Ed.), Ann Arbor MI, 2000, S.245-264.

Dies.:
International Labor Standards in the World Trade Organization and the International Labor Organization, in: Federal Reserve Bank of St. Louis 82 (2000) 4, S.105-112

Brox, Hans/*Rüthers*, Bernd:
Arbeitsrecht, 14. Auflage, Stuttgart (e.a.), 1999

Brüstle, Alena:
Effektive Wechselkurse als Instrument zur Messung der preislichen Wettbewerbsfähigkeit von Volkswirtschaften, in: RIW-Mitteilungen 45 (1994) 1, S.1-16

Bundesministerium für Umwelt
Politik für eine nachhaltige und umweltgerechte Entwicklung, Bonn, 1994

Burda, Michael C./*Wyplosz*, Charles:
Makroökonomik: Eine europäische Perspektive, München 1994

Burkhead, Jesse/*Miner*, Jerry.:
Public Expenditure, Chicago, 1971

Caire, Guy:
Labour Standards and International Trade, in: International Labour Standards and Economic Interdependence, Sengenberger, Werner/Campbell, Duncan (Ed.), Genf, 1994, S.297-317.

Canada Department of Labour:
Equal Renumeration for Work of Equal Value, International Labour Affairs Branch, Ottawa (Ontario), 1956.

Canaris, Claus-Wilhelm:
Systemdenken und Systembegriff in der Jurispudenz, Berlin, 1969

Cansier, Dieter:
Umweltökonomie, 2. Auflage, Stuttgart, 1996

Cappuyns, Elisabeth:
Linking Labour Standards and Trade Sanctions: An Analysis of their Current Relationship, in: Columbia Journal of Transnational Law 36 (1998) 3, S.659-686

Caspers, Rolf:
Globalisierung der Wirtschaft und Anpassungsdruck in Deutschland, in: Standortwettbewerb, wirtschaftspolitische Rationalität und internationale Ordnungspolitik, Apolte, Thomas/Caspers, Rolf/Welfens, Paul J.J., Baden-Baden (1999), S.45-84,

Cass, Ronald A./*Boltuck*, Richard D.:
Antidumping and Countervailing-Duty Law: The Mirage of Equitable International Competition, in: Fair Trade and Harmonization (Vol.2: Legal Analysis), Bhagwati Jagdish/Hudec, Robert. E. (Ed.), Cambridge MA, 1996, S.351-414

Castermans-Holleman, Monique:
The Protection of Economic, Social and Cultural Rights within the UN-Framework, in: Netherlands International Law Review 42 (1995) 3, S.353-373

Chang, Seung Wha:
GATTing a Green Trade Barrier, Eco-Labelling and the WTO-Agreement on Technical Barriers to Trade, in: Journal of World Trade 31 (1997) 1, S.137-159

Chapman, Audrey:
Approaching Intellectual Property as a Human Right: Obligations Related to Article 15(1) (c) [WSK-Pakt], UN Doc. E/C.12/2000/12 v. 3. Oktober 2000

Charnovitz, Steve:
The Influence of International Labour Standards on the World Trade Regime: a Historical Overview, in: International Labour Review 126 (1987) 5, S.565-584

Ders.:
Exploring the Environmental Exceptions in GATT Art.XX, in: Journal of World Trade 25 (1991) 5, S.37-55

Ders.:
The WTO and Social Issues, in: Journal of World Trade 28 (1994) 1, S.17-33

Ders.:
The WTO and Social Issues, Presentation for the Conference "The Future of the Trading System", University of Ottawa, Ottawa (Ontario), 31. Mai 1994

Ders.:
Green Roots, Bad Pruning: GATT Rules and their Application to Environmental Trade Measures, in: Tulane Environmental Law Journal 7 (1994) 1, S.299-352

Ders.:
The Moral Exception in Trade Policy, in: Virginia Journal of International Law 38 (1998) 4, S.689-745

Cherry, Christopher A.:
Environmental Regulation within the GATT Regime: A new Definition of "Like Product", in: University of California at Los Angeles Law Review 40 (1992/93) 4, S.1061-1099

Christl, Claudius:
Wettbewerb und internationaler Handel, Tübingen, 2001

Clerk, Julia:
U.S. Businesses back Annan's Concept but want more Clarity, in: International Herald Tribune, Special Section on the Global Compact, 25. Januar, 2001, S.13

Clinton, William J.:
Address to the World Trade Organization, Rede zum 50. Jahrestag der WTO, Genf, 18.5.1998

Cole, Matthew:
Trade Liberalisation, Economic Growth and the Environment, Cheltenham (e.a.), 2000

Collingsworth, Terry:
International Worker Rights Enforcement: Proposals Following a Test Case, in: Human Rights, Labour Rights, and International Trade, Compa, Lance/Diamond, Stephen (Ed.), Philadelphia, 1996, S.227-250

Collins-Williams, Terry/*Salembier*, Gerry:
International Disciplines on Subsidies, in: Journal of World Trade 30 (1996) 1, S.5-17

Compa, Lance:
Labor Rights and Labor Standards in International Trade, Law and Policy in International Business 25 (1993) 1, S.165-191.

Connaughton, Anne Q.:
Factoring U.S. Export Controls and Sanctions for international Trade Decisions, in: Stetson Law Review 27 (1999) 4, S.1211-1258

Correa, Carlos M.:
Review of the TRIPs Agreement, Fostering the Transfer of Technology to Developing Countries, in: Journal of World Intellectual Property 2 (1999) 6, S.939-960

Cottier, Thomas/*Schefer*, Krista N.:
Good Faith and the Protection of Letigimate Expectations in the WTO, in: New Directions in International Economic Law, Essays in Honour of John Jackson, Bronckers, Marco/Quick, Reinhard (Ed.), Den Haag (e.a.), S.47-68.

Cox, Laura, Q.C.:
The International Labour Organisation and Fundamental Rights at Work, in: European Human Rights Law Review 4 (1999) 5, S.451-458

Cox, Robert W./*Jacobson*, Harold K.:
The Anatomy of Influence, New Haven, 1973

CUTS:
Trade Liberalisation, Market Access and Non-tariff Barrieres, Briefing Paper Nr.4, April 1998

Dies.:
Trade, Labour, Global Competition and the Social Clause, Briefing Paper Nr.5, Juni 1998

Creally, Eugene:
Juridical Review of Anti-Dumping and other Safeguard Measures in the EC, London (e.a.), 1992

Dadone, Antonio/*Di Marco*, Luis Eugenio:
The Impact of Prebisch's Ideas on Modern Economic Analysis, in: Economic Theory and Mathematical Economics - Essays in Honour of Raúl Prebisch, New York, 1972, S.15-46

Däubler, Wolfgang:
Sozialstandards im internationalen Wirtschaftsrecht, in: Lebendiges Recht - Von den Sumerern bis zur Gegenwart, Festschrift für Reinhold Trinkner, Graf v. Westphalen, F. /Sandrock, O. (Hrsg.), Heidelberg, 1995, S.475-491

Dam, Kenneth W.:
The GATT: Law and International Economic Organization, Chicago (e.a.), 1970

Damaret, Paul/*Stewardson*, Raoul:
Border Tax Adjustments under GATT and EC: Law and General Implications for Environmental Taxes, in: Journal of World Trade 28 (1994) 4, S.5-66

Daniel, Anne:
Environmental Threats to International Peace and Security: Combating Common Security Threats through Promotion of Compliance with International Environment Agreements : Twenty-third Annual CCIL Conference, in: LeBouthillier, Yves (Ed.) Selected Papers in International Law, Den Haag, 1999, S.385-402

Dasgupta, Amit:
Labour Standards and WTO: a New Form of Protectionism, South Asia Watch Briefing Paper 2, Katmandu, 2001

Davidson, Nicholas:
U.S. Secondary Sanctions: The U.K. and E.U. Responses, in: Stetson Law Review 27 (1998) 4, S.1425-1436

Davies, Stephen W./*McGuiness*, Anthony T.:
Dumping at Less than Marginal Cost, in: Journal of International Economics 12 (1982) 2, S.169-182.

Deardorff, Alan V.:
Economic Perspectives on Anti-Dumping Law, in: Antidumping Law and Practice: a Comparative Study, Jackson, John H./Vermulst Edwin A. (Hrsg.), Hertfordshire, 1990

Ders.:
The Economics of Government Market Intervention and its International Dimension, in: New Directions in International Economic Law, Essays in Honour of John Jackson, Bronckers, Marco/Quick, Reinhard (Ed.), Den Haag (e.a.), 2000, S.71-84.

Dendauw, Isabel:
New WTO Agreement on Government Procurement: an Analysis of the Framework for Bid Challenge Procedures and the Question of Direct Effect, in: Journal of Energy & Natural Resources Law 18 (2000) 3, S.254-266

Denton, Geoffrey/*O'Cleirearain*, Seamus:
Subsidy Issues in International Commerce, London, 1972

Dessing, Maryke:
The Social Clause and Sustainable Development, Bridges Discussion Papers 1, Genf, 1997

Destler, I.M./*Balint*, Peter J.:
The New Politics of American Trade: Trade, Labour and the Environment, Washington DC, 1999

Deutschland, Heinz:
International Labour Organisation, Berlin, 1981

Di Fabio, Udo:
Integratives Umweltrecht, NVwZ 17 (1998) 4, S.329-337

Dieckenheuer, Gustav:
Internationale Wirtschaftsbeziehungen, 3. Auflage, München, 1995

Diem, Andreas:
Freihandel und Umweltschutz in GATT und WTO, Baden-Baden, 1996

Digel, Werner/*Kwiatkowski*, Gerhard (Hrsg.):
Meyers Großes Taschenlexikon, 24 Bände, Mannheim, 1983

Diller, Janelle M./*Levy*, David A.:
Child Labour, Trade and Investment: Towards the Harmonization of International Law, American Journal of International Law 91 (1997) 4, S.663-696

Dies.:
A Social Consistence in the Global Marketplace ? Labour Dimensions of Codes of Conduct, Social Labelling and Investor Initiatives, in: International Labour Review 138 (1999) 2, S.99-129.

Dischendorfer, Martin:
The Existence and Development of Multilateral Rules on Government Procurement under the Framework of the WTO, in: Public Procurement Law Review 9 (2000) 1, S.1-38

Dixit, Avinash:
How Should the United States Respond to Other Countries' Trade Policies ?, in: U.S.Trade Policies in a Changing World Economy, Stern, Robert M. (Hrsg.), Cambridge MA, 1987, S.245-282.

Doehring, Karl:
Völkerrecht, Heidelberg, 1999

Donahue, Thomas R.:
Workers' Rights in the Global Village: Observations of an American Trade Unionist, in: International Labour Standards and Economic Interdependence, Sengenberger, Werner/Campbell, Duncan (Ed.), Genf, 1994, S.195-204

Donges, Jürgen:
Nach der Uruguay-Runde, alte und neue Bedrohungen für den freien Handel, in: Zeitschrift für Wirtschaftspolitik 44 (1995) 2, S.209-230

Dorman, Peter:
Trade, Competition, and Jobs: An Internationalist Strategy, in: Labor in a Global Economy: Perspectives from the US and Canada, Hecker, Steven/Hallock, Margaret (Ed.), Eugene, Oregon, 1991, S.64-71.

Douma, Wybe Th.:
Evolution and Impact of Sustainable Development in the European Union, in: International Economic Law with a Human Face, Weiss, Friedl (Ed.), Den Haag, 1998, S.271-287

Doyle, Timothy:
Sustainable Development and Agenda 21 : the Secular Bible of Global Free Markets and Pluralist Democracy, in: Third World Quarterly 19 (1998) 4 , S.771-786

Düerkop, Marco
Trade and the Environment: International Trade Law Aspects of the Proposed EC Directive Introducing a Tax on Carbon Dioxide Emissions and Energy, in: Common Market Law Review 31 (1994) 4, S.804-844

Dunning, Harold:
The Origins of Convention No.87 on Freedom of Association and the Right to Organize, in: International Labour Review 137 (1998) 2, S.149-167

Dworkin, Ronald:
Taking Rights Seriously, Cambridge MA, 1978

Economic and Social Commission for Asia and the Pacific:
Trade Effects of Eco-Labelling, Market Access Implications, New York, 1997

Echols, Marsha A.:
Regional Economic Integration, in: The International Lawyer 31 (1997) 2, S.453-462,

Edgren, Gus:
Fair Labour Standards and Trade Liberalisation, International Labour Review 188 (1979) 5, S.523-535

Eagle, Simon:
Trade in Context: Approaches to Globalisation, in: Global Trade and Global Social Issues, Taylor, Annie/Thomas, Caroline (Ed.), London (e.a.), 1999, S.14-30

Ehrenberg, Daniel S.:
From Intention to Action, An ILO-GATT/WTO Enforcement Regime for International Labor Rights, in: Human Rights, Labour Rights, and International Trade, Compa, Lance/Diamond, Stephen (Ed.), Philadelphia, 1996, S.163-180.

Elliott, Kimberly A.:
Getting Beyond No . . .! Promoting Labour Rights *and* Trade, in: The WTO after Seattle, Schott, Jeffrey J. (Ed.), Washington DC, 2000, S.187-201

Elwell, Christine:
Human Rights, Labour Standards and the World Trade Organization: Opportunities for a Linkage, Montreal, 1995

Emmerij, Louis:
Contemporary Challenges for Labour Standards Resulting from Globalisation, in: International Labour Standards and Economic Interdependence, Sengenberger, Werner/Campbell, Duncan (Ed.), Genf, 1994, S.319-328

Epping, Volker:
Völkerrechtssubjekte, in: Ipsen, Knut (Hrsg.) Völkerrecht, 4. Auflage, München, 1999, S.51-91

Esser, Joseph:
Grundsatz und Norm in der richterlichen Fortbildung des Privatrechts, 3. Auflage, Tübingen, 1974

Esty, Daniel C.:
We the People: Civil Society and the World Trade Organization, in: New Directions in International Economic Law, Essays in Honour of John Jackson, Bronckers, Marco/Quick, Reinhard (Ed.), Den Haag (e.a.), 2000, S.71-84.

Ethier, Wilfried J.:
Moderne Außenwirtschaftstheorie, München, 1991

Europäische Kommission:
Programm der Europäischen Union für Umweltpolitik und Maßnahmen im Hinblick auf eine dauerhafte und umweltgerechte Entwicklung, Brüssel, 1993, in: EG-Abl. 1993, Nr. C138, S.5-98.

Evans, Cedric E.:
The Concept of "Threat to Peace" and Humanitarian Concerns: Probing the Limits of Chapter VII of the U.N. Charter, in: Transnational Law & Contemporary Problems 5 (1995) 1, S.213-236

Evans, Tony:
Trading in Human Rights, in: Global Trade and Global Social Issues, Taylor, Annie/Thomas, Caroline (Ed.), London (e.a.), 1999, S.31-52

Fagerberg Jan:
International Competitiveness, in: Economic Journal 98 (1988) 2, S.355-374

Farmer, Richard D.:
Costs of Economic Sanctions to the Sender, in: The World Economy 23 (2000) 1, S.93-117

Feddersen, Christoph T.:
Focusing on Substantive Law in International Economic Relations: The Public Morals of GATTs Article XX(a) and "Conventional" Rules of Interpretation, Minnesota Journal of Global Trade 7 (1998) 1, S.75-121.

Feis, Herbert:
International Labour Legislation in the Light of Economic Theory, in: International Labour Review 15 (1927) 4, S.491-518, Auszugsweise nachgedruckt in: International Labour Standards and Economic Interdependence, Sengenberger, Werner/ Campbell, Duncan (Ed.), Genf, 1994, S.27-55

Feld, Lars:
Sozialstandards und die Welthandelsordnung, in: Außenwirtschaft 51 (1996) 1, S.51-73

Fels, Gerhard:
Globalisierung der Märkte - Implikationen für die Wettbewerbsfähigkeit der Wirtschaftsstandorte, in: Fairness im Standorwettbewerb, Gütersloh, 1996, S.89-94.

Fields, Gary:
Trade and Labour Standards. A Review of the Issues, OECD (Ed.), Paris, 1995

Fisher, Bart, S.:
The Anti-Dumping Law of the United States: A Legal and Economic Analysis, in: Law and Policy in International Business 5 (1973) 1, S.85-154

Flagstaff Institute:
WEPZA International Directory of Export Processing Zones & Free Trade Zones, 3rd Edition, Flagstaff (Arizona), 1997

Footer, Mary E./*Graber*, Christoph Beat:
Trade Liberalisation and Cultural Policy, in: Journal of International Economic Law 3 (2000) 1, S.115-144.

Frazier, Jack:
Sustainable Development: Modern Elixir or Sack Dress ?, Environmental Conservation 24 (1997) 2, S.182-193

Freeman, Richard B.:
A Hard-headed Look at Labour Standards, in: International Labour Standards and Economic Interdependence, Sengenberger, Werner/Campbell, Duncan (Ed.), Genf, 1994, S.79-92.

Fried, Egbert:
Rechtsvereinheitlichung im Internationalen Arbeitsrecht, Frankfurt am Main (e.a.), 1965

Frost, Mervyn:
Ethics in International Relations: a Constructive Theory, Cambrigde, 1997

Frund, Henry J.:
Trade Conditions and Labor Rights, U.S. Initiatives, Dominican and Central American Responses, Florida, 1998

Fues, Thomas:
Armut und Wohlstand, in: Globale Trends 1998, Stiftung Entwicklung und Frieden (Hrsg.), Bonn, 1997, S.41-55

Fukuyama, Francis:
The End of History, Washington, 1989

Fyfe, A./*Jankanish*, M.:
Trade Unions and Child Labour, Genf, 1996

Galinski, Bernhard:
Theoretische Grundlagen der Handelspolitik gegenüber Dumpingeinfuhren, Düsseldorf, 1981

Gamillschegg, Franz:
Kollektives Arbeitsrecht, Bd. I, München, 1997

Ders.:
Die Grundrechte im Arbeitsrecht, Berlin, 1989

Gandolfo, Giancarlo:
International Economics, Vol. I, Berlin, 1995

Garcia-Amador y Rodriguez, Francisco V.:
The Emerging International Law of Development: a New Dimension of International Economic Law, Oceana, 1990

Gardiner, Caterina:
US and EC - Banana Split at the World Trade Organisation - Implications for the Future of Dispute Settlement at the WTO, in: Irish Law Times 17 (1999) 13, S.199-202

GATT:
Trade Policies for a Better Future, Proposals for Action, Genf, 1985

Gernigon, Bernard/*Odero*, Alberto/*Guido*, Horratio:
ILO Principles Concerning the Right to Strike, in: International Labour Review 137 (1998) 4, S.441-481

Geuze, Matthijs/*Wager*, Hannu:
WTO Dispute Settlement Practice Relating to the TRIPs Agreement, in: Journal of International Economic Law 2 (1999) 2, S.347-384

Giersch, Herbert:
Immer schneller, gefährlicher, ungleicher. Das Wirtschaftswachstum in Zeiten der Globalisierung, FAZ v. 15. Januar 2000, S.15

Gilpin, Alan:
Dictionary of Environment and Sustainable Development, Chichester (e.a.), 1996

Ginther, Konrad:
Die „Dritte Welt" und das Völkerrecht, in: Österreichisches Handbuch des Völkerrechts, Bd.I, S.29-40.

Giri National Labour Institute:
Child Labour, Challenge and Response: a Status Report on Indian Initiatives towards the Elimination of Child Labour, Noida, 1996

Gilsmann, Hans Hinrich/*Horn*, Ernst-Jürgen/*Nehring*, Sighart/*Vaubel*, Roland:
Grundlagen der Weltwirtschaftslehre, 4. Auflage, Göttingen, 1992

Golub, Stephen S.:
International Labour Standards and International Trade, International Monetary Fund Working Paper, IMF-Doc. WP/97/37, Washington DC, April 1997

Goode, Walter:
Dictionary of Trade Policy Terms, Adelaide, 1998

Goodenough, Oliver R.:
Defending the Imaginary to the Death ? Free Trade, National Identity, and Canada's Cultural Preoccupation, in: Arizona Journal of International and Comparative Law 15 (1998) 1, S.202-253

Gohout, Wolfgang:
Lohnnebenkosten als Standortfaktor im internationalen Wettbewerb, in: Wirtschaftswissenschaftliches Studium 26 (1997), 9, S.468-472

Gornig, Gilbert:
Die völkerrechtliche Zulässigkeit eines Handelsembargos, in: Juristen Zeitung 45 (1990) 2, S.113-123

Gove, Philip B.:
Websters Third New International Dictionary, London, 1966

Grebing, Helga:
The History of the German Labour Movement, London, 1969

Gresham, Zane O/*Bloomfield*, Thomas A.:
Rhetoric or Reality: The Impact of the Uruguay Round Agreement on Federal and State Environmental Laws, in: Santa Clara Law Review 35 (1995) 4 , S.1143-1170

Greven, Thomas/*Scherrer*, Christoph:
Millionen Kinder arbeiten nach wie vor als Quasi-Sklaven, in: Frankfurter Rundschau v. 4. Juli 1997, S.10

Grimm, Nicole L.:
The North American Agreement on Labor Cooperation and its Effects on Women Working in Mexican Maquiladoras, in: American University Law Review 48 (1998) 1, S.179-224

Groombridge, Mark A.:
The TRIPs Trade-Off, Reconciling Competing Interests in the Millennium Round, in: Journal of World Intellectual Property 2 (1999) 6, S.991-1013

Gros, Espiell Hector:
GATT: Accommodating Generalized Preferences, in: Journal of World Trade Law 8 (1974) 4, S.341-363

ders:
The Most-Favoured-Nation Clause, in: Journal of World Trade Law 5 (1971) 1, S.29-44

Grossmann, Harald/*Koopmann*, Georg:
Sozialstandards für den internationalen Handel ? Wirtschaftsdienst 74 (1994) 11, S.585-591

Gruben, William C.:
Mexican Maquiladora Growth: Does it Cost U.S.Jobs ?, in: Economic Review 11 (1990) 1, S.15-29

Guest, Krysti Justine:
Exploitation under Erasure: Economic Social and Cultural Rights Engage Economic Globalisation, in: The Adelaide Law Review 19 (1997) 1, S.73-93

Gunderson, Morley:
Labour Standards, Income Distribution and Trade, in: Integration and Trade 3 (1999) 7/8, S.87-104

Gundlach, Erich/*Klodt*, Henning/*Langhammer*, Rolf/*Soltwedel*, Rüdiger:
Fairness im Standortwettbewerb - Auf dem Weg zur internationalen Ordnungspolitik, in: Fairness im Standorwettbewerb, Gütersloh, 1996, S.17-84.

Haan, Esther J. de:
Integrating Environmental Concerns into Trade Relations: the European Union Revised General System of Preferences, in: International Economic Law with a Human Face, Weiss, Friedl (Ed.), Den Haag, 1998, S.307-325

Habermas, Jürgen:
Beyond the Nation-state ? On some Consequences of Economic Globalization, in: Democracy in the European Union, Eriksen, Erik Oddvar (Ed.), London, 2000, S.29-41

Hagen, Jürgen v.:
Internationale Wirtschaftsbeziehungen, in: Springers Handbuch der Volkswirtschaftslehre, Hagen, Jürgen von/Welfens, Paul J. J./Börsch-Supan, Axel (Hrsg.), Berlin (e.a.) 1996, S.235-281

Hahn, Michael J.:
Die einseitige Aussetzung von GATT-Verpflichtungen als Repressalie, Berlin (e.a.) 1996.

Handl, Günther:
Sustainable Development: General Rules versus Specific
Obligations, in: Sustainable Development and International Law, Lang, Winfried (Ed.), London (e.a.), 1995, S.35-43

Hannikainen, Lauri:
Peremptory Norms (jus cogens) in International Law: Historical Development, Criteria, Present Status, Helsinki, 1988

Hansenne, Michel:
The Declaration of Philadelphia, in: Labour Law Journal (Chicago) 45 (1994) 8, S.454-460

Ders.:
Defending Values, Promoting Change, Genf, 1994

Hansson, Göte:
Social Clauses and International Trade, London, 1983

Ders.:
Harmonization in International Trade, London, 1990

Hannson, Göte/*Lundahl*, Mats:
A Social Clause Against Discrimination in the Labour Market, Journal of Development Economics 14 (1984) 3, S.395-405

Hansen, Marc/*Vermulst*, Edwin:
The GATT Protocol of Provisional Application: A Dying Grandfather ?, in: Columbia Journal of Transnational Law 27 (1988/89) 2, S.263-308.

Hardridge, David/*Subramanian*, Arvind:
Intellectual Property Rights: The Issues in GATT, in: Vanderbilt Journal of Transnational Law 22 (1989) 4, S.893-910.

Hart, Herbert L.:
The Concept of Law, Oxford (e.a.), 1961

Hart, Michael:
A Question of Fairness: the Global Trade Regime, Labour Standards and the Contestability of Markets, Occasional Papers in International Trade Law and Policy, Ottawa, 1996

Härtel, Hans-Hagen:
Standortqualität, Wirtschaftswachstum und internationale Wettbewerbsfähigkeit, in: Deutschland im internationalen Standortwettbewerb, Kantzenbach, Erhard/Mayer, Otto G. (Hrsg.), Baden-Baden, 1994/95, S.13-20.

Harworth, Nigel/*Hughes*, Stephen:
Trade and International Labour Standards: Issues and Debates over a Social Clause, in: The Journal of International Relations 39 (1997) 2, S.179-195.

Hasnat, Baban:
International Trade and Child Labour, in: Journal of Economic Issues 29 (1995) 2, S.419-426

Hauf, Stefan:
Volkswirtschaftliche Lohnstückkosten und ihre Komponenten, in: Wirtschaft und Statistik 49 (1997) 8, S.523-535

Hauser, Heinz:
Das WTO-Streitschlichtungsverfahren: Eine verhandlungsorientierte Perspektive, in: Außenwirtschaft 52 (1997) 4 , S.525-560

Hayter, Susan:
Social Rules in the Game of Globalisation, in: Globalisation, Social Norms and Worker Protection, Kapstadt, 1998, S.1-46

Heckscher, Eli F.:
The Effect of Foreign Trade on the Distribution of Income, in: Heckscher-Ohlin Trade Theory, Harry Flam/June Flanders (Ed.), Cambridge, 1991, S.39-69.

Heertje, Arnold/*Wenzel*, Heinz-Dieter:
Grundlagen der Volkswirtschaftslehre, 5. Auflage, Berlin (e.a.), 1997

Heintschel v. Heinegg, Wolf:
Die völkerrechtlichen Verträge als Hauptrechtsquelle des Völkerrechts, in: Ipsen, Knut (Hrsg.) Völkerrecht, 4. Auflage, München, 1999, S.92-179

Ders.:
Die weiteren Quellen des Völkerrechts, in: Ipsen, Knut (Hrsg.) Völkerrecht, 4. Auflage, München, 1999, S.180-221

Helfer, Laurence R.:
World Music on a U.S.Stage: Berne/TRIPs and Economic Analysis of the Fairness in Music Licensing Act, in: Boston University Law Review 80 (2000) 1, S.93-204

Hensch, Christian/*Wismer*, Uli:
Zukunft der Arbeit, Stuttgart, 1997

Herzberg, Stephen:
In from the Margins: Morality, Economics, and International Labor Rights, in: Human Rights, Labour Rights, and International Trade, Compa, Lance/Diamond, Stephen (Ed.), Philadelphia, 1996, S.99-117.

Hesse, Helmut/*Keppler*, Horst/*Preuße*, Heinz Gert:
Internationale Interdependenzen im weltwirtschaftlichen Entwicklungsprozess, in: Arbeitsberichte des Ibero-Amerika-Instituts für Wirtschaftsforschung der Universität Göttingen, Heft 22, Göttingen, 1985

Hessler, Heiner/*Stråth*, Bo:
Restructuring at the Industry Level: Resolving the Shipbuilding Crisis in Germany and Sweden, Creating Economic Opportunities, The Role of Labour Standards in Industrial Restructuring, ILO (Ed.), Genf, 1994, S.206-229

Hettne, Björn:
The Concept of Neomercantilism, in: Mercantilist Economies, Magnusson, Lars (Ed.), Uppsala, 1993

Hilovitz, Janet:
Labelling Child Labour Products, ILO-Documentation, Genf, 1997

Hilpold, Peter:
Das neue allgemeine Präferenzschema der EU, in: EuR 31 (1996) 1, 98-114

Ders.:
Das Transparenzprinzip im internationalen Wirtschaftsrecht unter besonderer Berücksichtigung des Beziehungsgeflechts zwischen EU und WTO, in: Europarecht 34 (1999) 5, S.597-620.

Hirsh, Bruce R.:
The WTO Bananas Decision: Cutting Through the Thicket, in: Leiden Journal of International Law 11 (1998) 2 , S.201-227

Hirst, Paul/*Thompson*, Grahame:
Globalisation and the Future of the Nation State, in: Economy and Society 24 (1995) 3, S.408-442

Hoekman, Bernard M./*Kostecki*, Michel M.:
The Political Economy of the World Trading System, Oxford, 1995

Hoffmann, Edeltraud/*Walwei*, Ulrich:
Das Arbeitsverhältnis aus Sicht der Rechtsökonomie und der Arbeitsmarktprognostik, in: Arbeitsmarktstatistik zwischen Realität und Fiktion, in: Schupp, Juergen (Hrsg.), Berlin, 1998, S.299-331

Hoffmann, Lutz:
Der Standort Deutschland im internationalen Vergleich, in: Deutschland im internationalen Standortwettbewerb, Kantzenbach, Erhard/Mayer, Otto G. (Hrsg.), Baden-Baden, 1994/95, S.47-76.

Holliday, George D.:
The Uruguay Round's Agreement on Safeguards, in: Journal of World Trade 29 (1995) 3, S.155-160

Holzheu, Franz:
Arbeitsplätze im Wettbewerb, in: Finanzarchiv 47 (1989) 1, S.1-23

Howse, Robert:
The Turtles Panel, Another Environmental Disaster in Geneva, in: Journal of World Trade 32 (1998) 5, S.73-100

Howse, Robert/*Mutua*, Makau:
Protecting Human Rights in a Global Economy, Challenges for the World Trade Organization, Montreal, 2000

Howse Robert/*Regan*, Donald:
The Product/Process Distinction - An Illusory Basis for Disciplining "Unilateralism" in Trade Policy, in: European Journal of International Law 11 (2000) 2, S.249-289

Howse Robert/*Trebilcock*, Michael:
The Fair Trade - Free Trade Debate: Trade, Labour and the Environment, in: International Review of Law and Economics 16 (1996) 1, S.61-79

Hsiung, James C.:
Human Rights in an East Asian Perspective, in: Human Rights in East Asia: a Culture Specific Perspective, Washington Institute for Values in Public Policy, Hsiung, James C. (Ed.), New York, 1986, S.1-30

Huber, Peter M.:
Das öffentliche Auftragswesen als Beschaffungsvorgang oder Instrument der Wirtschaftslenkung und der Sozialgestaltung: Zum Umgang mit sog. beschaffungsfremden Vergabekriterien, in: Thüringer Verwaltungsblätter 9 (2000) 9, S.193-197

Hudec, Robert:
The GATT Legal System and World Trade Diplomacy, New York, 1975

Ders.:
The GATT Legal System: A Diplomat's Jurisprudence, in: Journal of World Trade Law 4 (1970) 5, S.615-665

Ders.:
The Structure of South-South Preferences in the 1988 GSTP Agreement: Learning to Say MFNFN, in: Developing Countries and the Global Trading System, Vol.1: Thematic Studies from a Ford Motor Foundation Project, Whalley, John (Ed.), Ann Arbor MI, 1989, S.211-237

Ders.:
Unfair Trade Policy Revisited, in: Conference Proceedings on the Legal Framework of East-West Trade, Wallace, Don (e.a., Ed.), Washington (DC), 1982, S.1-19

Hufbauer, Gary C./*Erb*, J. Shelton/*Starr*, H.P.:
The GATT Codes and the Unconditional Most-Favoured-Nation Principle, in: Law and Policy in International Business 12 (1980) 1, S.59-94

Hufbauer, Gary, C./*Schott*, Jeffrey J./*Elliott*, Kimberly Ann:
Economic Sanctions Reconsidered, History and Current Policy, 2nd Edition, Washington DC, 1990

Hummer, Waldemar/*Weiß*, Friedl:
Vom GATT '47 zur WTO '94, Wien, 1994

ICC/WCO:
Joint Statement on Customs Valuation, Commission on Customs and Trade Regulations, Paris, 5. Juni 2000

ILO:
Social Aspects of European Economic Co-operation, Genf, 1956

Dies.:
General Status Report on ILO Action Concerning Discrimination in Employment and Occupation, Genf, 1999

Dies.:
Labour Cost and International Trade, in: International Labour Review 89 (1964) 5, S.433-446

Dies.:
Labour and Social Issues Relating to Export Processing Zones: Note on the Proceedings at the Tripartite Meeting of Export Processing Zones-Operating Countries, Genf, 1998

Dies.:
General Survey of the Committee of Experts on Freedom of Association and Collective Bargaining, Genf, 1994

Dies.:
ILO Law on Freedom of Association, Standards and Procedures, Genf, 1995

Dies.:
The ILO, Standard Setting, and Globalization, Report of the Director-General: International Labour Conference (85th Session), Genf, 1997.

Dies.:
World Labour Report, Genf, 1993

Dies.:
IPEC Action Against Child Labour, Lessons Learned and Indications for the Future (1998-1999), Genf, 1999

Dies.:
Forced Labour in Mayanmar (Burma), Genf, 1998

Dies.:
Forced Labour: Report and Draft Questionaire, International Labour Conference, (12th Session), Genf, 1929

Dies.:
General Survey of the Reports on the Equal Renumeration Convention (No.100) and Recommendation (No.90), Report of the Committee of Experts, Genf, 1956

Dies.:
Constitution of the International Labour Organisation and Standing Orders of the International Labour Conference, Genf, 1998

Dies.:
About the ILO, Who we are: ILO History, im Internet veröffentlicht unter www.ilo.org.

ILO/UNCTAD:
Economic and Social Effects of Export Processing Zones, Genf, 1988

International Confederation of Free Trade Unions:
Workers' Rights and International Trade: The Need for Confederation of Dialogue, Genf, undatiert.

Dies.:
Congress Resolution on International Labour Standards and Trade of the 16th World Congress of the ICFTU Brussels, 25-29.6.1996, im Internet veröffentlicht unter www.icftu.org

International Institute for Sustainable Development:
Trade and Development Principles, Winnipeg, 1994

Ipsen, Knut:
Individualschutz im Völkerrecht, in: Ipsen, Knut (Hrsg.) Völkerrecht, 4. Auflage, München, 1999, S.668-709

Ders.:
Regelungsbereich, Geschichte und Funktion des Völkerrechts, in: Ipsen, Knut (Hrsg.) Völkerrecht, 4. Auflage, München, 1999, S.1-49

Irwin, Douglas:
Against The Tide: An Intellectual History of Free Trade, Princeton NJ, 1996

Jackson, John H.:
World Trade and the Law of the GATT, Indianapolis (e.a.), 1969

Ders.:
The World Trading System: Law and Policy of International Economic Relations, Cambridge MA (e.a.), 1989

Ders.:
The World Trading System: Law and Policy of International Economic Relations, 2nd Edition, Cambridge MA (e.a.), 1997

Ders.:
The WTO Dispute Settlement Understanding - Misunderstandings on the Nature of Legal Obligation, in: Dispute Resolution in the WTO, Cameron, James/Campbell, Karen (Ed.), London, 1998, S.69-74

Ders.:
The Puzzle of GATT, Legal Aspects of a Surprising Institution, in: Journal of World Trade Law 1 (1967) 2, S.131-161

Ders.:
Comment on *Bagwell*, Kyle/*Staiger*, Robert W.: The Simple Economics of Labor Standards and the GATT, in: Social Dimensions of U.S.Trade Policies, Deardorff, Alan V./Stern, Robert M. (Ed.), Ann Arbor MI, 2000, S.232-235

Ders.:
Greening the GATT: Trade Rules and Environmental Policy, in: Trade and the Environment: The Search for Balance, Cameron, James/Demaret, Paul/Geradin, Damien (Ed.), London, 1994, S.39-51.

Jackson, John H./*Davey*, William J./O. *Sykes*, Alan:
Legal Problems of International Economic Relations: Cases, Materials and Text on the National and International Regulation of Transnational Economic Relations, 3rd Edition, St. Paul (Minn.), 1995.

Jackson, John H./*Yntema*, Hessel E.:
The Role of GATT in Monitoring and Promoting Adjustment: The Safeguards System, Seminar Discussion Paper No.170, Michigan, 15. Mai 1986

Jarass, Hans D./*Pieroth*, Bodo:
Grundgesetz für die Bundesrepublik Deutschland, München, 2000

Jenkins, Leesteffy:
Trade Sanctions: an Effective Enforcement Tool, in: Review of European Community & International Environmental Law 2 (1993) 4, S.362-369

Jenks, Wilfred C.:
Law, Freedom and Welfare, London, 1963

Johannson, Helena:
The Economics of Export Processing Zones Revisited, Development Policy Review 12 (1994) 4, S.384-402

Jürgensen, Harald:
Kriterien der Wettbewerbsfähigkeit, in: Der Volkswirt 17 (1963) 49, S.2688-2689

Kant, Immanuel:
Kritik der praktischen Vernunft, in: Kant, Werke in 10 Bänden, Wilhelm Weischedel (Hrsg.), Darmstadt, 1983, Bd. 6, S.107-302.

Kaplanek, Heinz:
Arbeitskosten und internationale Wettbewerbsfähigkeit - Some Arguments Against Common Wisdom, St. Gallen, 1996

Karlshoven, Frits:
Implementing Limitations on the Use of Force: the Doctrine of Proportionality and Necessity, in: American Society of International Law, Proceedings of the 1992 Annual Meeting - Washington, DC (e.a.), S.39-59

Karpenstein, Ullrich:
Europäisches Exportkontrollrecht für Dual-use-Güter, Berlin, 1998

Kell, Georg/*Ruggie*, John:
Global Markets and Social Legitimacy: The Case of the Global Compact, Presentation at the Conference Governing the Public Domain beyond the Era of the Washington Consensus ? Redrawing the Line Between the State and the Market, York University, Toronto, Canada, 4.-6. November.1999, im Internet veröffentlicht unter www.unglobalcompact.org/gc/unweb.nsf/content/gkjr.htm

Kelleher, James P.:
The Child Labour Deterrence Act: American Unilateralism and the GATT, Minnesota Journal of World Trade 3 (1994) 1, S.161-194.

Kellerson, Hilary:
The ILO Declaration of 1998 on Fundamental Principles and Rights: A Challenge for the Future, in International Labour Review 137 (1998) 2, S.223-227

Kelsen, Hans:
General Theory of Law and State, Cambridge MA, 1946

Ders.:
Reine Rechtslehre, 2. Auflage, Wien, 1960

Kenen, Peter:
The International Economy, Englewood Cliffs NJ (e.a)., 1985

Kewenig, Wilhelm
Der Grundsatz der Nichtdiskriminierung im Völkerrecht der internationalen Handelsbeziehungen, Frankfurt am Main, 1970

Kissel, Otto Rudolf:
Standortfaktor Arbeitsrecht, Standortdebatte und Rechtswirkung- Wie geht es weiter?, Frankfurt/M., 1999

Khan, Daniel-Erasmus (Hrsg.):
Sartorius II, Internationale Verträge - Europarecht, München, 1997

Khansari, Azar:
Searching for the Perfect Solution: International Dispute Resolution and the New World Trade Organisation, in: Hastings International and Comparative Law Review 20 (1996) 1, S.183-203

Khor, Martin:
Globalization and the South: Some Critical Issues, UNCTAD Discussion Paper Nr. 147, Genf, 2000

Kim, Haknoh:
Constructing European Collective Bargaining, in: Economic and Industrial Democracy 20 (1999) 3, S.393-426

Kimminich, Otto:
Einführung in das Völkerrecht, 6. Auflage, Tübingen (e.a.), 1997

Klabbers, Jan:
Jurisprudence in International Trade Law, Article XX of GATT, Journal of World Trade 26 (1992) 2, S.63-94.

Klein, Eckhart:
Die Internationalen und Supranationalen Organisationen als Völkerrechtssubjekte, in: Bothe, Michael (e.a.), Völkerrecht, Berlin (e.a.), 1997, S.267-391

Klevorick, Alvin K.:
Reflections on the Race to the Bottom, in: Fair Trade and Harmonization (Vol.1: Economic Analysis), Bhagwati Jagdish/Hudec, Robert. E. (Ed.), Cambridge MA, 1996, S.459-468.

Ders.:
The Race to the Bottom in a Federal System: Lessons from the World of Trade Policy, in: Yale Law & Policy Review 14 (1996) 2, S.177-186

Klodt, Henning:
Standort Deutschland: Strukturelle Herausforderungen im neuen Europa, Kieler Studien Nr.265, Tübingen, 1994

Koch, Eckhard:
Internationale Wirtschaftsbeziehungen, Bd. 1, 2. Auflage, München, 1997

Köck, Heribert Franz/*Fischer* Peter:
Das Recht der internationalen Organisationen, 3. Auflage, Wien, 1997

Köddermann, Ralf:
Sind Löhne und Steuern zu hoch ?: Bemerkungen zur Standortdiskussion in Deutschland, in: ifo Schnelldienst 49 (1996) 20, S.7-15

Köppen, Margit:
Strukturelle Wettbewerbsfähigkeit von Volkswirtschaften - Ein Gegenentwurf zur Standortkonkurrenz, Marburg, 1997

Koester, Veit:
Pacta Sunt Servanda, in: Environmental Policy and Law 26 (1996) 2 , S.78-91,

Kohlhase, Norbert:
Sinn und Grenzen von Reziprozität und Gegenseitigkeit in den Genfer Zollverhandlungen, in: Europa-Archiv 20 (1965) 9, S.322-325

Kopke, Alexander:
Rechtsbeachtung und -durchsetzung in GATT und WTO, Berlin, 1995

Koslowski, Peter:
Ethik des Kapitalismus, 2. Auflage, Tübingen, 1984

Kraft, Alfons:
Arbeitsrecht in einer sozialen Marktwirtschaft, in: Zeitschrift für Arbeitsrecht 26
(1995) 3, S.419-431

Kramer, Stefan:
Die Meistbegünstigung, in: Recht der Internationalen Wirtschaft 35 (1989) 6,
S.473-481

Krueger, Alan B.:
International Labour Standards and Trade, in: Journal of Commerce & Industry 1
(1996) 1, S.1-29

Krugman, Paul R.:
Competitiveness - A Dangerous Obsession, in: Foreign Affairs 73 (1994) 2, S.28-
44

Ders.:
Competitiveness - Does it Matter ?, in: Fortune (1994) 1, S.71-74

Ders.:
Peddling Prosperity, Economic Sense and Nonsense in the Age of Dismissed
Expectations, New York (e.a.), 1994

Ders.:
Der Mythos vom globalen Wirtschaftskrieg, Frankfurt am Main (e.a.), 1999

Krugman, Paul R./*Obstfield*, Maurice:
International Economics, Theory and Policy, Reading MA (e.a.), 4. Auflage, 1997.

Kullmann, Ullrich:
Fair Labour Standards in International Commodity Agreements, in: Journal of World Trade Law 14 (1980) 6, S.527-535.

Kwiatkowski, Gerhard/*Lorenz*, Kuno:
Meyers kleines Lexikon Philosophie, Redaktion für Philosophie des Bibliographischen Instituts Mannheim (Hrsg.), Mannheim, 1987

Lafontaine, Oskar/*Müller*, Christa:
Keine Angst vor der Globalisierung: Wohlstand und Arbeit für alle, Bonn, 1998

Laidler, Harry W.:
History of Socialism, London, 1968

Lambsdorff, Graf Otto:
Gegen den Protektionismus im sozialen Gewand, in: FAZ v. 28. Juni 1994, S.14

Landy, Ernest A.:
The Effectiveness of International Supervision, Thirty Years of ILO Experience, London, 1966

Langhammer, Rolf J.:
On the Nexus between Trade and the Environment and on Greening the GATT, in: The Economics of International Environmental Problems, Siebert, Horst (Ed.), Tübingen, 2000, S.257-262

Langhammer, Rolf J./*Sapir*, André:
Economic Impact of Generalized Tariff Preferences, Guldford, 1987

Langille, Brian:
General Reflections on the Relationship of Trade and Labour (or: Fair Trade is Free Trade's Destiny), in: Fair Trade and Harmonization (Vol.2: Legal Analysis), Bhagwati Jagdish/Hudec, Robert. E. (Ed.), Cambridge MA, 1996, S.231-266

Ders.:
The ILO and the New Economy: Recent Developments, in: The International Journal of Comparative Labour Law and Industrial Relations 15 (1999) 3, S.229-257

Ders.:
Labour Standards in the Globalized Economy and the Free Trade/Fair Trade Debate, in: International Labour Standards and Economic Interdependence, Sengenberger, Werner/Campbell, Duncan (Ed.), Genf, 1994, S.328-338.

Landsittel, Ralph:
Dumping im Außenhandels- und Wettbewerbsrecht, Baden-Baden, 1987

Larenz, Karl:
Methodenlehre der Rechtswissenschaft, Berlin (e.a.), 5. Auflage, 1983

Lawrence, Robert Z.:
Trade, Multinationals, and Labor, Cambridge MA, 1994

Lawrence, Robert Z./*Rodrik*, Dani/*Whalley*, John:
Emerging Agenda for Global Trade: High Stakes for Developing Countries, Washington, 1996

League of Nations:
Report and Proceedings of the World Economic Conference, Genf, 1927

Leary, Virginia:
Workers' Rights and International Trade: The Social Clause (GATT, ILO, NAFTA, US Laws), in: Fair Trade and Harmonization (Vol.2: Legal Analysis), Bhagwati Jagdish/Hudec, Robert. E. (Ed.), Cambridge MA, 1996, S.177-231

Dies.:
The WTO and the Social Clause: Post Singapore, in: European Journal of International Law 8 (1997) 1, S.118-122

Lempp, Hans-Volkhard:
Die Vereinbarkeit einseitiger Maßnahmen der Vereinigten Staaten gegen das sogenannte Sozialdumping mit dem „GATT 1994" und dem Völkergewohnheitsrecht, Würzburg, 1995

Lee, Chang-Hee/*Ozaki*, Muneto/*Rueda*, Catry/*Ruiz*, María Luz Vega:
From the Guilds to Coming of Age: Collective Bargaining Prevails over other Forms of Negotiation due to its Flexible Character, in: Collective bargaining: A Fundamental Principle, a Right, a Convention, ILO, Genf, 1999, S.13-25.

Lee, Eddy:
Globalization and Labour Standards: A Review of Issues, in: International Labour Review 136 (1997) 2, S.173-189

Ders.:
The Declaration of Philadelphia: Retrospect and Prospect, in: International Labour Review 133 (1994) 4, S.467-487

Lee, Y. S./*Mah*, Jai S.:
Reflections on the Agreement on Safeguards in the WTO, in: World Competition 21 (1998) 6, S.25-31

Lehment, Harmen:
Lohnpolitik und Beschäftigung bei festen und flexiblen Wechselkosten, in: Weltwirtschaftliches Archiv 115 (1979) 2, S.224-240

Leisner, Walter:
Der Abwägungsstaat: Verhältnismäßigkeit als Gerechtigkeit ?, Berlin, 1997

LeQuesne, Caroline:
Reforming World Trade - The Social and Environmental Priorities, Oxford, 1996

Letzgus, Oliver:
Die Ökonomie des internationalen Umweltschutzes, Frankfurt am Main (e.a.), 1999

Levine, David I./*D' Andrea Tyson*, Laura:
Participation, Productivity and the Firm's Environment, in: Paying for Productivity: a Look at the Evidence, Blinder, Alan S. (Ed.) Washington DC, 1990, S.183-244

Li, Xiao-Rong:
A Question of Priorities: Human Rights, Development and "Asian Values", in: Report from the Institute for Philosophy and Public Policy 18 (1999) 1/2, S.1-8

Liemen, Erhard:
Erdöl-Produktionsverträge des Iran: Rechtsgrundlagen und Praxis der Zusammenarbeit mit transnationalen Unternehmen, Tübingen, 1981

Liemt, Gijsbert van:
Minimum Labour Standards and International Trade: Would a Social Clause Work ? in: International Labour Review 128 (1989) 4, S.433-448

Liu, Vivian:
Eco-Labelling and the WTO-Agreement on Technical Barriers to Trade, in: Eco-Labelling and International Trade, Zarrilli, Simonetta/Jha, Veena/Vossenaar, René (Ed.), London (e.a.) 1997, S.266-271.

Löbbe, Klaus:
Standort Deutschland, in: Außenwirtschaftspolitik, Koerber-Weik, Margot/Wehling, Hans-Georg (Hrsg), Stuttgart (e.a.), 1991, S.53-71

Lörcher, Klaus:
Die Normen der Internationalen Arbeitsorganisation und des Europarats - Ihre Bedeutung für das Arbeitsrecht der Bundesrepublik, in: Arbeit und Recht 34 (1991) 4, S.97-104

Lohr, Wolfgang:
Öffentliche Güter und externe Effekte, Kostanz, 1989

Long, Oliver:
Law and its Limitations in the GATT Multilateral Trade System, London (e.a.), 1985

Lorz, Alexander R.:
Modernes Grund- und Menschenrechtsverständnis und die Philosophie der Freiheit Kants, Marburg, 1992

Lorz, Jens Oliver:
Standortwettbewerb bei internationaler Kapitalmobilität, Kiel, 1997

Lowenfeld, Andreas F.:
Fair or Unfair Trade ? Does it Matter ?, in: Cornell International Law Journal 13 (1980) 2, S.205-219

MacMahon, Joseph A.:
Going Bananas ? - Dispute Resolution in Agriculture, in: Cameron, James (Ed.), Dispute Resolution in the World Trade Organisation, London, 1998, S.128-147

Maennig, Wolfgang/*Wilfing*, Bernd:
Außenwirtschaft, München, 1998

Mah, Jai Sheen:
Core Labour Standards and Export Performance in Developing Countries, in: The World Economy 20 (1997) 6, S.773-785

Dies.:
ASEAN, Labour Standards and International Trade, in: ASEAN Economic Bulletin 14 (1998) 3, S.292-302

Mahaim, Ernest:
International Labour Law, in: International Labour Review 135 (1996) 3, S.287-290

Malloy, Michael P.:
Economic Sanctions and U.S.Trade, Boston, 1990

Marceau, Gabrielle:
A Call for Coherence in International Law, Praises for the Prohibition Against "Clinical Isolation" in WTO Dispute Settlement, in: Journal of World Trade 33 (1999) 5, S.87-152

Markandya, Anil:
Is Free Trade Compatible with Sustainable Development, UNCTAD Review, New York (e.a.), 1994, S.9-22

Markusen, James/*Melvin*, James R./*Kaempfer*, William Hutchison/*Maskus*, Keith E.:
International Trade: Theory and Evidence, New York, 1995

Marshall, Ray F.:
Trade-Linked Labor Standards, in: Proceedings of the Academy of Political Science 37 (1990) 4, S.67-78

Martin, Hans-Peter/*Schuhmann*, Wolfgang:
Die Globalisierungsfalle, Reinbeck, 1996

Maskus, Keith E:
Should Core Labour Standards Be Imposed Through International Trade Policy, World Bank Policy Research Working Paper Nr. 1817, Washington DC, 1997

Maupain, Francis:
Workers Rights and Multilateral Trade Before and After Seattle, Presentation at the Vienna Symposium "The WTO after Seattle Ministerial Conference", Wien, 8-9 Dezember 1999

Mavrodis, Petros:
Die WTO als "Self-Contained Regime", in: Recht der Internationalen Wirtschaft 37 (1991) 6, S.497-501

Mayer, Udo/*Raasch*, Sibylle:
Internationales Recht der Arbeit und der Wirtschaft, Opladen, 1980

Mayes, David G.:
Introduction, in: Sources of Productivity Growth, Cambridge, 1996, S.1-14

Mayne, Ruth/*LeQuesne*, Caroline:
Calls for Social Trade, in: Global Trade and Global Social Issues, Taylor, Annie/Thomas, Caroline (Ed.), London (e.a.), 1999, S.91-113

McConnell, Campbell/*Brue*, Stanley/*Macpherson*, David:
Contemporary Labor Economics, Boston (e.a.), 1999

McCrudden, Christopher/*Davies*, Anne:
International Economic Law and the Pursuit of Human Rights: A Framework for Discussion of the Legality of 'Selective Purchasing' Laws under the WTO Government Procurement Agreement, in: Journal of International Economic Law 2 (1999) 1, S.3-48

McIntosh, Robert:
Boys in the Pits: Child Labour in Coal Mining, Montreal, 2000

Mehmet, Ozay/*Mendes* Errol/*Sinding*, Robert:
Towards a Fair Global Labour Market: Avoiding a New Slave Trade, New York, 1999

Menzel, Thomas:
Der Außenhandels- und Standortwettbewerb als gemeinsame Determinanten der Produktionsstruktur, Göttingen, 1996

Merle, Jean-Christophe/*Pinzani* Alessandro:
Rechtfertigung und Modalitäten eines Rechts auf humanitäre Intervention in: Vierteljahresschrift für Sicherheit und Frieden 18 (2000) 1, S.71-75

Métall, Rudolf:
Der völkerrechtlich Schutz sozialer Grundrechte durch die Internationale Arbeitsorganisation, in: Festschrift für Hans Schmitz zum 70.Geburtstag, Mayer-Maly, Theo (Hrsg.), Wien (e.a.), 1967, S.196-203

Meyer, Dirk:
Sozialstandards und neue Welthandelsordnung, in: Die Ordnung des Welthandels - A. Ghanie Ghaussy zum 65. Geburtstag, Bern (e.a.), 1997, S.105-129

Ders.:
Social Standards and the New World Trading Order, in: World Competition Law and Economics Review 21 (1998) 6, S.33-49

Miller, Steven K.:
Remuneration Systems for Labour-intensive Investments: Lessons for Equity and Growth, in: International Labour Review 131 (1992) 1, S.77-93

Millone, Luciano M.:
Globalisation, Localisation of Production Activities and Income Distribution in Advanced Countries, in: Globalisation, Institutions and Social Cohesion, Franzini, Maurizio/Pizzuti, Felice (Ed.), Berlin (e.a.), 2001, S.75-83.

Mitchell, Daniel J. B.:
Essays on Labor and International Trade, Los Angeles, 1970

Mizala, Alejandra/*Romaguera*, Pilar:
Labour Aspects of Economic Integration: MERCOSUR and Chile, in: Integration and Trade 1 (1997) 3, S.93-112

Moffatt, Ian:
Sustainable Development, Principles, Analysis and Policies, New York, London, 1995

Morhard, Tilo:
Die Rechtsnatur der Übereinkommen der internationalen Arbeitsorganisation, Frankfurt am Main (e.a.) 1988

Morisset, Jacques/*Pirnia*, Neda:
How Tax Policy and Incentives Affect Foreign Direct Investment - A Review, World Bank Policy Research Working Paper Nr. 2509, Washington DC, 2001

Morton, A.L./*Tate*, George:
The British Labour Movement, London, 1956

Motaal, Doaa Abdel:
Eco Labelling and the World Trading Organisation (unveröffentlichtes WTO-Arbeitspapier), Genf, undatiert

Müller, Stefan/*Kornmeier*, Martin:
Internationale Wettbewerbsfähigkeit, München, 2000

Müller, Wolfgang/*Khan*, Nicholas/*Neumann*, Hans-Adolf:
EC Anti-dumping Law: a Commentary on Regulation 384/96, Chichester (e.a.), 1998

Murray, Tracy:
Trade Preferences for Developing Countries, London (e.a.), 1977

Musgrave, Richard A.:
The Theory of Public Finance. A Study in Public Economy, New York, 1959

Myrdal, Hans-Göran:
The ILO in the Cross-Fire: Would it Survive the Social Clause ? in: International Labour Standards and Economic Interdependence, Sengenberger, Werner/Campbell, Duncan (Ed.), Genf, 1994, S.339-356.

Necker, Tyll:
Standortwettbewerb und Ordnungspolitik, Kiel, 1989

Nettesheim, Martin:
Ziele des Antidumping- und Antisubvetionsrechts, München, 1994

Neumann, Jan:
Die Koordination des WTO-Rechts mit anderen völkerrechtlichen Ordnungen, Berlin, 2002

Neundörfer, Konrad:
Mehr Schaden als Nutzen: Öko- und Sozialklauseln, in: FAZ v. 16.1.1995, S.15

Ng, Francis/*Yeatszu*, Alexander:
Good Governance and Trade Policy, Are They the Keys to Africa's Global Integration and Growth ?, World Bank Working Paper Nr. 2038, Washington DC, 10. November 1998

Nielsen, Henrik Karl:
The Concept of Discrimination in ILO Convention No.111, in: International and Comparative Law Quarterly 43 (1994) 4, S.827-856.

Nichols, Martha:
Third World Families at Work: Child Labour or Child Care ?, in: Harvard Business Review 71 (1993) 1, S.12-23

Nichols, Philip M.:
Trade Without Values, in: Northwestern University Law Review 90 (1996) 2, S.658-719

Nitschke, A.:
Wettlauf der Standorte, in: Die Zeit, Nr.23 v. 3. Juni 1994, S.29

Novitz, Tonia:
Freedom of Association and "Fairness at Work"- An Assessment of the Impact and Relevance of ILO Convention No. 87 on its Fiftieth Anniversary, in: Industrial Law Journal 27 (1998) 3, S.169-191

Nunnenkamp, Peter:
The World Trading System at the Crossroads: Multilateral Trade Negotiations in the Era of Regionalism, Kieler Diskussionsbeitrage Nr. 204, Kiel, 1993

Ders.:
Winners and Losers in the Global Economy: Recent Trends in the International Division of Labour and Policy Challenges. Institut für Weltwirtschaft, Kiel, 1996

Odendahl, Guido:
Die sozialen Menschenrechte- ein historscher, systematischer und rechtsvergleichender Überblick, in: Juristische Arbeitsblätter 28 (1996) 11, S.898-904

OECD:
Trade, Employment and Labour Standards: A Study of Core Workers' Rights and International Trade, Paris, 1996

OECD:
An Update of the 1996 Study "Trade, Employment and Labour Standards: A Study of Core Workers' Rights and International Trade", Paris, 2000

OECD:
Processes and Production Methods (PPMs): Conceptual Framework and Considerations on Use of PPM-based Trade Measures, Paris, 1997.

Ohlhoff, Stefan:
Verbotene Beihilfen nach dem Subventionsabkommen der WTO im Lichte aktueller Rechtsprechung, in: EuZW 11 (2000) 21, S.645-653

Ohlin, Bertil:
The Theory of Trade, in: Heckscher-Ohlin Trade Theory, Flam, Harry/Flanders, June (Ed.), Cambridge, 1991, S.71-219.

Oppermann, Thomas:
Geistiges Eigentum - Ein „Basic Human Right" des allgemeinen Völkerrechts, Eine deutsche Initiative innerhalb der International Law Association, in: Währung und Wirtschaft - Das Geld im Recht, Festschrift für Hugo Hahn zum 70. Geburtstag, Weber, Albrecht (Hrsg.), Baden-Baden, 1997, S.447-467

Pahre, Robert:
Domestic Politics, Trade Policy, and Economic Sanctions: A Public Choice Model with Application to United States-Chinese Relations, Research Seminar in International, University of Michigan Discussion Paper No. 418, Ann Arbor MI, 10. April 1998, im Internet veröffentlicht unter www.spp.umich.edu/rsie/workingpapers/ wp.html

Palmer, Tom G.:
Intellectual Property: A Non-Posnerian Law and Economics Approach, in: Hamline Law Review 12 (1989) 3, S.261-304.

Pauwelyn, Joost:
The WTO Agreement on Sanitary and Phytosanitary (SPS) Measures as Applied in the First Three SPS Disputes: EC - Hormones, Australia - Salmon and Japan - Varietals, in: Journal of International Economic Law 2 (1999) 4, S.641-664

Pearce, David W./*Markandya*, Anil/*Barbier*, Edward B.:
Blueprint for a Green Economy, London, 1989

Petersmann, Ernst-Ullrich:
The WTO Constitution and Human Rights, in: Journal of International Economic Law 3 (2000) 1, S.19-25

Ders.:
Human Rights and International Environmental Law in the 21st Century: The Need to Clarify their Interrelationships, in: Journal of International Economic Law 4 (2001)1, S.3-39

Ders.:
Strengthening International Dispute Settlement in Non-Economic Areas, in: Journal of International Economic Law 2 (1999) 2, S.189-248

Ders.:
World Trade, Principles, in: Encyclopedia of Public International Law (Vol. 8), Amsterdam, 1984, S.530-539

Ders.:
Allgemeines Zoll- und Handelsabkommen (GATT), in: Groeben, Hans von der/Thiesing, Jochen/Ehlermann Claus-Dieter (Hrsg.), Handbuch des Europäischen Rechts, Baden-Baden, 1983, S.1-26

Ders.:
The GATT/WTO Dispute Settlement System, London (e.a.) 1997

Ders.:
International and European Trade and Environmental Law after the Uruguay Round, London, 1995

Ders.:
Die dritte Welt und das Wirtschaftsvölkerrecht, in: ZaöRV 36 (1976) 1/3, S.492-550

Pirsig, Robert M.:
Zen and the Art of Motorcycle Maintenance. An Inquiry About Values, New York, 1974

Pohl, Hans:
Aufbruch in die Weltwirtschaft, Wiesbaden, 1989

Pollan, Wolfgang:
Die Lohnstückkosten als Kennzahl der Wettbewerbsfähigkeit, in: Wifo-Monatsberichte 62 (1989) 10, S.613-619

Posner, Richard A.:
Economic Analysis of Law, 5th Edition, New York, 1998

Porter, Michael E.:
Wettbewerbsstrategie: Methoden zur Analyse von Brachen und Konkurrenten, 6. Auflage, Frankfurt am Main, 1990

Ders.:
Wettbewerbsvorteile, Frankfurt am Main, 1999

Pradetto, August:
Die NATO, humanitäre Intervention und Völkerrecht, in: Aus Politik und Zeitgeschichte 16 (1999) 1, S.26-38

Prebisch, Raúl:
Towards a New Trade Policy for Development, Report by the Secretary General of the UNCTAD, New York, 1964

Ders.:
The Economic Development of Latin America and its Principle Problems, in: Economic Bulletin for Latin America 7 (1962) 1, S.1-22

Primo, Braga Carlos:
Comments on the Proliferation of Regional Integration Arrangements, in: Law and Policy in International Business 27 (1996) 4, S.963-968.

Prove, Peter:
Human Rights at the World Trade Organization ? (unveröffentlichter Entwurf), zur Veröffentlichung vorgesehen in: Human Rights and Economic Globalisation: Directions for the WTO, Mehra, Malini (Ed.), Uppsala, 1999

Provost, René:
Reciprocity in Human Rights and Humanitarian Law, in: The British Yearbook of International Law 65 (1994), S.383-454.

Pütz, Theodor:
Die wirtschaftspolitische Konzeption, in: Wirtschaftsfragen der freien Welt, Beckerath, Erwin von/Meyer, Fritz W./Müller Armack, Alfred (Hrsg.), Frankfurt am Main, 1957, S.42-50

Pullen, Mike:
The Helms-Burton Act: Compliance with International Law and the Proposed Counter-measures, in: International Trade Law and Regulation 2 (1996) 5, S.159-166

Pury, David de:
Drawing National Democracies Towards Global Governance, in: The Uruguay Round and Beyond: Essays in Honour of Arthur Dunkel, Bhagwati, Jagdish/Hirsch, Matthias (Ed.), Heidelberg, 1998, S.171-180

Quick, Reinhard:
Exportselbstbeschränkungen und Art.XIX GATT, Köln (e.a.), 1983

Ders.:
The Community's Regulation on Leg-hold Traps: Creative Unilateralism Made Compatible with WTO Law Through Bilateral Negotiations ? in: New Directions in International Economic Law, Essays in Honour of John Jackson, Bronckers, Marco/ Quick, Reinhard (Ed.), Den Haag (e.a.), 2000, S.239-257.

Quick, Reinhard/*Blüthner*, Andreas:
Has the Appellate Body erred ? An Appraisal and Criticism of the WTO Hormones Case, in: Journal for International Economic Law 2 (1999) 4, S.603-639

Qureshi, Asif H.:
International Trade and Human Rights from the Perspective of the WTO, in: International Economic Law with a Human Face, Weiss, Friedl (Ed.), Den Haag, 1998, S.159-173

Raaflaub, Patrick:
Subventionsregeln der EU und des GATT, Zürich, 1994

Raghavan, Chakravarthi:
The New Issues and Developing Countries, Third World Network Trade & Development Series 4, Penang, 1996

Rahmeyer, Fritz:
Volkswirtschaftliche Grundlagen der Umweltökonomie, in: Umweltökonomie, Stengel, Martin/Wüstner, Kerstin (Hrsg.), München, 1997, S.35-66

Rao, Hanumantha K./*Rao*, Madhusudhana, M.:
Employers' View of Child Labour, in: Indian Journal of Industrial Relations 34 (1998) 1, S.15-38

Raynauld, André/*Vidal*, Jean-Pierre:
Labour Standards and International Competitiveness, A Comparative Analysis of Developing and Industrialized Countries, Cheltenham (e.a.), 1998

Reich, Arie:
The New GATT Agreement on Government Procurement: the Pitfalls of Plurilateralism and Strict Reciprocity, in: Journal of World Trade 31 (1997) 2, S125-151

Reich, Robert B:
Niedrige Produktionskosten oder globale Ausbeutung, in: Handelsblatt v. 22. Juni 1994

Ders.:
Keynote Address, in: International Labour Standards and Economic Integration, Proceedings of a Symposium by the US Department of Labour, Bureau of International Labour Affairs, Schoepfle, G.K., Swinnerton, K.A. (Hrsg.), Washington DC (1994), S.1-5

Reiterer, Michael:
GATT/WTO: Internationaler Handel und Umwelt, in: Außenwirtschaft 49 (1994)
4, S.477-496

Rege, Vinod:
GATT Law and Environmental-Related Issues Affecting the Trade of Developing
Countries, in: Journal of World Trade 28 (1994) 3, S.95-169

Reuß, Matthias:
Menschenrechte durch Handelssanktionen, Hamburg, 1999

Ricardo, David:
On the Principles of Political Economy and Taxation (1817), Nachdruck: Hildesheim, 1977.

Richardi, Reinhard:
Einführung in das Arbeitsrecht, in: Arbeitsgesetze, München, 1997, S.XIII-XLVI

Richardson, David, J.:
The Political Economy of Strategic Trade Policy, in: International Organization 44
(1990) 1, S.107-135

Ders.:
The WTO and Market-Supportive Regulation: a Way Forward on New Competition, Technological and Labor Issues, in: Federal Reserve Bank of St. Louis 82
(2000) 4, S.115-126

Ricupero, Rubens:
Statement of the Secretary-General of UNCTAD to the to the Third WTO Ministerial Meeting, Seattle, 30. November 1999

Riedel, Eibe H.:
Theorie der Menschenrechtsstandards, Berlin, 1986

Ders.:
Menschenrechte der dritten Dimension, in: Europäische Grundrechte-Zeitschrift
16 (1989) 1 S.9-27

Ders.:
International Environmental Law - A Law to Serve the Public Interest ? in: New Trends in International Lawmaking - "Legislation" in the Public Interest, Berlin, 1997, S.61-98

Ders.:
Der internationale Menschenrechtsschutz. Eine Einführung, in: Menschenrechte, Bundeszentrale für politische Bildung (Hrsg.), Bonn, 1999, S.11-36

Ders.:
Rechtliche Optimierungsgebote oder Rahmensetzungen für das Verwaltungshandeln?, in: Veröffentlichungen der Vereinigung deutscher Staatsrechtslehrer 58 (1999), S.178-216

Riedel, Eibe/*Will*, Martin:
Human Rights Clauses in External Agreements of the EC, in: The EU and Human Rights, Alston, Philip (Ed.), Oxford, 1999, S.723-754,

Rieu, Edward M.:
The Application of the General Agreement on Tariffs and Trade to the Countertrade Practices of Less-Developed and Developing Countries: Proposed Amendments to the GATT, in: California Western International Law Journal, 16 (1986) 2, S.312-345

Rifkin, Jeremy:
Das Ende der Arbeit, Frankfurt am Main, 1999

Ritschl, Hans:
Wirtschaftsordnung und Wirtschaftspolitik, in: Weltwirtschaftliches Archiv 65 (1950) 2, S.219-282

Robinson, Joan:
Economics of Imperfect Competition, 2nd Edition , London, 1969

Roessler, Frieder:
The Scope, Limits and Function of the GATT Legal System, in: The World Economy 8 (1985) 2, S.287-298

Ders.:
Diverging Domestic Policies and Multilateral Trade Integration, in: Fair Trade and Harmonization (Vol.2: Legal Analysis), Bhagwati Jagdish/Hudec, Robert. E. (Ed.), Cambridge MA, 1996, S.21-56

Rodrik, Dani:
Labour Standards and International Trade: Moving Beyond the Rhetoric, Washington DC, Overseas Development Council, Juni 1995

Ders.:
Has Globalisation Gone too Far ?, Institute for International Economics, Washington DC, 1997

Ders.:
Sense and Nonsense in the Globalization Debate, in: Foreign Policy 107 (1997) 2, S.19-37

Romero, Ana Theresa:
Labour Standards and Export Processing Zones: Situation and Pressure for Change, Development Policy Review 13 (1995) 3, S.247-276.

Roscher, Helmut:
Die Anfänge des modernen Arbeitsrechts, Frankfurt am Main, 1985

Rose, Klaus/*Sauernheimer,* Karlhans:
Theorie der Außenwirtschaft, 12. Auflage, München, 1995

Ross, Julie C./*Wasserman,* Jessica A.:
Trade-Related Aspects of Intellectual Property Rights, The GATT Uruguay Round: A Negotiating History (1986-1992), Deventer (e.a.), 1993

Rubin, Seymour J.:
Regional Trade and Investment in the Era of the World Trade Organization (WTO) in: Proceedings of the International Law Association first Asian-Pacific Regional Conference, Chiu, Hungdah (Ed.), Taipei, 1996, S.424-431

Ruggie, John:
Remarks on the Global Compact to the NGO Community, Genf, 13.10.2000, im Internet veröffentlicht unter
www.unglobalcompact.org/gc/unweb.nsf/content/Ruggiengo.htm

Runge, Else:
Zur Theorie des sozialen Dumpings, Würzburg, 1933

Sachverständigenrat zur Begutachtung der Gesamtwirtschaftlichen Entwicklung:
Im Standortwettbewerb, Jahresgutachten, Wiesbaden, 1996

Salas, Mauricio/*Jackson*, John H.:
Procedural Overview of the WTO EC-Banana Dispute, in: Journal of International Economic Law 3 (2000) 1, S.145-166.

Salazar-Xirinachs, Jose M.:
The Trade-Labour Nexus: Developing Countries' Perspectives, in: Journal of International Economic Law 3 (2000) 2, S.377-385.

Samson, Klaus Theodor:
The International Labour Organisation, in: Encyclopedia of Public International Law, Bernhardt (Hrsg.), Vol. 5, Amsterdam (e.a.), 1983, S.87-94

Samuelson, Paul A.:
The Pure Theory of Public Expenditure, in: Review of Economics and Statistics 36 (1954) 3, S.387-389

Ders.:
The Pure Theory of Public Expenditure and Taxation, in: Public Economics - An Analysis of Public Production and their Relation to the Private Sector, Margolis, Julius und Guitton, Henry (Ed.), London (e.a.), 1969, S.98-123

Sand, Peter H.:
Whither CITES ? The Evolution of a Treaty Regime in the Borderland of Trade and Environment, in: European Journal of International Law 8 (1997) 1 , S.29-58

Santeusanio, David J.:
Extraterritoriality and Secondary Boycotts : a Critical and Legal Analysis of United States Foreign Policy, in: Suffolk Transnational Law Review 21 (1998) 2, S.367-390

Sapir, Andre:
Trade Liberalisation and the Harmonization of Social Policies: Lessons from European Integration, in: Fair Trade and Harmonization (Vol.1: Economic Analysis), Bhagwati Jagdish/Hudec, Robert. E. (Ed.), Cambridge MA, 1996, S.543-570.

Sauer, Ernst:
Souveränität und Solidarität: Ein Beitrag zur völkerrechtlichen Wertlehre, Göttingen, 1954

Saxonhouse, Gary R.:
A Short Summary of the History of Unfair Trade Allegations against Japan, in: Fair Trade and Harmonization (Vol.1: Economic Analysis), Bhagwati Jagdish/Hudec, Robert. E. (Ed.), Cambridge MA, 1996, S.471-514.

Schäfer, Wolf:
Standortqualität, Wirtschaftswachstum und internationale Wettbewerbsfähigkeit, in: Kantzenbach, E., Meyer, O.G. (Hrsg.), Deutschland im internationalen Standortwettbewerb, S.21-26

Schermers, Herny G./*Blokker*, Niels:
International Institutional Law, Den Haag, 3rd Edition, 1995

Scherrer, Christoph:
The Pros and Cons of International Labour Standards, in: Social and Environmental Standards in International Trade Agreements, Malanowski, Norbert (Hrsg.), Münster, 1997, S.32-44.

Ders.:
The Economic and Political Arguments For and Against Social Clauses, in: Intereconomics 31 (1996) 1, S.9-20.

Schlagenhof, Markus:
Trade Measures on Environmental Processes and Production Methods, in: Journal of World Trade 29 (1995) 6, S.123-155.

Schlecht, Otto:
Verschärfte Standortkonkurrenz als Herausforderung der Wirtschaftspolitik. in: Standortwettbewerb, wirtschaftspolitische Rationalität und internationale Ordnungspolitik, Apolte, Thomas/Ackermann, Michael (Hrsg.), Baden-Baden, 1999, S.11-20

Schmahmann, David R./*Finch*, James S.:
The Unconstitutionality of State and Local Enactment in the United States Restricting Business Ties with Burma (Myanmar), in: Vanderbilt Journal of Transnational 30 (1997) 2, S.175-207

Dies.:
State and Local Sanctions Fail Constitutional Test, in: Trade Policy Briefing Paper, Center for Trade Policy Studies (Ed.) 3 (1998)

Schoch, Frank:
Unbestimmte Rechtsbegriffe im Rahmen des GATT, Frankfurt am Main (e.a.), 1994

Schoepfle, Gregory/*Swinnerton*, Kenneth:
Labour Standards in the Context of a Global Economy in: Monthly Labour Review 117 (1994) 9, S.52-58

Schott, Jeffrey J.:
Toward WTO 2000: A Seattle Odyssey, in: Federal Reserve Bank of St. Louis 82 (2000) 4, S.11-24

Schreiber, Sebastian:
Freihandel und Gerechtigkeit, Frankfurt am Main, 1996

Schrijver, Nico:
Reciprocity in International Development Co-operation : the Case of the Netherlands and the "BBC-countries" in: International Economic Law with a Human Face, Weiss, Friedl (Ed.), Den Haag, 1998, S.387-400

Schröder, Christoph:
Industrielle Arbeitskosten im internationalen Vergleich 1980/1998, in: iw-trends 29 (1998) 2, S.35-49

Schümperli, Walter:
Die Vereinten Nationen und die Dekolonisation, Bern, 1970

Schütz, Raimund:
Solidarität im Wirtschaftsvölkerrecht: Eine Bestandsaufnahme zentraler entwicklungsspezifischer Solidarrechte und Solidarpflichten im Völkerrecht, Berlin, 1994

Schwarzenberger, Georg:
The Principles and Standards of International Economic Law, in: Recueil des Cours 117 (1966) 1 , S.6-98

Seidl-Hohenveldern, Ignaz:
Völkerrecht, 9. Auflage, Berlin (e.a.), 1997

Sell, Axel:
Internationale Wirtschaftsbeziehungen, Berlin, 1991

Sen, Amartya K:
On Ethics and Economics, Oxford, 1987

Ders.:
Die Freiheit gleicher Lebenschancen, in: Die Ordnung der Wirtschaft, FAZ v. 31.12.1999, S.15

Ders.:
Universal Truths, Human Rights and the Westernizing Illusion, in: Harward International Review 20 (1998) 3, S.40-47

Sengenberger, Werner:
The Role of Labour Standards in Industrial Restructuring: Participation, Protection and Promotion, International Institute for Labour Studies, Discussion Paper 19, Genf, 1990

Ders.:
International Labour Standards in a Globalized Economy: The Issues, in: International Labour Standards and Economic Interdependence, Sengenberger, Werner/Campbell, Duncan (Ed.), Genf, 1994, S.3-15.

Senti, Martin:
"Social Labelling": Alternative zur Sozialklausel, in: NZZ v. 15. August 1997, S.6

Senti, Richard:
GATT, Allgemeines Zoll- und Handelsabkommen als System der Welthandelsordnung, Zürich, 1986

Ders.:
GATT-WTO, Die neue Handelsordnung nach der Uruguay-Runde, Zürich 1994

Siebert, Horst:
Außenwirtschaft, 6. Auflage, Stuttgart, 1996

Ders.:
Weltwirtschaft, Stuttgart, 1997

Ders.:
Zum Paradigma des Standortwettbewerbs, Beiträge zur Ordnungstheorie und Ordnungspolitik Nr.165, Tübingen, 2000

Siebke, Jürgen/*Rolf*, Ulrich:
Was ist fairer internationaler Handel ?, Volkswirtschaftliche Korrespondenz der Adolf-Weber-Stiftung 37 (1998) 7

Simma, Bruno:
Das Reziprozitätselement im Zustandekommen völkerrechtlicher Verträge, Berlin, 1972

Ders.:
Reciprocity, in: Encyclopedia of Public International Law (Bd. 7), Amsterdam, 1984 , S.400-404

Singer, Reinhard:
Tarifvertragliche Normenkontrolle am Maßstab der Grundrechte, in: Zeitschrift für Arbeitsrecht 26 (1995) 4, S.611-638

Sinn, Stefan:
Internationale Wettbewerbsfähigkeit von immobilen Faktoren im Standortwettbewerb, Kieler Arbeitspapiere Nr.301, Kiel, 1989

Slaughter, Matthew.J./*Swagel*, Phillip:
The Effect of Globalization on Wages in Advanced Economies, IMF Working Paper P/97/43, Washington, 1997

Sleigh, Stephen, R.:
The Social Dimensions of Economic Integration, in: World Trade: Toward a fair and Free Trade in the Twenty-first Century, Jo Marie Griesgraber, Bernhard G. Gunter (Ed.), London (e.a.) 1997, S.32-53

Smith, Adam:
Der Wohlstand der Nationen - Eine Untersuchung seiner Natur und seiner Ursachen (1776), Nachdruck: München, 1974

Smith, Gary W.:
Intellectual Property Rights, Developing Countries, and TRIPs, in: Journal of World Intellectual Property 2 (1999) 6, S.969-975.

Smolin, David M.:
Conflict and Ideology in the International Campaign against Child Labour, in: Hofstra Labour & Employment Law Journal 16 (1999) 2, S.383-451

Sorensen, Theodore C.:
Most Favored Nations and Less Favorite Nations, in: Foreign Affairs 52 (1974) 3, 273-286

Sorsa, Piritta:
GATT and Environment: Basic Issues and some Developing Country Concerns, in: International Trade and the Environment, Low, Patrik (Ed.), Washington DC, 1992, S.325-340

Starnberg Institute:
Working Conditions in Export Processing Zones in Selected Developing Countries, Final Report Prepared for the US Department of Labor, Bureau of International Labor Affairs, Starnberg, 1988

Stern, Robert M.:
Labor Standards in International Trade, in: Integration and Trade 3 (1999) 7/8, S.15-38

Steininger, Karl W.:
International Trade Regulation and Sustainable Development: An Outlook, Inter-economics 31 (1996) 6, S.291-300

Stensland, Juli:
Internationalizing the North American Agreement on Labor Cooperation, Minnesota Journal of World Trade 4 (1995) 1, S.141-164.

Stichele, Myriam Vander:
Elements for a New Trade System: Fairness, Sustainability and Development, in: Social and Environmental Standards in International Trade Agreements, Malanowski, Norbert (Hrsg.), Münster, 1997, S.22-31.

Stirling, Patricia:
The Use of Trade Sanctions as an Enforcement Mechanism for Basic Human Rights: a Proposal for Addition to the World Trade Organization, in: American University International Law Review 11 (1996) 1, S.1-46

Stratte-McClure, John:
Protecting Basic Rights in the Workplace, in: International Herald Tribune, Special Section on the Global Compact, 25. Januar, 2001, S.12

Straubhaar, Thomas:
Internationale Wettbewerbsfähigkeit einer Volkswirtschaft - was ist das ?, in: Wirtschaftdienst 74 (1994) 10, S.534-540

Streit, Manfred E.:
Theorie der Wirtschaftspolitik, 4. Auflage, Düsseldorf, 1991

Stückelberger, Christoph:
Sozilaklauseln im internationalen Handel, in: Außenwirtschaft 51 (1996) 1, S.75-100

Strydom, Hennie, A.:
Reassessing the Appropriateness of Sanctions, in: South African Yearbook of International Law 24 (1999), S.199-210

Suntum, Ulrich, v.:
Internationale Wettbewerbsfähigkeit einer Volkswirtschaft, in: Zeitschrift für Wirtschafts- und Sozialwissenschaften 106 (1986) 6, S.495-507

Sutherland, Peter D.:
Globalisation and the Uruguay Round, in: The Uruguay Round and Beyond: Essays in Honour of Arthur Dunkel, Bhagwati, Jagdish/Hirsch, Matthias (Ed.), Heidelberg, 1998, S.143-153

Ders.:
Consolidating Economic Globalization, Address to the Canadian Club v. 21. März 1994, Nachdruck in: GATT, News of the Uruguay-Round of Multilateral Trade Negotiations (1994) 83, S.1-6

Swaminathan, Maduhra:
Economic Growth and the Persistence of Child Labour: Evidence from an Indian City, in: World Development 26 (1998) 8, S.1513-1528

Swepston, Lee:
The Universal Declaration of Human Rights and ILO Standards, ILO (Ed.), Genf, 1998

Swinnerton, Kenneth A.:
An Essay on Economic Efficiency and Core Labour Standards, in: The World Economy 20 (1997) 1, S.74-86

Symonides, Janusz:
The United Nations System Standard-setting Instruments and Programmes against Discrimination, in: The Struggle against Discrimination, Symonides, Janusz (Ed.), Paris, 1996, S.3-43

Taussig, Frank W.:
Principles of Economics, Teil 1, 3rd Edition, New York, 1935

Tapiola, Kari:
The ILO Declaration on Fundamental Principles and Rights at Work and its Follow-up, in: Bulletin of Comparative Labour Relations 37 (2000) 1, S.9-16

Terrel, Peter/*Schnorr*, Veronika/*Morris*, Wendy V.A./*Breitsprecher*, Roland:
Pons Großwörterbuch Deutsch-Englisch, Englisch-Deutsch, 2. Auflage, Stuttgart (e.a.), 1995

Thaggert, Henry L.:
A Closer Look at the Tuna-Dolphin Case: *like products* and "Extrajurisdictionality" in the Trade and Environment Context, in: Trade & the Environment: The Search for Balance, Cameron, James/Demaret Paul/Geradin, Damien (Ed.), London, 1994, S.69-95

Thalheim, Karl.C.:
Zum Problem der Einheitlichkeit der Wirtschaftspolitik, in: Festgabe für Georg Jahn, Muhs, Karl (Hrsg.), Berlin, 1955, S.578-622

Theobald, Christian:
Sustainable Development - ein Rechtsprinzip der Zukunft ?, Zeitschrift für Rechtspolitik 30 (1997) 11, S.439-442

Third World Network:
The WTO, Labour Standards and Trade Protectionism, Position Paper v. 23. September, Genf, 1997

Thomas, Albert:
The International Labour Organisation. Its Origins, Development and Future, in: International Labour Law Review 1 (1921) 1, S.5-22, Nachdruck in: International Labour Review 135 (136) 3/4, S.261-276

Tinbergen, Jan:
On the Theory of Economic Policy, Amsterdam, 1952

Torres, Raymond:
Labour Standards and Trade, in: OECD Observer 202 (1996), S.10-14

Ders.:
Towards a Socially Sustainable World Economy: an Analysis of the Social Pillars of Globalization, ILO (Ed.), Genf, 2001

Townsend, Blair/*Ratnayake*, Ravi:
Trade Liberalisation and the Environment, Singapore (e.a.), 2000

Trachtman, Joel P.:
International Regulatory Competition, Externalization and Jurisdiction, in: Harvard International Law Journal 34 (1993) 1, S.47-104

Travis, Karen F.:
Woman in Global Production and Worker Rights Provisions in U.S.Trade Laws, Yale Journal of International Law 17 (1992) 1, S.173-194

Trebilcock, Michael J./*Howse*, Robert:
The Regulation of International Trade, 1st Edition, London (e.a.), 1995

Dies.:
The Regulation of International Trade, 2nd Edition, London (e.a.), 1999

Dies.:
Trade Liberalisation and Regulatory Diversity: Reconciling Competitive Markets with Competitive Politics, European Journal of Law and Economics 6 (1998) 5, S.5-37

Tsai, Edward S.:
"Like" is a Four Letter Word-GATT Article III's "Like Product" Conundrum, in: Berkeley Journal of International Law 17 (1999) 1, S.26-60

Tsogas, George:
Labour Standards in International Trade Agreements: an Assessment of the Arguments, in: The International Journal of Human Resource Management 10 (1999) 2, S.351-375

Tuchtfeld, Egon:
Zur Frage der Systemkonformität wirtschaftspolitischer Maßnahmen in: Zur Grundlegung wirtschaftspolitischer Konzeptionen, Seraphim/Hans-Jürgen (Hrsg.), Berlin, 1960, S.203-238.

Tucker, Lee:
Child Slaves in Modern India: The Bonded Labour Problem, in: Human Rights Quarterly 19 (1997) 3, S.572-629

United Nations:
The Copenhagen Declaration and Programme of Action, World Summit for Social Development, New York, 1995

Dies.:
Statistical Yearbook, Genf, fortlaufende Jahrgänge

Dies.:
Globalization and Economic, Social and Cultural Rights, Statement by the Committee on Economic, Social and Cultural Rights, Genf, 1998, im Internet veröffentlicht unter www.unhchr.ch/tbt/doc.nsf

Dies.:
Report of the International Court of Justice, New York, fortlaufende Jahrgänge

UNCTAD:
Operation and Effects of the Generalized System of Preferences, Genf, 1974

UNDP:
Bericht über die menschliche Entwicklung, Bonn, 1996

UNICE:
Preliminary Comments on "Trade and Social Clauses", Position Paper v. 29. März, Brüssel, 1994

Dies.:
Comments on Trade and Labour Standards, Position Paper, Brüssel, 28. Mai 1996

United States Department of Labor:
Institutionalizing Constructive Competition: International Labor Standards and Trade, Economic Discussion Paper 32, Washington, 1988

Dass.:
Direct Employment Effect of Imports on the U.S.Textile Industry, Economic Discussion Paper 8, Washington, 1980

Valticos, Nicolas:
International Labour Law, 2nd Edition, Deventer (e.a), 1995

Vattel, Emer de:
Le Droit des Gens ou Principes de la Loi Naturelle, 1758, Nachdruck: Washington, 1916

Vellano, Michele:
Full Employment and Fair Labour Standards in the Framework of the WTO, in: International Trade Law on the 50th Anniversary of the Multilateral Trading System, Mengozzi, Paolo (Ed.), Mailand, 1999, S.379-419

Verdroß, Alfred/*Simma* Bruno:
Universelles Völkerrecht, 3. Auflage, Berlin 1984

Vernon, Raymond:
International Investment and International Trade in the Product Cycle, Quarterly Journal of Economics 80 (1966) 3, S.190-207.

Ders.:
The Product Cycle Hypothesis in a New International Economic Environment, Oxford Bulletin of Economic Statistics 41 (1979) 4, S.255-276.

Vijapur, Abdulrahim P.:
The Principle of Non-discrimination in International Human Rights Law: the Meaning and Scope of the Concept, in: India Quarterly 49 (1993) 3, S.69-84

Viner, Jacob:
Dumping: A Problem in International Trade, 1923, Nachdruck: New York 1966

Vitzthum, Wolfgang Graf v.:
Begriff, Geschichte und Quellen des Völkerrechts, in: Bothe, Michael (e.a.), Völkerrecht, Berlin (e.a.), 1997, S.1-99

Vossler Champion, Karen:
Who Pays for Free Trade ? The Dilemma of Free Trade and International Labor Standards, in: North Carolina Journal of International Law and Commercial Regulation 22 (1996) 1, S.181-238

Waer, Paul:
Social Clauses in International Trade, in: Journal of World Trade 30 (1996) 4, S.25-43

Wagner, Helmut:
Einführung in die Weltwirtschaftspolitik, München, 1993

Ward, Halina:
Trade and Environment Issues in Voluntary Eco-Labelling and Life Cycle Analysis
in: Review of European Community & International Environmental Law 6 (1997) 2, S.139-147

Dies.:
Common but Differentiated Debates: Environment, Labour and the World Trade Organisation, in: International and Comparative Law Quarterly 45 (1996) 3, S.592-632

Weber, Albrecht:
Schutznormen und Wirtschaftsintegration: Zur völkerrechtlichen, europarechtlichen und innerstaatlichen Problematik von Schutznormen und ordre public-Vorbehalten, Baden-Baden, 1982

Weippert, Georg:
Zur Problematik der Zielbestimmung in wirtschaftspolitischen Konzeptionen, Korreferat zu den Ausführungen von E. Willeke, in: Zur Grundlegung wirtschaftspolitischer Konzeptionen, Seraphim/Hans-Jürgen (Hrsg.), Berlin, 1960, S.175-201.

Weiss, Edith Brown:
Free International Trade and Protection of the Environment: Irreconcilable Conflict ?, The American Journal of International Law 86 (1992) 4, S.728-735

Weiss, Friedl:
Internationally Recognized Labour Standards and Trade, in: Legal Issues of European Integration 23 (1996) 2, S.161-177.

Ders.:
Internationally Recognized Labour Standards and Trade, in: International Economic Law with a Human Face, Weiss, Friedl (Ed.), Den Haag, 1998, S.79-95

Weizsäcker, Carl Christian v.:
Der Freihandel als Friedensstifter, in: FAZ v. 15. November 1997, S.15

Weizsäcker, Ernst Ullrich v.:
Faktor Vier: Doppelter Wohlstand - halbierter Naturverbrauch: Der neue Bericht an den Club of Rome, München, 1996

Wellner, Marc:
Evaluating the Employment Effects of Public Sector Sponsored Training in Germany, Idstein, 2000

Wells, Luis T.:
International Trade: The Product Life Cycle Approach, in: The Product Life Cycle and International Trade, Wells, Luis T. (Ed.) Boston, 1972, S.3-37.

Weltbank:
Weltentwicklungsbericht, Washigton DC, 1997

Wet, Erika de:
Labour Standards in the Globalized Economy: the Inclusion of a Social Clause in the General Agreement On Tariffs and Trade/World Trade Organization, in: Human Rights Quarterly 17 (1995) 3, S.443-462

Wetter, Wolfgang.:
Die Wettbewerbsposition der deutschen Wirtschaft: Wechselkurs und internationale Wettbewerbsfähigkeit, Hamburg, 1984

Wießmeier, Stefan:
Von der „internationalen Wettbewerbsfähigkeit" zur „dynamischen Systemqualität", Kaiserslautern, 1998

Windfuhr, Michael:
Social Standards in World Trade Law, in: Economics 27 (1997) 55/56, S.113-131.

Windmuller, John P.:
Comparative Study of Methods and Practices, in: Collective Bargaining and Industrialized Market Economies: A Reappraisal, Windmuller, John P. (Ed.), Genf, 1987, S.3-160

Willeke, Eduard:
Zur Problematik der Zielbestimmung in wirtschaftspolitischen Konzeptionen, in: Zur Grundlegung wirtschaftspolitischer Konzeptionen, Seraphin/Hans-Jürgen (Hrsg.) Berlin, 1960, S.115-173

Willers, Dietrich:
Sozialklauseln in internationalen Handelsverträgen, in: Weltfriede durch Soziale Gerechtigkeit, Bundesminsiterium für Arbeit und Sozialordnung, BDA, DGB (Hrsg.), Baden-Baden, 1994, S.165-178

Wilson, John D.:
Capital Mobility and Environmental Standards: Is there a Theoretical Basis for a Race to the Bottom, in: Fair Trade and Harmonization (Vol.1: Economic Analysis), Bhagwati Jagdish/Hudec, Robert. E. (Ed.), Cambridge MA, 1996, S.393-428.

Wood, Adrian:
How Trade Hit Unskilled Workers, Journal of Economic Perspectives 9 (1995) 3, S.57-80

Wood, Diane P.:
"Unfair Trade Injury: A Competition-Based Approach", Stanford Law Review 41 (1989) 11, 1153-1185

Woodwiss, Anthony:
Globalisation, Human Rights and Labour Law in Pacific Asia, Cambridge, 1998

World Commission on Environment and Development:
Our Common Future, Oxford, 1987

WTO:
The Legal Texts, The Results of the Uruguay Round of Multilateral Trade Negotiations, Cambridge, 1999

Dies.:
Trade and Labour Standards: Subject of Intense Debate, Genf, 1999, im Internet veröffentlicht auf der WTO-Seite zur Ministerkonferenz in Seattle, zu erreichen ausgehend von www.wto.org

Yechout, Paul J.:
In the Wake of Tuna II: New Possibilities for GATT-Compliant Environmental Standards, in: Minnesota Journal of Global Trade 5 (1996) 2, S.247-275

Young-Ki, Park:
Contemporary Challenges to Labour Standards Resulting from Globalization: The Case of Korea, in: International Labour Standards and Economic Interdependence, Sengenberger, Werner/Campbell, Duncan (Ed.), Genf, 1994, S.207-218.

Yusuf, Abdulqawi, A.:
"Differential and More Favourable Treatment": The GATT Enabling Clause, Journal of World Trade Law 14 (1980) 6, S.488-507

Yusuf, Shahid:
Globalization and the Challenge for Developing Countries, World Bank Working Paper No. 2618, Washington DC, 2001

Zadek, Simon/*Lamb*, Harald:
Business Ethics: Civil Porcesses, Voluntary Initiatives and WTO Rules, New Economics Foundation, London, 1998

Zampetti, Americo B.:
The Uruguay Agreement on Safeguards, in: World Competition 19 (1995) 2, S.147-158.

Ziyou, Frank (Pseud.):
Für und Wider Sozialklauseln im Handel mit China, in: Meinung & Wahrheit (Zhenyan), Nov./Dezember 1995, Deutsche S.2

Zmarzlik, Johannes:
Jugendarbeitsschutz, in: Münchner Handbuch Arbeitsrecht, Bd.2, Individualarbeitsschutz, Richardi, Rheinhard/Wlotzke, Ottfried (Hrsg.), München, 1993, S.1771-1815

Zöllner, Wolfgang:
Arbeitsrecht, 5. Auflage, München, 1998

Ders.
Arbeitsrecht und Marktwirtschaft, in: Zeitschrift für Arbeitsrecht 25 (1994) 3, S.423-437.

Ders.:
Regelungsspielraum im Schuldvertragsrecht: Bemerkungen zur Grundrechtsanwendung im Privaterecht und zu den sog. Ungleichgewichtslagen, in Archiv für die civilistische Praxis 196 (1996) 1, S.1-36

Zitierte Entscheidungen der GATT/WTO-Streitschlichtung

Appellate Body Reports

Arbitration (Art.21:5 DSU)

Appellant's Submission:

Abkürzungsverzeichnis

AB	Appellate Body
AEMR	Allgemeine Erklärung der Menschenrechte
ASEAN	Association of Southeast Nations
CEPAL	Comisióon Económica para América Latina y el Caribe
CTE	Committee on Trade and Environment
CGP	Code of Good Practice
CGV	Codex guten Verhaltens
CITES	Convention on International Trade in Endangered Species of Wild Fauna and Flora
CAC	Codex Allimentarius Commission
CFA	Committee on Freedom of Association
CEACR	Committee of Experts on the Application of Conventions and Recommendations
DSU	Dispute Settlement Understanding
DSB	Dispute Settlement Body
EPZ	Export Processing Zone
Ed.	Editor
ECOSOC	[UN] Economic and Social Council
EU	European Union
EuZW	Europäische Zeitschrift für Wirtschaftsrecht
EuR	Europa und Recht
FAO	Food and Agricultural Organization
FAZ	Frankfurter Allgmeine Zeitung
FDI	Foreign direct investment
GSTP	Global System of Preferences
GSP	Generalised Scheme of Preferences
GATS	General Agreement on Trade in Services
GATT	General Agreement on Tariffs and Trade
GCLF	Global Compact Learning Forum
Hrsg.	Herausgeber
IPR	Intellectual Property Rights

ITO	International Trade Organization
IPBPR	Internationaler Pakt über bürgerliche und politische Rechte
IPEC	International Programme for the Elimination of Child Labour
ILC	International Law Commission
ILO	International Labour Organization
ISO	International Organization for Standardization
IFO	Institut für Wirtschaftsforschung
ICHRDD	International Centre for Human Rights and Development
IMF	International Monetary Fund
ICFTU	International Confederation of Free Trade Unions
LDC	Least Developed Countries
MFN	Most Favored Nation
NGO	Non-Governmental Organization
NWWO	Neue Weltwirtschaftsordnung
NVwZ	Neue Zeitscharift für Verwaltungsrecht
NAFTA	North American Free Trade Agreement
MERCOSUR	Mercado Común del Sur
NATO	North Atlantic Treaty Organzation
OECD	Organization for Economic Cooperation and Development
PPM	Process and Production Method
R&D	Research and Development
SPS	Sanitary and Phytosanitary
SCM	Subsidies and Countervailling Measures
TRIPs	Trade-related Intellectual Property Rights
TRILs	Trade-related International Labour Rights
TPRM	Trade Policy Review Mechanisam
TRIMs	Trade-related Inventment Measures
TBT	Technical Barriers to Trade
UNCTAD	United Nations Conference on Trade and Development
UNCED	United Nations Conference Environment Development
US	United States
UN	United Nations
VN	Vereinte Nationen
WWF	World Wildlife Funds

WVK	Wiener Vertragsrechtskonvention
WSK	Wirtschaftliche, soziale und kulturelle [Rechte]
WTO	World Trade Organization
WIPO	World Intellectual Property Organization
ZaöRV	Zeitschrift für ausländische öffentliches Recht und Völkerrecht

Sach-, Stichwort- und Personenverzeichnis

595

World trade and human rights at work
Summary of conclusions

This study aims at providing answers to the question, if and how human rights at work might be linked with world trade. The academic and political debate on the relation between international trade and core social standards dates back to the nineteenth century. Since then, so-called "social clauses" have been included in bilateral trade agreements and tariff preference schemes and other international legal frameworks. However, beside the legally stillborn Havana-Charta of the International Trade Organization, a predecessor of GATT and WTO, there is yet no consensus about the issue on the global level.

1. As a first finding, this study limits the scope of a hypothetical "social clause" to human rights, since they enjoy universal recognition compared to other social standards. A universally adopted ILO Declaration confirmed this finding by declaring them to "Human Rights at Work" in 1998, namely

- freedom of association and collective bargaining,
- the abolition of forced labour,
- the abolition of child labour and,
- non-discrimination in employment.

2. Secondly, these rights are – to some extent - trade-related, since they contribute to social peace and good governance in the country to which they apply. Beyond this primarily national impact, they generate positive transboundary spill-over effects, since these public goods contribute to the soft infrastructure for trade, foreign direct investment and internationally integrated value chains in production. However, contradicting the common line of argumentation, no evidence was found for a "race to the bottom" regarding human rights at work caused by international institutional competition and trade.

3. Thirdly, there is no sound basis that allows or justifies under the GATT legal conditionality of market access on the one hand and compliance with human rights at work on the other. A WTO-Member imposing trade measures on other Members aimed at implementing human rights at work would violate basic obligations under the GATT. Differential treatment of products depending on human rights conditions of production processes impinges the most favoured nation clause (GATT Art. I:1) and the obligation to national treatment (GATT Art.III:4). Selective import barriers, such as quotas, are interfering with the obligation to eliminate quan-

titative restrictions (GATT Art.XI), whereas differential tariff treatment of products depending on labour conditions breaches either GATT Art.II:1 in case of
bound tariff positions or again the most favoured nation clause. In addition, action
against "unfair" labour conditions will mainly affect developing nations, which
contradicts with the spirit of GATT Art. XXXVI:1 (b) asking for preferential
treatment for developing countries.
Even though violations of basic norms in principle can be justified under exceptional provisions of the GATT, this seems hardly possible for human rights cases.
Neither does the violation of human rights at work constitute an actionable form of
"social dumping". Nor can the absence of minimum labour regulations technically
be seen as a subsidy, even though some scholars argue, that the absence of effec-
tively implemented national labour laws creates "unfair" competitive advantages
for local industries similar to subsidies.
Compared with anti-dumping and subsidy provisions, the legal situation under the
General Exception of GATT Art.XX is not that obvious. The Appellate Body's
Decision *US-Shrimp* partly relativized the Thuna-Dolphin Report's categorical
exclusion of extra-jurisdictional measures from the scope of GATT Art.XX. Based
on this change in WTO-jurisdiction, this study argues that the implementation of
human rights targeted at third countries may qualify as a legitimate policy goal
under the provisions of Art.XX (a), (b) and (e). The next hurdle measures would
have to pass under Art. XX is to qualify as the least trade-restrictive means available to achieve the envisaged human rights goals. Even this might be possible in
cases of persistent human rights violations, GATT Art.XX requires the Member
invoking this provision to additionally prove a "sufficient nexus" between the human rights situation at home and the violations abroad. As long as there is no evidence for such a "sufficient nexus" - e.g. competitive advantages through violations
of fundamental rights in exporting sectors are forcing trading partners into a regulatory "race to the bottom" - trade restrictions aimed at implementing human rights
abroad will be turned town under GATT Art.XX as a "disguised restriction of
international trade". In sum, even the *US-Shrimp* decision opens some loopholes
for measures targeted at legitimate extra-jurisdictionally policy goals, the GATT
does not provide a sound legal basis for implementing human rights at work though
trade means *de lege lata*.

4. Fourthly, this study compared two possible approaches to include a sound legal
basis for implementing human rights at work through trade means in the WTO *de
lege frerenda*. This embraces a comparison between the commonly proposed "clas-
sical" social clause, which means expanding the scope of the exceptional provisions contained in the GATT, versus the idea of a self-standing WTO-Agreement

on *"Trade-Related Aspects of International Labour Rights"* (TRILs). The assessment of these two divergent legal approaches is, on the one hand, based on criteria developed from core trade law principles aimed at assessing the conformity with the WTO-system ("system conformity"). On the other hand, both approaches are evaluated regarding their effectiveness to implement human rights at work ("purpose conformity") leading to the following results:

- The approach of a "social clause"

The strength of a "social clause" results from its relative purpose conformity, which makes it attractive to human rights advocates. It would provide individual WTO-members nearly with a *carte blanche* for unilateral trade measures. Since there is no need for prior authorization through the WTO or other bodies, sanctions necessary to achieve human rights objectives may be applied at short notice, which maximizes economic force on the target country.
The weakness of this approach is rooted in its lack of system conformity, which obviously bothers advocates of liberal trade. The threat for the WTO-system results from the unilateral character of a "social clause", which interferes with the legal principle of reciprocity. Furthermore, exceptional measures open loopholes towards the slippery slope of protectionism and power politics. A country targeted by sanctions is limited to look for *ex post* remedy under dispute settlement. Even in case of judicial success, implementation can ultimately depend on the availability of effective countervailing trade measures, which are hardly at the disposal of developing countries with marginal import markets. In case Members would casually include a "social clause" into GATT Art. XX without addressing the downsides of this approach, the judicial bodies of the WTO will have to tackle the task of consensus building through judicial activism.

- The approach of a TRILs-Agreement

The strength of a self-standing TRILs-Agreement is laterally reverse to a "social clause", namely its conformity with the WTO-system. A multilaterally negotiated TRILs-Agreement could be legally designed so as to achieve to the greatest extent coherence with core pillars of the trading system and the interests of developing countries. Also regarding the institutional balance within the WTO, the "legislative" way of looking for comprehensive consensus between Members on a new agreement seems preferable compared to shifting this burden to the jurisdiction, as it would be the case under GATT Art. XX. In addition, implementation under a TRILs-.Agreement would allow ensuring *ex ante* WTO-law compliance through

dispute settlement. A TRILs would include human rights at work as legal obligations – as it is the case for intellectual property rights under TRIPs - instead of a
unilateral legal exception – as it would be the case under GATT Art. XX. Accordingly, a Member aiming at enforcing TRILs would firstly have to win a case
against the Member violating human rights, before trade measures may be authorized for ultimately implementing the judgement. Such implementation through
dispute settlement would significantly reduce the risk of disguised protectionism
and avoid an erosion of the rule of law through unilateral power politics.
The main weakness of a TRILs relates to the present concept of "nullification and
impairment", contained in the WTO dispute settlement provisions. "Nullification
and impairment" reflects the core principle of economic reciprocity in the trading
system by restricting implementation measures to the value of "nullified" benefits
resulting from a breach of WTO law. On the one hand, provided TRILs would
respect this principle, the implementation would be limited to the "trade-related"
aspects of human rights at work. In other words: no implementation in case a
TRILs-violation does not result in measurable negative economic effects on the
complaining party. On the other hand, in case WTO-members would reach consensus on qualifying the principle of "nullification and impairment" under a future
TRILs-Agreement, this concept allows to harmonize to the greatest extent the ap-
parently conflicting critera of system and purpose conformity within the WTO
framework.

5. Ultimately, given the fact that political consensus over a TRILs-Agreement
between WTO-members is not very likely in the near future, this study compares
different alternative approaches.
The creation of legal conditionality between national government procurement and
compliance with fundamental labour standards has once been subject to WTO-
dispute settlement. The case was suspended prior to a final decision, since the
legislation at stake was rescinded. However, not only the WTO-compatibility of
those "social clauses" is questionable, but also their effectiveness, as government
procurement in fact only reaches a small scale of production originating from
"unfair" labour practices.
Tariff preferences granted to those developing countries complying with certain
labour standards are already common practice in bilateral trade agreements, but
also in the multilaterally applied US and EU "Generalized Systems of Preferences". This thesis argues, that such conditionality can comply with WTO-law, as
long as the schemes are designed and applied in a non-discriminatory manner.
However, as the relevance of preferences decreases through overall decline of tariff

levels, they also loose their effect as incentives for complying with human rights at work.

Social labelling is a widespread practice in particular industrial sectors, such as clothing and coffee. Today, various initiatives are offering labelling for producers proving compliance with certain social standards. In exchange, the labelled product is expected to attract ethically conscious consumers. Well-designed labelling schemes, which are based on transparent criteria, designed and applied in a non-discriminatory manner and in the least trade-restrictive way, can comply with WTO-law, namely the TBT-Agreement. However, their effectiveness regarding the implementation of human rights depends on the willingness of consumers to pay for their ethical conciseness a "social tax", since the costs of these schemes tend to result in higher prices for labelled products.

Finally, voluntary initiatives coherent with market-mechanisms, driven by economically relevant incentives for companies as the main beneficiaries of liberal trade, but at the same time effective in providing a positive change towards realizing universally accepted human rights, are potentially the best alternative to any trade-regulation. The most prominent initiative meeting these requirements is the United Nations Global Compact, launched by Secretary-General Kofi Annan at the World Economic Forum Davos in 1999. This initiative translates three universally adopted UN-Declarations, including the ILO Declaration on fundamental rights at work, into nine promotional obligations, including the four human rights at work, aimed at providing a framework for individual corporate engagement. Rather than relying on sanctions, confrontation or monitoring, the Global Compact is geared by incentives, cooperation and transparency for business, such as positive publicity and support provided by UN-agencies within public-private-partnership projects. The success of the Global Compact is not only reflected by the rise of participating companies from 44 to 1200 within three years but also by its increasing number of projects, also covering the promotion of human rights at work along international value chains. At the end of the day, the Global Compact for two main reasons seems to be a feasible and the most practical way to unite global economic integration and universal social values. The first is, it directly addresses in an adequate way those entities owning the greatest potential and impact on the realization of human rights at work: individual companies. The second reason represents no less than a change of paradigms for the UN: business, and particularly transnational corporations with their global outreach, is adequately approached as part of the solution, rather than as part of the problem.

Studien zum Internationalen, Europäischen und Öffentlichen Recht

Herausgegeben von Eibe Riedel